OS SOCIÓLOGOS
CLÁSSICOS DAS CIÊNCIAS SOCIAIS

Dados Internacionais de Catalogação na Publicação (CIP)
(Câmara Brasileira do Livro, SP, Brasil)

Os sociólogos : clássicos das Ciências Sociais / Sarah Silva Telles, Solange Luçan de Oliveira (organizadores). – Petrópolis, RJ : Vozes ; Rio de Janeiro : Editora PUC, 2018.

Vários autores.
Bibliografia

1ª reimpressão, 2022.

ISBN 978-85-326-5947-7 (Vozes)
ISBN 978-85-8006-255-7 (PUC-Rio)

1. Ciências Sociais 2. Sociólogos – História
I. Telles, Sarah Silva. II. Oliveira, Solange Luçan de.

18-19548   CDD-301.092

Índices para catálogo sistemático:
1. Sociólogos : Biografia e obra   301.092

Cibele Maria Dias – Bibliotecária – CRB-8/9427

CLÁSSICOS DAS CIÊNCIAS SOCIAIS

OS SOCIÓLOGOS
DE AUGUSTE COMTE A GILLES LIPOVETSKY

Sarah Silva Telles • Solange Luçan de Oliveira | ORGS.

Petrópolis

© 2018, Editora Vozes Ltda.
Rua Frei Luís, 100
25689-900 Petrópolis, RJ
www.vozes.com.br
Brasil

Todos os direitos reservados. Nenhuma parte desta obra poderá ser reproduzida ou transmitida por qualquer forma e/ou quaisquer meios (eletrônico ou mecânico, incluindo fotocópia e gravação) ou arquivada em qualquer sistema ou banco de dados sem permissão escrita da editora.

CONSELHO EDITORIAL

Diretor
Gilberto Gonçalves Garcia

Editores
Aline dos Santos Carneiro
Edrian Josué Pasini
Marilac Loraine Oleniki
Welder Lancieri Marchini

Conselheiros
Francisco Morás
Ludovico Garmus
Teobaldo Heidemann
Volney J. Berkenbrock

Secretário executivo
Leonardo A.R.T. dos Santos

© **Editora PUC-Rio**
Rua Marquês de S. Vicente, 225
Casa da Editora PUC-Rio
Gávea – Rio de Janeiro-RJ
CEP 22451-900
Tel.: (21) 3527-1838/1760
edpucrio@puc-rio.br
www.puc-rio.br/editorapucrio

Reitor
Pe. Josafá Carlos de Siqueira, S.J.

Vice-reitor
Pe. Álvaro Mendonça Pimentel, S.J.

Vice-reitor para Assuntos Acadêmicos
Prof. José Ricardo Bergmann

Vice-reitor para Assuntos Administrativos
Prof. Ricardo Tanscheit

Vice-reitor para Assuntos Comunitários
Prof. Augusto Luiz Duarte Lopes Sampaio

Vice-reitor para Assuntos de Desenvolvimento
Prof. Sergio Bruni

Decanos
Prof. Júlio Cesar Valladão Diniz (CTCH)
Prof. Luiz Roberto A. Cunha (CCS)
Prof. Luiz Alencar Reis da Silva Mello (CTC)
Prof. Hilton Augusto Koch (CCBS)

Conselho Gestor Editora PUC-Rio
Augusto Sampaio, Danilo Marcondes, Felipe Gomberg, Hilton Augusto Koch, José Ricardo Bergmann, Júlio César Valladão Diniz, Luiz Alencar Reis da Silva Mello, Luiz Roberto Cunha e Sergio Bruni.

Editoração: Maria da Conceição B. de Sousa
Diagramação: Mania de criar
Revisão gráfica: Nilton Braz da Rocha / Nivaldo S. Menezes
Capa: Felipe Souza | Aspectos

ISBN 978-85-326-5947-7 (Vozes)
ISBN 978-85-8006-255-7 (PUC-Rio)

Este livro foi composto e impresso pela Editora Vozes Ltda.

Sumário

Apresentação, 7

1 Auguste Comte (1798-1857), 9
Maria Thereza Rosa Ribeiro (UFPEL)

2 Karl Marx (1818-1883), 31
Felipe Maia Guimarães da Silva (UFJF)

3 Alexis de Tocqueville (1805-1859), 54
Maria Alice Rezende de Carvalho (PUC-Rio)

4 Émile Durkheim (1858-1917), 71
Sarah Silva Telles (PUC-Rio) e Fernando Lima Neto (PUC-Rio)

5 Max Weber (1864-1920), 89
Angela Randolpho Paiva (PUC-Rio)

6 Georg Simmel (1858-1918), 106
Berthold Oelze (Universidade de Passau/Alemanha)

7 Talcott Parsons (1902-1979), 123
Fabrício Monteiro Neves (UnB)

8 Karl Mannheim (1893-1947), 138
Marcelo Tadeu Baumann Burgos (PUC-Rio)

9 Norbert Elias (1897-1990), 163
Elder Patrick Maia Alves (Ufal)

10 Pierre Bourdieu (1930-2002), 188
Gabriel Peters (UFBA)

11 Wright Mills (1916-1962), 216
Diogo Valença de Azevedo Costa (UFRB)

12 Jürgen Habermas (1929-), 238
Barbara Freitag Rouanet (UnB)

13 Erving Goffman (1922-1982), 252
Juarez Lopes de Carvalho Filho (UFMA)

14 Anthony Giddens (1938-), 270
Fábio Rodrigues Ribeiro da Silva (USP)

15 Manuel Castells (1942-), 286
Alcides Fernando Gussi (UFC) e Simone Wolff (UEL)

16 Robert Park (1864-1944), 304
Felipe Simão Pontes (UEPG)

17 Charles Tilly (1929-2008), 326
Maria da Glória Gohn (Unicamp)

18 Jeffrey Alexander (1947-), 347
Fernando Lima Neto (PUC-Rio)

19 Alain Touraine (1925-), 357
Neiva Furlin (UEM)

20 Peter Berger (1929-2017), 378
Cynthia de Carvalho Lins Hamlin (UFPE)

21 Zygmunt Bauman (1925-2017), 399
Alan Mocellim (UFBA)

22 Gilles Lipovetsky (1944-), 415
Leonardo de Araújo e Mota (UEPB)

Apresentação

Sarah da Silva Telles *
Solange Luçan de Oliveira **

Um clássico é um livro que nunca terminou de dizer aquilo que tinha para dizer.

CALVINO, I. *Por que ler os clássicos* (1997).

Os sociólogos é o segundo volume da coleção *Clássicos das Ciências Sociais*, antecedido por *Os antropólogos* (2015), e que será seguido por *Os cientistas políticos*, último tomo dessa coleção, cuja publicação é de responsabilidade da Editora PUC-Rio em conjunto com a Editora Vozes.

Integram o volume *Os sociólogos* interpretações da obra de alguns dos principais autores da disciplina, cuja relevância os situa na condição de *clássicos* da Sociologia – sem que se tenha a pretensão de esgotar esse campo de estudo. O objetivo da coletânea é a ampla difusão do pensamento dos clássicos da Sociologia cuja contribuição inestimável para a compreensão da vida social torna sempre desejável a ampliação de seu público leitor.

Trata-se assim de persistir no caminho naturalmente já trilhado em outros compêndios, subsidiando o estudo de alunos de graduação e pós-graduação, assim como de professores universitários sempre em busca de novas leituras dos pensadores clássicos da disciplina que venham enriquecer seu conhecimento sobre eles, assim como atualizá-lo, com novas abordagens.

É necessário reconhecer, nesse sentido, o valor indiscutível dos ensaístas aqui reunidos que, seguindo a tradição acadêmica, se dedicaram a nos oferecer renovadas leituras do pensamento clássico da Sociologia. Ao lançar novas perguntas a esses autores, eles nos oferecem valiosas descobertas sobre a atualidade de seu pensamento, no contexto das sociedades contemporâneas.

Encontram-se aqui ensaios sobre 22 pensadores clássicos da Sociologia, cujo olhar renovado permite tanto um contato inicial com sua reflexão quanto um aprofundamento de seu pensamento.

---

* Professora do Departamento de Ciências Sociais da Pontifícia Universidade Católica do Rio de Janeiro (PUC-Rio). Doutora em Sociologia pelo Instituto Universitário de Pesquisas do Rio de Janeiro (Iuperj).

** Professora do Departamento de Ciências Sociais da Pontifícia Universidade Católica do Rio de Janeiro (PUC-Rio). Mestre em Ciência Política pelo Instituto Universitário de Pesquisas do Rio de Janeiro (Iuperj).

Um recorte tornou-se necessário, razão pela qual não foi incluída, neste volume, a produção acadêmica de sociólogos clássicos brasileiros que inegavelmente poderiam vir a compor um outro volume de *Os sociólogos* voltado mais especificamente para a compreensão da realidade brasileira.

Estes ensaios foram especialmente escritos para este volume *Os sociólogos* por pesquisadores brasileiros, atuantes em renomadas universidades do país, sendo profundos conhecedores da obra dos sociólogos que abordaram, sendo parte integrante de sua formação acadêmica, assim como de sua produção científica.

Mais além de sua produção intelectual, os capítulos aqui apresentados refletem o compromisso e adesão entusiasmada desses autores ao projeto do qual resulta a publicação *Os sociólogos*, assim como seu apreço pelos sociólogos clássicos sobre os quais escreveram, e o cuidado que revelam em relação ao público leitor na busca da maior clareza possível na exposição de suas ideias.

Um roteiro prévio foi sugerido aos autores visando assegurar uma possível homogeneidade na abordagem de *Os sociólogos*, resguardada, contudo, a opção de conferir liberdade aos ensaístas na estruturação de seus capítulos, a saber:

- *O sociólogo e seu tempo* – sua vida, as obras mais significativas, encontros intelectuais e acontecimentos marcantes.
- *Os percursos e influências* – as conexões do sociólogo com seus contemporâneos e discípulos, com a nossa cultura e vida social.
- *Os conceitos básicos de seu pensamento* – as ideias que marcam e definem, antes de tudo e essencialmente, a abordagem do sociólogo e o núcleo de seu pensamento.
- *Referências*.

Espera-se, assim, que o público leitor se beneficie de uma visão geral e original sobre o contexto e as teorias de autores essenciais para a pesquisa, o ensino e a própria constituição da Sociologia. Trata-se de uma coletânea de alta qualidade que esperamos venha a contribuir para ampliar o conhecimento do público leitor sobre a disciplina, colocando-o mais próximo de seus pensadores clássicos, cuja inteligência, esforço e criatividade permanecem sendo uma referência básica para a compreensão da vida social até os nossos dias.

1
Auguste Comte (1798-1857)

Maria Thereza Rosa Ribeiro*

Introdução

Auguste Comte seria o inventor do termo "sociologia" referenciada à "física social", ciência cujo objeto concebe o grau de complexidade maior e de generalização menor de explicação dos fatos sociais. Comte observa que, na ordem de classificação das categorias de fenômenos naturais, há um vazio relativo a fenômenos sociais que, não obstante subentendidos entre os fisiológicos (biológicos), são dignos de constituir uma categoria distinta, particular, dado a relevância e dificuldade inerente a seu estudo (COMTE, CFP, [1830] 1983: 9). A partir dessa percepção, Comte estabelece o primeiro tratamento sistemático ao método da ciência positiva, por conseguinte enquadra a sociologia na moldura da escala das ciências.

Em plena efervescência dos acontecimentos políticos em Paris do século XIX, a tentativa comtiana de legitimar a nova ciência social leva-o a conectar a sistematização da sociologia à utilidade pública messiânica de "salvação" da humanidade por meio do "equilíbrio das contradições sociais e o controle das forças" que compele para além da sociedade burguesa (ADORNO, [1968] 2008: 65; RIBEIRO, 1998: 126-128). De modo que, para Comte, apesar de reconhecer as contradições sociais, o quadro explicativo dos fatos sociais é construído por meio de conceitos (evolução da inteligência, sociabilidade, solidariedade universal) destituídos "de contradições em si mesmos e uns em relação aos outros", pois o seu "modelo mais puro são as leis estáticas e dinâmicas" (ADORNO, [1968] 2008: 65). Afiliando o voluntarismo da dinâmica ao princípio da estática, Comte atribui ao modelo teórico um caráter "único" e "fixo" que reifica conceitos como se fossem objetos privados de contingência histórica, engendrada pela prática humana.

Vida e obra

Isidore Auguste Marie François Xavier Comte nasceu em Montpellier, Departamento de Herault, em 19 de janeiro de 1798. Na cidade de Montpellier, localizada no

---

* Professora-associada do Departamento de Sociologia e Política da Universidade Federal de Pelotas. Doutora em Sociologia pela Universidade de São Paulo (USP).

Mediterrâneo, entre a Riviera Francesa e a Espanha, viveu com seus pais Louis Auguste Comte, fiscal de impostos do Departamento de Herault, e Rosalie Boyer, descendente de uma família de médicos reconhecidos na localidade. Com 9 anos de idade, Auguste Comte ingressou no Liceu de Montpellier, como aluno interno. Em 1814, aprovado no concurso à vaga de aluno na Escola Politécnica de Paris, Comte deixa Montpellier.

Na Escola Politécnica de Paris[1], durante dois anos, aprofunda estudos de física, matemática, astronomia, filosofia, sobretudo da Mecânica Analítica, de Lagrange, de onde extrai os princípios da hierarquia das ciências. Comte relaciona o conhecimento do "real" com a história pela qual ele descreve e compara as eras antiga, medieval e moderna enquanto sequência natural do desenvolvimento da humanidade que se move em oscilações progressivas e evolutivas, observadas nos acontecimentos (cf. COMTE. A. *Opúsculos de filosofia social*, de 1819 a 1828. • *O Curso de Filosofia Positiva*, publicado entre 1830 e 1842. • *Discurso sobre o espírito positivo*, de 1844). Desde os escritos de juventude, Comte reconhece as "condições filosóficas do desenvolvimento do espírito humano" articuladas de forma interdependente e recíproca ao "desenvolvimento temporal da sociedade", pois sustenta que: "a natureza e a extensão das relações sociais determinam, em cada época, o caráter e a rapidez de nossos progressos espirituais, e reciprocamente" (*Opúsculos de filosofia social* – "Considerações filosóficas sobre as ciências e os cientistas", [1825]: 144-145).

Obras e encontros marcantes (1ª fase)

No final do ano de 1816, mergulha na literatura dos "ideólogos": Destutt de Tracy (1754-1836), Cabanis (1757-1808) e Volney (1757-1820) (cf. GIANNOTTI, 1983: vii). Interessa-se em ler os teóricos da economia política, como Adam Smith (1723-1790) e Jean-Baptiste Say (1767-1832), os filósofos e historiadores como David Hume (1711-1776) e W. William Robertson (1721-1793), ainda informa Giannotti. Nessa época conhece o estudo *Esboço de um quadro histórico dos progressos do espírito humano*, de Nicolas de Condorcet, filósofo e matemático francês (1743-1794), a quem Comte se referia, no opúsculo *Catecismo positivista* (1852), como "meu precursor essencial". No *Esboço* Condorcet apresenta o quadro do desenvolvimento da humanidade pelo qual demonstra o papel preponderante dos descobrimentos e invenções da ciência e da técnica, que fazem os homens trilhar para uma época em que o progresso da organização social e política é produto das luzes da razão. Embora essa ideia se torne fundamento da filosofia positiva, de onde abstrai o conceito de "progresso", Comte recorre ao empirismo de David Hume para relativizar o postulado da razão iluminista de aquisição do conhecimento. Hume sustenta que a ideia que formulamos sobre o comportamento das coisas, cujas características são imanentes e práticas, se baseia no "fluxo de experiências" propiciadas pela relação entre objetos percebidos, independentemente de uma força transcendental ("luzes da razão") que julga o que é certo ou errado.

Entretanto, Comte acolhe o preceito de "autoridade" do filósofo monarquista e católico Joseph de Maistre (1753-1821) para conceber a ideia sobre as coisas (os "fatos sociais") advinda da "autoridade" legítima que governa o "moderno regime intelectual". O novo regime intelectual moderno, para Comte, compreende o estado positivo que sucede a fase do voluntarismo próprio da agitação política, portanto dá lugar à acomodação da razão a nova ordem estabelecida pelas leis gerais da evolução da humanidade. Comte recolhe de Francis Bacon (1561-1626), filósofo inglês, a noção de que a autoridade teológica deferida como verdade incontestável (absoluta) deveria ceder lugar a uma dúvida metódica, similar à "dúvida" de René Descartes (matemático e filósofo francês, 1596-1650), em vista de possibilitar um conhecimento objetivo da realidade. Por sua vez a ciência positiva encarna a máxima de Bacon: "somente são reais os conhecimentos que repousam sobre fatos observados" (COMTE, CFP, [1830] 1983: 5).

Em 1817, Comte conhece Henri-Claude de Rouvroy de Saint-Simon, de quem se torna discípulo e secretário. Saint-Simon era um homem de ação que participara da Revolução Francesa, sucessor dos enciclopedistas, iluministas, e estudioso dos economistas ingleses, sobretudo Adam Smith. Contudo Saint-Simon revisa a substância da tradição dos enciclopedistas franceses com o prognóstico sociológico relativo à mudança de orientação do pensamento filosófico do século XVIII, que fora revolucionário, frente ao século posterior que deveria ser reorganizador. Esforçava-se na reforma social e econômica na França, lançada à Revolução Industrial (cf. SAINT-SIMON, 1980).

Saint-Simon ofereceu oportunidade para que Comte redigisse o terceiro volume de *A indústria* (1817), no qual preconiza a organização técnica da exploração da natureza pelo homem como a "força material" que constitui a "base necessária" da nova sociedade (cf. COMTE, 1822), alcunhada por Saint-Simon como "sistema industrial" em oposição ao velho "sistema feudal". Nessa obra, o positivismo consagra o conhecimento científico que substitui modelos teóricos tradicionais, teológico e metafísico, que foram desprendidos das velhas estruturas, antigas e feudais, com o advento da revolução ocidental. Saint-Simon preconiza que a ciência "positiva" naturalmente se converterá em síntese de ciência particular, com o objetivo de construir a totalidade racional e técnica da vida humana, posto que o fundamento da tecnologia industrial tem suas raízes no conhecimento científico das leis naturais.

Comte publica, em 1820, no periódico *O organizador*, cuja direção é de Saint-Simon, o artigo intitulado "Sumária apreciação do conjunto do passado moderno", em que contrasta o desenvolvimento histórico entre a França e a Inglaterra sob a concepção geral do "passado moderno" que caracteriza a revolução ocidental em dois movimentos: "positivo e negativo". Em 1822, ainda como colaborador de Saint-Simon, edita o texto "Plano dos trabalhos necessários para organizar a sociedade", no qual descobre as leis sociológicas de evolução da humanidade, a lei dos três estados: teológico, metafísico e positivo. Estabelece a combinação entre os pontos de vista científico e político, mantida a distinção de capacidade de intervenção na sociedade e pela sociedade. Esses artigos ou opúsculos escritos na juventude de Auguste Comte compuseram, mais tarde, o apêndice geral do 4º volume do *Sistema de política positiva*. 2. ed. Paris, 1854.

Em 1824, Comte rompe definitivamente com Saint-Simon, por considerar que o ativismo político de Saint-Simon se sobrepôs à pretensão de formular as bases do sistema positivo das ciências em vista a consagrar a ciência geral, isto é, a filosofia positiva como fundamento totalizador do conjunto das ciências singulares, bem como de aplicação à política. Os escritos saint-simonianos reconhecem as novas forças atuantes na sociedade francesa pós-revolucionária capazes de favorecer uma nova integração social que traria a possibilidade de satisfazer a necessidade de liberdade e paz, e constituir a única fonte de riqueza e progresso. Tais forças adviriam do industrialismo, com a aliança dos "chefes" das indústrias, trabalhadores, banqueiros, governos e os cientistas, artistas, literatos, em vista da reorganização da sociedade industrial ou conservação da nova ordem social (SAINT-SIMON, 1980: 27-33, 35-38). Essa perspectiva de Saint-Simon, segundo Comte, representava um desvio da busca das leis sociológicas – científicas –, que deveriam fundamentar a convivência e a coexistências de relações sociais adequadas à necessidade de reorganização da sociedade. Em contraponto a Comte, o ativismo de Saint-Simon buscava aliar o conhecimento (teoria) à prática social, econômica e política com o objetivo de promover a mudança das relações sociais dentro da nova ordem industrial. Para tanto, Saint-Simon voltava à reflexão moral e crítica das prerrogativas aristocráticas ainda vigentes na sociedade francesa.

Em 1825, apesar do rompimento com Saint-Simon, falecido nesse ano, Comte publica no periódico saint-simoniano *O produtor* os artigos "Considerações filosóficas sobre as ciências e os sábios" e "Considerações sobre o poder espiritual" (1825-1826). O primeiro artigo trata da tendência para instituir a "nova autoridade espiritual", tendo sobre si uma filosofia científica "positiva". Comte demonstra as "leis naturais invariáveis" e o "método positivo", de observação dos fatos sociais, bem como batiza a "sociologia" ou "física social", pensamento que repete no "Curso de Filosofia Positiva" (1830-1842). Comte também elogia o filósofo e economista político britânico Adam Smith (1723-1790), que por meio da obra póstuma *Ensaio filosófico sobre a história da astrologia* preconiza o método científico da astronomia pelo qual os astrônomos só consideram aqueles fenômenos que são verificáveis pela observação, como método cujo caráter positivo serve de explicação do evoluir do homem como sujeito a leis naturais (COMTE, [1825] 1972: 141). O segundo artigo expõe a divisão filosófica e social dos poderes espiritual e temporal. Posteriormente esses artigos foram incluídos no Apêndice geral do 4º e último volume do *Sistema de política positiva*. Paris, 1854, como também nos *Opúsculos de filosofia social*[2].

Sucede em 1825 o casamento de Comte com Caroline Massin[3]. Um ano depois, no apartamento na Rue de Faubourg-Montmartre, leciona as primeiras aulas do curso sobre filosofia positiva, que em seguida foi interrompido[4].

Em agosto de 1828, publica no *Jornal de Paris* "Exame do tratado de Broussais sobre a irritação", reproduzido nos *Opúsculos de filosofia social*. Nesse texto, Comte designa a importância histórica do esforço do biologista Broussais em avaliar a tentativa de Franz Joseph Gall (médico anatomista, alemão, 1758-1828), que liga os "estudos das funções intelectuais e afetivas" aos de "todos os outros fenômenos fisiológicos", mediante o procedimento dos "mesmos métodos e com o mesmo espírito" "positivo" de observar "as relações do físico e do moral" (OFS: 220). Segundo Comte, o empreendimento científico de Broussais confirma a importância do método positivo para explicação do caráter humano e marca a desvantagem do entendimento individualizante da psicologia pelo qual o diagnóstico dos desajustes mentais era considerado de forma isolada do conjunto de fenômenos fisiológicos.

Em 1829, retoma as aulas do Curso de Filosofia Positiva[5] (interrompido em 1826), em outro endereço, na Rue Saint-Jacques. Os fascículos de *O Curso de Filosofia Positiva* foram publicados a partir de 1830, sendo que em 1842 sai a edição completa em seis volumes da mesma obra.

Comte observa os últimos acontecimentos políticos[6] de 1830 e percebe a "necessidade histórica" de promover a educação proletária com a transmissão da ciência positiva. Participa da abertura da Associação Politécnica para a Instrução Popular e realiza o Curso de Astrologia endereçado a operários. Tal proposta se efetiva até 1848.

Na Escola Politécnica é nomeado repetidor de análise transcendente e de mecânica racional, em 1832. Dois anos depois, torna-se inspetor de admissão da Politécnica, porém é demitido desse cargo em 1844.

Obras e encontros marcantes (2ª fase)

Comte mantém correspondência com o filósofo e economista inglês John Stuart Mill, que se estende de 1841 a 1846. A "amizade epistolar" (cf. LEPENIES, 1994) nasce da admiração intelectual de Mill por Comte, em consequência da leitura de *O Curso de Filosofia Positiva*. A convergência científica dos dois filósofos deve-se à descoberta de Comte das leis fundamentais de explicação da complexidade das relações sociais, a lei dos três estágios de desenvolvimento humano: teológico, metafísico e positivo. Na visão comtiana, a generalidade do caráter dessas leis sociológicas possibilita deduzir de inúmeros elementos interagentes singulares no complexo fenômeno da vida social as regularidades da transformação da sociedade. O método de observação, apreciado por Comte, relativiza a complexidade da ação humana em suas relações de "sucessão e semelhança", com a explicação científica englobada pela filosofia positiva. Também Mill concordava com a hierarquia das ciências particulares, cuja série de classificação é definida pelo grau de generalização decrescente e de complexidade crescente da escala científica: 1) Matemática; 2) Astronomia; 3) Física; 4) Química; 5) Biologia ou Fisiologia; 6) Física social ou Sociologia (Moral).

A compatibilidade teórica entre Comte e Mill advinha da formulação filosófica do conceito de progresso concebida na obra *Esquisse d'un tableau historique des progrès de l'espirit humain* (Esboço de um quadro histórico do progresso do espírito humano), de Condorcet, publicada em 1795, onde descreve as etapas pelas quais a humanidade passou e aceita que a história humana tende a uma etapa superior na qual todos os homens terão igualdade de direitos e as necessidades humanas satisfeitas. Nesta concepção de progresso há uma relação interna entre progresso técnico e progresso humano, embora o primeiro anteceda o segundo. Ou seja, a mudança da condição da humanidade da escravatura e da pobreza para uma liberdade crescente depende do progresso técnico, que eleva o grau de domínio sobre a natureza por meio da explicação das forças naturais e humanas que governam a sociedade e produzem a riqueza social (cf. MARCUSE, 1974).

Comte remete o progresso técnico, no entanto, como condição basilar da liberdade, numa época da humanidade que almeja desvendar as necessidades humanas e os meios de satisfazê-las fora dos preceitos teológicos, graças aos experimentos dos precursores da ciência moderna[7] do século XVI ao XVIII. Segundo Comte, somou-se a esse empreendimento os esforços dos filósofos enciclopedistas (Diderot, D'Alembert, Montesquieu, Condorcet) que recorriam a encontrar respostas à questão: A quem serviam os conhecimentos e as capacidades cognitivas e práticas ideadas pelo progresso material, como promessa de realização da liberdade e felicidade dos homens? Esse questionamento abrangeu as preocupações de alguns pensadores do século XVIII até a Revolução Francesa, como menciona Herbert Marcuse (1974: 7; 1978: 310-311), de sorte que é carregado de reflexão axiológica sobre o caráter de humanidade pelo qual o progresso da sociedade, sob todos os seus aspectos, deveria encarar para a realização da liberdade.

Contudo, no século XIX, Comte e Mill neutralizam (MARCUSE, 1974) o conceito de progresso, a sustentarem a necessidade de construção de uma ciência que explique o comportamento humano à luz das leis naturais e regularidades acerca dos fenômenos sociais. Tais leis são deduzidas da observação das sequências e coexistências de relações humanas (COMTE, CFP, 1983). Comte desenvolveu essa ciência particular com a descoberta da "lei dos três estágios" que delineia as fases de evolução da humanidade. No entanto, Mill ressalva outro elemento, secundarizado por Comte, que torna possível a transformação da sociedade, qual seja o "estado das faculdades especulativas da humanidade, incluindo a natureza das crenças, às quais os homens teriam chegado graças à reflexão sobre si mesmos, e sobre o mundo que os cerca" (MILL, apud GIANNOTTI, 1984: 77). Para Mill, a "ordem do progresso humano", na abrangência de seus aspectos e campos de conhecimentos, está na dependência, sobretudo, da "ordem de evolução das convicções intelectuais da humanidade" (MILL, apud GIANNOTTI, 1984: 77). Em termos da "moralidade humanístico-liberal" do século XIX, a empatia de diferentes tipos de pessoas acerca das "crenças morais" seria o fundamento para se obter a coesão social, caso contrário não se realizaria a unificação da sociedade. Se para Comte a liberdade de pensamento e de convicções individuais na fase positiva de desenvolvimento humano devesse ser controlada pelas leis sociológicas de domínio dos filósofos e cientistas, portanto dos agentes do poder espiritual, essa visão totalizadora não abria espaço para "liberdade pessoal, o desenvolvimento de um caráter individual" e o incentivo a potenciar a individualidade, como defendia Mill (apud GIANNOTTI, 1984: 77).

Em 1846, cessa a correspondência entre Mill e Comte. As contendas giravam em torno da questão do caráter humano e da ação gerada por diferentes tipos de pessoas, independente de crenças e opiniões totalizadoras. Comte sustenta com a Teoria da Frenologia, de Franz Joseph Gall, que o cérebro ou mente é sede do caráter da espécie (humano) de todas as atividades mentais. Com isso justifica com argumentos "biológico-sociológicos" a inferioridade e superioridade de capacidades seja da mulher e do homem, seja entre povos, para desempenhar determinadas funções socialmente instituídas. O diagnóstico do formato e tamanho do cérebro possibilita identificar as regiões cerebrais cujas funções atribuem a inclinação do indivíduo a realizar determinadas atividades. Por exemplo, Comte admite a inferioridade da mulher em virtude da sua cavidade craniana apresentar maior crescimento da região dos afetos e sentimentos em detrimento da racional. Isso caracteriza, segundo Comte, a falta de aptidão da mulher para a abstração e execução de atividades as quais exigiam raciocínio livre de ingerências sentimentais. Por conseguinte, a mulher é o ser dependente e submisso ao homem (COMTE, apud LEPENIES, 1994: 18). Ao contrário, Mill é adepto incondicional da independência da mulher e da igualdade dos sexos, ponto de vista que preconiza na obra *Sujeição das mulheres*, escrita em 1869.

Igualmente, a partir de 1845, Mill refuta a estática social constituída por uma "reorganização espiritual positiva" que se impõe a toda sociedade, bem como dá a conhecer a "indiferença, por parte de Comte, pela exigência de provas e verificações, seu gosto desenfreado pelas especulações sistemáticas, e julga a um só tempo 'lamentáveis' e 'assustadoras' as prescrições minuciosas editoradas pelo Grão-Sacerdote" (MILL [1865], apud PETIT, 1999: 45).

Em 1842, Comte separa-se de Caroline Massin. Um ano depois, publica *Tratado elementar de geometria analítica*. Em 1844, é publicado o *Tratado filosófico de astronomia popular*, que reúne as aulas do curso popular desde 1830 (ano de início da divulgação de *O Curso de Filosofia Positiva*). O *Tratado* conta com o preâmbulo do *Discurso sobre o espírito positivo*. Em *O national*, Émile Littré (1801-1882) – formação médica, intelectual francês (lexicógrafo), republicano conservador, redator do jornal – tece elogios à obra de Comte, *O Curso de Filosofia Positiva*.

Obras e encontros marcantes: reviravolta dos sentimentos e afetos

Ainda em 1844, em outubro, Comte conhece Clotilde Vaux, o *coup de foudre*: o amor a Clotilde (LEPENIES, 1994: 20), por quem cultiva uma paixão platônica[8].

Positivistas, sobretudo os "científicos" como Littré, mencionam 1845 o "ano sem igual" na vida de Comte, que termina em 5 de abril de 1846 com a morte da musa inspiradora. Os registros dos encontros e desencontros sentimentais e intelectuais nas trocas de cartas até o acontecimento funesto revelam significativos efeitos no pensamento de Comte. "No puede sospechar que as cartas casi a diario entre ella y Auguste Comte van a modificar decisivamente la doctrina positivista y acabarán por conducir a que positivistas 'científicos' como Émile Littré deserten del fundador del positivismo" (LEPENIES, 1994: 24). Consequentemente, em 1847, Comte funda a Religião da Humanidade, que tem por figura central a mulher idealizada na representação de Clotilde Vaux como símbolo da humanidade.

No embalo da onda republicana europeia[9], Comte publica *Discours sur l'ensemble du Positivisme*, em julho de 1848, que contém as 12 aulas proferidas no Curso de Astrologia Popular em 1847, igualmente destinada ao público proletário. Posteriormente, em julho de 1851, foi publicado como Discurso preliminar no 1º volume da obra *Sistema de política positiva*. Também funda a Associação Livre para Instrução Positiva do Povo em todo o Ocidente Europeu, na qual a reunião de 12 de março de 1848 institui a Sociedade Positivista que congrega 43 membros, localizada na *Rue Monsieur-le-Prince*,10, na própria residência de Comte.

O alvo da Sociedade Positivista presidida por Comte é de formar uma opinião favorável à ciência positiva por meio da instrução dos trabalhadores, por conseguinte legitimar no seio das camadas populares uma ótica de ordem social que se contrapunha às ideias socialistas de Louis Auguste Blanqui, Charles Fourier, Joseph Proudhon que circulavam em Paris na década de 40 do século XIX. Entre os membros da Sociedade Positivista está o marceneiro Fabien Magnin (1878), discípulo positivista que relata, durante os festejos de vigésimo primeiro aniversário da morte de Auguste Comte:

> [...] o fourrierismo e o comunismo, em voga na sociedade parisiense (no decênio de 1840) substituíam o saint-simonismo daqueles homens preocupados com a questão social. Entretanto, um significativo número de trabalhadores aderia ao positivismo, visto que o consideravam uma doutrina mais completa ao abarcar a ideia de solidariedade entre os homens contraposta a de individualismo, e a ideia de reforma imbuída de um caráter moralizante (MAGNIN, 1978, apud RIBEIRO, 1998: 130).

Em agosto de 1848, Comte encaminha, à comissão formada por Émile Littre, Fabien Magnin e Pierre Laffitte – membros da Sociedade Positivista –, o *Discours sur l'ensemble du Positivisme* no formato de relatório cuja narrativa compara e descreve os fatores sociais e políticos que fazem emergir os acontecimentos revolucionários, na França, desde 1789 até 1848. Comte sugere à comissão o exame do modelo de organização para o novo governo revolucionário pelo qual elege os trabalhadores aliados aos filósofos da ciência positiva, a tarefa de concretizar a reorganização da sociedade (COMTE, 1848).

Paul Arbousse-Bastide (1899-1985)[10] comenta que a instrução do "bom proletariado" às ciências positivas coincide com

> [...] a grande iniciação de Comte ao homem comum, ao sentimento, ao homem massa, cuja força primitiva permanece pura autorizando todas as esperanças. [...] Após 1845, o proletariado e a mulher constituirão [...] os dois catalisadores do poder espiritual, os dois discípulos-tipo cuja educação particular será o ponto de partida da educação universal, fora da qual não há salvação (ARBOUSSE-BASTIDE, 1957, apud BASTOS, 1985, citado por RIBEIRO, 2003: 82).

Em 1849, Comte publica o famoso e complexo *Calendário positivista*. Dois anos depois, a partir de 1851 até 1854 são publicados os quatro volumes do *Sistema de política positiva* (ou Tratado de sociologia que estabelece, sobretudo no 4º volume, a Religião da Humanidade). Nessa obra Comte explica:

> Que en el *Cours (de philosophie positive)* reina la inteligencia mientras en el *Système* domina el corazón, [...] señalando que su meta inicial había sido probar la superioridad intelectual del positivismo frente a todos los sistemas teológicos, al paso que posteriormente trató de demonstrar la excelencia moral de la única religión verdadera (apud LEPENIES, 1994: 30).

Na sequência da fase religiosa comtiana, em outubro de 1852, é publicado o opúsculo *Catecismo positivista*. No prefácio dessa obra, Comte preconiza que o culto à "Grã-Ser" ou "Humanidade" antecede ao dogma científico, inversão do constructo iniciado nos anos de juventude e no período de 1830 a 1842 nos seis volumes de *O Curso de Filosofia Positiva*.

No *Catecismo positivista*[11] está exposto o diálogo do "Grão-Sacerdote" com os governados, a mulher símbolo da humanidade que congrega os atributos afetivos, sentimentais e de sujeição intrínsecos ao caráter altruísta que deve ser perpetuado nas relações sociais. Comte evoca a educação sistemática do indivíduo dirigida pelo sacerdócio, concebidas as formas de sociabilidade inerentes às fases de evolução do indivíduo: fetichista, a infância; politeísta, até a puberdade. Na positiva, o jovem já habituado, desde a infância, a aceder à superioridade da "sociabilidade sobre a personalidade como principal destino do homem", está pronto para receber os conhecimentos enciclopédicos da educação universal, qual seja a sistematização teórica das ciências (COMTE, [1852] 1934: 308).

Em 1855, Comte escreve *Apelo aos conservadores*. Nesse opúsculo "dirige-se essencialmente aos estadistas ocidentais, a fim de iniciá-los na unica sinteze (política positiva) que os pode guiar [...], a tranzição final", para o "estágio positivista (COMTE. Prefácio, [1855] 1899, p. v; grafia do tradutor). O *Apelo aos conservadores* é o complemento inevitável do *Catecismo positivista*, em que a ação do poder temporal de governantes e governados é conciliada pela direção espiritual do "Grão-Sacerdote" (COMTE, 1855). Após um ano, publica *Síntese subjetiva* (ou Sistema universal das concepções próprias do estado normal da humanidade). O "primeiro tomo de uma enciclopédia, de dez volumes", na qual exporia "o conjunto do sistema positivista de uma perspectiva rigorosamente antropológica e subjetiva, isto é, centrada nos valores próprios ao homem e à humanidade" (BENOIT, 2006: 33).

Por fim, em 1857, Auguste Comte falece no seu apartamento na Rue Monsieur-le--Prince, 10, sendo velado por "Sophie, sua fiel doméstica e 'filha adotiva', com o marido e filhos, além de alguns discípulos" (BENOIT, 2006: 33).

Percursos e influências

O método sociológico de Comte dará suporte à escola de Émile Durkheim (1858-1917), formado em Filosofia pela École Normale Supérieure, de Paris, em 1883; mais tarde leciona pedagogia e ciências sociais na Universidade de Bordeaux, em 1887. Funda a revista *L'Année Sociologique*, em 1896. Em Paris, é nomeado assistente de Buisson na cadeira de Ciência da Educação, na Universidade de Sorbonne, em 1902. Quatro anos depois assume nessa mesma cadeira, como professor titular. Em 1910, transforma em cátedra de Sociologia. Ao longo desse período a "nova ciência" se legitima e ganha reconhecimento acadêmico e social na França. Em que pese as divergências teóricas e epistemológicas, Durkheim integra com outros cientistas sociais do seu tempo – Le Play, Gabriel Tarde[12], Tönnies, Max Weber, Georg Simmel, Herbert Spencer, Marcel Mauss e outros – o campo de conhecimento dos estudos sociológicos.

Durkheim aperfeiçoa a "física social" fundada por Comte, a quem reconhece o esforço intelectual ao acrescentar a Sociologia no sistema das ciências. Admite o empenho de Saint-Simon a anunciar a nova ciência, porém foi Comte o progenitor da Sociologia. Igualmente considera que o surgimento da Sociologia se deve à formulação comtiana sobre seu objeto: "os fatos sociais", designados como "coisas", cuja particularidade categorial é pensada por meio da condução de um espírito científico análogo ao existente nas outras ciências da natureza (Durkheim, prefácio da segunda edição de *As regras do método sociológico* [1895] 1977: XXIII). Contudo, ainda nessa obra, manifesta reservas ao positivismo enquanto doutrina, sobretudo a Teoria da Lei dos Três Estados como explicativa do estágio de evolução geral do gênero humano, pois essa visão progressiva é conjectural e especulativa, o que dificulta encontrar a "ordem social" intrínseca a cada momento da evolução da sociedade. A crítica durkheimiana, nutrida pelas contribuições de Rousseau e Montesquieu, constata que a "lei geral da evolução da humanidade" de Comte substitui o objeto da sociologia – os fatos sociais (coisas) – pela concepção de espírito (ideia).

Durkheim afina o conceito de fato social associando-o à observação, descrição e classificação da organização humana sedimentada por dois tipos de solidariedade: mecânica e orgânica. Assim, entende os fatos sociais como: maneiras de agir, de pensar e de sentir socialmente estabelecidas como a síntese exterior de uma pluralidade de ações individuais, e que, uma vez estabelecidas, adquirem a capacidade de comandar essas ações sem, no entanto, se confundir com elas (DURKHEIM, [1895] 1977).

Já no Brasil, o método científico e doutrina positiva foram recepcionados, principalmente, a partir da década de 70 do século XIX. Na Escola Militar da Praia Vermelha, do Rio de Janeiro, o positivismo inspirou o sentimento de revolta de acadêmicos e militares que criticavam o Império brasileiro personificado na figura de Dom Pedro II (CARVALHO, 1988; COSTA, 1990). A indignação dos militares referia-se a: o descaso do governo imperial em relação às reivindicações dos militares após a Guerra do Paraguai, a manutenção do regime de trabalho escravista, as prerrogativas nobiliárquicas e dos bacharéis em detrimento da valorização profissional do "soldado cidadão da Pátria" que implicava a definição do soldo e outras demandas de cunho republicano. Desse círculo se destaca Benjamin Constant, militar e professor de matemática da Escola Militar do Rio de Janeiro, em 1872. Benjamim teve um papel importante na divulgação do positivismo e dos ideais republicanos entre os alunos militares e jovens oficiais que participaram da conspiração que derrubou a monarquia brasileira. Foi vice-presidente do Clube Militar, recebendo o encargo de organizar a queda do trono, de maneira a pôr fim aos conflitos entre o Exército e o governo imperial (LEMOS, 1999; TEIXEIRA MENDES, 1937).

Em 1874, Benjamin Constant ingressou na Escola Politécnica do Rio de Janeiro, recentemente inaugurada em substituição da Escola Central (a qual, desde 1858, existia ao lado da Escola Militar), para atender somente alunos civis. Igualmente bacharéis e engenheiros civis que haviam sido formados na Escola Central. Na Politécnica, do Rio, Benjamin Constant disseminou a perspectiva científica comtiana no Curso de Engenharia, com o estudo das concepções das ciências físicas e matemáticas – geometria geral e analítica, mecânica –, contidos no 1º volume do Curso de Filosofia Positiva (TEIXEIRA MENDES, 1937). Entre 1874 e 1875, conhece os alunos da Politécnica, Miguel Lemos e Raimundo Teixeira Mendes, fervorosos republicanos e positivistas ortodoxos aderentes ao positivismo religioso de Auguste Comte. O ativismo republicano dos jovens, geração de 70 do século XIX, se realizava com o afluxo a escolas superiores. O entusiasmo movido "pela dupla preocupação da ciência e da política", segundo o positivista Teixeira Mendes, levaria alguns jovens "que tivessem verdadeiro ardor social que viessem a afastar-se em breve do republicanismo democrático. Para isso bastava que eles deparassem com as obras de Auguste Comte" (TEIXEIRA MENDES, 1937: 131. Grafia do autor). Contudo, as academias e as elites recepcionavam pensamentos filosóficos e científicos concorrentes entre si, como: o positivismo, spencerismo, darwinismo, monismo, rousseaunismo, liberalismo, em vista a robustecer a ação dos opositores ao regime monárquico, e da defesa da causa abolicionista, tornando legítimas suas intervenções políticas (RIBEIRO, 1998, 2001, 2003, 2013).

Em 1877, Miguel Lemos e Teixeira Mendes viajam para Paris, onde o primeiro frequenta o Curso de Medicina, e acabam por conhecer Pierre Laffitte, herdeiro do positivismo religioso e fiel testamenteiro de Comte (RIBEIRO, 2001a). No retorno de viagem, Teixeira Mendes presta exame de ingresso na Escola Politécnica, do Rio, em 1878. Depois em 1881 fundam o Apostolado Positivista do Rio de Janeiro pelo qual divulgam as ideias de Comte e buscam recrutar adeptos, entre acadêmicos, políticos e setores das classes médias, à religião da humanidade. A intervenção do apostolado, dos dois ortodoxos – Miguel Lemos e Teixeira Mendes –, se volta à defesa de valores republicanos, à secularização da vida social e ao abolicionismo, de acordo com os ditames comtianos[13].

O positivismo político formara mentes de políticos republicanos de diferentes perfis de ação ideológica, uns mais democratas, liberais, outros mais autoritários: Quintino Bocaiúva, Alberto Salles, Demétrio Ribeiro, Júlio de Castilho (RIBEIRO, 2013), preocupados, embora invertessem a fórmula comtiana, em construir um modelo de organização política pelo qual intervém na realidade para propiciar a mudança da vida social. Esses políticos agiam de maneira autônoma ao apostolado positivista, seus compromissos diziam respeito à ação partidária. Contudo Miguel Lemos e Raimundo Teixeira Mendes reservavam para si a tarefa de orientar a prática daqueles que eram incumbidos de exercer o poder temporal na sociedade, por isso a prerrogativa do apostolado em ditar a regra do cânone positivo afastava os adeptos políticos, republicanos.

Nos anos 30 do século XX, Claude Lévi-Strauss, formado em Direito e Filosofia, integra a denominada "missão francesa", financiada pelo governo paulista, para ocupar o cargo de professor na recém-criada Faculdade de Filosofia, Letras e Ciências, com a fundação da Universidade de São Paulo, 1934 (ARRUDA, 1995). A partir de 1935 até 1938, Lévi-Strauss introduziu na academia paulista as primeiras lições de ciência positiva do cânone de Auguste Comte e Émile Durkheim. Na década posterior, Roger Bastide, orientador do sociólogo Florestan Fernandes, na USP, prossegue ensinamentos do método positivo da observação, descrição, classificação, generalização – aprimorado e delimitado por Durkheim, para estudos etnográficos e de perspectiva diferencial e comparativa (BASTIDE & FLORESTAN, [1955] 2006; FERNANDES, [1964] 2008).

Enfim a concepção de ciência e o método positivo de certa forma hegemonizaram o campo de conhecimento das ciências sociais, sobretudo francesa, que constitui a "escola durkheimiana", espalhando-se em diferentes países latino-americanos, europeus, Grã-Bretanha, da América do Norte, embora concorresse dentro do campo sociológico com outros modelos do entendimento de sociedade.

Conceitos-chave

Para Comte, a positividade prática da sociologia enquanto ciência supõe a positividade metodológica pela qual dispõe o instrumento de observação, experimentação e correlação dos "fatos sociais" para regular a "realidade das coisas". Esse procedimento próprio da ciência "positiva" e racional são os mesmos utilizados pelas ciências: astronomia, matemática, química, física, sobretudo a biologia ou fisiologia, posto que torne possível captar as leis que governam o desenvolvimento da sociedade.

Essa concepção de positividade da ciência atravessa o desenvolvimento de conceitos nos excertos capturados nas obras de Comte que seguem abaixo. Cabe esclarecer que tais conceitos foram referenciados e explicados ao longo deste capítulo sobre Auguste Comte.

Positivo

A palavra "positivo" designa o "real", em oposição à fantasia ou imaginação do estado teológico; o "útil", contraposto ao "ocioso"; a "certeza", em contraste à "indecisão", de sorte que desloca a "dúvida" incessante, cartesiana, suscitada no antigo regime mental do estado metafísico, dos filósofos do século XVII (COMTE, DEP, [1844] 1983: 61-62). Também define o "preciso" ou "exato", em oposição ao "vago", como "grau de precisão compatível com a natureza dos fenômenos e conforme as exigências de nossas verdadeiras necessidades"; o "positivo", contrário ao "negativo" ou "destrutivo" das filosofias revolucionárias do século XVIII (COMTE, DEP, [1844] 1983: 62).

Escala enciclopédica das ciências

> Posto que a fundação da física social completa o sistema das ciências naturais (astronomia, física, química, fisiologia), torna-se possível e mesmo necessário resumir os diversos conhecimentos adquiridos, que atingiram, então, um estado fixo e homogêneo, a fim de coordená-los, apresentando-os como diferentes ramos dum tronco único, ao invés de continuar considerando-os apenas como vários corpos isolados (CFP, vol. 1, 1. ed., 1983: 10).

> Assim os físicos que estudaram de antemão astronomia, ao menos de um ponto de vista geral; os químicos que, antes de se ocuparem com sua própria ciência, não estudaram previamente astronomia e, depois, a física; os fisiologistas que não se prepararam para seus trabalhos especiais, graças ao estudo preliminar da astronomia, da física e da química, desrespeitaram todos eles uma das condições fundamentais de seu desenvolvimento intelectual. O mesmo acontece, de forma evidente, com os espíritos que pretendem entregar-se ao estudo positivo dos fenômenos sociais sem antes ter adquirido um conhecimento geral da astronomia, da física, da química e da fisiologia (CFP, vol. 1, 2. ed., 1983: 36).

> [...] Hoje, a ciência matemática possui muito menos importância em virtude de seus conhecimentos reais e precisos, de que se compõe diretamente, do que como constituindo o instrumento mais poderoso que o espírito humano pode empregar na investigação das leis dos fenômenos

21

naturais. [...] Para apresentar a esse propósito uma concepção perfeitamente distinta e rigorosamente exata, veremos ser preciso dividir a ciência matemática em duas grandes ciências, cujo caráter é essencialmente diferente: a matemática abstrata ou o *cálculo*, tomando a palavra em sua grande extensão, e a matemática concreta, que compõe, de uma parte, da geometria geral, de outra, da mecânica racional. A parte concreta necessariamente se funda na parte abstrata, tornando-se por sua vez a base direta de toda a filosofia natural, que considera tanto quanto possível todos os fenômenos do universo como geométricos ou mecânicos. [...] A parte abstrata é a única puramente instrumental, não sendo outra coisa além de uma imensa extensão admirável da lógica natural a [...] certa ordem de deduções (CFP, vol. 1, 2. ed., 1983: 38).

A geometria e mecânica devem, ao contrário, ser tomadas como verdadeiras ciências naturais, fundadas, assim como todas as outras, na observação, embora, por causa da extrema simplicidade de seus fenômenos, comportem um grau infinitamente mais perfeito de sistematização. [...] Como resultado definitivo temos a matemática, a astrologia, a física, a química, a fisiologia e a física social; tal é a fórmula enciclopédica que, dentre o grande número de classificações que comportam as seis ciências fundamentais, é a única logicamente conforme a hierarquia natural e invariável dos fenômenos (CFP, vol. 1, 2. ed., 1983: 39).

Leis gerais da evolução do gênero humano

A "lei geral do desenvolvimento do espírito humano" explica "com precisão" o caráter fundamental da filosofia positiva (COMTE, CFP, [1830] 1983: 7). Segundo Comte, a fórmula compreende

[...] tomar todos os fenômenos como sujeitos às *leis* naturais invariáveis, cuja descoberta precisa e cuja redução ao menor número possível constituem o objetivo de todos os nossos esforços, considerando como absolutamente inacessível e vazia de sentido para nós a investigação das chamadas *causas*, sejam primeiras, sejam finais. É inútil insistir muito sobre um princípio, hoje tão familiar a todos aqueles que fizeram um estudo um pouco aprofundado das ciências de observação. [...] em nossas explicações positivas, até mesmo as mais perfeitas, não temos de modo algum a pretensão de expor *causas* geradoras dos fenômenos, posto que nada mais faríamos então além de recuar a dificuldade. Pretendemos somente analisar com exatidão as circunstâncias de sua produção e vinculá-las umas às outras, mediante relações normais de sucessão e de similitude (COMTE, CFP, [1830] 1983: 7; grifos do autor).

Ordem e progresso: estática e dinâmica

Não se pode primeiramente desconhecer a aptidão espontânea dessa filosofia (positiva) a constituir diretamente a *conciliação fundamental* [...], entre as exigências da *ordem e do progresso*. [...] Num assunto qualquer, o *espírito positivo leva sempre a estabelecer exata harmonia elementar entre as ideias de existência* (estática) *e as ideias de movimento* (dinâmica), donde resulta mais especialmente, no que respeita aos corpos vivos, a correlação permanente das ideias de organização com as ideias de vida e, em seguida, graças a uma última especialização peculiar ao organismo social, a *solidariedade* contínua das ideias de ordem com as ideias de progresso. Para a nova filosofia, a *ordem constitui sem cessar a condição fundamental do progresso e, reciprocamente, o progresso vem a ser a meta necessária da ordem*; como no mecanismo animal, o equilíbrio e a progressão são mutuamente indispensáveis, a título de fundamento ou destinação. Especialmente considerado, em seguida, no que respeita à ordem, o espírito positivo apresenta-lhe hoje, em sua extensão social, poderosas garantias diretas, não somente científicas, mas também lógicas, que poderão logo ser julgadas muito superiores às vãs pretensões duma teologia retrógrada, que cada vez mais se degenera, desde vários séculos, num ativo elemento de discórdias, individuais ou racionais, incapaz, a partir de agora, de conter as divagações subversivas de seus próprios adeptos. Atacando a desordem atual em sua verdadeira fonte, necessariamente mental, constitui, tão profundamente quanto possível, a harmonia lógica, regenerando, de início, os *métodos* (grifos do autor) antes das doutrinas [...]. [Assim] Demonstra (a filosofia positiva), com efeito, de uma parte, que as principais dificuldades sociais não são hoje essencialmente políticas, mas sobretudo morais, de sorte que sua solução possível depende realmente das opiniões e dos costumes, muito mais do que das instituições, o que tende a extinguir uma atividade perturbadora, transformando a agitação política em movimento filosófico. Sob outro aspecto, considera sempre o estado presente como resultado necessário do conjunto da evolução anterior, de modo a fazer constantemente prevalecer a apreciação racional do passado no exame atual dos negócios humanos – o que logo afasta as tendências puramente críticas, incompatíveis com toda sadia concepção histórica. Finalmente, em lugar de deixar a ciência social no vago e estéril isolamento em que a situam a teologia e a metafísica, vincula-a irrevogavelmente a todas as outras ciências fundamentais, que constituem gradualmente, para esse estudo final, vários preâmbulos indispensáveis, onde nossa inteligência adquire, ao mesmo tempo, os hábitos e as noções sem os quais não se pode abordar, de modo útil, as mais eminentes especulações positivas (COMTE, DEP, [1844] 1983: 69; grifos meus).

Dogma do progresso e história

O único caráter essencial do novo espírito filosófico [...] consiste em sua tendência necessária a substituir, em todos os lugares, absoluto por *relativo* (COMTE, DEP, [1844] 1983: 63; grifo do autor).

Sob o aspecto mais sistemático, a nova filosofia indica diretamente como destino necessário de toda nossa existência, ao mesmo tempo pessoal e social, o melhoramento contínuo de nossa condição e, sobretudo, de nossa natureza, enquanto comportar, em todas as esferas, o conjunto das leis reais exteriores ou interiores. Elevando assim a noção de progresso a dogma verdadeiramente fundamental da sabedoria humana, seja prática, seja teórica, imprime-lhe o caráter mais nobre e, ao mesmo tempo, o mais completo, sempre representando o segundo gênero de aperfeiçoamento como superior ao primeiro. De uma parte, a ação da Humanidade sobre o mundo exterior, ao depender sobremaneira das disposições do agente, é sua melhoria que deve constituir nosso principal recurso. De outra parte, sendo os fenômenos humanos individuais ou coletivos dentre todos os mais modificáveis, é em relação a eles que nossa intervenção racional comporta naturalmente maior eficácia. O dogma do progresso só pode vir a ser suficientemente filosófico depois duma exata apreciação geral do que constitui sobremaneira esse melhoramento contínuo de nossa própria natureza, principal objeto da progressão humana. [...] esse aperfeiçoamento consiste essencialmente tanto para o indivíduo como para a espécie, em fazer predominar de modo progressivo os eminentes atributos que distinguem a mais nobre *humanidade* (grifo do autor) da simples animalidade, a saber, de uma parte, a inteligência, de outra, a sociabilidade, faculdades naturalmente solidárias que mutuamente se servem de meio e de fim (COMTE, DEP [1844] 1983: 70-71).

[...] O espírito positivo, em virtude de sua natureza eminentemente relativa, é o único a poder representar convenientemente todas as *grandes épocas históricas*, como tantas fases determinadas duma mesma evolução fundamental, onde cada uma resulta da precedente e prepara a seguinte segundo leis invariáveis que fixam sua participação especial na progressão comum, de maneira a permitir, sem maior inconsequência do que parcialidade fazer exata justiça filosófica a qualquer sorte de cooperação [...] Porquanto se pode assegurar hoje que a doutrina que vier a explicar suficientemente o conjunto do passado obterá inevitavelmente, por causa dessa única prova, a presidência mental do futuro (COMTE, DEP [1844] 1983: 71; grifos do autor).

Considerações finais

A filosofia positiva adquire um sentido de promessa cuja crença fundamenta a tendência de a ciência considerar a harmonia lógica no indivíduo para integrá-lo ao corpo social unificado, harmônico e apaziguado.

A percepção dos fatos sociais por meio das relações de sucessão e semelhança torna possível, segundo Comte, elaborar as normas e regras cujas funções consistem a máxima de Comte: *prévoir pour pourvoir de l'avenir social,* pela qual a sociologia como ciência da vida social deve se empenhar por edificar o conhecimento da realidade a fim de remediar situações de conflitos e crises que desestabilizam a ordem social.

Por conseguinte, a complexidade dos fenômenos sociais, detectada pela positividade prática e metodológica da ciência, demonstra o caráter primordial da filosofia positiva que busca a conciliação da espontaneidade individual ou coletiva, agora, regulada pela doutrina, com a necessidade da vida do corpo social, para tornar sustentável a coesão societária. Haja vista Comte evidenciar o caráter secundário e menos eficaz da intervenção política, por consequência da primordial necessidade de reorganização social.

Em linhas gerais, o tratamento sistemático da explicação sociológica do mundo real no quadro do sistema positivo das ciências fornece os fundamentos da ciência social conservadora. A filosofia positiva, desde o início do século XIX, prepara o terreno para legitimar acadêmica e socialmente a nova ciência, a Sociologia, e o positivismo, congraçando a razão com a ordem estabelecida.

Por fim a Sociologia instituída por Auguste Comte semeia, a despeito das recepções críticas teórico-metodológicas, o debate intelectual no campo de conhecimento do "real" que perfilhou o final do século XVIII ao XIX. Nessa longa época, pensadores sociais e filósofos com diferentes matizes epistêmicos como Kant, Rousseau, Montesquieu, Hegel, Marx, Spencer, Le Play, Tönnies, Weber, Tarde, Simmel, Durkheim, Mauss e tantos outros, colaboraram por meio de seus aportes teóricos para decifrar e/ou mistificar o "social". Essas reflexões estavam dentro de um mundo que já experienciava a desilusão na crença, almejada por Condorcet, Saint-Simon, Comte, Kant, de que o progresso moral, técnico, científico e econômico seria irreversível e haveria de promover a ordem e a harmonia (a paz) com o equilíbrio das forças materiais antagônicas conciliadas pela livre-aceitação de opiniões e costumes que objetivassem a reorganização social.

No final do século XIX e início do XX (período entre guerras e após a Segunda Grande Guerra Mundial), demonstrou avanços e regressão de processos democráticos dos regimes políticos e instituições, e a ascensão de forças totalitárias cuja eficácia ainda, como nos diz Florestan Fernandes (1980: 30), "condiciona a racionalidade necessária à transformação do mundo imposto pela própria dominação. [...] Tal racionalidade desemboca na reificação e na mistificação, pois ambas são requisitos da transformação do mundo desejada e (segura) para a classe dominante".

Em contrapartida despontam novas reflexões da Modernidade contemporânea atentas a acontecimentos e temáticas que mobilizam a estrutura com mudança e reiteração de formas de vida social. Hoje, o dualismo da objetividade e subjetividade dá lugar à sociologia da sociologia ou sociologia crítica dos pressupostos teórico-metodológicos da ciência social moderna, inclusive a contemporânea, a exemplo da sociologia de Pierre Bourdieu e Anthony Giddens. Nessa esteira a prática relacional, seja do agente, seja do ator, gera o universo de representações mentais ou subjetivas que objetivam a estrutura social pela qual o indivíduo a reproduz ou a transforma.

Notas

[1] A Escola Politécnica de Paris fora criada pela Convenção Nacional em 1894, por conseguinte possuía uma orientação política republicana a qual foi colocada à prova com a restauração da monarquia absolutista da Casa Real dos Bourbons na França, após a queda de Napoleão Bonaparte (1815), com apoio da Santa Aliança – coligação dos territórios governados por monarquias absolutistas (Prússia, Espanha e Áustria). A onda conservadora e antiliberal, nessa época, levou ao fechamento da Escola Politécnica de Paris em 1816. Por isso, no início desse ano, Auguste Comte retorna a Montpellier, onde frequenta, sem concluir, a faculdade de Medicina. No final de 1816, porém, volta a Paris.

[2] Em 1883, o editor Ernest Leroux, em Paris, publica a edição francesa dos *Opúsculos de filosofia social*, a qual foi traduzida no Brasil por Dinarte Ribeiro e publicada pela Livraria do Globo em Porto Alegre (1883). Mais tarde, em 1972, outra tradução foi realizada por Ivan Lins e João Francisco de Souza, publicada pelas editoras do Globo e da Universidade de São Paulo.

[3] Jovem operária parisiense, de 22 anos.

[4] Comte teve uma enfermidade mental que o levou à internação na casa de saúde do Dr. Esquirol. Conforme Lepenies (1994), Comte sofria de crises mentais periódicas que precediam a cada nova fase de criação intelectual.

[5] O programa do curso abrangeu 72 aulas, divididas pelos seguintes assuntos: *Preliminares gerais* (2 aulas): 1ª exposição do objetivo do curso; 2ª exposição do plano das aulas. Seguida de *Matemática* (16 aulas): Cálculo (7 aulas); Geometria (5 aulas); Mecânica (4 aulas). Depois, *Ciências dos Corpos Brutos*: Astronomia (10 aulas); Geométrica (5 aulas); Mecânica (5 aulas); Física (10 aulas); Química (10 aulas). Por último, *Ciências dos Corpos Organizados*: Fisiologia (10 aulas); Física Social (14 aulas). (Comte, OFS: 4).

[6] Acontece a Revolução de Julho de 1830, insurreição popular que destitui a Casa Real dos Bourbons, de Carlos X. Ascende o poder Luís Felipe de Orleans ("o Rei burguês" aliado à burguesia financista).

[7] Nicolau Copérnico (astrônomo teuto-polonês, 1473-1543, Teoria do Sistema Heliocêntrico, que colocou o Sol no centro do sistema solar, em oposição à concepção do sistema ptolomaico, cujo centro era a Terra), Johannes Kepler (astrônomo e matemático alemão, 1571-1630, elaborou o princípio da gravidade), Claude Bertholet (químico francês, 1748-1822, foi contemporâneo de Antonio Lavoisier, cientista francês, pai da química moderna, 1743-1794), Galileu Galilei (físico, matemático, astrônomo e filósofo italiano, 1564-1642, enunciou as leis da gravidade dos corpos e o princípio da inércia, construiu o primeiro telescópio), Francis Bacon (político, filósofo inglês, 1561-1626, escreveu a obra *Novum Organum*, onde atribui importância ao método científico na articulação entre a teoria (conhecimento, razão) e prática da experimentação), René Descartes (filósofo, físico e matemático francês, 1596-1650, introduziu o método racionalista matemático como modelo de explicação para todos os campos de conhecimento, publicou *Discurso sobre o Método*, em 1637), Isaac Newton (cientista inglês, físico, matemático, astrônomo, alquimista, teólogo, 1642-1727, desenvolveu o princípio do cálculo e da mecânica).

[8] Ambos trocam missivas sobre poesia e positivismo pelas quais firmam uma amizade profunda e eterna suportada pelo amor e admiração de Auguste Comte, embora Clotilde Vaux preservasse o respeito e afeto em relação ao sentimento de Comte.

[9] Em 1848, a Revolução de Fevereiro eleva Paris a palco da rebelião de burgueses, classes médias, estudantes, camponeses e trabalhadores urbanos, em vista de derrubar a monarquia constitucional de julho de

1830, governada por Luís Felipe de Orleans. Essa agitação se estendeu a várias cidades e regiões da Europa, inclusive a Inglaterra, onde também as classes dominadas pelos Impérios monarquistas se insurgem contra a crise econômica (agrícola e industrial) e política que as levam a viver sob condição de miséria e pobreza no campo e na cidade. Esse movimento social é denominado a "Primavera dos Povos" (cf. HOBSBAWM, 1982).

[10] Professor de filosofia, vindo para São Paulo na célebre missão francesa de 1934 para lecionar no recém-inaugurado Instituto de Filosofia, Letras e Ciências da Universidade de São Paulo. Retornou, em 1946, para a França.

[11] No prefácio do *Catecismo* está reproduzido em fotografia o quadro do pintor brasileiro Décio Villares; nesse Auguste Comte medita sob inspiração de seus três: a mãe, Rosálie Boyer; a serva, Sophie Bliot, "a ilustre proletária"; a amada, "digna de culto", Clotilde de Vaux. Ao fundo do mesmo quadro: Dante Alighieri, poeta florentino (1265-1321), autor da *Divina comédia*, aos pés da amada Beatrice.

[12] Cf. RIBEIRO, Maria Thereza Rosa. Antes Tarde do que nunca. Gabriel Tarde e a emergência das ciências sociais. *Rev. Antropol.*, vol. 44, n. 1, 2001b, p. 325-330. São Paulo.

[13] Entre 1891 e 1897 a Igreja Positivista do Brasil – o Templo da Humanidade – é construída na Rua Benjamin Constant, 74, Bairro da Glória, Rio de Janeiro, com recursos arrecadados de seus próprios membros. No século XX, mais dois templos são construídos: um, em Porto Alegre, Rio Grande do Sul; outro, em Curitiba, Paraná.

Referências

ADORNO, T.W. *Introdução à sociologia*. São Paulo: Unesp, 2008.

ARRUDA, M.A.N. A sociologia no Brasil: Florestan Fernandes e a "escola paulista". In: MICELI, S. (org.). *História das ciências sociais no Brasil*. Vol. 2. São Paulo: Sumaré, 1995, p. 107-231.

BASTIDE, R. & FERNANDES, F. *Brancos e negros em São Paulo*. São Paulo: Global, 2008.

BASTOS, T. O positivismo e a realidade brasileira. *Revista Brasileira de Estudos Políticos*, 1965. Belo Horizonte: Universidade de Minas Gerais.

BENOIT, L.O. *Auguste Comte*: fundador da física social. São Paulo: Moderna, 2006 [Coleção Logos].

_____. *Sociologia Comteana*: gênese e devir. São Paulo: Discurso, 1999 [Coleção Clássicos e Comentadores].

BOURDIEU, P. Sobre o poder simbólico e introdução a uma sociologia reflexiva. In: BOURDIEU, P. *O poder simbólico*. Lisboa: Difel, 1989, p. 7-16, 17-58.

COSTA, V.F. *Ressentimento e revolta* – Formação cultural e radicalização política dos jovens oficiais da Escola Militar na Praia Vermelha, 1874-1889. 2 vols. São Paulo: USP, 1990 [Dissertação de mestrado].

CARVALHO, J.M. Escravidão e razão nacional. *Dados* – Revista de Ciências Sociais, vol. 31, n. 3, 1988. Rio de Janeiro: Iuperj.

DURKHEIM, É. *As regras do método sociológico*. São Paulo: Companhia Editora Nacional, 1977.

FERNANDES, F. A "herança clássica" e o seu destino. In: *A natureza sociológica da sociologia*. São Paulo: Ática, 1980, p. 19-44 [Ensaios, 65].

_____. *A integração do negro na sociedade de classes*. Vols. 1 e 2. São Paulo: Biblioteca Azul/Globo, 2008.

GIANNOTTI, J.A. (consultor). Vida e obra de John Stuart Mill. In: *Jeremy Bentham/John Stuart Mill*. São Paulo: Abril, 1984, p. 69-78 [Os Pensadores].

_____. Vida e obra de Auguste Comte. In: *Comte*. São Paulo: Abril, 983. p. v-xv [Os Pensadores].

GIDDENS, A. *A constituição da sociedade*. São Paulo: Martins Fontes, 2003.

HOBSBAWM, E.J. *A era das revoluções*: Europa 1789-1848. Rio de Janeiro: Paz e Terra, 1982.

LEPENIES, W. Las transformaciones de Auguste Comte – Ciencias y literatura em el primitivo positivismo e Agathon y otros. Literatura y sociología en Francia hacia el fin de siglo. In: *Las tres culturas* – La sociología entre la literatura y la ciencia. México: Fondo de Cultura Económica, 1994, p. 11-38, 39-87.

LEMOS, R. (org.). *Benjamin Constant*: vida e história. Rio de Janeiro: Topbooks, 1999.

MAGNIN, F. Discours de Fabien Magnin: A l'occasion du vingt et unième anniversaire de la mort d'Auguste Comte (1798-1857), 5 de septembre 1878. In: BERREDO-CARNEIRO, P.E. (dir.) & LOPES, P. (intr.). *Auguste Comte*: le prolétariat dans la societé moderne. Paris: Societé Positiviste, 1946 [Coleção Archives Positiviste].

MARCUSE, H. Os fundamentos do positivismo e o advento da sociologia. In: *Razão e revolução*: Hegel e o advento da Teoria Social. Rio de Janeiro: Paz e Terra, 1978, p. 295-349.

_____. *Progresso social e liberdade*. Porto: Firmeza, 1974 [Textos marginais].

RIBEIRO, M.T.R. *Controvérsias da questão social*: liberalismo e positivismo na causa abolicionista no Brasil. Porto Alegre: Zouk, 2012.

_____. Jacobinismo comteano e seu desdobramento na ação dos positivistas republicanos no Brasil – Sociedade em Debate. In: *Educat*, vol. 9, n. 1, mar./2003, p. 79-95. Pelotas: Universidade Católica de Pelotas.

_____. Vicissitudes da questão social – O sentido da reforma social: Joaquim Nabuco *versus* Miguel Lemos e Raimundo Teixeira Mendes (1870-1888). In: *Revista USP*, n. 51, 2001a, p. 171-189.

_____. Antes Tarde do que nunca – Gabriel Tarde e a emergência das ciências sociais. *Rev. Antropol.*, vol. 44, n. 1, 2001b, p. 325-330. São Paulo.

_____. *Vicissitudes da questão social no Brasil*: liberalismo *versus* positivismo na passagem do trabalho escravo para o trabalho livre (1870-1905). São Paulo: USP, 1999, 238 p. [Tese de doutorado].

_____. Positivismo: conservadorismo e progressismo. In: GRAEBIN, C.M. & LEAL, E. (org.). *Revisitando o positivismo*. Canoas: La Salle, 1998, p. 125-135.

SAINT-SIMON, H. Um sonho [1803] e Parábolas de Saint-Simon [1819]. In: *O socialismo pré-marxista*: Gracus Babeuf, Henri Saint-Simon, Auguste Blanqui, Charles Fourier. São Paulo: Global, 1980, p. 27-33, 35-38 [Coleção Bases, 31ª teoria].

SOCIÉTÉ POSITIVISTE DE PARIS. *Trois rapports de l'ancienne Société Positiviste de Paris fondée par Auguste Comte*: sur la nature et le plan du Gouvernement Révolutionnaire; sur la question du travail; sur la nature et le plan de l'École Positive. Rio de Janeiro: Igreja e Apostolado Positivista do Brasil, 1907 [1. ed. Paris: Librairie Scientifique Industrialle de L. Mathias, 1848].

PETIT, A. História de um sistema: o positivismo comtiano. In: TRINDADE, H. (org.). *O positivismo*: teoria e prática. Porto Alegre: UFRGS, 1999, p.13-47.

TEIXEIRA MENDES, R. *Benjamin Constant*: esboço de uma apreciação sintética da vida e da obra do fundador da República brasileira. Rio de Janeiro: Imprensa Nacional, 1937.

Obras de Auguste Comte

COMTE, A. *Curso de Filosofia Positiva* (CFP). São Paulo: Abril, 1983a [Os Pensadores] [Trad.: J.A. Giannotti e M. Lemos].

_____. *Discurso sobre o espírito positivo* (DEP). São Paulo: Abril, 1983b [Os Pensadores] [Trad.: J.A. Giannotti e M. Lemos].

_____. Segundo Opúsculo (abr./1820): sumária apreciação do conjunto do passado moderno. In: COMTE, A. *Opúsculo da filosofia social* (OFS): 1819-1828. Porto Alegre/São Paulo: Globo/Edusp, 1972a [Trad.: Ivan Lins].

_____. *Opúsculo da filosofia social* (OFS), *1819-1828*. Porto Alegre/São Paulo: Globo/Edusp, 1972b [Trad.: Ivan Lins; intr..: Sophia B. Peixoto].

_____. *Catecismo positivista*. 4. ed. Rio de Janeiro: Igreja Positivista do Brasil, 1934 [Trad. e notas: Miguel Lemos].

_____. Rapport a la Société Positiviste: par la commission chargée d'examiner la nature et le plan du nouveau gouvernement révolutionnaire. In: *Société Positiviste de Paris* – Trois rapports de l'ancienne Société Positiviste de Paris fondée par Auguste Comte: sur la nature et el plan du Gouvernement Révolutionnaire; sur la question du travail; sur la nature et le plan de l'école positive (ago./1848). Rio de Janeiro: Igreja e apostolado Positivista do Brasil, 1907.

_____. *Apelo aos conservadores*. Rio de Janeiro: Igreja Positivista do Brasil, 1899 [Trad. Miguel Lemos].

_____. Discours préliminaire. In: COMTE, A. *Système de politique positive* (SPP). Paris: Librairie Scientífique-Industrialle de L. Mathias, 1879a.

_____. *Système de politique positive* (SPP). 4 tomos. Paris: Librairie Scientifique-Industrialle de L. Mathias, 1879b.

_____. *Synthesè subjetive ou Système universal des conceptions propres à l'état normal de l'humanité* – Tome I: Le système de logique positive ou Traité de philosophie mathématique. Paris: Victor Dalmont, 1856 [Obra inacabada].

_____. *Traité philosophique d'astronomie popular*. Paris: Carilian-Goeury et Victor Dalmont, 1844.

2
Karl Marx (1818-1883)

Felipe Maia Guimarães da Silva *

Quando Karl Marx iniciou seus estudos universitários e mesmo durante toda sua vida, a sociologia não era uma disciplina acadêmica ou um campo do conhecimento científico tal como a conhecemos hoje. Foi o positivismo francês, com Auguste Comte, que começou a falar em sociologia. Marx compartilhava com eles a preocupação de entender as imensas transformações sociais por que passavam as sociedades europeias do século XIX, percebendo nelas uma espécie de movimento que não poderia ser visto como decorrente de uma intencionalidade subjetiva, fosse ela a providência divina ou os desígnios de um grande homem, o monarca por exemplo. A sociedade emergia como uma realidade que deveria ser compreendida em seus próprios termos[1]. Marx, porém, afastava-se da sociologia positivista em quase todo o resto, devido ao método empregado por Comte e devido a seu posicionamento político conservador, de modo que Marx nunca se imaginou um sociólogo, embora hoje o reconheçamos como um dos nossos! Isto porque, de lá para cá, a sociologia mudou, deixando de ser uma simples derivação do positivismo e incorporando um leque amplo de matrizes teóricas, sendo aquela proposta por Marx uma das mais importantes e influentes.

As mudanças sociais que ocorriam na Europa desde o final do século XVIII constituem o contexto histórico fundamental para a compreensão dos trabalhos de Marx. As grandes revoluções na economia, na política, na cultura e na sociedade que emergiram no final daquele século, com a industrialização inglesa, a Revolução Francesa, com o Iluminismo ou com as novas sociedades formadas pela colonização europeia das Américas, formaram o pano de fundo das grandes transformações que estiveram na origem das sociedades modernas. A mudança social se acelerava, as divisões sociais se alteravam, com a conformação de novas classes, o poder político passava por enorme reconfiguração. As tradições deixavam de ser um porto seguro para compreender o mundo e antever seu desenvolvimento, de forma que, como anotaram Marx e seu amigo de longa jornada Friedrich Engels, neste mundo "tudo o que é sólido desmancha no ar". Os textos de Marx são antes de tudo uma tentativa de entender o mundo moderno que se formava,

---

* Professor do Departamento de Ciências Sociais da Universidade Federal de Juiz de Fora (UFJF). Doutor em Sociologia pelo Iesp-Uerj.

mas, como procurarei mostrar, entendê-lo de forma crítica e buscar os caminhos para sua transformação, conformando não só proposições teóricas, mas também um estilo de pensamento crítico que fará escola na sociologia.

Marx escreveu sobre todos esses grandes assuntos, do capitalismo inglês às revoluções políticas, da guerra civil norte-americana à colonização britânica na Ásia, das polêmicas filosóficas à organização política da Alemanha. Esses textos encontram-se em meios diversos, livros bem-acabados, tal como o primeiro volume de *O capital*, panfletos como *O manifesto do Partido Comunista*, artigos de jornal e cartas, muitas cartas – além de ter deixado alguns manuscritos inéditos e muitos textos inacabados, que foram publicados postumamente. A edição de suas obras completas já ultrapassa os 50 volumes! Como todo escritor prolífico há muitas variações em suas formulações, por vezes até contradições que animam o eterno debate dos especialistas, dos militantes políticos ou daqueles que desejam a todo custo encontrar o "verdadeiro Marx", como se isso fosse possível! Aqui procuraremos evitar sempre que possível esses caminhos e oferecer uma leitura compreensiva da importância desse autor para a sociologia contemporânea.

Pequena nota biográfica

Antes de passarmos ao pensamento propriamente dito de Marx, vale uma pequena informação biográfica. É um certo consenso entre os sociólogos que as condições de socialização, isto é, da educação familiar, do convívio social e dos estudos dos grandes intelectuais têm importância na compreensão de suas obras e de sua trajetória, embora estejam longe de ser determinantes, na medida em que cada um processa reflexivamente de forma muito distinta e criativa as suas circunstâncias. Certos acontecimentos, certos encontros podem também alterar rumos que estavam tendencialmente em curso, provocando grandes transformações nas atividades práticas e intelectuais. Os grandes autores muito dificilmente escrevem teorias para a eternidade, seus trabalhos estão sempre marcados por contextos específicos, polêmicas do momento que são fundamentais para compreender seu sentido. É apenas ao longo do tempo que esses escritos são apropriados por outros autores e desenraizados de seu contexto original, valorizando as formulações que ultrapassam o contexto imediato e que podem configurar o que usualmente se chama de uma teoria. Com Marx não poderia ser diferente, de modo que conhecer algumas de suas circunstâncias é importante para melhor compreendê-lo e necessário para acessar sua teoria.

O pequeno Karl nasceu em 1818, em uma família judaica, na cidade de Trier, que pertencia à província do Reno, no ocidente alemão, região fronteiriça, marcada pela influência de duas culturas, a alemã e a francesa[2]. E também pela pluralidade religiosa, com presença tanto católica quanto protestante, além da comunidade judaica, da qual a família de Marx fazia parte, tendo oferecido algumas de suas mais importantes lideranças, rabinos cultos treinados na interpretação dos textos sagrados da cultura judaica. Seu pai, entretanto, distanciou-se do mundo judaico, tendo sido o primeiro judeu a obter permissão para advogar na cidade em um período de relaxamento, durante a invasão napoleônica, das proibições para tanto. O afastamento se completaria quando as proibições à advocacia de judeus foram novamente estabelecidas e ele optou por converter-se ao cristianismo e germanizar seu nome próprio. A mãe de Marx não seguiu o marido, mas o jovem Karl já parece ter crescido muito mais próximo do mundo secularizado da cultura franco-germânica que dos círculos judaicos.

Esta Alemanha era politicamente uma monarquia constitucional e religiosa, um Estado forte sob hegemonia da aristocracia agrária prussiana, que projetava uma grande influência do antigo mundo feudal sobre as novas instituições políticas. Havia poucas liberdades públicas e muita repressão política, inclusive sobre a burguesia liberal florescente especialmente nas regiões ocidentais. Os ventos do Iluminismo, ou do "Esclarecimento" como preferiam os alemães, e do liberalismo político já circulavam, mas estavam longe de chegar às instituições políticas. Marx pode ter aprendido algo com seu pai, que por escolha e profissão já havia transitado socialmente para os círculos burgueses, mas foi sobretudo com o Barão de Westphalen, que era um amigo da família e seria seu futuro sogro, que desenvolveu suas primeiras luzes. O barão era homem de vasta cultura, que lia Shakespeare, Rousseau, Voltaire e os primeiros socialistas, e dedicou especial afeição ao jovem filho de seu amigo, mantendo com ele um diálogo estimulante sobre questões intelectuais e literárias e introduzindo-o no ambiente cultural elevado de sua casa. Na casa do barão, Marx ganhou não só o estímulo, mas também a paixão da filha mais velha, Jenny, com quem se casaria após um longo namoro – e que não contaria com muita aprovação de seus irmãos, tendo já falecido o pai.

Terminados os estudos em Trier, Marx foi à universidade em Bonn, em 1835, para cursar direito, a carreira do pai. Após um ano de pouco estudo e muita farra, acatou o conselho de transferir-se para Berlim, onde estaria em instituição mais prestigiada e onde acabaria por alterar seu interesse para o estudo da filosofia. Lá, Marx passou a se dedicar seriamente, leu e traduziu textos clássicos do grego e do latim, aprendeu inglês e italiano, estudou direito, história antiga e filosofia, conjunto impressionante que constituía a tradição clássica da formação humanista da cultura alemã. Foi lá também que Marx começou a participar do círculo dos "jovens hegelianos", grupo de intelectuais que tentava renovar a filosofia alemã distanciando-a do conservadorismo político. Neste período, Marx escreveu bastante: uma peça de teatro, uma novela e três cadernos de poesia dedicados a Jenny! Sob a influência de Bruno Bauer, abandonou os cursos regulares em Berlim e submeteu sua tese de doutorado em filosofia, intitulada "Diferenças entre a filosofia da natureza em Demócrito e Epicuro" à Universidade de Jena.

O caminho usual de um doutor em filosofia teria sido a carreira universitária, mas os tempos não eram favoráveis à liberdade intelectual e política na Alemanha, que experimentava uma regressão na liberalização política, e por esta razão, mesmo contando com o apoio de Bauer, Marx não conseguiu lugar na universidade. Sua alternativa foi o jornalismo, profissão menos sujeita ao controle imperial e mais próxima da burguesia liberal. Aos 23 anos, ingressou como chefe de reportagem na Nova Gazeta Renana, jornal de inclinação liberal e oposicionista, no qual o jovem filósofo, treinado na leitura de textos clássicos, tomaria contato direto com problemas sociais agudos, retratados em reportagens marcantes sobre os conflitos envolvendo o campesinato na região do Rio Mosela e os debates do parlamento renano sobre a propriedade fundiária. Aos poucos Marx foi se tornando a figura central do jornal e radicalizando suas posições contra o que julgava ser o "atraso" alemão em relação aos países ocidentais e contra a monarquia, tema que o acompanharia por muitos anos. O jornal acabaria por ser fechado pelo governo em 1843. Mas deve-se dizer que foi aí que Marx não só teve os primeiros contatos com os grupos sociais subalternos da modernização capitalista, mas sobretudo que aprendeu as artes do jornalismo, com a qual faria sucesso ao longo de sua vida. Ele retornaria ao jornalismo na Alemanha em 1848, uma breve e bombástica experiência de reedição da Gazeta, e desenvolveria uma importante atividade de correspondente internacional com o *The New York Tribune* por mais de 10 anos, além de outras contribuições pontuais.

    O fechamento do jornal marcou um ano decisivo na biografia de Marx, pois em seguida ele se casou com Jenny e já durante a "lua de mel" escreveu a importante *Crítica à filosofia do direito de Hegel*. No mesmo ano, o casal abandonou a Alemanha, mudando-se para Paris, a cidade da grande revolução burguesa de 1789, que vivia sob uma monarquia liberal e abrigava uma miríade de revolucionários e refugiados das lutas populares e antiabsolutistas europeias. A estadia parisiense foi sob muitos aspectos decisiva. Foi lá que ele sedimentou a amizade de toda a vida que teria com Friedrich Engels, que se aproximou dos movimentos revolucionários e dos primeiros líderes operários comunistas, que travou conhecimento com personalidades tão diversas como os ativistas Louis Blanc – um veterano da Revolução Francesa – P.-J. Proudhon e Mikhail Bakunin ou com o escritor e poeta alemão Heinrich Heine, de quem seria amigo. Foi em Paris também que iniciou o estudo da economia política e que nasceria sua primeira filha. De Paris foi expulso em 1845 por envolvimento em atividades políticas, viajando para a Bélgica, onde ficou até 1848, quando eclodiram as revoltas populares conhecidas como a "primavera dos povos".

    Este foi um período de extraordinária atividade política para Marx, tendo se envolvido até a medula na tentativa de ampliar os efeitos revolucionários da rebelião. Fazendo já parte do movimento comunista, escreveu com Engels o célebre *Manifesto do Partido Comunista*, destinado a interpretar as mudanças políticas em curso e orientar a ação de seu grupo de revolucionários. Na Bélgica, tentou sem sucesso, ao lado de outras lideranças alemãs, promover um levante e acabou sendo preso e expulso de volta para a França, agora revolucionária. De lá, preparou-se para voltar à Alemanha e tentar derrubar a monarquia ao lado de outros emigrados alemães. Para tanto voltou à Colônia para reorganizar a Nova Gazeta Renana, dando ao jornal uma orientação política "democrática" que teve enorme sucesso. Porém, o apoio do jornal aos operários franceses assustou a classe média alemã e despertou forte repressão policial, que culminou em um processo judicial contra Marx, no fechamento do jornal e em sua expulsão em maio de 1849.

Após uma breve estada em Paris, foi convencido por seu amigo Engels a se mudar para a Inglaterra, cujo governo era mais tolerante com os refugiados políticos. Foi em Londres que Marx passou a maior parte de sua vida, que escreveu seus textos mais importantes, que criou sua família, muitas vezes em condições de enorme dificuldade financeira – e também que manteve intensa atividade política na organização de um movimento operário internacional. Seu tempo se dividia entre esses diversos afazeres, a preparação de cursos para operários britânicos, os debates políticos com as lideranças do movimento, a difícil tarefa de ganhar a vida escrevendo para jornais, o cuidado com a saúde dos filhos e a ida à sala de leituras do Museu Britânico, na qual estudava e preparava seus livros. Houve momentos em que a atividade política ou o cuidado com a família o absorviam por completo, em outros conseguia dedicar-se integralmente aos estudos e à escrita, deixando uma obra copiosa, porém em muitos aspectos inacabada. Marx morreu em 1883, dois anos depois da morte de sua esposa e dois meses depois da de sua filha mais velha.

As grandes influências no pensamento de Marx

Se Marx não se aproximou da sociologia positivista, serviu-se muito mais de duas outras grandes tentativas de compreensão da Modernidade emergente, a filosofia alemã e a economia política inglesa. Marx aprendeu filosofia na universidade alemã, então dominada pela figura grandiosa do filósofo Georg Friedrich Hegel, expoente do iluminismo alemão que havia operado deslocamentos importantes no debate filosófico de sua época. Um deles era o de aproximar a filosofia dos temas do presente histórico, fazendo dela uma "consciência de época", ou seja, uma reflexão sobre a Modernidade como período histórico distinto. Para Hegel, a filosofia seria "o nosso próprio tempo, apreendido pelo pensamento"[3]. Tornava-se assim filosofia da história e por isso mais aberta ao contemporâneo, a suas contradições e suas possibilidades. Mas Hegel via na história a emanação de uma razão superior, um Espírito absoluto, cujo desenvolvimento confere sentido à diversidade dos acontecimentos históricos, proposição que será rejeitada não apenas por Marx, mas por muitos dos "jovens hegelianos" por suas conotações religiosas e idealistas[4].

Hegel havia também retomado o método dialético como forma de reflexão sobre as relações do sujeito com o mundo, o que lhe permite observar o desenvolvimento da humanidade na história pelo modo como o sujeito se distingue do mundo, momento necessário para que emerja a consciência de uma subjetividade humana distinta da natureza. Porém, esta separação, que torna o mundo estranho ao sujeito, deve, segundo

Hegel, ser superada pela consciência de que o mundo social é produzido pelos seres humanos, por meio do trabalho, que não é senão uma mediação entre sujeito e objeto, a partir da qual eles transformam a natureza e a si mesmos. Contudo, para Hegel, o trabalho é essencialmente conflitivo, especialmente em razão da divisão do trabalho que opõe os indivíduos e seus interesses, exigindo assim uma esfera de reunificação, de superação das particularidades e dos conflitos, que se encontraria no Estado de direito moderno. O Estado encarnaria então a racionalidade da história do desenvolvimento da humanidade, representaria seu momento verdadeiramente universal, isto é, a finalidade histórica mais elevada da vida humana em comunidade.

Marx estudou Hegel no círculo dos "jovens hegelianos", que eram filósofos que procuravam dissociar o pensamento do mestre de suas implicações mais conservadoras, a partir da crítica de suas motivações religiosas, posição que Marx concluiria ser muito insuficiente. Um desses jovens hegelianos, Ludwig Feuerbach, foi mais além argumentando que o velho filósofo havia invertido a relação dialética entre sujeito e predicado na história, fazendo do pensamento o sujeito e da existência o predicado. O método de Feuerbach propunha uma inversão epistemológica: o ser humano é o sujeito e o "espírito", o pensamento, é o predicado, inversão que criaria uma "filosofia da práxis". Os seres humanos deveriam ser liberados dos poderes alienados que suas criações mentais têm sobre eles. Assim, a religião não poderia ser nada mais que a objetivação da "essência" humana em Deus, devendo, portanto, substituir-se a religião, o amor a Deus, pelo amor à humanidade.

Marx foi leitor atento de Hegel e trouxe dele vários de seus temas, a filosofia como crítica do presente, o método dialético de pensar a história, a importância do trabalho no desenvolvimento da humanidade, mas submeteu o velho mestre à crítica feuerbachiana, como se pode ver em seus primeiros escritos após deixar a universidade, entre 1843 e 1844[5]. Mas, em seguida, Marx submeteria os "jovens hegelianos" e o próprio Feuerbach a severa crítica, considerando que os primeiros se limitavam à crítica da religião, esperando que a consciência da alienação religiosa fosse suficiente para a emancipação humana, sem incorporar a análise propriamente histórica, isto é, das condições sociais pelas quais os seres humanos produziram a religião e a vida social[6].

Quanto a Feuerbach, a crítica se volta contra o método "sensualista", que privilegia a intuição sensível, em vez do exame da atividade prática da transformação das condições sociais de existência. Ademais, não bastaria submeter o mundo à crítica filosófica, isto é, denunciar as contradições e irracionalidades das formas de vida, mas conectar a crítica à ação, transformar a realidade. Daí a importância de conhecer as causas das crises sociais em suas manifestações objetivas, condição para a atividade transformadora.

Marx percebeu ainda jovem a importância da economia como esfera na qual se manifestavam as crises sociais da Modernidade, sintomas das contradições mais profundas que atravessavam essas sociedades. O desenvolvimento do capitalismo industrial, sobretudo na Inglaterra, ajudou a separar a esfera econômica dos controles impostos a ela pelos poderes políticos e religiosos, impulsionando assim a autonomização do funcionamento da economia de acordo com as regras da troca e os mecanismos de preço estabelecidos no mercado. A economia política inglesa ofereceu a mais importante interpretação teórica desta realidade emergente, a partir de autores como Adam Smith, David Ricardo ou o reverendo Malthus. Eles concebiam a economia em seus próprios termos, isto é, a riqueza era uma função do trabalho, da atividade produtiva dos seres humanos, de modo que, se esta atividade fosse livre de regulamentações externas, os seres humanos poderiam desenvolver seus interesses e produzir melhoramentos. A competição não levaria ao desequilíbrio, mas ao aperfeiçoamento dos meios de produção e o livre-mercado teria se mostrado a forma mais eficiente de regulação do intercâmbio, por meio da liberdade dos preços. Era o ápice histórico do capitalismo liberal e da confiança na economia como realidade autorregulada, cujo desenvolvimento, segundo os economistas ingleses, levaria naturalmente ao progresso das condições de vida.

De outro lado, porém, o sistema econômico dava periodicamente sinais de exaustão com crises comerciais que afetavam os mais diversos ramos da indústria nascente, resultando em falências, escassez de produtos, guerras comerciais. Já os efeitos sociais desse desenvolvimento faziam-se sentir de maneira cada vez mais aguda em todo um conjunto de problemas sociais permanentes que receberam na Inglaterra o nome de "pauperismo", ou seja, a degradação das condições de vida de uma imensa legião de trabalhadores alistados na grande indústria britânica, com jornadas de trabalho muito além do atualmente concebível, que podiam chegar a 16 ou 18 horas diárias, o trabalho infantil, por vezes desde os 7 anos de idade, as habitações insalubres ou os baixíssimos salários. Para não falar de toda uma leva de desempregados que frequentavam as grandes cidades, constituindo um exército de recrutas disponíveis para a criminalidade[7].

Marx viu no estudo da economia política um caminho para compreender os momentos de crise e a lógica de desenvolvimento das sociedades modernas. A economia política era a consciência teórica desse desenvolvimento e, ao submetê-la à crítica, Marx poderia encontrar não só suas insuficiências e contradições teóricas, mas surpreender também as contradições presentes nas próprias estruturas sociais que aí se produziram. Seu encontro com a economia política vai então produzir um duplo movimento, a crítica da teoria, isto é, do conhecimento que os seres humanos têm de suas práticas, e a crítica da sociedade estruturada por essas práticas. Marx dedicou-se a este empreendimento durante a maior parte de sua vida e *O capital: crítica da economia política* foi sua realização maior.

A sociologia de Marx

Sendo Marx este autor complexo, cuja obra está entranhada no debate com a filosofia e a economia política, atravessada por um conjunto de preocupações políticas, não é fácil extrair daí sua sociologia ou ao menos suas implicações para a sociologia, mas é o que vamos tentar fazer. Para tanto, um bom caminho pode ser examinar o arcabouço mais geral da descrição e da crítica de Marx ao capitalismo moderno e desdobrar daí outros temas de grande valor para a sociologia.

Para Marx, a especificidade do capitalismo moderno é que este é um sistema econômico, um modo de produção, que não se apropria do trabalho excedente pela força, de forma visível, mas que o faz de modo invisível, quase como se ele fosse "roubado" ao trabalhador[8]. Daí que seja preciso descobrir seu segredo, a forma como se dá a exploração do trabalho e a apropriação deste tipo de excedente que ele chamou de "mais-valor". Daí também que exista uma diferença entre a aparência e a "essência" deste modo de produção, uma diferença entre seu funcionamento real e a consciência que se tem dele, pois os fenômenos mais visíveis nas relações de trabalho, troca e produção da economia capitalista só podem ser inteiramente compreendidos se também o forem as relações sociais que os produziram e que não se apresentam de forma transparente aos olhos dos que delas participam.

Marx explica a emergência histórica do capitalismo a partir de transformações no interior do feudalismo europeu. Aquele modo de produção se organizava a partir de uma teia de relações políticas entre senhores feudais e servos camponeses, com a determinação legal de funções diferentes para cada um deles. Os camponeses costumavam possuir o direito de utilizar parte das terras do domínio feudal para o plantio dos produtos necessários a seu consumo, bem como a coleta de madeira nos bosques ou a caça de animais. Eram os proprietários de seus instrumentos de trabalho. Em compensação trabalhavam por períodos determinados de tempo nas terras senhoriais, de acordo com as leis da "corveia", nome que se dava à obrigação de trabalho nestas terras. Ao senhor feudal competiam funções de administração da justiça e proteção do feudo, a dominação política era direta e pessoal, baseada nos costumes e na tradição, não havia mobilidade social ou espacial. A essa divisão do trabalho correspondia outra, entre o campo e a cidade, prevalecendo na cidade a manufatura organizada corporativamente. A atividade econômica permanecia recoberta pelos controles políticos estabelecidos pela aristocracia feudal, orientada por seus objetivos políticos-militares, suas redes de alianças, de modo que também os mercados são usualmente locais, regionais. De acordo com Marx, esse mundo feudal se transformou a partir do desenvolvimento de novos meios de produção e de desdobramentos da divisão do trabalho que criaram pressões sobre as estruturas sociais do feudalismo e suas "relações de produção", no sentido de liberar as relações de propriedade da terra e de dominação da força de trabalho dos controles políticos tradicionais, de modo a permitir maior mobilidade de pessoas e recursos, bem como de ampliar as redes de comércio[9].

Essas transformações ocorrem no campo e na cidade. No campo é exemplar o processo de "cercamento das terras" na Inglaterra do século XVII, por meio do qual os proprietários de terra alteraram a estrutura de propriedade rural, criando a base da forma capitalista de propriedade da terra, que eliminava o direito de uso comum da terra, bem como os direitos tradicionais de caça e coleta camponesa, para instituir o pleno domínio privado sobre a propriedade da terra, que poderia ademais se tornar um bem negociável no mercado, em operações de compra e venda ou de arrendamento. A essa transformação correspondia a das relações de trabalho, com a impossibilidade da reprodução da comunidade camponesa e a introdução de relações de assalariamento no campo, que tiveram como efeito a expulsão de milhares de camponeses das terras que tradicionalmente ocupavam e uma degradação de suas condições de vida. Por outro lado, o "cercamento" favorecia a formação de uma nova classe de agricultores, uma burguesia rural, capazes de produzir diretamente para os mercados em expansão e acumular recursos vultosos, criando o capitalismo no campo[10].

Nas cidades, Marx identifica nas transformações no interior da manufatura processos análogos de ruptura das formas tradicionais de controle sobre o trabalho, que caracterizavam as relações entre mestres artesãos e seus aprendizes, e que permitiriam a emergência das grandes indústrias com base no trabalho assalariado. Em ambos os casos, o trabalho torna-se formalmente livre e os trabalhadores deixam de poder produzir com seus próprios meios sua subsistência. Livres e expropriados, eles não possuem outra alternativa econômica senão o trabalho assalariado. Esta relação de trabalho, diferentemente da feudal, não necessita da coerção direta pela força, que reprimia, por exemplo, as tentativas de mobilidade espacial dos camponeses ou que instituía as medidas de tempo de trabalho nas terras senhoriais. É possível, portanto, observar então no capitalismo moderno uma emancipação do trabalho em relação aos controles diretamente políticos característicos do feudalismo.

A base da relação de trabalho no capitalismo é a troca, o contrato livremente instituído entre duas partes, por meio do qual se dá a compra – ou a venda, dependendo da perspectiva – da força de trabalho pelo pagamento do salário em dinheiro. Troca voluntária, entre indivíduos livres e emancipados, juridicamente iguais, pois proprietários, um de sua força de trabalho, outro dos recursos necessários para sua compra. Esta troca deve, portanto, relacionar sempre mercadorias equivalentes, ou seja, que possuem o mesmo valor, do contrário haveria engodo ou, no limite, troca não voluntária o que, conforme Marx, não é o que ocorre[11]. Assim, se aceitarmos essa descrição, como deve ser o caso, muitos mistérios restam a ser desvendados. Se a troca é voluntária e entre iguais e equivalentes, como explicar o crescente enriquecimento dos capitalistas e a degradação das condições de vida dos trabalhadores, observáveis de forma tão vívida na Inglaterra em que vivia Marx? Ou, simplesmente, como explicar o lucro obtido pelos capitalistas? Seria a força de trabalho comprada por um preço abaixo de seu verdadeiro valor? Quais medidas são usadas para calcular o valor da força de trabalho e das demais mercadorias?

A solução do enigma não pode ser encontrada na observação apenas das relações de troca, já que, para Marx, no capitalismo elas recobrem outras relações mais profundas, que constituem a dinâmica deste sistema. A troca é uma relação entre indivíduos que são formalmente iguais, porém desiguais nas condições de sua reprodução social, pois possuem recursos muito diferentes. Apenas com a abstração dessas desigualdades é que se poderia formalizar a igualdade na troca. Não se trata tanto de discutir se a troca é justa ou injusta. Do ponto de vista formal e abstrato, isto é, do ponto de vista do direito no capitalismo, a troca voluntária é justa, embora da perspectiva do trabalhador despossuído o sentimento seja evidentemente de injustiça. Trata-se antes de compreender a lógica desse processo de abstração por meio do qual se estruturam as relações econômicas e, dirá Marx, as relações sociais no capitalismo.

Marx descobre a origem desse processo amplo de abstração e, poderíamos dizer, de racionalização das relações sociais no capitalismo, em diálogo com as teorias do valor da economia política. Elas já haviam estabelecido que o trabalho é a unidade de medida do valor das diversas mercadorias. Assim, mercadorias só têm valor porque têm inscrito nelas trabalho humano. Todavia, os economistas se preocuparam mais com o problema da magnitude do valor que com a forma específica que ele assume no capitalismo, isto é, com a forma pela qual a sociedade faz do trabalho uma unidade de medida do valor socialmente válida. Para que a troca de mercadorias possa ocorrer é preciso determinar a relação de equivalência entre elas, saber quanto uma mercadoria vale em relação a outras. Se o trabalho é a medida do valor, diz Marx, é preciso descobrir uma forma de comparar, de tornar quantitativamente equivalentes, os diversos tipos de trabalho desempenhados na criação das mercadorias, que são qualitativamente diferentes, os trabalhos concretamente distintos do carpinteiro e do ferreiro, ou do médico e do professor, por exemplo. De acordo com Marx, isso só pode ser feito a partir do que ele denomina "trabalho humano abstrato", o trabalho que abstrai as diferenças entre os diversos tipos de trabalho concreto, portanto o trabalho visto como aquilo que todos os trabalhos têm em comum, que é o fato de todos serem dispêndio de energia humana durante um período de tempo. O tempo, contudo, não pode ser por si mesmo a unidade de medida, já que o trabalho pode produzir mais ou menos mercadorias em um certo período de acordo com as forças produtivas que ele mobiliza ou com o esforço e a habilidade de quem trabalha. Por isso, o tempo deve estar relacionado a um aspecto social, que é o tempo de trabalho que uma sociedade é capaz de dispor para produzir sua subsistência e suas mercadorias, o "tempo de trabalho socialmente necessário". Tempo que é sempre calculado em média, de forma a novamente abstrair as variações individuais em uma unidade de medida comum[12]. Essa medida é objetivada na moeda e nos preços, que podem sofrer – e de fato sofrem – variações circunstanciais, mas mantém uma relação com o tempo de trabalho socialmente necessário para a produção das mercadorias. A lei da oferta e da procura, ou a atribuição dos custos de produção, podem explicar o preço, porém não explicam a criação do valor no capitalismo.

Essa unidade de medida do valor não é obra de uma teoria econômica que se impõe à sociedade, mas, ao contrário, ela se constitui praticamente, espontaneamente, no processo de expansão das relações sociais de troca, de modo que a consciência teórica dos economistas políticos imagina que ela seja "natural", perdendo de vista o que há de específico no capitalismo enquanto modo de produção distinto. Isto porque o trabalho abstrato não poderia se tornar a unidade de medida do valor sem que todas as relações se tornassem mercantis, o que depende da mercantilização do trabalho, da introdução do trabalho assalariado como forma dominante de organização das atividades produtivas. Longe de ser "natural", melhor seria dizer que esta forma de medir a riqueza, que emerge historicamente a partir do desenvolvimento da divisão do trabalho e das forças produtivas da sociedade, é "naturalizada" na consciência dos seres humanos, que não percebem sua historicidade ou as relações sociais que a tornaram possível, o que nos remete ao tema da alienação e do "fetichismo da mercadoria", do qual trataremos adiante.

Antes, porém, é preciso ver, ainda que em linhas gerais, como Marx explica a exploração do trabalho e as crises na economia capitalista. O argumento sobre o trabalho abstrato como unidade de medida do valor permite entender como as relações de troca podem respeitar a regra da troca de equivalentes, de modo que não é a fraude ou o engodo a origem da acumulação capitalista. O capitalista compra a mercadoria força de trabalho e paga por ela o seu valor, determinado segundo a regra do trabalho socialmente necessário para produzir esta mercadoria. Cada sociedade determina política e culturalmente as condições necessárias para que os trabalhadores reproduzam sua capacidade de trabalhar, isto é, sejam educados, aprendam seus ofícios e possam repor as energias necessárias para o desempenho de suas atividades. Ao vender sua força de trabalho, os trabalhadores entregam aos capitalistas o direito de utilizá-la da forma que melhor lhes convenha. Durante o tempo em que permanecem na fábrica, os operários submetem-se à organização do trabalho e à disciplina determinada pelos capitalistas, e pertence a estes últimos todo o produto do trabalho. Ocorre que a força de trabalho é uma mercadoria especial, que ao ser utilizada possui a propriedade de não apenas repor na produção de novas mercadorias o valor gasto em sua compra, mas também transferir a elas o valor do desgaste dos meios de produção utilizados no processo e ainda criar valor novo, ou, como denominou Marx, "mais-valor" (ou "mais-valia" em algumas traduções). O lucro e a acumulação dos capitalistas se explica então porque ao final do processo produtivo de mercadorias, descontados os valores adiantados na compra e manutenção dos meios de produção mais os valores devidos ao pagamento da compra da força de trabalho, via salários, resta uma soma de valor, produzido pelo trabalho, que será apropriada pelos capitalistas e acumulada sob a forma de capital.

Se o tempo de trabalho é a unidade de medida do valor, pode-se perceber com clareza que é sempre em torno do tempo que gira a disputa entre trabalhadores e capitalistas. A estes últimos interessa prolongar ao máximo o tempo de utilização da mercadoria força de trabalho adquirida, enquanto que àqueles interessa preservar seu tempo e sua energia. Não é à toa que a extensão da jornada de trabalho foi ao longo do século XIX – e, de algum modo, ainda hoje – objeto central das disputas entre trabalhadores e capitalistas. Quanto maior a duração da jornada, maior o tempo disponível para a criação de mais-valor, maior, portanto, o valor apropriado pelos capitalistas, maior o capital produzido pela força de trabalho. É por esta razão que se pode ver aí uma relação de exploração da força de trabalho. Embora as leis da troca de equivalentes não tenham sido violadas no processo de compra e venda da mercadoria força de trabalho, durante o processo produtivo a força de trabalho submete-se aos comandos do capital e ao final deste processo produz e reproduz o capital que continuará a submetê-la. O capital se acumula, a força de trabalho apenas se reproduz.

Se, do ponto de vista formal, todos os fatores de produção foram obtidos por meio da compra e venda de mercadorias, relação livre e desprovida de coerção, poder-se-ia concluir que o excedente apropriado pelo capitalista deriva apenas das relações de mercado, porém essa conclusão fica arranhada quando se leva em conta que os trabalhadores não têm outra liberdade senão a de vender sua força de trabalho. A liberdade jurídica, formal, implica a eliminação das coerções físicas – o que não é de se jogar fora! –, mas não de toda coerção. Se esta não se origina dos poderes políticos, da autoridade senhorial, vêm do reino puramente econômico, da necessidade de subsistência do trabalhador despossuído. Como já haviam percebido alguns dos primeiros economistas políticos, a necessidade econômica é uma ferramenta para a disciplina do trabalho.

Nos primórdios do capitalismo, a obtenção do mais-valor dependia fundamentalmente da extensão da duração da jornada de trabalho, que podia se prolongar ao limite da exaustão das capacidades físicas humanas. Marx descreve em detalhes as estratégias dos industriais para ampliar a duração das jornadas, bem como para intensificar o esforço dos trabalhadores neste período, lançando mão de jornadas de trabalho noturno ou do trabalho infantil como complemento do trabalho adulto. Descreve também a resistência dos industriais a qualquer regulamentação das relações de trabalho, que deveriam permanecer adstritas à troca livre entre patrões e operários.

A forma mais tipicamente capitalista de extração do mais-valor, todavia, não é dependente da pura extensão da jornada ou da intensificação forçada do trabalho, mas se dá pela alteração da base técnica do processo produtivo, com o reinvestimento do capital acumulado em maquinário novo e mais produtivo. Em vez de possibilitar a ampliação do tempo dedicado à produção de mais-valor pela extensão da duração da jornada, aqui este tempo se amplia pela diminuição do tempo dedicado à reprodução do valor da força de trabalho. Isso não se faz pela diminuição dos salários que, ao contrário, podem até aumentar, mas pela ampliação da produtividade do trabalho. Altera-se, portanto, a relação entre trabalho e capital – a "composição orgânica do capital" – de modo que a proporção dos investimentos em capital cresce em relação à dos investimentos em trabalho. O capitalismo vai se tornando cada vez mais dependente de maquinário complexo e tecnologias sofisticadas. Porém, segue sendo o trabalho a fonte de todo valor, até por ser o maquinário a cristalização de um trabalho vivo anterior. Daí a contradição inerente ao sistema, que acumula "trabalho morto", mas segue dependente de "trabalho vivo".

O desenvolvimento das forças produtivas é o motor do funcionamento da economia capitalista, este é um sistema que necessita revolucionar constantemente sua base técnica para manter as possibilidades de acumulação. O caráter competitivo da economia capitalista impulsiona ao mesmo tempo suas revoluções técnicas e suas crises. Ao ampliar cada vez mais a proporção do "trabalho morto" na composição do capital, o capitalismo reduz a margem do trabalho "vivo", criador de valor, o que pode ter dois efeitos. De um lado, o efeito social do desemprego, de outro a tendência de redução da taxa de lucro, da rentabilidade média dos capitais investidos, de forma que é preciso investimentos cada vez mais vultosos em capital para que se possa obter o rendimento médio desejável. Esta seria, de acordo com Marx, uma contradição inerente ao modo de produção capitalista, pois insuperável nos quadros de funcionamento normais desta economia. O capitalismo estaria condenado a produzir crises periódicas, cuja solução seria apenas parcial, engendrando crises futuras. O capital, enquanto uma relação social que determina a apropriação privada do trabalho coletivo, acabaria por se tornar uma barreira ao próprio desenvolvimento das forças produtivas sociais e seu movimento para superar as crises, que amplia o peso do capital na atividade produtiva, termina por reforçar a tendência de queda da taxa de lucro e por isso contribui para agravar as crises no futuro[13]. Por esta razão, a superação deste modo de produção seria uma necessidade para o desenvolvimento das sociedades humanas.

Esta compreensão do funcionamento da economia capitalista com base na Teoria do Valor Trabalho constitui o núcleo fundamental do argumento marxista em sua maturidade. Ele expõe com argúcia a operação do capitalismo em sua fase emergente, quando a esfera econômica logrou atingir imensa autonomia e capacidade de determinação de outras esferas sociais, inclusive a política. Uma das dificuldades da teoria social inspirada em Marx foi conjugar esses princípios com condições diversas de funcionamento da economia capitalista, notadamente quando a livre-negociação entre capital e trabalho passa a ser afetada por um conjunto de regulamentações estatais, de um lado com a proteção de direitos ou com programas de previdência e assistência social, de outro com a regulação do dinheiro e dos investimentos de modo a prevenir, nem sempre com sucesso, as crises. Mesmo o desenvolvimento tecnológico apresentou desafios à Teoria do Valor Trabalho, algo que o próprio Marx, em seus estudos para a redação de *O capital* admitia, com o papel crescente da ciência na criação de valor. Isto para não falar dos questionamentos diretos a sua teoria, tais como na Teoria da Utilidade Marginal na economia neoclássica, adversária direta da explicação marxista. Se nos concentrarmos, porém, no pensamento de Marx, como nos propusemos, podemos então pensar a partir deste arcabouço geral em algumas de suas outras teses caras à sociologia.

Alienação, reificação e ideologia

A temática da alienação e da reificação atravessa as duas grandes fases da obra de Marx, conecta sua sociologia com os temas filosóficos caros ao idealismo alemão e é parte importante de sua contribuição para o desenvolvimento ulterior da sociologia[14]. Em seus primeiros escritos, o tema da alienação é pensado em diálogo crítico com Hegel. Alienação remete originalmente à ideia de "cisão", da perda de unidade que marca, segundo Hegel, a emergência do mundo moderno, manifesta, por exemplo, na separação entre seres humanos e divindade, ou simplesmente entre indivíduos e sociedade. A alienação é para este filósofo, contudo, um momento ao mesmo tempo necessário e intermediário, que, ao atingir seu ponto máximo, engendra a sua própria superação, a recuperação da unidade perdida, reintegrando os contrários, de acordo com o raciocínio dialético.

O paradigma da Teoria da Alienação pós-Hegel é a alienação religiosa: os seres humanos criaram forças (Deus) que já não reconhecem como criação sua e que os subjuga, invertendo a relação real entre sujeito e predicado. Raciocínio semelhante vale para a alienação política: para Marx, não é o Estado político que cria o povo, mas o contrário, é o povo quem se desenvolve e faz a si mesmo Estado, quem cria a Constituição, quem detém a soberania e não o monarca, como afirmara Hegel, que desta forma apenas subscrevia a realidade invertida, tal como determinada no Estado político alemão, que não conhecera sequer a revolução burguesa e a democracia (MARX, 2005).

O Estado burguês, por sua vez, representava para Marx uma forma de emancipação em relação ao Estado monárquico e teológico, mas uma de tipo apenas "político", que abstraía as diferenças entre os seres humanos no plano da política, sem abstraí-las de fato. Neste Estado, os seres humanos experimentariam um outro tipo de alienação, decorrente de sua cisão em dois papéis sociais opostos, que dá origem a uma "vida dupla", na qual a vida comunitária, na qual eles são cidadãos instados a pensar em interesses gerais, opõe-se à vida "burguesa", onde são pessoas particulares postas em concorrência com os demais. A consequência desta forma de emancipação é que a esfera burguesa, que é a da economia, pode operar a partir de suas regras, sem a interferência da política ou da religião. A emancipação torna-se parcial, por ser apenas a emancipação do burguês em relação ao Estado feudal aristocrático, e não emancipação humana universal. Ela libera o indivíduo egoísta, que passa a ser concebido como oposto e separado de sua comunidade, não libera o "ser genérico", a humanidade (MARX, 2010).

Mas, de acordo com Marx, a base de toda alienação nas sociedades modernas não é a religião ou a política, é a alienação econômica, isto é, aquela que ocorre no processo de trabalho, no qual, em função da propriedade privada dos meios de produção, o produto do trabalho não pertence aos trabalhadores, que se relacionam com ele como um objeto que lhes é estranho e que os domina. Marx compreende esse processo em três momentos: 1) Nada pode ser produzido sem a natureza, de modo que o trabalho a transforma e produz objetos separados de seus produtores, algo que ocorreria em qualquer modo de produção; 2) Porém, no capitalismo, o "estranhamento" não se dá apenas com o objeto final do trabalho, mas ocorre durante o próprio ato de produção, porque o engajamento no trabalho não é voluntário, mas condicionado pela necessidade, de forma que o trabalhador não se reconhece subjetivamente em sua atividade, não reconhece o trabalho como seu, mas como pertencente a um outro; 3) Marx concebe uma "antropologia filosófica" na qual o ser humano só é um "ser genérico" quando se relaciona com a universalidade das coisas e consigo mesmo de forma livre. A atividade produtiva é, para ele, "vida genérica", enquanto atividade consciente e livre que confere o caráter genérico, distinto, da espécie humana. É por ser consciente que o ser humano se distingue de sua atividade vital e faz dela objeto de sua vontade, isto é, atividade livre. O trabalho alienado inverte as coisas, faz da "essência" humana (a consciência) apenas um meio para sua existência, reduzida à satisfação de necessidades. Uma consequência disso é que as relações entre os seres humanos, de cada um com os outros, aparecem para eles como relações "estranhadas" ou alienadas (MARX, 2004).

Assim, poderíamos dizer que, para Marx, o trabalho alienado torna o ser humano estranho: 1) Da natureza – o que, a rigor, seria simplesmente necessário; 2) De si mesmo; e 3) De sua comunidade e da humanidade em geral, isto é, de seu potencial de realização coletivo e enquanto espécie. O trabalho é amputado em sua dimensão de autorrealização do ser humano e da humanidade, os indivíduos perdem sua autonomia frente ao trabalho e prevalecem na dimensão coletiva as relações determinadas pela troca impessoal de mercadorias (MARX, 2004).

Sociologicamente, as causas da alienação são: a propriedade privada (alienação dos produtos do trabalho), a divisão do trabalho (alienação do próprio trabalho) e o mercado (alienação dos outros homens – do ser social). Elas são mediações sociais que tomam o lugar da mediação homem-natureza, ou seja, elas exprimem a totalidade das relações sociais. Porém, a propriedade privada é ela mesma um produto do trabalho alienado, assim como os deuses são um efeito – e não a causa – do entendimento humano, pois o primado teórico é sempre das práticas sociais e não de suas representações. Há, porém, um efeito de recursividade, pois a propriedade é produto do trabalho, mas é também o meio de sua realização, de modo que as categorias estão entranhadas umas nas outras e que a superação da alienação exija então a transformação das relações em sua totalidade.

Há uma forte relação entre essa primeira Teoria da Alienação e a que Marx desenvolveu em *O capital*. Nesse livro, no entanto, o argumento é menos filosófico, no sentido que depende menos de uma antropologia filosófica da "vida genérica" da humanidade, e pode ser concebido de maneira mais nitidamente sociológica. Aqui, a alienação, ou o "fetichismo das mercadorias", aparece como uma decorrência da onipresença das trocas mercantis na conformação da sociabilidade no capitalismo. Em linhas gerais, o argumento é que como as relações sociais são mediatizadas pela troca de mercadorias, os seres humanos acabam por serem dominados por seus produtos. A universalização das relações de troca representa a constituição do mercado não só como forma dominante de coordenação das relações econômicas, mas das relações sociais em geral. É por meio da troca que os seres humanos constroem seus vínculos com a sociedade e com os outros seres humanos. No entanto, a troca é uma relação impessoal, regulada pelas regras do trabalho abstrato como medida do valor, objetivada em mercadorias. As relações sociais tornam-se assim semelhantes aos fetiches religiosos, pois aquilo que é criação concreta do trabalho humano aparece na consciência dos homens como se fosse um produto autônomo. Onde há vínculo entre seres humanos, enxerga-se apenas o vínculo impessoal entre as mercadorias (MARX, 1984, cap. 1).

Esta inversão na consciência dos seres humanos não é simplesmente uma ilusão, mas ocorre porque essas "são formas de pensamento socialmente válidas e, portanto, dotadas de objetividade para as relações deste modo de produção historicamente determinado" (MARX, 1984: 73). O fetichismo seria assim uma espécie de "erro de categoria bem fundado" (VANDENBERGHE, 2012), porque essa inversão não é simplesmente imaginária, ela tem existência factual, no sentido de que não é o sujeito que se engana, mas a realidade que o induz ao erro, que dificulta a compreensão das relações "reais", pois estas não estão aparentes a olho nu. Mais grave é o erro dos economistas políticos, que, desprezando a historicidade da socialização mercantil, consideram o modelo "natural", compreensão deformada que tem o efeito de justificação e de impedimento de sua transformação.

Com isso fica mais fácil compreender a teoria de Marx sobre as ideologias. Neste aspecto, o erro do idealismo filosófico é acreditar que o mundo é emanação de uma subjetividade livre. Para Marx, o mundo resiste ao voluntarismo das ideias tanto porque impõe limites materiais concretos a elas, por exemplo, pelas distintas possibilidades abertas pelo desenvolvimento da técnica ou dos instrumentos de produção dos bens para satisfação das necessidades humanas, quanto porque a consciência subjetiva não é imune às determinações das circunstâncias materiais, à particularidade dos interesses, por exemplo. As ideologias podem ser entendidas então como visões de mundo, construções culturais, que só podem ser corretamente compreendidas se levado em conta o contexto social em que emergiram. As ideias não podem ser separadas de seus produtores, nem das condições sociais de sua produção, ou seja, devem ser tratadas histórica e sociologicamente. Ao mesmo tempo, a crítica ideológica é condição insuficiente – embora necessária – para a transformação das relações sociais, isto é, sem a transformação das relações materiais que lhe dão suporte, a crítica é impotente (MARX & ENGELS, 2007).

Isso não deveria nos levar a crer que Marx simplesmente suprimiu a importância das ideias, do conhecimento ou da subjetividade na mudança social, como se a "matéria", ou as relações materiais determinassem diretamente as relações sociais. Marx não foi um materialista ingênuo, muito menos um "empiricista", há em seu pensamento uma dialética sofisticada entre ideias e matéria, ou entre cultura e natureza, se quisermos assim, que impede a classificação simplória no espectro idealismo-materialismo, que talvez deixe de fazer sentido aqui. Isto porque Marx reconhece a mediação da atividade consciente dos seres humanos na transformação da natureza, de forma que a história depende desta relação entre a humanidade e seu trabalho, por um lado, e a natureza e sua substância material por outro. O verdadeiro objetivo de sua teoria não é a "matéria" em abstrato, mas a práxis social concreta, conceito que procura preservar tanto o lado "ativo", "produtivo", da atividade consciente humana, enfatizado pelo idealismo, quanto a independência da realidade exterior em relação à subjetividade criadora[15].

Classes e luta de classes

Um ponto central da sociologia marxista é a Teoria das Classes e da Luta de Classes. O argumento mais geral é que as sociedades capitalistas são divididas em classes sociais, isto é, em agrupamentos mais ou menos homogêneos em suas condições de vida e em seus interesses, e que a relação entre as classes é inerentemente conflitiva, pois seus interesses são contraditórios, de modo que a satisfação do interesse de uns implica a não satisfação do de outros. Assim, a Teoria das Classes está acompanhada de uma teoria do conflito, da luta de classes como forma básica do conflito nas sociedades modernas.

Não há, todavia, na obra de Marx, uma sistematização definitiva desse argumento, mas um conjunto de formulações que apresentam algumas diferenças. Os primeiros escritos de Marx sobre as classes tratavam do proletariado como "classe universal", muito no espírito do debate filosófico hegeliano, quando Marx concluía que, por ter sido despojado de todos os meios de produção e de qualquer privilégio ou particularidade, o movimento do proletariado por sua emancipação representaria a forma mais universal de emancipação, ou seja, a da humanidade como um todo[16]. A revolução proletária levaria assim ao fim da dominação de classe contra classe, o que não é senão a abolição das classes, tema que acompanha a orientação política de Marx por muito tempo.

Nos escritos posteriores Marx se desloca do debate filosófico para questões mais propriamente históricas e sociológicas da constituição das classes. Em *O manifesto do Partido Comunista*, Marx apresenta seu argumento de forma mais impactante, porém simplificada, sustentando ali que a história da humanidade é a história da luta de classes, e mostrando ao longo do tempo as oposições decisivas, por exemplo, entre senhores e escravos, nobres e plebeus, até chegar à oposição final entre burguesia e proletariado (MARX & ENGELS, 2011). É em *O capital* e em seus escritos políticos que o argumento ganha maior complexidade.

Em *O capital*, principalmente em seu primeiro livro, a estrutura de classes na sociedade capitalista é vista como uma decorrência da oposição entre capital e trabalho na esfera da produção capitalista, que conforma duas grandes classes sociais, cujos interesses são antagônicos, pois estão em posições opostas no mesmo processo de produção de valor. A relação capital-trabalho é a mais abstrata das determinações sociais e é uma decorrência da especificidade da relação de classes no capitalismo moderno, baseada na liberdade formal da força de trabalho. A clivagem fundamental aí é a propriedade ou não de meios de produção, que define a posição relativa que cada classe vai ocupar no processo produtivo, ou seja, uns como proprietários de meios de produção, outros como proprietários de força de trabalho. Decorre daí também que a exploração da força de trabalho seja dependente da luta de classes que determina o tempo de trabalho socialmente necessário à sua reprodução, o que depende, sobretudo, da duração da jornada de trabalho e do desenvolvimento das forças produtivas.

Essa armação mais abstrata da estrutura de classes tende a sugerir uma polarização ou uma ultrassimplificação da estruturação social no capitalismo em torno de duas grandes classes, divididas pela propriedade ou não de meios de produção, de capital, o que pareceu a muitos sociólogos críticos de Marx um argumento insuficiente. É preciso ver, contudo, que o próprio Marx não se contentou com a classificação abstrata e moveu-se em direção a análises mais concretas. Como argumentou Bensaïd[17], a Teoria das Classes de Marx "remete a um sistema de relações estruturado pela luta, cuja complexidade se desenvolve plenamente nos escritos políticos" (BENSAÏD 1999: 145). A estrutura baseada na oposição capital-trabalho, presente na esfera da produção, seria mais bem compreendida como um primeiro nível de análise, que exige desdobramentos que levem em conta elementos históricos e sociológicos.

Mesmo em *O capital*, Marx transita da esfera da produção capitalista para outras esferas, como a da circulação das mercadorias, na qual se vê que o conflito se apresenta na negociação da força de trabalho como mercadoria, na qual o capitalista se defronta com os trabalhadores como detentor de capital monetário enquanto esses últimos estão na condição de assalariados, trazendo a primeiro plano as negociações salariais e não apenas da divisão abstrata do tempo de trabalho. O movimento se completa quando Marx passa a examinar o "metabolismo social" amplamente, introduzindo os temas da concorrência, a formação da taxa média de lucro, o movimento global do capital, que incide sobre o rendimento das classes. Aqui as classes são vistas de acordo com a forma como auferem rendas, o que sugere três grandes classes, os proprietários fundiários, cuja renda advém da propriedade da terra, os capitalistas, que recebem renda do capital, e o proletariado, cujo rendimento decorre do trabalho[18].

Porém, essa grande estruturação das classes de acordo com as formas de rendimento não determina imediatamente as representações sociais e o conflito político. Quando Marx analisou o terreno da política, em escritos memoráveis, assinalou suas especificidades. As representações políticas têm certa autonomia, não correspondem diretamente à "luta de classes" (ou aos interesses materiais antagônicos), que por vezes se encontra dissimulada, velada pela "luta parlamentar" ou pela organização dos partidos políticos[19]. No terreno da política, as grandes classes podem se diferenciar em frações com interesses distintos, a burocracia estatal constitui-se enquanto grupo especial ou questões nacionais ganham importância distinguindo grupos que poderiam possuir interesses estruturalmente análogos. Assim, é preciso mover a análise do plano mais abstrato para o concreto.

O ponto importante é que, para Marx, é na "luta de classes" que as classes efetivamente se constituem, ou seja, é no conflito com outras classes que se forma a consciência do interesse comum que caracteriza as classes sociais enquanto realidade sociológica. Esse argumento aparece sempre que Marx lida com processos sociais concretos, por exemplo, na análise da emergência da burguesia enquanto classe distinta, que remete não apenas ao interesse ou às condições comuns de existência dos burgueses ainda no regime feudal, mas, sobretudo, por sua oposição à aristocracia e pela luta daí decorrente que permitem a consciência desses interesses (MARX & ENGELS, 2007). Ou, na análise do campesinato francês, que, isolado geograficamente em pequenas comunidades, não consegue estabelecer uma comunicação política que o permita agir enquanto classe no confronto político. Não constituía representação política própria, mas permitia que uma autoridade política superior o representasse, por meio do mito de Napoleão (MARX, s.d.).

As lutas de classes são fundamentais para compreender a mudança social e a "teoria" da revolução em Marx. Para ele, não há mudança social significativa sem luta de classes e as grandes transformações estão ligadas a revoluções políticas. Sem dúvida, a revolução que fascinou Marx – e seus contemporâneos – e que forneceu um certo modelo de mudança revolucionária, foi a Revolução Francesa de 1789. Ele leu bastante os historiadores da Revolução, como Guizot, por exemplo, e costumava pensá-la por oposição à situação alemã, cuja passagem para a Modernidade não havia comportado uma revolução burguesa, o que explicaria o conservadorismo alemão e a fraqueza política de sua burguesia[20]. Em seus textos de juventude, a Revolução Francesa foi vista como a afirmação dos interesses da burguesia frente às amarras da sociedade feudal; todavia, esses interesses particulares assumiam a forma de um Estado político com pretensões universais, um Estado acima da sociedade, que, todavia, se encontra dividida em classes. Daí que a revolução seja fascinante por emancipar a burguesia, mas seja limitada por não atingir a emancipação universal, que, como vimos, dependeria do proletariado.

É a partir de *A ideologia alemã* que Marx desenvolve e, em alguma medida, altera seu argumento, ampliando a ênfase do desenvolvimento das forças produtivas sociais na construção das situações revolucionárias. Daqui em diante as revoluções seriam vistas como o desenlace de uma dialética entre o desenvolvimento das forças produtivas e das relações de produção no interior de um "modo de produção", mediada pela luta de classes. Assim, a burguesia promoveu transformações nas forças produtivas no interior do modo de produção feudal, cujo desenvolvimento estaria limitado pelas "relações de produção", isto é, pelas regulamentações de caráter feudal que obstruíam os processos sociais de expansão dos mercados e de mercantilização da força de trabalho. Esta contradição reclama uma superação revolucionária, momento em que o poder político destrói as antigas instituições e abre caminho para outras mais adequadas ao desenvolvimento das forças produtivas. A força política, a organização consciente das classes em luta, estabelece o andamento de cada processo, segundo as realidades nacionais.

Em boa medida, essa dialética coroa o argumento em favor da revolução socialista, pois o modo de produção capitalista não seria capaz de superar por si mesmo suas crises recorrentes, exigindo transformações nas relações de produção que deveriam apontar para a superação da propriedade privada dos meios de produção, relação social crítica que fundamenta sua Teoria da Exploração e da alienação econômica. O socialismo seria então um desdobramento das contradições do capitalismo, de sua superação pela revolução proletária[21].

Coerente com esta formulação, a grande questão que pautou a dedicação política de Marx foi a organização de um movimento operário autônomo e consciente de seus fins, ou seja, que tivesse uma direção própria, não subordinado aos partidos burgueses e aristocratas, e que soubesse por que "causas" lutar. A revolução socialista seria uma consequência da organização operária, uma necessidade para transformar o modo de produção, mas não exatamente o objetivo imediato. A luta de classes no capitalismo assumiria formas diversas, nas quais o proletariado defenderia seus interesses, que seriam ademais os únicos interesses universalizáveis, em batalhas pela redução das jornadas de trabalho, por elevação dos salários, por direitos ou por democratização política.

Conclusão

Ao longo do texto, procuramos apresentar Marx como um autor complexo, que respondia a questões de seu tempo e cujas formulações atravessaram este momento, tornando-se uma referência para os sociólogos futuros. Destacamos três pontos centrais de sua contribuição para a sociologia, sua análise crítica do capitalismo como um modo de produção que consome trabalho e tende inerentemente à crise, sua crítica da alienação e da ideologia, sua Teoria das Classes e da Luta de Classes. Nesses três aspectos, a análise de Marx continua forte e persuasiva para se pensar as dinâmicas das sociedades modernas, desde que não seja vista como obra acabada, mas possa ser trabalhada reflexivamente e questionada à luz das transformações por que passam o capitalismo e a sociedade que se articula em torno de suas dinâmicas. Boa parte do problema com autores marxistas vem da transformação da teoria em dogma ou, dito de outra forma, da autossuficiência da interpretação de Marx, que impede tanto sua combinação com outros autores, quanto o teste empírico de sua validade. Isto para não falar da tendência de tornar Marx simplesmente um "economista", ou seja, de reduzir a teoria marxista a uma explicação das dinâmicas da Modernidade apenas pela dinâmica da economia ou do interesse econômico, o que afasta o autor de problemas mais especificamente sociológicos ou políticos. Uma das razões pelas quais a dinâmica da economia é tão forte em Marx diz respeito a características históricas do capitalismo por ele observado, que havia logrado estabelecer um grau elevado de autonomia da economia frente às demais instâncias sociais. As crises da economia capitalista autorregulada ensejaram transformações no "metabolismo social" do capital, para usar uma expressão do autor, e alteraram historicamente as relações entre política e economia. Na verdade, esta relação é sempre variável e se constitui em um objeto importante de investigação, cuja resposta não pode ser encontrada diretamente nos textos, ainda que clássicos, mas na pesquisa sociológica.

Se evitarmos o desvio dogmático ou o reducionismo economicista, Marx reaparece como inspirador do que se pode chamar de uma sociologia crítica, ou seja, uma perspectiva de compreensão das mudanças sociais a partir de suas possibilidades emancipatórias e interessada nessas transformações. Uma perspectiva "desfetichizante", no sentido de confiar que os seres humanos podem transformar as estruturas sociais e não apenas serem conduzidos por uma espécie de movimento cego destas grandes estruturas sociais. E, além disso, uma perspectiva interessada no ponto de vista das classes subalternas do processo de modernização capitalista, cujo movimento de emancipação em relação às coerções que lhes são exteriormente impostas pode ensejar as transformações sociais mais profundas.

Notas

[1] Para tanto, cf. Elias (2006).
[2] Para esta nota biográfica, tomei por base a recente biografia da família Marx escrita por Mary Gabriel (2013). A novidade introduzida por esta autora foi o extensivo exame dos arquivos de cartas não só de Karl Marx, mas também dos outros membros de sua família, sua esposa e suas filhas, bem como de muitos de seus amigos, o que permitiu o conhecimento mais detalhado de aspectos variados de sua trajetória e de seu cotidiano.
[3] Cf. Avineri (1968, Introduction).
[4] Para este ponto, cf. Avineri (1968), Vandenberghe (2012).
[5] Cf. Marx (2004, 2005, 2010).
[6] Em *A ideologia alemã*, Marx e Engels escrevem que eles imaginavam que as "representações" eram os "verdadeiros grilhões", mas esqueciam que combater "fraseologias" não é combater no mundo real (MARX & ENGELS, 2007: 84).
[7] Muitos desses temas aparecem no livro pioneiro de Engels (2008) e foram retomados por Marx em capítulos decisivos de *O capital*, nos quais usou como fonte de pesquisa não só os trabalhos de seu colega, como relatórios de inspetores de fábrica ou de inquéritos parlamentares, verdadeiros predecessores da pesquisa sociológica!
[8] A respeito desse tema cf. Aron (2003).
[9] Uma exposição clássica deste argumento está em *A ideologia alemã* (MARX & ENGELS, 2007).
[10] Cf. o cap. "A assim chamada acumulação primitiva" em Marx (1984).
[11] Para este parágrafo e para os que seguem, cf. Marx (1984), esp. o livro I.
[12] Uma boa apresentação da Teoria do Valor de Marx e da forma como o trabalho abstrato se converte em uma unidade de medida do valor socialmente válida pode ser encontrada em Gianotti (2009).
[13] Cf. Marx (1984), livro III. Para uma discussão crítica de desdobramentos sociológicos da Teoria da Crise, cf. Habermas (2013).
[14] Sobre este tema, cf. esp. Vandenberghe (2012).

[15] Cf. Schmidt (1977). Outro autor a destacar a superação da classificação idealismo-materialismo nos escritos de Marx é Giddens (2005); seu livro, aliás, é outra ótima introdução à sociologia de Marx, acessível aos leitores em língua portuguesa.
[16] Cf. a "Introdução à crítica da filosofia do direito de Hegel" em Marx (2005).
[17] É muito boa a exposição deste autor, da qual me servi amplamente nesta seção. Cf. esp. seu capítulo 4 em Bensaïd (1999).
[18] Cf. Marx (1984), livro III.
[19] Cf. esp. a análise da sociedade e da política francesa em *O 18 brumário de Luís Bonaparte* (MARX, s.d.).
[20] Uma boa referência crítica para o debate dos textos de Marx sobre a Revolução Francesa é Furet (1989).
[21] Este argumento, em sua simplicidade e elegância, tem sua melhor versão em *O manifesto do Partido Comunista* (MARX & ENGELS, 2011).

Referências

ARON, R. *O marxismo de Marx*. São Paulo: Arx, 2003.

AVINERI, S. *The Social and Political Thought of Karl Marx*. Londres/Nova York: Cambridge University Press, 1968.

BENSAÏD, D. *Marx, o intempestivo*: grandezas e misérias de uma aventura crítica. Rio de Janeiro: Civilização Brasileira, 1999.

ELIAS, N. Sobre a sociogênese da economia e da sociologia. In: *Escritos & ensaios – 1: Estado, processo, opinião pública*. Rio de Janeiro: Zahar, 2006.

ENGELS, F. *A situação da classe trabalhadora na Inglaterra*. São Paulo: Boitempo, 2008.

FURET, F. *Marx e a Revolução Francesa*. Rio de Janeiro: Zahar, 1989.

GABRIEL, M. *Amor e capital*: a saga da família de Karl Marx e a história de uma revolução. Rio de Janeiro: Zahar, 2013.

GIANOTTI, J.A. *Marx além do marxismo*. Porto Alegre: L&PM, 2009.

GIDDENS, A. *Capitalismo e moderna teoria social*. 6. ed. Lisboa: Presença, 2005.

HABERMAS, J. Entre filosofia e ciência: o marxismo como crítica. In: *Teoria e Práxis*. São Paulo: Unesp, 2013, p. 351-440.

MARX, K. *Sobre a questão judaica*. São Paulo: Boitempo, 2010.

_____. *Crítica da filosofia do direito de Hegel*. São Paulo: Boitempo, 2005.

_____. *Manuscritos econômico-filosóficos*. São Paulo: Boitempo, 2004.

_____. *O capital*: crítica da economia política. 5 vols. São Paulo: Abril, 1984 [Trad. Regis Barbosa e Flavio Kothe].

_____. O 18 brumário de Luís Bonaparte. In: *Obras escolhidas*. Vol. 1. Alfa-Ômega, s.d.

MARX, K. & ENGELS, F. *Manifesto do Partido Comunista*. Petrópolis: Vozes, 2011.

_____. *A ideologia alemã*. São Paulo: Boitempo, 2007.

SCHMIDT, A. *El concepto de naturaleza en Marx*. Madri: Siglo Veinteuno, 1977.

VANDENBERGHE, F. *Uma história filosófica da sociologia alemã*: alienação e reificação. Vol. 1. São Paulo: Annablume, 2012.

3
Alexis de Tocqueville

*Maria Alice Rezende de Carvalho**

Autores com extensa fortuna crítica oferecem muitas dificuldades a apreciações sintéticas. É o caso de Alexis-Charles-Henri Clérel, Visconde de Tocqueville, ou Alexis de Tocqueville (1805-1859), escritor político e homem público com raízes na aristocracia normanda, cuja biografia e produção intelectual têm sido objeto de abundantes estudos. No que se segue não buscarei abarcar a totalidade da sua obra e tampouco a de seus correspondentes, comentadores e críticos. Serão abordados, em primeiro lugar, os contextos que favoreceram a emergência de Tocqueville como "sociólogo"; em seguida, os dois livros pelos quais se tornou conhecido – *A democracia na América* e *O Antigo Regime e a revolução* – e, por fim, a título de conclusão, algumas questões contemporâneas, inspiradas no universo tocquevilleano, que poderão interessar ao crescente número de leitores daquele admirável pensador.

Alexis de Tocqueville, um "sociólogo"

Mais conhecido como estudioso da história, pode-se dizer que Alexis de Tocqueville foi tornado "sociólogo" – permitindo-me o anacronismo – em um processo no qual se destacam contextos muito particulares, que favoreceram leituras especiais de sua obra.

O primeiro deles foi o período que sucedeu imediatamente a Segunda Guerra Mundial (1939-1945), quando se instaurou a Guerra Fria e a consequente divisão da intelectualidade europeia em marxistas e liberais. A disputa entre Estados Unidos e União Soviética, dois grandes impérios estranhos à Europa Ocidental, foi vivida intensamente por homens e mulheres que, nascidos no ocidente europeu no começo do século XX, se tornaram filósofos, escritores ou críticos durante os anos de ascensão do nazi-fascismo. Até 1939 caminharam juntos: a maioria deles tendo um admirável histórico de atividades antifascistas. Mas a década de 1950 os separou, pois a Guerra Fria fixou alinhamentos um tanto arbitrários. Assim, por exemplo, dois filósofos franceses, ex-alunos da École Normale Supérieure nos anos de 1920, e membros da elite intelectual na década

---

* Professora-associada do Departamento de Ciências Sociais da Pontifícia Universidade Católica do Rio de Janeiro (PUC-Rio). Doutora em Sociologia pelo Instituto Universitário de Pesquisas do Rio de Janeiro (Iuperj).

de 1950 – Jean-Paul Sartre e Raymond Aron –, que tinham mais em comum do que se costuma mencionar (BOURDIEU, 2004; JUDT, 2012), foram lançados, respectivamente, à esquerda e à direita do espectro político, perdendo-se as sutilezas inscritas em seus argumentos.

No imediato pós-guerra, a direita ideológica havia quase desaparecido, mas essa classificação continuava sendo disparada contra liberais e socialdemocratas críticos da União Soviética. Porque para os partidos comunistas e seus aliados – como Jean-Paul Sartre – a União Soviética era a concretização irrepreensível do anseio revolucionário por justiça social, a maior experiência igualitarista da era moderna. Já os seus críticos – Raymond Aron entre eles – viam ali um cenário de terríveis resultados humanos, produzido pela ausência de liberdades civis e políticas. Por isso, faz sentido a afirmação do historiador Tony Judt (2012: 248) de que a Guerra Fria não foi travada propriamente entre esquerda e direita, mas, sobretudo, entre igualitaristas e aqueles que admiravam não os valores do liberalismo e sim as "*estruturas institucionais*" que ele forjara no Ocidente ao longo de, pelo menos, dois séculos. Raymond Aron se tornou, então, o representante da vertente valorizadora das instituições da liberdade, e soube apresentar aos seus contemporâneos o autor que lhe serviria de inspiração: Alexis de Tocqueville.

Em seu livro *Les étapes de la pensèe sociologique*, publicado em 1967, Raymond Aron afirma que o motivo pelo qual elegera Alexis de Tocqueville como um dos fundadores da Sociologia foi o fato de que em sua obra as sociedades modernas detinham um traço estrutural comum – a igualização das condições sociais –, mas podiam ser muito diversas em sua feição geral ao se organizarem politicamente de acordo com um padrão liberal ou despótico.

Tal perspectiva, segundo Aron, é notável, pois, no século XIX, os autores que destacaram as características estruturais das sociedades modernas, como Auguste Comte, que se fixou na sociedade industrial, ou Karl Marx, no capitalismo, embora admitissem a existência de algumas variações secundárias nas formações históricas nacionais, insistiam no resultado comum a todas elas, o que incluía um mesmo padrão de organização política e cultural (ARON, 1982: 207). Em Tocqueville, diferentemente, a dinâmica estrutural que promoveu a igualização das condições sociais – que ele chamou de "revolução democrática" –, embora contribuísse para que todas as sociedades apresentassem uma crescente uniformidade dos modos de vida, não cancelava sua variedade, dada a pluralidade de regimes políticos possíveis.

Assim, para Aron, dentre os chamados pais da Sociologia, Alexis de Tocqueville se distingue pela introdução de uma novidade analítica, uma vez que não considera a dinâmica estrutural das sociedades modernas o elemento determinante dos seus respectivos resultados institucionais. Há em Tocqueville um tenso equilíbrio entre o andamento providencial da igualdade – que "foge à interferência humana" – e a crítica, a escolha, a intervenção ética dos atores, que ajusta e tempera o resultado final (JASMIN, 2005).

Portanto, em meio ao período mais candente da Guerra Fria, Tocqueville foi tornado "sociólogo" e trazido ao panteão da disciplina pelas mãos de Raymond Aron, que viu em sua obra a possibilidade de aproximar os princípios que haviam sido isolados em dois impérios rivais: igualdade e liberdade.

Outro contexto de valorização da sociologia de Alexis de Tocqueville remonta às celebrações do segundo centenário da Revolução Francesa, em 1989, quando a história se tornou o campo privilegiado do debate público sobre a república em França.

Até aquele momento, a interpretação social da Revolução Francesa cabia predominantemente a historiadores marxistas, sendo o maior deles Georges Lefebvre (1874-1959). Segundo tais intérpretes, a guerra civil na França teria sido fruto da ascensão social da burguesia, ainda que o próprio Lefebvre reconhecesse que os principais beneficiários da revolução não fossem imediatamente os burgueses, mas os burocratas, ou seja, uma "burguesia bem pouco capitalista", ocupante de posições no aparelho estatal francês (MERQUIOR, 1989: XLVIII). Contra aquela historiografia marxista se erguia um conjunto heterogêneo de estudiosos, dentre os quais François Furet (1927-1997), que criticava a ênfase que os marxistas conferiam à estrutura social e chamava a atenção para a força radicalizadora presente no próprio processo político, "instância autônoma e independente com relação a interesses e forças socioeconômicas" (FLORENZANO, 1995: 97).

Furet, historiador que pertenceu à terceira geração da *École des Annales*, foi, de fato, um dos grandes personagens das celebrações do bicentenário da revolução. Enfatizou, naquele contexto, o diagnóstico tocquevilleano de que, nas últimas décadas do século XVIII, a sociedade civil francesa já não se subordinava completamente ao Estado, abrindo-se uma grande crise entre a sociedade de ordens e o absolutismo. Mas quem poderia dirigir a autorreforma do Estado, se a aristocracia reunida em Versalhes tivera cancelada sua autonomia e minimizada sua capacidade de se impor ao monarca?

Segundo Tocqueville, na ausência de uma liderança política, os homens de letras entraram em cena e fizeram com que o povo francês, privado de "verdadeiras liberdades", marchasse em busca de uma noção abstrata de liberdade. Não se tratava mais de destruir o Antigo Regime, pois isso já estava em curso; mas a forma brutal de que se revestiu a Revolução, demolindo tudo o que existia, revela o quanto a política, como limite da violência, foi ignorada pelos *philosophes*. Para Tocqueville ([1856] 2009: 224-225), o povo francês deixou de construir uma sociedade melhor do que aquela que possuía, porque sonhou com a fundação de uma sociedade perfeita:

> Como já não existissem [...] classes políticas, corpos políticos vivos nem partidos organizados e dirigidos, [...] e a orientação da opinião pública coubesse unicamente a filósofos, era previsível que a revolução seria conduzida menos em vista de certos fatos particulares do que de acordo com princípios abstratos e teorias muito gerais; podia-se antecipar que em

vez de atacar separadamente as más leis ela se voltaria contra todas as leis e que desejaria substituir a antiga constituição da França por um sistema de governo totalmente novo que esses escritores haviam concebido.

Assim, nos anos de 1980, em meio à crise do chamado socialismo real, Furet pretendeu aquecer o debate político francês a partir da obra de Alexis de Tocqueville, principalmente *O Antigo Regime e a revolução*. Para ele não havia ali uma história de sublevação do povo francês, mas sim uma "sociologia do absolutismo" (FURET, 1989: 1.068), em que a monarquia francesa desponta como a verdadeira subversora das relações sociais. Isto porque, ao expropriar o poder da aristocracia e concentrá-lo em suas mãos, o monarca absolutista não apenas extinguiu "as classes políticas, os corpos políticos vivos", como também se tornou o responsável pela extinção da sociabilidade tradicional, assentada nos princípios da hierarquia e da reciprocidade.

Lido dessa perspectiva, o giro analítico que o livro de Alexis de Tocqueville propõe é extraordinário. E sua principal consequência política consiste em destituir as forças sociais do Terceiro Estado do papel de liderança da "revolução da igualdade" – algo que, em pleno século XX, continuava a alimentar o mito de origem da França democrática. Ecoando as lições de Tocqueville, François Furet indaga: "Pensam que a Revolução Francesa é uma ruptura brutal na nossa história nacional? [...] Na realidade ela é a germinação do nosso passado. Ela [apenas] remata a obra da monarquia" (FURET, 1983: 31).

Portanto, com a lente "sociológica" de Tocqueville, pode-se apreender que o que se passou na França, a partir do século XVIII, foi a aceleração de uma dinâmica estrutural de diminuição das distâncias sociais, em conjunção com o crescimento do poder administrativo do Estado centralizado. É essa junção entre democratização social e despotismo estatal que caracterizaria, segundo Tocqueville, a modernização francesa, antes e depois de 1789 (FURET, 1989: 1.065). Nesse sentido, para a França e demais sociedades modernas do Ocidente, o desafio tocquevilleano, ontem como hoje, consistiria em articular o processo de igualização social com instituições políticas capazes de repartir, e não concentrar, o poder soberano.

Dois livros, uma "sociologia"

Nascido em 1805, Alexis de Tocqueville veio ao mundo um ano após Napoleão Bonaparte se proclamar Imperador francês. E morreu em 1859, sob o Segundo Império, quando Napoleão III, sobrinho de Bonaparte, exercia o poder absoluto. Sua vida transcorreu, portanto, em um período em que as transformações sociais por que passava a França não se enraizavam em um solo de liberdades políticas. Tal disjuntiva entre igualdade e liberdade e o desafio de resolvê-la compõem, como se viu, o núcleo de sua "sociologia", construída em dois livros notáveis e complementares: *A democracia na América* e *O Antigo Regime e a revolução*.

O primeiro, *A democracia na América*, foi escrito na conturbada década de 1830. Com o levante de julho de 1830, o rei Bourbon, Charles X, foi forçado a se exilar, assumindo o trono francês Louis-Philippe, da dinastia de Orléans. O jovem Alexis de Tocqueville e outros juízes, temendo o pior, juraram lealdade ao novo rei, que, entretanto, desconfiado dos funcionários que haviam servido a seu antecessor, os rebaixou a um posto sem honorários (BROGAN, 2006). Tal medida contribuiu para que Alexis de Tocqueville e seu amigo Gustave de Beaumont, juiz em Versalhes, decidissem passar algum tempo longe da França, tendo como pretexto conhecer o sistema prisional norte-americano a fim de subsidiar a reforma das leis criminais francesas, em discussão na Câmara dos Deputados.

Autorizados pelo Estado, partiram para a América e lá permaneceram durante nove meses, entre maio de 1831 e fevereiro de 1832, período em que o interesse de ambos se estendeu à economia e ao sistema político, ou seja, a um campo muito mais vasto do que o definido pelo projeto original (BROGAN, 2006: 160). Um ano após regressarem à França, apresentaram a monografia *Du système pénitenciaire aux États-Unis et de son application en France* (1833). Mas foi o Livro I de *A democracia na América*, escrito por Alexis de Tocqueville e publicado em 1835, que se tornou um grande sucesso editorial. Cinco anos mais tarde, a publicação do Livro II completaria aquela obra.

Na América

"Entre os objetos novos que, durante a minha demora nos Estados Unidos, atraíram minha atenção, nenhum me impressionou mais vivamente do que a igualdade de condições". Com esta frase, extraída da Introdução ao Livro I de *A democracia na América* ([1835] 1987: 11), Tocqueville inicia seu relato de viagem, conferindo à igualdade o estatuto de uma realidade empiricamente constatável. Mas a simplicidade da observação é enganosa, pois o objeto de que tratará ao longo das muitas páginas seguintes é uma construção analítica complexa, endereçada aos seus compatriotas. De fato, os dois livros que compõem *A democracia na América* levarão seus leitores a conhecer "um novo modo de ser das sociedades", cujo melhor exemplo é fornecido pelos Estados Unidos: uma sociedade igualitária, distante das estruturas herdadas do feudalismo, dos velhos condicionantes hierárquicos comuns às nações em que vigorara a lei feudal. A igualdade, portanto, para Tocqueville, não é somente uma característica presente no cotidiano do povo norte-americano, mas também a premissa que sustenta sua teoria acerca da ordem social moderna (JASMIN, 2005).

Esse "novo modo de ser das sociedades" é o que Tocqueville chama de democracia, porque, diferente da tradição política, que define democracia como uma forma de governo, a "sociologia" tocquevilleana emprega esse termo para se referir a uma nova forma de sociedade, na qual "todas as ocupações, profissões, dignidades e honrarias são acessíveis a todos" (ARON: 1982: 209). Ou seja: um modo de ser que se opõe à aristocracia.

A construção do sistema democracia/aristocracia está no centro da reflexão de Tocqueville e se diferencia da oposição entre igualdade e desigualdade. Há desigualdade nos Estados Unidos, lembra o autor, pois riqueza e inteligência, por exemplo, se distribuem irregularmente por todo o tecido social. E mesmo que naquele país as leis e costumes contribuam para a redução dessa desigual distribuição de predicados, ainda assim as desigualdades persistirão. Na América, conclui Tocqueville, há desigualdade *e* democracia; pois não são as diferenças sociais que tornam uma sociedade aristocrática, e sim as diferenças sociais inamovíveis.

Sob a aristocracia, a desigualdade é inamovível, pois ela é estruturante do mundo social; cada ser pertence a uma ordem, que se assemelha a um sistema fechado, estável e hierarquicamente disposto na estrutura da sociedade. Já sob a democracia, as desigualdades existentes não se articulam em uma ordenação social estável. São, antes, desigualdades individualizadas, e podem ser canceladas ou substituídas ao longo da vida de seus portadores. O exemplo que Tocqueville ([1835] 1987: 436-438) fornece para se entender as desigualdades na sociedade norte-americana é a relação contratual entre patrões e empregados – uma desigualdade consentida e revogável.

> Nas sociedades aristocráticas, os empregados constituem uma classe particular que não varia mais que a dos patrões. Entre elas não tarda a nascer uma ordem fixa; na primeira como na segunda, logo se vê surgir uma hierarquia, classificações numerosas, camadas distintas, e as suas gerações se sucedem sem que se modifiquem as posições. [...] [Nos Estados Unidos] A igualdade faz do empregado e do patrão seres novos e estabelece entre eles novas relações. Quando as condições são quase iguais, os homens constantemente mudam de lugar; ainda existe uma classe de criados e uma classe de senhores; mas não são sempre os mesmos indivíduos, nem, sobretudo, as mesmas famílias que as compõem; e não há perpetuidade nem no comando nem na obediência.

Nesse "novo modo de ser das sociedades", em que não se observa uma estruturação fixa das posições sociais, o corpo social se fragmenta em indivíduos independentes, que, contudo, não estão completamente soltos, ao sabor de suas próprias veleidades. Movem-se, antes, em um ambiente cultural, moral e reflexivo – o "costume" – que é comunitário, dá coesão à existência social desses indivíduos e mantém suas instituições. O costume, tal como o define Tocqueville, é mais do que o conjunto de práticas e hábitos empunhados pelos norte-americanos; é também o seu acervo de opiniões, crenças e ideias que são selecionadas ao longo do tempo e passam a definir o que é admissível, o que deve ser adotado e mantido como comportamento normal. O costume é, enfim, o contexto em que se desenrola a vida coletiva nas sociedades democráticas, conferindo legitimidade e limites às iniciativas de indivíduos irrequietos, que tudo fazem para ascender ou, pelo menos, não decair socialmente.

Segundo Tocqueville, a inquietude do homem democrático imprime um dinamismo saudável à vida social, principalmente nos casos em que seus interesses privados adquirem um sentido comunitário e se tornam um objetivo coletivo. Uma boa escola pública, por exemplo, que satisfaça os interesses de um pai zeloso, contém uma dimensão comum que pode se traduzir em lei e se estender ao conjunto dos estudantes. Foi a partir dessa articulação entre o privado e o público que Tocqueville pôde perceber o quanto os costumes norte-americanos, forjados na tradição puritana e no republicanismo de suas primeiras comunidades, favoreciam a "revolução da igualdade".

Mas Tocqueville percebeu também que nas sociedades que conheciam um processo de igualização social sem tradição semelhante – ou mesmo na sociedade norte-americana, que em sua trajetória será levada ao esquecimento de seus costumes de origem – o fortalecimento da igualdade tende a produzir o isolamento de cada indivíduo com sua família e amigos próximos, abandonando laços e hábitos que poderiam ligá-lo à sociedade mais ampla. Em outras palavras, a "revolução da igualdade" nem sempre gera bons resultados institucionais. Ela pode estimular a privatização da vida, o torpor cívico e o arrefecimento das virtudes públicas – caso em que se estaria diante da ameaça de um novo tipo de despotismo (TOCQUEVILLE, [1835] 1987: 494).

Ainda que em 1835, quando escreveu o Livro I de *A democracia na América*, Tocqueville já intuísse a existência dessa ameaça, seu interesse, naquele momento, estava voltado à comparação de duas sociedades – a norte-americana, democrática e liberal, e a francesa, que no curso da sua democratização encontrava muitas barreiras à liberdade política. Somente em 1840, quando escreveu o Livro II de *A democracia na América* e seu método comparativo se viu deslocado por formulações conceituais mais abrangentes (JARDIN, 1984), é que o tratamento da polaridade liberdade/despotismo se impôs.

O novo despotismo – o "despotismo democrático" – pôde, então, ganhar contornos mais precisos. Ele se diferencia daquele praticado pelos monarcas absolutistas porque, dentre outras características, não tem um rosto; e, diferentemente do arbítrio e ferocidade com que tais reis revestiam suas relações com os súditos, o "despotismo democrático" não infringe temor aos cidadãos, apenas lhes cancela a autonomia. É um despotismo brando e insidioso, que se imiscui na vida de cada um para guiá-lo em suas dificuldades (TOCQUEVILLE, 1987: 532):

> É assim que, todos os dias, [o despotismo democrático] torna menos útil e mais raro o emprego do livre-arbítrio; é assim que contém a ação da vontade num pequeno espaço e, pouco a pouco, tira a cada cidadão até a ocupação consigo mesmo. A igualdade preparou os homens para todas essas coisas, dispondo-os a sofrê-las e muitas vezes a considerá-las até mesmo um benefício.

Em suma, sendo a democratização social um processo irrecorrível, a liberdade, conclui Tocqueville, não o é. Pode-se dar o caso em que a democracia se imponha em um ambiente carente de liberdade. E quando isso ocorre, isto é, quando a igualdade avança sem as instituições da liberdade, o resultado é a perversão do interesse em egoísmo, do indivíduo em individualismo, do privado em privatismo, consolidando a indiferença dos cidadãos para tudo o que é público, e deixando o governo à mercê do déspota (WERNECK VIANNA, 1997: 129). Nas palavras de Tocqueville (1987: 412):

> [...] existe, na realidade, uma passagem muito perigosa na vida dos povos democráticos. Quando o gosto pelos prazeres materiais se desenvolve num desses povos mais rapidamente que os hábitos da liberdade, chega um momento em que os homens se acham enleados, e como que fora de si mesmos, tendo em vista os bens novos que estão prontos a colher. Preocupados apenas com o cuidado de fazer fortuna, não mais percebem o estrito laço que une a fortuna particular de cada um deles à prosperidade de todos. Não é necessário tirar de tais cidadãos os direitos que possuem; eles mesmos os deixam escapar voluntariamente.

Contudo, as sociedades igualitárias não estão condenadas ao despotismo, pois, segundo Tocqueville, há espaço para a intervenção humana no destino político das democracias. De fato, no pensamento tocquevilleano existe a possibilidade de uma vontade esclarecida que leve os homens a agirem em prol da liberdade. A "nova ciência política para um mundo inteiramente novo", de que fala o autor, é, pois, uma arma na luta contra o "gosto exclusivo pelos prazeres" e a favor da participação dos cidadãos nos negócios públicos. Reconhecer a existência de costumes alternativos àqueles que alimentam o "despotismo democrático" e torná-los apreciados pelo homem comum seriam os principais deveres dessa ciência para a liberdade. E os Estados Unidos servem bem a essa pedagogia.

Em primeiro lugar, porque, ali, a descentralização administrativa fez com que comunas e municipalidades se tornassem instâncias de discussão e de intervenção do indivíduo no espaço público. Como lembra Marcelo Jasmin (1991: 52), "a experiência nessas instâncias da democracia direta seria funcionalmente equivalente àquela que Tocqueville encontrava e elogiava nas antigas assembleias medievais..." Desse modo, além de possibilitar a capacitação dos indivíduos para a gestão da coisa comum, a descentralização administrativa reporia, malcomparando, o princípio aristocrático da mediação, pois incluiria entre o homem comum e o governante a instância comunal – instância capaz de inibir a concentração do poder nas mãos de uma só autoridade. Também as associações voluntárias conteriam uma dimensão pedagógica comparável à das comunas, pois retrariam ao mundo moderno a cultura coletivista das guildas, reunindo, para o bem público, indivíduos com interesses análogos.

A inspiração de Tocqueville, como se vê, é passadista, enlaçada na experiência do medievo europeu. Mas as consequências políticas que dela procurou extrair são atuais e dizem respeito a uma lógica de limitação do novo despotismo. Assim, às comunas e às associações voluntárias se poderiam acrescentar a imprensa, como ambiente de constituição de uma opinião pública, ou a magistratura, como operadora permanente do ajuste entre leis e costumes, forçando, em alguns casos, os limites consuetudinários do *"estado social igualitário"*, mediante inovações legais orientadas pelo princípio da liberdade

(WERNECK VIANNA, 1997: 117-150). Em todas essas alternativas, observa-se a aposta tocquevilleana na boa condução da democracia, na intervenção ética e política do ator para correção dos efeitos negativos da marcha providencial da igualdade.

Em suma, o livro *A democracia na América* impõe a constatação de que o avanço da igualdade social não propicia automaticamente bons resultados. Caberia, pois, às instituições da liberdade – nelas incluídas o esclarecimento propiciado pela *"nova ciência política"* – salvar os indivíduos do alheamento em relação à coisa pública. Afinal, como escreveu Robert Nisbet (1988: 190), "as forças morais, em Tocqueville, são superiores às materiais". Nesse sentido, ao lado da oposição democracia/aristocracia, "que aponta um percurso inelutável da história ocidental", se ergue a da liberdade/despotismo, como para lembrar "a necessária intervenção humana na construção dos destinos políticos da democracia" (JASMIN, 2005: 77).

Na França

Outro livro notável de Alexis de Tocqueville, *O Antigo Regime e a revolução*, completa a reflexão sociológica do autor. Com ele, Tocqueville reafirma a existência de "um novo modo de ser das sociedades" e busca entender por que na França essa nova sociedade encontra tanta dificuldade em ser livre.

Tocqueville era representante do departamento de Manche, na Câmara dos Deputados, quando eclodiu a revolução de 1848. Foi, então, eleito deputado constituinte, tornando-se membro da comissão que redigiu a Constituição da II República. Monarquista que era, aceitou esse encargo por saber que não havia qualquer chance de uma restauração monárquica. Porém, quando os eleitores deixaram de votar em Cavaignac – o general republicano –, elegendo Luís Napoleão – um político sem prestígio e ridicularizado por seus contemporâneos –, passou a temer pelos destinos da França, pois, na melhor das hipóteses, a revolução de 1848 substituíra uma monarquia "pouco legítima" por outra, autoritária. Assim, em dezembro de 1851, quando Luís Napoleão rompeu com a legalidade para se manter no poder, Tocqueville deixou a vida pública, iniciando um novo projeto intelectual: desvendar o colapso da sociedade do Antigo Regime. Daí até a sua morte, em 1859, se empenhará nessa pesquisa. Em 1856, publicou *O Antigo Regime e a revolução* e já tinha esboçado um segundo livro, que, contudo, não logrou concluir (TOCQUEVILLE, [1856] 2009: XLV-XLVI).

Muito já se escreveu acerca das semelhanças entre o esforço analítico de Alexis de Tocqueville em *O Antigo Regime e a revolução* e o de Charles-Louis de Secondat, Barão de La Brède e de Montesquieu, ou simplesmente Montesquieu (1689-1755), no livro *Considerations sur les causes de la grandeur et de la décadence des Romains*. Ambos buscavam as causas estruturais das respectivas crises que acometeram aquelas sociedades – o que se traduziu em um tratamento bastante econômico dos fatos e valorizador, em contrapartida, das articulações entre eles. Ambos produziram livros *"que se reduzem a duas ou três ideias diretivas*" (MAYER, 2009: XXVIII). Mas não se pode dizer que o estilo de Tocqueville seja resultado apenas de sua aplicada leitura de Montesquieu...

Jovem ainda, nas oportunidades em que viajou pela Europa em companhia de seus irmãos ou amigos, Tocqueville traçava "perfis" das regiões percorridas e dos tipos humanos encontrados, o que lhe exigia uma capacidade de destacar o que neles havia de mais característico, embora menos evidente (BROGAN, 2012). No livro *O Antigo Regime e a revolução*, que definiu como "mistura de história e de filosofia histórica", Tocqueville claramente se afasta das narrativas detalhadas sobre eventos, procurando oferecer ao leitor princípios gerais, formativos da moderna sociedade em França. Tocqueville seguia, obviamente, as lições de Montesquieu sobre a elaboração de uma história racional-explicativa (JASMIN, 1996). Mas talvez se possa acrescentar que agregou a tais lições o treinamento juvenil de seus "esboços", em que se observa a importância concedida a aspectos psicológicos e cognitivos, que não comparecem com o mesmo apuro na obra de Montesquieu. O que se segue é uma apresentação da "sociologia" histórica de Tocqueville, em que também estão presentes sentimentos e disposições humanas.

***

> Os primeiros séculos da monarquia, a Idade Média, o Renascimento deram origem a estudos imensos e foram objeto de pesquisas muito profundas que nos deram a conhecer não apenas os fatos que aconteceram então, mas também as leis, os usos, o espírito do governo e da nação nessas diversas épocas. Até agora ninguém se deu ao trabalho de considerar o século XVIII dessa forma e tão de perto. Julgamos conhecer muito bem a sociedade francesa daquela época porque vemos o que brilhava à sua superfície [...]. Mas quanto à maneira como se conduziam os assuntos, quanto à prática efetiva das instituições, quanto à posição exata das classes umas com relação às outras [...], quanto ao próprio fundo das opiniões e dos costumes, temos apenas ideias confusas e frequentemente errôneas.

No trecho acima, extraído do Prefácio de *O Antigo Regime e a revolução*, Tocqueville resume seu projeto intelectual: entender o que permanecia oculto sob o Antigo Regime e associá-lo ao que "brilhava" na superfície da sociedade francesa. Vale dizer: tratar analiticamente a redução das distâncias sociais na França, associando esse fenômeno à flamejante incidência do levante de 1789. Ou seja: associar a revolução como processo à revolução como intervenção do ator. Nas três partes constitutivas do livro *O Antigo Regime e a revolução*, Tocqueville buscará realizar esse programa.

Na primeira parte, dedicada a caracterizar a natureza da revolução, o capítulo mais significativo é, sem dúvida, o que tem como título "Como quase toda a Europa teve precisamente as mesmas instituições, e como essas instituições caíam em ruína por toda a parte". Nele há duas preciosas notações metodológicas: a primeira se refere à conveniência da comparação. Nas palavras de Tocqueville (2009: 22): "Essa olhadela para fora da França era necessária para facilitar o entendimento do que virá em seguida; pois quem houver estudado e visto somente a França, ouso dizer que nunca compreenderá coisa alguma da Revolução Francesa".

A segunda notação diz respeito à primazia do *processo* sobre o *evento* – o que equivale a dizer que, do ponto de vista analítico, a compreensão do avanço da revolução democrática universal é, para Tocqueville, mais relevante do que a sua resolução local. Nosso autor, de fato, inscreve a Revolução Francesa em um contexto europeu de mudanças institucionais e políticas, cujo arco temporal compreende da Idade Média a meados do século XVIII, quando o sistema feudal já se encontrava *"extinto em sua substância"* (TOCQUEVILLE, [1856] 2009: 20-21):

> Mesmo na Alemanha, em que a antiga constituição da Europa conservara melhor que na França seus traços primitivos, uma parte das instituições que ela criara já estava destruída em todo o país. [...] As instituições municipais que, nos séculos XIII e XIV, tinham feito das principais cidades alemãs pequenas repúblicas ricas e esclarecidas, ainda existem no século XVIII; [...] mas a atividade, a energia, o patriotismo comunal, as virtudes viris e fecundas que a haviam inspirado desapareceram. Essas antigas instituições como que desmoronam sobre si mesmas, sem se deformarem.

Assim, sobre a natureza da Revolução Francesa, Tocqueville irá defini-la como o resultado da substituição de instituições sociais e políticas do feudalismo por uma "ordem social e política mais uniforme e mais simples, que tinha como base a igualdade de condições" (TOCQUEVILLE, [1856] 2009: 25). Na verdade, contrariando a percepção dominante à época, Tocqueville não empresta maior relevância a "1789", que considera apenas o passo – arrebatado e violento – que "encerrou dolorosamente o trabalho a que se dedicaram dez gerações". Ao anunciar a segunda parte de *O Antigo Regime e a revolução*, o autor indaga: "Mas por que essa revolução, preparada em toda parte, eclodiu justamente na França e não em outro lugar?" (TOCQUEVILLE, [1856] 2009: 25).

Tocqueville explica que o processo de simplificação da estrutura social, com a consequente aproximação das condições reais de vida entre nobres e plebeus, não era rigorosamente um traço exclusivo da sociedade francesa. Tampouco era exclusividade francesa o derruimento das instituições municipais e das virtudes comunais. Mas, segundo Tocqueville, o que distinguiu a França e fez com que a guerra civil explodisse ali, e não em qualquer outra parte do Ocidente europeu onde também tinham curso tais processos, foi o fato de que a destruição da sociabilidade tradicional francesa, com a eliminação da hierarquia e do princípio da reciprocidade, não foi acompanhada de igual extinção dos privilégios nobiliárquicos. Em outras palavras, as obrigações dos nobres foram extintas, mas não os seus privilégios. Disso resultou que, na França, os homens não se diferenciassem senão pelos direitos pecuniários da nobreza, gerando uma casta parasitária, sustentada por *"rendas imprescritíveis e irresgatáveis"*, cuja marca distintiva era tão somente o nascimento. Ora, diante disso, o camponês, apesar de recém-tornado proprietário, sentia sua nova posição desrespeitada – o que excitava ainda mais os ódios de classe. Enfim, no século XVIII, a sociedade francesa já era uma sociedade vincada pelo princípio da igualdade, mas a aristocracia e o povo viviam afastados. Tal fato não aconteceu na Inglaterra, pois lá, de acordo com Tocqueville ([1856] 2009: 109),

> [...] a nobreza soube se misturar familiarmente com os seus inferiores e fingir considerá-los como seus iguais. [...] Estava disposta a tudo para comandar. [...] No século XVIII, na Inglaterra, é o pobre que goza do privilégio tributário; na França, é o rico. Lá a aristocracia assumiu os encargos públicos mais pesados para que lhe fosse permitido governar; aqui [na França], até o fim, ela conservou para si a imunidade tributária, para consolar-se de haver perdido o governo.

Com isso, sem diminuir o peso dos condicionantes estruturais da guerra civil em França, Tocqueville destaca que alguns comportamentos das classes dirigentes francesas produziram resultados institucionais catastróficos, completamente diversos dos que tiveram curso na Inglaterra. A ganância e a pusilanimidade da nobreza francesa, por exemplo, terão contribuído fortemente para a queda súbita e violenta do Antigo Regime (p. 110).

> Ouso afirmar que, no dia em que a nação [...] permitiu que os reis estabelecessem um imposto geral sem sua participação, e em que a nobreza teve a covardia de deixar taxarem o Terceiro Estado contanto que ela própria fosse isentada, nesse dia foi semeado o germe de quase todos os abusos que desgastaram o Antigo Regime durante o resto de sua vida e acabaram por causar sua morte violenta.

Covardia, de um lado, ressentimento do Terceiro Estado, de outro – os sentimentos que Tocqueville faz aflorar nos últimos capítulos da parte II de *O Antigo Regime e a revolução* desmentem a leitura mais usual da sua obra, que afirma estarem contidos nessa seção apenas os argumentos macroestruturais, deixando para a parte III o exame das ações humanas, evidenciado na atuação dos *homens de letras* às vésperas da revolução. Mas, a rigor, a partir do capítulo IX da segunda parte de *O Antigo Regime e a revolução*, intitulado *"Como homens tão semelhantes estavam mais separados do que nunca em pequenos grupos mutuamente estranhos e indiferentes"*, Tocqueville passa a reunir as duas dimensões – a *"sociológica"* e a psicológica ou cognitiva –, ao considerar que a centralização administrativa afastou de tal forma a aristocracia francesa da política, que, despreparada e alijada da liderança do processo de modernização francesa, sequer percebeu que as paixões públicas iam ganhando radicalidade, alimentadas pelos *philosophes*. Marcelo Jasmin (2005: 223) também aponta que na segunda parte de *O Antigo Regime e a revolução* não há somente referências socioeconômicas, mas também o tratamento minucioso da dinâmica entre nobreza e monarquia, permitindo observar como as escolhas políticas decorrentes dessa dinâmica acabaram por gerar efeitos estruturais e por transformar atores em responsáveis pelas causas gerais da revolução.

É, então, na Parte III que se encontra o tratamento da conjuntura que antecedeu imediatamente a revolução. Aí se destaca o resultado da incúria da elite política francesa – já tratada, anteriormente, por Tocqueville –, que abriu espaço para a radicalização dos conflitos latentes: seu desconhecimento em relação às circunstâncias em que estava imersa; sua imprevidência, ao se referir aos pobres como injustiçados e atribuir suas dores às classes aristocráticas (TOCQUEVILLE, [1856] 2009: 200); e, sobretudo, o abandono de seus padrões cognitivos tradicionais, conferindo à razão e aos seus portadores – os *philosophes* – a chance de se apresentar "*como uma entidade demiúrgica de recriação da vida social*" (WERNECK VIANNA, 1997: 133).

Nesse sentido, a revolução não terá sido uma exigência do avanço da igualdade, mas, antes, o resultado do desencontro entre as novas relações sociais e a incompetência política das elites nobiliárquicas francesas, que, sem consciência dos processos dominantes naquela sociedade em transição, mobilizou atores emergentes sem incorporá-los efetivamente; conclamou o povo à autonomia ainda que sobre ele recaísse a opressão; aproximou contrários sem instaurar entre eles a solidariedade e disseminou a ideia de uma necessária mudança, quando tudo concorria para o seu bloqueio (p. 134).

O paradoxo a que é levado Tocqueville se expressa, então, claramente, no desfecho do livro, quando o autor aponta que, em contextos presididos pela igualização social, a liberdade política depende de uma práxis e de um conjunto de valores cada vez menos presentes no estado social da igualdade, tais como o patriotismo comunal, o civismo, a valorização do público. Ou seja: nesses contextos, a liberdade depende ou de uma liderança aristocrática, como na Inglaterra, ou de instituições funcionalmente equivalentes à aristocracia, como no ambiente norte-americano, casos em que as disposições próprias da democracia, como a indiferença cívica, puderam ser corrigidas. Na França, diferentemente da Inglaterra e dos Estados Unidos, a combinação malfazeja entre igualdade e despotismo, fruto, em larga medida, de uma aristocracia que se afastou do povo e abdicou de liderá-lo no processo de modernização, permite vislumbrar a ameaça que ronda a experiência da liberdade em contextos igualitários.

Para Tocqueville, porém, tal ameaça poderá ser contradita por uma ação política esclarecida, educada, que, conhecendo e "bem compreendendo" a história, possa intervir no destino das democracias, corrigir os costumes infaustos que dominam o estado social da igualdade e, assim procedendo, preservar a liberdade.

À guisa de conclusão

Tendo chegado a este momento do texto, é possível que a atualidade de Alexis de Tocqueville já esteja evidente. Destacarei, porém, três questões, dentre tantas outras que poderiam ser extraídas do repertório tocquevilleano, por considerá-las relevantes para a sociologia como campo disciplinar e para o debate público contemporâneo. Elas serão brevemente tratadas, pois enfrentá-las de forma mais extensa seria impossível, e talvez indesejável, no passo em que já vai este ensaio.

A primeira questão é de caráter metodológico e visa a sublinhar a perspectiva comparativa adotada por Tocqueville, que, dessa maneira, se aproxima dos fundadores da sociologia – Auguste Comte (1798-1857), seu contemporâneo, e Émile Durkheim (1858-1917) –, tendo em vista a importância que ambos emprestaram à comparação, embora a entendessem de modos distintos, na construção da explicação sociológica.

Para Durkheim, como se sabe, as explicações sociológicas não se baseiam nem em leis abstratas, nem em generalizações construídas a partir da simples descrição dos fenômenos. E, para ele, a pesquisa comparada seria o ponto intermediário entre a diversidade empírica dos objetos e o estabelecimento de explicações generalizáveis – aspecto fundamental, à época, para a certificação da sociologia como ciência. "Comparar", para Durkheim, não significa estabelecer analogias entre fatos, pois a comparação é o método sociológico, por excelência, que permite determinar a causa comum a que se associam efeitos e consequências diversas. O aspecto, então, a destacar é que, na tradição disciplinar, a comparação não é simplesmente uma "técnica" de pesquisa empírica.

De fato, o raciocínio comparativo de Tocqueville possui implicações de ordem epistemológica, incidindo sobre a construção do conhecimento acerca da passagem aristocracia/democracia. Ao comparar Inglaterra e França no século XVIII, por exemplo, Tocqueville apresentou duas sociedades igualmente tocadas pelo processo de diminuição das distâncias sociais, que, entretanto, conheceram resultados institucionais diversos. Entre os ingleses, a aristocracia atuou politicamente e moderou, com seu *ethos*, o *"interesse exclusivo pelos prazeres privados"* que caracteriza a democracia. Por isso, ali, foram preservadas as instituições da liberdade. Na França, diferentemente, a associação entre igualização social e predomínio do *"intelecto democrático"* – isto é, um padrão cognitivo nivelador e fatalista – contribuiu para que os indivíduos fossem isentados de responsabilidade sobre a preservação da liberdade. Lá, portanto, a determinação sociológica não teve um ator que a "educasse", o que favoreceu a permanência do despotismo. As mesmas causas, portanto, puderam comportar efeitos diversos em cada sociedade, com a ampliação ou a retração da liberdade.

Assim, ao evocar o *"intelecto democrático"* francês e o *ethos* aristocrático inglês, Tocqueville atesta que a dinâmica estrutural da igualdade, presente em ambas as formações sociais, pôde ser temperada, entre os ingleses, pela intervenção de um ator consciente da sua circunstância e capaz de dirigi-la. Na França, por outro lado, as mudanças sociais se desenrolaram às cegas, sem direção, e o que se viu foi a violência e a guerra civil. Como a aristocracia inglesa não é passível de reprodução, grande é a ameaça que paira sobre a democratização do mundo. Foi com essa perspectiva que Tocqueville justificou, explicitamente, a elaboração do livro *O Antigo Regime e a revolução*: trata-se da condensação de um conhecimento, que, ao desvelar os mecanismos inerentes ao "*novo modo de ser das sociedades*", poderá contribuir para que, nelas, o estado social da igualdade não conheça, como na França, uma forma política despótica. A "*nova ciência política para um mundo inteiramente novo*", anunciada desde *A democracia na América*, seria um instrumento para o esclarecimento da vontade e a proteção da liberdade nos tempos que se anunciam.

A segunda questão diz respeito aos processos de modernização elencados por Tocqueville, que, com maior ou menor detalhamento, são iluminados pelas trajetórias históricas das sociedades norte-americana, francesa e inglesa. O traço comum àqueles processos é a sua inscrição num movimento universal, implicando vastas transformações sociais de sentido antropológico, que aprofundaram o individualismo e enfraqueceram os valores comunitários. O traço que os distingue é a capacidade que cada sociedade apresentou de corrigir politicamente as forças desagregadoras inerentes ao estado social da igualdade. Assim, além de a obra de Tocqueville ter antecipado alguns aspectos do que viria a ser chamada, quase um século depois, de Teoria da Modernização, é superior a esta na medida em que não subordina mecanicamente os resultados políticos a variáveis socioeconômicas. Entre essas duas dimensões há, para Tocqueville, "causas secundárias", "acidentes de percurso" e, sobretudo, a atividade do sujeito, bem-sucedida ou não, sobre as suas circunstâncias.

Aspecto, porém, igualmente importante, no tratamento tocquevilleano da dimensão política é o paradigma da revolução "como processo de longa duração". Decerto que tal paradigma foi concebido para traduzir o progressivo e universal encurtamento das distâncias sociais; mas logo foi mobilizado pelo autor para lidar com a uniformização crescente dos modos de vida e do "intelecto", como se lê no Livro II de *A democracia na América*. Minha sugestão é que, em Tocqueville, há também o concurso desse paradigma para passagens de natureza política, por exemplo, entre monarquia constitucional e república. Afinal, discípulo de Montesquieu, Tocqueville considerava ambos os regimes moderados e preservadores da liberdade, podendo antever a sua crescente permeabilidade à vontade democrática. Em sua primeira viagem à Inglaterra, em 1833, um pouco mais de duas décadas antes de publicar *O Antigo Regime e a revolução*, Tocqueville reconhece a aptidão da monarquia inglesa para lidar com a revolução em processo. Escreveu (TOCQUEVILLE, [1833] 1982):

> Caso se chame revolução a toda transformação capital produzida nas leis, a toda mudança social, a toda substituição de um princípio regulador por outro, certamente que a Inglaterra vive em estado de revolução, pois o princípio vital de sua constituição perde força a cada dia e é provável que, com o tempo, o princípio democrático tome seu lugar. Mas se compreendemos por revolução uma alteração violenta e brusca, a Inglaterra não me parece madura para um acontecimento desse tipo, e tenho razões para pensar que ele jamais ocorrerá.

Ao longo do século XIX, de fato, a monarquia inglesa deu mostras de que os valores originários da escalada do Terceiro Estado francês poderiam ser incorporados à vida e às instituições das antigas sociedades europeias, com a economia de uma guerra civil. Nesse caso, a monarquia atuou como uma república, podendo-se conceber que ela foi capaz de desempenhar mais facilmente os compromissos republicanos, na medida em que, não tendo deslocado as forças da tradição, conseguiu acolher as energias democratizadoras e ajustá-las às instituições da liberdade.

Mas a implicação política de tal sugestão supera o gosto pela crônica histórica. Sua relevância reside no fato de que desveste a república de sua modelagem rousseauniana para concebê-la como uma construção permanente, histórico-processual, aberta a novos participantes e a novas formas de direito (WERNECK VIANNA & CARVALHO, 2000). O debate contemporâneo sobre uma república não substancialista e, sim, procedimental tem convocado Alexis de Tocqueville: essa é a sua potência e a sua atualidade.

Finalmente, a terceira e última questão complementa a anterior e pode ser lida como um elogio à presciência de Alexis de Tocqueville. Refiro-me ao avanço universal da agenda da igualdade, que hoje extrapola o Ocidente cristão e amplia de forma inédita a semântica dos direitos. Sobre isso não há necessidade de longa argumentação, pois está presente em nossas vidas. Hoje não é mais possível conceber formas contemporâneas de interação sem que a referência a direitos iguais não esteja pressuposta ou mesmo vocalizada – do que resulta uma argumentação pública permanente, a partir da qual os atores sociais agenciam suas identidades e tentam ampliar o escopo da política de forma a abarcar suas questões. É essa tentativa permanente de ampliar o escopo da política, suscitada por pleitos igualitaristas, que poderá realizar as expectativas tocquevilleanas de naturalização do princípio democrático nas repúblicas contemporâneas.

Referências

ARON, R. *As etapas do pensamento sociológico*. São Paulo/Brasília, DF: Martins Fontes/Editora UnB, 1982.

BOURDIEU, P. *Esboço de autoanálise*. São Paulo: Companhia das Letras, 2004.

BROGAN, H. *Alexis de Tocqueville, o profeta da democracia*. Rio de Janeiro: Record, 2012.

FERNANDES, F. *Fundamentos empíricos da explicação sociológica*. São Paulo: T.A. Queiroz, 1980.

FURET, F. *Pensar a Revolução Francesa*. Lisboa: Edições 70, 1983.

FURET, F. & OZOUF, Mona. *Dicionário crítico da Revolução Francesa*. Rio de Janeiro: Nova Fronteira, 1989.

FLORENZANO, M. François Furet historiador da Revolução Francesa. *Revista de História*, 132, p. 95-109, 1995.

JARDIN, A. Alexis de Tocqueville. Paris: Hachette, 1984.

JASMIN, M. *Alexis de Tocqueville* – A historiografia como ciência da política. Belo Horizonte: UFMG, 2005.

_____. Historiografia e liberdade em *L'Ancien Régime et la Révolution*. In: *Revista Estudos Históricos*, vol. 9, n. 17, 1996, p. 93-122.

_____. Individualismo e despotismo – A atualidade de Tocqueville. In: *Presença Política e Cultura*, 16, 1991, p. 42-53.

_____. *Despotismo e história na obra de Alexis de Tocqueville*. IEA/USP, [s.d.].

JUDT, T. & SNYDER, T. *Pensando o século XX*. Rio de Janeiro: Objetiva, 2014.

MERQUIOR, J.G. O repensamento da revolução [Prefácio à edição brasileira]. In: FURET, F. & OZOUF, M. *Dicionário Crítico da Revolução Francesa*. Rio de Janeiro: Nova Fronteira, 1989.

NISBET, R. Tocqueville's Ideal Types. In: EISENSTADT, A.S. (ed.) *Reconsidering Tocquevilles's Democracy in America*. New Brunswick/Londres: Rutgers University Press, 1988.

TOCQUEVILLE, A. *O Antigo Regime e a revolução*. São Paulo: Martins Fontes, 2009.

_____. *A democracia na América*. Belo Horizonte/São Paulo: Itatiaia/Edusp, 1987.

_____. Dernières impressions sur l'Angleterre. In: MEYER, J.P. (ed.) *Voyagens en Angleterre et en Irlande*. Paris: Gallimard, 1982.

WERNECK VIANNA, L. *O problema do americanismo em Tocqueville: a revolução passiva* – Imerismo e americanismo no Brasil. Rio de Janeiro: Revan, 1997.

WERNECK VIANNA, L. & CARVALHO, M.A.R. República e civilização brasileira. In: BIGNOTTO, N. (org.) *Pensar a república*. Belo Horizonte: UFMG, 2000, p. 131-154.

4
Émile Durkheim (1858-1917)

Sarah Silva Telles ★
Fernando Lima Neto ★★

Introdução: o sociólogo e o seu tempo

Émile Durkheim nos deixou como legado sua enorme contribuição para a fundação de uma disciplina nova, a Sociologia. Durkheim lecionou na Universidade de Bordeaux entre 1887 até 1902, quando assumiu uma cadeira na prestigiosa Universidade de Sorbonne, Paris. Por várias razões, Durkheim foi típico representante de sua geração, marcado pelo clima político da França, clima este que irá impregnar a sua obra do início até o final (ORTIZ, 1989: 1): a derrota da França pela Alemanha (1870), a Comuna de Paris (1871), o Caso Dreyfus[1] (1898), a Primeira Guerra Mundial.

David Émile Durkheim nasceu em Épinal[2] no nordeste da França, em 15 de abril de 1858. Descendente pelo lado paterno – pai, avô e bisavô – de rabinos, viveu em um círculo familiar relativamente fechado, de judeus tradicionais e ortodoxos, e ainda garoto decidiu que não seguiria aquela tradição familiar. A derrota da França pela Alemanha[3] deixou marcas e um senso de obrigação pela reconstrução da França, um sentimento de forte patriotismo – comum em graus distintos em toda a geração de intelectuais que foram afetados por aqueles acontecimentos. A formação universitária em uma Escola de tanto prestígio – a Escola Normal Superior[4] – possibilitou o contato de Durkheim com o movimento pelo estabelecimento de uma ideologia republicana secular, uma nova moralidade cívica a ser ensinada em todas as escolas do país, uma das marcas da Terceira República[5].

Durkheim foi professor na Universidade de Bordeaux durante o período em que escreveu e publicou seus principais livros. Ele esteve sempre em contato com outros intelectuais professores da *Sorbonne*[6], em Paris, sendo decisiva a sua articulação com colegas para a montagem da revista *L'Année Sociologique*[7]. Durante sua formação, foi muito

---

★ Professora adjunta do Departamento de Ciências Sociais da Pontifícia Universidade Católica do Rio de Janeiro (PUC-Rio). Doutora em Sociologia pelo Instituto Universitário de Pesquisas do Rio de Janeiro (Iuperj).

★★ Professor do Departamento de Ciências Sociais da Pontifícia Universidade Católica do Rio de Janeiro (PUC-Rio). Doutor em Sociologia pela Universidade Federal do Rio de Janeiro (UFRJ) e pela École des Hautes Études en Sciences Sociales.

influenciado pelo professor de história Fustel de Coulanges[8], que o apresentou às obras de Spencer, de Comte e de Renouvier. Renouvier[9] teve uma especial influência sobre Durkheim, no que se refere ao caráter indissociável do ensino e do engajamento moral e político, refletindo o ambiente intelectual da Terceira República Francesa.

Durkheim foi o principal responsável pela institucionalização da disciplina Sociologia, até então certo "amálgama" entre filosofia, história, psicologia e economia, partindo de questões levantadas por Comte, Spencer, Saint Simon. Durkheim trabalhou pela identidade específica da Sociologia, como uma ciência a ser definida como um novo campo de conhecimento: com objeto, conceito e método. Como adverte o biógrafo Steven Lukes, a influência de Comte sobre Durkheim foi, sobretudo, de natureza formativa, e não no sentido de uma continuidade. Em sua tese de doutorado sobre a contribuição de Montesquieu para o surgimento da Sociologia, Durkheim confirma a contribuição de Comte para a atitude científica sobre o estudo da sociedade, a exemplo do estudo da natureza (LUKES, 1973: 68).

Durkheim teve sua obra muitas vezes mal-interpretada[10], inclusive no Brasil, sendo um clássico injustamente desvalorizado no âmbito acadêmico. Embora vários especialistas tenham iniciado a desconstrução dessas interpretações de Durkheim, que predominaram por décadas – como um autor dentre os mais retrógrados –, um paulatino "processo de renovação da compreensão acerca do significado da obra e do autor, [...] só pode ser feito à medida que se amplie o leque de conhecimento a respeito de sua produção intelectual e de seu contexto histórico" (WEISS, 2016: 97).

Em sociologia, como em ciências humanas em geral, a interpretação dos autores clássicos nunca é consensual. Para além das divergências entre os comentadores, existem contradições que, muitas vezes, estão presentes na obra dos próprios autores.

Neste sentido, considerando o conjunto de sua obra, há aspectos de regularidade e coerência aprimorados ao longo de uma vida que foram fortes o suficiente para contribuir na formação de uma teoria clássica em sociologia. Por outro lado, considerando a sequência cronológica, de obra em obra fica patente uma reformulação constante dos conceitos com que ele analisava a sociedade. Sucessivamente, conceitos desenvolvidos em uma obra eram repensados em uma seguinte e, muitas vezes, isso custou ao autor a relativização, quando não o abandono, de alguns deles.

Boa parte dos autores contemporâneos que se dedicam ao estudo de sua obra é enfática em afirmar essas transformações, muitas vezes ilustradas a partir do que é apresentado como duas etapas de seu pensamento: uma fase anterior, em que pesa o esforço em fundar e delimitar o alcance teórico e metodológico da sociologia – as obras *Da divisão do trabalho social* (1893), *As regras do método sociológico* (1895) e *O suicídio* (1897) – e uma fase ulterior – *As formas elementares da vida religiosa* (1912) –, em que o desenvolvimento de seus estudos e pesquisas o levou a rever e corrigir as ferramentas com que buscava compreender e explicar os fenômenos sociais. Por exemplo, a sociologia da religião que

Durkheim nos apresenta mais ao final de sua vida condensa boa parte das reformulações que estiveram em curso durante seus estudos e pesquisas.

Felizmente, quando da comemoração dos 150 anos do nascimento de Durkheim, em 2008, bem como em 2017, pelos cem anos de sua morte, autores brasileiros vêm liderando o resgate do pensamento de Durkheim e de sua influência no Brasil[11]. Em 2008, através da organização de um grande seminário internacional que resultou em livro os organizadores destacam que a "história da disciplina está entrelaçada à história desse autor, que sempre ressaltou o papel vital que os símbolos, as datas comemorativas e os rituais desempenham na vida coletiva" (MASSELA, 2009: 9). Em 2017, foi publicado um dossiê sobre Durkheim no qual os autores sublinham a "vivacidade da presença" do pensamento do autor nas ciências sociais contemporâneas (WEISS & BENTHIEN, 2017).

Os percursos e influências

Uma de suas contribuições mais relevantes para a formação do campo das Ciências Sociais foi a proposta de uma ciência que abordasse a questão da moral, até então monopólio da filosofia. Para o autor, a moral tem sua origem na sociedade. Sua contribuição para uma teoria da moral enfrentou a visão da moral utilitarista[12] e a perspectiva de Kant, ambas muito influentes na França do século XIX (WEISS, 2011). Contra as duas perspectivas, Durkheim apresenta a sociedade como fundamento da moralidade – e não a ideia kantiana da razão prática; nem sequer a aposta na moral como resultado do interesse egoísta, conforme o utilitarismo. Para Durkheim, a sociedade é a origem e o fundamento da moralidade.

As transformações na trajetória intelectual do autor estão diretamente relacionadas ao seu propósito maior: o de fundar uma *ciência da moral* dedicada a explicar o funcionamento de um novo modelo de sociedade. A formação da sociologia é um produto direto do processo de modernização da sociedade. Um modelo de ciência que surge para enfrentar questões que até então dificilmente poderiam ser colocadas, questões sobre os fundamentos e a legitimidade de uma ordem social divorciada do tradicionalismo religioso. Durkheim, em particular, assumiu a missão de contribuir para a fundação dessa ciência emergente. Sua primeira obra de expressão, *Da divisão do trabalho social* (1893), foi dedicada à análise da formação deste novo modelo de sociedade, enquanto sua segunda obra de expressão, *As regras do método sociológico* (1895), é voltada para a construção do método científico mais apropriado para explicar o tipo de moralidade associado a esse novo mundo. *O suicídio* (1897) é uma obra que pretende compreender as causas sociais de um fato aparentemente individual – o suicídio –, mas que o autor abordará a partir das taxas de suicídio, apontando fatores de grande integração, fatores de fragilidade ou ausência dos laços sociais, fatores de frustração. Finalmente, em *As formas elementares da vida religiosa* (1912), o autor realiza uma obra monumental sobre a integração social apreendida sob a forma simbólica do fenômeno religioso, a partir do estudo do sistema totêmico na Austrália.

Assim como acontece com seus pares na sociologia clássica, e conforme já mencionado anteriormente, a contribuição de Durkheim reflete o horizonte das transformações históricas dentro do qual ele mesmo vivia. O racionalismo secular experimentado por sociedades antes dominadas pelo tradicionalismo religioso tornou possível aos indivíduos tomar consciência de seu estado de dependência ante a sociedade. Para Durkheim, à medida que os indivíduos tomavam consciência dessa dependência, a *divisão do trabalho* afirmava-se como a principal fonte de *solidariedade social*. O que a divisão do trabalho pôs em vigência nas sociedades foi um novo mecanismo de integração social. O sentimento de ligação dos indivíduos uns com os outros foi se emancipando de um conteúdo de crenças e sentimentos previamente elaborados para se ater à funcionalidade das relações que eles próprios estabelecem entre si.

Durkheim entendia que o desenvolvimento da divisão do trabalho e a consequente transformação da solidariedade social que lhe é correspondente acompanhava o movimento geral de transição gradual do tradicionalismo religioso ao racionalismo secular (LUKES, 1973: 140-141). Se as sociedades pré-modernas se faziam coesas mediante a partilha de certos sentimentos e crenças precisamente definidos, as sociedades modernas se mantêm coesas graças à extrema diversidade funcional gerada pelo adensamento e diversificação da vida social. A própria emergência da sociologia pode ser pensada como uma consequência desse processo, pois revela a formação de um saber especializado sobre o impacto dessas transformações no âmbito da moralidade social.

A preocupação com a nova ciência estava no desafio posto na sociedade do século XIX entre o advento indiscutível do indivíduo, de sua autonomia frente às formas tradicionais de vida social, da liberdade individual; e, de outro lado, a presença da sociedade industrial e as novas formas de solidariedade social. Em uma carta, Durkheim escreveu: "o objeto da sociologia como um todo é o de determinar as condições para a conservação das sociedades"[13]. Esta ambiguidade entre o "culto ao indivíduo" e o reconhecimento da forte presença do social, através das instituições da sociedade, compõe o cerne do pensamento de Durkheim, o traço principal que o acompanhará: trata-se da transição histórica entre as sociedades pré-industriais ou tradicionais e a sociedade industrial. Posteriormente, Durkheim se voltará ao estudo das sociedades "elementares" ou tribais para estudar as formas religiosas e determinar a natureza da solidariedade social, de forma generalizada.

A desestruturação da vida social tradicional afigurava-se irremediável para os principais intelectuais do século XIX. Não haveria mais uma única religião que moldasse os indivíduos frente à fragmentação das instituições e dos valores sociais tais como a autoridade, as hierarquias, o modelo de família patriarcal. O desafio estava na constituição de uma nova moral individual.

Conceitos-chave

Um novo método para uma nova ciência

Coube a Durkheim a construção de um método científico para esta nova ciência, o que tratará de elaborar na obra *As regras do método sociológico*, 1895. Se considerarmos a principal preocupação do autor, no sentido de constituir a nova ciência, o conceito de *fato social* é decisivo para que pudesse propor a transição entre uma ciência exata já estabelecida – em analogia às ciências da natureza – e as novas ciências humanas e sociais, no caso, a Sociologia. Ou seja, definir o fato social como objeto da sociologia é um avanço metodológico dos mais importantes e inovadores, para estabelecer uma nova ciência:

> É fato social toda maneira de agir fixa ou não, suscetível de exercer sobre o indivíduo uma coerção exterior; ou então ainda, que é geral na extensão de uma sociedade dada, apresentando uma existência própria, independente das manifestações individuais que possa ter (DURKHEIM, 1982: 11).

O fato social tem as seguintes características: é exterior, procedendo e existindo fora dos indivíduos – maneiras de agir, de pensar e de sentir que existem fora das consciências individuais; é coercitivo, se impondo ao indivíduo de forma explícita ou não e é geral, porque é social. O fato social pode ser fixo, como as instituições, as leis, as regras já cristalizadas; ou fluidos, como exemplo, as maneiras de agir, as correntes de opinião, os movimentos coletivos. Por serem exteriores, tanto as maneiras de ser quanto de agir devem ser internalizadas através do processo de socialização, pela educação. Assim, a solidariedade social, a consciência coletiva, a anomia, a divisão social do trabalho, a religião, o suicídio, as representações coletivas, todos constituiriam fatos sociais a serem investigados através do novo método que ora se apresentava como eficiente para tal propósito.

A regra fundamental do método da Sociologia é que os fatos sociais devem ser tratados *como coisas*; significa que deve-se afastar as pré-noções, o senso comum e privilegiar a objetividade do sujeito da investigação sociológica. O fato social pode ser classificado como normal ou patológico, a normalidade estando associada à regularidade, à maior frequência, o que seria típico de uma forma social, em determinado estágio de evolução. Tudo o que desvia de forma excessiva seria patológico. Neste sentido, Durkheim pode afirmar que o crime em uma proporção pequena, com baixa taxa de frequência, poderia ser um fato normal para determinado tipo de sociedade (DURKHEIM, 1982: 126-127):

> A sociologia não é, pois, o anexo de nenhuma outra ciência; constitui ela mesma uma ciência distinta e autônoma, e o sentimento do que a realidade social apresenta de especial é até de tal modo necessário ao sociólogo que somente uma cultura especialmente sociológica pode prepará-lo para compreender os fatos sociais.

A divisão do trabalho

Em *Da divisão do trabalho social*, Durkheim sustenta a tese central de que a especialização crescente do trabalho se desenvolve à medida que aumenta o grau e a intensidade das interações entre indivíduos, sendo o progresso da divisão do trabalho proporcional ao da densidade moral das sociedades. Durkheim faz menção à alta concentração das populações, particularmente através do crescimento das cidades. No entanto, não se trata tão somente de um aumento populacional medido em números absolutos, mas, sobretudo, no reforço da densidade da proximidade e intimidade das relações sociais entre os indivíduos (LUKES, 1973:168).

Durkheim apresenta a divisão de trabalho como característica decisiva para pensar a sociedade advinda da Modernidade, resultado do aumento da diferenciação no processo de mudança social. Se o mundo tradicional é marcado pela uniformidade, pelas similitudes, grande semelhança de maneiras de agir e pensar, com reduzida divisão do trabalho, a mudança ocorre quando aquelas mesmas condições se alteram, e a diferenciação social é predominante, constituindo a grande relevância do indivíduo em face da coletividade. Segundo Durkheim (1995: 21):

> Somos levados, assim, a considerar a divisão do trabalho sob um novo aspecto. Nesse caso, de fato, os serviços econômicos que ela pode prestar são pouca coisa em comparação com o efeito moral que ela produz, e sua verdadeira função é criar entre duas ou várias pessoas um sentimento de solidariedade.

A liberdade individual, sua autonomia, corresponde a um afrouxamento dos laços sociais, cuja coesão passa por esta mesma diferenciação. A sinergia social viria da interdependência entre os indivíduos, que possibilitaria a integração social, a coesão social. As formas anormais podem ocorrer em qualquer fato social, são formas transitórias, decorrentes de inovação social, tais como os fatos biológicos: os normais e os patológicos.

Durkheim menciona alguns fatos sociais da divisão de trabalho anômica, em que a divisão do trabalho não produz a solidariedade, e a competição e a hostilidade aumentam: as crises industriais ou comerciais, pelas falências, "que são verdadeiras rupturas parciais da solidariedade orgânica"; o antagonismo entre o trabalho e o capital, na medida em que as funções industriais vão se especializando, "a luta se torna mais viva, em vez de a solidariedade aumentar", o que ocorreria, sobretudo, na grande indústria; na história das ciências, "à medida que a especialização se introduziu no trabalho científico, cada cientista encerrou-se cada vez mais não apenas numa ciência particular, mas numa ordem especial de problemas" (DURKHEIM, 1995: 367-371). Na medida em que a especialização do trabalho científico aumenta, perde-se a unidade da ciência. Durkheim também apontou as formas de divisão do trabalho forçada, quando o indivíduo não se encontrando em harmonia com sua função, esta lhe é imposta, por coerção, ocorrendo em todas as sociedades que não avançam nos direitos em direção à justiça. A igualdade, para Durkheim, é resultado da ação da sociedade sobre as desigualdades externas, que seriam a fonte do mal.

A solidariedade social

A solidariedade social é um dos principais conceitos da obra de Durkheim, talvez um conceito que mais resiste no tempo no sentido do diagnóstico das sociedades contemporâneas[14]. Trata-se de um conceito decisivo para compreender a possibilidade da vida em sociedade, pois este conceito traduz a necessidade de integração social, dos laços sociais. Seu conceito de solidariedade não possui sentido ético, mas sim objetivo e relacional, no sentido de integração, coesão: "quais os vínculos que unem os homens uns aos outros?" Um conceito-chave para a compreensão da sociedade contemporânea, pois para Durkheim só existe sociedade, só existe vida social a partir da coesão ou solidariedade social. A justaposição de indivíduos não constitui sociedade. A sociedade não é a soma de indivíduos. Durkheim aponta a busca pela possibilidade de vida coletiva a despeito do aumento da liberdade individual, da acelerada e intensa divisão do trabalho, da enorme diversidade de crenças e valores, marcas da complexidade da sociedade moderna. Identifica duas formas de solidariedade – mecânica e orgânica – em função da menor ou maior divisão do trabalho, da menor ou maior diferenciação, da maior ou menor presença da consciência coletiva.

Se a solidariedade social é um fato moral de difícil apreensão, ela se exterioriza através do sistema das regras jurídicas. Assim, desde a obra *Da divisão do trabalho social*, Durkheim já aponta o direito como o símbolo visível da solidariedade, a instituição através da qual aquela se encarna, se divulga e se concretiza. A solidariedade seria o símbolo visível do fato interno, o direito o fato externo (VIBERT, 2015). Através das mudanças no direito, Durkheim pôde estudar a nova forma de solidariedade predominante, mecânica ou orgânica:

> A solidariedade social, porém, é um fenômeno totalmente moral, que, por si, não se presta à observação exata, nem, sobretudo, à medida. Para proceder tanto a essa classificação quanto a essa comparação é necessário, portanto, substituir o fato interno que nos escapa por um fato externo que o simbolize e estudar o primeiro através do segundo. Esse símbolo visível é o direito (DURKHEIM, 1995: 31).

Nesse sentido, as formas de direito repressivo correspondem à forma mecânica de solidariedade, ou por similitudes; e as formas de direito cooperativo correspondem à forma orgânica da solidariedade, por diferenciação, que vai resultar em interdependência.

Solidariedade mecânica e solidariedade orgânica correspondem a dois tipos sociais que se desenvolvem na razão inversa uma da outra, mas sem que qualquer delas possa ser excluída pela outra. As duas formas de solidariedade social são simultâneas, embora haja a preponderância de uma sobre a outra: é, portanto, uma lei da história que a solidariedade mecânica, inicialmente única ou quase, perca progressivamente terreno, e que a solidariedade orgânica se torne pouco a pouco preponderante (DURKHEIM, 1977: 203).

A consciência coletiva e a representação coletiva

A partir do estudo do direito, Durkheim chegou à categoria de consciência coletiva como "o conjunto das crenças e dos sentimentos comuns à média dos membros de uma mesma sociedade que forma um sistema determinado que tem vida própria" (DURKHEIM, 1995: 50), cuja totalidade constitui o espírito de solidariedade social.

O fato de a consciência coletiva perder a sua centralidade enquanto mecanismo gerador de solidariedade nas sociedades não implica, entretanto, que ela esteja em vias de desaparecer por completo (DURKHEIM, 1998: 523):

> [...] a consciência coletiva é a forma mais elevada da vida psíquica, já que é uma consciência de consciências. Situada fora e acima das contingências individuais e locais, vê as coisas apenas pelo seu aspecto permanente e essencial que fixa em noções comunicáveis.

Embora o papel da consciência coletiva se torne menor à medida que o trabalho é mais dividido, ela permanece existindo em sociedades complexas. Progressivamente, a consciência coletiva se reduz ante o culto ao indivíduo.

Quanto à *representação coletiva*, categoria que se consolida em *As formas elementares...*, Durkheim apresenta a "invenção do simbólico", ao inseri-lo no coração da vida social. "A vida social só é possível através de vasto simbolismo" (ORTIZ, p. 18). Ao estudar as formas religiosas mais primitivas, como a origem da vida religiosa, o papel dos símbolos, o lugar dos rituais, Durkheim chega à compreensão da vida social. Esta "descoberta" do simbólico será nomeada por alguns autores como um dos caminhos mais fecundos para considerar a natureza cultural do homem. Ao interpretar a obra *As formas elementares...* como uma "verdadeira teoria do simbolismo", Durkheim, e mais adiante Mauss, reconfiguram a concepção do simbolismo no coração da vida social e a possibilidade renovada de sua compreensão (VIBERT, 2015: 132). A sociologia seria a ciência das representações coletivas (DURKHEIM, 1989: 45):

> As representações coletivas são o produto de uma imensa cooperação que se estende não apenas no espaço, mas no tempo [...]. Pelo simples fato de que a sociedade existe, existe também, fora das sensações e das imagens individuais, todo um sistema de representações que goza de propriedades maravilhosas. Por meio delas os homens se compreendem, as inteligências penetram umas nas outras. [...] (DURKHEIM, 1989: 515). Em uma palavra, há algo de social em nós, e como a vida social compreende simultaneamente representações e práticas, essa impessoalidade estende-se naturalmente às ideias bem como aos atos (DURKHEIM, 1989: 525).

A anomia e o suicídio

Através do conceito de *anomia* – que simboliza o desregramento social, a perda de legitimidade das regras e das leis, o enfraquecimento da solidariedade social – Durkheim apontava para a importância da integração social dos indivíduos e grupos de indivíduos na sociedade moderna, em que a vulnerabilidade ou a falta de reconhecimento provocava uma situação crítica à qual as novas instituições não conseguiam responder: nem a indústria, nem a organização estatal, nem a família, nem a religião eram suficientes para assegurar a integração dos indivíduos.

Em alguns grupos específicos, a partir da divisão do trabalho, aqueles indivíduos estavam menos protegidos de cometer o suicídio, quando as condições emocionais – que competia à psicologia e outras ciências – faltavam. Na realidade, através do conceito de *anomia*, Durkheim apontou a importância da integração social na sociedade da Modernidade, secularizada, individualista. E a partir desta reflexão, apontou para a possibilidade de estudar o suicídio – as várias espécies de suicídios – enquanto um fato social, concretamente a partir de taxas de suicídio que constituíram distintas correntes suicidógenas. A partir da natureza da integração social, da inserção do indivíduo no tecido social, da regulação dos valores, das crenças e normas sociais, Durkheim apresenta três grandes tipos sociais de suicídio: o suicídio altruísta e seu oposto, o egoísta; o suicídio anômico e seu oposto, o fatalista[15]. Segundo Durkheim (1996: 199), "o suicídio varia na razão inversa do grau de integração dos grupos sociais de que faz parte o indivíduo".

O *suicídio altruísta* revela a "estreita subordinação do homem ao grupo", consistindo em "um método indispensável da disciplina coletiva" (DURKHEIM, 1996: 365). Ocorre principalmente quando a consciência coletiva recobre o conjunto de seus membros, tipicamente em sociedades tradicionais ou "inferiores", na terminologia de Durkheim. Portanto, tenderia a recuar na sociedade moderna – mais do que avançar. Naquelas sociedades, a individualização é insuficiente, a pessoa se mata: "porque tem este dever [...]. Se não respeitar esta obrigação, é punido pela desonra e também, na maior parte das vezes, por castigos religiosos. [...] A sociedade exerce, portanto, pressão sobre ele no sentido de o levar à própria destruição" (DURKHEIM, 1996: 209).

O suicídio egoísta seria aquele praticado pelos indivíduos que não estabeleceram laços fortes com a sociedade, resultado do fato de "a sociedade, em certos aspectos, não estar suficientemente integrada para ser capaz de colocar todos os membros na sua dependência" (DURKHEIM, 1996: 376). Resultado de um processo de individuação excessiva, o suicídio tem como causa o estado de depressão e de apatia, um estado de desamparo moral. Nele, a consciência individual seria predominante e a consciência coletiva bem restrita, resultando no afrouxamento do tecido social. Esta espécie de suicídio pressupõe um grande desenvolvimento da ciência e da inteligência, acometendo, sobretudo, indivíduos que tenham ocupação mais isolada na divisão do trabalho – como profissionais liberais, intelectuais, artistas.

O *suicídio anômico*, característico das sociedades modernas – tal qual o suicídio egoísta –, expressa a desregulamentação, o esgarçamento do tecido social, em períodos em que as perspectivas de futuro são incertas. Naqueles períodos de perturbação social, a tendência é que os indivíduos expressem seus inúmeros desejos, possíveis fontes de frustrações, irritação e sofrimento, haja vista a desproporção entre as aspirações e as realizações. Os principais grupos sociais que estão suscetíveis de cometer este tipo de suicídio pertencem ao grupo industrial ou comercial, quando a atividade econômica atingiu um grande desenvolvimento (DURKHEIM, 1996: 359). Segundo Durkheim, a anomia também pode produzir um aumento das taxas de homicídio, pois o estado de desespero pode voltar-se contra o próprio indivíduo; ou contra outro indivíduo: "Um homem de moralidade medíocre matará mais facilmente do que se matará a si próprio" (DURKHEIM, 1996: 359).

Para Durkheim, na medida em que o recuo do suicídio altruísta é um fato, a preocupação deve estar canalizada para a morbidez dos suicídios egoísta e anômico.

A sociologia da religião

O ano de 1895 é considerado o ponto de inflexão na obra de Durkheim, quando ele se desloca dos fatos econômicos, como a divisão do trabalho, para os fatos religiosos, que se transformam em centro de sua pesquisa. Em *As formas elementares...*, a reflexão sobre a integração social passa pela dimensão simbólica: "Uma religião é um sistema solidário de crenças e de práticas relativas a coisas sagradas, ou seja, separadas, proibidas; crenças e práticas que unem na mesma comunidade moral, chamada igreja, todos os que a ela aderem" (DURKHEIM, 1989: 79).

Durkheim produz uma nova interpretação sobre o lugar social da religião: nela estão contidas as marcas simbólicas decisivas para a compreensão da vida social. Portanto, para o autor não haveria conflito entre ciência e religião, típico dos cientistas do século XVIII e XIX, uma vez que para Durkheim a função da ciência, no caso, seria a de buscar a explicação da fé, do fato religioso. Para Durkheim, toda religião é revestida de uma moral, um tipo de "cimento social" que produz coesão social.

Durkheim trata as representações religiosas como constitutivas da vida social, donde a centralidade do fato religioso. Do fato religioso primitivo – a religião totemista – ao fato societal, Durkheim se afasta definitivamente da tradição comtiana, que considerou as formas primitivas de religião como aquelas a serem suplantadas pela "religião da humanidade", que seria uma forma superior. Em *As formas elementares...* ao estudar a religião mais simples, o sistema totêmico na Austrália, Durkheim identificou, de uma perspectiva evolucionista, o que nele poderia "ajudar a compreender o que é a religião em geral". Assim, considerou "todas as grandes ideias e todas as principais atitudes rituais que estão na base das religiões, até das mais avançadas: distinção das coisas em sagradas e profanas, noção de alma, de espírito, de personalidade mítica [...], ritos imitativos, ritos comemorativos [...]" (DURKHEIM, 1989: 492).

O movimento geral de um tradicionalismo religioso para um racionalismo secular não significa, para Durkheim, a supressão de uma "etapa" definida do curso social e o ingresso em outra. Para ele, os traços do tradicionalismo religioso estão também presentes em sociedades modernas, e não apenas como reminiscências. Especialmente se considerarmos os seus últimos trabalhos, fica explícita a ideia de que existiria uma natureza religiosa no homem. Logo, seria esta "disposição religiosa" uma característica fundamental para a vida em sociedade, mesmo as modernas. Durkheim (1989: 496) prossegue:

> Se a religião gerou tudo o que existe de essencial na sociedade é porque a ideia de sociedade é a alma da religião. As forças religiosas são, portanto, forças humanas, forças morais. [...] Somente com a condição de ver as religiões por esse prisma é possível perceber sua verdadeira significação.

O individualismo moral

Contra a perspectiva do utilitarismo – que apostava em um crescente bem-estar individual a partir da maximização dos interesses individuais – Durkheim constrói sua teoria creditando a uma perspectiva holística a possibilidade de florescimento do indivíduo. Para Durkheim, a sociedade molda e constrói a individualidade das pessoas a partir do processo de socialização, de assimilação de uma moral que é social e que, não obstante, reconhece o valor do indivíduo. Aqui está o desafio da obra de Durkheim, autor que produz uma teoria do social e do indivíduo apresentada de forma seminal na publicação "O individualismo e os intelectuais", redigido sob o impacto do Caso Dreyfus, a principal atuação pública de Durkheim[16].

Pode-se creditar sua obra à corrente holística, de sobreposição da sociedade ao indivíduo; no entanto, o reconhecimento do valor do indivíduo dificulta a classificação estrita naquela perspectiva[17]. No principal texto em que Durkheim aborda a questão do individualismo[18], ele o faz em dois sentidos: o individualismo egoísta do liberalismo econômico, em que se inclui a perspectiva do utilitarismo, um tipo de "individualismo sórdido"; e o individualismo que Durkheim elabora a partir das contribuições de Rousseau e de Kant, centrado na ideia de dignidade universal da pessoa humana, do "culto do homem", base do liberalismo político (cf. WEISS, 2016). O individualismo, segundo Durkheim, é um individualismo como um ideal moral que, por não ter utilizado outra denominação, acaba se confundindo com o individualismo egoísta que Durkheim tanto combateu, por ser produtor de *anomia*. O individualismo que Durkheim defende é o oposto da anomia (DURKHEIM, 2016: 49):

> Enfim, o individualismo assim entendido é a glorificação, não do eu, mas do indivíduo em geral. O que o move não é o egoísmo, mas a simpatia por tudo o que é humano, uma maior piedade por todas as dores e por todas

as misérias humanas, bem como uma necessidade ardente de combatê-las e de atenuá-las e, enfim, uma maior sede de justiça.

Além de ser um fenômeno normal em sociedades complexas, o esmorecimento da consciência coletiva é algo que contribui para o fortalecimento dos laços sociais existentes nessas sociedades. Isso ocorre de forma bem diferente do que acontecia nas sociedades simples. Longe de constituir um corpo social genuíno e precisamente definido, o culto ao indivíduo tem sua tônica na manutenção de laços que vinculam os indivíduos uns aos outros. Não se trata mais de pensar como os indivíduos estão relacionados a uma totalidade homogênea, mas como eles estão relacionados entre si de modo a constituir totalidades sociais heterogêneas.

Nas sociedades modernas, a força da consciência coletiva continua derivando da sociedade, mas não é mais à sociedade, em uma acepção totalizante, que vincula os indivíduos, mas aos próprios indivíduos. As transformações que marcaram o advento das sociedades modernas inauguraram um novo sistema de crenças, um culto à dignidade humana. Durkheim viu este sistema de crenças, que considerou como característica da consciência coletiva moderna, não apenas enquanto algo preenchido por um valor supremo na dignidade individual, mas, também, e como corolário, na equidade de oportunidades e no desenvolvimento de uma justiça ética e social (LUKES, 1973: 156-157). Deste modo, muda o estatuto da moralidade em sociedades modernas. A moralidade se torna universalizada, um ideal coletivo da humanidade como um todo, desde que se torne também suficientemente abstrata e geral para dizer respeito a cada indivíduo particularmente.

A principal pretensão da ciência da moral durkheimiana foi a de estabelecer os mecanismos que tornam possível a reprodução das relações sociais e a conservação de suas principais estruturas. Durkheim procurou entender o modo como a sociedade estabelece padrões de regulação que se impõem ao comportamento das pessoas e, dessa forma, condicionam o próprio exercício da liberdade que é inerente ao gênero humano. Não apenas os costumes, mas também a própria vontade individual é produto de relações que são exteriores ao indivíduo. Neste sentido, o tema da ordem social está subjacente a todos os objetos estudados pelo autor, isto é, a preocupação em entender por que as pessoas cooperam entre si e estabelecem relações relativamente estáveis na vida em sociedade. Essa fixação com o tema da manutenção das relações sociais fez de Durkheim um pioneiro do que veio a ser chamado de "estruturalismo" na sociologia. Segundo essa perspectiva, para se entender as razões e os mecanismos de conservação e transformação das relações sociais é preciso analisar as estruturas que as condicionam: a família, a classe, o Estado, a sociedade etc.

É possível contrapor o estruturalismo idealista e orientado para o problema da conservação das relações sociais de Durkheim com o estruturalismo materialista e orientado para o problema da transformação das relações sociais em Marx. Muitas vezes, essa comparação entre duas abordagens clássicas do estruturalismo em sociologia levou à interpretação equivocada de Durkheim, como uma leitura conservadora da história, como se o tema da mudança social não tivesse lugar na abordagem do autor.

Neste capítulo, em sintonia com as interpretações mais recentes sobre o autor (LUKES, 1973; ALEXANDER, 1988; WEISS, 2016), enfatizamos que é preciso levar em consideração uma sociologia da mudança que está associada ao paradigma durkheimiano. Há em sua abordagem um modo muito particular de conceber o problema das mudanças. Para ele, a mudança social não é propriamente a supressão de uma ordem social por outra. Entende a mudança como um processo mesmo da ordem das continuidades, isto é, as sociedades estão em contínua mutação. Aliás, a principal característica da ordem social nas sociedades modernas é sua fragmentação contínua dentro do processo de diferenciação, o que remete a essa imagem de uma transformação permanente. A sociedade moderna institui uma modalidade permanente de mudança e de fragmentação, mas, ao mesmo tempo, cria mecanismos de conservação das suas relações em meio a essas transformações. Neste sentido, os temas do individualismo e da solidariedade orgânica aparecem entrelaçados.

Durkheim incorpora uma preocupação central da filosofia política moderna: articular os temas do individualismo e da coesão social. O individualismo é projetado como um valor associado a formas modernas de solidariedade social. Neste sentido, não é algo que vai corroer, mas reforçar a cooperação entre as pessoas. Por outro lado, o registro de associação entre individualismo e coesão social em Durkheim é radicalmente diferente da maneira como os autores do contrato social pensaram essa associação. Para Durkheim, a consagração do valor do indivíduo nas sociedades modernas, em absoluto, não quer dizer que existe aí a predominância da consciência individual na regulação das condutas sociais. Novamente, se trata de uma primazia conferida ao indivíduo apenas como parte do todo funcional e especializado a ele vinculado, isto é, como parte de um tipo específico de sociedade (DURKHEIM, 2002: 93-94):

> O que está na base do direito individual não é a noção do indivíduo tal como ele é, mas a maneira pela qual a sociedade o pratica, o concebe, a apreciação que faz dele. O que importa não é o que ele é, mas o que ele vale e, inversamente, o que ele deve ser. O que faz com que o indivíduo tenha mais direitos ou menos, estes direitos e não aqueles, não é o fato de ele ser constituído de determinada maneira, mas é o fato de a sociedade lhe atribuir determinado valor, atribuir ao que lhe concerne um preço maior ou menor.

Sobre o Estado

No geral, a sociologia da mudança durkheimiana é primordialmente uma explicação sociológica sobre o crescimento das diferenciações sociais (LUKES, 1973: 167). Neste sentido, é observado no processo de afirmação da solidariedade orgânica o fato de que as crenças e sentimentos coletivos característicos na solidariedade mecânica se tornam cada vez mais impotentes para conter as tendências centrífugas que a divisão do trabalho engendra. Ao mesmo tempo em que essas tendências aumentam, os sentimentos coletivos vão se debilitando. A vida social e econômica vai se diferenciando e especializando, de modo que as leis que governam essas operações crescem em complexidade e volume (LUKES, 1973: 145). Temos aí as condições de emergência do Estado como instância reguladora do convívio social em sociedades complexas, isto é, o Estado passa a cumprir a função de pensar e atuar no lugar da sociedade.

A descentralização da vida moral foi acompanhada pela emergência de diversos grupos morais particulares que passaram a compor o mosaico geral das sociedades complexas. Isso trouxe à tona o surgimento de códigos morais específicos que passaram a coexistir na vida coletiva dessas sociedades. Em *Lições de sociologia*, Durkheim se propõe a estudar três delas: a moral profissional, a moral cívica e a moral contratual. Foi a partir do âmbito da moral cívica que o autor pôde discutir o lugar da sociedade política, denominada Estado, na coordenação destas morais particulares. Para ele, nas sociedades complexas, as castas, os grupos profissionais, as famílias, e diversos outros grupos não são apenas necessários à administração de interesses domésticos que eles envolvem, mas, antes, são sua própria razão de ser. Ao Estado, portanto, caberia a função de coordenar a existência mútua desses grupos e de seus interesses divergentes entre si (DURKHEIM, 2002: 63):

> Mais geralmente, quando uma sociedade é formada por uma reunião de grupos secundários, de naturezas diferentes, sem que seja por sua vez um grupo secundário com relação a uma sociedade mais ampla, ele constitui uma entidade social de espécie distinta; é a sociedade política [...] uma sociedade formada pela reunião de um número mais ou menos considerável de grupos sociais secundários, submetidos a uma mesma autoridade, que por sua vez não depende de nenhuma autoridade superior regularmente constituída.

É importante ressaltar que se os grupos secundários coordenados pelo Estado podem possuir interesses divergentes, eles não estão em oposição ao grupo social encarregado da autoridade soberana. Ao contrário, o Estado supõe a existência destes próprios grupos secundários, ele só existe onde eles existem, de modo que a existência do Estado está diretamente relacionada aos processos de diferenciação social em curso a partir da predominância progressiva da solidariedade orgânica. Isso não implica considerar que a sociedade política – Estado – tenha nascido a partir das sociedades que ele agrega. Estes dois tipos de sociedade (grupos secundários e Estado) são solidários e se condicionam mutuamente. As partes "não se organizaram primeiro para formar um todo que em seguida se organizou à sua imagem, mas o todo e as partes organizaram-se ao mesmo tempo" (DURKHEIM, 2002: 65-66). Neste sentido, o autor faz menção a uma espécie de sociedade que contém nela mesma outras sociedades, com as quais não se confunde. Isso é mesmo algo peculiar de sociedades complexas, já que, argumenta, as sociedades simples são modelos que se encerram em si mesmas no sentido de que não estão contidas nelas sociedades mais simples ainda.

Antes perdida no seio da coletividade social, a personalidade individual tende a se destacar dela em sociedades complexas. Como afirma Durkheim, "o círculo da vida individual, antes restrito e pouco respeitado, amplia-se e torna-se objeto eminente do respeito social" (DURKHEIM, 2002: 79). Neste processo, há um progressivo aumento dos direitos individuais, que se estendem e fortalecem. Neste ponto, Durkheim se diferencia novamente dos autores da filosofia política moderna que concebem uma relação de antinomia entre Estado e direitos individuais. Como visto acima, ele nega o postulado segundo o qual os direitos dos indivíduos são dados com os indivíduos. Os direitos individuais são obra de um tipo específico de sociedade, aquela que instituiu o Estado moderno como princípio hegemônico de regulação das relações sociais. Existe, pois, uma relação de causa e efeito entre o individualismo moral e o Estado (DURKHEIM, 2002: 80-81). A função especial do Estado em sociedades complexas é, justamente, a de libertar as personalidades individuais contendo a influência opressiva dos grupos secundários, haja vista que os valores que estes últimos tendem a fazer seus não são os da sociedade em que eles se inserem, mas dos indivíduos que os compõem. Deste modo, com relação ao culto ao indivíduo, o papel do Estado é o de organizar este culto, presidi-lo, garantir seu funcionamento regular (DURKHEIM, 2002: 98).

O contato entre o Estado e os indivíduos não é tão próximo quanto o existente nos pequenos grupos, que os envolve de tal maneira a fazê-los à sua própria imagem. Estando longe dos interesses particulares e de suas condições especiais em cada grupo secundário, o Estado só pode regulamentá-los violentando-os e desnaturalizando-os. Assim, entende o autor que, para ser libertadora do indivíduo, a força coletiva do Estado precisa de um contrapeso só encontrado nos grupos secundários (DURKHEIM, 2002: 88). Novamente, o condicionamento mútuo entre estes dois tipos de sociedade reside no fato de que a força social de cada uma delas precisa ser contida pela outra. Neste sentido, o Estado não é por si só um antagonista do indivíduo e nem vice-versa. O individualismo, portanto, só é possível por meio do Estado. Neste sentido, "é pelo Estado e só por ele que os indivíduos existem moralmente" (DURKHEIM, 2002: 89).

★★★

Com o advento da Primeira Guerra Mundial, Durkheim, já professor reconhecido e seguido por um número crescente de alunos na Sorbonne/Paris, passa a publicar vários panfletos contra o pangermanismo, o mais conhecido deles *L'Allemagne au-dessus de tous. La mentalité allemande et la guerre*, em 1915. Em 1914 ocorre o assassinato de Jaurès

(1914), em quem Durkheim colocava muitas esperanças para o futuro da França. Em 2016 foi informado da morte do filho, na guerra, um ano antes. Durkheim morreu em 1917, aos 59 anos. "Seu desaparecimento súbito foi suscitado pelas agruras da Primeira Guerra Mundial, a qual o privou, dia após dia, de muitos de seus amigos, de seus colaboradores e, em especial, de seu filho Andre" (WEISS & BENTHIEN, 2017: 17). Marcel Mauss, seu sobrinho e colaborador, com quem escreveu, foi um de seus mais notáveis discípulos e deu prosseguimento à obra de Durkheim e à revista por eles criada.

Notas

1. O Caso Dreyfus (em francês: *Affaire Dreyfus*) dividiu a França por muitos anos (1894-1906), resultado de um escândalo político de perseguição a um oficial do Exército francês que era de origem judaica. O acusado sofreu um processo fraudulento conduzido a portas fechadas. Dreyfus era, em verdade, inocente, e o exército tentou ocultar o erro judicial, em nome do prestígio do exército. Émile Zola e Anatole France se destacaram na defesa de Dreyfus, que contou também com a participação de intelectuais, professores, estudantes. Durkheim foi um dos signatários do Manifesto em defesa de Dreyfus e membro fundador da Liga pela Defesa dos Direitos do Homem.
2. Épinal, situada na antiga região da Lorraine.
3. A Guerra Franco-prussiana, durante sua adolescência, com a ocupação de sua cidade pelas tropas alemãs, fez com que presenciasse as primeiras manifestações de antissemitismo.
4. A École Normale Supérieure é responsável por formar até hoje – junto com a Escola Nacional de Administração (Ena) – parte significativa das elites políticas, econômicas, literárias e científicas da França.
5. A Terceira República (1870 até 1940) foi o período mais longo e mais estável dentre os outros regimes políticos desde a Revolução Francesa. As principais marcas desta Terceira República: a crescente laicidade do Estado francês, as leis educacionais, os direitos de greve, as experiências populares (Comuna de Paris e o Front Populaire). Esta República começa e termina com a presença alemã sobre a França: em 1870, com a derrota para a Alemanha; e em 1940, com o avanço das tropas nazistas sobre a França.
6. A importância de suas antigas amizades com seus colegas da Sorbonne: Jean Jaurès, dentre outros.
7. Fundada por Durkheim em 1896, o grupo de colaboradores era composto por cerca de quarenta pesquisadores, organizados em três subgrupos liderados por Marcel Mauss, seu sobrinho e principal colaborador; M. Hubert e M. Halbwachs (Revista *L'Année Sociologique*) tornaram-se referência da escola sociológica francesa.
8. Em 1864, Fustel de Coulanges publicou sua principal obra: *La cité antique*. Foi um historiador que influenciou toda uma geração que passou pela Sorbonne, incluindo Marc Bloch. Durkheim lhe dedicou sua tese de doutorado.
9. Renouvier foi um filósofo francês, um dos teóricos do republicanismo francês.
10. Talcott Parsons e, sobretudo, Robert Nisbet foram os principais autores a interpretar a obra de Durkheim como a obra de um "teórico da ordem", representante do conservadorismo francês, nas palavras de Nisbet.
11. A Biblioteca Durkheimiana, uma iniciativa do Centro Brasileiro de Estudos Durkheimianos (www.durkheim-br. org) tem "por finalidade promover uma reflexão crítica acerca da Escola Sociológica Francesa, e, dentre outros, propõe edições bilíngues e críticas de textos pouco conhecidos ou já esgotados". Está associada ao Laboratoire d'Études Durkheimiennes (Canadá), o British Centre for Durkheimian Studies (Inglaterra) e o Centre for the Study and Documentation of Religions and Political Institutions in Post-Secular Society (Itália).
12. O utilitarismo é uma doutrina segundo a qual toda atividade humana é dominada pela procura do prazer, pelo interesse, permitindo maximizar a utilidade coletiva, percebido por Comte e por Durkheim como fonte de desintegração social.
13. Carta a Célestin Bouglé (s.d.). Bouglé participou do círculo de colaboradores de Durkheim.
14. Vários importantes autores contemporâneos utilizam e desenvolvem suas análises a partir deste conceito durkheimiano, como por exemplo: Robert Castel e Serge Paugam (em várias das suas principais obras), mas também Richard Sennett, em *Juntos*, 2012.
15. O quarto tipo de suicídio, o suicídio fatalista, é apresentado rapidamente, ao final do capítulo sobre o suicídio anômico, em nota de rodapé. Trata-se de um suicídio que resulta de um "excesso de regulamentação; aquele que é cometido pelos indivíduos cujo futuro é uma incógnita completa e cujas paixões são reprimidas

violentamente por uma disciplina opressiva. [...] Não é a este tipo que se assimilam os suicídios dos escravos que se afirma serem frequentes em certas condições, e todos aqueles, em suma, que podem ser atribuídos aos efeitos dos excessos do despotismo material ou moral?" (DURKHEIM, 1996: 273, nota 29).

16. A publicação, de 1898, versa sobre a participação dos intelectuais na vida pública. Trata-se de um texto ainda pouco conhecido no Brasil, mas cuja publicação recente faz jus à importância do autor em seu tempo. A edição bilíngue foi organizada por Marcia Consolim, Márcio de Oliveira e Raquel Weiss, 2016.

17. Uma dificuldade que pode ser encontrada para a classificação de todos os grandes autores que compõem "os clássicos" de uma tradição. A necessidade de classificar a obra e o autor normalmente procede por simplificação.

18. "O individualismo e os intelectuais", 1898.

Referências

ALEXANDER, J. (ed.). *Durkheimian sociology*: cultural studies. Los Angeles: Cambridge University Press, 1988.

CÔTÉ, J.-F.; BÉRA, M. & NOËL, F.P. *Cahiers de Recherche Sociologique* – Émile Durkheim: Généalogie, critique et épreuve. Canadá: Université du Québec à Montréal/ Athéna, 2015.

Dossiê: cem anos sem Durkheim/cem anos com Durkheim. In: *Revista Sociologias*, ano 19, n. 44, jan.-/abr./2017. UFRGS.

DUBOIS, M. *Les fondateurs dela pensée sociologique*. Paris: Markting, 1993.

DURKHEIM, É. *O individualismo e os intelectuais*. São Paulo: Edusp, 2016 [Org. e ed.: Marcia Consolim, Márcio de Oliveira, Raquel Weiss] [Ed. bilíngue e crítica].

_____. *Sociologia e filosofia*. São Paulo: Edipro, 2015.

_____. *A educação moral*. Petrópolis: Vozes, 2008.

_____. *Lições de sociologia*. São Paulo: Martins Fontes, 2002.

_____. *O suicídio*. 6. ed. Lisboa: Presença, 1996.

_____. *Da divisão do trabalho social*. São Paulo: Martins Fontes, 1995.

_____. *As formas elementares da vida religiosa*. São Paulo: Paulinas, 1989.

_____. *As regras do método sociológico*. 10. ed. São Paulo: Nacional, 1982.

LUKES, S. *Émile Durkheim: His life and work* – A historical and critical study. Stanford University Press, 1973.

MASSELLA, A.B. (org.). *Durkheim*: 150 anos. Belo Horizonte: ARGVMENTVM, 2009.

OLIVEIRA, M. & WEISS, R. (orgs.). *David Émile Durkheim*: a atualidade de um clássico. Curitiba: UFPR, 2011 [Prefácio de Gabriel Cohn].

QUINTANEIRO, T.; BARBOSA, M.L.O. & OLIVEIRA, M.G. *Um toque de clássicos*: Marx, Durkheim e Weber. 2. ed. rev. E amp. Belo Horizonte: UFMG, 2002.

STEINER, P. *A sociologia de Durkheim*. Petrópolis: Vozes, 2016.

VIBERT, S. Les formes élémentaires, ou la naissance d'une socio-anthropologie symbolique. In *Cahiers de Recherche Sociologique*, n. 5, 2015. [Canadá]: Athéna, 2015.

WEISS, R. Durkheim, um "intelectual" em defesa do "ideal humano". In: DURKHEIM, É. *O individualismo e os intelectuais*: Émile Durkheim. São Paulo: Edusp, 2016.

WEISS, R. & BENTHIEN, R. 100 anos sem Durkheim, 100 anos com Durkheim. In: *Revista Sociologias*, ano 19, n. 44, jan.-abr./2017. UFRGS.

5
Max Weber (1864-1920)

*Angela Randolpho Paiva**

Introdução

O presente capítulo vai analisar alguns dos conceitos centrais de Max Weber, que o diferenciam de outros pensadores de seu tempo, conceitos que vão mostrar não só sua preocupação em estabelecer fundamentos para uma nova disciplina, mas também sua defesa de um método específico para a análise do social. Alguns de seus dados biográficos ajudam a entender o pensador complexo, instigante e preciso, sempre perseguindo maior entendimento da sociedade humana na chave de uma sociologia que pudesse fornecer aportes teóricos sólidos para o entendimento da complexidade dos fenômenos sociais. Pode-se mesmo dizer que Weber provocou uma série de rupturas epistemológicas com a tradição alemã da qual foi originário.

Primeiramente, é preciso destacar exatamente a influência do pensamento alemão na sua formação. A especificidade da história alemã, com a unificação nacional feita por Bismarck tardiamente se comparada a outras nações europeias, vai ser determinante no pensamento de historiadores que o antecederam, assim como em seus contemporâneos no que concerne à rejeição de todas as tentativas de esquemas teóricos universais. A importância da história na sua especificidade direcionou a tradição histórica alemã a ter sempre presente características específicas de cada época e região. E Weber, que recebe de maneira completa a herança da cultura alemã na sua produção intelectual, o faz a partir de reflexão exaustiva dos limites de seus antecessores. Vai aos poucos configurando uma reflexão teórica que é resultado de influências várias: do romantismo alemão de Goethe, da racionalidade de Kant, da música de Wagner, da filosofia da experiência de Dilthey, da filosofia como ciência de valores e da história como ciência da cultura humana de Windelband (que vai posteriormente ser desenvolvida por seu contemporâneo Rickert), da necessidade de distanciamento e da verdade dos valores de Nietzsche, além da ideia do materialismo histórico e as contradições do capitalismo de Marx.

Quanto aos últimos dois, Marx e Nietzsche, foram influências marcantes para Weber avançar nas suas propostas epistemológicas. Segundo Gabriel Cohn (1979), Marx

---

* Professora-associada do Departamento de Ciências Sociais da Pontifícia Universidade Católica do Rio de Janeiro (PUC-Rio). Doutora em Sociologia pelo Instituto Universitário de Pesquisas do Rio de Janeiro (Iuperj).

é um interlocutor explícito em seus textos, enquanto Nietzsche está presente nas entrelinhas, mas ambas são influências sempre presentes. Cohn define Weber como uma "espécie de Nietzsche tornado positivo, até mesmo no sentido de que, quando há ameaça de limites críticos do pensamento serem atingidos, [Weber] recua onde Nietzsche prossegue" (p. 107). O que torna a atitude de Weber em face de suas análises mais positivas é o fato de que este está preocupado em criar uma metodologia que possa ser utilizada de maneira científica para a análise dos fatos humanos. E quando Weber termina a *Ética*... apontando para o destino inexorável do capitalismo como uma "jaula de ferro", percebe-se assim as confluências com Nietzsche e com Marx.

Mas não se trata aqui de fazer um levantamento exaustivo das influências intelectuais para o pensamento de Weber. As assinaladas acima revelam um pouco como o pensamento alemão de diversos intelectuais que o precederam, e que tratavam das "ciências da cultura ou do espírito" contrapostas às ciências naturais, foram vitais para Weber formular suas questões metodológicas e teóricas. De qualquer modo, representaram a primeira base de sua formação, cuja independência intelectual o faz formular sua própria epistemologia na criação de categorias para nova disciplina. Assim, Weber tem presente a especificidade alemã e a ideia de *nação*, no seu sentido da alma de um povo (*bildung*), cujo pano de fundo são as análises da preeminência do lugar da cultura contraposta à natureza, da especificidade histórica e da racionalidade do pensamento alemão e ocidental.

Dessa forma, a grande motivação de Weber para sua produção intelectual advém de diversas orientações. Sua trajetória na política, sua experiência militar e a formação acadêmica em Direito, além das várias outras áreas do conhecimento – história, economia, religião, filologia e filosofia – o levaram a perceber a complexidade da sociedade e quão difícil é compreender as nuances que diferenciam um contexto social de outro. No tocante à sua formação como intelectual, e como resultado mesmo dessa formação tão abrangente, ele foi construindo um arcabouço teórico que o levou de saída a duas grandes rejeições: a recusa de entender a sociedade e sua transformação apenas pelo viés econômico e político, de grande tendência na época, desde os marxistas até os liberais; sua insistência em combater grandes modelos teóricos generalistas para compreender as transformações que estavam em curso na virada do século XIX para o XX. Para ele, as questões sociais que se apresentavam pediam interpretações mais acuradas, sempre sabendo que um cientista social não poderia nunca pleitear a formulação de teorias completas e definitivas, mas deveria dispor de uma teoria sociológica baseada em conceitos científicos, validados a partir da verificação de suas regularidades, para a utilização na análise dos diversos fenômenos a serem estudados. Mas quais dados de sua biografia ajudam a entender o processo de formação do sociólogo que viria a ser um dos precursores das ciências sociais?

Weber nasceu em Erfurt, em 1864, mas logo depois sua família, de elevado prestígio social, se mudou para Berlim. Seu pai era um jurista renomado, de personalidade autoritária e acostumado ao convívio social sofisticado da *intelligentsia* da época. Sua mãe, culta e liberal, submetida ao autoritarismo do marido, tinha personalidade rígida, guiada pela ascese protestante que professava e que procurava transmitir ao filho. Como ressalta Cohn (1991), a visão de mundo rígida da mãe com a visão descontraída do pai resultou numa personalidade tensa da qual Weber não conseguiu se libertar, ainda que tenha rejeitado a religião materna. A necessidade de precisão, sua busca intelectual em várias áreas, que vinha de formação variada, lhe impunha um programa de autoconhecimento incessante.

Seguindo a trajetória do pai, foi estudar Direito em Heidelberg. Vive a boemia da época e passa por uma transformação física e emocional, do menino franzino para um homem robusto, libertado das tensões domésticas de sua família. Sua capacidade intelectual precoce é notada na universidade, mas Weber tem fortes críticas ao que lhe era ensinado. Interrompe seus estudos para um ano de serviço militar em Estrasburgo. Aprendeu aí a conviver com a disciplina militar, o que certamente vai influenciar seus estudos posteriores sobre burocracia e poder. Volta a Heidelberg e defende sua tese de doutorado em 1889, na qual relaciona as disposições legais que regulamentavam a vida mercantil medieval. Nesse trabalho, demonstra sua preocupação inicial de ver as relações existentes entre a estrutura legal e a atividade econômica sem se preocupar em estabelecer relação de causa e efeito, abordagem que vai desenvolver na sua vida intelectual futura. Termina seus estudos de Direito e chegou a trabalhar em tribunais de Berlim antes de se dedicar à vida acadêmica. Em 1892, publica um estudo sobre o tipo de trabalho agrícola dos dois lados do Rio Elba e aí já se enuncia a busca por especificidades entre formas tradicionais e modernas da produção. Nesse texto, Weber demonstra que não se podem explicar as atividades agrícolas em termos puramente econômicos, pois inúmeros outros fatores influenciam as distintas formas de produção: no caso, o histórico, o político, e, principalmente, o cultural em um mesmo território.

Em 1893 casa-se com Marianne Schnitger, mulher com grande autonomia intelectual e que entendeu a personalidade de Weber como ninguém. Promovia inúmeras reuniões em sua casa e acompanhou Weber nas várias viagens que fez pela Europa. Weber assume a Cátedra de economia na Universidade de Friburgo e depois vai lecionar em Heidelberg em 1896, criando um círculo grande de parceiros intelectuais. Alguns seriam seus grandes amigos, como Simmel, Tönnies, Sombart, Luckács, Rickert, Neumann, historiador da arte, e Troeltsch, especialista em religião. Apesar da estabilidade alcançada com o casamento e como professor, Weber começa a sofrer crises psíquicas que o fazem afastar das atividades acadêmicas por longos períodos, fato que seria outro fator adicional para seu estado de angústia. Na biografia escrita por Marianne Weber, ela atribui a briga que Weber teve com o pai em 1896, quando defendeu sua mãe de seu autoritarismo e o expulsou de casa, como o momento precipitador de sua enfermidade, pois seu pai morre um ano depois.

Vai ser um período longo de viagens a vários países, como Itália e Suíça, que o casal Weber aproveita para um aprofundamento cultural, para experiências de vida, inclusive em comunidades alternativas, que visavam principalmente o restabelecimento de Weber. Voltam em 1902, quando Weber recebe o título de professor honorário da Universidade de Heidelberg, numa posição que não o obriga a lecionar. Em 1904, visita os Estados Unidos e fez pesquisas na Universidade de Columbia, em Nova York, para seu livro *A ética protestante*. E é a partir do momento em que recupera parcialmente a saúde que Weber vai produzir suas obras de relevância, que o levarão pouco depois a formular os conceitos fundamentais da sociologia. H.H. Gerth e C. Wright Mills fazem uma excelente introdução na coletânea *Ensaios de Sociologia* (1982): além dos momentos biográficos mais importantes, fornecem suas preocupações políticas e orientações intelectuais. Ajudam a entender como suas atividades variadas, políticas, profissionais, acadêmicas, sociais e até mesmo a experiência militar o levam a se preocupar com as nuanças do mundo econômico, jurídico, social e político da época, mais além do que cada campo de conhecimento sozinho poderia fornecer.

Em busca de um método

A ética protestante e o espírito do capitalismo, publicada em forma de dois artigos em 1904 e 1905, é a tentativa inicial mais elaborada para formular o seu método. Parte de uma premissa inicial: quais os fatores, e a combinação destes, que surgiram na "...civilização ocidental, e somente na civilização ocidental..." que se pode pretender regular. Ao dissecar as várias formas de capitalismo existentes no mundo ocidental e ao estudar os vários tipos de denominações protestantes, Weber está elaborando um modelo acabado do método defendido por ele – o método compreensivo, ou seja, a busca dos fatores determinantes que fazem com que um modo de produção econômica e de orientação de determinada ética religiosa encontre *afinidades eletivas* que serão determinantes para que determinado contexto social seja distinto de outro. Assim, Weber analisa as várias formas de capitalismo existentes no mundo real – o aventureiro, o mercantil, o tradicional, o judaico, o moderno – e diversas expressões religiosas – a católica, a judaica, a protestante (nas suas várias orientações) – e mostrou que, quando houve a aproximação de uma ética religiosa baseada na ascese protestante, em especial, o calvinismo com o modo de produção capitalista moderno teve como resultado o florescimento mais acelerado das atividades desse capitalismo.

Não se trata de estabelecer uma relação de causa e efeito entre os dois fenômenos, de provar que um fator fez surgir o outro, mas, ao falar do "espírito do capitalismo", o autor traz a ideia de *"individualidade histórica"*, isto é, um complexo de elementos associados na realidade histórica, que unimos em um todo conceitual do ponto de vista do significado cultural" (WEBER, 1991: 28). Lembra ainda que, para se apreender tal fenômeno, é necessário um processo de análise que reúna vários elementos da realidade histórica que o conforma. Assim, ao relacionar o capitalismo moderno com a ascese calvinista, Weber evidencia que essa visão de mundo, de um fiel que tinha no trabalho constante e na frugalidade de sua conduta no mundo como garantia de sua possível salvação, se afina (não sendo nunca a causa) com uma ética econômica que pedia exatamente um novo tipo racional de atividade para dar impulso às atividades econômicas.

Esta é a proposição metodológica de Weber: ao postular o método comparativo e histórico, lembra sempre, e o faz ao longo de toda sua obra, que a tarefa do sociólogo é examinar a partir de determinado ponto de vista a diversidade infinita do real. Tal tarefa lhe permite chegar à compreensão de determinada atividade social. Quando inicia as definições dos conceitos sociológicos fundamentais, diz que a "sociologia (no sentido que tomamos este termo de significações as mais diversas) é uma ciência cujo objetivo é compreender a ação social pela interpretação para em seguida explicar causalmente seu desenvolvimento e seus efeitos" (1992: 5).

A combinação entre explicação e compreensão de determinada ação social faz com que as relações causais se tornem relações significativas, uma vez que se busca o *sentido* que é dado pela ação social. E é esta combinação que dá originalidade ao método weberiano: não se trata de ver as relações "naturais" entre fenômenos, nem de se tentar elaborar causalidades finais, ou ainda de elaborar preceitos generalizantes definitivos, mas sim de se interpretar o significado de determinada ação social nos aspectos que lhe são relevantes para sua explicação. Nesse processo, a tarefa do sociólogo é compreender quais aspectos da infinidade existente na realidade social são válidos para a interpretação e explicação das relações causais de determinado fenômeno, no que Weber chama de *método compreensivo*, método abrangente que procura o máximo de fatores que tenham poder explicativo para o fenômeno social acontecer daquela forma e não de outra.

Assim, a ação social está na base epistemológica de sua concepção teórico-metodológica, uma vez que é o sentido que os indivíduos dão às suas ações *em relação social* é que fazem uma ação ter significação cultural. Portanto, não se trata de qualquer ação mecânica, mas sim aquela ação que está referida em relação a outro, ou seja, ao contexto social. Portanto, ainda que muito se diga de Weber como o "sociólogo da ação", é preciso acrescentar imediatamente ação em "relação social" para que se possa entender o que o autor entende pela tarefa do sociólogo: interpretar a ação social no que esta tem de significado cultural. E é como sociólogo da ação que o vai diferenciar das tendências científicas naturalistas ou positivistas de seu tempo.

Mas Weber toma cuidado especial com o conceito de ação social e vai diferenciar os vários tipos de ação que percebe nos fenômenos sociais. Cria quatro tipologias, quatro tipos ideais (que vai ser tratado mais adiante), para diferenciar as várias possibilidades da ação dos indivíduos na sociedade. Primeiramente, ele diferencia a ação racional da ação afetiva e da tradicional. No primeiro tipo ideal está a ação social *afetiva*, ação que é feita baseada nos afetos, nos sentimentos, na emoção (quando não existe racionalidade para sua explicação). Como segundo tipo, está a ação *tradicional*, ou seja, aquela ação que se pratica baseada na tradição em que não há elementos racionais para sua explicação: "é assim porque é", quando, por exemplo, se promove uma ação baseada meramente em um costume. Estas são ações que não possuem nenhum grau de racionalidade específica. As duas outras, porém, são ações racionais: a terceira, referente a *fins* (ou seja, pratica-se uma ação visando um resultado específico) e a quarta é a ação racional referente a *valores*, vale dizer, a ação que se pratica não visando um fim, mas que é orientada por valores que dão sentido à ação (p. ex., quando se decide viver por uma causa, sem se preocupar com benefícios próprios). No caso das últimas duas, elas são racionais porque dependem da escolha dos indivíduos baseada em argumentos racionais que independem de tradição ou de sentimento, cujo móvel para a ação está no interesse explícito de determinado tipo. Os quatro tipos ideais podem servir de modelo para a compreensão das ações sociais existentes. Não são excludentes, nem têm poder explicativo em apenas uma delas para se entender a ação humana, mas como tipo ideal pode nortear a análise empírica.

Deve-se destacar ainda a importância da ação racional motivada por *valores*, questão que será tão cara a Weber para a compreensão das ações humanas. É uma ação racional, sem dúvida, mas são os valores que motivam a conduta, que vai diferenciá-la das demais. Não é por acaso que ele é conhecido como o sociólogo da cultura, pois faz defesa enfática de que valores e crenças podem ser ordenados pelo pensamento científico de modo válido. Explica Weber de forma mais ampla em *A objetividade do conhecimento nas ciências sociais*: "A validade objetiva de todo o saber empírico baseia-se única e exclusivamente na ordenação da realidade dada segundo categorias que são subjetivas no sentido específico de representarem o pressuposto do nosso conhecimento e de se ligarem ao pressuposto de que é valiosa aquela verdade que só o conhecimento empírico pode nos proporcionar" (1991: 126). Esta definição de validade objetiva pode parecer circular, mas é crucial no que Weber entende ser a validade mesma da análise da significação cultural, pois esta não está atrelada a qualquer sistema geral de leis, mas sim à relação que possa ser estabelecida entre "os fenômenos culturais com *ideias de valor*" (1991: 92). E nesse processo está ainda a importância do conhecimento histórico para ser possível interpretar que determinado fenômeno seja significativo na sua especificidade.

Ao falar sobre o conceito de cultura, Weber ainda lembra que cultura é "um conceito de valor". "A realidade empírica é "cultura" para nós porque e na medida em que a relacionamos a ideias de valor. Ela abrange aqueles e *somente* aqueles componentes da realidade que através desta relação tornam-se *significativos* para nós. Uma parcela ínfima da realidade individual que observamos em cada caso é matizada pela ação do nosso interesse condicionado por essas ideias de valor, somente ela tem significado para nós precisamente porque revela relações tornadas *importantes* graças à sua vinculação a ideias de valor" (1991: 92). Esta definição de cultura é fundamental para que o cientista social tenha um olhar atento às redes de significado que está tentando analisar, uma vez que estas se encontram sempre na "realidade empírica".

Dessa forma é impensável para Weber um sociólogo ser isento de pressupostos de valor. É a própria existência da significação de determinado fato empírico que torna este fato um *objeto* a ser estudado, conclui. Isso o faz reagir a uma tendência de sua época de cunho positivista que buscava uma forma de interpretar o social de maneira neutra e isenta. Tampouco pensa ser a tarefa de o sociólogo fazer interpretações gerais da realidade social, uma vez que quanto maior o escopo da análise, mais se perde nas especificidades do fato social, que é o que vai imputar validade e viabilizar as relações causais nas análises sociológicas. Nesse mesmo texto, Weber faz a pergunta-chave: Qual a significação da teoria e da formação teórica dos *conceitos* para o conhecimento da realidade cultural? (WEBER, 1991: 101). Weber defende a construção rigorosa de conceitos para a análise do social e analisa como estes são construídos em outras disciplinas, como a economia política, a psicologia social ou mesmo a biologia moderna. Mas ao analisar esses processos de outras disciplinas, verifica que a construção abstrata dos conceitos por elas elaborada é crucial, mas não o suficiente para a compreensão das especificidades dos fenômenos sociais.

Assim, se ele defende a ideia abstrata dos conceitos construídos nas outras disciplinas, vai rejeitá-los como instrumento analítico final, uma vez que, para o método sociológico que defende, tal ideia abstrata deve ser tomada apenas como *meio* para se chegar a uma determinada análise. E é nessa linha que Weber concebe a noção de *tipo ideal*, ou seja, uma construção metodológica, na qual se reúnem várias características, vários elementos presentes em uma determinada atividade humana, uma "utopia", segundo ele, que não tem nunca a característica de ser exemplar, mas sim de formular um *conceito genético* que possa ser comparado à realidade. Dentre vários exemplos, pode-se mencionar a construção dos conceitos de *igreja* e *seita*, enfatizando a necessidade da construção de tipos puros: as significações culturais do espírito sectário na formação de várias novas denominações estão subjacentes no conceito genético de seita, contrapostas às características gregárias do conceito de igreja. Na construção dos tipos, as características específicas da realidade histórica a ser analisada podem ser contrastadas com esse artifício criado, ajudando no estabelecimento de relações causais com outros fatores, uma vez que esta diferenciação se evidencia na análise da realidade social.

Ao defender a importância do conceito, Weber lembra: "Ora, os conceitos se tornam então tipos ideais, isto é, se manifestam na sua plena pureza conceitual, ou apenas de forma esporádica o fazem. Aqui, como em qualquer outro campo, qualquer conceito que não seja *puramente* classificatório nos afasta da realidade" (WEBER, 1991: 109). Mas Weber, para complicar um pouco mais, lembra que a realidade é variável e que as ideias predominantes em determinada época só podem ser compreendidas pelo rigor conceitual do tipo ideal na sua historicidade. Esta é uma crítica a Marx: para Weber, Marx usa o tipo ideal de capitalismo na sua construção teórica como um dado da realidade, o que o impede de ver as especificidades históricas dadas em cada contexto social. Por conseguinte, o trabalho científico no domínio cultural é uma luta constante, assim como é constante "a transformação de conceitos através dos quais tentamos apreender a realidade" (WEBER, 1991: 121).

Mas a construção do tipo ideal é para Weber ainda um importante recurso metodológico que permite ao investigador ter um distanciamento da realidade que o cerca. Ao criar os conceitos genéticos dos tipos ideias, conceitos que são meios para a análise e não metas, vale repetir, e que estão em constante transformação, tal procedimento não apenas dá a dimensão dos limites da validade do próprio tipo ideal, mas também ajuda no controle da "objetividade" da análise dos fenômenos sociais. Além do mais, a apropriação de conceitos por parte da sociologia permite a elaboração lógica do que é subjetivo ou instintivo, mesmo com o risco de se estar se apropriando dele de maneira indevida. É interessante observar ainda que a construção de conceitos genéticos dá ao cientista possibilidade de compreender a realidade de maneira mais complexa. Voltando aos termos seita/igreja, para o sociólogo da religião estes têm uma carga conceitual que não se apresenta para os leigos.

Para terminar a parte metodológica de Weber, e numa síntese do que foi visto acima, cabe lembrar sua grande preocupação em conciliar o idealismo contido no mundo das ideias da tradição alemã com o materialismo da realidade histórica (influência de Marx), pois as pessoas não pensam no vazio. Daí sua insistência na formulação de relações causais: são necessárias para que o pensamento interpretativo e explicativo da análise sociológica consiga apontar significados culturais não tão simples de serem apreendidos. E estes só podem ser apreendidos na empiria para a análise compreensiva. Mas cabe perguntar: Quais são as questões centrais que vão nortear sua metodologia?

A epistemologia weberiana

Ligada à ideia de ação social, elemento central de sua análise, está uma questão crucial para Weber – a racionalização do mundo ocidental percebida por ele em suas várias formas. Pode-se mesmo dizer que ele a percebe subjacente a todas as atividades humanas do mundo ocidental. Assim, quando Weber demonstra na introdução da *Ética* que há uma especificidade no racionalismo no Ocidente, visto nas suas várias formas, legal, econômica, administrativa, religiosa, política, e até mesmo musical, ele sustenta que "Deve ser justamente uma das primeiras tarefas do trabalho histórico e sociológico a análise primeira de todas as influências e relações causais que possam ser satisfatoriamente explicadas em termos de reações às condições ambientais" (WEBER, 1985: 15).

E Weber toma a racionalização das formas mundanas do mundo ocidental como eixo central da maior parte de suas análises. Junto com o processo de racionalização vem o processo de especialização e secularização de um mundo ocidental cada vez mais complexo. São dimensões que ficam muito claras quando o autor analisa a questão do poder, da ciência, da economia, da burocracia, e principalmente da religião. As formas de racionalização estão relacionadas a outra questão central de sua epistemologia – a ideia da crescente intelectualização e do desencantamento do mundo, que será visto adiante.

Quando Weber estabelece os "três tipos puros de dominação legítima", a base epistemológica desta análise se remete tanto à importância do sentido da ação social analisada acima quanto à importância da racionalização. Ao criar esses tipos ideais, Weber vai diferenciar as formas "puras" em que dominantes e dominados estabelecem a dominação legítima e diferencia apenas três. A primeira é a dominação racional-legal, cujo princípio está baseado no mérito, na obediência às regras e no profissionalismo nos cargos. Seu tipo mais puro, segundo o autor, é a burocracia, marca do Estado moderno, cuja legitimidade se assenta no monopólio da força, na racionalização do direito com especialização de poderes (legislativo e judiciário) e na administração racional e especializada nos setores mais diversos, como saúde, trabalho e educação.

Um segundo tipo de dominação é a tradicional, baseada no costume e na fidelidade à tradição. Seu tipo mais puro é o patriarcal, e nesse grupo, o sultanato, cujo princípio é a subjetividade, o personalismo, o arbítrio ou ainda o familismo. Ainda na dominação tradicional, além da patriarcal, existe também a ordem estamental, baseada na fidelidade e nas relações pessoais, mas com grau de independência maior com a apropriação de bens materiais de administração. A título de exemplo, Weber lembra os letrados brâmanes hindus ou mandarins.

O tipo ideal de dominação tradicional não leva a um *continuum* evolucionista para a dominação racional, pois as características presentes na ordem estamental são reguladas pelos privilégios, pelas relações de fidelidade e patrimoniais, pela honra estamental, sendo a administração baseada na repartição de privilégios e de reconhecimento de títulos. E Weber enfatiza que: "A separação entre as estruturas patriarcal e estamental da dominação tradicional é básica para toda a sociologia do Estado da época pré-burocrática" (WEBER, 1991: 135). Nas formas patrimoniais da dominação tradicional não há a separação entre as esferas pública e privada, característica que vai predominar na dominação racional. Certamente são tipos puros, mas ajudam na caracterização objetiva das formas sociopolíticas existentes na realidade social, especialmente quando determinada realidade social apresenta traços dos dois tipos de dominação em esferas variadas da organização social: há que ver o peso de cada um na análise empírica.

A dominação carismática é o terceiro tipo e está baseada na devoção afetiva, nos dotes extraordinários ou sobrenaturais de quem detém o carisma. Segundo Weber, seus tipos mais puros são a dominação do profeta, do herói guerreiro ou do demagogo. Nesse tipo de dominação, as regras são instáveis, as decisões extemporâneas, particulares, ou ainda baseadas nas decisões monocráticas do líder carismático. Sendo a dominação carismática extraordinária no que esse termo significa de revelação, de oratória, baseada na crença legitimada, há dois problemas para Weber: a) A administração do carisma, com a tendência da passagem da dominação carismática para a tradicional na administração, com a introdução da intelectualização das novas ideias do profeta ou do líder. b) A sucessão do líder, que pode se dar de várias formas, tais como a designação do sucessor, indícios da qualificação (Dalai Lama, p. ex.), por hereditariedade ou ainda por sacramento (o papa). Em todas as formas, é preciso haver o reconhecimento da validade do líder. Nos estudos de religião de Weber, que será analisado adiante, a dominação carismática e sua burocratização, tanto no que se refere à administração, à intelectualização e à sucessão, traz grande valor heurístico na análise das religiões mundiais.

A análise de Weber sobre os tipos de dominação legítima é exemplar para se entender tanto a metodologia descrita acima quanto a ideia da racionalidade e diferenciação do mundo moderno. Em dois textos exemplares, "A política como vocação" e "A ciência como vocação", inicialmente palestras proferidas em 1918, é evidente a maturidade alcançada, pouco antes de morrer, no que se refere às suas principais preocupações epistemológicas e teóricas. Nos dois textos, Weber fala de "vocação" (*beruf*) para entender ambas as atividades – do político e do cientista. Nessa concepção está a paixão de ambos por uma tarefa, mas sempre guiada pela objetividade, e combinando nessa equação os *interesses* com elementos racionais de uma ética da responsabilidade, a dedicação a uma causa, a sua inspiração. Para o político, significa equacionar a paixão, senso de responsabilidade (quando se tem de prestar conta dos resultados previsíveis das decisões tomadas) e senso de proporções (ética dos objetivos finais). Nessa análise, Weber ressalta os elementos internos dos partidos, as condições externas – históricas e culturais – e as condições psíquicas dos políticos que vivem *de* ou *para* a política.

Para o jovem que se dedica à ciência, Weber contrasta o mundo acadêmico americano, mais especializado, estabilizado e hierarquizado, com a academia alemã, regida por um sistema plutocrático que gera instabilidade na consecução da carreira acadêmica. Além das condições internas do cientista, que significam que "a dedicação íntima à tarefa e apenas ela deve elevar o cientista ao auge e à dignidade do assunto a que ele pretende servir" (WEBER, 1982: 163), ele analisa as condições externas, o processo cada vez maior de intelectualização do mundo. No entanto, o mais importante de sua análise reside na advertência de que a crescente intelectualização e racionalização não significam conhecimento maior das condições da existência humana, mas sim a possibilidade de se adquirir o conhecimento do "especialista", o que traz a redução das possibilidades de controle das condições de vida. Como consequência, está a emergência de um mundo mais desencantado, pois o recurso à magia deixa de ser a forma para se alcançar qualquer conhecimento.

E Weber lembra a questão formulada por Tolstoi acerca da perda de significado da morte para os homens civilizados, uma vez que se encontram sempre dando um passo à frente na busca do conhecimento. Mas vai advertir em seguida que tampouco a ciência vai "inventar a felicidade", crítica feita por Nietzsche. Assim, o que é a ciência como vocação depois do desaparecimento das ilusões, pergunta Weber? Ao analisar os métodos científicos da medicina, da jurisprudência, das ciências naturais, volta-se para as disciplinas que lhe são caras – sociologia, economia, ciência política e filosofia cultural – para defender precisamente que seus cientistas devem se ater à objetividade de seus métodos científicos para não cair na posição do profeta ou demagogo, ou seja, é necessário se ater ao método, à clareza e ao conhecimento, sabendo que sua busca será sempre provisória, diferentemente do profeta, que fornece condutas para todos os sentidos da vida. Nessa linha, analisou as estruturas de poder, a burocracia, as racionalidades econômica e jurídica, o Estado nacional e as diferenças dos conceitos de classe, estamentos e partidos.

Implícita no eixo central de racionalização está, portanto, a noção da secularização do mundo, processo indispensável para as formas do Estado moderno, em curso com o longo processo de separação entre Igreja e Estado. Nesse processo está subjacente a ideia de a religião passar a ser uma escolha individual, fazendo com que esta também possa ser uma escolha racionalizada. Como analisa Pierucci (2003), ao destrinchar o significado de desencantamento do mundo para Weber, ressalta que este processo significou a "desmagificação", no sentido de a magia se revestir como o núcleo para a configuração da visão de mundo. No processo da pluralidade religiosa advindo com a Reforma, o desencantamento do mundo ocorre em algumas sociedades de forma mais acentuada. De qualquer modo, está implícita a ideia de secularização, de racionalização e de intelectualização das formas de pensar, processo este que fica mais claro nos estudos da religião de Weber.

A sociologia da religião de Weber

Weber passou longos períodos de sua vida estudando as religiões mundiais. Como ele mesmo afirmou ao escrever sobre o surgimento das religiões, a essência da religião não era de seu interesse, mas sim compreender as condições e efeitos que as religiões imprimem ao comportamento social nos seus aspectos morais, éticos, políticos ou econômicos. Dessa forma, Weber vai estudar o comportamento religioso como uma atividade humana e ao empreender a análise da "ética econômica das religiões mundiais" – o hinduísmo, o budismo, o confucionismo, o cristianismo, o islamismo e o judaísmo – vai analisar os impulsos práticos da ação que são encontrados nos contextos psicológicos e pragmáticos destas religiões. Os estudos sobre as religiões mundiais são seus estudos de maturidade, alguns deixados com apenas algumas notas, como o islamismo, e outros inacabados, como o cristianismo primitivo e o medieval, mas Weber logrou fazer trabalhos histórico-comparativos das religiões da China (confucionismo e taoismo), da Índia (hinduísmo e budismo), assim como do judaísmo antigo. Juntamente com seus estudos detalhados sobre a ética protestante comparada ao catolicismo, temos um corpo de estudos que se encontra na parte central da sociologia weberiana da cultura, cujo eixo está nos valores e no interesse que estilos de vida devem a determinado sistema religioso.

Estes estudos trazem suas questões centrais acerca do motivo da ação (aqui do fiel), dos interesses traduzidos num sistema de significados de uma teodiceia religiosa da salvação, e, principalmente, da questão da racionalização das revelações religiosas e de sua burocratização, como vai ser visto a seguir.

A ideia de vocação analisada acima encontra na religião seu significado mais pleno. E se Weber não estava interessado nos aspectos teológicos das religiões mundiais em si, mas sim nas relações entre as ideias religiosas e os vários aspectos da conduta humana, em especial como elas podem influir nos aspectos econômicos e culturais, vistos acima com a *Ética protestante e o espírito do capitalismo*, torna-se importante ver quais conceitos são privilegiados para sua análise. Seus textos sobre religião utilizados na presente análise estão compilados no livro *The Sociology of Religion*, com introdução de Talcott Parsons (1993), traduzida dos textos originalmente publicados em 1922, dois anos depois de sua morte. Nessa obra aparecem as principais questões da sociologia da religião weberiana e sua preocupação constante com o estudo das condições e efeitos de um tipo particular de comportamento social, no qual a religião representa um dos fatores. Nos dois primeiros artigos, sobre o surgimento da religião e a análise dos tipos ideais de deuses, mágicos e pastores, Weber vai mostrar que há uma tendência de um pensamento sistemático com a racionalização daquelas religiões que lograram ser universais.

E vários conceitos analisados acima estão presentes: a ética religiosa, o surgimento do profeta, o surgimento das congregações religiosas e o cuidado com a atividade pastoral, a religião relacionada às castas, aos estamentos e às classes, além da pertença religiosa relacionada a classes sociais. Igualmente importante é a teodiceia da salvação, assim como os distintos caminhos que surgem com a intelectualização necessária para a consolidação do processo de universalização dos sistemas religiosos. Weber vai mostrar tal processo com a análise do judaísmo, cristianismo e islamismo, três religiões universais.

Em todas elas, há algumas das características mais marcantes da proposta weberiana: quando analisa as religiões que *rejeitam* o mundo e as que fazem parte do mundo; quando mostra o tipo de envolvimento no mundo e responsabilidade do fiel na sua conduta; quando diferencia a responsabilidade individual e do "especialista" para a salvação, uma vez que a primeira implica determinado tipo de conduta religiosa essencial para a salvação do fiel; quando enfatiza os mecanismos realizados para a burocratização do carisma com o objetivo de consolidar a revelação do profeta; quando Weber aponta as afinidades das filiações religiosas e as organizações econômica, política e cultural nas suas especificidades históricas. Em todos esses aspectos de sua análise, Weber está realizando de forma profunda seu método compreensivo.

O texto "A ética econômica das religiões mundiais", traduzido para o inglês e português como "A psicologia social das religiões mundiais" (1982), apresenta as principais questões elencadas acima. Weber inicia o texto definindo o que entende por "ética econômica" de uma determinada religião: são os "impulsos práticos da ação que se encontram nos contextos psicológicos e pragmáticos das religiões" (p. 309). Acrescenta que nenhuma ética econômica foi determinada exclusivamente pela religião, mas a conduta religiosa dos fiéis de determinada religião é um dos fatores que vai se afinar com determinada ética econômica. E mostra que nas principais religiões existiram "camadas" que mantinham seus princípios ordenadores: no confucionismo, era a ética estamental dos literatos; no hinduísmo, era a casta dos brâmanes educados no Veda o estamento legítimo para ser o portador da tradição; no budismo, os monges contemplativos eram os membros responsáveis da comunidade religiosa; no islamismo, inicialmente religião de guerreiros, formou-se uma casta contemplativa e mística; no judaísmo, religião de um povo pária, liderado por uma camada treinada nos livros sagrados e no ritual; o cristianismo, que começou com apóstolos itinerantes, se transformou em religião urbana, que, devido a seu florescimento, alcançou no Ocidente seu desenvolvimento máximo, o que requereu sua institucionalização, a burocratização do carisma, o estabelecimento de hierarquias e a consagração dos "especialistas".

E qual é sua tese? Defende que a religião não é uma função da camada que a propaga, nem a "ideologia" de tal camada, nem tampouco o "reflexo" de determinados interesses materiais. Para Weber, é preciso primeiramente analisar a promessa e a enunciação da verdade anunciada, o ajuste às "necessidades religiosas". Assim, Weber problematiza as várias tendências de análises de sua época sobre religião: a tese do materialismo histórico que a vê como função de interesses de classe ou a religião como ressentimento, apontado por Nietzsche. Tem consciência do seu lugar privilegiado do sociólogo da religião no momento em que vivia, pois podia distinguir objetivamente as formas mágicas e deidades que prevaleceram na história das religiões, e que posteriormente foram racionalizadas nas formas religiosas que sobreviveram.

Quando analisa as funções de quem faz a mediação entre os indivíduos e o sobrenatural, Weber aponta uma primeira dicotomia teórica fundamental entre dois tipos ideais: o papel designado aos mágicos e o papel dos pastores. Enquanto o primeiro lida com interesses e tensões momentâneos, possuindo relativa independência para evocar o sobrenatural, os pastores ou padres são os transmissores de um culto já sistematizado e estabilizado, trazendo a estes uma independência no que se refere ao circunstancial, pois os princípios e valores já estão codificados e sacramentados. Mas por serem tipos ideais, os componentes sobrenaturais de todas as religiões têm tanto elementos mágicos quanto religiosos em algum grau, assim como qualquer sistema religioso tem na ordem normativa legitimada tanto os elementos de um sistema de tabus quanto um sistema de ética religiosa.

E Weber tem duas perguntas-chave quando estuda as várias formas religiosas que surgiram no mundo: a) Em que circunstâncias históricas, culturais ou políticas podem surgir novas ideias de sobrenatural e de normas de conduta que possam trazer rupturas ou mudanças? b) Quais são as formas de agência e de organização requeridas pelas várias religiões para sua consolidação? São perguntas que vão ser respondidas nas suas extensas análises sobre as religiões que existiram nos agrupamentos humanos e que não cabem no escopo da presente análise. Mas é interessante notar que algumas destas são extintas quando um determinado povo é subjugado por outro, ou quando novo profeta tem o dom de provocar a ruptura necessária para a mudança, ou ainda quando o surgimento da pólis pede um sistema religioso mais consolidado por parte dos grupos dominantes. E duas questões serão destacadas aqui como centrais na sua análise dos sistemas religiosos: o líder carismático e a racionalização alcançada com a prática religiosa.

O conceito de carisma assume forte valor heurístico na sua sociologia das religiões. Weber distingue dois tipos de profeta fundamentais para o desenvolvimento da prática religiosa. Por um lado, está o profeta "exemplar", cuja marca é a vida contemplativa, longe das coisas mundanas (religiosidades indiana e chinesa). Por outro, está o profeta "emissário", cujas exigências religiosas têm de ser cumpridas no mundo em nome da salvação (religião iraniana e religiões ocidentais). O profeta, como o mágico, exerce seu poder ao acionar seus dons naturais. E como Weber analisou na dominação carismática, o profeta precisa não só que seu carisma seja legitimado com a adesão de uma comunidade de fiéis, mas também que suas mensagens sejam consolidadas em escritos que passam a ser sagrados.

Vai desenvolver a ideia da teodiceia da boa fortuna, que significa a redenção para os afortunados, independentemente da condição social, mas que pode ser interpretada como sendo a legitimidade para os grupos dominantes. Nas religiões primitivas e cultas, eram os bens sólidos desse mundo, saúde, riqueza e vida longa, que importavam, deixando a relação com o "outro mundo" para o virtuoso religioso, o asceta ou o monge. Se para as primeiras comunidades religiosas tratava-se de uma preocupação com a coletividade, com punições, com abstinências, o surgimento das manifestações religiosas de redenção com o surgimento dos profetas atendia às necessidades dos oprimidos e seria base de legitimação para os dominantes. É o que sintetiza Weber:

Para o estudioso empírico, os valores sagrados, diferindo entre si, não devem ser interpretados apenas, e nem mesmo preferencialmente, como "voltados para o outro mundo". Isso ocorre à parte o fato de que nem toda religião mundial conhece o "além" como centro de promessas definidas. A princípio, os valores sagrados das religiões primitivas, bem como cultas, proféticas ou não, eram os bens sólidos deste mundo. Com a única exceção parcial do cristianismo e de uns poucos credos especificamente ascéticos, consistiram tais bens em saúde, vida longa e riqueza. Eram essas as promessas feitas pelas religiões chinesa, védica, zoroastriana, fenícia, hebraica antiga e islâmica; e da mesma forma pelas religiões fenícia, egípcia, babilônica e alemã antiga, bem como pelo hinduísmo e budismo aos devotos leigos (WEBER, 1982: 320).

Weber, portanto, mostra que a preocupação com a religião é com a satisfação imediata do aqui e agora. Mas quando o desenvolvimento das formas religiosas estabeleceu o pecado, houve a necessidade da palavra do profeta, que trazia a ética da redenção no plano da salvação individual. E Weber vai mostrar que ao lado do conhecimento racional e do domínio da natureza persistia o "além", mundo incorpóreo do sagrado. As formas de sagrado vão variar de acordo com o próprio processo de racionalização do mundo, mas em qualquer manifestação religiosa, aí estão presentes as normas e sanções para os adeptos, a administração dos valores religiosos, a organização dos cultos, a atribuição da "graça" assim como o corpo de especialistas e o estabelecimento da hierarquia. Weber ressalta que é preciso verificar as afinidades eletivas para tipos específicos de religião.

Quanto ao segundo elemento, a racionalização necessária para a consolidação do sistema religioso, o autor analisa como os elementos racionais de uma "doutrina" religiosa levam à autonomia de sua organização, com a criação de um corpo de funcionários e especialistas para que tenha alcance cada vez mais amplo. Diz o próprio autor: "A Igreja, sendo portadora da graça institucionalizada, busca organizar a religiosidade das massas e colocar os seus próprios valores oficialmente monopolizados e mediados no lugar das qualificações autônomas e religiosas, dos virtuosos religiosos" (WEBER, 1982: 331). É o que Weber vai chamar de monopólio da graça no campo religioso.

E aqui entra sua importante análise acerca da relação entre a religião com as classes, castas e estamentos. Faz uma análise profunda entre o rural e o urbano, entre as classes privilegiadas e as não privilegiadas e ressalta que, nas religiões de massa, as classes privilegiadas não estão inclinadas a cultivar a ideia de salvação, mas sim fazem uso da religião com a função primordial de legitimar seus próprios padrões de vida numa *demanda por legitimação*. Em contrapartida, para as classes não privilegiadas, a religião assume uma *ética de compensação*, visto que suas dificuldades terrenas serão compensadas no plano espiritual após a morte. Quando analisa a classe proletária aponta que esta é mais suscetível de ser influenciada por um tipo específico de religião missionária. Tal "propaganda religiosa" não significa um retorno à magia, visto esta estar destituída das religiões universais, mas grande ênfase se coloca nas práticas de cunho emocional em detrimento das racionais.

Mas o dom da graça também varia. No caso da destituição do caráter mágico ou sacramental dos meios para se atingir a graça está o processo de desencantamento do mundo na busca racional, individual, da salvação no cristianismo, em especial com o surgimento das seitas protestantes. No mundo desencantado, é preciso que a religião se desvincule da contemplação para ser vivida no mundo, e as seitas religiosas de tradição calvinista vão levar às últimas consequências a inserção do fiel no mundo: é no trabalho e na ascese de sua vida mundana que a graça pode ser alcançada pelo fiel. Os elementos psicológicos aí implícitos passam pela ética de salvação sujeita a constantes provas do seu agir no mundo, levando a novo *ethos* de conduta, como mostrado na *Ética protestante*. Neste texto, como em outros posteriores, Weber vai diferenciar a salvação pela prática religiosa entre o católico e o protestante: enquanto para o primeiro a graça depende da concessão do especialista (do padre) no ato da comunhão, o que levava a um relaxamento e mesmo um deslocamento da graça de sua conduta no mundo, para o protestante, em especial para os puritanos, tal prática é impensável, uma vez que a possibilidade de alcançar a graça depende exclusivamente de sua conduta no mundo. Como afirmado anteriormente, essa nova teodiceia da salvação vai ser fundamental para nova visão de mundo que guarda afinidade eletiva com a realidade econômica em desenvolvimento.

Os diferentes caminhos para a salvação vão trazer ainda formas distintas para a realização da prática religiosa. São vários tipos. Voltando à diferenciação conceitual entre Igreja e Seita, o conceito Igreja implica um sistema religioso com maior hierarquia, especialização e com fiéis que se reúnem como plateia, cujo padre se mantém afastado ao realizar os rituais religiosos. Com o surgimento das seitas, aponta Weber, há uma relação intrínseca do indivíduo com a comunidade à qual pertence. A seita é uma associação voluntária à qual o fiel não só se identifica e participa ativamente, como também esta participação se torna "um certificado de qualificação moral" para sua inserção no mundo. O ascetismo puritano vai, assim, requerer do fiel que o envolvimento nas práticas religiosas o acompanhem na sua vida diária. Weber ainda aponta que a religião ritualista, com seus livros sagrados, traz ainda outro efeito: a necessidade de os adeptos poderem ler seus textos. Para o protestante, cuja leitura dos textos sagrados é condição na prática religiosa, impulsionou a alfabetização mínima para que a comunidade cristã pudesse participar em patamar de igualdade.

Muito mais se pode dizer sobre a sociologia da religião de Weber sem poder esgotar todas as dimensões no escopo da presente análise. Como bem advertiu o autor: "Todas as grandes religiões são individualidades históricas de natureza altamente complexa; tomadas em conjunto, esgotam apenas umas das poucas possíveis combinações que poderiam ser formadas a partir de numerosos fatores individuais a serem considerados nessa combinação histórica" (WEBER, 1982: 336). Mas, numa tentativa de síntese do que se analisou até aqui, é preciso lembrar os princípios de organização racional das grandes religiões, ressaltados por ele em vários estudos: a legitimação e rotinização do carisma, a especialização das atividades religiosas, o sentido da ação social resultante de sua ética; o desencantamento gradual das formas mágicas ocorrido no mundo ocidental; os tipos de dominação no campo religioso e, por último, a formação de estamentos eclesiásticos que atingem *status* e poder que vão além do que se professava no seu surgimento.

Weber morre precocemente em 1920, em Munique, deixando inúmeros manuscritos sobre religião e outros ensaios incompletos. Marianne Weber fez um importante trabalho na compilação de volumosos ensaios que resultou no livro *Economia e sociedade*. Também é de sua autoria a biografia de Weber, essencial para muitos estudiosos de Weber entender melhor sua trajetória intelectual.

Os textos mencionados ao longo do texto podiam ser outros (como o próprio Weber diria), mas se procurou aqui trazer os conceitos-chave do seu método, de sua epistemologia e de suas análises mais preeminentes para o campo sociológico para mostrar sua defesa por uma sociologia histórica e comparada. Weber foi um intelectual por excelência, com forte interlocução com pensadores, tanto contemporâneos quanto seus antecessores, que compõem a tradição alemã: sua interlocução com Goethe no que diz respeito à própria condição humana, com Simmel ao elaborar conceitos na análise sociológica, com Troeltsch no uso de suas categorias religiosas, com Marx quando problematiza a questão econômica, e com Rickert na história da cultura. Muitos outros textos poderiam ainda ser mencionados, mas fica o convite para leituras dos originais do autor.

Referências

COHN, G. *Crítica e resignação*: fundamentos da sociologia de Max Weber. São Paulo: T.A. Queiroz, 1979.

COHN, G. (org.). *Weber*. São Paulo: Ática, 1991 [Coleção Grandes Cientistas Sociais].

PIERUCCI, A.F. *O desencantamento do mundo*: todos os passos do conceito em Max Weber. São Paulo: Ed. 34, 2003.

WEBER, M. *Sociology of Religion*. Boston: Beacon, 1993 [Intr.: T. Parsons].

_____. *Economia y sociedade*. México: Fondo de Cultura Económica, 1992.

_____. Os três tipos puros de dominação. In: COHN, G. (org.). *Weber*. São Paulo: Ática, 1991 [Coleção Grandes Cientistas Sociais].

_____. *A ética protestante e o espírito do capitalismo*. São Paulo: Pioneira, 1985.

_____. A psicologia social das religiões mundiais. In: GERTH, H.H. & WRIGHT MILLS, C. (orgs.). *Ensaios de sociologia*. Rio de Janeiro: Guanabara, 1982.

Bibliografia complementar

FREUND, J. *Sociologia de Max Weber*. Rio de Janeiro: Forense Universitária, 2003.

GERTZ, R. (org.). *Max Weber e Karl Marx*. São Paulo: Hucitec, 1997.

GIDDENS, A. *Capitalismo e moderna teoria social*. Lisboa: Presença, 1990.

KALBERG, S. *Max Weber*: uma introdução. Rio de Janeiro: Zahar, 2010.

SAINT-PIERRE, H.L. *Max Weber*: entre a paixão e a razão. Campinas: Unicamp, 1991.

SOUZA, J. (org.). *A atualidade de Max Weber*. Brasília: UnB, 2000.

6
Georg Simmel (1858-1918)

*Berthold Oelze**

Vida e obra

Georg Simmel nasceu em 1858 em Berlim como sétimo filho de uma família com raízes judaicas. Estudou Filosofia, História, História da arte, Antropologia e Psicologia dos povos na universidade da capital da Alemanha, fez o doutorado e ensinou lá mesmo como livre-docente por muito tempo. No final da sua vida, durante os anos da Primeira Guerra Mundial, chegou a trabalhar como professor catedrático de Filosofia e educação em Estrasburgo, numa cidade perto da fronteira entre a Alemanha e a França, onde faleceu em 1918.

A carreira acadêmica de Simmel não foi fácil. As primeiras tentativas de fazer o doutorado (1881) e obter a livre-docência (1884) fracassaram. Ele não conseguiu ser integrado plenamente na Faculdade de Filosofia da Universidade de Berlim. O que ele ensinava e pesquisava distinguia-se muito dos programas de seus colegas. Enquanto eles trabalhavam, em sua maioria, na tradição da filosofia clássica idealista, especialmente na vertente do neokantianismo, Simmel desenvolveu uma abordagem para analisar os fenômenos da cultura e da vida modernas.

Sendo um escritor altamente produtivo e original, Simmel publicou durante sua vida em seu país 23 livros, 44 resenhas e 259 ensaios e artigos sobre assuntos extremamente diversos, tais como, por exemplo, a Teoria de Conhecimento das Ciências Sociais, a cultura feminina, a origem da música, a psicologia de Dante, as filosofias de Kant, Schopenhauer e Nietzsche, a sociologia da refeição, viagens alpinas, a personalidade de Deus, a estética sociológica, a salvação da alma, o dinheiro na cultura moderna, a ideia de Europa, a filosofia da aventura, a metafísica da morte, a psicologia do pessimismo, a ruína, a psicologia e sociologia da mentira e a arte religiosa de Rembrandt. Seus interesses e perspectivas múltiplos ultrapassavam os limites das disciplinas científicas estabelecidas e podem inspirar pesquisas interdisciplinares nas ciências sociais avançadas do nosso tempo.

A variedade enorme de assuntos sobre os quais Simmel refletiu pode parecer meramente casual e arbitrária. Por isso, Theodor W. Adorno (1903-1969), o fundador da

---

* Professor da Universidade de Passau (Alemanha). Doutor em Filosofia e Sociologia pela Universidade de Münster.

teoria crítica da Escola de Frankfurt, criticou Simmel afirmando que ele teria escrito sobre "toda e qualquer coisa". Para Simmel, porém, a variedade não era um acaso, mas sim o resultado de uma forma nova de filosofar, liberta dos constrangimentos dos grandes sistemas e escolas filosóficas. O que os protagonistas dos grandes sistemas mais desprezavam: o *fragmentário* e o *relativo* como resultado de *mudanças de perspectivas* e de um *pensamento em relações* complexas era justamente aquilo que Simmel aspirava. Ele tinha a convicção de que não existia nenhum ponto arquimédico do conhecimento privilegiado e que somente uma abordagem desse tipo seria capaz de descobrir e captar a multiplicidade de aspectos e o desenvolvimento dinâmico do mundo moderno.

Influências históricas: naturalismo e a filosofia da vida

O princípio comum que fundamenta e reúne os assuntos diferentes pode ser encontrado no conceito de uma *filosofia empírica*, ou seja, numa postura receptiva a descobertas que leva a sério as coisas como elas são experimentadas. Este empirismo de Simmel não deve ser entendido como *positivista*, porque ele se interessava menos pela matéria e "natureza" das coisas do que pelos *significados culturais* – qualidades que vão além da física e merecem ser chamadas, por isso, de "metafísicas" – e ele não acreditava na possibilidade de conhecer as coisas "objetivamente" como tais: "[...] o conteúdo de uma ciência não consiste em fatos objetivos puros, antes contém sempre uma interpretação e figuração destes segundo categorias e normas [...]" (SIMMEL, 1890: 117).

O que vale como objetivamente dado depende sempre do entendimento e julgamento da razão humana. Por isso, não são as "coisas em si" que servem como base de pesquisa, mas sim nossas experiências interpretadas. Como Simmel – segundo a teoria kantiana do conhecimento – rejeitava a possibilidade de conhecer as "coisas em si", assim rejeitava também a pretensão dos grandes sistemas da filosofia idealista de explicar o mundo a partir de ideias e conceitos puros de cima para baixo.

A atitude empirista que encontramos em Simmel era típica de um movimento forte na literatura e nas artes plásticas no fim do século XIX: do chamado *"naturalismo"*. Esta corrente nada tinha a ver com a saudade de uma natureza pura. Ela se apoiava muito mais em um *realismo* peculiar: na aspiração de mostrar a realidade da vida na época moderna caracterizada pela industrialização, pelo crescimento rápido das cidades e pela pobreza dos trabalhadores. Protagonistas famosos deste naturalismo foram, por exemplo, Émile Zola (1840-1902), Henrik Ibsen (1828-1906) e Gerhart Hauptmann (1864-1946), que descreveu de forma magistral a situação social precária dos tecelões na Alemanha (cf. RAMMSTEDT, 2015: 54). O naturalismo trazia consigo duas consequências: de um lado, uma *crítica da injustiça social* e, de outro, a *afirmação enfática do moderno*. A solução para problemas sociais não era procurada num passado idealizado, mas sim na transformação e no progresso. Não é, portanto, um acaso que o conceito da "Modernidade" surgiu pela primeira vez no âmbito dos naturalistas. Eles o usaram para assumir uma posição contrária à veneração da "Antiguidade" e à política conservadora.

Simmel defendia os princípios do naturalismo. Por volta de 1890, ele começou a usar o adjetivo "moderno" com frequência, juntamente com "novo", que tinha um significado positivo semelhante. Um comentador descreveu Simmel como um homem tipicamente moderno: ele seguiu as modas de seu tempo no que dizia respeito ao vestuário, aos costumes cotidianos, ao uso de uma bicicleta – naquele tempo uma novidade – e às atividades esportivas como jogar tênis, patinar no gelo ou fazer caminhadas nos Alpes (cf. RAMMSTEDT, 2015: 53). No contexto dessa tendência para o moderno, encaixava-se bem o engajamento de Simmel pela sociologia – a mais moderna das ciências sociais e a única que era apta a captar o que era especificamente moderno.

Outra influência forte no pensamento de Simmel era exercida pela chamada "filosofia da vida". Esta vertente tornou-se popular na Alemanha na última década do século XIX, com a recepção crescente das obras de Friedrich Nietzsche (1844-1900) e da filosofia de Wilhelm Dilthey (1833-1911), um dos colegas de Simmel na Universidade de Berlim. Outros protagonistas famosos foram Rudolf Eucken (1846-1926) e, na França, Henri Bergson (1859-1941), ambos prestigiados com o Prêmio Nobel de Literatura. Simmel escreveu ensaios sobre a filosofia de Nietzsche, empenhou-se pela tradução de obras de Bergson e chegou a ser um dos protagonistas mais importantes da "filosofia da vida". Os pensadores mencionados tiveram em comum uma concepção elaborada da vida, que repousava sobre o *vitalismo* e o *evolucionismo*. Do vitalismo provinha a ideia de que a vida possui uma qualidade própria que não pode ser reduzida à matéria morta e à sua causalidade. Os seres vivos são "organismos", a saber: unidades complexas compostas de elementos multiplamente entrelaçados e funcionalmente integrados, que se organizam, crescem e se desenvolvem por si mesmos. Do evolucionismo provinham as ideias da adaptação e seleção dos organismos e das tendências dos seres vivos de tornar-se mais complexos, de criar formas novas em abundância e de alcançar níveis e qualidades cada vez mais elevados. Daí o credo de Nietzsche compartilhado por Simmel: A vida "é aquilo que sempre precisa superar a si mesmo".

Quando falamos sobre as influências no desenvolvimento intelectual de Simmel não podemos deixar de mencionar os nomes de duas pessoas: Gertrud Kinel (1864-1938), uma pintora e escritora filosófica, com a qual ele se casou em 1890 e teve um filho; e Gertrud Kantorowicz (1876-1945), doutora da História de arte, poeta e tradutora (ela traduziu para o alemão a obra *Evolução criativa*, de Henri Bergson), com a qual ele teve, clandestinamente, uma relação e uma filha (que Simmel nunca viu). Ambas as mulheres eram excepcionalmente bem formadas, inteligentes e emancipadas. Simmel nunca mencionou o quanto deveu a elas, mas podemos supor que foi muito. O que ele escreveu em prol da emancipação das mulheres, sobre a psicologia das mulheres e a cultura feminina, a coqueteria e a dinâmica nos grupos a dois e a três dificilmente teria sido possível sem a convivência com as duas. É provável que as obras de Simmel sobre as artes e os artistas tenham sido fortemente influenciadas pelos conhecimentos delas. É bem possível que Gertrud Kantorowicz tenha inspirado também o desenvolvimento da filosofia da vida de Simmel.

O projeto da fundação da sociologia

Até a segunda década do século XX, a sociologia enquanto disciplina acadêmica plenamente institucionalizada ainda não existia. Havia, porém, outras disciplinas já bem desenvolvidas no campo da pesquisa social, sobretudo as ciências da história e da economia e, além destas, também as pesquisas de práticas e produtos culturais realizadas pela antropologia e pela chamada "psicologia dos povos". Considerando essas disciplinas, surge a pergunta: Por que e para que se faria necessária mais uma ciência social chamada "sociologia"? Quais poderiam ser seus objetos especiais e quais seriam os métodos e conceitos que a distinguiriam das outras? Essas perguntas mostram a dificuldade de justificar e estabelecer a sociologia no meio de outras disciplinas e contra a resistência de seus protagonistas. Esforços contínuos de cientistas extraordinários foram necessários para, finalmente, levar essa tentativa ao sucesso. Conhecemos estes pesquisadores como sendo os pioneiros, fundadores e primeiros "clássicos" da sociologia. Simmel foi um deles. Ele trabalhou, ao lado dos seus contemporâneos Émile Durkheim (1858-1917) e Max Weber (1864-1920), para estabelecer a sociologia como ciência autônoma. Ele contribuiu para este fim principalmente com três livros: *Sobre a divisão social do trabalho* (1890), *Sociologia. Investigações sobre as formas da socialização* (1908), obra que os comentadores chamaram de "A grande sociologia", *Conceitos principais da sociologia* (1917), a chamada "pequena sociologia", e um ensaio importante: "O problema da sociologia" (1894). Essas obras contêm a teoria e os conceitos-chave da sociologia de Simmel. Não se trata de uma concepção sistemática e fechada, mas sim de um programa aberto, que se orienta somente por poucos princípios.

Simmel reconheceu claramente, desde o início, que uma ciência nova como a sociologia não poderia partir de uma teoria do conhecimento científico (cf. SIMMEL, 1890: 116). Normalmente, as considerações teóricas e metodológicas vêm *depois* das pesquisas empíricas. São aquelas que constituem uma ciência, e somente nelas se revela o valor e a razão de sua existência. Como que para corresponder a essa acepção, Simmel desenvolveu, ao lado de considerações teóricas, várias pesquisas concretas, que podem ser lidas como exemplos do trabalho sociológico. Essas pesquisas evidenciam que o método aplicado por ele vai além daquilo que ele descreveu em seus textos teóricos e programáticos. Além dos conceitos e princípios da ciência nova explicitamente mencionados, Simmel desenvolveu uma maneira peculiar de pesquisar, um método para chegar a resultados originais. Esse método requer uma percepção e atenção especiais e um interesse não apenas pelas coisas grandes, mas também pelos detalhes e coisas pequenas que, normalmente, ignoramos. Simmel reflete sobre como nós vivenciamos as coisas, sobre as qualidades vivenciadas e sobre como estas vêm a ser. Nisso, ele emprega díades conceituais que variam de caso a caso, como, por exemplo: forma e conteúdo, a parte e o todo, concreto e abstrato, individual e geral, externo e interno, superfície e profundeza, ser e vir a ser, natureza e cultura, movimento e descanso, matéria e espírito, liberdade e necessidade, real e ideal, sujeito e objeto. O trabalho com tais díades conceituais é característico dos pensadores filosóficos. Mas enquanto os filósofos idealistas se interessavam principalmente por conhecimentos de essências de validade universal e eterna, Simmel se interessou muito mais pelos fenômenos culturais e sociais em desenvolvimento contínuo.

Conceitos-chave da sociologia simmeliana

Simmel nunca se contentou com a definição literal simples da sociologia como "ciência da sociedade". Como seu amigo Max Weber, ele rejeitou a escolha de um "conceito coletivo" como pressuposição e ponto de partida da ciência nova. Conceitos coletivos, gerais e abstratos como "a sociedade" são problemáticos na medida em que reúnem uma multiplicidade de elementos diferentes e repousam sobre a ilusão de que tais unidades existam objetiva e autonomamente. Nem "a sociedade" como um todo, nem "a cultura", nem "o povo" podem ser observados. O que existe concretamente e pode ser percebido são indivíduos, grupos de indivíduos e suas ações e relações. Cada entidade social, qualquer que seja seu tamanho, sua durabilidade e seu poder, vem a ser e consiste de ações concertadas de indivíduos e deve ser entendido e explicado a partir delas.

Efeito de trocas recíprocas e interação

Simmel partiu de uma definição provisória da ciência nova:

> [...] a tarefa da sociologia é descrever as formas da convivência dos homens e buscar as regras segundo as quais o indivíduo enquanto membro de um grupo e os grupos entre si se comportam [...] (SIMMEL, [1890]: 118 [todas as traduções de citações são citadas como B.O.]).

e logo chamou atenção para a "complexidade destes objetos" e a dificuldade de chegar a explicações inequívocas. Os fenômenos sociais mostram-se como muito mais complexos do que os fenômenos da matéria morta. O que acontece entre os indivíduos e os grupos não depende de uma causalidade material unidirecional. Daí a dificuldade de identificar causas e efeitos simples no campo social. Onde dois ou mais homens se apercebem de si mesmos e agem, constituem-se relações sociais. Nelas rege uma causalidade especial. As ações de cada um podem ser entendidas como sendo, ao mesmo tempo, causas e efeitos de ações de outros. Para designar a causalidade múltipla no campo social, Simmel usou o conceito alemão "*Wechselwirkung*". Este pode ser traduzido como "efeito de trocas recíprocas". Os sociólogos de Chicago o traduziram como "*interaction*": *interação*, e daí nasceu a vertente do interacionismo (simbólico) na sociologia norte-americana. Como os interacionistas, Simmel também se interessou pelas relações sociais como elas se constituem nas interações concretas entre os homens. A dinâmica das relações sociais já pode se iniciar com um olhar:

> Entre os órgãos dos sentidos, o olho é predestinado para um desempenho sociológico absolutamente único: o entrelaçamento e a interação de indivíduos que ocorre no olhar recíproco de um para o outro. Talvez seja esta a forma mais direta e pura da interação [...]. E esta ligação é tão forte e delicada que somente a linha direta (que se estende) de olho para olho pode sustentá-la. Basta um desvio mínimo dela, um pequeno olhar para o lado, para destruir completamente a qualidade única desta ligação [...]. Todas as relações dos homens, o entendimento mútuo e a repulsão mútua, a intimidade e a frieza, mudariam de maneira insondável se não existisse o olhar de olho para olho (SIMMEL, [1908]: 723).

Além das sutilezas do contato visual, o homem dispõe de muitos outros meios, desde delicados até brutos, para influenciar os outros e responder a eles. O conceito da "ação recíproca" ou "interação" capta tudo que acontece *entre* os homens. Os outros conceitos programáticos de Simmel resultam deste ou referem-se a este. Isso vale também para o conceito problemático da "sociedade":

> Parto [...] da visão da sociedade: que ela existe onde vários indivíduos entram em interação (*Wechselwirkung*). Esta surge sempre a partir de motivos definidos e para fins definidos. Motivos eróticos, religiosos ou meramente sociais, fins de defesa como também de ataque, de jogo assim como de trabalho, de ajuda assim como de ensino e inúmeros outros mais têm o efeito de que o homem entra numa coexistência, num agir para outros, com outros e contra outros, quer dizer, ele exerce e sofre efeitos. Essas interações significam que estes portadores individuais de motivos e fins se transformam em uma unidade, a saber, uma "sociedade" (SIMMEL, [1908]: 17).

Da "sociedade" para a socialização

Ao falar de "sociedade", Simmel não pensou, em primeiro lugar, numa entidade abrangente e altamente abstrata como, por exemplo, "a sociedade brasileira". Para ele, uma sociedade já pode ser iniciada com duas pessoas. Assim, um dos seus ensaios traz o título: "A sociedade a dois". Quando nos encontramos com amigos para jantar podemos obter, no entendimento de Simmel, uma "sociedade de mesa". Seja ela uma sociedade grande ou pequena, ela nunca é uma entidade *estática*, fixa e garantida, mas sim um resultado de conexões e de trocas recíprocas sempre em movimento. Por isso, Simmel concebeu a sociedade como *processo dinâmico*.

> A sociedade não é [...] nenhuma substância [...] mas sim um processo. O processo, a dinâmica de agir e sofrer influências, por meio das quais os indivíduos se modificam mutuamente, também é real e pode ser pesquisada (SIMMEL, [1917]: 70).

Desta maneira, Simmel liquidou, por assim dizer, a noção da sociedade. A abordagem da sua sociologia se destaca por um pensamento em *processos, relações e funções*. Por isso, Simmel preferiu muitas vezes falar de "fazer sociedade" e "socialização" – usando a palavra alemã (*Vergesellschaftung*) que pode ter ambos os significados – em vez de "sociedade". "Fazer sociedade" significa o desenvolvimento e a solidificação de formas sociais (grupos e as relações dos membros). "Socialização" se refere mais à adaptação e integração de indivíduos em formas sociais. Interações casuais e fugazes ainda não constituem relações sociais definidas. Isso acontece somente quando elas se tornam mais frequentes e intensas. Se elas se repetirem, surgem formas de convivência relativamente estáveis. Em interações vivas nascem qualidades sociais totalmente novas que um homem individual jamais poderia produzir: qualidades de relações como, por exemplo, a simpatia, a amizade ou o amor, mas também a antipatia, a inimizade e o ódio. Simmel enfatiza que não são apenas os *consensos* que têm efeitos socializantes, mas também os *conflitos*. Para Simmel, a integração do indivíduo num grupo como efeito da socialização não é simplesmente dado ou não, mas sim uma *qualidade gradual e parcial*. Assim, existem homens que vivem inteiramente em relações sociais intensas e outros que cultivam somente de vez em quando poucas relações superficiais. Neste sentido, vale que todos os homens são socializados, mas alguns o são mais, e outros, menos. Para Simmel, o homem não deve ser reduzido a uma mera soma de suas interações, relações e funções sociais. Ele possui forças e talentos que vão além de seus papéis sociais. Ele é sempre mais do que atualmente aparenta ser e capaz de viver uma outra vida. Por isso, pode ocorrer que ele viva bem adaptado numa sociedade, mas assuma uma posição crítica diante dela ou até mesmo a recuse radicalmente.

Formas sociais e conteúdos

Para Simmel, os indivíduos servem como fontes de *conteúdos* que geram *formas* sociais por meio de interações. Tais conteúdos são desejos humanos como, antes de tudo, comer, sexualidade, proteção e reconhecimento social, mas também talentos, interesses culturais e ideias políticas. Uma forma social como, por exemplo, uma família ou um clube, permite a realização de conteúdos diferentes. E "as mesmas formas de comportamento", como, por exemplo, "a dominação e a subordinação, a concorrência, a imitação, a divisão de trabalho, a constituição de um partido, a substituição" (SIMMEL, [1917]: 82), podem ser encontradas tanto numa quadrilha de ladrões como numa comunidade religiosa.

Os conteúdos fornecem, por assim dizer, "a matéria" e os motivos para a constituição de formas de interações e de organizações sociais. Eles podem se manifestar em formas diferentes. Assim, um homem mau pode realizar seus desejos perversos em instituições e papéis diferentes. Na realidade social concreta, as formas e os conteúdos são sempre amalgamados. Na análise sociológica, porém, é possível distingui-las.

Os díades conceituais *indivíduo-sociedade* e *forma-conteúdo* e os conceitos da *interação* e *socialização* constituem juntos a concepção simmeliana da sociologia: O "único objeto de uma sociologia enquanto ciência especial" poderia ser a pesquisa das interações e "das forças, formas e desenvolvimentos da socialização, da vida de indivíduos com os outros, para os outros e ao lado dos outros" (SIMMEL, [1894]: 57).

Sociologia dos grupos

As formas de socialização e de interação, com as quais a Sociologia simmeliana se preocupa, são, em primeiro lugar, grupos sociais. Mesmo entidades sociais maiores e até grandes, "sociedades" inteiras, podem ser entendidas como grupos. Grupos pequenos e grupos grandes abrem possibilidades diferentes para a realização de "conteúdos" (desejos, interesses) dos indivíduos. Grupos pequenos permitem intimidade e uma interação intensa. Grupos grandes deixam mais espaço para especializações e a retirada em certa anonimidade. Mas, apesar dessas diferenças, a análise de grupos pequenos pode ensinar muito sobre grupos maiores, sobretudo como uma sociedade se constitui por meio de interações. Isso é possível porque grupos grandes se compõem, com frequência, de grupos pequenos. Numa empresa grande podem existir, por exemplo, diferentes unidades funcionais, equipes e grupos de líderes que representam em cada caso formas de socialização especiais. O tamanho de um grupo, a quantidade dos membros, é sempre um fator importante:

> O convite de dois ou mais homens com os quais temos somente um contato inteiramente formal e nenhuma relação pessoal ainda não constituirá uma sociedade – isso, porém, vem a ser o caso quando convidamos quinze dos nossos melhores amigos. A quantidade permanece sempre o fator decisivo [...]. As relações do dono da casa com cada um dos convidados, dos convidados entre si, a maneira como cada um dos participantes percebe todas essas relações, tudo isso gera a base na qual a quantidade decide se obtemos [...] uma sociedade ou uma mera reunião (SIMMEL, [1908]: 88).

Das extensões *quantitativas* de grupos dependem as *qualidades* vivenciadas e possibilidades sociais. Isso pode ser demonstrado na comparação de grupos menores. A forma mais simples da socialização é a díade como numa amizade ou num matrimónio. Em tais grupos, os indivíduos obtêm a maior importância social. Com a morte de um membro, o grupo deixa de existir, enquanto grupos grandes podem continuar depois da morte de membros individuais. Esse fato simples é decisivo para a qualidade vivenciada nas díades: percebemos e sentimos nelas o quanto contam nossas contribuições pessoais e o quanto precisamos do outro e de suas contribuições. Sentimos a fragilidade da relação e a dependência mútua. Mesmo assim, esse tipo de relação é capaz de fornecer uma força e autoconfiança enormes, pois nela podemos experimentar faculdades anteriormente inexploradas. Um amigo verdadeiro descobre, exige e apoia nossas qualidades boas. Ele sabe apreciar isso e permite que reconheçamos nós mesmos, pois somos reconhecidos por ele. "Um homem sozinho está sempre errado, mas dois homens jamais podem ser refutados", disse Nietzsche. O valor desse tipo de amizade pode ser tão grande que filósofos como Epicuro reconheciam nele o sentido da vida.

Quando um terceiro se junta ao grupo, a constelação da díade muda radicalmente. Assimetrias se tornam possíveis, se A tiver uma relação mais forte com B do que com C ou se as relações bilaterais tiverem qualidades diferentes. "Assim, um matrimônio com uma criança tem uma qualidade totalmente diferente de um matrimônio sem criança [...]. "O primeiro é [...] em muitos aspectos uma relação com dois elementos: os pais de um lado e a criança de outro" (SIMMEL, [1908]: 117). Por meio do "produto" comum, do amor e do cuidado dos pais, o matrimônio pode adquirir estabilidade e durabilidade. A criança faz com que a relação dos pais obtenha uma base mais ampla. Por isso, acontece com frequência que em matrimônios "intrinsecamente inarmônicos" cresce a vontade de ter uma criança. Nestes casos, a criança pode se tornar um elemento intermediário no qual os sentimentos dos pais se encontram.

No que diz respeito às tríades em geral, Simmel descreveu três papéis característicos do terceiro:

• *o imparcial e mediador* que modera a relação entre A e B, procurando justiça e harmonia no grupo,

• *o terceiro que ri* (*tertium gaudens*, lat.) é aquele que se aproveita dos conflitos dos outros,

• *o terceiro que divide e impera* (*divide et impera*, lat.) é aquele que manipula as relações de maneira que A e B se tornam mais fracos e ele pode assumir a posição de líder. Ele age estrategicamente a favor de si mesmo, enquanto o imparcial dedica sua capacidade de liderar ao grupo como um todo.

Se uma tríade cresce com a entrada de um quarto, quinto, sexto membro e assim por diante, as mudanças qualitativas nas relações sociais são cada vez menos drásticas do que na transição de um grupo a dois para um grupo a três. Por isso, o estudo de grupos pequenos é tão importante para o entendimento de grupos em geral.

Os três aprioris *sociológicos*

Segundo Talcott Parsons (1902-1979), no fundo da teoria política de Thomas Hobbes (1588-1679), encontra-se o chamado "hobbesian problem of social order" que pode ser formulado na pergunta: "Como a ordem social é possível?" Hobbes começou a buscar a resposta na natureza do homem, mas chegou ao resultado de que somente a força de uma autoridade soberana poderia garantir a ordem social. Simmel colocou uma pergunta estruturalmente semelhante: "Como a sociedade é possível?" Semelhante a Kant, que buscou "as condições da possibilidade" de conhecimentos, Simmel buscou os princípios que permitem a constituição de uma sociedade. Ele encontrou três princípios, que chamou de *"aprioris* sociológicos": os *princípios do pensamento social* anterior à experiência.

O primeiro *apriori* ressalta: "Percebemos o outro de forma mais ou menos generalizada" (SIMMEL, [1908]: 47). Conhecemos o outro como representante de *tipos* sociais. Entendemos ele na medida em que o classificamos em *categorias* sociais. Isso vale até para nossos amigos mais íntimos. Quando os chamamos de "amigos", já recorremos a um tipo social. Quando pensamos no outro como sendo, por exemplo, "sócio do clube naval" e "funcionário público", temos em mente uma ideia de como é um sócio típico e de como deve ser um funcionário público. Consequentemente, vemos o outro através do véu de tais ideias sociais. Quando aplicamos tipos, categorias e ideias ao outro, adquirimos conhecimentos sobre aspectos sociais seus, mas nunca o vemos como ele é realmente e por completo, em sua personalidade única.

O segundo *apriori* repousa na convicção de que cada homem "[...] é não somente uma parte da sociedade, mas algo além disso" (SIMMEL, [1908]: 51). Cada um possui "certos aspectos" e qualidades com os quais ele não está integrado na sociedade. É justamente essa *reserva pessoal* que permite a integração social dos outros aspectos. Quando designamos um homem como, por exemplo, professor, pai, alpinista, membro da Igreja Católica e outras categorias mais, sabemos, ao mesmo tempo, que ele não se limita a isso e que ele possui o potencial de assumir outros papéis sociais. Vemos o outro sempre com o conhecimento inarticulado dessa reserva pessoal, em virtude da qual ele pode ser diferente e muito mais do que ele atualmente representa.

O terceiro *apriori* parte da tese de que a sociedade como um todo só pode ser entendida enquanto "forma de elementos desiguais" (SIMMEL, [1908]: 57). A igualdade como meta política se refere ao reconhecimento do mesmo valor de cada homem, aos mesmos direitos, salários e às mesmas chances para todos. Mas além de tais igualdades possíveis, os homens permanecem essencialmente diferentes no que diz respeito aos seus carateres, às suas faculdades, seus "conteúdos" e suas maneiras de viver. A sociedade como forma social abrangente precisa ser capaz de integrar essas diferenças enormes, de modo que cada homem possa encontrar nela "um lugar inequivocamente definido", que parece ter sido feito exclusivamente para ele e que corresponde de forma harmônica aos seus talentos (cf. SIMMEL, [1908]: 58). Portanto, a vida social repousa sobre a convicção "[...] de que cada indivíduo, conforme sua qualidade, é, a partir de si mesmo, *referido para um lugar definido* dentro do seu meio ambiente social; e de que este lugar, que idealmente pertence a ele, existe também na realidade [...]" (SIMMEL, [1908]: 59).

À primeira vista, parece não haver dúvida de que Simmel assumiu aqui uma posição ultraconservadora e sustenta a concepção antiquada de uma sociedade estática reinada pela "predestinação" e por uma "harmonia preestabelecida". Mas quando levamos em conta o contexto mais amplo, mostra-se que Simmel não falou da sociedade como ela é objetivamente, mas sim sobre a imagem *subjetiva* dela. A pergunta central era: Como o indivíduo precisa *pensar a sociedade* para que ela se torne possível? Nesse contexto evidencia-se: A *crença num lugar social adequado* é indispensável para o engajamento social dos indivíduos e, com isso, para a socialização e a constituição da sociedade como um todo.

A Modernidade

Como homem decididamente moderno, Simmel se preocupava com aquilo que era novo em seu tempo: qualidades da cultura e possibilidades da vida anteriormente desconhecidas. Na sua "Filosofia do dinheiro" (1900), ele mostrou como a economia monetária avançada incentivou mudanças sociais e psicológicas. Na época medieval usava-se também o dinheiro, no entanto, somente em extensão limitada ao lado da troca direta de mercadorias. No capitalismo moderno, o dinheiro se tornou o *padrão universal* absoluto para expressar e comparar os valores de todas as coisas. Ao mesmo tempo, ocorreu uma revolução cognitiva: o pensamento mitológico-religioso tradicional perdeu sua hegemonia e cedeu seu lugar para um pensamento racional que permite calcular valores, vantagens e custos. O dinheiro atuava como catalisador deste desenvolvimento, na medida em que incentivava a distinção nítida entre pessoas e coisas, entre sujeitos e objetos. Como *meio geral* que promete alcançar praticamente todos os fins, o dinheiro se inseriu entre os homens e as coisas, gerando distâncias e alienações, substituindo relações pessoais e cordiais por relações formais e abstratas. Com isso, aumentou a consciência da autonomia do homem, o que levou, por fim, à abolição da escravidão e à declaração dos direitos humanos. As coisas, por outro lado, passaram a ser percebidas como mercadorias possíveis. Nessa tendência, a natureza, que anteriormente era respeitada como criação sagrada, tornou-se um depósito de bens que podem ser vendidos e comprados.

O dinheiro como padrão universal de valores facilitou e acelerou o comércio mundial com os bens mais distintos e variados. Incentivou a divisão de trabalho, a especialização profissional, o progresso da tecnologia e a produção em massa de mercadorias refinadas. Nunca antes na história existira tamanha diversidade e multiplicidade de bens, o que estimula a fantasia, os desejos e as cobiças. Os homens se tornam insatisfeitos, porque veem o que não possuem, e estão permanentemente inquietos, porque desejam possuir cada vez mais, procurando bens novos e melhores, dos quais esperam a felicidade pessoal. Simmel reconheceu nisso o motivo principal para o "tempo acelerado" da vida na era moderna (cf. SIMMEL, [1897]).

O dinheiro, em sua posição entre as pessoas e as coisas, não gera somente distâncias. Gera também entrelaçamentos e proximidades entre produtos e produtores, vendedores e compradores, atuando, assim, como multiplicador e catalisador de comunicação. "Por causa da necessidade de trocar o dinheiro em valores definidos concretos, o dinheiro gera uma ligação extremamente forte entre os membros de um círculo econômico"

(SIMMEL, [1896]: 181s.). O homem moderno não é menos dependente do que o homem medieval, pois as redes de relações e interações sociais tornaram-se incomparavelmente mais complexas. Mas enquanto anteriormente existiam somente poucas dependências pessoalmente definidas que não podiam ser superadas, existem agora muitas dependências relativamente anônimas e substituíveis, de modo que o homem moderno pode sentir-se relativamente livre e independente.

Por mais que Simmel tenha destacado os feitos da Modernidade, sobretudo a libertação dos indivíduos, ele não ignorou seus aspectos negativos. Enquanto Marx se concentrava na análise da lógica falsa dos processos materiais no capitalismo, Simmel se preocupava muito mais com os aspectos culturais e psicológicos. Além da alienação entre os homens em si e entre os homens e as coisas causada pelo hegemonia universal do dinheiro, ele descreveu também uma série de fenômenos patológicos: "Toda a pressa, a cobiça extrema, o vício do hedonismo", "o desejo enorme do homem moderno de ser feliz", "a inquietude, a tensão febril e a correria incessante da vida moderna", "a caça aos estímulos", o cinismo, a atitude *blasé*, "o medo de contato", a hipersensibilidade, alterações rápidas de humor e a perda de orientação e de sentido da vida. Simmel interpretou esses fenômenos como sintomas de uma "crise" e *"tragédia da cultura moderna"* (cf. SIMMEL, [1911]). No que consiste, para ele, essa crise e quais são seus motivos? Para chegar a uma resposta é preciso, antes de qualquer outra coisa, explicar o conceito simmeliano de "cultura". Assim como ressaltou no conceito da "sociedade" *o processo* contínuo da "socialização", assim enfatizou em relação à "cultura" *o processo* da "cultivação". "Cultivação" é, para ele, aquele desenvolvimento através do qual o homem aspira a um aperfeiçoamento que vai além da evolução natural. Onde o desenvolvimento natural termina, o homem usa sua inteligência e criatividade para alcançar metas mais altas. Assim inventa ferramentas e desenvolve técnicas e métodos para resolver problemas. Simmel distingue entre a *cultura subjetiva*, pessoal, interna, de um lado, e a *cultura objetiva*, externa, que se mostra em inúmeros artefatos, instituições e práticas sociais, de outro. Sob o domínio do dinheiro e do pensamento racional-calculador, essa distinção ganhou importância e se aprofundou, pois o dinheiro separou pessoas e coisas, sujeitos e objetos, possibilitando e estimulando com isso um desenvolvimento autônomo da cultura objetiva. Assim, a cultura objetiva cresceu numa medida e numa velocidade com as quais o desenvolvimento pessoal não pode competir. A indústria, a técnica, a economia, as ciências e as artes progridem com uma dinâmica desenfreada e se tornam tão complexas que os homens não conseguem mais compreender e dominá-las completamente.

Os progressos enormes da cultura objetiva merecem ser respeitados, mas o que importa muito mais a Simmel, é que o homem realize os objetivos da sua vida e desenvolva sua cultura subjetiva: que ele desdobre sua criatividade e seus talentos, integrando-os numa unidade pessoal perfeita. Simmel expressou essa meta em seu conceito da *lei individual* (cf. SIMMEL, [1913]). Essa "lei" consiste na exigência de aspirar a um autoaperfeiçoamento para o qual não existe nenhum padrão objetivo externo. O que o homem pode e deve ser depende exclusivamente de cada indivíduo. Cada um deve "crescer a partir da sua raiz" e desenvolver as possibilidades contidas nele – sem se subjugar a exigências alheias e a ideias gerais que nada têm a ver com ele. Com essa "lei individual", Simmel formulou o princípio mais radical do individualismo moderno.

Alguns homens buscam a cultivação pessoal num caminho puramente interno: por meio da retirada do mundo, da ascese e da meditação. Para Simmel, porém, somente o *caminho ativo* através da cultura objetiva e de volta para o sujeito pode ser bem-sucedido: o homem deve usar dos *meios* e das *formas* da cultura objetiva para desenvolver seus *conteúdos* (talentos e criatividade). Agora, porém, mostra-se a *tragédia da cultura*. Esse caminho para o aperfeiçoamento individual tornou-se longo e difícil, porque a cultura objetiva se tornou extremamente complexa. Por isso, o homem tem que aprender cada vez mais e é obrigado a usar cada vez *mais meios* para desdobrar suas possibilidades nas esferas da cultura objetiva. Preocupado com as técnicas e práticas complexas, com os métodos e produtos da cultura externa, o homem pode esquecer que estes deveriam servir somente como *meios* para o desenvolvimento pessoal e cometer o equívoco de ver os meios como fins em si mesmos. Nessa situação, o homem corre o risco de se perder nos meios e negligenciar o que realmente importa na vida.

Recepção

Entre todos os pioneiros da sociologia, Simmel foi o pensador mais filosófico, psicológico, individualista, ensaístico e, em suma, o mais original. Como tal, não nos legou nenhuma doutrina sistemática para a formação de um escola sociológica. A arte ensaística de Simmel não pode ser melhorada nem superada. Por isso, ele não tinha discípulos e seguidores no sentido estrito da palavra.

Durante sua vida como professor, Simmel gozou de certa popularidade. A maioria de seus livros se vendeu bem. Seus artigos em diários e jornais alcançaram muitos leitores. Suas conferências na Universidade de Berlim eram procuradas e elogiadas. Ainda em vida, algumas obras foram traduzidas para o inglês, francês e italiano. Nos Estados Unidos, a recepção começou com uma série de traduções de ensaios no *American Journal of Sociology* a partir de 1898. Depois de sua morte, a recepção positiva continuou com mais traduções de textos de Simmel em coletâneas e antologias, graças aos esforços de protagonistas da Escola de Chicago, sobretudo de Robert E. Park (1864-1944), que tinha assistido a conferências de Simmel em Berlim. Na Alemanha, porém, chegaram a dominar, inicialmente, avaliações negativas. Comentadores proeminentes viram em Simmel um "fenômeno transitório" e criticaram seu "esteticismo", "psicologismo", "historismo", "impressionismo" e "relativismo". Tais críticas foram expressas principalmente por sociólogos que propagavam uma posição política clara. Na questão da luta das classes, Simmel não havia assumido uma posição inequívoca. Por vezes, ele defendia posições progressivas e liberais, por exemplo, a favor da emancipação das mulheres e de uma solução para a "questão social"; por vezes, assumia também posições reacionárias e nacionais, como durante a Primeira Guerra Mundial. Por isso, os marxistas o rejeitavam como "intelectual burguês". Essa crítica marcou durante muito tempo a recepção de Simmel e impediu o reconhecimento de sua grande originalidade. Somente no início da década de 1980 ocorreu uma virada – graças à contribuição decisiva do comentador inglês David Frisby e de Jürgen Habermas como representante principal da "Escola de Frankfurt". Frisby avaliou de forma decididamente positiva a receptividade de Simmel em relação a desenvolvimentos culturais e o caráter multifacetado e fragmentário de sua obra (FRISBY, 1984), argumentando que Simmel teria conseguido captar os múltiplos desenvolvimentos e fenômenos da sociedade moderna. Esta não aceita mais verdades e sistemas de validade absoluta; ela se tornou pluralista e fragmentária. A obra de Simmel reflete essa característica do tempo. Habermas compartilhou dessa opinião e enfatizou que Simmel merecia uma atenção especial como "diagnosticador do tempo" (HABERMAS, 1983).

O projeto da edição de suas obras completas (1989-2004) também contribuiu para o conhecimento e reconhecimento de Simmel. Essa edição de 24 volumes, organizada por Otthein Rammstedt, fornece uma base excelente para o trabalho de pesquisadores e tradutores. Quem não domina a língua alemã pode recorrer às muitas traduções portuguesas, espanholas, inglesas, francesas ou italianas. O que foi traduzido para o inglês corresponde, *grosso modo*, ao conteúdo dos volumes 6, 10, 11, 14, 15 e 16 da edição completa (cf. KEMPLE, 2012: 317). Em suma, cerca de um terço das obras de Simmel foi traduzido para línguas estrangeiras.

No Brasil, o pensamento simmeliano esteve presente desde os inícios da sociologia como disciplina autônoma institucionalizada (cf. WAIZBORT, 2011). Textos de Simmel foram publicados nas coletâneas e antologias de Barretto e Willems (1940), Cardoso e Ianni (1961), Otavio Velho (1967), Florestan Fernandes (1969), Birnbaum e Chazel (1977), Evaristo de Moraes Filho (1983), Souza e Oelze (1998) e outros mais. Influências de ideias simmelianas se manifestam especialmente em Gilberto Freyre (porém, em grande parte, sem referências explícitas) e Gilberto Velho (cf. WAIZBORT, 2011). Entre os comentários gerais, destacam-se "As aventuras de Simmel" de Leopoldo Waizbort, profundo e detalhado, e "As sociologias de Simmel" de Frédéric Vandenberghe, a tradução de um livro originalmente publicado em Paris com um prefácio novo.

A diversidade enorme de assuntos e o caráter interdisciplinar da obra de Simmel fazem com que as leituras sejam quase sempre altamente seletivas. Quem se interessa pela Teoria da Sociedade e pela história da sociologia se dedica à leitura dos textos programáticos acima mencionados. Protagonistas de subdisciplinas costumam concentrar-se nos ensaios de Simmel, que incentivaram pesquisas sociológicas especializadas:

- O ensaio "As cidades grandes e a vida espiritual" (1903) abriu o caminho para a *sociologia urbana*. (Várias traduções deste ensaio podem ser encontradas na internet.)

- O ensaio "Sociologia do espaço" (1903) marca o início da subdisciplina homônima. (Tradução brasileira de 2013, também disponível na internet.)
- O "excurso sobre o estrangeiro" (na "grande Sociologia" de 1908) tem relevância para a pesquisa da *integração social e migração*.
- O "excurso sobre a sociologia dos sentidos" (também na "grande Sociologia") é apreciado como trabalho pioneiro nesta direção.
- As reflexões de Simmel sobre "A psicologia da vergonha" (1901), "A psicologia da discreção" (1906), "A gratidão" (1907) e "A fidelidade" (1908) contribuíram para a *sociologia das emoções*.
- Com o ensaio "Estética sociológica" (1896) e muitos textos sobre as artes e artistas, Simmel abriu o caminho para a pesquisa sociológica de qualidades estéticas e a *sociologia da arte* (cf. VILLAS BÔAS & OELZE, 2016).
- Os ensaios sobre "A psicologia das mulheres" (1890), "A prostituição no passado e no futuro" (1892), "O significado do dinheiro na relação dos gêneros" (1898), "A cultura feminina" (1911) e outros mais podem incentivar discussões no âmbito dos *gender studies*.
- Com suas considerações sobre o conceito da cultura e sua atenção às práticas cotidianas, "estilos de vida" (na "Filosofia de dinheiro", 1900), a moda e qualidades estéticas da vida moderna, Simmel é considerado também um clássico da *sociologia da cultura*.
- Com sua perspectiva dupla, sociológica e psicológica, e um ensaio programático "Sobre a essência da psicologia social" (1908), Simmel contribuiu para o desenvolvimento da *psicologia social*.
- Graças ao seu enfoque em grupos pequenos e interações concretas, ele é considerado um protagonista exemplar da *microssociologia*.

Não se esquecer de que Simmel tem contribuído também para as *sociologias da família, da história* e *da religião*.

O grande valor de Simmel como clássico da sociologia consiste em incentivar pesquisas especializadas, mas ao mesmo tempo ele nos lembra e ensina que o trabalho sociológico pode ter, antes e além de cada especialização, um interesse amplo, aberto para sinergias interdisciplinares e motivado pela alegria de descobrir aspectos sociológicos em todos os fenômenos da vida moderna.

Referências

Obras citadas de Simmel

[1917]: (Perguntas principais da sociologia) Grundfragen der Soziologie. In: *GSG*. Vol. 16. Frankfurt a. M. 1999, p. 59-149 [Trad. bras. por Celso Castro et al.: *Questões fundamentais da sociologia*. Rio de Janeiro, Zahar 2006].

[1913]: (A lei individual – Ensaio sobre um princípio da ética) Das individuelle Gesetz – Versuch über ein Prinzip der Ethik. In: *GSG*. Vol. 12. Frankfurt a. M. 2001, p. 417-470.

[1911]: O conceito e a tragédia da cultura. In: SOUZA, J. & OELZE, B. (orgs.). *Simmel e a Modernidade*. 2. ed. Brasília: EdUnB, 2005, p. 77-105.

[1908]: (Sociologia – Investigações sobre as formas da socialização) Soziologie – Untersuchungen über die Formen der Vergesellschaftung. In: *GSG*. Vol. 11. Frankfurt a. M., 1992.

[1903]: (Sociologia do espaço) In: *Estudos Avançados*, vol. 27, n. 79, 2013. São Paulo [Trad. por Rainer Domschke e Fraya Frehse] [Também na internet].

[1900]: (Filosofia do dinheiro) Philosophie des Geldes. In: *GSG*. Vol. 6. Frankfurt a. M. 1989.

[1897]: (O significado do dinheiro para o tempo de vida) Die Bedeutung des Geldes für das "Tempo des Lebens". In: *GSG*. Vol. 5. Frankfurt a. M., 1992, p. 215-234.

[1896]: (O dinheiro na cultura moderna) Das Geld in der modernen Kultur. In: *GSG*. Vol. 5. Frankfurt a. M., 1992, p. 178-196.

[1894]: (O problema da sociologia) Das Problem der Soziologie. In: *GSG*. Vol. 5. Frankfurt a.M., 1992, p. 52-61.

[1890]: (Sobre a diferenciação social) Über soziale Differenzierung. In: *GSG*. Vol. 2. Frankfurt a. M., 1989, p. 109-295.

Gesamtausgabe (Obras completas em alemão, abreviadas como *GSG*. 24 vols.). Org. de Otthein Rammstedt et al., Frankfurt a. M.: Suhrkamp, 1989-2004.

Literatura secundária

FRISBY, D. (1984). *Georg Simmel*. Londres: Horwood.

HABERMAS, J. (1983). (Posfácio) Nachwort. In: SIMMEL, G. (Cultura filosófica) *Philosophische Kultur*. Berlim: Wagenbach, p. 243-253.

KEMPLE, T.M. (2012). A Chronology of Simmel's Work in English. In: *Theory, Culture & Society*, vol. 29, n. 7-8, p. 317-323.

RAMMSTEDT, O. (2015). Como Georg Simmel chegou à Modernidade e lhe permaneceu fiel. In: *Sociologia & Antropologia*, vol. 5.1, abr./2015, p. 53-73. Rio de Janeiro.

SOUZA, J. & OELZE, B. (orgs.) (2005). *Simmel e a Modernidade*. 2. ed. Brasília: EdUnB.

VANDENBERGHE, F. (2005). *As sociologias de Simmel*. Bauru: Edusc.

VILLAS BÔAS, G. & OELZE, B. (orgs.). *Georg Simmel*: arte e vida. São Paulo: Hucitec [no prelo].

WAIZBORT, L. (2007). Simmel no Brasil. In: *Dados* – Revista de Ciências Sociais, vol. 50, n. 1, p. 11-48. Rio de Janeiro.

_____ (2000). *As aventuras de Simmel*. São Paulo: Ed. 34.

Revisado por Glaucia Villas Bôas e Markus Hediger.

7
Talcott Parsons (1902-1979)

Fabrício Monteiro Neves*

Introdução

A teoria sociológica esteve sempre na proa dos interesses das ciências sociais. Os esforços teóricos empreendidos, onde quer que existisse algo chamado sociologia, buscavam antes de tudo um quadro analítico a partir do qual se pudesse fazer avançar o conhecimento sobre o fenômeno social por meio de pesquisas empíricas. No entanto, a sociologia não alcançou o mesmo *status* científico que a física ou a biologia, por exemplo, havia alcançado. Ou seja, não se alcançou na sociologia um consenso relativo quanto à existência do tal quadro analítico com prestígio de paradigma. O próprio Thomas Kuhn chegou a dizer que a sociologia ainda estaria em um estado pré-paradigmático, portanto incapaz de acumular conhecimento. Na ausência de tal quadro analítico, os sociólogos não produziriam nem uma linguagem comum nem interesses compartilhados de investigação, muito menos uma matriz conceitual que servisse à crítica e refutação.

Mas pretensão não faltou para a proposição de quadros analíticos. Alguns sociólogos tiveram êxito na formulação teórica, alcançando algum consenso a respeito. Este êxito correspondeu a algumas características da teoria proposta, como uma formulação geral do significado do fenômeno em questão, em quais ocasiões ocorre e um conjunto de conceitos para estudá-lo. Talcott Parsons foi o mais ambicioso destes teóricos, e sua teoria geral da ação alcançou tamanha notoriedade entre as décadas de 40 e 60 do século passado que não seria exagero considerá-lo o sociólogo mais influente dos pós-guerras. Ao tal quadro analítico pretendido, Parsons deu o nome de *Teoria Geral da Ação*, obra de uma vida inteira, a qual acumulou críticas, notoriedade, fases de efervescência, preconceito e profundo ostracismo.

> Um grupo de críticos vê Parsons como um claro idealista, como não prestando nenhuma atenção séria às condições materiais que atingem o voluntarismo individual e a realização das normas internalizadas. Outros críticos argumentam a partir de um *animus* de pressuposições diferente, atacam Parsons como não suficientemente voluntarista, como aniquilando o voluntarismo em uma teoria anti-individualista e determinista, que

---

* Professor do Departamento de Sociologia da Universidade de Brasília (UnB). Doutor em Sociologia pela Universidade Federal do Rio Grande do Sul (UFRGS).

vê o livre-arbítrio como completamente inibido por restrições externas (ALEXANDER, 1983: 6).

Sua vida científica foi caracterizada por seu ímpeto teórico[1], evidente em seu fôlego para a comparação entre autores, para a crítica deles, e para a produção conceitual voltada ao estabelecimento do quadro analítico da teoria geral da ação. Para tanto Parsons desenvolverá uma posição epistemológica como pano de fundo a qual chamará realismo analítico, tributária de Max Weber (ADRIAANSENS, 1980). No caso do realismo analítico o conceito deve preceder a realidade; no entanto, a relação estabelecida por Parsons entre conceito e realidade não trataria o caráter analítico como meras "ficções úteis", como no jargão weberiano dos "tipos ideais". O autor considera a existência na formulação teórica de "elementos analíticos"[2], os quais guardariam alguma adequação com o mundo externo objetivo.

Tal postura profissional não era comum no cenário acadêmico sociológico americano do início e meio do século XX, muito menos sua concepção epistemológica. A pesquisa empírica neste período era considerada, entre os sociólogos americanos, a força que fazia avançar o conhecimento da sociedade. Isto bloqueava iniciativas generalizantes e produzia estudos parciais, como os estudos de grupos sociais, étnicos, núcleos urbanos, violência, migrações, entre outros. Neste contexto se destacava a Universidade de Chicago e o grupo de teóricos identificados com o interacionismo simbólico, como Charles Cooley, Gerge Herbert Mead e Herbert Blumer. Nada mais diferente das expectativas de Parsons, o qual advogava em favor de uma teoria geral da sociedade e da sua história, com valor explicativo tal que pudesse ser estendida a toda dinâmica da realidade que remeta à ação humana. Esta ambição marcará toda a sua carreira, desde sua primeira obra de fôlego, *The structure of social action* (1937).

Uma teoria voluntarista da ação

Parsons, ao retornar da Europa com leituras de Émile Durkheim, Max Weber, Karl Marx, Vilfredo Pareto, Fernand Tönnies, Alfred Marshall, entre outros, notou que, a despeito das diferenças intelectuais marcantes – seja dos objetos considerados, seja dos meios conceituais utilizados para desenvolver suas afirmações –, tais autores (Weber, Durkheim, Marshall e Pareto) convergiam para uma premissa metodológica comum, capaz de operar como um padrão de pensamento unificado. A esta tese da convergência Parsons chamou "voluntarismo", em oposição principalmente a prestigiada, em seu tempo, escola utilitarista, a qual considerava atores governados pela satisfação do autointeresse. Mas também a perspectiva da "teoria voluntarista da ação" era uma posição que buscava interligar teorias positivistas – que acentuavam as determinações do ambiente físico sobre a ação – e teorias idealistas as quais ressaltavam o aspecto subjetivo na orientação do ator.

A pergunta de Parsons, em sua primeira obra de fôlego (*A estrutura da ação social*), buscava os fatores que governavam a ação dos atores, sem reduzir estes fatores à causação exterior (classes, grupos, meio físico, ambientes, entre outros) ou interior (valores, desejos, pulsões). Ao contrário, a tese da convergência era uma proposta integradora das diferentes concepções a respeito da ação, incluindo uma forma de superação da dualidade indivíduo-sociedade, levando-se em conta ou o primado do individual ou do social[3]. O resultado desta empreitada era uma resposta ao problema da ordem social diferente das anteriores, principalmente da resposta dada por Thomas Hobbes e o utilitarismo, que atribuíam a fatores externos ao indivíduo o sucesso contra a guerra de todos contra todos, esperada em condições de "estado natural". Nestas posições, a dimensão subjetiva era abandonada, hipostasiada, ao assumir os indivíduos como seres passivos e portadores de uma racionalidade "natural" para o estabelecimento da melhor relação possível entre meios e fins para a consecução de seus objetivos.

É por meio da crítica ao utilitarismo que Parsons fará a síntese buscando a "Teoria Voluntarista da Ação". Ou seja, ao determinismo absoluto presente nas vertentes utilitaristas da ordem, há o contraponto adjacente que advogaria por fatores subjetivos e consideraria os indivíduos como agentes ativos de suas ações. Para articular os pontos de vista passivo/ativo e subjetivo/objetivo, mas ressaltando principalmente os aspectos ativos e subjetivos dos agentes, Parsons observará os quatro autores citados acima, nos quais o problema da ordem era resolvido, pela superação do utilitarismo. Marshall, Durkheim e Pareto, embora respondessem diferentemente a estas questões, foram enquadrados por Parsons no conjunto dos autores que responderam ao problema da ordem posto pelo utilitarismo.

No que se refere a Alfred Marshall (1842-1924), economista inglês renovador da teoria econômica, o que interessou a Parsons foi, em sua interpretação, uma saída ao problema da ordem como colocada pelo utilitarismo e pelo positivismo (radical). Embora possamos caracterizar Marshall como um típico utilitarista, ele transcendeu este marco teórico por introduzir um elemento estranho a ele, as "atividades", fins em si mesmos que funcionam como valores – "ser energético, apresentar iniciativa, agir racionalmente" (ADRIAANSENS, 1980: 43) – que fazem parte da ação econômica. Tais valores concorreriam com outros (para a teoria econômica ortodoxa, utilitários/objetivistas) para a explicação da ação. Ou seja, a ação econômica, na visão de Marshall, seria imbuída de um caráter social, desconhecido pelo positivismo e utilitarismo.

Durkheim emerge na interpretação parsoniana como o autor que superou a lógica individualista – teórica e metodológica – do utilitarismo. Como se sabe, Durkheim guiou seu método e concepção de sociedade pela bússola coletiva, ou seja, em sua concepção a sociedade só poderia ser compreendida por meio dos fatos sociais, fenômenos essencialmente coletivos. A ênfase é dada à "consciência coletiva", à introjeção de valores e normas de dada coletividade no indivíduo, a qual transcenderia inclinações individuais, biológicas e materiais para a explicação dos fenômenos sociais. A consciência coletiva organizaria subjetivamente o comportamento individual – na forma de deveres morais –, embora sua gênese não estivesse no próprio indivíduo, mas na sociedade.

Pareto pareceu a Parsons outro autor que havia também contribuído com uma teoria voluntarista da ação, sem ter consciência disso. Foi Pareto quem introduziu o conceito de "sistema social" para uso corrente nas ciências sociais (RODRIGUES, 2013) e que preocupou-se com o tema do "equilíbrio" social (DOMINGUES, 2008). No entanto, embora estes elementos fossem importantes na teorização parsoniana posterior, Parsons deu mais atenção àquilo que Pareto chamou "ação não lógica". Para ele vários aspectos da ação humana podem ser remetidos a elementos constantes chamados "resíduos", que se manifestam das mais variadas formas, ou seja, não podem ser considerados de forma invariável, "é o impulso que leva a formas concretas de ação" (ADRIAANSENS, 1980: 45). Na interpretação de Parsons, estes resíduos não podem ser remetidos a aspectos humanos exteriores, como "instinto", mas a "valores", fins em si mesmos, os quais são subjetivamente empregados na construção da conduta pelo ator. Ou seja, também em Pareto, Parsons vê a superação do positivismo pela introdução do elemento subjetivo, "resíduos", na compreensão da ação social.

Finalmente, Max Weber é a quem Parsons assumirá em sua carreira maior dívida. Parsons vê na teoria compreensiva de Weber, individualista por método, alguns elementos que também indicariam os pressupostos de uma teoria voluntarista da ação. De forma clara Weber se refere à ação a partir dos motivos subjetivamente visados pelos indivíduos. A distinção que o alemão faz entre motivos morais e não morais da ação, no que diz respeito à norma, entraria, segundo Parsons, como um argumento a favor da tese voluntarista. Da mesma forma, assume que o predicado idealista de Weber, segundo o qual as ideias importam à história, é prova cabal de que o objetivismo positivista cedia espaço a análises que levavam em conta os aspectos subjetivos da ação.

Discutido tais autores, Parsons acredita ter encontrado um ponto comum entre eles e que forneceria um quadro analítico para se investigar a sociedade. O que se desprende desta tentativa de síntese, e que marcará o autor por toda a sua carreira, é o entendimento, portanto, da ordem social como "um significativo grau de integração dos fins últimos em um sistema comum" (PARSONS, [1937] 1949: 238). Aos fatores objetivistas dos utilitaristas e positivistas, Parsons acrescentou os fatores subjetivistas presentes nos autores que supostamente convergiam para uma teoria voluntarista. Ou seja, tais fatores não poderiam ser considerados separadamente para a compreensão da ação social. É desta compreensão que Parsons elabora o que chama de "ato-unidade", a última unidade de análise, irredutível a outras. Estes atos unidades, segundo Parsons, possuíam propriedades as quais lhes imbuíam de condições reais.

> Todos os fenômenos concretos construídos de "atos-unidade" pertencem ao campo da Teoria da Ação. O "ato-unidade" é o limite máximo

do quadro de referência; qualquer outra subdivisão da ação resulta em substituição do quadro de referência da Teoria da Ação por outro quadro de referência e, especialmente, uma anulação das características específicas da ação, particularmente as da subjetividade (ADRIAANSENS, 1980: 59).

Parsons ([1937] 1949: 44) destaca que a existência de tal entidade, os "atos-unidade", não se efetiva a partir de sua "espacialidade concreta ou de uma existência separada, mas da (sua) conceitualidade como unidade em termos da estrutura de referência", ou quadro de referência da ação. Um "ato-unidade" envolve: 1) um "ator"; 2) um "fim", ou seja, um estado futuro para o qual a ação é orientada; 3) uma "situação", que difere do estado futuro idealizado, subdividida em "condições", as quais o ator não tem nenhum controle, e "meios", aos quais controla, e 4) Um "modo de relacionamento" entre estes elementos, ou seja, maneiras alternativas de articular "meios" e "fins", embora tal articulação ocorra em face de orientações normativas (padrões de valores) internalizadas/ institucionalizadas (PARSONS, [1937] 1949: 44).

Nota-se que na elaboração do "ato-unidade" na Teoria da Ação, Parsons busca combinar grande parte dos quadros analíticos das ciências sociais, incluindo a economia, tentando a síntese deles. Combina aspectos subjetivistas, objetivistas, individualistas, normativos, e, ao caráter abstrato que tal formulação sugere, Parsons avança na proposição de "sistemas concretos de ação", nos quais os "atos-unidades" estariam conectados. Tais sistemas, ao se formarem pela articulação dos "atos-unidade", alcançam novas propriedades que não podem ser reduzidas aos atos formadores, ou seja, cria-se concretamente uma "dinâmica emergente" composta de "propriedades emergentes". Do reconhecimento de que a realidade (a totalidade) não pode ser decomposta em partes é que Parsons projeta uma "teoria do sistema social", na qual as ações se organizariam a partir de interações individuais, formando uma dinâmica emergente, ou sistema social. Para Turner ([1951] 1991: 20):

> A ideia de um reino de valores sociais relativamente autônomos os quais não poderiam ser reduzidos a interesses materiais ou ambientais era uma característica de *A estrutura da ação social*. A este respeito, o sistema social pode ser também visto como uma tentativa de desenvolver uma sociologia geral dos valores.

A Teoria do Sistema Social como uma sociologia geral dos valores

O "ato-unidade" e sua associação integrada em sistemas sociais são o fundamento da busca de Parsons por um marco de referência para a sociologia, que servisse de suporte para a "análise da estrutura e processos dos sistemas sociais" (PARSONS, [1951] 1991: 1). Este objetivo aproxima Parsons cada vez mais do estrutural-funcionalismo, muito influenciado pelo antropólogo polonês Bronislaw Malinowski, e a preocupação teórica por uma abordagem integrada da manutenção da estrutura dos sistemas. Nesta abordagem Parsons assume uma nova unidade de análise, mais abrangente que o "ato-unidade".

> Em *A estrutura da ação social*, a exposição do quadro de referência da ação foi feita em grande parte no nível da meta-direção, de um "fim", como lá era chamado, o qual foi feito componente essencial do "ato-unidade." Parece ser necessário levar a análise a um nível ainda mais elementar, especialmente a fim de clarificar o lugar no qual muitos dos problemas de motivação, como analisados em textos de psicologia moderna, devem ser postos. No entanto, nenhuma mudança fundamental foi feita. A análise foi realizada simplesmente a um nível mais generalizado. O ato unidade de *A estrutura da ação social* é um caso especial da unidade de ação, como retratado aqui e em *valores, motivações e sistemas de ação* (PARSONS, [1951] 1991: 5)[4].

Desse modo, para o aprofundamento do "quadro de referencia" da Teoria da Ação, Parsons avança para uma nova unidade de análise, a "unidade de ação" e passa a considerar de forma mais incisiva o problema dos "sistemas de personalidades", influenciado pela moderna psicologia. Ou seja, o quadro de referência seria supostamente equilibrado com elementos relacionados à personalidade dos indivíduos, que praticamente desaparecem em seus primeiros escritos. A importância dessa reconsideração da psicologia, principalmente da psicanálise freudiana, deveu-se principalmente à discussão mais pormenorizada do elemento motivacional para o curso da ação[5]. Assim, Parsons ([1951] 1991: 3) caracteriza um sistema social da seguinte forma:

> um sistema social consiste em uma pluralidade de atores individuais que interagem uns com os outros em uma situação que tem pelo menos um aspecto físico ou ambiental, atores motivados em termos de uma tendência para a "otimização de gratificação", e cuja relação às suas situações, incluindo um ao outro, é definida e mediada em termos de um sistema de símbolos culturalmente estruturados e partilhados. Assim concebido, um sistema social é apenas um dos três aspectos da estruturação de um sistema completamente concreto de ação social. Os outros dois são os sistemas de personalidade dos atores individuais e do sistema cultural que é construído em sua ação.

O sistema de personalidade e o sistema cultural são dois dos três componentes de um sistema de ação social concreto, o outro é o próprio sistema social, como exposto na citação acima. Parsons e Shils ([1951] 1962) definem sistemas de personalidade como as interconexões das ações de um ator individual, organizados por uma estrutura de necessidades e disposições assumidas individualmente, motivadas por disposições biológicas ou sociais. Este sistema, no entanto, interage com os outros dois. No caso da interação do sistema de personalidade com o sistema social, há a introjeção de motivações sociais coletivamente acatadas cujo objetivo é a satisfação destas metas; e, no caso da interação com o sistema cultural, o sistema de personalidade assume os meios e os fins disponíveis culturalmente.

O sistema cultural, como definido por Parsons e Shils ([1951] 1962: 55), caracteriza-se pela "organização dos valores, normas e símbolos que orientam as escolhas feitas por atores e que limitam os tipos de interação que podem ocorrer entre os atores". Assim, o sistema cultural não apresenta um componente concreto como os outros dois, mas é, antes de tudo, uma abstração, no nível social e da personalidade. No entanto, os símbolos componentes de um sistema cultural podem ser empiricamente observáveis quando inscritos em suportes físicos como o papel, por exemplo. As partes de tal sistema, embora diferentes, estão interligadas e formam sistemas distintos de valores, crenças e símbolos expressivos.

O sistema cultural é essencial para a teoria parsoniana da ação porque os sistemas de valores, normas e outros padrões de cultura, quando são institucionalizados em sistemas sociais e internalizados em sistemas de personalidade, orientam o ator com relação aos fins e a regulação normativa dos meios e das atividades expressivas; quando, é claro, as necessidades e disposições do ator permitirem escolhas. Estas orientações produzem nas ações individuais conformidade e satisfação das expectativas compartilhadas. Ignorar a existência de valores, normas e símbolos culturalmente organizados ou, ainda, contestá-los pode caracterizar desvio da norma e pode levar os indivíduos supostamente desviantes às sanções. Parsons, então, influenciado pelo funcionalismo e pelas teorias da socialização, elabora uma teoria da integração cultural, social e da personalidade cujo desenvolvimento leva-o a considerar o desvio como uma disfuncionalidade do sistema, uma anomalia.

O sistema social da ação é dividido então em três componentes, os quais operam na formação da conduta social como um todo (PARSONS & SHILS, [1951] 1962). Parsons, no sentido de totalizar conceitualmente toda a Teoria da Ação, constrói um quadro de referência para servir de modelo à teoria. Assim, o quadro de referência da Teoria da Ação é formado por atores, situação e a orientação dos atores para a situação. Cada um desses elementos do quadro podem ser divididos em outros elementos analíticos, cuja exposição fugiria do escopo deste capítulo[6]. Desta forma, vamos nos deter no último elemento dos três, ou seja, na orientação dos atores para a situação. Parsons divide analiticamente este elemento em elementos motivacionais de orientação (*elements of motivational orientation*), quer dizer, aspectos da orientação relacionados à satisfação ou privação das necessidades e disposições dos atores, e elementos valorativos de orientação (*elements of value-orientation*), ou seja, aspectos da orientação referentes a normas, valores e critérios de seleção.

Para o caso da orientação motivacional, Parsons ([1951] 1991) elaborou então o que chamou de modos de orientação motivacional: o modo cognitivo, catético[7] e avaliativo. O modo cognitivo refere-se às formas em que o ator em uma situação determina, relaciona e descreve objetos sociais e não sociais. O modo catético diz respeito às atitudes assumidas pelos atores – com referência a suas necessidades e disposições – com relação aos objetos da situação, julgando-os de forma positiva ou negativa quanto aos seus potenciais de privações ou gratificações. Finalmente, o modo avaliativo relaciona-se à escolha dos atores pelo melhor curso de sua ação entre vários possíveis, ou seja, é o modo organizado pelo ator para otimizar suas necessidades e disposições.

A segunda subdivisão da orientação dos atores para a situação, os elementos valorativos de orientação, também é subdividida em três modos de orientação: cognitivo, apreciativo e moral (PARSONS & SHILS, [1951] 1962). O primeiro se refere aos vários compromissos assumidos com padrões que legitimam os juízos cognitivos, os quais incluem julgamentos quanto à relevância dos dados e a importância dos problemas indicados. O modo apreciativo envolve compromissos com padrões de julgamento que indicam a pertinência ou a consistência da avaliação do ator em relação a um objeto ou classe de objetos. No que se refere ao modo moral de orientação valorativa, ele envolve os compromissos com padrões que julgam as consequências de determinadas ações, ou tipos de ação, quanto aos seus efeitos sobre os sistemas de ação.

Turner (1991: 21) sintetiza o quadro geral da ação de Parsons assumindo que ele buscava antes de tudo simetria e padrão entre os elementos que compunham o sistema da ação social. O que se convencionou chamar de estrutural-funcionalismo era, então, a abordagem que propunha integrar estrutura e processo motivacional, tendo como referência o sentido que isto assumia para cada sistema em específico (ADRIAANSENS, 1980: 67). Tal forma de compreender a abordagem de Parsons propõe então uma simetria entre elementos estruturais e motivacionais, tornando a abordagem estrutural-funcional mais dinâmica. Esta dinâmica envolve, segundo Parsons e Shils ([1951] 1962), dilemas de orientação, possibilidades de escolha que lhe são ofertadas pela ação, antes mesmo que a ação tenha significado para os atores.

> Especificamente, nós sustentamos, o ator deve fazer cinco opções dicotômicas específicas antes que qualquer situação tenha um significado determinado. As cinco dicotomias as quais oferecem estas alternativas de escolha são chamadas de variáveis-padrão porque qualquer orientação específica (e, consequentemente, qualquer ação) é caracterizada por um padrão de cinco escolhas (PARSONS & SHILS, [1951] 1962: 76).

As variáveis-padrão, como indica o texto acima, definem o sentido dos objetos que compõem o quadro da ação. Estas variáveis circunscreveriam praticamente todas as normas do sistema cultural, as necessidades e disposições dos agentes (sistemas de personalidade) e as expectativas de seu papel no sistema social (QUINTANEIRO & OLIVEIRA, 2002). Nas situações envolvidas recorrentemente o ator se depara com uma série de dilemas a qual se resolve recorrendo às variáveis-padrão. São cinco as variáveis-padrão, como indicado abaixo[8].

1) Afetividade/neutralidade afetiva.
2) Orientação-para-si/orientação-para-coletividade.
3) Universalismo/particularismo.

4) Atribuição/realização.

5) Especificidade/generalidade.

Parsons e Shils (1962) vão então definir a primeira variável-padrão (afetividade/neutralidade afetiva) com referência ao problema hipotético da avaliação ter lugar ou não em uma dada situação. A segunda (orientação-para-si/orientação-para-coletividade) diz respeito ao lugar das normas morais num processo avaliativo. A terceira (universalismo/particularismo) diz respeito à primazia relativa da cognição e padrões catéticos. A quarta (atribuição/realização) diz respeito à visão de objetos como complexos de qualidade ou desempenho. A quinta (especificidade/generalidade) diz respeito do âmbito da significação do objeto.

Tais variáveis foram utilizadas para a caracterização dos sistemas empíricos da ação (personalidade, cultural e social). Adriaansens (1980) aprofunda o significado das variáveis-padrão com exemplos surgidos da relação entre ator e objeto nos sistemas sociais. Para o caso da orientação afetiva o ator abandona-se em função do objeto, por exemplo, desempenhando papel de "fan"; caso contrário, ao assumir neutralidade afetiva, o ator atribui a outrem (p. ex., o terapeuta) sua própria avaliação. Para o caso da orientação-para-si, o autointeresse é o mote, como no caso do empresário capitalista; algo inverso é assumido pelo médico, que se orienta pelo interesse da coletividade. A terceira variável-padrão, universalismo/particularismo, pode ser observada no papel do professor em relação aos estudantes, no sentido de que aquele universaliza seus procedimentos para com estes; ou no exemplo do papel de marido e mulher, no qual ambos particularizam os critérios envolvidos na relação. Para o caso da atribuição/realização, o outro tem significado para o ator a partir daquilo que ele é, ou seja, a partir dos atributos que ele possui como mulher, criança, homem, brasileiro; ou, para o caso da realização, importa para o ator o que o outro faz, e seu desempenho do que faz. Finalmente, no que tange à quinta variável-padrão, a especificidade da orientação caracteriza-se pelo fato do interesse do ator ser dirigido a aspectos claramente definidos do objeto, como no caso de patrão (quem paga) e empregado (quem trabalha). No caso da generalidade, o interesse do ator orienta-se pela totalidade do objeto, conforme o caso de marido ou mulher.

Nesta parte sobre a motivação, os valores e os padrões da Teoria da Ação, por fim, caberia uma nota sobre a ideia de equilíbrio sistêmico, tão presente nos pontos de vista dos críticos, mas pouco estudado seriamente. Para Parsons ([1951] 1991), somente perturbações externas poderiam causar desequilíbrio sistêmico; ou seja, mudança nos processos sistêmicos. Neste sentido, Parsons projetou o equilíbrio em sistemas sociais para o caso (ideal-típico) em que "os atores saibam e estão satisfeitos com o que eles significam uns para os outros" (ADRIAANSENS, 1980: 83). É este equilíbrio que serve de ponto de partida para as análises dos sistemas sociais, porque, empiricamente, este estado de equilíbrio dificilmente é verificável, o que torna o desequilíbrio sociologicamente relevante. Pode-se analisar, por exemplo, distúrbios nas indústrias a partir da entrada de trabalhadores motivados ideologicamente, mas também indicar tais distúrbios a partir da não satisfação das expectativas de produtividade, e assim por diante.

O que se destaca aqui, além do mais, é que uma dada orientação dos atores (luta por direitos trabalhistas, p. ex.) encontra um meio externo (busca de lucro capitalista) no qual divergências emergem. O quadro da ação acima descreveu os padrões de orientação do ator com relação ao objeto na perspectiva de uma teoria voluntarista no marco do estrutural-funcionalismo. Levou em conta tanto os aspectos internos à ação (orientações valorativas) quanto externas, objetos sociais e físicos. Desta diferença resultará um novo quadro analítico que dividirá a ação em dois eixos, a saber, instrumental x consumatório e o eixo interno x externo, cuja combinação resultará em quatro aspectos da ação: Adaptação, latência, integração e obtenção-de-fins (*Goal-attainment*).

O "novo" quadro analítico: o esquema Agil/paradigma das quatro funções

O esquema analítico que caracterizará a última tentativa de Parsons para um paradigma geral da ação é uma síntese de componentes básicos, imperativos funcionais, para a realização da ação. Tais componentes estariam presentes, não necessariamente todos, sempre que um curso de ação fosse identificado. A figura abaixo expõe tais componentes com relação aos dois eixos indicados acima.

Instrumental	Consumatório	
Adaptação	Obtenção-de-fins (*Goal-attainment*)	Externo
Latência	Integração	Interno

No eixo horizontal estariam os aspectos da ação que dizem respeito ao meio condutor da ação (instrumental) e o fim apresentado pela ação, incluindo aperfeiçoamento e satisfação (consumatório). No eixo vertical encontram-se as duas variáveis que dizem respeito às relações sistêmicas voltadas às suas próprias estruturas (interno) e para objetos externos (externo). Da combinação destas variáveis, os quatro imperativos funcionais emergem e oferecem uma base analítica para o estudo de qualquer ação social. Especificamente, adaptação aqui se refere ao aspecto da ação direcionada a controlar os elementos do ambiente externo à ação, instrumentalizando-os para a satisfação de suas necessidades. A obtenção-de-fins define-se pela orientação para alcançar metas propostas pelo sistema, efetivá-las, consolidá-las totalmente. A função integração se refere à coordenação das partes do sistema, torna-as coerentes com o todo estrutural, mantendo os limites operacionais e evitando a dissolução da estrutura. Finalmente, a função "latência" caracteriza o curso da ação que busca manter os padrões a despeito das transformações recorrentes, ou seja, disponibilizando os padrões normativos e os valores comuns.

Para Parsons, o quadro analítico do modelo teórico Agil forneceria às ciências da ação humana um paradigma universal, o qual poderia indicar em seus compartimentos a totalidade dos aspectos analíticos da ação (PARSONS, 1974). Os quatro compartimentos funcionais podem ser relacionados a sistemas específicos, dependendo do fenômeno em questão. Cada compartimento, assim, assume uma função específica no processo de estabilização do sistema total. Surge assim um subsistema do sistema, o qual assume um primado funcional (LUHMANN, 2009). Ou seja, um subsistema se diferencia dos demais no monopólio do exercício de sua função específica. No entanto, diferenciação não quer dizer isolamento, os subsistemas se agregam por meio de processos de interpenetração (PARSONS, 1974). Ao se diferenciar, o subsistema emergente deverá também reproduzir em sua forma estrutural os pré-requisitos funcionais, preenchendo todas as variáveis do quadro geral da ação. A imagem que emerge deste processo de diferenciação societal é a de um holograma, em que cada parte possui a informação do todo.

Assim, para o caso do sistema geral da ação, Parsons (1974) relaciona a adaptação (A) ao organismo comportamental – "o local dos recursos humanos primários que estão subjacentes aos outros sistemas" (PARSONS, 1974: 16); a obtenção-de-fins (G) seria atributo do subsistema de personalidade – "agência fundamental de processos de ação, do que decorre a realização de princípios e exigências culturais" (PARSONS, 1974: 16); a integração (I) do sistema geral da ação seria função do subsistema social, ou seja, este seria responsável pela "coordenação de suas unidades constituintes, fundamentalmente indivíduos humanos" (PARSONS, 1974: 15); finalmente, os subsistemas culturais assumiriam a manutenção das estruturas latentes (L), "organizados em torno de características de complexos de sentido simbólico" (PARSONS, 1974: 15).

Observando em específico o caso do sistema social (o modo mais geral da sociedade), sua diferenciação funcional indica novas estruturas como componentes funcionais primários. A adaptação a condições ambientais caberia à economia (A), a obtenção-de--fins caberia à política (G), a integração seria atributo da comunidade societária (I) e, finalmente, manter as estruturas latentes caberia à cultura (L). Neste caso, Parsons (1974) insere outros elementos teóricos para caracterizar aquilo que ele chamou de "subsistema integrador de um sistema geral de ação" (PARSONS, 1974: 22), são eles os "componentes estruturais" (normas, valores, coletividades e papéis) e os "aspectos de processo de desenvolvimento" (inclusão, generalização de valores, diferenciação e ascensão adaptativa). Cada componente e cada aspecto seria atributo de um dos componentes funcionais. Assim, a economia teria como componente básico papéis sociais, os quais promoveriam a constante adaptação do sistema ao ambiente; a política seria estruturada pelas coletividades em constante diferenciação (de grupos, partidos, governos), a comunidade societária seria estruturada por normas cujo aspecto do processo de desenvolvimento seria a inclusão e, por fim, a cultura seria estruturada por valores, cujo processo de desenvolvimento indicaria a generalização deles.

Um outro e importante nível de diferenciação na teoria parsoniana se refere aos meios simbólicos generalizados atribuídos aos distintos sistemas sociais. Cada sistema de funções desenvolve e oferece um mediador simbólico para a interação que articula as distintas perspectivas mais estritamente, de modo a criar uma ordem menos sujeita ao desentendimento. Cada sistema assim cria, por meios simbólicos generalizados, uma rede de trocas entre seus atores, para o reforço de seus elementos estruturais. Alexander (1983: 113) se refere a tais meios como as "*commodities* mais fundamentais que os atores usam para obter resultados em ação social". São elas o dinheiro, para o caso da economia; o poder para a política; a influência para a comunidade societária; e o compromisso com os valores para o caso da cultura. É o dinheiro que integra a economia à sociedade, aos outros subsistemas, por meio de intercâmbios mediados pela linguagem monetária. Da mesma forma, com uma equivalência funcional ao dinheiro para a economia, o poder media a relação no sistema político, organizando o cumprimento dos fins propostos. Segue-se a influência, como o meio que promove a "adesão, a aprovação ou a lealdade por um exercício de persuasão" na comunidade societária (ROCHER, 1976: 72). Finalmente, o compromisso com os valores integra o indivíduo a uma cultura específica, vinculando-o às normas comportamentais, estéticas, intelectuais que compõem uma dada sociedade.

Estes elementos teóricos, longe de exaurirem a totalidade da teoria parsoniana, demonstram o quanto Parsons aprofundou sua perspectiva da teoria geral da ação e o quanto ele buscou apresentar mais tardiamente processos sociais concretos, como os acima, dos meios simbólicos generalizados. Pode-se dizer que a pretensão de uma teoria geral levou-o mais longe que seus contemporâneos, o que, goste-se ou não, acabou por influenciar toda a teoria social de nosso tempo.

Rendimentos recentes

Segundo Turner (1991), o trabalho teórico de Parsons, embora tenha influenciado o debate sociológico americano, não pode ser considerado hegemônico naquele contexto intelectual, dominado pelas consequências da Escola de Chicago. Do Brasil podemos dizer o mesmo, embora a hegemonia entre nós ainda seja de perspectivas teóricas francesas, como o (pós)estruturalismo. No entanto, Parsons não deixou de influenciar o debate – mesmo que sofrendo duras críticas – e fomentar novas questões sociológicas. As críticas ao estrutural-funcionalismo parsoniano (p. ex., GIDDENS, 2000) foi uma constante nas grandes abordagens teóricas mais recentes. Nenhum autor que se propôs a fazer avançar a teoria sociológica em nosso tempo deixou de estabelecer um debate, ainda que crítico, com a teoria parsoniana. Jeffrey Alexander (1983), por exemplo, buscou uma crítica aos pressupostos parsonianos; no entanto, assumiu que a partir dele a sociologia ainda poderia avançar na compreensão da sociedade. Argumenta que a sociologia ocidental, a partir dos pós-guerras, foi influenciada pela teoria de Parsons, como se vê na Teoria das Trocas, na etnometodologia, na Teoria do Conflito, no neofuncionalismo do próprio Alexander e de Niklas Luhmann, na Teoria da Ação Comunicativa de Jürgen Habermas, na Teoria da Racionalização de Wolfgang Schluchter, na Teoria da Estruturação de Giddens e até mesmo em certas formas revisionistas do marxismo.

Os acúmulos críticos se orientam principalmente para o caráter ideológico da teoria, acusando Parsons de ser o ideólogo do "american way of life" nos pós-guerras. Decorre também críticas ao caráter objetivista da teoria, que seria uma espécie de perspectiva "ultrassociologizante", não tendo espaço em sua teoria para elementos subjetivos, o que impossibilitaria pensar na emergência de novas possibilidades expressivas individuais, novos agrupamentos "alternativos" não esperados pela dinâmica sistêmica-estrutural. Disso decorre também críticas à subteorização da dinâmica do conflito, o que colocaria o autor sobremaneira ao lado dos "ideólogos da ordem", ressaltando principalmente elementos conceituais harmônicos, integrados e funcionais. Em retrospectiva, o cerne das críticas, ao meu ver, reside na dificuldade de encontrar referências empíricas nos elementos teóricos mobilizados por Parsons, além de ser difícil, a partir de seu referencial, pensar nos processos de mudança social.

No entanto, a longevidade de tal teoria deve também apresentar pontos defensáveis, os quais são utilizados pelo debate sociológico ainda hoje. Luhmann, por exemplo, fez uma revisão de vários pontos conceituais centrais de Parsons como sistema social, meios de comunicação generalizados e diferenciação social, no entanto enfatizando a sociedade como um sistema contingente, não determinístico. De certa forma é o conceito de sistema, tal como apresentado por Parsons, que obtéve maior circulação pelo debate sociológico, sendo utilizado por Giddens (1984), Habermas (1981), Münch (1996) e Turner (1991)[9]. Este último, por exemplo, indica que o debate contemporâneo continua sendo pautado por questões colocadas por Parsons, como as que seguem.

> (I) como é a ordem social a ser explicada, quão importante são os valores compartilhados em tal explicação? (II) qual é a natureza da ação social, e como podemos melhor defender a ideia de uma ação voluntarista contra diversas formas de utilitarismo? (III) quais são as características essenciais de uma sociedade moderna em termos de seus valores e estrutura social, e quanto dessa "Modernidade" é o produto do desenvolvimento econômico capitalista? e, finalmente, (IV) como a sociologia contribui para a compreensão e promoção de relações sociais progressistas, que são relações que existem sem recorrer a formas de compulsão autoritárias?

Parte das respostas tem mobilizado o gigantesco empreendimento teórico parsoniano, mesmo sem dar-lhe crédito. O que caracteriza grande parte das tentativas de resposta tem como motivação uma nova síntese, capaz de promover a articulação do estrutural-funcionalismo com as formas teóricas que emergiram após o seu ocaso. Lembremos algo muito próximo da proposta pioneira de Parsons.

Notas

1. Parsons nasceu em um núcleo familiar protestante, no Estado do Colorado, no meio-oeste americano, em 1902. Estudou sociologia, embora com manifesto interesse em biologia e economia. No momento de sua formação eram as universidades europeias aquelas que detinham maior prestígio de estudos teóricos em sociologia, devido principalmente à obra de Max Weber. Sua estadia europeia envolveu estudos na London School of Economics, Inglaterra, e na Universidade de Heidelberg, Alemanha, na qual se doutorou. Ali seus estudos se concentraram em autores como Max Weber, Karl Marx, Werner Sombart. Mas, notoriamente, foi Weber o autor que mais lhe influenciou. Foi *professor-instrutor* nas universidades de Amherst e Harvard, e nesta professor permanente até falecer, em 1979.
2. Precedidos de outros dois tipos de conceitos para a construção teórica: os esquemas conceituais e conceitos explicativos, com maior grau de abstração. Cf. Domingues (2008).
3. A tese da convergência serviu para estabelecer um modo de argumentação sociológica na qual imperaria a exegese crítica dos clássicos, ao invés do empenho substantivo com o mundo social. São exemplos deste modo de argumentação Habermas (1981) e Alexander (1983).
4. No que tange à referência ao indivíduo, os autores afirmam que, analiticamente, o indivíduo não é o principal elemento de um sistema social, mas o papel, o qual deve ser compreendido como o ponto de encontro entre o sistema de ação do ator individual e o sistema social. Ou seja, o papel assume uma posição analítica fundamental na discussão do sistema social. É a partir do papel que Parsons e Shils (1962 [1951]) definem instituições ou, nas palavras deles, "sistemas de papéis". Neles, ações regularizam-se, padronizam-se, criando expectativas institucionalizadas de comportamento mútuo, papéis sociais com relativa estabilidade e sujeitos a sanções por quebra de expectativas.
5. No Prefácio à primeira edição de *The Social System* (1951), ao lado do reconhecimento de Pareto, Weber e Durkheim, está Freud: "Como pano de fundo, claro, encontra-se a imensa influência dos grandes fundadores da ciência social moderna, das quais as três principais figuras dos meus estudos anteriores, Pareto, Durkheim e Max Weber, destacam-se e, para além deles, especialmente Freud" (PARSONS, [1951] 1991: 5).
6. Esquematicamente o elemento "ator" é subdividido em individual ou coletivo e sujeito e objeto; o elemento "situação" é subdividido em objetos sociais (individuais ou coletivos) e não sociais (físicos ou culturais).
7. Palavra de origem grega, significa "captar", "apreender", "alcançar".
8. No original (PARSONS & SHILS, 1962: 77): 1) Affectivity-Affective neutrality; 2) Self-orientation-Collectivity-orientation; 3) Universalism-Particularism; 4) Ascription-achievement; 5) Specificity-Diffuseness.
9. Para este debate cf. Rodrigues e Neves (2012).

Referências

ADRIAANSENS, H. *Talcott Parsons and the conceptual dilema*. Londres: Routledge & Kegan Paul, 1980.

ALEXANDER, J.C. *Theoretical Logic in Sociology* – Vol. 1: Positivism, Presuppositions, and Current Controversies. Berkeley: University of California Press, 1983.

DOMINGUES, J.M. *A sociologia de Talcott Parsons*. São Paulo: Annablume, 2008.

GIDDENS, A. *Em defesa da sociologia*. São Paulo: Unesp, 2000.

_____. *The constitution of society*. Cambridge: Polity, 1984.

HABERMAS, J. *The Theory of Communicative Action*. 2 vols. Boston/Cambridge: Beacon/Polity, 1981.

LUHMANN, N. *Introdução à Teoria dos Sistemas*. Petrópolis: Vozes, 2009.

MÜNCH, R. A teoria parsoniana hoje: a busca de uma nova síntese. In: GIDDENS, A. & TURNER, J. *Teoria social hoje*. São Paulo: Unesp, 1996.

PARSONS, T. *The social System*. Londres: Routledge, 1991.

_____. *O sistema das sociedades modernas*. São Paulo: Pioneira: 1974.

_____. *The structure of social action*. Nova York: Free Press, 1949.

PARSONS, T. & SHILS, E. (eds.). *Toward a General Theory of Action*. Harvard University Press, 1962.

QUINTANEIRO, T. & OLIVEIRA, M. *Labirintos simétricos*: introdução à teoria sociológica de Talcott Parsons. Belo Horizonte: UFMG, 2002.

ROCHER, G. *Talcott Parsons e a sociologia americana*. Rio de Janeiro: Francisco Alves, 1976.

RODRIGUES, L. Da fisiologia à sociologia? – Elementos para uma revisão da história teórica da sociologia sistêmica. In: *Revista Brasileira de Ciências Sociais*, 28 (82), 2013, p. 165-178.

RODRIGUES, L. & NEVES. F. *Niklas Luhmann*: a sociedade como sistema. Porto Alegre: Edipucrs, 2012.

TURNER, B. Preface to the new edition. In: PARSONS, T. *The social System*. Londres: Routledge, 1991.

8
Karl Mannheim (1893-1947)

*Marcelo Tadeu Baumann Burgos**

Ao se ler o conjunto da obra de Karl Mannheim, que foi basicamente produzida entre os anos de 1920 e meados dos anos de 1940, parte dela em plena guerra mundial, o sentimento que sobressai é o de um autor angustiado, às vezes desesperado, com o paradoxo de uma época que, para ele, ao mesmo tempo em que se mostrava pronta para um novo e definitivo passo na direção da racionalização de esferas da vida social nunca antes alcançadas, via-se enredada por crescente irracionalismo, prenunciado pelo fascismo, aprofundado pelo nazismo e levado às últimas consequências com a Segunda Guerra Mundial.

Húngaro, judeu, nascido em 1893, Mannheim chega à Alemanha em 1919, ano de nascimento da República de Weimar, a qual enquanto durou propicia um momento inédito de democracia liberal na vida alemã. Nesse breve interregno, que vai até 1933, Mannheim experimenta toda a potencialidade daquilo que muitas décadas antes Marx chamara de "superdesenvolvimento da teorização alemã", apropriando-se de suas principais matrizes de pensamento, e fazendo delas sua fonte de inspiração para interpelar a questão central de sua obra, a saber, os desafios inerentes à construção de bases existenciais de integração social, cultural e política capazes de promover o desenvolvimento de uma sociedade de massas livre e democrática. Mas, diversamente de boa parte dos intelectuais de sua geração, Mannheim recusa desde jovem a via revolucionária dos marxistas, rejeita as matrizes liberais e conservadoras, e tampouco se identifica completamente com o encaminhamento oferecido pela sociologia durkheimiana, cuja linhagem positivista fere sua inquietação epistemológica acerca do racionalismo cara ao debate alemão desde os fins do século XIX. Em Mannheim, as respostas disponíveis às questões de sua época são, antes, percebidas como parte do problema. Por isso, sua obra também pode ser lida como um testemunho de uma época de mudanças profundas, cujo desfecho somente virá após a Segunda Guerra; por isso, também, sua obra exercerá tão grande influência entre aqueles que se dedicarão à reconstrução das bases da democracia a partir dos anos de 1940.

Quando se pensa no período de Weimar a partir do que mais tarde se saberá a respeito do horror dos campos de concentração nazistas, organizados pouquíssimo tempo depois, a impressão enganosa que se pode ter é a de que vivia-se uma espécie de suspen-

---

* Professor do Departamento de Ciências Sociais da Pontifícia Universidade Católica do Rio de Janeiro (PUC-Rio). Doutor em Sociologia pela Sociedade Brasileira de Instrução (SBI/Iuperj).

são do processo histórico e que a efervescência cultural das principais cidades alemãs não passava de uma bolha intelectual sem comunicação com os processos sociais mais fundos urdidos no subterrâneo daquela sociedade. E isso explicaria o aparente otimismo presente nos ensaios produzidos por Mannheim ao longo dos anos de 1920, que culmina com o seu *Ideologia e utopia*, cuja publicação original, em alemão, é de 1929, apenas quatro anos antes de Hitler alcançar o poder na Alemanha e de tomar como uma de suas primeiras medidas a destituição de professores judeus das cadeiras universitárias[1].

De fato, Mannheim mostra-se confiante com as pistas que vai abrindo no sentido de resolver o conhecido paradoxo formulado por Weber, de que apesar da aposta na razão e na ciência os modernos estariam condenados a saberem cada vez menos a respeito da sociedade em que vivem[2]. Mesmo sem perder de vista as lições de Weber, referência indelével na sua formação intelectual e de toda a sua geração, Mannheim se deixa levar pelo encantamento de suas próprias descobertas, fruto de sua transição do terreno da epistemologia e da discussão sobre a validade do conhecimento, da qual o próprio Weber é um expoente, para o domínio da sociologia do conhecimento. De posse dessas descobertas, e trabalhando a partir das lições básicas de Marx (e Engels), de que "os pensamentos dominantes nada mais são do que a expressão ideal das relações dominantes" (MARX & ENGELS, 2002: 48)[3], Mannheim faz sua aposta mais arriscada ao tentar ancorar em uma *intelligentsia* "socialmente desenraizada" a missão de produzir conhecimentos que favoreceriam a integração cultural e a construção de consensos. Por sua condição plural e supostamente menos exposta à parcialidade das ideias produzidas por intelectuais diretamente ligados aos diferentes grupos sociais (não apenas classes) que constituem a sociedade moderna, esse tipo novo de intelectual poderia ser portador de um processo de racionalização da vida social.

Mas se a ideia é a de situar o autor em seu tempo, não se deve perder de vista que a obsessão pela superação do paradoxo weberiano, e mesmo a urgência com que parece se dedicar ao assunto, são na verdade evidências de que Mannheim se aflige com a polarização crescente do debate político e intelectual, e de que ele sentia e pressentia algo que somente mais tarde, em textos dos anos de 1940, conseguirá exprimir de modo mais preciso: os enormes riscos de degeneração das sociedades expostas ao que ele identifica como "descompasso" entre o crescente desenvolvimento tecnológico e a inércia no desenvolvimento de técnicas de planificação social.

Não à toa, apesar de expulso para um difícil exílio na Inglaterra que, ironicamente, acontece poucos meses depois de finalmente ter assumido uma posição institucional mais relevante em Frankfurt, Mannheim não se deixa embalar pelo pessimismo presente em boa parte de seus contemporâneos, ao contrário, reafirma sua convicção de que por meio da sociologia – com o apoio de outras ciências, em especial a psicologia – seria possível alimentar uma fértil reflexão sobre a construção de um planejamento democrático capaz de transformar em prática, por meio de técnicas de construção de consensos e de controle social, o conhecimento acumulado nos diferentes campos de saberes que, segundo ele, deveriam constituir a nova ciência dedicada ao comportamento humano.

Nesse sentido, não há contradição entre o otimismo intelectual de Mannheim e a angústia e o desespero que sua obra exprime. Com efeito, sua inquietação é menos a do ceticismo e a do niilismo romântico, e mais a de alguém que se deixa encantar pela potência da sociologia e que se exaspera por perceber que enquanto ciência e enquanto linguagem ela ainda não encontrava eco entre as forças políticas dominantes, que se mantinham embaladas pelo liberalismo do *laissez faire*, ou pela sedução dos estados totalitários (aí incluída a Rússia de Stalin). Nessa visada mais panorâmica de sua obra perde importância, portanto, a inflexão sem dúvida marcante entre o "primeiro Mannheim", da década de 1920, e o "segundo Mannheim", o do exílio na Inglaterra. Prevalece, ao contrário, a ênfase na integridade de sua obra, cujo esteio maior é a sua ardorosa crença na sociologia como uma ciência e uma profissão destinadas às grandes batalhas intelectuais de seu tempo e também aos grandes embates políticos.

A obra de Mannheim conquista calorosa recepção no Brasil, possivelmente porque toca de modo penetrante naqueles que desde os anos de 1940 estão lutando pela afirmação da sociologia no país como parte fundamental de seu processo de modernização[4]. É ver sua presença na bibliografia e na imaginação de um Florestan Fernandes, um Guerreiro Ramos e um Luis Costa Pinto, para citar apenas alguns dos mais importantes precursores dessa ciência no país. Ao falar sobre sua própria trajetória, Florestan Fernandes (1995: 15, 18) cita algumas vezes Mannheim como um autor que se destaca em meio a sua formação eclética, um autor "que me encantou e com o qual dialoguei reiteradamente", e "cuja leitura me impusera desde 1943". Em Guerreiro Ramos, a presença de Mannheim é possivelmente ainda mais eloquente, tendo sido determinante para sua aposta na sociologia como "um guia científico à ação dirigida para a mudança social" (OLIVEIRA, 1995: 51). Em Costa Pinto, principalmente em seus estudos sobre mudança social, e em sua *Sociologia do desenvolvimento*, de 1963, a presença de Mannheim é igualmente marcante, definindo um projeto no qual a sociologia está comprometida diretamente com a mudança social, alimentando a política com diagnósticos sobre a sociedade[5].

Assim é que no momento mesmo em que a sociologia se tornava fonte fundamental de interpretação da vida do país, a obra de Mannheim se mostra potente a ponto de emprestar um *ethos* intelectual aos nossos sociólogos, que se reconhecerão naquilo que Werneck Vianna (1997), com precisão, denominou "*intelligentsia* mannheimiana". Uma *intelligentsia* que se distingue por credenciar o cientista social "como um intérprete legitimado pela ciência no sentido de diagnosticar problemas e prever soluções para questões de desenvolvimento e de *state-building*, atualizadas dramaticamente no curso da transição do tradicional ao moderno" (p. 198).

Na outra América, a presença de Mannheim não será menos marcante, ainda que sob um registro mais técnico e especializado. Com efeito, é sobretudo enquanto sociologia do conhecimento que sua obra é recepcionada e saudada. São testemunhos disso os textos dedicados a Mannheim por nomes de peso da sociologia norte-americana dos anos de 1930 e 1940, a começar por Louis Wirth, grande expoente da Escola de Chicago, e principal responsável pela edição em língua inglesa de *Ideologia e utopia*, em 1936, a qual contou com a entusiasmada colaboração de Mannheim, que inclusive escreveu um capítulo novo para essa edição. Em texto introdutório a essa edição de *Ideologia e utopia*, Wirth (1976: 9) reconhece no trabalho de Mannheim "uma análise sóbria, crítica e bem-fundada das correntes e situações sociais de nosso tempo no referente ao pensamento, à crença e à ação", e que "apresenta não só o esboço de uma nova disciplina que promete dar uma compreensão nova e mais profunda da vida social, mas igualmente oferece um esclarecimento bastante necessário de alguns dos maiores temas morais de nossos dias" (WIRTH, 1976: 28). Wirth dedica algumas páginas à análise do debate epistemológico sobre as diferenças entre ciências naturais e sociais, identificando a proposta de Mannheim com a filosofia americana de James, Peirce, Mead e Dewey. Essa marcação e, porque não dizer, essa americanização da obra de Mannheim – que, frise-se uma vez mais, contou com o aval e apoio entusiasmado do recém-exilado autor – se viu ainda mais reforçada pela incorporação à edição americana de *Ideologia e utopia* de um capítulo intitulado "A sociologia do conhecimento", o qual tinha sido originalmente publicado em alemão, em 1931, em um Dicionário de Sociologia organizado por Alfred Viernkandt[6].

É também sob esse registro mais circunscrito que Robert Merton, em texto possivelmente do início dos anos de 1940, escreve um artigo intitulado "Karl Mannheim e a Sociologia do Conhecimento". O interesse de um dos grandes nomes da sociologia funcionalista por Mannheim é, como já sugere o título, bem delimitado, e com seu conhecido rigor, Merton (1979) submete a obra de Mannheim a seu crivo analítico, dissecando o que entende serem suas contradições internas. Mas ao final salienta que "não se deve interpretar mal o tom crítico do estudo que antecede", reconhecendo que Mannheim "esboçou os amplos contornos da sociologia do conhecimento com perícia e penetração notáveis" (p. 606).

Não menos importante é o texto de 1940 que o então jovem sociólogo Wright Mills (1974) escreve em defesa de Mannheim, em face da crítica de que com sua sociologia do conhecimento estaria subtraindo o valor das ideias, da filosofia, da arte e da própria ciência. A exemplo do que já fizera Louis Wirth, Mills também sustenta que "não existe desacordo fundamental entre as concepções de Dewey e Mannheim sobre o caráter e a origem das formas epistemológicas" (MILLS, 1974: 130-131). E no final de seu texto sublinha que "em sua função epistemológica a sociologia do conhecimento é especificamente propedêutica para a construção de uma metodologia consistente para as Ciências Sociais" (MILLS, 1974: 138).

A influência difusa, inspiradora e solidária à afirmação da sociologia em um país periférico como o Brasil, e a recepção "especializada" que alcança nos Estados Unidos dão bem a noção do alcance internacional da obra de Mannheim que, na Europa, também desperta grande interesse[7]. Mannheim foi sem dúvida um dos mais importantes sociólogos do século XX, e sua trajetória intelectual representa um momento de extraordinária inovação e potencialização das diferentes vertentes do "pensamento alemão", de construção de uma síntese original que, mesmo sem pretender concorrer com as principais sistematizações teóricas de sua época, as interpela e as submete ao teste do compromisso com as grandes questões de seu tempo. Por isso, sua obra fertiliza a imaginação de sucessivas gerações de sociólogos que nela encontram um vibrante encorajamento para um tipo de sociologia pública que não abdica do rigor necessário à pesquisa profissional em um contexto em que a vida – a começar pela dele – parecia levar os intelectuais a uma posição de renúncia ao projeto sociológico, seja pela postura cética, afeita ou não ao niilismo, revolucionária de tipo marxista, ou simplesmente a uma postura acadêmica que se compraz em saudar o liberalismo ou o conservadorismo enquanto se mantém à margem da vida pública. Em Mannheim, como veremos ao longo deste capítulo, o principal efeito do nazismo e da guerra é o de radicalizar nele aquilo que ao longo da década de 1920, e mesmo em *Ideologia e utopia*, é ainda uma força latente, a saber, a crença na sociologia como base fundamental para uma militância intelectual.

A fim de tornar mais acessível os aspectos centrais do pensamento de Karl Mannheim, apresentamos a seguir três momentos fundamentais de sua obra, o da formulação da sociologia do conhecimento, em textos de 1925 e de 1931; e os da publicação de seus dois principais livros, *Ideologia e utopia*, em 1929, e *O homem e a sociedade: estudos sobre a estrutura social moderna*, cuja primeira versão, em alemão, é de 1935, e a versão inglesa, consolidada pelo próprio autor, é de 1940. Menos do que uma resenha meticulosa de cada um desses trabalhos, nosso objetivo é o de apresentar seus aspectos fundamentais, valorizando também o fato de demarcarem pontos de inflexão em seu percurso intelectual, o qual, como se pode imaginar, é profundamente atravessado pelas circunstâncias de sua trajetória pessoal.

Sociologia do conhecimento

De acordo com Kurt Wolff (1971), responsável por uma das mais importantes coletâneas de textos de Mannheim em língua inglesa, pode-se situar no texto sobre o Historicismo, de 1924, o momento mais evidente de inflexão no pensamento de Mannheim na direção da sociologia, vale dizer, no sentido de buscar na estrutura e dinâmica sociais ancoragem para compreender a produção do conhecimento em geral e, de modo mais específico, as próprias ciências da cultura, cuja validade parecia irremediavelmente questionada pelo problema do relativismo. Tal questão, como se sabe, mobilizava desde o final do século XIX diversos autores, entre os quais Dilthey, Wildelband, Rickert e Scheler, mas é com Max Weber que ela encontrará sua resposta mais consistente e também a mais radical. Em sua discussão sobre a neutralidade axiológica das ciências da cultura, Weber recusa a resposta ao problema do relativismo oferecida por Rickert, de que em cada época histórica existiria um consenso relativamente estável na sociedade acerca dos valores fundamentais, e de que isso neutralizaria os efeitos dos valores sobre o conhecimento. Bem ao contrário, Weber propõe que prevalece um permanente conflito de valores, de que faz parte o próprio conhecimento produzido pelas ciências da cultura. E disso se segue toda a proposta epistemológica e metodológica de Weber para dar conta da complexa relação entre os valores e as ciências da cultura[8].

A influência desse debate e da resposta weberiana sobre o jovem húngaro recém--chegado à Alemanha é profunda e perene, apesar disso Mannheim busca construir seu próprio caminho, que começaria a ganhar maior nitidez no referido ensaio de 1924. Nele, sustenta Wolff, Mannheim ainda compreende o "perspectivismo do pensamento" mais historicamente do que sociologicamente. E apesar de ainda envolvido com a discussão epistemológica, já nesse ensaio Mannheim afirma que a filosofia da história "deve reconhecer a importância do critério da determinação posicional, que deve levar em conta os estratos sociais e sua dinâmica, e os efeitos da diferenciação social". Esse breve comentário de Mannheim, feito no início de uma seção sobre "historicismo e sociologia" demarca, segundo Wolff, "provavelmente a primeira guinada explícita de Mannheim na direção da sociologia" (tradução livre, p. XXX), que será consolidada em ensaio subsequente, publicado em 1925, intitulado "O problema da sociologia do conhecimento".

Nesse último ensaio, Mannheim [1925] (1974) situa o surgimento da sociologia do conhecimento como decorrência da interação entre processos mentais e sociais que têm a ver com o desenvolvimento das técnicas de relativização, a começar pelo uso da autorrelativização do pensamento e do conhecimento, passando pelas novas formas de relativização introduzidas pelo uso político da técnica do desmascaramento da opinião do grupo adversário, por meio da acusação de seu caráter ideológico, até chegar a uma relativização total, relacionando não um pensamento ou uma ideia, "mas todo um sistema de ideias a uma realidade social subjacente" (MANNHEIM, 1974: 25-26).

Tais mutações no uso da relativização resultam, inicialmente, do choque de correntes de opinião da burguesia e do proletariado, mas após essa descoberta, afirma Mannheim, "todos os grupos, ainda que entregues a suas tradições separadas, procuram desenvolver uma imagem globalizante do mundo, não ignorando qualquer dos fatos trazidos à luz por algum deles" (MANNHEIM, 1974: 29). A sociologia do conhecimento, portanto, deita suas raízes em processos políticos e sociais que, uma vez realizados, tornam possível transformar aquilo que de certo modo foi desenvolvido espontaneamente pelos diferentes grupos sociais, e que Marx só parcialmente havia percebido em sua Teoria da Ideologia, em uma abordagem mais sistemática. Por isso, afirma Mannheim, "a pergunta que enfrenta uma sociologia do conhecimento concreta é a seguinte: Que categorias, que concepções sistemáticas são usadas pelos diferentes grupos em um estágio dado, na avaliação de um mesmo fato descoberto no curso das operações práticas?" (MANNHEIM, [1925] 1974: 29).

A fim de realçar o caráter sociológico de sua abordagem, Mannheim a confronta com a de Max Scheler, que um ano antes (1924) havia publicado um ensaio homônimo ao seu. Esse contraponto permite demarcar de modo mais nítido a fronteira em face da concepção filosófica do conhecimento. Scheler, afirma Mannheim, "de um lado propõe uma doutrina da essência atemporal do homem; e por outro tem consciência da, e se sente responsável em relação à singularidade dos objetos históricos" (MANNHEIM, 1974: 43). Mannheim sublinha sua divergência fundamental com Scheler ao frisar que aquele autor, em seu ponto de vista "filosófico", "postula um sistema de verdades supratemporal, imutável", que faz dos fatores sociológicos não mais do que "um artifício posterior dentro de seu quadro de referência imóvel e supratemporal". "Seguimos na direção oposta, frisa Mannheim: para nós, o que é dado de imediato é a mudança dinâmica de posições, o elemento histórico" (MANNHEIM, 1974: 63-64).

Mannheim sustenta que a primeira tarefa dessa nova sociologia deve ser a de descobrir se há uma correlação entre as posições intelectuais e as posições sociais. Aqui, importa salientar, Mannheim também demarca sua distância em relação à abordagem marxista, que, segundo ele, "reconhecia apenas uma possível correlação entre a realidade social e os fenômenos intelectuais, a saber, a de uma atitude intelectual ditada por um interesse material"; tal abordagem decorreria, segundo Mannheim, do fato de Marx ainda se encontrar "na fase inicial da pesquisa ideológica, motivada somente por um desmascaramento" que via no interesse a "única forma de condicionamento social de ideias" (MANNHEIM, 1974: 71). Essa tomada de posição fica mais nítida quando, adiante, Mannheim sintetiza seu argumento, afirmando que "não podemos relacionar diretamente uma posição intelectual com uma classe social", mas sim "descobrir a correlação entre o estilo de pensamento subjacente a uma dada posição e a motivação intelectual de um certo grupo social" (MANNHEIM, 1974: 73).

Com isso, Mannheim chega a um último e decisivo ponto. Preocupado com o que seria uma simplificação grosseira de seu argumento, adverte que "ao estabelecermos correlações entre os produtos da mente e os estratos sociais devemos distinguir entre estratificação intelectual e social", afinal, prossegue ele, "a diferenciação no mundo da mente é grande demais para permitir a identificação de cada corrente, cada posição, com uma determinada classe". Daí a necessidade, conclui o autor, de "introduzir um conceito intermediário para efetuar a correlação entre o conceito de classe e o de posição intelectual", e esse conceito intermediário é "o de estratos intelectuais", isto é, "um grupo de pessoas pertencentes a uma determinada unidade social e partilhando de determinado postulado sobre o mundo que num dado momento estão comprometidos com um determinado estilo de pensamento teórico e de atividade econômica" (MANNHEIM, 1974: 75). Com a introdução do tema dos intelectuais Mannheim completa seu quadro analítico, vendo-se diante de uma nova e promissora agenda de pesquisa que, adiante, o levará às formulações mais abrangentes de *Ideologia e utopia*.

No ensaio de 1931 sobre a sociologia do conhecimento, originalmente escrito em alemão, mas que será divulgado em língua inglesa (e também em língua portuguesa) como capítulo final de *Ideologia e utopia*, Mannheim apresenta uma versão bem mais sistematizada do ensaio homônimo de 1925. De fato, esse talvez seja o texto mais didático publicado por Mannheim. Nele o autor começa por uma definição e caracterização das subdivisões da sociologia do conhecimento. Em seguida, indica que a sociologia do conhecimento é tanto uma teoria quanto um método de pesquisa: enquanto teoria, subdivide-se em uma investigação "puramente empírica" acerca da descrição e análise estrutural das "maneiras pelas quais as relações sociais influenciam, de fato, o pensamento"; e em uma "inquirição epistemológica", voltada para o estudo do significado da relação entre pensamento e estrutura social para o problema da validade do conhecimento (MANNHEIM, 1976: 288). E para dar conta da dimensão metodológica Mannheim dedica algumas poucas páginas aos "problemas de técnica de pesquisa", sustentando que a tarefa básica da sociologia do conhecimento é "determinar os vários pontos de vista que gradativamente surgiram na história do pensamento e que estão, constantemente, em processo de mudança" (MANNHEIM, 1976: 326). Para isso, propõe o método da imputação, que permitiria a reconstrução de "estilos de pensamento e perspectivas integrais", e a submissão de todos os autores acessíveis de uma dada época às "combinações e cruzamentos de pontos de vista a serem encontrados em suas afirmações" (MANNHEIM, 1976: 327).

A publicação desse texto ao final de *Ideologia e utopia* teve, como já vimos quando tratamos da "americanização" de Mannheim, enorme importância para o destino editorial desse livro, na medida em que permite uma certa manualização de sua proposta de reflexão. Mas, considerando que essa decisão editorial contou com entusiasmado apoio do próprio Mannheim, e também levando-se em conta os passos subsequentes de sua trajetória intelectual em seu período inglês, é de se supor que o investimento na difusão de sua sociologia do conhecimento fazia parte de um esforço de Mannheim de fazer desse novo campo de estudos um ponto de partida para uma intervenção mais larga a partir da sociologia, não apenas no debate epistemológico sobre a validade do conhecimento, mas também no debate cultural e político propriamente ditos, conforme veremos na próxima seção.

Ideologia e utopia

Os anos seguintes à publicação do primeiro ensaio sobre a Sociologia do Conhecimento são extremamente férteis para Mannheim. Em 1926, o autor publica *Interpretação ideológica e sociológica do fenômeno intelectual*, e, em 1927, um ensaio sobre o *Pensamento conservador*, o qual, de certo modo, funciona como uma aplicação empírica dos achados alcançados em sua proposta de sociologia do conhecimento. O estudo do surgimento do pensamento conservador, sua morfologia, sua relação com a dinâmica dos diferentes grupos sociais do século XIX, e as nuanças que se podem perceber com a comparação entre o pensamento conservador na Alemanha e na França, são alguns dos aspectos fundamentais desse brilhante trabalho. Além disso, a escolha do objeto lançava luz em uma dimensão importante da vida contemporânea da Alemanha, permitindo colocar sob novo prisma o racionalismo em face do romantismo e da sua relação com o irracionalismo.

O *Problema das gerações*, também de 1927, e *Competição como fenômeno cultural*, de 1928, completam esse quadro de ensaios que pavimentam o caminho que leva à *Ideologia e utopia*. Como pontua Wolff, a reflexão de Mannheim sobre a questão das gerações está estreitamente articulada com sua sociologia do conhecimento. Neste caso, geração aparece como variável que, ao menos teoricamente, deve ser considerada como dimensão fundamental para explicar a recepção das ideias existentes, bem como a produção de novas concepções de mundo. A exemplo do pertencimento a uma classe, o pertencimento a uma geração também não se escolhe, é uma condição dada que, no entanto, assim como ocorre com a classe, não necessariamente produz uma consciência própria e definida; poderá produzi-la ou não, dependendo da configuração existente. Para Mannheim, somente com pesquisa sociológica e histórica é possível "descobrir em que estágio do desenvolvimento e sob quais condições classe torna-se consciência de classe e, similarmente, os membros de uma geração tornam-se conscientes de sua situação comum, fazendo dessa consciência base para sua solidariedade de grupo" (passagem citada por Wolff; tradução livre, p. L).

No ensaio sobre a "Competição", Mannheim admite que, apesar de ser uma categoria que tem origem na economia, a noção de competição serviria bem ao propósito de delimitação de diferentes padrões de interpretação pública da realidade. Com base nele, organiza uma interessante tipologia para dar conta da relação entre a forma pela qual a vida intelectual está organizada e o modo como isso impacta no grau de consenso ou polarização das ideias: de situações de monopólio como a exercida pelo clero medieval, à competição entre muitos grupos que caracterizaria as sociedades burguesas. Disso se segue uma reflexão central à inquietação de Mannheim com a questão da integração cultural e social, e que tem evidente relação com o fato de se viver na Alemanha dos anos de 1920 um ambiente de muita diversidade intelectual, mas, também, de crescente polarização.

Assim é que os três grandes ensaios que constituem a edição original de *Ideologia e utopia* podem ser lidos como um ponto de chegada dos avanços que Mannheim vinha realizar em sucessivos ensaios publicados desde o início da década de 1920. O primeiro ensaio, que dá nome ao livro, tem como principal objetivo apresentar conceitualmente a noção de ideologia, agora sob uma perspectiva sociológica. Para isso, Mannheim distingue o que seria a "noção parcial de ideologia", que teria surgido no contexto da luta política como técnica de desmascaramento de um dado ponto de vista pela identificação de sua origem social, daquela que define como a "concepção total", que remete à "estrutura total da mente" em uma dada época ou de um dado grupo. A generalização da técnica do desmascaramento, afirma Mannheim, é que torna possível a elaboração da concepção total de ideologia. Nas palavras do próprio Mannheim (1976: 102): "ao invés de se contentar em demonstrar que o adversário sofre de ilusões ou distorções em um plano psicológico ou vivencial, a tendência agora é submeter sua estrutura total de consciência e pensamento a uma análise sociológica profunda". Mas o avanço desse novo domínio do conhecimento que, de certo modo, transfere para o terreno mesmo da ciência o campo de batalha das ideias, pressupunha que se enfrentasse a questão do relativismo.

Para Mannheim, o relativismo ainda estaria ligado a uma "teoria do conhecimento antiga", e contra ela apresenta a noção de relacionismo. Enquanto o relativismo ainda estava em busca de uma verdade absoluta, o relacionismo desloca essa questão na medida em que admite que o "que é inteligível na história somente pode ser formulado com referência a problemas e construções conceituais que emergem no fluxo da experiência histórica" (MANNHEIM, 1976: 105). Ou seja, com o relacionismo o que está em jogo não é mais a questão do absoluto *versus* o relativo, mas o fato de que ideias e conhecimentos são desenvolvidos como processos interdependentes, cuja compreensão somente pode ser alcançada caso se considere as "inter-relações entre o ponto de vista intelectual sustentado e a posição social ocupada" (MANNHEIM, 1976: 104).

Mannheim acredita que com a abordagem relacionista pode-se trabalhar de uma perspectiva mais larga, compatível com uma época em que o fluxo de ideias se mostra muito mais diverso, e também polarizado, não fazendo mais sentido perseguir concepções absolutas, produtoras de verdades pretensamente acima dos grupos sociais e de suas especificidades. Ao contrário, deve-se partir da premissa de que "todos os grupos e classes conflitantes da sociedade buscam a realidade em seus pensamentos e em seus atos, não sendo por conseguinte de estranhar que esta pareça ser diferente para cada um deles" (MANNHEIM, 1976: 124). E "é exatamente a multiplicidade de concepções da realidade que produz a multiplicidade de nossos modos de pensamento" (MANNHEIM, 1976: 125). Por meio desse procedimento, Mannheim sustenta ser possível alcançar uma "totalidade", não como "visão da realidade imediata e eternamente válida, somente atribuível a olhos divinos", mas sim uma visão capaz de "assimilar e transcender as limitações dos pontos de vista particulares", em um contínuo "processo de expansão do conhecimento, não com o objetivo de atingir uma conclusão válida supratemporalmente, mas a extensão mais ampla possível de nosso horizonte de visão" (MANNHEIM, 1976: 132).

O acesso à totalidade assim compreendida, e a possibilidade de introduzir a ciência (em especial a sociologia) no *front* da batalha entre diferentes grupos e suas diferentes concepções de mundo, aparecem como promissoras possibilidades de superação do quadro de crescente polarização que caracterizava a Europa (Alemanha em especial) no final dos anos de 1920. "As crises, afirma Mannheim no último parágrafo desse primeiro ensaio, não são superadas por umas poucas, nervosas e apressadas tentativas de suprimir os problemas incômodos recentemente surgidos [...] a saída será encontrada pela gradativa ampliação e aprofundamento de intuições recentemente conquistadas e através de cautelosos avanços em direção ao controle" (MANNHEIM, 1976: 134). É essa aposta que leva Mannheim a interpelar, no segundo ensaio de *Ideologia e utopia*, a relação entre ciência e política.

No segundo ensaio, intitulado *É possível a política como ciência? Teoria e prática*[9], Mannheim parte da premissa de que a ausência de uma ciência da política até aquele momento decorreria da partidarização do pensamento político que, tal como já advertira Weber, bloqueava seu desenvolvimento, impedindo que o crescente conhecimento sobre a vida social se traduzisse em maior controle das fontes de irracionalismo na estrutura social, de que seriam características "a competição sem controle e a dominação pela força" (MANNHEIM, 1976: 141). E para melhor demonstrar esse pressuposto, realiza um precioso exercício a respeito de diferentes correntes políticas e sociais dos séculos XIX e XX, entre as quais o "conservantismo burocrático", o "historicismo conservador", o "pensamento liberal democrático burguês", a concepção "socialista-comunista" e o "fascismo". Com esse esforço, que lembra sob muitos aspectos o método de trabalho empregado em seu ensaio sobre o pensamento conservador, Mannheim pretende "mostrar concretamente como um mesmo problema, ou seja, o da relação entre a teoria e a prática, assumia uma forma diferente, de acordo com as posições políticas diferentes a partir das quais era abordado" (MANNHEIM, 1976: 172)[10].

Mas esse cenário de bloqueio ao desenvolvimento de uma ciência da política estaria se modificando na medida em que já se podia "ver com crescente nitidez que as opiniões e as teorias mutuamente opostas não são infinitas em número, nem produtos de uma vontade arbitrária, e sim mutuamente complementares". Com isso tornava-se possível "uma ciência política que não será apenas uma ciência partidária, mas uma ciência do todo", e essa ciência seria a sociologia política (MANNHEIM, 1976: 175). Deve-se sublinhar esse ponto, pois, apesar da obra de Mannheim ter sido amplamente associada à sociologia do conhecimento, possivelmente por influência da forma pela qual ela se americaniza, não seria exagero afirmar que é essa aposta em uma sociologia política que explica o impacto mais amplo de sua obra sobre o pensamento social, inclusive no Brasil.

Mas o autor seria incongruente com seu argumento se não fizesse acompanhar a emergência de uma "ciência do todo" por um ator social capaz de sustentá-la – "uma vez reconhecido que o pensamento político está sempre vinculado a uma posição social, é coerente supor que a tendência a uma síntese total deva estar incorporada na vontade de algum grupo social" (MANNHEIM, 1976: 179), e esse grupo, capaz de portar a síntese, sairia de um "estrato relativamente sem classe, cuja situação na ordem social não seja demasiado firme", vale dizer, uma "*intelligentsia* socialmente desvinculada". Além de ocupar esse espaço intersticial na estrutura social, essa *intelligentsia* também contaria com uma "herança cultural comum, que tende progressivamente a suprimir as diferenças de nascimento, *status*, profissão e riqueza, e a unir os indivíduos instruídos com base na educação recebida" (MANNHEIM, 1976: 180). Mannheim atribui a emergência desse novo grupo à democratização da vida intelectual na medida em que "o aumento do número e variedade das classes e estratos em que se recrutam os diversos grupos de intelectuais" teria feito com que crescesse a "multiplicidade e contraste nas tendências que, atuando ao nível intelectual, os ligam uns aos outros" (MANNHEIM, 1976: 182). E a ciência por excelência dessa *intelligentsia* seria a sociologia política, que prepararia o "caminho para se chegar a decisões e compreender relações até então nem sequer percebidas no campo político" (MANNHEIM, 1976: 187).

Mannheim acredita que a política seria de fato afetada por essa nova ciência, defendendo com ênfase que sua proposta de mediação intelectual é em si mesma um ato de vontade política, que se conecta com a ética da responsabilidade de que já falava Weber, quando defende que "a ação política não só deveria estar de acordo com os ditames da consciência, mas também deveria levar em consideração suas possíveis consequências na medida em que sejam calculáveis"; mas que vai além de Weber, porque considera que a própria "consciência deveria ser submetida ao autoexame crítico, a fim de eliminar os fatores que atuam cega e compulsivamente". A partir dessa nova ética, conclui Mannheim, "emerge um ponto de vista que encara o conhecimento, não como uma contemplação passiva, mas como autoexame crítico, e nesse sentido prepara o caminho para a ação política" (MANNHEIM, 1976: 215).

O terceiro ensaio de *Ideologia e utopia*, intitulado "A consciência utópica", tem dois tipos de propósitos: completar o projeto de sistematização da relação entre a sociologia política e a sociologia do conhecimento, e abrir espaço para uma reflexão crítica sobre a cena contemporânea, tomando como referência os conceitos consolidados nos dois ensaios anteriores.

A definição de utopia pressupõe que se leve em conta que ela não existe sem seu outro, a ideologia. Mannheim parte da premissa de que sempre e necessariamente a sociedade e cada um de seus grupos elaboram ideias transcendentes sobre a realidade, isto é, não imanentes a ela. No entanto, essas ideias podem ser diferenciadas segundo o tipo de relação que estabelecem com a realidade ela mesma. Nesse sentido, as ideias qualificadas como utópicas são aquelas orientadas para a transformação da realidade. Por seu turno, as ideológicas não passariam de concepção deformada da realidade. Por isso, o critério para identificação da natureza ideológica ou utópica dessas ideias é o da sua realização. "Ideias que posteriormente se mostraram como tendo sido apenas as representações distorcidas de uma ordem social passada ou potencial eram ideológicas, enquanto as que foram adequadamente realizadas na ordem social posterior eram utopias relativas" (MANNHEIM, 1976: 228).

Mas o quadro somente se completa quando se considera que "a chave para a inteligibilidade das utopias consiste na situação estrutural do estrato social que, em um dado tempo, as espose" (MANNHEIM, 1976: 231). E isso remete ao fato de que as utopias são formas de transcendência que tendem a se vincular a estratos sociais orientados pela ideia de transformação da ordem social. Para melhor demonstrar sua proposta analítica, Mannheim apresenta, em forma de tipos-ideais, quatro mentalidades utópicas. O primeiro deles é o Quiliasma Orgiástico dos Anabatistas[11], "que uniu suas forças às demandas ativas dos estratos oprimidos da sociedade, em torno da ideia da aurora de um reinado milenar sobre a sociedade". Ao abordar como utópico esse processo de "espiritualização da política", Mannheim deixa evidente a impropriedade de se pensar processos como esses a partir da história das ideias. "As ideias não impeliram esses homens a feitos revolucionários. Sua explosão efetiva era condicionada por energias extático-orgiásticas" (MANNHEIM, 1976: 237).

É contra essa concepção mística, dirá Mannheim, que a crença na razão anima a utopia liberal-humanitária, segundo tipo ideal de mentalidade utópica apresentada pelo autor: "trata-se de um grito de guerra contra o estrato da sociedade cujo poder advém de sua posição herdada na ordem existente" (MANNHEIM, 1976: 250).

Por seu turno, a "ideia conservadora", a exemplo do que também fará o movimento operário, acusará o caráter abstrato do racionalismo liberal, animando a formação de uma nova mentalidade utópica. A bem da verdade, Mannheim reconhece que a mentalidade conservadora, na medida em que não "possui predisposição alguma a teorizar", e que tende a "encarar o ambiente como fazendo parte de uma ordenação natural do mundo", afirma-se muito mais como uma "contrautopia", que se desenvolve enquanto "reação às classes oponentes (de grupos socialmente ascendentes), que serve como um meio de auto-orientação e defesa" (MANNHEIM, 1976: 253). Por outro lado, esse trabalho de elaboração de ideias não surge organicamente das classes sociais originalmente conservadoras, que são aquelas ligadas à terra, mas de ideólogos[12]. Ainda assim, Mannheim caracteriza a "ideia conservadora" como mentalidade utópica, e com isso pode demonstrar com maior clareza que a noção de utopia, mesmo enquanto formulação típico-ideal (que purifica analiticamente seus elementos), não deve ser tomada como antítese de ideologia, pois os processos são bem mais complexos, e elementos ideológicos e utópicos estão sempre misturados, definindo configurações muitas vezes inusitadas, como é o caso do conservadorismo, que, apesar de voltado para a mudança, tem como principal bandeira de luta a idealização do passado.

A utopia socialista-comunista, quarto e último tipo ideal de mentalidade utópica apresentado por Mannheim, seria, ela mesma, tributária de "várias formas de utopia até então surgidas", em especial as do liberalismo e do conservadorismo. Mas, diversamente do caráter "algo espiritual" dessas duas outras mentalidades utópicas, na mentalidade socialista há uma "glorificação dos aspectos materiais da existência", que decorreria da "secular afinidade dos estratos oprimidos com uma orientação materialista" (MANNHEIM, 1976: 265). Além disso, no lugar das experiências "oscilantes e não organizadas da utopia extática, surge o bem-organizado movimento revolucionário marxista" (MANNHEIM, 1976: 267). Com efeito, a mentalidade socialista construirá um caminho muito mais definido do que o verificado nas demais utopias para converter suas ideias em realidade.

Essas características, desse que seria o "último movimento utópico", evidenciam um contexto no qual a história "vai adquirindo um quadro de referência cada vez mais concreto, diferenciado, mas ao mesmo tempo mais flexível". Reduz-se, com isso, o espaço da "área de livre-escolha", "dos impulsos fortuitos", e a "experiência histórica se torna um verdadeiro plano estratégico", pois "tudo que existe na história pode ser agora experimentado como um fenômeno intelectual e volitivamente controlável". E desse processo surgiria a sociologia como uma "ciência-chave, cuja perspectiva permeia todas as ciências históricas especiais que tenham alcançado um estado similar de desenvolvimento" (MANNHEIM, 1976: 270-271).

Ao final desse ensaio, Mannheim realiza uma reflexão prospectiva a respeito de um mundo desprovido de utopias e de ideologias. Partindo da premissa de que o movimento socialista, ao "desmascarar as utopias de todos os seus adversários como ideologias" – mesmo sem ter "jamais levantado o problema da determinação com respeito à sua própria posição" –, coloca em curso a desaparição da própria utopia, Mannheim se pergunta se não "existiriam outras forças em atividade no campo social, além dos estratos sociais que, pela sua atitude satisfeita, promovem esse relaxamento da tensão psicológica". E ainda sem dar sinais de que suspeitava do processo que pouquíssimo tempo depois levaria ao nazismo, mas evidentemente preocupado com o que percebia ser o "triunfo estéril da liberdade", Mannheim identifica apenas duas tendências capazes de vivificar as utopias, aquela dos "estratos cujas aspirações ainda não se realizaram e que se inclinam para o comunismo e para o socialismo", e que poderiam revigorar os elementos utópicos e ideológicos (MANNHEIM, 1976: 280-281); e aquela dos "intelectuais socialmente desvinculados", que "vêm se tornando cada vez mais separados do resto da sociedade" (MANNHEIM, 1976: 282). É verdade que Mannheim já não parece tão convencido de que essa *intelligentsia* fatalmente assumirá um papel espiritual renovador; ao contrário, prefere advertir para os riscos de seu isolamento. Ainda assim fala mais alto a sua crença em uma ciência capaz de revelar "os motivos ocultos subjacentes às decisões do indivíduo", e de aumentar a capacidade de escolha e de tomadas de decisão. Assim, ao contrário da visão desencantada de Weber, para quem a crença na racionalização leva a um mundo sem magia, Mannheim sugere que essa ciência, enquanto coroamento de um processo benfazejo de ampliação da objetividade conquistada pelo "desmascaramento das ideologias" – que sempre assume a "forma de um autoesclarecimento para a sociedade como um todo" –, poderia jogar um papel fundamental no reencantamento do mundo. Mas, para isso, precisaria estar de algum modo comprometida com formas utópicas de pensamento e de ação, pois um mundo sem utopia, conclui Mannheim, "arriscaria a nos condenar a um tempo em que o próprio homem se transformaria em coisa" (MANNHEIM, 1976: 285).

Até aqui está subentendido no argumento de Mannheim que a vontade de compreender e de transformar são indissociáveis, e que a sociologia está incontornavelmente comprometida com ambas. Mas essa chave de leitura é amplamente confirmada no texto produzido pelo autor exclusivamente para a edição americana de *Ideologia e utopia*, de 1936, e que é publicado como o primeiro capítulo dessa edição, sob o título "Abordagem preliminar do problema". Como revelam Ketler, Meja e Sther (1989), com base na leitura de cartas trocadas por Mannheim e Wirth (responsável pela edição americana de *Ideologia e utopia*), esse capítulo surge da preocupação de Mannheim com o leitor de língua inglesa, no sentido de torná-lo mais acessível, nas palavras do próprio Mannheim, ao "ponto de vista do leitor anglo-saxão", que seria pouco aberto ao "problema dos antecedentes sociais da consciência" (MANNHEIM, 1976: 210-211)[13].

De fato, ao se ler o capítulo 1 da edição americana de *Ideologia e utopia* após a leitura dos três ensaios que compõem sua edição original em alemão, percebe-se claramente o esforço de Mannheim para tornar o argumento do livro mais sistemático, e para realçar sua aposta nas possibilidades de controle sobre o irracional que a sociologia, e a sociologia do conhecimento em especial, prometia oferecer. Assim é que se no texto de 1929 o autor parece navegar sobre as águas de um período de promessas e sombras, o fato do texto de 1936 ter sido escrito em um quadro já definido de polarização e de ascensão do nazismo produz em Mannheim um efeito de radicalização em sua aposta na necessidade de uma ciência articulada com a política, pela mediação de uma *intelligentsia* socialmente desenraizada.

Mannheim sustenta que uma das principais anomalias de sua época é o "fato de que os métodos de pensar através dos quais chegamos a nossas decisões mais cruciais, e com que buscamos diagnosticar e orientar nosso destino político e social, tenham permanecido sem reconhecimento, inacessíveis portanto ao controle intelectual e à autocrítica" (1976: 29-30). E que a superação desse quadro dependeria do conhecimento social, cuja importância "cresce na razão da crescente necessidade de intervenção reguladora no processo social" (MANNHEIM, 1976: 30). Em linguagem já claramente influenciada pelo Mannheim de *O homem e a sociedade*, cuja edição alemã é de 1935, o autor encerra esse texto com uma seção cujo título fala por si, a saber: "O controle do inconsciente coletivo como um problema de nossa época". Nele dedica algumas páginas a uma melhor caracterização de sua expectativa em relação à sociologia. Em linhas gerais, reconhece o risco de a sociologia vir a passar por um estágio no qual "seus conteúdos sofrerão uma desumanização e formalização mecanicistas, exatamente como aconteceu com a psicologia, de modo que, na devoção a um ideal de estreita exatidão, nada reste a não ser dados estatísticos, dados, levantamentos etc." (MANNHEIM, 1976: 70). Com isso não deixa de fazer alusão aos rumos que a sociologia estadunidense parecia ter tomado. Mas a lembrança desse risco parece ser apenas um recurso para realçar ainda mais a sua crença de que a sociologia somente avançará na sua capacidade de compreender a natureza "interna do contexto de vida" se efetivamente participar da vida social (MANNHEIM, 1976: 73). E com isso reafirma, agora para o público de língua inglesa, a sua aposta de que uma *intelligentsia* livre viesse a fazer uso da sociologia como um estilo de pensamento apropriado à ampliação do controle sobre o irracionalismo. E essa é, de certo modo, a principal ambição de *O homem e a sociedade*.

O homem e a sociedade

Como o próprio Mannheim esclarece, a edição inglesa de *O homem e a sociedade* é fruto de um processo que se prolonga de 1935, quando é publicada a edição alemã do livro, a 1940, ano da versão inglesa. E é pensando no leitor de língua inglesa que o autor escreve uma introdução ao livro, colocando-se como uma espécie de mediador entre culturas e entre processos históricos; e nessa condição procura chamar a atenção do público anglo-saxônico para o fato de que a emergência do nazismo, e da guerra que se instala a partir de 1939, representa um fenômeno global, que também decretaria o fim do liberalismo tal como se conhecia até então. Para ser mais fiel a esse exercício de alteridade, Mannheim se trata na terceira pessoa ao longo dessa introdução, valendo-se de frases como a que se segue: "O autor muito lucrou aprendendo a ver a questão tanto do ponto de vista alemão como do ponto de vista inglês". Em seguida explica que diferentes capítulos do livro haviam sido escritos quando o "autor estava sob a influência total de experiências provocadas pelas tendências de desintegração da sociedade liberal democrática", pelo "fracasso da maquinaria liberal democrática da República de Weimar, cuja incompetência de resolver os problemas da moderna sociedade de massas testemunhou". E de como "a falta de planificação da ordem liberal se transformou na anarquia" (MANNHEIM, 1962: 14).

Sua perspectiva, como já se vê, é a de que o fracasso do liberalismo na Alemanha propicia um ponto de vista favorável à germanização do debate sobre os limites do liberalismo em um contexto de sociedade de massas, e que tal perspectiva poderia ser de grande utilidade para a própria Inglaterra[14]. E é para fazer frente aos efeitos funestos da decadência da ordem liberal que passará a defender ardorosamente o planejamento: "Não há mais qualquer escolha entre a planificação e o *laissez-faire*, mas apenas entre o bom e o mau planejamento" (MANNHEIM, 1962: 16).

Ao falar em planejamento, Mannheim tem consciência de que isso fere aos ouvidos de uma sociedade como a inglesa, acostumada com as liberdades individuais, por isso considera prioritário formular a boa medida de um controle social capaz de determinar "até onde as liberdades individuais devem permanecer sem restrição, a fim de preservar tanto a liberdade do indivíduo como a eficiência da comunidade" (MANNHEIM,

1962: 18). Mas, para isso, entende ser necessário, preliminarmente, compreender como o tipo de liberdade característica do século XIX foi sendo destruído, o que o leva a propor uma perspectiva analítica nova, que não se ativesse aos "argumentos liberais clássicos, com sua sociologia relativamente não desenvolvida" (MANNHEIM, 1962: 19). Por isso, como ponto de partida epistemológico, propõe começar por deixar de considerar a "liberdade" e a "democracia" enquanto postulados ideológicos, passando a encará-los de uma perspectiva sociológica que permitiria rever as interpretações tradicionais a seu respeito e, por essa via, encontrar, em um novo nível, possibilidades de afinidade entre liberdade e planificação.

Mannheim entende que, juntamente com o processo social e sua força arrebatadora, também se deve considerar a "precariedade humana": "Os homens falham, na undécima hora, em transformar tendências latentes num sistema que funcione". E isso também coloca a necessidade de se pensar na formação de um "novo tipo de homem", pois somente através dele será "possível reconstruir a sociedade" (MANNHEIM, 1962: 25). Disso se segue o imperativo de se pensar técnicas de controle social que não poderão dispensar o apoio de uma psicologia social comprometida com essa tarefa coletiva, e concebida de modo a dialogar com a sociologia. Por seu turno, a própria sociologia precisaria sair de sua condição de ciência especializada "absorvida nos detalhes e fechada aos problemas essenciais", e se dedicar à construção de uma perspectiva sintética, que viesse a conformar uma "ciência do comportamento humano".

Em suma, o roteiro proposto por Mannheim é o seguinte: a destruição da democracia liberal na Alemanha permite uma germanização do debate sobre o liberalismo e a interpelação de suas raízes mais profundas; disso se segue a necessidade de construção de uma perspectiva epistemológica que, a partir da sociologia, possa construir uma abordagem integrada e sintética, que mobilize outras ciências, sobretudo a psicologia social; e o horizonte desse esforço deverá ser o desenvolvimento de técnicas de controle social que municiem uma planificação da ordem social compatível com a sociedade de massas, e em defesa da liberdade. Tarefa ambiciosa, sem dúvida, e é o próprio Mannheim quem reconhece que "tentar formulá-las hoje nesses termos é como explorar um novo país, e por isso o autor julga melhor confessar que está apenas tateando o seu caminho" (MANNHEIM, 1962: 42)[15].

Com a guerra a tarefa ganha urgência, afinal era preciso compreender essa catástrofe e oferecer alternativas a ela. Sua hipótese é a de que existe uma "correlação mais profunda entre a desorganização da sociedade e a desorganização do comportamento individual, e mesmo de certos níveis do espírito humano, e vice-versa" (MANNHEIM, 1962: 129). E é isso que o leva a buscar passagem no terreno da psicologia social, um campo de conhecimento que ainda precisava ser interpelado do ponto de vista da guerra. "Em que circunstâncias, pergunta-se o autor, as pessoas que antes lutavam pelas vantagens econômicas, pela elevação de seu padrão de vida, invertem a escala de valores em tempo relativamente curto, e passam a colocar a honra, prestígio e glória de seu país muito mais altos do que antes?" "Se essas modificações psicológicas fundamentais ocorrem, prossegue se perguntando o autor, serão elas as causas finais da guerra, ou antes os efeitos de desajustes institucionais da sociedade?" (MANNHEIM, 1962: 132).

Apesar de indesejada por todos, argumenta Mannheim, a guerra se instala como uma "calamidade", que ocorre "porque os homens, em suas atividades, não aprenderam a ver com antecipação, a adaptar uma instituição a outra, e a pensar em termos de psicologia real". Mas como isso seria possível, pergunta-se Mannheim, se nem mesmo "os que se ocupam das ciências sociais procuram pôr em relação os resultados das observações parciais, a fim de perceber a razão do desajuste da estrutura da sociedade como um todo [...] se dividem suas investigações em compartimentos estanques para escapar à responsabilidade...?" A saída, sustenta Mannheim, dependeria de uma atitude responsável em favor do aprofundamento do conhecimento sobre a sociedade. E com notório desespero em face do horror da guerra que "nos está estrangulando", Mannheim defende que "podemos saber o bastante para compreender a direção principal dos acontecimentos, se tivermos o desejo de controlar a situação que, de outra forma, nos escravizará, e a coragem de pensar necessária em nossa época" (MANNHEIM, 1962: 155).

Para Mannheim, a transição de uma democracia liberal burguesa para uma sociedade de massas teria produzido uma desintegração social, com consequências sobre as dimensões psicológica, moral e cultural das sociedades. Essa desintegração social decorreria da desproporção entre o rápido desenvolvimento tecnológico propiciado pela industrialização e a baixa capacidade de desenvolvimento do controle social racional. Com a "democratização fundamental da sociedade", por meio da qual um número cada vez maior de grupos sociais luta pelo poder social, e a crescente interdependência entre os indivíduos, grupos e povos, essa desproporção leva a uma situação de colapso iminente, de tal modo que a "insanidade política de um país determina o destino dos outros, e as explosões brutais, impulsivas e emocionais das massas em ação significam uma catástrofe para toda a sociedade e mesmo para todo o mundo" (MANNHEIM, 1962: 60). A questão passa a ser, portanto, a de como planificar a transição para a sociedade de massas. "A planificação, acredita Mannheim, significa um ataque consciente às fontes de desajustamento da ordem social, à base de um conhecimento exaustivo de todo o mecanismo da sociedade e do modo pelo qual atua" (MANNHEIM, 1962: 125).

Mas quem planifica o planificador? Esse questionamento leva Mannheim a refletir sobre a questão das elites e as consequências da proletarização dos intelectuais. Neste ponto Mannheim se mostra hesitante. De um lado, ressalta o "maravilhoso florescimento de uma vida intelectual e cultural livre", que teria decorrido da "libertação do elo entre os intelectuais e a "alta sociedade", e do desenvolvimento deles num segmento mais ou menos desligado dos outros". Elogia, ainda, a "grande plasticidade e o profundo sentimento de responsabilidade moral representada pela *intelligentsia* da Rússia tzarista ou dos intelectuais realmente de valor e representativos dos últimos cem anos na Europa", que teriam constituído "uma realização humana no melhor sentido, livre, em grande parte, dos preconceitos de classe que anteriormente haviam influído sempre na vida intelectual" (MANNHEIM, 1962: 112-113). De outro lado, reconhece que a escala em massa do processo de seleção dos intelectuais tenderia a retirar-lhe essa capacidade de realização. Porém, mais do que um lamento nostálgico, Mannheim enxerga nessa fragilização do que seria uma *intelligentsia* de tipo mais aristocrático uma parte fundamental de seu problema, a saber, o da ausência de grupos socialmente capacitados para fazer com que o desenvolvimento tecnológico pudesse ser acompanhado por um desenvolvimento proporcional da capacidade de planificação social. Daí sua convicção de que seria indispensável forjar intelectuais que pudessem atuar como aquela velha *intelligentsia*, mas agora democratizada e dotada de treinamento científico em sociologia, e na "ciência do comportamento humano" em um sentido mais amplo.

Antes de se debruçar de modo mais propositivo na formulação dos fundamentos dessa nova ciência, Mannheim entende necessário situar a planificação como uma nova etapa da história do pensamento, que se seguiria à fase do que denomina como sendo a da "descoberta ocasional", que remete a um mundo em que o "homem se empenha diretamente em luta contra a natureza"; e à "etapa da invenção", na qual já estaria em jogo a definição de objetos e objetivos, e todo "o desenvolvimento da tecnologia, das ferramentas e instrumentos mais simples [...] até o uso do vapor e da eletricidade..." (MANNHEIM, 1962: 162-163). Na etapa da planificação, afirma Mannheim, "o homem e a sociedade passam da invenção deliberada de objetivos e instituições isolados para a regulamentação deliberada e o domínio inteligente das relações entre esses objetivos [e instituições]" (MANNHEIM, 1962: 164). Portanto, a era da planificação corresponde a uma etapa avançada da capacidade humana de racionalização e de controle sobre seu próprio futuro. E sua principal tarefa, acredita Mannheim, reside em transformar o próprio homem, organizando "os impulsos humanos de modo que dirijam sua energia aos pontos estratégicos corretos, e orientem todo o processo de desenvolvimento na direção desejada" (MANNHEIM, 1962: 211).

É para alcançar esse objetivo que Mannheim convoca a psicologia social que, uma vez despida de sua tendência behaviorista – que ele chega a comparar com o fascismo[16] –, deveria se materializar em novas formas de educação, não para "formar uma pessoa ideal em geral, mas uma pessoa que provavelmente será necessária no próximo estágio de desenvolvimento social" (MANNHEIM, 1962: 214). Uma educação que não se volte para a formação de "tipos ajustados apenas a situações parciais", mas consciente de que pode e deve "formar para as várias situações criadas pela vida contemporânea" (MANNHEIM, 1962: 215).

Mas a educação não pode ser dissociada de outras técnicas de controle social que também precisavam ser desenvolvidas. De fato, Mannheim está convencido de que a democracia e a defesa das liberdades só serão possíveis se forem desenvolvidas técnicas sociais que, de certo modo, já vinham sendo experimentadas pelo Estado russo e pelos regimes fascistas. A questão, portanto, residia na apropriação dessas técnicas, mas agora para servir à planificação para a liberdade. Uma liberdade que, não custa sublinhar, não é a do *laissez-faire*, mas a de uma "sociedade que, tendo sob seu controle todo o sistema coordenado das técnicas sociais, pode proteger-se contra o perigo ditatorial em certas esferas da vida, e incorporar as cartas dessas cidadelas (de autodeterminação) à sua estrutura e à sua constituição" (MANNHEIM, 1962: 273). Afinal, a planificação é, para Mannheim, o único caminho capaz de garantir a sobrevivência das esferas de autonomia e de autodeterminação nas sociedades de massa.

A fim de tornar possível a chegada plena da etapa da planificação, e tendo em vista a necessidade de se dotar uma renovada *intelligentsia* com novas técnicas de controle social, Mannheim dedica uma extensa reflexão a esse respeito, propondo esboços de como as técnicas sociais poderiam ser apropriadas a serviço da planificação para a liberdade. O autor apresenta uma interessante tipificação dos mecanismos de controle social, subdividindo-os entre métodos diretos e indiretos de influenciar o comportamento humano, o primeiro baseado nas diferentes formas de influência pessoal, dependentes de situações de proximidade; e o segundo, em situações envolvendo o comportamento das massas desorganizadas ou grupos concretos, bem como diferentes dimensões sociológicas, como estrutura social e formas de regulação das expectativas dos indivíduos, que incidem sobre seu comportamento (MANNHEIM, 1962: 295s.).

Nesse sentido, a própria noção de massa precisava ser bem compreendida, pois elas "não são um obstáculo", já que podem ser divididas em "pequenos grupos, nos quais há margem para a iniciativa e a individualidade" (MANNHEIM, 1962: 274). Ao contrário, sustenta Mannheim, é na sociedade de massas que a liberdade humana pode e deve alcançar seu "verdadeiro vigor", pois é somente com ela que surgem possibilidades novas de coordenação e controle da vida social. Mas se é verdade que as sociedades de massa não necessariamente levam a regimes totalitários, também é verdade que, como ficara evidente com o destino da República de Weimar, não necessariamente levam à planificação para a liberdade.

Para que esse desdobramento benfazejo efetivamente ocorresse seria preciso, sobretudo, prevenir em face dos riscos da sociedade de massa, que surgem "quando as massas desorganizadas ficam expostas às incalculáveis ondas de emoções, especialmente em épocas de crise". Seria necessário, portanto, "neutralizar a volubilidade das massas e enfraquecer as reações psicóticas" (MANNHEIM, 1962: 344). E isso também implicava o uso das técnicas de controle social e no aprimoramento dos diferentes mecanismos de controle já desenvolvidos pelo "governo parlamentar e democrático", desde a instalação dos estados nacionais, passando pelos mecanismos de controle do abuso do poder até o uso das eleições como "método racional e pacífico de afastar os que abusaram de seu prestígio ou puseram em prática uma política em desacordo com as necessidades locais" (MANNHEIM, 1962: 343). E mais do que isso, "uma reeducação total para convencer os homens de que o combate à cegueira das formas sociais com a ajuda da regulamentação humana o tornará mais livre do que antes" (MANNHEIM, 1962: 384). Uma regulamentação capaz de coordenar instituições que, tais como a escola, por exemplo, até então atuavam de forma isolada. Uma vez "coordenados todos os instrumentos de influenciar o comportamento humano, sustenta o convicto Mannheim, a planificação da liberdade é a única forma lógica de liberdade que perdura" (MANNHEIM, 1962: 386).

Conclusão

Depois de *O homem e a sociedade* em língua inglesa, Mannheim (1973) publicaria ainda um livro, em plena guerra, no ano de 1943, intitulado *Diagnóstico de nosso tempo* (a primeira edição brasileira é de 1961). Trata-se de uma coletânea de conferências ou anotações, realizadas entre 1941 e 1942, "para grupos que desejavam saber o que o sociólogo tinha a dizer a respeito de certos aspectos da situação do momento". Ainda em seu prefácio, Mannheim exprime o sentimento de urgência por ver implementados os mecanismos de planificação capazes de retirar a humanidade do estado de insanidade em que se encontrava. O livro "procura aplicar o método e a bagagem de conhecimentos acumulados pela sociologia científica à nossa realidade" tendo em vista a necessidade de reformas incontornáveis: "assim como o revolucionário aguarda sua hora, o reformador que se preocupa em remodelar a sociedade por meios pacíficos também tem de agarrar sua fugaz oportunidade". *Diagnóstico de nosso tempo* é, acima de tudo, um livro pensado para difundir junto a um público mais amplo boa parte dos achados e formulações que Mannheim havia desenvolvido em *O homem e a sociedade*.

O último livro de Mannheim, *Liberdade, poder e planificação democrática*, foi publicado postumamente, em 1950[17]. Mas como dele faz parte um prefácio de Mannheim, escrito no mesmo ano de sua morte, em 1947, resta evidente que o autor já trabalhava na construção de um livro que tinha como propósito levar adiante seu projeto de elaboração e difusão de conceitos, princípios e técnicas que servissem ao desenvolvimento da planificação social, e enquanto tal como antídotos em face dos efeitos irracionais inerentes, mas não inexoráveis, às sociedades de massa. O livro, avisa Mannheim, "não oferece diagramas; não constitui uma lista de abstratos desideratos para filósofos, nem programa detalhado para o administrador", mas princípios, que "servirão de bitola e ajudarão o administrador a avaliar os méritos das reformas e decisões isoladas". Em seguida, reafirma sua preocupação com uma abordagem abrangente que, "sem menosprezar a significação da estrutura econômica", contemple as modificações correspondentes no plano político e cultural, e que se volte para reformas capazes de fortalecer a "coordenação das instituições, da educação, dos valores e da psicologia" (1972: 1-2).

Em um momento em que a estatolatria era imensa, a aposta de Mannheim na formação de intelectuais comprometidos com a mudança social e com a liberdade, e com o desenvolvimento de técnicas de controle social e coordenação intersetorial do trabalho das instituições, tendo como referência a defesa em última instância da autonomia individual e da autodeterminação, representava sem dúvida uma importante referência para a formação de uma agenda reformista. Mas sua morte prematura o impediu de ver o quanto sua obra serviu de inspiração para a construção de uma vigorosa social-democracia e para a organização dos chamados Estados de Bem-estar Social. Para países como o Brasil, como já o dissemos, sua obra informou o projeto de gerações de reformistas que nela encontraram uma fonte de imaginação para pensar a modernização do país, sua conversão em uma sociedade de massa, bem como a construção de um Estado mais complexo. Aqui não chegou a vicejar, ao menos até 1988, uma ordem efetivamente democrática, mas a influência de Mannheim sobre seguidas gerações de pensadores decerto não foi indiferente à permanente luta em defesa da implantação de uma democracia liberal que não descuidasse dos riscos da tirania da maioria inerentes à sociedade de massas, e que não deixasse de lado as exigências básicas de um Estado de bem-estar social. Muito menos foi indiferente à luta pela afirmação e desenvolvimento das ciências humanas e sociais, em uma escala compatível com a modernização industrial do país.

Caso sua obra volte a ser lida, agora por pensadores contemporâneos, certamente encontrarão nela bons motivos para fazer soar o alarme de que aqui, como alhures, boa parte de suas advertências voltam a fazer muito sentido na medida em que vemos renascer em diferentes cantos do planeta, inclusive no Brasil, bem mais do que fortes indícios de que poderemos viver novas ondas de irracionalismo e novas versões de fascismos e de totalitarismos.

Para nós, sociólogos, a volta a Mannheim é sempre obrigatória na medida em que sua obra nos adverte para a responsabilidade desse ofício com as grandes questões de nosso tempo, e com os destinos da humanidade e de cada sociedade em particular, mas também para a potência da sociologia como fonte de desenvolvimento de novas técnicas e tecnologias sociais que auxiliem as sociedades democráticas[18].

Notas

1. A Lei para a "Restauração do Serviço Público Profissional", de 7 de abril de 1933, determina que judeus e outros servidores públicos "não confiáveis politicamente" deveriam ser despedidos de seus cargos no governo alemão. Esta nova legislação é a primeira formulação do chamado Parágrafo Ariano, um tipo de regulamentação utilizada para excluir judeus e outros "não arianos" das organizações, do exercício de determinadas profissões e de outros aspectos da vida pública alemã. Cf. Enciclopédia do Holocausto [Disponível em https://www.ushmm.org/wlc/ptbr/article.php?ModuleId=10005681 – Acesso em 10/01/2018].

2. Em conhecida passagem de "Ciência como vocação", Weber, em discurso pronunciado em Munique, em 1918, indaga ao seu auditório, "o que significa na prática essa racionalização intelectualista que devemos à ciência e à técnica científica. Significará, por acaso, que todos que estão reunidos nesta sala possuem, a

respeito das respectivas condições de vida, conhecimento de nível superior ao que um hindu ou um hotentote poderiam alcançar acerca de suas próprias condições de vida?" "É pouco provável", responde Weber, e prossegue: "aquele dentre nós que entra num trem não tem noção alguma do mecanismo que permite ao veículo pôr-se em marcha – exceto se for um físico de profissão [...] o selvagem, ao contrário, conhece de maneira incomparavelmente melhor os instrumentos de que se utiliza [...] sabe o que faz para conseguir sua alimentação diária e que instituições lhe servem nessa empresa". E conclui: "A intelectualização e a racionalização crescentes não equivalem, portanto, a um conhecimento geral crescente acerca das condições em que vivemos. Significam, antes, que sabemos ou acreditamos que, a qualquer instante, poderíamos, bastando que o quiséssemos, provar que não existe, em princípio, nenhum poder misterioso e imprevisível que interfira com o curso de nossa vida. Em uma palavra, que podemos dominar tudo, por meio da previsão. Equivale isso a despojar de magia o mundo" (WEBER, 1982: 165).

3. Os textos de Mannheim fazem recorrentes menções a Marx, mas quase sempre sem citar uma obra em especial. Quando isso ocorre, a referência mais frequente é *Contribuição à crítica da economia política*, de 1851. Mas a melhor referência para a compreensão dos postulados básicos da Teoria da Ideologia de Marx é sem dúvida *A ideologia alemã*, que ele escreve com Engels, entre 1845 e 1846, mas que somente será publicada em 1933.

4. A primeira edição brasileira de *Ideologia e utopia* é de 1950.

5. Como nota Nísia Trindade Lima (1999: 259), apesar de "não serem muito frequentes as referências a Mannheim, todos os postulados da sociologia do conhecimento desse autor comparecem implícita ou explicitamente nas relações que Costa Pinto estabelece entre mudança social e o desenvolvimento teórico-metodológico da sociologia".

6. Não menos significativo é o fato da edição americana de *Ideologia e utopia* também alterar o título do livro, que passa a conter o seguinte subtítulo: "An Introduction to the Sociology of Knowledge".

7. Como lembram Kettler, Meja e Stehr (1984: 16), em sua edição alemã *Ideologia e utopia* "deu origem a deslumbradas resenhas de Hannah Arendt, Max Horkheimer, Herbert Marcuse, Paul Tilllich e outros representantes destacados de uma geração mais jovem de intelectuais".

8. Para uma didática e abrangente leitura desse debate, cf. Merquior (1980).

9. A versão em língua inglesa introduz uma pequena alteração no título desse segundo ensaio, mas com consequências semânticas importantes. Ao invés da forma de pergunta da versão original que, como observam Kettler, Meja e Stehr (1984: 214-215), alude aos dois ensaios clássicos de Weber (Ciência como vocação e Política como vocação), a versão inglesa apresenta o título de modo afirmativo, a saber: "As perspectivas da política científica". Além disso, ainda segundo esses autores, ao substituir "política como ciência" por "política científica" "reduz a apenas uma as múltiplas possibilidades que a versão alemã deixava em aberto". Por outro lado, o subtítulo em alemão "Teoria e prática" é substituído por "A relação entre a teoria social e a prática política", em clara alteração das possibilidades de entendimento sugeridas pela versão alemã.

10. Cabe notar que, apesar de realizar uma aguda leitura do fascismo, Mannheim ainda parece tratá-lo, como observa Wolff (1971), enquanto um fenômeno marcadamente italiano, e não como um fenômeno mais global. "Memórias pessoais e outras memórias sugerem que ele não teria levado o nazismo suficientemente a sério até o início de 1933" (p. XLVII; tradução livre).

11. Sobre o termo "quiliasma", Mannheim explica que a história cultural considerava "utopias" desejos de mudanças espaciais, e "quiliasma" desejos de mudanças temporais. O autor deixa claro, no entanto, que não irá trabalhar essa distinção, e que irá considerar utópicas "todas as ideias situacionalmente transcendentes (não apenas projeções de desejos) que, de alguma forma, possuam um efeito de transformação sobre a ordem histórico-social existente" (p. 229).

12. Percebe-se aqui notório paralelismo com os achados de Gramsci, e sua caracterização do "intelectual tradicional". No entanto, Mannheim não chegou a conhecer a obra do pensador italiano, pois boa parte da reflexão de Gramsci sobre a questão do conhecimento e dos intelectuais, produzida na prisão de Mussolini, somente será publicada em 1948, e difundida nos anos de 1950. Para conhecer a tipologia gramsciana dos intelectuais, cf. Gramsci (1999).

13. Ainda de acordo com Ketler, Meja e Stehr, a ideia foi inicialmente recebida com irritação por Wirth, que considerava que seriam muitas introduções (já que ele próprio estava fazendo uma introdução ao livro), e que elas "poderiam ocultar o peso mesmo do livro".

14. Inevitável a lembrança de *A grande transformação*, livro escrito entre 1930 e 1940 [sua publicação original, em inglês, é de 1944], por Karl Polanyi, outro imigrante judeu, que nasce e vive sua juventude em Viena, mas que é filho de pais húngaros, e que assim como Mannheim teve que fugir para a Inglaterra em 1933. Nesse livro, Polanyi (1980: 47) também se propõe a pensar a relação entre o nazi-fascismo e o liberalismo, sustentando, em conhecida passagem, que para "podermos compreender o fascismo alemão temos que reverter à Inglaterra ricardiana". Ainda que com resultados convergentes, é interessante considerar que a proposta de Polanyi é quase simetricamente oposta à de Mannheim, já que para este último é a Inglaterra de Ricardo – e seu liberalismo do *laissez-faire* –, que pode e deve ser repensada a partir da experiência nazista.

15. Talvez não seja demais lembrar que nessa mesma década, mais precisamente em 1939, é publicado um outro livro fundamental para o pensamento social moderno, a saber, o *Processo civilizador*, de Norbert Elias que, a propósito, trabalhou como assistente de Mannheim, em Frankfurt, até também ser forçado a fugir do Estado nazista em 1933, indo inicialmente para a França e, em seguida, para a Inglaterra. Em Elias, pode-se dizer, o esforço de compreender o nazismo vai ainda mais longe que o proposto por Polanyi e Mannheim, levando-o a buscar nas origens do mundo ocidental chaves de leitura que, de certo modo, tornassem mais inteligível o estágio civilizacional contemporâneo.

16. Para evitar qualquer mal-entendido, Mannheim apressa-se em explicar que não pretende afirmar que o behaviorismo seja, "em si, fascista", mas "sim que o fascismo na esfera política é em grande parte behaviorista". O fascismo, prossegue ele, "planifica e modifica o mundo político no nível do behaviorismo. Isso se demonstra pelo tipo de propaganda nos vários países e no modo pelo qual é usado, não para modificar ou esclarecer o povo, mas sim para subordiná-lo e torná-lo leal" (p. 227).

17. Conforme explica Adolph Lowe, coordenador da equipe editorial responsável por sua elaboração, o livro nasce de uma solicitação de Júlia Mannheim, viúva do autor, de que se organizasse os "numerosos manuscritos inéditos, em vários estágios de acabamento" (MANNHEIM, 1972: 1).

18. Um bom ponto de partida para esse primeiro contato com a obra de Mannheim pode ser o livro organizado por Marialice Foracchi, dedicado a Mannheim, para a coleção Grandes Cientistas Sociais (cf. MANNHEIM, 1982). Além de um texto introdutório de Foracchi, o leitor encontra nesse livro excertos de alguns dos mais importantes textos do sociólogo húngaro. Outra forma de aproximação pode-se dar por meio de abordagens mais específicas, como a da sociologia do conhecimento ou a da sociologia das gerações. Essa última, aliás, vem se configurando como uma das principais portas de entrada de Mannheim na literatura contemporânea na medida em que oferece chaves de leitura instigantes para pensar a questão da juventude. A esse respeito, cf. Weller (2010) e Cardoso (2015).

Referências

CARDOSO, A. Metamorfoses da questão geracional: o problema da incorporação dos jovens na dinâmica social. In: *Revista Dados*, vol. 58, n. 4, 2015.

FERNANDES, F. Florestan Fernandes: esboço de uma trajetória. In: *Boletim Informativo e Bibliográfico de Ciências Sociais – BIB*, n. 40, 2º sem./1995. Rio de Janeiro.

GRAMSCI, A. *Cadernos do Cárcere*. Vol.1. Rio de Janeiro: Civilização Brasileira, 1999.

KETTLER, D.; MEJA, V. & STEHR, N. *Karl Mannheim*. Cidade do México: Fondo de Cultura Económica, 1984.

LIMA, N.T. Sob o signo de Auguste Comte ou sob o signo de Karl Marx: a vocação das ciências sociais nas perspectivas de Costa Pinto e Florestan Fernandes. In: MAIO, M.C. & VILLAS BÔAS, G. (orgs.). *Ideias de modernidade e sociologia no Brasil* – Ensaios sobre Luiz de Aguiar Costa Pinto. Porto Alegre: UFRGS, 1994.

MANNHEIM, K. *Karl Mannheim*. São Paulo: Ática, 1982 [Org. da coletânea: Marialice Foracchi].

_____. *Ideologia e utopia*. Rio de Janeiro: Zahar, 1976.

_____. O problema de uma Sociologia do Conhecimento. In: BERTELLI, A.; PALMEIRA, M. & VELHO, O. *Sociologia do conhecimento*. Rio de Janeiro: Zahar, 1974.

_____. *Diagnóstico de nosso tempo*. Rio de Janeiro: Zahar, 1973.

_____. *Liberdade, poder e planificação democrática*. São Paulo: Mestre Jou, 1972.

_____. *O homem e a sociedade* – Estudos sobre a estrutura social moderna. Rio de Janeiro: Zahar, 1962.

MARX, K. & ENGELS, F. *A ideologia alemã*. São Paulo: Martins Fontes, 2002.

MERQUIOR, J.G. *Rousseau e Weber*. Rio de Janeiro: Guanabara, 1980.

MERTON, R.K. Karl Mannheim e a sociologia do conhecimento. In: MERTON, R.K. *Sociologia*: teoria e estrutura. São Paulo: Mestre Jou, 1979.

MILLS, C.W. Consequências metodológicas da sociologia do conhecimento. In: BERTELLI, A.; PALMEIRA, M. & VELHO, O. *Sociologia do conhecimento*. Rio de Janeiro: Zahar, 1974.

OLIVEIRA, L.L. *A sociologia do guerreiro*. Rio de Janeiro: UFRJ, 1995.

POLANYI, K. *A grande transformação* – As origens da nossa época. Rio de Janeiro: Campus, 1980.

WEBER, M. Ciência como vocação. In: GERTH, H.H. & WRIGHT MILLS, C. (orgs). *Max Weber*: ensaios de sociologia. Rio de Janeiro: Zahar, 1982.

WELLER, W. A atualidade do conceito de gerações de Karl Mannheim. In: *Revista Sociedade e Estado*, vol. 25, n. 2, mai.-ago./2010.

WERNECK VIANNA, L. A institucionalização das ciências sociais e a reforma social: do pensamento à agenda americana de pesquisa. In: *A revolução passiva*: iberismo e americanismo no Brasil. Rio de Janeiro: Revan, 1997.

WIRTH, L. Prefácio. In: MANNHEIM, K. *Ideologia e utopia*. Rio de Janeiro: Zahar, 1976.

WOLFF, K. Introduction: a Reading of Karl Mannheim. In: *From Karl Mannheim*. Oxford University Press, 1971.

9
Norbert Elias (1897-1990)

*Elder Patrick Maia Alves**

O cientista social e o seu tempo

Após a publicação, a tradução (para diversos idiomas) e a profusão da obra de Norbert Elias, a teoria sociológica experimentou um contundente movimento de sofisticação, que recrudesceu também com o advento da obra de Pierre Bourdieu, sobretudo durante as décadas de 70 e 80 do século passado. São esses, a meu ver, os mais relevantes sociólogos da segunda metade do século XX. No entanto, a diferença mais notável entre as trajetórias desses formidáveis autores repousa no fato de que o fecundo e original pioneirismo de Norbert Elias tardou a lograr o seu devido reconhecimento. Com efeito, embora em muitas latitudes seja consagrado e reconhecido como um novo clássico da sociologia, Elias ainda é relativamente pouco conhecido do público mais jovem das ciências sociais. Como toda a obra de Elias é dotada de um elevado grau de reflexividade, o seu próprio reconhecimento tardio tornou-se objeto de reflexão teórica e análise empírica. Esse aspecto fica bastante evidente, por exemplo, quando, já no final da vida, Elias conclui uma das suas obras mais audaciosas, *Os alemães*, na qual, buscando compreender e explicar a formação do que chamou de biografia de uma sociedade-estado, o autor tenciona objetivar a si mesmo, a sua família, algumas linhagens de intelectuais alemães e autores como Friedrich Nietzsche e Max Weber. O mesmo procedimento o levou a escrever, já com mais de 80 anos, sobre a experiência psicossocial e emocional de envelhecer nas sociedades profissionais-urbano-industriais contemporâneas. Há outros exemplos a esse respeito. Todos eles concorrem para evidenciar que Elias levou às últimas consequências as principais construções teóricas e metodológicas que criou e aprimorou no decurso da sua longa e produtiva carreira.

O fato de pertencer a um grupo relativamente *outsider*, privado das principais oportunidades de exercício do poder político, militar e intelectual, talvez tenha, desde muito cedo, instilado no jovem Elias uma vibrante curiosidade intelectual. Filho de um casal de judeus, Norbert Elias nasceu em 22 de junho de 1897, em Breslau, Alemanha, próximo à divisa com a Polônia (atualmente território polonês), e faleceu em 1º de agosto

---

* Professor do Instituto de Ciências Sociais da Universidade Federal de Alagoas (Ufal). Doutor em Sociologia pela Universidade de Brasília (UnB).

de 1990, em Amsterdã, Holanda, aos 93 anos de idade. Elias nasceu e cresceu em uma próspera família judia de classe média alta. Seu pai (Hermann Elias) era um bem-sucedido comerciante, que ascendeu nos negócios nas décadas finais do século XIX. Breslau, principal cidade da Silésia, era um centro comercial e artístico importante, que, no início do século XX, abrigava uma população de cerca de quinhentos mil habitantes. A cidade manteve-se relativamente incólume às principais lutas e guerras europeias que tiveram o território alemão como palco, o que lhe permitiu manter um rico patrimônio histórico-arquitetônico e também a consolidação de uma fértil produção agrícola, ancorada na propriedade fundiária da poderosa nobreza católica da região. A família Elias socializou seu único filho frequentando o principal liceu da cidade e os círculos das famílias judias, que formava uma camada reduzida e bastante coesa da burguesia local. A carreira acadêmico-universitária compunha um dos postos de formação e reprodução das elites políticas, culturais e militares alemãs, vedada aos judeus – mesmo aqueles que se sentiam inteiramente integrados ao império alemão, que acalentavam o sonho nacionalista de uma Alemanha forte e poderosa e que guardavam uma autoimagem de judeus-alemães, como era o caso da família Elias.

Uma das grandes transformações experimentada pelo jovem Elias ocorreu em 1914, quando irrompeu a Primeira Guerra Mundial. Por sugestão da família, Elias, que há poucos meses havia concluído os estudos preparatórios, se alistou como voluntário, para receber treinamento militar ali mesmo, em Breslau. Entre 1915 e 1917, Elias atuou na frente ocidental da guerra (passando antes pela Rússia e Polônia), atuando no interior de uma unidade de instalação de linhas telefônicas, cabos de transmissão e infraestrutura de comunicação, manipulando o código Morse e auxiliando as tropas que estavam nas primeiras linhas de combate. O trabalho da unidade à qual pertenceu consistia em reparar as linhas de transmissão danificadas, o que obrigava a sua unidade a se expor e atuar bem próximo das linhas de frente mais violentas e encarniçadas dos combates.

Terminada a guerra, Elias regressou a Breslau e ali iniciou os seus estudos universitários. Entre 1918 e 1923 estudou, simultaneamente, medicina e filosofia. A tentativa de conjugar saberes tão distintos, dotados de exigências muito específicas e rotinas extenuantes, deixou uma marca indelével no pensamento e na *estrutura social de personalidade* (o *habitus*) de Norbert Elias, qual seja: a permanente busca pela realização de grandes sínteses de integração entre, de um lado, as dimensões fisiológicas, biológicas e corporais e, de outro, as dimensões simbólicas, históricas e psicossociais. Em 1924, concluiu a sua tese de doutoramento em filosofia. A confecção da tese e as escaramuças com o seu orientador formaram um ponto de inflexão na trajetória de Elias em direção a um saber mais empírico, afeito às regularidades, mas também preocupado com as profundas contingências e mudanças histórico-sociais. Por conta das exigências do seu orientador, Elias foi compelido a mitigar algumas das críticas que desferiu contra a noção dos *aprioris* filosóficos, concebidos como categorias da razão e do pensamento imunes às vicissitudes da história e dos processos sociais. A partir de 1925, Elias se fixou em Heidelberg, decidido a estudar Sociologia; lá permaneceu até 1930. Esse foi o interregno no qual conheceu de perto os mais criativos e competentes sociólogos que residiam e trabalhavam na Alemanha nas primeiras décadas do século XX, como Alfred Weber, Karl Mannheim e Leopoldo von Wiese, que, em grande medida, ainda viviam sob a sombra e os estertores da perda do grande Max Weber, falecido em 1920. Também em Heidelberg travou contato com a obra de Georg Simmel, cuja morte ocorrera em 1918. Esse foi, sem dúvida, o feixe de autores que forjou a incipiente imaginação sociológica de Elias.

Heidelberg forneceu a Elias experiências e aprendizados imprescindíveis para um recém-doutor disciplinado e inteiramente disposto a superar os limites do seu domínio inicial de conhecimento, a filosofia, mas que, por outro lado, tinha pressa, uma vez que se aproximava dos 30 anos de idade e necessitava de um posto acadêmico regular. Portanto, tratava-se de um neófito com quase 30 anos, recém-inscrito em um concorrido e vibrante sistema universitário, particularmente no âmbito de uma disciplina que havia granjeado grandes avanços teóricos, metodológicos e políticos no início do século, ali mesmo em território alemão. Um dos aspectos que fizeram de Heidelberg um cadinho de reflexão e aprendizado definitivo para Elias foi o fato de que a universidade da cidade talvez abrigasse o melhor departamento de sociologia da recente instaurada República, tendo como um dos centros intelectuais e de sociabilidades o salão de Marianne Weber (viúva de Max Weber), do qual Elias passou a fazer parte e tomar acento, proferindo algumas conferências informais. Durante os cinco anos que permaneceu em Heidelberg, Elias se aproximou bastante de Karl Mannheim, cuja diferença de idade era de apenas 4 anos – Mannheim nasceu em 1893. Ambos mantiveram uma relação bastante fecunda de colaboração. Os escritos de Mannheim sobre ideologia e conhecimento (condensados em sua obra capital, *Ideologia e utopia*), ancorados na assertiva que toda forma de conhecimento é ideológica, no sentido de que está assentado em um sistema de ideias, valores, interesses e predileções, além dos trabalhos sobre as gerações, os grupos da *intelligentsia* e os processos de competição intelectual e cultural, abriram uma senda segura para a sociologia do conhecimento de Elias, influenciando, mais tarde, na sua Teoria do Poder. Na metade dos anos de 1920, em Heidelberg, Mannheim era um *Privat-dozent* (professor sem cátedra fixa, que poderia ministrar cursos e conferências, cujos rendimentos eram pagos pelos estudantes que se interessavam pelos conteúdos apresentados), e Elias um dos seus assistentes informais. Por volta de 1930, Mannheim obteve uma cátedra de sociologia na Universidade Frankfurt, o que o levou a convidar Elias para tornar-se seu primeiro assistente oficial. Passados cinco anos em Heidelberg (1925-1930), Elias tencionava obter, o quanto antes, a sua habilitação em Sociologia. Para tanto, necessitava de uma orientação formal. Na condição de primeiro assistente essa formalidade era preenchida. Antes havia recebido também o convite de Alfred Weber, que lhe assegurou contribuir para a sua habilitação, mas era preciso esperar bastante, já que era apenas o quarto assistente na lista do irmão mais jovem de Max Weber. Aceitou, então, o convite de Mannheim para fixar-se em Frankfurt, na condição de que este último colaborasse diretamente para a obtenção de sua habilitação.

Elias permaneceu em Frankfurt por quase três anos como assistente de Mannheim. Durante esse período aproximou-se dos autores da primeira geração da Escola de Frankfurt, como Theodor Adorno, Max Horkheimer e Walter Benjamin, que deram ressonância à tradição do Instituto para Pesquisa Social da Universidade de Frankfurt, um centro de pesquisa que acomodava sociólogos, filósofos e psicólogos. No entanto, Elias não chegou a obter a sua habilitação em sociologia. Antes de realizar a aula inaugural (uma das formalidades para a obtenção da habilitação), foi forçado a deixar a Alemanha por conta da chegada ao poder dos nazistas, liderados por Adolf Hitler, e a perseguição que se seguiu aos judeus. A tese de habilitação de Elias deu origem ao livro *A sociedade de corte*, obra seminal e decisiva. Somente em 1969 – 36 anos após a sua confecção – a tese de habilitação em Sociologia de Norbert Elias foi publicada na forma de livro. Acerca da sua saída da Alemanha e da não obtenção da habilitação, Elias asseverou: "Parti para o exílio, velho demais para fazer novos estudos e jovem demais para obter uma cátedra".

Depois de seis anos exilado, quatro deles residindo em Londres, Elias publicou o seu trabalho mais relevante, o livro *O processo civilizador*, distribuído em dois volumes: *Uma história dos costumes* (vol. I), publicado em 1938, e *Formação do estado e civilização* (vol. II), publicado em 1939. Por muito pouco essa obra não foi publicada e esteve mesmo ameaçada de não ser concluída. Morando em Londres, Elias contratou um editor alemão para publicar o livro. Conseguiu reunir fundos junto a um comitê de ajuda aos refugiados judeus na Inglaterra. Por meio dessa organização realizou o pagamento de parte da obra, mas o editor não repassou os recursos para a gráfica. O livro só foi impresso porque seu pai arcou com os custos, e, mesmo assim, após uma autorização da administração nazista para que pudesse utilizar o próprio dinheiro para fazer frente às despesas de impressão. Quanto ao segundo volume, Elias, depois de alguma procura, obteve um editor na Suíça disposto a publicar o livro. No entanto, novamente o seu pai teve que obter, junto às autoridades nazistas, uma licença que permitia ao editor suíço enviar os livros para a Alemanha, onde seria finalmente distribuído. Com certo tom de picardia, o próprio Elias comenta que, após a guerra, visitou o editor suíço e este com certa cólera denunciou: "Veja, está entulhando o meu porão. Não poderíamos leiloá-los? Ninguém quer comprá-los". No ano seguinte, em 1940, Elias viu seus pais pela última vez. O casal Elias, já durante a guerra, foi até Londres visitá-lo. Durante a estadia, Elias tentou convencê-los a permanecer na Inglaterra, alertando-lhes sobre o risco de vida que os judeus corriam e os rumores sobre os campos de concentração. Seus pais, no entanto, não se deixaram convencer e, de fato, estavam convictos que nada de grave lhes aconteceria. Pouco tempo depois de regressar à Alemanha, Elias não obteve mais notícias dos pais. Hermann Elias faleceu em Breslau, em 1940, e, em 1941, Sophie Elias foi enviada para o campo de concentração de Auschwitz.

Percursos e influências

Em meio à espiral de tensões políticas, os anos de 1930 testemunharam a profusão de diferentes matrizes do pensamento social, como o materialismo histórico e a psicanálise. Elias conheceu muito de perto esse debate. Tanto Karl Marx quanto Sigmund Freud o influenciaram, mas a demasiada ênfase nos aspectos materiais como gatilho permanente das lutas sociais no decurso da história, no primeiro, e a defesa da imanência e da universalidade do psiquismo humano, no segundo, não convenceram Elias. Esse aspecto fica bastante evidente nas correspondências que trocou por ocasião da publicação de *O processo civilizador*, assim como nos conteúdos dos trabalhos publicados ao longo dos anos de 1950, quando finalmente, já com mais de 50 anos, tornou-se professor de Sociologia, na Universidade de Leicester, Inglaterra.

Logo após a publicação do primeiro volume do processo civilizador, Elias enviou para o filósofo, escritor e crítico Walter Benjamin um exemplar de *O processo civilizador*. O objetivo era que Benjamin preparasse uma resenha para um dos números da Revista para a Pesquisa Social, o periódico do Instituto para Pesquisa Social de Frankfurt. Benjamin, no entanto, recusou-se a urdir a resenha solicitada por Elias. Por trás da recusa de Benjamin há um fator peremptório. O livro de Elias desafiava as classificações convencionais naquele momento de afirmação das autoridades e posições de prestígio do campo intelectual alemão, especialmente no âmbito da sociologia. Benjamin interpretou o primeiro volume de *O processo civilizador* como um trabalho de história cultural, inclinado à pesquisa sobre a transformação das ideias e seus conceitos. Na carta que enviou para Elias, manifestou a sua posição informando que preferia aguardar o segundo volume para formular um juízo preciso; cobrando de Elias um posicionamento metodológico mais definido, a fim de que se inclinasse mais para uma concepção idealista de história ou uma concepção de história tributária do materialismo dialético. Na carta inicial de Elias e também na sua resposta, o autor de *O processo civilizador* não poderia ser mais claro. Elias ressalta que não lhe interessava se deixar capturar por partidos teóricos, que o seu interesse científico era, acima de tudo, "compreender os nexos entre o processo social e o processo psíquico". Segue argumentando que, assim como Benjamin, pretendeu compreender, de modo claro e inequívoco, as regularidades e as mudanças dos processos sociais, mas não adotando uma imagem estática da dimensão psíquica, como fizera a psicologia até então. Finaliza a segunda carta enviada para Benjamin argumentando que não operou à maneira dos historiadores da cultura, que se restringem a coletar e colecionar fatos históricos, mas buscou realizar um ensaio de psicologia histórica (termo bastante original e cunhado por Elias), comprometido com a demonstração da consecução e transformação de estruturas sociopsicológicas.

As mesmas objeções teóricas que dirigiu a Benjamin, Elias as direcionou a Talcott Parsons e outros importantes cientistas sociais ao longo dos anos de 1940, 1950 e 1960. Nesse período, a voga do estrutural-funcionalismo, encabeçado por Parsons, foi objeto da crítica eliasiana, sobretudo nos ensaios que, mais tarde, integraram um dos seus principais livros, *A sociedade dos indivíduos*, publicado nos anos de 1980 e vencedor do Prêmio Europeu Amalfi de Sociologia e Ciências Sociais, em 1988. Na teoria parsoniana da ação, Elias criticou a noção do ator individual encapsulado, derivado de um ego estático, sem processo e, logo, da imagem petrificada de um adulto já pronto e acabado, sem enfrentar teoricamente os processos de crescimento que marcam a vida dos adultos e as suas múltiplas redes de interdependência e conflitos nas quais estão inseridos, que, por sua vez, se inscrevem no interior de um amplo processo de longa duração sócio-histórica de individualização dos homens, das mulheres e das crianças. Do mesmo modo, foi refratário às teorias fenomenológicas e interacionistas que começavam a grassar nos anos de 1960. Para Elias, não bastava relatar e descrever os atos interativos, os encontros, as ações e o fluxo do cotidiano sem um esquema teórico-analítico que permitisse desvelar as escalas de poder inscritas nas *estruturas sociais de personalidade* dos indivíduos, ou seja, os elos estruturais entre o corpo, as estruturas de poder e os processos históricos.

Conceitos-chave

A obra de Norbert Elias é dona de um vasto repertório de categorias analíticas e conceituais. Impressiona a coerência interna desse repertório, distribuído por seus principais livros e perfeitamente ajustado às necessidades empíricas dos objetos que investigou. Um dos eixos analíticos que salta aos olhos é a originalidade e densidade da sua Teoria do Poder. Já na sua tese de habilitação, que resultou no livro *A sociedade de corte*, as principais dimensões dessa teoria comparecem. A sociedade de corte é uma figuração muito específica. É uma das últimas figurações humanas em que os seus membros e camadas mais poderosas não precisam trabalhar para sobreviver. Abriga recursos de dominação que as caracteriza como uma das estruturas mais assimétricas e desiguais já existentes. Isso porque mantinha uma espécie de culto rotinizado da distinção, que buscava valorizar as desigualdades, as diferenças de *status* e de prestígio, sobretudo por meio das regras de conduta e etiqueta – modos de falar, vestir, sentir, morar, consumir e representar. Uma dessas assimetrias se exprimia no que poderíamos chamar de atos prosaicos da convivência entre a nobreza e os séquitos de serviçais (cozinheiros, mordomos, ajudantes de ordens, jardineiros, babás, criados e acompanhantes) que serviam a essa nobreza, seja nos palácios, nas residências de campo ou nos apartamentos em cidades como Paris, Londres e Viena. A sociedade de corte abrigava um mecanismo muito sutil de proximidade física entre diferentes camadas, grupos e posições de *status*, que conviviam de maneira muito próxima, e uma distância infinita de poder e prestígio entre esses mesmos segmentos. O autor assinala, por exemplo, que, para a nobreza, os serviçais não constituíam propriamente um grupo humano capaz de despertar pudor, embaraço ou vergonha. Os reis, rainhas, príncipes, princesas, duques, condessas, condes, entre muitos outros, eram despidos e vestidos por ajudantes e lacaios que, cotidianamente, frequentavam a "intimidade" da nobreza sem vicejar qualquer tipo de constrangimento pessoal. A rigor, aos olhos da nobreza, os serviçais não possuíam dignidade humana suficiente para provocar-lhes o autoconstrangimento que desencadeia o pudor, o rubor, a reserva, a timidez e a vergonha. Logo, sugere Elias, o sentimento de pudor e vergonha são construções sociais e relacionais que se elaboram entre indivíduos, camadas e grupos sociais dotados, mais ou menos, dos mesmos recursos de poder e igualdade.

Por meio da análise da sociedade de corte, o autor começa a desenvolver o que chamou de *democratização funcional de longa duração sócio-histórica*. Elias observou que o padrão de transformação – muitas vezes complexo, sinuoso e até oculto para muitos historiadores – das sociedades ocidentais desde o século XIII conduziu a uma lenta redução das assimetrias e uma distribuição menos desigual do poder entre, primeiro, as camadas da nobreza guerreira e cavalheiresca e a nobreza de corte; segundo, entre a nobreza e a aristocracia cortesãs e os grupos burgueses profissionais e as classes médias urbanas; depois, do final do século XIX em diante, entre esses grupos empresariais e industriais burgueses e as camadas dos trabalhadores urbano-industriais; mais tarde, na segunda metade do século XX, entre homens e mulheres, pais e filhos. Na Europa, a luta entre os grupos da aristocracia e da nobreza com as camadas burguesas e profissionais foi muito longa, durou cerca de sete séculos. Nesse período, não só mudou a estrutura geral da sociedade europeia, como também o teor da luta entre esses grupos e a distribuição de poder. Essa luta só chegou ao fim no início do século XX, com ascensão definitiva das duas classes profissionais que trabalham, a burguesia empresarial e os trabalhadores urbanos, acompanhada da diluição dos segmentos das nobrezas.

Elias adverte, diversas vezes, que a história convencional, feita pelos historiadores, mutila e compartimentaliza o passado em períodos unívocos, reduzidos a temporalidades e cronologias definidas (idade média, idade moderna...), encerrados em si mesmos. Esse aspecto compromete a inteligibilidade de processos contínuos de longa duração, assim como o esclarecimento das reais transformações. Assinala ainda que há um grande equívoco metodológico em se justapor passado e história. Dentro do processo geral de continuidades e mudanças, a história (como ciência e representação temporal) é apenas um mecanismo de ordenamento e classificação do passado. A redução das assimetrias foi acompanhada por alterações correspondentes no padrão das emoções, dos afetos e dos conteúdos psíquicos dos indivíduos – ou seja, das suas *estruturas sociais de personalidade*. Nesse sentido, o estudo da sociedade de corte é uma chave para compreender longas transformações na escala dos valores ocidentais, e procurar, assim, compreender e explicar como e por que a busca pela igualdade entre os homens passou a ocupar o pináculo da escala de valores no Ocidente a partir da segunda metade do século XIX. Elias insistiu, diversas vezes, que esses desenvolvimentos (no esquema analítico eliasiano a palavra/conceito de *desenvolvimento* designa, na grande maioria das vezes, *processo* ou *transformação*) tiveram direções específicas em diferentes sociedades Estado-nacionais. Exatamente por isso, Elias se dedicou com rigor ao processo de formação das três principais sociedades ou figurações Estado-nacionais ocidentais, a França, a Inglaterra e a Alemanha. A essas três, como uma síntese histórico-social, dedicou a obra *O processo civilizador*; à primeira, em particular, dedicou o livro *A sociedade de corte* e o ensaio *A peregrinação de Watteau à ilha do amor*; à segunda, produziu o livro *Estabelecidos e outsiders* e também o livro *Em busca da excitação*; já à última, produziu o livro *Os alemães* e *Mozart, a sociologia de um gênio*.

É preciso enfatizar que Elias lutou, sem trégua, contra as formas redutoras de conceituação das ciências sociais, assim como a separação que mutila a imaginação sociológica em dimensões engessadas, como a econômica, a política, a cultural, a psíquica, a simbólica, a histórica etc. Buscou, a um só tempo, capturar grandes transformações sociopsíquicas de longa duração e as transformações na estrutura de poder. A longa duração é um recurso metodológico que lhe permitiu enxergar os padrões de regularidade e mudança, no interior dos quais se pode cotejar, com segurança, as diferenças internas às figurações (sociedades tribais, sociedades de corte, sociedades estado-nacionais) e os seus correspondentes conteúdos emocionais e sentimentais, buscando sempre responder: Como mudou e por que mudou? A longa duração não é alimentada, todavia, pela frágil perspectiva relativista. Longe disso. Elias está orientado por uma consistente Teoria do Poder. Ao debruçar-se sobre a sociedade de corte (também conhecida como sociedade do antigo regime ou sociedade absolutista) dos séculos XVII e XVIII, oposta, portanto, à própria configuração em que cresceu e viveu, a sociedade urbano-industrial-profissional do século XX, na qual o desempenho profissional e o trabalho remunerado são centrais, Elias força um cotejamento bastante elucidativo. As cortes emergiram como unidades político-administrativas que abrigavam, no mesmo espaço habitacional, as clivagens da nobreza e da aristocracia de diferentes regiões da Europa durante os séculos XVI, XVII e XVIII. Correspondem a processos de integração de amplas cadeias de interdependências políticas, militares, simbólicas, fiscais e territoriais, que, em muitos casos, resultou na formação das primeiras sociedades Estado-nação, acompanhadas por um processo correspondente de *nacionalização dos afetos, dos sentimentos e das emoções*.

Elias examinou de maneira pormenorizada a corte do Rei Sol, Luís XIV, localizada em Versalhes, nos arredores de Paris, que viveu o seu apogeu na segunda metade do século XVII, quando chegou a abrigar cerca de dez mil pessoas. Tomou-a como um recurso heurístico, ou seja, os seus traços estruturais poderiam ser encontrados em outras cortes europeias do mesmo período. Podemos sustentar que a primeira dimensão da Teoria do Poder em Elias é de ordem simbólica, na forma de poder simbólico. Essa modalidade de poder era exercida na corte de diversas formas. As duas principais diziam respeito ao ambiente arquitetônico da moradia e ao complexo da etiqueta na corte. Nada poderia parecer mais estranho à racionalidade dos grupos cortesãos do que o cálculo econômico envolvendo meios e fins, tão central às sociedades urbano-industriais-profissionais-burguesas do século XX. Nas principais sociedades cortesãs havia uma proibição legal e, sobretudo, moral de que a nobreza pudesse trabalhar e enriquecer por meio das atividades comerciais ou qualquer outro empreendimento. Caso o fizessem poderiam perder os títulos de nobreza e dignificação. Enriquecer e elevar o patrimônio da casa (linhagem nobiliárquica) por meio de alguma atividade comercial era simplesmente indigno e incompatível com senso de superioridade e com a própria *autoimagem* de fração de elite. Na figuração de corte, no entanto, esse aspecto engendrava uma ambivalência estrutural. Os nobres não desejavam e nem poderiam trabalhar, retiravam seus rendimentos do arrendamento de terras, das pensões que recebiam ou dos aluguéis de imóveis, derivados das heranças passadas de geração em geração. No entanto, a competição por prestígio e dignidade levava a nobreza a elevar, cada vez mais, os seus gastos com aquilo que constituía o núcleo da sua vida: a representação do seu prestígio, da sua grandeza, da sua dignidade humana, enfim, do seu *status*. Para tanto, mantinha-se como observadora estrita dos muitos códigos de etiqueta e o padrão de moradia, ostentando um estilo de vida muitas vezes suntuoso. Tudo isso para consolidar o seu ideal de superioridade e grandeza. Os investimentos em grandes palácios, em casas luxuosas e o maior número de serviçais, testemunhavam o seu lugar na concorrida economia do prestígio que a corte infundia. Diferente das sociedades profissionais burguesas, a moradia abastada não constituía um signo de riqueza e poder econômico, mas um emblema da posição simbólico-política que os indivíduos ocupavam na corte. Os custos com esse aparato levavam muitos grupos e famílias nobres à ruína ou os mantinha permanentemente endividados. Por sua vez, os segmentos profissionais burgueses ascendentes (altos funcionários e prósperos comerciantes) alimentavam a motivação de deixarem de ser comerciantes, uma vez que pairava sobre estes o estigma de "gente menor", indigna e de segunda categoria. Buscavam ingressar na corte através da compra dos títulos de nobreza. Com auxílio direto da riqueza acumulada, esses grupos, no decorrer das gerações, conseguiam até tornarem-se membros da nobreza *d'épée* – uma fração de elite mais "autêntica". Uma vez alcançada essa posição prestigiosa e dignificante, os indivíduos deixavam de trabalhar e, logo, de acumular, passando a consumir os seus ganhos e o capital construído com o aparato de representação necessário à manutenção do prestígio e do *status* conquistado.

Às formas de retenção de poder simbólico, por meio do monopólio de oportunidades de se tornar mais digno, grande e superior, através da venda de títulos de nobreza e da observância estrita dos códigos de etiqueta e regras de conduta, Elias chamou de *monopólio de sentido*. O exercício desse poder não era, todavia, feito de maneira simplesmente intencional e teleológica. Tanto as frações da nobreza, os reis e os grupos profissionais-burgueses ascendentes estavam enredados numa teia (uma figuração) de interdependências, cuja trama geral e o seu controle escapava a todos. Esse é um aspecto central do argumento eliasiano. O autor analisou meticulosamente a formação e manutenção dos códigos de etiqueta e as regras de conduta seguidas pelas camadas da nobreza cortesã. Esses aspectos correspondem ao nervo da dominação simbólica que os grupos cortesãos exercem uns sobre os outros e o rei sobre todos, mas também sobre si mesmo. A observância estrita das regras de conduta e das etiquetas que organizavam a vida dos indivíduos pertencentes à nobreza aumentava as suas chances de prestígio e poder junto ao rei. Por sua vez, quanto mais obediente e subserviente aos códigos, normas e posturas corporais no interior da corte mais o indivíduo poderia elevar a sua posição e o seu prestígio, o que aumentava as suas chances de ocupar de cargos, receber auxílios financeiros, pensões e outros privilégios a que os nobres tinham acesso. Essa competição tornava a corte uma figuração marcada por uma tensão permanente, um equilíbrio sempre delicado e muito instável. A competição não era por bens materiais e recursos econômicos, mas por dignidade, prestígio, afeição e reconhecimento, que, de certo, dava acesso a recursos financeiros e materiais. A fonte desses bens simbólicos era a estima e o apreço alcançados junto ao rei. Para se atingir o coração dessa fonte de valor era mais do que necessário se integrar e cumprir os códigos, regras, atos, gestos, práticas e toda sorte de convenções ritualizados e simbolizados no cotidiano da corte e para onde se dirigisse a nobreza. Logo, assinala Elias, não se trata de uma convenção exterior, cumprida de modo cínico e tão somente utilitário, tratava-se de um conjunto de autocontroles corporais que se tornou como uma segunda natureza, autômatos, definidos por refinamentos e condutas exigidas de si, dos outros e também do rei. Trata-se de algo que originou uma complexa economia corporal, psíquica e emocional que está na matriz do processo de curialização, ou seja, no longo processo de transformação das nobrezas guerreiras europeias em nobrezas cortesãs pacificadas e polidas, processo sem o qual o Estado ocidental não teria monopolizado o uso legal da força física, criando e entregando o exercício da força física a órgãos especializados: a polícia, o exército, os tribunais, as prisões etc.

 A dominação simbólica que o rei exercia sobre os principais grupos de poder da corte, a nobreza *d'épée* (compostas pelas casas de linhagem nobiliárquicas mais antigas) e a nobreza de *robe* (composta pelas camadas da burguesia profissional que ascendeu à condição de nobreza e, logo, mais recentes) era reforçada e aprimorada pelo crescimento da competição em torno do prestígio e da dignificação entre os indivíduos, suas casas e seus títulos. O rei ocupava o centro da trama de tensão e competição, dominando parte do jogo, mas não o jogo por inteiro. Era, pois, uma figuração instável, onde todos dependiam, direta e indiretamente, de todos, formando uma teia de interdependências mútuas (*figuração*), composta por oscilações de prestígio e poder permanente, que deslizavam ora em uma direção, ora em outra. O rei reunia parte do controle dessa estrutura justamente porque – mediante o aprendizado ainda como jovem príncipe e futuro monarca – jogava os grupos e as camadas da nobreza uns contra os outros, mantendo a rede em um permanente equilíbrio de tensões que o favorecia. Não lhe interessava se um grupo ou uma fração dentro das camadas da nobreza se fortalecesse demais. Algo assim ameaçava a sua própria posição. Criar intrigas, fofocas, distribuir privilégios, títulos, gratificações, deferências, a sua estima e o seu apreço, eram parte da estratégia do monarca para instilar a competição entre os grupos, pois o rei sabia que as eventuais alianças e coesão desses grupos poderiam trazer-lhe sérias ameaças. Logo, o rei também era refém das interdependências instáveis que a sociedade de corte criou, embora controlasse, parcialmente, e mais do que os demais grupos, os principais recursos de poder. O instável equilíbrio de poder na sociedade de corte levou Elias a cunhar o conceito de *balança de tensões múltiplas*, mais tarde depurado para *balança de poder*.

O conceito de *balança de poder* se tornou bastante utilizado na obra de Elias e, junto com o conceito de *monopólio de sentido* ou *monopólio de nomeação*, revela parte da sua Teoria do Poder, especialmente nos aspectos simbólicos. No seu livro *Estabelecidos e outsiders* (publicado em 1965) tais categorias são centrais. No final da década de 1950 e início dos anos de 1960, junto com John Scotson, Elias conduziu uma pesquisa de campo bastante extensa e minuciosa sobre uma pequena cidade inglesa. O trabalho foi resultado de uma encomenda institucional, cuja meta da equipe de pesquisa era descobrir as causas para a elevação dos índices de delinquências ocorridos na região. Finalizado o trabalho preliminar, os autores debruçaram-se sobre os aspectos mais sutis do cotidiano de Winston Parva (nome fictício cunhado pelos autores). Municiado de diferentes informações e o emprego de técnicas complementares de coleta de dados (jornais, informações governamentais, perfil etário e geracional, entrevistas e observação etnográfica), Elias fez de Winston Parva um caso de regularidade sociológica. Utilizou a experiência de pesquisa para urdir um novo esquema analítico, que definiu como *figuração estabelecidos-outsiders*. A cidade integrava a região de uma ampla zona industrial do centro da Inglaterra, abrigava cerca de cinco mil habitantes e três zonas urbanas distintas: a zona 1, composta por conjuntos residenciais habitados por camadas de classe média; a zona 2, onde residiam famílias de operários mais antigos, que chegaram na região no início do século e na qual se situavam também a maioria das fábricas, clubes e escolas; e a zona 3, composta por famílias de operários que se instalaram na região logo após a Segunda Guerra. No que concerne aos marcadores sociológicos convencionais da diferença (renda, escolarização, raça, etnia, composição etária e credo religioso), as zonas 2 e 3 eram muito semelhantes. No entanto, Elias identificou sutilezas nas ações, práticas e comportamentos dos moradores da zona 2 que o levou a identificar um recorrente e acentuado processo de construção de inferiorização e depreciação dos membros da zona 3 por parte dos membros da zona 2. Elias chamou esse processo de *sociodinâmica da estigmatização*, presente, de forma mais ou menos pronunciada, em toda figuração *estabelecidos-outsiders*, como, por exemplo, entre os senhores feudais e o vilões, na idade média; os brancos em relação aos negros, no período da escravidão colonial americana; os gentios em relação aos judeus; os protestantes em relação aos católicos e vice-versa; os homens em face das mulheres; e, finalmente, os estados nacionais mais poderosos em face dos estados nacionais inferiores. Desse modo, como assinala o próprio Elias, Winston Parva forneceu-lhe um *paradigma empírico*.

A princípio não havia recursos e critérios de dominação que acionassem uma dinâmica de estigmatização envolvendo os moradores das zonas 2 e 3, já que possuíam muitas homologias. No entanto, aproximando a sua lupa Elias identificou que o fundamento da construção do senso de superioridade humana construído e difundido pelos moradores da zona 2 estava no critério de antiguidade. Os moradores daquela zona pertenciam às famílias que residiam ali há três gerações. Esse aspecto os "autorizava" a cerrar fileiras e os punhos contra eventuais forasteiros, que não eram tratados de maneira acintosamente hostil ou violenta, mas de modo muito sutil e indireto, através de uma rede de fofocas e boatos (sobretudo nos bares), do controle do ingresso dos membros dos clubes de diversão, das palavras depreciativas ditas nas escolas, enfim, de uma luta silenciosa em busca da distinção e da manutenção da sua *autoimagem* de grupo superior e mais digno. As famílias da zona 2 mantinham um nível de coesão e integração cultivado há duas ou três gerações, o que lhes permitiu um contato afetivo e emocional maior, a criação de redes de sociabilidade e, logo, o controle ou o *monopólio da nomeação*; do direito de dizer quem é digno de pertencer àquele grupo, que se julga superior e dotado de um valor humano muito mais elevado. Elias não busca explicar esses aspectos escapando a uma visada filosófica ou metafísica, atribuindo as razões da construção do estigma a uma eventual sede de poder imanente à humanidade. Antes o contrário, busca constatar e compreender os fundamentos da dominação, assinalados com conceitos como os de *figuração*, *balança de poder* e *monopólio de nomeação* servem justamente para desvelar a trama de funcionamento do poder. Assim como as nobrezas, a monarquia e a corte como um todo detinham as principais chances de distribuição de poder e nomeação em uma configuração específica (a sociedade de corte), em Winston Parva, a zona 2 e seus habitantes, detinham os principais recursos de poder simbólico.

Uma das construções teórico-metodológicas centrais que marcam a copiosa obra eliasiana concerne ao esquema analítico *psicogênese/sociogênese*. Essa construção aparece com mais regularidade nos livros *O processo civilizador* e *Mozart: a sociologia de um gênio*, mas já estava sugerida na sua tese de habilitação. No livro que traz o sugestivo título e a promessa de realizar a sociologia do gênio criativo Mozart, o esquema analítico *psicogênese-sociogênese* alcança o seu pináculo na obra eliasiana. Wolfgang Amadeus Mozart foi um artista formidável, um músico extraordinário e também um homem cindido e angustiado. É exatamente sobre o processo de construção das tensões e dos dilemas estruturais vividos por Mozart que Elias se debruça. Essa experiência de pesquisa e análise exprime grande parte da criatividade de Elias e das suas engenhosas sugestões metodológicas. Elias não recorre à convencional narrativa biográfica laudatória, comum entre os biógrafos que se ocupam de talentos extraordinários, como Mozart, tampouco lança mão de categorias psicológicas para tipificar o sofrimento, os dissabores e angústias de Mozart. O amálgama *psicogênese/sociogênese* é mobilizado para compreender a formação da *estrutura social de personalidade (o habitus)* de um indivíduo em particular, que também pode ser definido como o saber social incorporado e externalizado. O resultado é a objetivação meticulosa do *processo-Mozart*, desde a sua mais tenra idade até a morte prematura, aos 35 anos. O título do livro é inteiramente provocador, pois Elias cumpre aquilo que lhe é peculiar, indagar-se sobre as próprias condições de construção de uma determinada "genialidade", do processo psicogenético de formação de disposições, aprendizados, competências, capacidades, recursos cognitivos e talento criativo. Importa investigar o processo de aprendizado e incorporação dos saberes sonoros, melódicos, rítmicos e harmônicos, tão caros à formação de compositores da envergadura de Mozart. Veja-se que Elias delineia a escala empírica de um indivíduo em particular. Ao fazê-lo, ao contrário do que possa parecer, escapa a qualquer individualismo metodológico, foge das armadilhas analíticas da fenomenologia, se desvencilha de eventuais tentações estruturalistas e ainda se afasta da celebração biográfica mistificadora. A criança, o jovem, o artista e o homem Mozart se constituem no mesmo fluxo sincrônico e relacional que a sua figuração. É como se Elias desvelasse o movimento de tessitura de uma complexa trama. As estruturas de sentimento e os padrões de sensibilidade e emoções da sociedade de corte estão em Mozart, assim como os seus mais profundos ideais e desejos de realização pessoal foram infundidos por aquela figuração, especialmente pela socialização que recebeu, mas esses mesmos objetivos e desejos não poderiam ser realizados dentro da distribuição de poder daquela figuração, o que resultou numa tensão estrutural.

Acerca da formação do jovem Mozart, Elias explora a dimensão da *psicogênese*. Revela que, desde muito cedo (por volta dos 3 anos), Mozart começou a receber um conjunto de intensos e regulares estímulos musicais. A partir das informações biográficas e do acervo de cartas da família Mozart, Elias monta uma análise bastante consistente. Filho do vice-regente Leopoldo Mozart, da modesta corte de Salzburgo, a criança Wolfgang foi objeto de um rigoroso processo de aprendizado musical, que, simultaneamente, fez dele um dos maiores prodígios artísticos das cortes europeias da segunda metade do século XVIII, tornando a música uma fonte quase inesgotável de sublimação e prazer, e também uma fonte de tensão e instabilidade. Os vinte primeiros anos da vida de Mozart foram de formação e construção da sua sensibilidade estético-musical. Nos primeiros anos, particularmente entre os cinco e os doze, Mozart deleitou as nobrezas e aristocracias europeias com a sua exuberância musical – jantando com reis e rainhas, sendo convidado para frequentar os salões cortesãos e até sendo dignificado com títulos. Aos seis anos já havia composto peças musicais inteiras e aos doze compôs a primeira de muitas óperas. Entre os 3 e os 5 anos de idade o garoto Mozart já embevecia o pai com as respostas e as soluções musicais que apresentava em decorrência das lições, exercícios e toda sorte de aprendizado musical que lhe era instilado, desenvolvendo com muita rapidez e acuidade uma refinada audição. Como recompensa do talento e do desempenho prematuro que exibia, a família, especialmente o pai, cobria Mozart de afeto, carinho, amor e apreço. Elias localiza nesse aspecto um traço estrutural da modulação da personalidade de Mozart. As grandes recompensas emocionais, amorosas e afetivas familiares recebidas na primeira infância, muito em decorrência da construção do talento (visto, aos olhos de todos, como uma dádiva divina e uma capacidade natural), aliado ao reconhecimento retumbante que logrou nas principais cortes europeias ao longo da segunda infância e parte da adolescência, instauraram em Mozart uma necessidade permanente de afeto, amor, admiração, carinho e reconhecimento. Essa espiral de dependência afetivo-amorosa foi muito acentuada durante os anos de formação, quando Mozart e o pai realizaram longas e extenuantes viagens e turnês pelas cortes europeias, nas quais o jovem Mozart lograva reconhecimento e admiração, mas também ampliava os seus horizontes criativos, exercitava certo cosmopolitismo e, aos olhos diligentes e vigilantes do pai, buscava obter uma colocação regular em alguma das cortes nas quais se apresentava, de preferência, acompanhado de rendimentos financeiros suficientes para aliviar as pressões materiais que afligiam a família.

 Não existem limites empíricos e relacionais entre a *psicogênese* e a *sociogênese*, ambas se completam. A forte dependência de amor, afeto e carinho localizada por Elias em Mozart foi constituída e acentuada, em grande medida, pelos aspectos vividos (internalizados e exteriorizados) na sociedade de corte da segunda metade do século XVIII. Elias busca mostrar que Mozart foi um "gênio antes da época dos gênios", ou seja, antes dos artistas (especialmente os músicos) tornarem-se relativamente "livres" da imposição do gosto cortesão, guiando suas criações por meio da adoção de critérios estéticos definidos entre os círculos de artistas e as camadas burguesas de consumidores anônimos (a demanda de um mercado incipiente), algo que só o século XIX viu crescer e o romantismo cultivou e consolidou. Este aspecto é central. Por um lado, Mozart estava perfeitamente ajustado aos padrões estéticos e à escala de valores da sociedade cortesã. O teor de suas criações, a sua imaginação musical e o fluxo de fantasia e criatividade que esposava, assim como a ambição permanente de compor óperas cada vez mais elaboradas, eram apanágios das sociabilidades cortesãs e das possibilidades das cortes, pois só essas dispunham de recursos materiais, técnicos e financeiros necessários à execução das grandes óperas. De outro lado, a condição de empregado de escalão inferior e, ao mesmo tempo, dono de talento musical extraordinário, admirado por muitos, engendrou uma atitude indócil e de insubmissão permanente às hierarquias da figuração de corte. Logo, o valor que tinha de si mesmo e de sua música (a sua *autoimagem*) eram incompatíveis com a posição que lhe era reservada dentro da distribuição de poder na corte, ou seja, como uma pessoa inferior, egressa de uma camada social mais baixa e subserviente.

Ao mesmo tempo em que não aceitava a posição de subalterno e membro inferior da sociedade em que vivia, Mozart desejava o reconhecimento, o afeto e a estabilidade que uma grande e poderosa corte poderia lhe propiciar. Nas pequenas, médias e grandes cortes europeias, os músicos e regentes das orquestras eram tratados como empregados de segundo e terceiro escalão; muitas vezes ocupando *status* semelhante ao de um cozinheiro ou mordomo. Era o caso do pai de Mozart. Esse aspecto deixava os músicos cortesãos na estreita dependência do patronato nobiliárquico, que, direta ou indiretamente, exercia uma espécie de tutela musical sobre as composições e criações musicais. Esse aspecto reduzia o fluxo criativo e os efeitos imaginativos que jovens e talentosos compositores, como Mozart, imprimiam à sua música, atenuando, assim, as suas chances de experimentação e individualização do seu processo musical. Esse e outros aspectos concorreram para que, em 1781, aos 25 anos de idade, Mozart deixasse definitivamente o posto de organista da corte de Salzburgo. Partiu então para Viena, então sede do império austríaco e um dos centros de poder mais importantes dos principados alemães que integravam o império.

No período em que Mozart viveu, ainda não estavam criadas as condições de possibilidade que facultavam aos músicos exercitarem uma parcela da sua liberdade criativa, produzindo conteúdos musicais que seriam vendidos para um público anônimo, disposto a pagar e ávido em consumir tais conteúdos. Essas condições só emergiriam cerca de vinte ou trinta anos mais tarde, quando uma nova geração entrou em cena, tendo à frente nomes como Beethoven, quatorze anos mais jovem do que Mozart. Diferente da literatura, da pintura e da filosofia, a música ainda não possuía lastros de um mercado em expansão, que conferisse aos criadores de conteúdos "relativa independência", e que lhes permitisse romper com a tutela do patronato da nobreza ou da Igreja. O mercado musical assentado na comercialização de partituras e edições, bem como nos concertos e espetáculos musicais urbanos, ainda era incipiente. Elias assinala que a tragédia de Mozart se acentua quando, na longa duração, se percebe que, logo após a sua morte, paulatinamente, o pêndulo da relação de poder entre artistas e consumidores começou a inclinar na direção dos primeiros, diferente do que ocorreu durante a juventude de Mozart. Como um dos indicadores dessa mudança estrutural, Elias cita o trecho de uma carta de Beethoven endereçada a um de seus amigos: "as pessoas não vêm mais me propondo acertos, eu defino o preço e elas pagam". A *balança de poder* levemente inclinada em favor dos artistas assinala que, aos poucos, os critérios de criação dos conteúdos musicais foram sendo definidos pelos próprios músicos.

O *processo Mozart* ganha ainda mais clareza quando incorporado ao conjunto da obra eliasiana, especialmente alguns de seus trabalhos mais teóricos, como o livro *A sociedade dos indivíduos*. Publicada nos anos de 1980, a obra foi o resultado da compilação de três longos ensaios escritos por Elias em diferentes fases da sua vida. O primeiro ensaio foi escrito em 1939, nele o autor aborda a relação entre indivíduo e sociedade a partir da perspectiva entre os diversos níveis de integração e síntese. Ressalta que os seres humanos são muito mais dependentes e determinados pelos processos de aprendizado, sejam eles cognitivos, simbólicos e/ou emocionais, do que pelas supostas determinações biogenéticas. Toda sociedade é uma sociedade de indivíduos, isto é, composta por unidades biológicas separadas, mas as transformações ocorridas nas mais poderosas sociedades Estado-nação urbano-industriais produziram símbolos conceituais (como "indivíduo", "alma", "eu", "espírito", "natureza", entre outros) que passaram a conferir um valor central à noção político-jurídica de indivíduo. Esse aspecto corresponde a uma individualização específica no interior do encadeamento de processos sociológicos de longa duração. "Com a crescente diferenciação da sociedade e a consequente individualização dos indivíduos, esse caráter diferenciado de uma pessoa em relação a todas as demais torna-se algo que ocupa um lugar particularmente elevado na escala social de valores" (ELIAS, 1994). Esse aspecto estrutural revela como, nessas sociedades ou figurações, há uma rede maior, mais complexa e muito mais estreita de dependências recíprocas entre "indivíduo" e "sociedade".

Elias se pergunta sobre as condições sociais de individualização, sobre os processos em larga escala (na família, no direito, na política, na religião, na esfera econômica e na ciência) que concorrem para que, cada vez mais, nas sociedades ocidentais os indivíduos se vejam como partículas, se percebam como unidades autônomas, encerradas em si mesmas, como tendo uma existência pessoal e interior verdadeira e boa. Fora desses limites, das fronteiras do eu "mais profundo" e "verdadeiro", e da "segurança da alma", estariam os outros, na forma de "coisas" (instituições, controles políticos, normas etc.), sempre dispostos a lhes ameaçar e constranger, também conhecida como sociedade. Essa é, para Elias, a *autoimagem* predominante que os indivíduos das sociedades ocidentais modernas têm de si mesmos. Na segunda parte de *A sociedade dos indivíduos* (escrita no decurso dos anos de 1940 e 1950), e também na terceira (escrita nos anos de 1980), o autor ressalta que palavras como "indivíduo", "sociedade", "personalidade" e "coletividade" são como senhas simbólicas que acessam estruturas de valores e posicionamentos político-emocionais de grupos, partidos, instituições e estados-nação. Esses símbolos conceituais contribuíram para construir certas *autoimagens*, compostas por crenças, desejos, fantasias e ideais que formam as identidades individuais e coletivas. O processo de individualização intensificado pela diferenciação das sociedades urbano-industriais fez com que a identidade "eu" lograsse mais valor e poder do que o "nós", embora os seres humanos existam, simultaneamente, como indivíduos e coletividades.

A Teoria do Conhecimento, erguida entre os séculos XVI e XIX, não só contribuiu para que palavras-conceitos como "indivíduo", "razão", "inteligência", "espírito", "consciência", "natureza" e "sociedade" se tornassem campos de batalha e senhas simbólicas, como também produziu uma noção inteiramente reificada e substancializada do ato de conhecer e das capacidades mentais dos seres humanos. A disseminação da postura observadora, da capacidade de pensar e classificar, cultivada pela epistemologia clássica dos séculos XVI, XVII e XVIII, projetou a imagem de um indivíduo isolado, dotado de uma propriedade específica, a razão ou a inteligência, quase tão tangível quanto o coração, o pulmão e o cérebro. Deriva-se daí a postulação do sujeito cognoscente, que atravessa, direta ou indiretamente, diversas tradições da Teoria do Conhecimento – empirista, racionalista, sensorialista ou positivista, que trazem consigo, por exemplo, filósofos como Descartes, Kant e Locke. De acordo com Elias, os postulados clássicos da epistemologia e da Teoria do Conhecimento podem ser formulados da seguinte forma. O ser pensante, o filósofo, sustenta possuir um corpo, feito de matéria e com determinada extensão física, que, por sua vez, ocupa um lugar no espaço. No entanto, a sua razão ou a sua inteligência, ou o seu eu/consciência, embora se localizem no seu corpo, são diferentes do corpo, têm outras propriedades. "Foi essa ideia de que o "eu", ou minha "inteligência", minha "consciência", minha "mente" está contida em meu corpo como num traje de mergulho, que proporcionou o alicerce comum e até mesmo as visões diametralmente opostas da controvérsia epistemológica" (ELIAS, 1994). Essa é, sem dúvida, uma das dimensões de construção da autopercepção dos indivíduos nas sociedades ocidentais modernas. As pessoas se veem e se percebem como sistemas fechados. Esse aspecto corresponde a uma camada das *estruturas sociais de personalidade* (o *habitus*) dos indivíduos que foram socializados nas sociedades altamente diferenciadas. Trata-se de um ideal que integra as *autoimagens* dos membros dessas sociedades.

> Esse ideal faz parte de uma estrutura de personalidade que só se forma em conjunto com situações humanas específicas, com sociedades dotadas de uma estrutura particular. É algo sumamente pessoal, mas, ao mesmo tempo, específico de cada sociedade. A pessoa não escolhe livremente esse ideal dentre diversos outros como o único que a atrai pessoalmente. Ele é o ideal individual socialmente exigido e inculcado na grande maioria das sociedades altamente diferenciadas. Evidentemente, é possível fazer-lhe oposição, mesmo nessas sociedades (ELIAS, 1994: 118).

Neste contexto, cumpre explorar também o eixo mais discutido e comentado da obra de Elias, mas que continua a vicejar muitos mal-entendidos. Trata-se da Teoria do Processo Civilizador. No seu mais importante trabalho, *O processo civilizador*, volumes I e II, Elias realiza um esforço interpretativo para explicar, a um só tempo, a direção da mudança ocorrida no padrão da sensibilidade e da agressividade das principais sociedades ocidentais; a criação e consolidação do monopólio legal do uso da força física e da tributação por parte dos estados ocidentais e a maneira como essas mesmas sociedades se autorrepresentaram e construíram as suas *autoimagens*, julgando-se mais civilizadas e superiores, atribuindo grande valor simbólico e político ao termo civilização e adjetivando os seus membros, civilizados. Portanto, o livro publicado em 1939 busca capturar esse triplo movimento empírico. O processo civilizador diz respeito ao modo particular como as principais sociedades ocidentais construíram, lenta e gradativamente, uma economia psíquico-pulsional (um sistema de autocontrole das emoções e das funções psíquicas) que, em meio a idas e vindas, resultou na formação dos estados nacionais e os seus monopólios legais do uso regular da força física e do direito à tributação. Esse feixe de processos de longa duração não possui um sentido preestabelecido, não foi calculado e planejado previamente, não foi empreendido tão somente por um indivíduo ou uma camada social específica, nem tampouco está concluído ou é irreversível, mas passou a ser perseguido por determinados grupos, transmitido entre as gerações e plasmou *estruturas sociais de personalidades* e instituições correspondentes, como as cortes, os estados, os órgãos judiciários, os exércitos profissionais, as polícias, os mecanismos de tributação, os parlamentos etc. O que Elias buscou demonstrar foi a regularidade da mudança e a sua direção, que se estendeu do século XII ao século XVIII. Esse amplo panorama, constituído por contingências, escaramuças e interesses que envolveram diversos grupos, camadas sociais e instituições, permitiu ao autor constatar um processo geral de pacificação. Ora, mas como sustentar que ocorreu um processo sócio-histórico de pacificação diante do holocausto e da iminência da Segunda Guerra Mundial? Justamente por essas aparentes contradições não se pode ler a obra de Elias de maneira apressada e orientado por classificações frágeis. Elias responde a essa indagação de diversas maneiras. Uma delas está contida em *Os alemães*. Neste livro, o autor assinala:

> É costume perguntar-se como é possível que pessoas vivendo numa sociedade podem agredir fisicamente ou matar outras – como podem, por exemplo, tornar-se terroristas? Ajustar-se-ia melhor aos fatos e seria, assim, mais proveitoso se a pergunta fosse formulada de modo diferente. Deveria, antes, ser redigida em termos como estes: como é possível que tantas pessoas consigam viver normalmente juntas em paz, sem medo de ser atacadas ou mortas por pessoas mais fortes do que elas, como é hoje em dia o caso, em grande parte, nas grandes sociedades-Estado da Europa, América, China ou Rússia? É por demais fácil esquecer hoje o fato de que jamais, em todo o desenvolvimento da humanidade, tantos milhões de pessoas viveram, como hoje, relativamente em paz umas com as outras, com as agressões físicas geralmente eliminadas, como se observa nos grandes estados e cidades do nosso tempo. Talvez este fato se evidencie primeiro quando nos apercebermos de quão mais elevado era o nível de violência nas relações entre pessoas em épocas pregressas (ELIAS, 1997: 161).

A citação acima revela parte da fecundidade de se operar por meio da longa duração sócio-histórica. Por outro lado, mesmo no livro *O processo civilizador*, volumes I e II, e ainda mais em trabalhos como *Os alemães*, Elias demonstra que um dos aspectos do processo de civilização, a regular pacificação ocorrida entre os indivíduos e os grupos humanos dentro das sociedades-Estado, não foi homogênea e necessária. A experiência de constituição da sociedade-Estado francesa, inglesa, alemã e holandesa, por exemplo, foram diferentes e guardaram muitas especificidades. Justamente por isso, o autor se enfronhou, com mais precisão e minúcia, no processo alemão, cuja formação do monopólio legal da força física foi, por diversas vezes, muito instável e claudicante. Por meio desses trabalhos e do tratamento metodológico que conferiu aos materiais contidos no livro *O processo civilizador*, Elias foge do evolucionismo simplista e cego, assim como escapa do historicismo vago e etéreo. Ao mesmo tempo em que percebe um processo regular de pacificação entre os indivíduos e uma extensa rede de grupos no interior das mais poderosas sociedades-Estado, constata também que o nível de tensão, ameaça e violência interestatal permaneceu bastante elevada durante todo o século XX.

É preciso acentuar ainda que a categoria de civilização é uma construção nativa. É um imperativo moral, um valor simbólico e uma projeção normativa cunhada pelos grupos e segmentos das sociedades ocidentais que se projetaram no mundo, se percebem e se dizem superiores, mais civilizadas. Tudo leva a crer, assinala Elias, que outras sociedades, localizadas em diferentes continentes e períodos, produziram rigorosos sistemas de autocontrole, contenção dos instintos e modulação das emoções. Ocorre que as principais sociedades-Estado ocidentais criaram centros de poder que monopolizaram a ideia, o significado e o ideal contido no termo civilização e civilizado, tornando-os o centro das suas *autoimagens* e dos seus principais recursos de poder. O processo civilizador, descrito e analisado por Elias, não advoga ou imputa qualquer superioridade civilizadora imanente às sociedades ocidentais. Quem o faz, por exemplo, são os grupos e camadas das *intelligentsias* francesas, inglesas e alemãs, que lançam mão de conceitos como *kutor, volk, civilização, indivíduo, coletividade, humanidade* e muitos outros, para infundir significações e compreensões primeiras sobre si e o mundo.

Nos rastros das influências weberiana e mannheimiana, importa para Elias essa primeira compreensão. É necessário, pois, compreender e explicar como os grupos, os indivíduos e as instituições se compreendem e forjam suas *autoimagens*. A sociologia configuracional desenvolvida por Elias opera num duplo movimento compreensivo, busca compreender a primeira compreensão. Esse procedimento metodológico guarda grandes semelhanças com o construtivismo praxiológico de Pierre Bourdieu e a sua noção de ruptura epistemológica. Para este, importa entender como o senso comum compreende e explica a vida, os fatos e os fenômenos coletivos. Para tanto, o pesquisador (sociólogo) necessita construir categorias de análise de segunda ordem, suficientemente precisas, rigorosas e capazes de promover uma ruptura com o fluxo explicativo do senso comum, permitindo-lhe entender e explicar por que os indivíduos e os grupos pensam e agem de uma determinada maneira, assim como as assimetrias e as estruturas de poder que lhes escapam. Do mesmo modo, guarda semelhança com a noção de dupla hermenêutica forjada por Anthony Giddens. Para este, cabe às ciências sociais realizar uma segunda hermenêutica da primeira hermenêutica cotidiana, criada e praticada pelos indivíduos e os grupos sociais nos seus contextos interativos. Em outros termos, importa realizar uma segunda hermenêutica sobre a hermenêutica criada e praticada pelo senso comum. Por fim, essas postulações se avizinham também da noção do duplo texto, alinhavada e difundida pelo antropólogo Clifford Geertz. De acordo com este, também influenciado pela perspectiva weberiana, o trabalho do etnólogo consiste numa dupla tradução incessante. Traduz para si e para a sua comunidade de conhecimento a primeira tradução que os nativos fazem das suas crenças, tradições e costumes. Portanto, o antropólogo/etnólogo cria um segundo texto interpretativo a partir do primeiro texto tecido pela cultura nativa.

Um dos aspectos centrais do processo civilizador concerne ao movimento, contínuo e tenso, de formação de controles sociais em autocontroles. No processo civilizador europeu-ocidental, os controles sociais se formaram principalmente a partir da emergência de um centro irradiador de poder, as cortes. Por meio da disseminação dos manuais de etiqueta e da lenta formação de padrões específicos de comportamento, posturas e gestos (como sentar-se à mesa; usar o garfo e faca; realizar a higiene pessoal; lidar com as pulsões e as necessidades fisiológicas, entre outras), uma nova estrutura de sensibilidade (como a repugnância ao sangue e aos excrementos e a ojeriza aos atos de violência) foi se delineando por meio dessa pedagogia cortesã das boas maneiras. A pressão exercida pelos grupos nobres e aristocráticos que, no encadeamento entre as gerações, transmitiram esses controles para as gerações seguintes, fez emergir uma rede regular de autocontroles, que não tem propriamente uma única origem, nem tampouco um fim definido. Para a sociologia configuracional eliasiana, as grandes transformações decorrentes de eventos como revoluções, guerras, catástrofes naturais e crises econômicas alteram as redes de interdependências entre os indivíduos e os grupos humanos de tal sorte que se fazem acompanhar de novos conteúdos emocionais, psíquicos e afetivos. Esses aspectos estão inscritos nos corpos e nas *estruturas sociais de personalidade* dos indivíduos e de toda a figuração que compõem. Por seu turno, mudanças muito mais longas, sutis e menos definidas, como a centralização do poder simbólico e político pelas cortes e a transformação dos padrões corporais e emocionais das elites guerreiras, insere o corpo e a sua constituição psicossocial no centro da análise. O corpo não é o ponto de chegada ou de partida, não é o resultado de algo e nem tampouco a causa para a deflagração de algo, o corpo se constitui e se transforma mediante a alteração geral das redes de relações e do grau das interdependências que o modelam e que por ele também são modeladas. Não é simplesmente o corpo na história, é o corpo se fazendo história. A história social incorporada deixa de ser história social e passa a ser individual, vista pelos indivíduos e por todos nós como algo natural, dado e inato. O que a sociologia configuracional busca sustentar é que "história social" e "história individual" são dimensões de um mesmo processo, cuja chave compreensiva e explicativa está no cruzamento entre a *sociogênese* e a *psicogênese*.

O último trabalho escrito por Elias foi o livro *Os alemães – A luta pelo poder e a evolução do habitus nos séculos XIX e XX*, publicado em 1989, meses antes da sua morte. Uma das perguntas centrais do trabalho é: Como uma sociedade que vicejou indivíduos como Herder, Shiller e Goethe, nomes de proa do romantismo, assim como diversos artistas, músicos, filósofos e escritores humanistas ao longo dos séculos XVIII e XIX, também criou Adolf Hitler e o nazismo? Após sucessivas tentativas de unificação dos principados alemães, que resultaram em guerras contra França e Áustria, a elite militar prussiana (poderoso principado localizado no centro norte do futuro território alemão), capitaneada pelo primeiro-ministro Bismarck, unificou o império alemão, criando um único Estado-nacional. Durante o período do Segundo Império (1871-1918), ocorreu um decisivo deslocamento de poder simbólico e político, que resultou na definição e monopolização do significado da nacionalidade alemã por parte das elites militares e da nobreza rural. Tais elites concorriam com as camadas e os círculos das classes médias liberais, humanistas e intelectualizadas pelos principais recursos de poder político, simbólico e econômico, e, logo, pelo significado que se deveria imprimir à nova nação. Essa luta se arrastou por todo o século XIX, quando o código bélico e guerreiro das elites militares e da nobreza rural, assim como as suas normas de condutas, seus modelos de ação e padrões emocionais, penetraram os valores das camadas medias liberais urbanas, definindo-se como a *estrutura social de personalidade* (*habitus*) de vastos segmentos dos mais importantes círculos das classes médias alemãs e, mais tarde, já nas primeiras décadas do século XX, também das camadas dos trabalhadores urbano-industriais.

Diferentemente da França e Inglaterra, a Alemanha não possui uma forte e influente corte, embrião das sociedades Estado-nacionais. Antes o contrário, o território alemão abrigou diversas pequenas e médias cortes, que não se tornaram centros irradiadores de poder simbólico, político e militar, como Viena, Versalhes e Londres. Esse aspecto fortaleceu as elites militares e as nobrezas rurais (*junkers*) proprietárias de terras. Elias demonstra como os termos *kultor* e *zivilisation* possuíam um significado bastante distinto entre as camadas das classes médias intelectualizadas alemãs durante o século XVIII. Para estas, em contraposição à noção francesa e inglesa de civilização, o *kultur* designava os aspectos mais autênticos e verdadeiros da vida espiritual (*volk*) dos indivíduos e da sua comunidade cultural originária. Tais grupos atribuíam ao conceito de civilização uma ideia de afetação e dissimulação. Pouco afeitos à vida nas médias e pequenas cortes dos principados alemães, as camadas das classes médias alemãs cultivaram até a segunda metade do século XIX um forte idealismo, refratário ao exercício do poder político, ao domínio dos negócios e da vida prática cotidiana. Pressionadas pelas guerras interestatais e os conflitos de fronteira, recorrentes ao longo da história dos principados alemães, a nobreza rural e a fração militar dessa nobreza não viveu um contínuo processo de curialização/cortização, que Elias define como o movimento de construção de controles e autocontroles, que, paulatinamente, conduziu a formação de economias psíquicas e controle dos instintos, das pulsões e da agressividade, embrião do lento processo de consecução do monopólio legal do uso da força física por parte das instituições estatais. Por outro lado, as camadas das classes médias intelectualizadas (profissionais liberais, professores universitários, comerciantes, funcionários públicos e industriais) não lograram romper os mecanismos de dominação das nobrezas rurais e das elites militares, mantendo-os afastados dos principais postos de poder do Segundo Império (1871-1918). No máximo, as camadas das classes médias profissionais compunham um extenso estrato de segundo escalão.

Os aspectos descritos acima concorreram para a difusão e nacionalização dos códigos de honra e das regras de conduta das elites militares e da nobreza rural alemã. O centro de formação desse código corresponde ao que Elias chamou de duelo e filiação na classe dominante imperial, o ato de exigir e dar satisfação. O autor descreve meticulosamente – por meio de documentos, cartas e registros jurídicos – o exercício dos duelos, ancorados no controle que as classes dominantes exercem sobre o ingresso nas instituições estatais, e também como uma prática recorrente de resolução dos conflitos mais prosaicos do cotidiano envolvendo os membros desses segmentos, mas também os círculos das classes médias profissionais, que, cada vez mais, incorporavam os códigos de honra e as práticas duelistas. Os duelos são aprendizados derivados das provas e competições de esgrima, jogos agressivos e violentos que se disseminaram pelas corporações acadêmicas e também, aos poucos, pelas confrarias nacionalistas, integradas pelos estudantes das classes médias profissionais, que, após o êxito político-militar da unificação nacional de 1871, tornaram-se muito mais bélicas e guerreiras, e muito menos idealistas. O duelo, a esgrima e todo o código de honra que os sustentavam se tornou uma prática constitutiva dos padrões de agressividade, virilidade e força existente nas camadas dominantes alemãs nos quase cinquenta anos do Segundo Império. Esses segmentos exortavam a força, a disciplina militar e a resolução dos conflitos sem a mediação das instâncias jurídico-estatais, alimentando uma espiral de violência e de nacionalismo atávico que se fez acompanhar de uma romantização permanente da guerra, alimentada por delírios e fluxos de fantasias de uma Alemanha grande, poderosa e indestrutível.

Findado o primeiro grande conflito mundial (1914-1918), constatada a derrota e dissolução do II Império, a espiral de violência se acentuou em torno da República de Weimar (1919-1933). Com a dissolução do Império e acentuada redução do contingente de soldados e dos orçamentos para o exército e demais organizações militares, assim como a ascensão definitiva das classes médias profissionais e também do proletariado urbano-industrial, as antigas camadas dominantes imperiais foram deslocadas. No entanto, aos olhos das antigas elites era simplesmente inadmissível permitir que à frente dos principais postos de comando e poder do Estado alemão estivessem, agora, líderes sindicais, intelectuais judeus e frações das classes médias baixas, responsáveis pelo cumprimento dos humilhantes acordos de paz. Com efeito, à luz dos códigos morais da antiga nobreza militar-rural e de círculos bélicos das camadas burguesas, era inadmissível uma república sindical comunista e judia. Logo após a instauração da república, se disseminaram os atos terroristas (assassinato de políticos dos mais variados espectros ideológicos) perpetrados pelas inúmeras organizações paramilitares (*Freikorps*), grupos de extrema-direita e círculos de ex-membros do exército. Em conjunto, esses aspectos dificultaram sobremaneira o processo de construção do monopólio legal do uso da força física por parte do Estado nacional alemão, minando a unidade político-jurídica da república democrática alemã que emergiu após 1919. Como observou Elias, parecia que, ao contrário de ingleses e franceses, os alemães não sabiam lutar com palavras. Desse modo, diferente de França e Inglaterra, que alcançaram relativa pacificação intraestatal, a Alemanha conviveu com elevados níveis de tensão e violência intraestatal durante mais de sessenta anos. Elias assinala que o êxito eleitoral de Hitler e do nacional-socialismo, assim como a sua definitiva consolidação no poder, se deveu, em grande medida, ao recrudescimento e profusão do código bélico-guerreiro das antigas nobrezas rurais e elites militares, mas também ao rompimento das antigas barreiras impostas por essas mesmas elites, criadas pelas corporações acadêmicas e confrarias nacionalistas, ciosas de suas posições de elites e dos seus muitos recursos de distinção e dominação. "Ser membro da "raça alemã" abriu a porta a muito mais gente do que a mera pertença à "boa sociedade" nobre e burguesa e, na juventude, ao oficialato ou às associações estudantis" (ELIAS, 1997).

O legado eliasiano e a sociologia configuracional

Indagado acerca do seu processo de formação intelectual e acadêmico, Anthony Giddens respondeu que, muito por acaso, iniciou a sua trajetória de pesquisador pela sociologia do esporte. Escolheu abordar em sua dissertação de mestrado o processo de padronização das regras de disputa e competição do futebol na Inglaterra. Ao tratar dessa sua primeira escolha empírica, Giddens menciona um episódio bastante curioso acerca da sua ida para o Departamento de Sociologia de Leicester. Exortado a concorrer a um posto de professor de sociologia naquela universidade, no começo dos anos de 1960, antes da realização da entrevista para o preenchimento da vaga, Giddens se viu numa conversa informal com dois professores locais, Ilya Neustadt (diretor do departamento) e Norbert Elias. No encontro informal, Elias indagou a Giddens quais eram os seus interesses de pesquisa e quais temas já havia investigado? Ao mencionar os seus interesses e a sua experiência com o futebol, a conversa se prolongou. Giddens relata que a perspectiva sócio-histórica de Elias acerca dos jogos coletivos, do futebol e do processo geral de desportização da vida contemporânea (mais tarde condensada no livro *Em busca da excitação*) eram, de fato, mais consistentes e interessantes do que as suas próprias reflexões sobre o futebol. Giddens relata que Elias se portava como um intelectual já bastante conhecido e mundialmente famoso, e que durante o período em Leicester aprendeu com

Elias a importância da disciplina, do trabalho metódico e sistemático. "Norbert trabalhava mais do que todos na universidade. Além disso, tinha uma vasta erudição – era sociólogo, historiador, antropólogo e jurista. Não era exatamente a encarnação de Max Weber, mas para mim era quase isso. As ideias de Norbert me influenciaram muito, embora eu só tenha me dado conta disso depois" (GIDDENS, 2000: 36).

O encontro informal entre Elias e Giddens traduz bem a forma segura e a confiança quase inquebrantável que o primeiro nutria sobre si e o seu trabalho. A rigor, sedimentou uma *autoimagem* bastante elevada e positiva, nuançada por uma convicção de que o seu trabalho teria, um dia, o reconhecimento que merecia. Mesmo diante desses aspectos e do julgamento seguro e tenaz que nutria sobre as suas teorias e o seu trabalho, nos relatos de cunho mais confessional Elias revelou temor acerca da continuidade do seu trabalho e do futuro do seu legado. Certamente esses aspectos aturdiam Elias porquanto, na iminência do fim da vida, lhe escapava o controle da sua obra e das principais formas de interpretá-la. O temor era justificado, mas felizmente o legado eliasiano alcançou acentuada projeção internacional, fecundidade analítica e segurança institucional. A primeira pode ser evidenciada pelas traduções dos livros de Elias, assim como pela intensa circulação de materiais bibliográficos acerca da sua obra e o crescente interesse editorial em torno desta; a segunda pode ser constatada através da consecução de novas gerações de eliasianos e eliasianas, que, nos últimos 40 anos, têm tornado a sociologia configuracional uma das matrizes analíticas mais consistentes, pujantes e alvissareiras das ciências sociais, renovando, com criatividade e rigor, a teoria sociológica, a teoria social de modo geral e o próprio pensamento de Elias; a terceira se materializa nos centros de pesquisa, universidades e fundações que têm agasalhado, projetado e conferido visibilidade à obra de Elias, como a Norbert Elias Fundation, criada em 1983, com sede em Amsterdã, Holanda.

Referências

ALVES, E.P.M. Norbert Elias: o esboço de uma sociologia das emoções. In: *Sociedade e Estado*, vol. 20, n. 1, 2005. Brasília.

ELIAS, N. *Introdução à sociologia*. Lisboa: Ed. 70, 2008.

_____. *A peregrinação de Wateau à ilha do amor*. Rio de Janeiro: Zahar, 2005.

_____. *Escritos e ensaios*. Rio de Janeiro: Zahar, 2002.

_____. *A solidão dos moribundos*. Rio de Janeiro: Zahar, 2001.

_____. *Norbert Elias por ele mesmo*. Rio de Janeiro: Zahar, 1999.

_____. *Sobre o tempo*. Rio de Janeiro: Zahar, 1998.

_____. *Envolvimento e alienação*. Rio de Janeiro: Bertrand Brasil, 1998.

_____. *Os alemães*: a luta pelo poder e a evolução do *habitus* nos séculos XIX e XX. Rio de Janeiro: Zahar, 1997.

_____. *A sociedade de corte*. Rio de Janeiro: Zahar, 1996.

_____. *A sociedade dos indivíduos*. Rio de Janeiro: Zahar, 1994.

_____. *Teoria simbólica*. Oeiras: Celta, 1994.

_____. *Em busca da excitação*. Lisboa: Difel, 1992.

_____. *Mozart*: a sociologia de um gênio. Rio de Janeiro: Zahar, 1991.

_____. *Estabelecidos e* outsiders. Rio de Janeiro: Zahar, 1991.

_____. *O processo civilizador*. Vols. I e II. Rio de Janeiro: Zahar, 1990.

FARIAS, E. & LEÃO, A. (orgs.). Dossiê Reinventar Norbert Elias. In: *Sociedade e Estado*, vol. 27, n. 3, 2012. Brasília.

GARRIGOU, A. & LACROIX, B. *Norbert Elias*: a política e a história. São Paulo: Perspectiva, 2010.

GEBARA, A. *Conversas sobre Norbert Elias*. Piracicaba: Biscalchin, 2005.

GIDDENS, A. & PIERSON, C. *Conversas com Anthony Giddens*: o sentido da Modernidade. São Paulo: FGV, 2000.

HEINICH, N. *A sociologia de Norbert Elias*. São Paulo: Edusc, 2001.

WAIZBORT, L. (org.). *Dossiê Norbert Elias*. São Paulo: Edusp, 2001.

10
Pierre Bourdieu (1930-2002)

*Gabriel Peters**

Pierre Bourdieu é, sem sombra de dúvida, um dos cientistas sociais mais influentes em todo o mundo. Numa íntima conjugação de teoria e pesquisa, ele formulou seu aparato conceitual através do estudo de uma imensa variedade de fenômenos empíricos, como arte, ciência, trabalho, desemprego, economia, direito, estado, educação, gênero, ritual, religião e meios de comunicação de massa, entre diversos outros. Uma rápida vista sobre periódicos atuais de ciências sociais dará testemunho, por sua vez, de pesquisadores que estendem a novos tópicos de investigação as peças centrais de seu esquema analítico, como as noções de *habitus*, campo, capital e violência simbólica. Embora predições sejam arriscadas no que toca a reputações intelectuais, uma lista de sociólogos contemporâneos que integrarão, no futuro, o mesmo espaço canônico hoje ocupado por Marx, Durkheim e Weber dificilmente encontrará uma aposta mais segura do que o nome de Bourdieu.

O cientista social e seu tempo

Bourdieu nasceu em 1930 numa pequena vila montanhesa no Béarn, província rural no sudoeste da França. Oriundo de um meio social predominantemente camponês, embora combinado a alguns traços pequeno-burgueses (seu pai passou de agricultor a carteiro), ele desenharia uma trajetória de "*miraculé*", termo corrente para designar indivíduos de origem popular que alcançam uma mobilidade social ascendente através do sucesso educacional. O percurso "miraculoso" da biografia de Bourdieu o transportou de um meio sociorregional dominado e desprestigiado no país ao topo do sistema acadêmico francês: uma cátedra no Collège de France, em Paris, que Bourdieu ocupou de 1981 até pouco antes de sua morte em 2002. Em contraste com outros "miraculosos" cujo sucesso os levara a uma celebração das oportunidades abertas pela educação meritocrática, Bourdieu utilizaria suas experiências de socialização "dividida" entre dois meios sociais para construir uma sociologia crítica da instituição escolar. Ao longo de sua carreira,

---

* Professor de Sociologia na Universidade Federal da Bahia (UFBA). Doutor em Sociologia pela Universidade do Estado do Rio de Janeiro (Uerj).

ademais, a sociologia da educação constituiria um capítulo na formulação de uma teoria geral do "poder simbólico", isto é, do processo em que relações arbitrárias de desigualdade e dominação são ideologicamente legitimadas e vividas como naturais e evidentes, tanto aos olhos de dominantes quanto de dominados.

Após uma jornada dolorosa pelo internato, que ele evocou em algumas das páginas mais confessionais de seu *Esboço de autoanálise* (2005), Bourdieu foi aceito, no final dos anos de 1940, na prestigiosa École Normale Supérieure (ENS). Lá, em 1954, ele viria a graduar-se em Filosofia, área do conhecimento que, em um contexto dominado pelo existencialismo de Jean-Paul Sartre, era amplamente tomada como uma espécie de disciplina-rainha e, assim, ocupação quase inescapável para quaisquer pretendentes à vida intelectual. Bem antes de sua conversão da filosofia às ciências sociais, entretanto, Bourdieu já tinha sido tomado de antipatia pelo *ethos* do "intelectual total" encarnado por Sartre, caracterizado pela disposição autoconfiante a opinar sobre todos os assuntos sem se questionar sobre os privilégios sociais e limites epistemológicos associados à própria condição de pensador – ao que o Bourdieu maduro chamaria de "visão escolástica" (2001a: 23).

No ambiente da École, Bourdieu encontrou no historiador das ciências Georges Canguilhem um modelo de vida intelectual que destoava do estilo opinioso de Sartre em prol do estudo metódico e rigoroso de temas de pesquisa bem delimitados, como as concepções históricas de saúde e doença que Canguilhem havia explorado em seu livro *O normal e o patológico* ([1943] 2009). A obra de Canguilhem pode ser situada em uma tradição francesa mais ampla de "epistemologia histórica das ciências", da qual Bourdieu se considerava tributário e que era também encampada por autores como Gaston Bachelard, Jean Cavaillés, Alexandre Koyré e Julles Vuillemin. A concepção de "método científico" que Bourdieu viria a advogar na sociologia deve muito, em particular, ao "racionalismo aplicado" de Bachelard, com sua ênfase sobre a "ruptura" entre ciência e senso comum, a "construção" teórica do objeto científico e a "constatação" empírica como três etapas indissociáveis de qualquer ciência. Tal débito viria a ser abertamente reconhecido por Bourdieu em *O ofício do sociólogo*, uma espécie de "tratado metodológico" que ele publicou, em 1968, em coautoria com Jean-Claude Chamboredon e Jean-Claude Passeron (BOURDIEU et al., 2004).

A despeito de sua insatisfação com a versão existencialista da fenomenologia avançada por Sartre, os anos de estudo de Bourdieu na ENS foram marcados pelo contato intenso com outros representantes da tradição fenomenológica no século XX, como Edmund Husserl, Martin Heidegger e Maurice Merleau-Ponty. De modo geral, o que interessou a Bourdieu na fenomenologia foi uma concepção da subjetividade humana como "lançada" (Heidegger) ou "encarnada" (Merleau-Ponty) em um mundo social partilhado com outros, respondendo às demandas de tal mundo menos através da reflexão explícita do que por meio de um saber tácito e pré-reflexivo – do que Bourdieu viria a chamar de "senso prático". Lá pela metade da década de 1950, impactado pela fenomenologia, Bourdieu planejava escrever uma tese de doutorado em filosofia, sob orientação de Canguilhem, sobre "as estruturas temporais da vida afetiva". Os estudos de Bourdieu sobre os modos socialmente variáveis de experiência do tempo marcariam, de fato, toda a sua sociologia, de seu retrato da dolorosa inadaptação de ex-camponeses ao capitalismo na Argélia dos anos de 1950 até sua análise madura dos desempregados na França dos anos de 1990. Não obstante, Bourdieu nunca completaria seu doutorado. Em 1955, ele seria enviado à Argélia, então ainda sob domínio colonial francês, para lá cumprir seu serviço militar obrigatório. Ele pisava em território argelino justamente em um período de escalada da violência entre o exército da França, de um lado, e a rebelião anticolonial liderada pela Frente de Libertação Nacional (FLN), de outro.

Mesmo antes de abandonar seu projeto de uma fenomenologia da vida afetiva, Bourdieu logo julgou-se no dever de produzir, para um público francês pouco informado, um relato tão fidedigno quanto possível da situação social, econômica e política da Argélia. O que começou como o cumprimento de uma "tarefa cívica", no entanto, se tornaria um interesse absorvente de Bourdieu. Após o fim do seu serviço militar obrigatório em 1957, ele resolveu continuar no país, assumindo um cargo de professor na Universidade de Argel. Mergulhado na tarefa de retratar as estruturas passadas e as transformações correntes da sociedade argelina e de seus diferentes grupos, como a comunidade rural da Cabília que seria tão importante na formulação de sua "Teoria da Prática", Bourdieu tornou-se um pesquisador social autodidata, experimentando com uma ampla variedade de técnicas de investigação: coletas e análises estatísticas, entrevistas em profundidade, observações etnográficas etc. O uso de instrumentos diversos de investigação em seus primeiros passos como etnógrafo e sociólogo pode ser visto, retrospectivamente, como o berço do *pluralismo metodológico* que singularizaria as pesquisas do Bourdieu maduro.

Ao longo da segunda metade da década de 1950, o "choque de realidade" vivido por Bourdieu em uma Argélia atravessada pela guerra aprofundou sua insatisfação com a filosofia e precipitou, assim, sua transição definitiva para as ciências sociais. Embora tal transição certamente envolvesse uma perda significativa do prestígio ou "capital simbólico" atrelado ao estatuto de filósofo, ela foi facilitada, decerto, pela dignidade intelectual então recém-conferida à etnologia pelos trabalhos de Claude Lévi-Strauss. Com efeito, a profundidade da influência do autor de *Tristes Trópicos* (1996 [1955]) sobre Bourdieu pode ser aferida pelo fato de que as apresentações mais sistemáticas de sua "Teoria da Prática" seriam feitas, em larga medida, sob a forma de um diálogo crítico com o estruturalismo lévi-straussiano, tendo como referente empírico primordial a sociedade cabila.

O primeiro livro publicado por Bourdieu, em 1958, intitula-se *Sociologia da Argélia*. A obra apresenta as estruturas socioeconômicas e tradições culturais dos diferentes grupos berberes (como os Cabila) e árabes que compunham a população argelina, ao mesmo tempo em que procura as propriedades comuns que permitiriam caracterizá-los como "variações de um mesmo tema" (BOURDIEU, 1960: 92). Significativo é o fato de que, já no título do livro, Bourdieu questionava implicitamente a separação disciplinar entre a "sociologia" como estudo de sociedades ocidentais "avançadas", de um lado, e a "etnologia" ou "antropologia" como estudo de sociedades não ocidentais "primitivas", de outro. No contexto sociopolítico da guerra argelina contra o domínio francês, tal distinção epistemológica associava-se a um etnocentrismo que servia de suporte ideológico à dominação colonial. No âmbito mais amplo da trajetória de Bourdieu, a ultrapassagem da distinção entre sociologia e antropologia daria origem a um estilo de indagação sociológica que já incorporava uma "sensibilidade antropológica" entre os seus componentes fundamentais, isto é, que utilizava *insights* obtidos no estudo de sociedades não ocidentais para interrogar contextos sociais do Ocidente moderno de modo mais crítico e criativo. Nesse sentido, por exemplo, após formular uma teoria da dominação simbólica com base em uma etnografia detalhada da sociedade cabila na Argélia, Bourdieu teve a ousadia intelectual de aplicá-la aos próprios cenários modernos de sua França nativa. Assim, para ficar em apenas uma ilustração, o vínculo entre estruturas sociais e estruturas mentais que Durkheim e Mauss julgaram valer somente para as sociedades "primitivas" seria descoberto por Bourdieu na legitimação ideológica das assimetrias de classe na sociedade francesa (2007), bem como nas disputas internas ao campo acadêmico no qual ele próprio estava imerso (2011).

    Profundamente impactado pelo sofrimento do povo argelino e simpático à causa da independência da Argélia em relação à França, Bourdieu desenvolveu, desde cedo, o hábito durável de "sublimar" suas paixões políticas, estudando os fenômenos que o moviam pessoalmente com as ferramentas rigorosas da ciência social. A despeito de praticar este modo mais "indireto" de intervenção política, no início dos anos de 1960, sua aproximação a intelectuais críticos ao domínio colonial francês o colocou no radar de uma facção de extrema-direita do exército da França. Alertado por uma autoridade militar de que esse grupo planejava assassiná-lo, Bourdieu decidiu deixar o país às pressas em 1961, um ano antes do fim da guerra e da conquista argelina da independência (YACINE, 2004: 492). Ao retornar à França, ele teve como patrono o prestigiado sociólogo e jornalista Raymond Aron, que rapidamente integrou Bourdieu ao "Centro Europeu de Sociologia Histórica" na "Escola de Altos Estudos em Ciências Sociais" – École des Hautes Études en Sciences Sociales (Ehess) em Paris (CALHOUN, 2003: 279).

    Em 1963 e 1964, respectivamente, vieram a lume os livros que apresentavam as pesquisas estatísticas e etnográficas que Bourdieu havia levado a cabo na Argélia com um punhado de colaboradores: *Trabalho e trabalhadores na Argélia*, escrito com Alain Darbel, Jean-Paul Rivet e Claude Seibel; e *Le déracinement* (algo como "O desterro" ou "O desenraizamento"), escrito com Abdelmalek Sayad[1]. Com o benefício da visão retrospectiva, ambos os estudos podem ser lidos como análises do que o Bourdieu maduro chamaria de "efeito de histerese" (1983: 64), isto é, situações históricas em que indivíduos socializados em certas condições de existência (p. ex., uma economia rural e tradicional baseada em ciclos de dádiva) são obrigados a operar em circunstâncias sociais radicalmente novas (p. ex., uma economia urbana e capitalista baseada no trabalho assalariado). Enquanto a primeira obra acompanha o drama dos ex-camponeses tornados subempregados ou desempregados nas cidades argelinas, a segunda analisa as dificuldades dos camponeses forçados a abandonar suas terras para viver em "centros de reagrupamento" montados pelo governo francês durante a guerra.

Em compasso com sua intenção de transcendência da distinção entre a antropologia como estudo do "outro" sociocultural e a sociologia como estudo da sociedade de que se é "nativo", Bourdieu embarcou, no início dos anos de 1960, em um projeto de "etnografia multilocal" que combinava suas pesquisas na Argélia a um exame da própria vila bearnesa em que ele havia crescido. Ao fazê-lo, ele mostrou como a "familiarização do exótico", propiciada pelo estudo da alteridade, e a "exotização do familiar", necessária para que a sociologia rompa com impressões ingênuas do mundo social, alimentam-se reciprocamente. Um dos produtos de sua etnografia no Béarn foi uma comovente descrição do "baile dos solteiros" (2006 [1962]). Nesse texto, Bourdieu se debruçou sobre bearneses que, tal como os indivíduos expropriados na Argélia, haviam sido socializados segundo tradições camponesas, mas foram subitamente tornados deslocados e marginais pela invasão de outro estilo de civilização: os "solteiros" mencionados no artigo eram os primogênitos de famílias camponesas que tiveram seu "capital matrimonial" severamente desvalorizado aos olhos de suas cônjuges potenciais, as quais, com o avanço da urbanização, passaram a compará-los negativamente com os habitantes da cidade.

Bem instalado na Ehess, Bourdieu se lançaria intensamente a um trabalho sociológico que conjugava uma elaboração teórica original com investigações empíricas sobre uma variedade estonteante de temáticas. Seu labor sociológico também reabilitaria a tradição durkheimiana da ciência social *colaborativa*, como mostram seus artigos e livros em coautoria com Luc Boltanski, Robert Castel, Jean-Claude Chamboredon, Jean-Claude Passeron, Yvette Desault, Monique de Saint Martin e, mais tardiamente, Loïc Wacquant, entre várias/os outras/os. Análises de como o sistema escolar opera na legitimação ideológica das desigualdades de classe apareceram em *Os herdeiros* (1964) e *A reprodução* (1975 [1970]), ambos escritos com Passeron. Se o veio crítico do primeiro livro já havia introduzido tensões entre Bourdieu e Aron, os dois terminariam rompendo relações em meio a discordâncias políticas relativas ao movimento de Maio de 68 – embora cético quanto a certas ilusões voluntaristas acalentadas pelos estudantes que protagonizaram aquele movimento, Bourdieu era muito mais simpático às suas demandas do que o seu até então patrono institucional. Quanto ao segundo livro citado, sua influência na sociologia da educação é, até hoje, muito significativa. Sendo uma das obras de Bourdieu cuja difusão foi mais precoce, esse texto também serviu para alimentar críticas frequentes ao "reprodutivismo" de seu modelo teórico, as quais têm a sua dose de verdade (PETERS, 2013), mas também assumem amiúde formas tremendamente simplórias. Seja como for, no contexto mais amplo da obra de Bourdieu, a sociologia da educação constitui apenas um capítulo de um programa mais ambicioso e multifacetado de análise das *interseções entre cultura e poder*. Dois estudos colaborativos da década de 1960 também podem ser situados nesse programa, um versando sobre os usos sociais da fotografia (BOURDIEU et al., 1965), outro sobre frequentadores de museus na Europa (BOURDIEU & DARBEL, 2003 [1969]).

Em 1968 surge a já citada obra sobre as bases epistemológicas da sociologia. Em 1972, *Esboço de uma teoria da prática* oferece a primeira apresentação sistemática de sua visão "praxiológica" do mundo social[2]. Elaborada como uma superação crítica de modos "objetivistas" e "subjetivistas" de conhecimento do universo societário, a Teoria da Prática Delineada no livro escolhe o estruturalismo de Lévi-Strauss como seu interlocutor privilegiado (embora de modo algum exclusivo) e a sociedade cabila como "laboratório" primeiro para a ilustração empírica de suas hipóteses. Uma versão retrabalhada dos mesmos argumentos do livro de 1972 surge, em 1980, com o sugestivo título *O senso prático* (2009 [1980]). No ano anterior, Bourdieu publicara *A distinção* (2007 [1979]), um monumental exame dos estilos de vida das classes sociais na França, o livro que constitui, para muitos, sua obra-prima.

Ao longo das décadas de 1960 e 1970, Bourdieu produz artigos que serão instâncias decisivas na formulação de seu quadro teórico-metodológico de análise da vida social. Um texto sobre "Condição de classe e posição de classe" [1966] propõe, em diálogo crítico com Marx e Weber, uma articulação entre os conceitos de *classe* e de *status*. Tal articulação pode ser lida como um preâmbulo teórico ao livro *A distinção*, ao conceber indicadores simbólicos de *status* (p. ex., os gostos que definem um "estilo de vida") como expressões ideológicas do pertencimento de classe. Um "posfácio" de 1967 ao livro *Arquitetura gótica e pensamento escolástico*, de Erwin Panofsky, serve de ocasião para que Bourdieu desenvolva aspectos do seu principal conceito para tratar do agente humano em sociedade: a noção de *habitus*. No mesmo ano, ele e Passeron publicam um artigo sobre o confronto entre "filosofias do sujeito" e "filosofias sem sujeito" na academia francesa: "Sociologia e Filosofia na França desde 1945" [1967]. Este texto não apenas prenunciava a crítica de Bourdieu aos modos "subjetivistas" e "objetivistas" de conhecimento do social, mas também oferecia um dos seus primeiros exercícios de "sociologia reflexiva" ou sociologia da sociologia, isto é, da tentativa de explicar conflitos intelectuais em termos dos cenários estruturais de competição em que se situa o *Homo academicus*.

Tais cenários estruturais viriam a ser concebidos como *campos* na sociologia de Bourdieu. Primeiramente ensaiado no texto "Campo intelectual e projeto criador" (1968 [1966]), o conceito ganhou formulações mais sistemáticas em artigos sobre o tema da religião que ele publicou em 1971: "Gênese e estrutura do campo religioso" e "Uma interpretação da sociologia das religiões de Max Weber"[3]. Etapas importantes no refinamento da noção de campo são também dois textos de 1975: um sobre o campo científico (1983 [1975]: 122-155), tema ao qual Bourdieu retornaria em maior detalhe no final de sua vida, e outro sobre "a ontologia política de Martin Heidegger", que seria ampliado em livro em 1988. O último escrito consiste em uma ilustração empírica de um postulado central da Teoria dos Campos, qual seja, o de que influências externas a um campo autônomo só se exercem nele de modo "mediado" e "refratado" pelos seus mecanismos internos. Nesse caso específico, Bourdieu intervém no debate sobre as ligações de Heidegger com o nazismo mostrando como o filósofo traduziu sistematicamente certas orientações político-ideológicas características da Alemanha de seu tempo *nos termos específicos* do vocabulário, das problemáticas e das referências histórico-intelectuais tidas como legítimas no campo filosófico (1989a [1988]).

O certificado social de consagração acadêmica de Bourdieu, em relação à qual ele se manteria profundamente ambivalente até sua morte, veio com sua assunção de uma cátedra no *Collège de France* em 1981. Em compasso com a orientação reflexiva de sua sociologia, a aula inaugural do mestre francês versou sobre o próprio fenômeno da aula inaugural (1988 [1982]). Como um reflexo do interesse já despertado por seu pensamento fora da academia, ele havia publicado, no ano anterior, *Questões de sociologia* (2003a [1980]) – uma coletânea de pequenos textos, palestras e entrevistas que transmitiam suas ideias sociológicas fundamentais em uma linguagem mais acessível do que aquela até então presente em seus escritos. O formato se provou bem-sucedido, e seria posteriormente reutilizado em livros como *Coisas ditas* (1990 [1987]) e *Razões práticas* (1996a [1994]), os quais contêm algumas das mais didáticas "portas de entrada" à sociologia bourdieusiana. De qualquer modo, creio que a obra que logra a combinação máxima entre acessibilidade da linguagem, de um lado, e respeito à complexidade do seu pensamento, de outro, é *Um convite à sociologia reflexiva* (2005 [1992]), produzida em colaboração com Loïc Wacquant em 1992.

Também em 1992, veio a lume *As regras da arte* (1996b [1992]). O livro oferece uma análise sociológica da autonomização do campo artístico na França do século XIX, vasculhando o contexto sócio-histórico da emergência e da consolidação do ideal da "arte pela arte" empunhado por autores como Gustave Flaubert. Bourdieu também articula esse estudo histórico a uma discussão teórica mais geral sobre o estudo científico de manifestações artísticas. Nela, o sociólogo procura transcender a oposição entre leituras "internalistas" e "externalistas" de obras de arte e, por extensão, de outras produções simbólicas (religião, mito, ciência, filosofia etc.). Rejeitando modos internalistas de análise que desligam as produções artísticas de quaisquer determinações sócio-históricas exteriores a elas, Bourdieu também critica o externalismo de abordagens que reduzem aquelas produções, sem mais, às posições de seus produtores no espaço social mais amplo (classe, gênero, etnicidade etc.). Tais perspectivas, como as teorias marxistas da literatura que a analisam em termos dos condicionamentos de classe de seus produtores, ignorariam um fato fundamental: o papel causal dos próprios *campos* de produção cultural na moldagem das obras. Graças à autonomização dos campos de produção simbólica, as influências exteriores a eles, tais como as ideologias de classe por exemplo, só se exerceriam no seu interior de modo "refratado" por suas respectivas lógicas imanentes. Ao discutir esta e outras questões em detalhe, o livro *As regras da arte* terminou por equivaler ao volume sobre a teoria geral dos campos que Bourdieu anunciou diversas vezes – permitindo-se até mesmo antecipar seu título provisório: "A pluralidade dos mundos" (1990: 34) –, mas infelizmente não pôde concluir.

Como vimos, se a empreitada intelectual de Bourdieu foi motivada desde cedo por paixões políticas, ele quase sempre as submeteu a uma "sublimação", isto é, colocou-as a serviço de uma ciência rigorosa do mundo social. Um exemplo desse uso de ferramentas científicas no estudo de temas politicamente candentes é uma obra coletiva que ele organizou sobre múltiplas instâncias de "sofrimento social" no mundo moderno: *A miséria do mundo* (2003 [1993]). Embora claramente animado por uma crítica de esquerda às consequências humanas das políticas neoliberais dos anos de 1980 e de 1990 nos Estados Unidos e na Europa, o livro jogava luz, deliberadamente, sobre dimensões da privação e da exclusão social que escapavam aos índices da estatística econômica, tais como os sofrimentos psíquicos associados à perda de sentido e valor social – este o caso, por exemplo, dos desempregados que eram dolorosamente privados não apenas de um salário, mas também das "razões de ser" ligadas ao trabalho.

Na mesma década, no entanto, valendo-se da visibilidade que havia ganhado fora da academia, Bourdieu sentiu-se instado a emprestar um caráter mais direto e aberto às suas intervenções políticas, como testemunham seus textos e falas em prol dos desempregados e dos imigrantes ilegais, a favor dos mecanismos de proteção social ameaçados pelo desmantelo neoliberal do estado de bem-estar e contra o bombardeio da Sérvia, em 1999, pela Organização para o Tratado do Atlântico Norte (Otan), para ficar apenas em alguns exemplos (cf. BOURDIEU, 1998, 2001b). A frenética atividade de Bourdieu como intelectual público, cuja celebridade dentro e fora da França seria facilmente comparável àquela adquirida por Sartre e Foucault antes dele, foi bem capturada no documentário de Pierre Carles: *A sociologia como esporte de combate* [2001].

O último curso que Bourdieu ministrou no *Collège de France*, um pouco antes de sua morte, versou sobre a sociologia da ciência, sendo publicado com o título *Ciência da ciência e reflexividade* (2001). O "historicismo racionalista" que Bourdieu propõe nessa obra já havia sido delineado, no entanto, em um livro que é, sob muitos aspectos, uma espécie de testamento intelectual: *Meditações pascalianas* (1997 [2001a]). Esse belíssimo escrito contém não apenas um acerto de contas com as ambições e limites da filosofia, mas também a própria "antropologia filosófica" de Bourdieu, isto é, uma concepção mais geral da condição humana que ele ousou extrair de uma longa carreira de estudos sociológicos (PETERS, 2012). O cerne dessa concepção é a tese de que o ser humano é animado por um anseio de *sentido* e *justificação* para sua própria existência, os quais só podem advir dos certificados de consagração coletiva que Bourdieu reúne sob a categoria geral de "capital simbólico". Uma vez que tais certificados são bens escassos e, portanto, obtidos somente de modo diferencial e distintivo, o mundo social engendra uma competição por reconhecimento e valor que termina por condenar diversos indivíduos à situação de miséria simbólica, isto é, à "miséria do homem sem missão nem consagração social" (BOURDIEU, 1988: 56). Como um fecho à sua obra sociológica, o tema era mais do que apropriado. Tratasse dos camponeses expropriados na Argélia dos anos de 1950 ou dos desempregados na França dos anos de 1990, um dos objetivos magnos da sociologia de Bourdieu sempre foi desvelar toda a carga de sofrimentos e indignidades que o funcionamento cotidiano do mundo social torna invisíveis pela dissimulação ideológica.

Percursos e influências

Em um famoso artigo (1987), Jeffrey Alexander incluiu a praxiologia de Bourdieu entre as principais manifestações do que era, à época, um "novo movimento teórico" nas ciências humanas. O traço crucial desse movimento era a síntese das contribuições de diversas escolas de pensamento (p. ex., fenomenologia, etnometodologia, interacionismo simbólico, estrutural-funcionalismo, estruturalismo, marxismo) na tentativa de dar conta da *interdependência* entre ação individual e estrutura social. Alexander mencionava a Teoria da Prática de Bourdieu juntamente com outros esforços analíticos voltados ao mesmo objetivo, como a Teoria da Estruturação de Anthony Giddens e a Teoria da Ação Comunicativa de Jürgen Habermas. A despeito de diferenças importantes, como seu engajamento muito maior com a pesquisa empírica, Bourdieu compartilha com estes dois autores a vocação de síntese teórica, ou seja, a tentativa de combinar teorias sociais diversas em um quadro analítico integrado. Uma lista não exaustiva das influências intelectuais de sua sociologia teria de incluir: a "Santíssima Trindade" da sociologia clássica, formada por Karl Marx, Émile Durkheim e Max Weber; o racionalismo aplicado de Gaston Bachelard; a epistemologia relacional de Ernst Cassirer; as fenomenologias de Edmund Husserl, Martin Heidegger e Maurice Merleau-Ponty; o(s) estruturalismo(s) de Ferdinand de Saussure, Noam Chomsky e Claude Lévi-Strauss; e a pragmática da linguagem de Ludwig Wittgenstein.

Como Marx e Weber, Bourdieu retratou o mundo social em termos agonísticos e conflituais, isto é, como uma arena de relações de *força* e de *competição* por bens e recursos escassos. Através de uma interpretação original da sociologia das religiões de Weber, o sociólogo francês sustentou que não são apenas os bens *materiais* que são raros e, portanto, disputados no universo societário, mas também os bens *ideais* ou *simbólicos*, os quais podem ser os mais diversos, como autoridade sacerdotal, prestígio artístico, consagração científica etc. Em compasso com esta perspectiva, a noção de "capital" também é amplificada por Bourdieu para referir-se a quaisquer posses que operem como meios eficientes de exercício do poder em um dado cenário sócio-histórico. Isto incluiria não apenas propriedades materiais ("capital econômico"), mas também, por exemplo, saberes socialmente valorizados ("capital cultural") ou alianças pessoais com agentes influentes ("capital social"). Além disso, em sua Teoria dos Campos como esferas relativamente autônomas de atividade, Bourdieu sustentou que cada campo funciona com base em uma forma específica de capital desigualmente distribuída e disputada no seu interior – por exemplo, as modalidades de prestígio e autoridade específicas aos campos religioso, artístico e científico.

Também como Marx e Weber, o sociólogo francês sustentou que as assimetrias de poder presentes em uma formação social raramente se reproduzem de modo aberto, mas sim com o apoio de ideologias de *legitimação*. Em um exemplo notável de articulação criativa entre teorias distintas, Bourdieu mesclou este *insight* weberiano-marxista ao "kantianismo sociológico" de Durkheim e Mauss. Cunhada por Lévi-Strauss, a noção de "kantianismo sociológico" refere-se à tese de que haveria uma conexão entre estruturas sociais e estruturas mentais. Em um artigo clássico, Durkheim e Mauss sustentaram que, nas sociedades ditas "primitivas", os esquemas de percepção pelos quais os indivíduos representavam o mundo reproduziam, no plano mental, as próprias estruturas objetivas de suas sociedades. Segundo Bourdieu, essa homologia estrutural entre "princípios de divisão" e "princípios de visão" não valeria apenas para as sociedades "simples" ou "primitivas", mas também para as sociedades "complexas". Juntando Durkheim e Mauss a Marx e Weber, Bourdieu avança a ideia de que esta "cumplicidade ontológica" (1988: 52) entre estruturas subjetivas e estruturas objetivas constitui o principal mecanismo ideológico de legitimação da dominação e da desigualdade. O fato de que os indivíduos vivenciam o mundo social através de esquemas de percepção oriundos de sua socialização neste mesmo mundo faz com que eles o vejam como a ordem natural e evidente das coisas. Assim, tanto para dominantes quanto para dominados, arranjos históricos atravessados por relações de hierarquia e dominação não são vividos como arbitrários e contingentes, mas como naturais e inevitáveis. Essa naturalização de assimetrias de poder, ao dissimular o caráter arbitrário destas (i. é, o fato de que são relações de *força*), consistiria, para Bourdieu, em uma forma de violência não vivida como tal, "uma forma de violência que se exerce sobre um agente social com a sua colaboração" (BOURDIEU & WACQUANT, 1992: 136), em suma, uma *violência simbólica*.

As diferentes versões do estruturalismo apresentadas por Saussure e Lévi-Strauss serviram a Bourdieu como exemplares de um pensamento *relacional* indispensável às ciências sociais. A tarefa central do pensamento sociológico, segundo Bourdieu, é a captura de relações que, embora reais e causalmente influentes sobre as práticas dos indivíduos, não são diretamente observáveis. O saber de senso comum tende a tomar como reais apenas as entidades que pode apreender diretamente: indivíduos de carne e osso, interações face a face, manifestações materiais de atores coletivos (p. ex., o edifício-sede de um ministério ou de uma grande empresa) etc. O problema é que não há como explicar tais fenômenos observáveis senão recuperando as causas invisíveis que subjazem a eles. Como poderíamos explicar a deferência demonstrada por um "flanelinha" a um advogado de terno que acaba de estacionar seu carro, por exemplo, sem relacionar essa situação face a face à estrutura de classes da sociedade brasileira como um todo (que, como tal, não pode ser diretamente observada)? Sem supor que a interação no âmbito micro da vida social é completamente dedutível de macroestruturas, Bourdieu fez questão de enfatizar o quanto situações particulares de interação face a face são condicionadas por influências estruturais que as transcendem – por exemplo, posições objetivas de classe, gênero ou raça.

O apelo do pensamento relacional na sociologia de Bourdieu também foi reforçado por suas leituras do filósofo alemão Ernest Cassirer, que havia documentado o papel decisivo desse modo de conhecimento nas ciências naturais (VANDENBERGHE, 2010). O próprio conceito de campo na sociologia de Bourdieu poderia ser apresentado por uma analogia com suas utilizações na física. Assim como o comportamento de determinados objetos físicos só pode ser explicado em termos da influência que eles sofrem de um campo gravitacional que não pode ser *diretamente* observado, mas é discernível em seus *efeitos*, a existência de campos sociais é asseverada por "efeitos de campo", isto é, pelo seu papel na determinação de práticas que, de outro modo, seriam inexplicáveis. A conduta de uma pesquisadora que escreve um artigo acadêmico sozinha em seu escritório, por exemplo, só faz sentido em termos da sua relação com agentes e instituições de seu campo (ou subcampo) de produção intelectual, os quais não estão fisicamente presentes no mesmo aposento, mas exercem uma influência causal sobre cada passo da escrita da autora.

A teoria (1): subjetivismo, objetivismo e praxiologia

O *relacionismo* metodológico defendido por Bourdieu entra em choque, portanto, com o *substancialismo* de abordagens que tomam como reais apenas as entidades e processos passíveis de observação direta, como indivíduos biológicos e encontros face a face. O modo de pensar substancialista é também uma inclinação espontânea dos próprios agentes imersos no mundo social, o que explica por que Bourdieu advoga que a sociologia deve operar uma "ruptura epistemológica" com o senso comum e "construir" o seu objeto como uma configuração relacional. Segundo Bourdieu, tanto Marx quanto Durkheim deram mostras inteligentes de uma apreensão relacional do mundo social. Bourdieu concorda com Marx e Durkheim no que toca à ideia de que estruturas e processos societários possuem propriedades que escapam à vontade e à consciência dos agentes individuais. Ele afirma, no entanto, que, em certos momentos, Marx e Durkheim extraíram dessa ideia correta a errônea conclusão *objetivista* de que as intenções e representações dos indivíduos seriam irrelevantes para a explicação sociológica – veja-se, por exemplo, o estudo de Durkheim sobre o suicídio (2000) ou as passagens deterministas em que Marx apresenta a história humana em termos de "leis naturais" de movimento (1979: 5). "Objetivistas", para Bourdieu, são visões da ação humana e da vida social em que o subjetivo (a subjetividade individual) é dominado pelo objetivo (a sociedade como uma força exterior e independente).

De modo geral, o problema em que esbarram modos objetivistas de conhecimento do social é este: a existência de estruturas sociais objetivas é sensatamente reconhecida, mas esse reconhecimento não é acompanhado da captura dos *mecanismos* pelos quais as ações individuais são geradas de maneira a engendrar historicamente aquelas estruturas objetivas. Na ausência desse retrato de como as estruturas sociais são historicamente reproduzidas mediante condutas individuais, as abordagens objetivistas são levadas a conceber as coletividades e suas propriedades estruturais seja como formas a-históricas (p. ex., em Lévi-Strauss), seja como entidades capazes de agir com vontade e consciência, à maneira de agentes concretos (p. ex., em enunciados do tipo "os sistemas sociais buscam assegurar sua reprodução..." ou "a classe burguesa manobra para..."). É por isso que, segundo Bourdieu, as lições intelectuais do objetivismo, embora necessárias, são *insuficientes* para uma caracterização fidedigna do mundo social. Vejamos.

Tais lições são indispensáveis, por um lado, porque o estudo de qualquer universo societário tem de começar por um "momento objetivista", isto é, por uma apreensão exterior e distanciada desse universo como uma configuração estrutural que condiciona fortemente os agentes individuais nela imersos, saibam eles disso ou não. Deve-se partir, por assim dizer, da floresta como um todo para então compreender as árvores, não o inverso. Por outro lado, após esse momento objetivista em que a realidade social é apreendida segundo o que Karl Mannheim chamou de uma "visão de pássaro" – se se quer uma metáfora mais atual, poderíamos falar também em uma visão "Google Earth" do mundo social –, é preciso lembrar que essa realidade não é estática, mas historicamente mantida em movimento pelas práticas dos agentes que nela estão enredados. Na medida em que essas práticas não são determinações mecânicas, e sim condutas movidas por interesses e habilidades, o "momento subjetivista" da análise sociológica busca capturar os motores subjetivos das ações cotidianas dos indivíduos imersos no mundo social.

Por um lado, tais motores abarcam as *vontades* e *interesses* que impulsionam os indivíduos a intervir na sociedade, a envolver-se em algum dos seus "jogos", a investir seu tempo, seus recursos e suas energias na busca de determinados bens materiais ou ideais: dinheiro, poder político, prestígio científico, sacerdotal, artístico etc. Por outro lado, os motores subjetivos da conduta humana não incluem apenas os interesses que propelem os agentes, mas também os *saberes* e *habilidades* que os *capacitam* a atuar de maneira mais ou menos eficaz. Segundo Bourdieu, a grande contribuição das "microssociologias interpretativas", como a fenomenologia de Alfred Schutz e a etnometodologia de Harold Garfinkel, consistiu em mostrar como as formas mais comuns de ação e interação cotidiana só são possíveis graças a competências cognitivas e práticas partilhadas pelos membros "ordinários" da sociedade – as quais se revelam, a uma análise detida, muito mais complexas do que parecem à primeira vista. Na medida em que os saberes dos agentes são primordialmente ferramentas de ação, "métodos" (Garfinkel) para agir no mundo social, a maior parte dos nossos "estoques de conhecimento" (Schutz) não assume um caráter explícito e consciente, mas opera de modo *tácito* e *não reflexivo*. Por exemplo, a maioria dos falantes de uma língua "conhece" as suas regras gramaticais no sentido de que é capaz de mobilizá-las *na prática* como ferramentas de comunicação, ainda que não possa formulá-las explicitamente. Para oferecer uma ilustração menos inocente, é também um "senso" prático espontâneo que faz com que as pessoas obtenham um rápido palpite da classe social a que pertence um indivíduo após ouvi-lo e observá-lo por alguns instantes, mesmo que não tenham consciência de como funcionam os "índices de classificação" que utilizam (vestuário, modo de falar, modo de gesticular etc.). Por fim, os saberes práticos que capacitam a conduta cotidiana não se reduzem a habilidades mentais, mas incluem também o que Marcel Mauss chamou de "técnicas corporais", isto é, modos socialmente aprendidos de conduzir o próprio corpo (p. ex., saber andar, falar e gesticular segundo o que se espera socialmente de uma mulher ou de um homem).

Conforme uma espécie de "lei de lucidez e cegueira cruzadas" (é porque A vê o que B não vê que B vê o que A não vê), as vantagens analíticas do subjetivismo em relação ao objetivismo são também a fonte das suas desvantagens. As abordagens subjetivistas de Schutz e Garfinkel viram corretamente que as estruturas sociais não se reproduzem por si mesmas, mas são historicamente reproduzidas através das práticas de agentes interessados e hábeis. No entanto, ao centrarem-se na produção da sociedade pelos indivíduos, essas abordagens ignoraram o processo prévio de produção dos indivíduos pela sociedade. Em outras palavras, elas negligenciaram o fato de que os interesses e habilidades que os indivíduos mobilizam nas ações que reproduzem o mundo social são, eles próprios, produtos da sua socialização segundo as estruturas desse mundo. Todo agente individual é socializado em condições de existência particulares que ele não escolheu, mas que preexistiam à sua entrada em cena. Através da socialização, diversos traços dessas condições de existência, tais como aqueles associados a uma posição de classe, são duravelmente interiorizados na própria subjetividade dos indivíduos sob a forma de um *habitus*, ou seja, um conjunto de disposições a agir, pensar e sentir de determinadas maneiras. A socialização não gera uma matéria passiva, mas um indivíduo ativo. Ao mobilizar suas disposições socialmente aprendidas em práticas cotidianas, os agentes individuais deixam de ser somente *efeitos* de estruturas objetivas, passando a ser também suas *causas*; ou, mais precisamente, parte da cadeia causal pela qual tais estruturas são historicamente reproduzidas.

A relação dialética (ou de interdeterminação) entre objetividade e subjetividade no mundo social é o que possibilita à abordagem de Bourdieu integrar os ensinamentos do objetivismo e subjetivismo de um modo que pretende superar, ao mesmo tempo, suas respectivas limitações. A ideia de que as práticas sociais são o *produto* do encontro entre circunstâncias objetivas e disposições subjetivas leva o sociólogo francês a chamar sua perspectiva teórica de *praxiologia*. Uma teoria praxiológica não é apenas uma teoria *da* prática, mas uma teoria do mundo social *como* prática, uma teoria da prática como modo fundamental de existência do social. Bourdieu reconhece que essa visão encontra um antecessor ilustre no Marx das *Teses sobre Feuerbach*, onde está escrito que "toda a vida social é essencialmente prática" (MARX, 2000: 113). Sem chegar a dizer, como Marx, que "todos os mistérios que conduzem ao misticismo encontram sua solução na práxis humana e na compreensão dessa práxis" (p. 113), Bourdieu sustenta que um retrato do mundo social como cenário de práticas é o que permite escapar não apenas à dicotomia subjetivismo/objetivismo, mas a todo um conjunto de outras dicotomias que atormentam as ciências sociais: indivíduo/sociedade, material/ideal, mente/corpo etc.

A teoria (2): *habitus*

No cerne da praxiologia de Bourdieu encontra-se uma visão da história das sociedades humanas como um processo em que agentes individuais são socializados em estruturas objetivas e, ao comportarem-se com base nas disposições adquiridas nessa socialização, influenciam, por sua vez, o próprio ambiente estrutural objetivo em que estão imersos. A sociedade não existe exclusivamente como uma entidade exterior aos indivíduos ou como uma representação interna mantida por estes, mas como uma *dialética* entre o exterior e o interior, um "duplo processo de interiorização da exterioridade e exteriorização da interioridade" (BOURDIEU, 1983: 47).

O instrumento teórico que está no cerne da transcendência da dicotomia subjetivismo/objetivismo, para Bourdieu, é a noção de *habitus*, um conjunto de disposições práticas que os indivíduos adquirem ao longo de sua socialização e que se tornam traços duráveis do seu modo de ser. Por um lado, o *habitus* é a marca da sociedade no indivíduo, o mecanismo por meio do qual as condições particulares de existência nas quais ele foi socializado são "sedimentadas" ou "depositadas" na sua subjetividade. Por outro lado, o *habitus* é o que permite ao agente individual deixar sua marca na sociedade. Ao imbuir o indivíduo de *interesses* na busca por determinados bens e de *habilidades* para levar suas ações a cabo, o *habitus*, quando mobilizado nas práticas dos agentes, contribui para reproduzir ou transformar as estruturas sociais nas quais ele opera.

Por que Bourdieu utiliza a expressão latina "*habitus*", em vez do termo mais corrente "hábito"? Porque, no seu uso de senso comum, a noção de "hábito" refere-se frequentemente a comportamentos mecânicos e repetitivos, enquanto o *habitus* constitui uma *matriz geradora* de condutas, ou seja, de respostas práticas às situações mais ou menos (im)previsíveis com que os agentes se deparam na experiência social cotidiana. Na medida em que os agentes não têm como saber, de antemão, exatamente o que encontrarão no mundo social, as capacidades do *habitus* são relativamente versáteis, isto é, permitem adaptações improvisadas e inventivas às demandas contextuais encontradas. São essas respostas *em situação* que definem socialmente, por exemplo, um bom jogador de basquete ou uma boa "conversadora". Como acontece no basquete ou na conversação, a maior parte das situações práticas possui uma "urgência" temporal que torna impossível que os agentes reflitam longamente sobre suas alternativas de ação. Em vez disso, eles têm de confiar nas intuições improvisadoras de um "senso prático" adquirido ao longo de experiências similares, nas quais eles aprenderam a responder de maneira socialmente apropriada às exigências do seu contexto.

Os princípios por trás de uma jogada bem-sucedida no basquete podem ser explicitados no discurso "teórico" do técnico ou do comentarista, assim como uma réplica espirituosa pode ser examinada por uma teórica do discurso, um filósofo da argumentação ou uma psicóloga do humor. A apresentação da "racionalidade" da jogada ou da réplica pode ser feita em termos discursivos: "o jogador A percebeu que o jogador B corria por trás do marcador em sentido diagonal..."; "Fulana se deu conta do duplo sentido possível de uma palavra usada por seu interlocutor e resolveu fazer um comentário jocoso a respeito..." Entretanto, em ambos os casos, o agente imerso no "calor da prática" não tinha como raciocinar explicitamente nesses termos. Ela/e foi, mesmo assim, capaz de produzir uma conduta habilidosamente apropriada às demandas da sua situação. Por quê? Porque as disposições corpóreas e mentais do seu "senso prático" haviam sido longamente buriladas em experiências anteriores de resposta a situações semelhantes.

Um problema crônico nos retratos da ação humana em filosofia e ciências sociais, segundo Bourdieu, é justamente a falha em se perceber a diferença entre a análise *teórica* das características da ação como um fato consumado (sua adequação de meios a fins, sua conformidade a dadas normas etc.) e os seus motores *reais* na subjetividade dos agentes, os quais frequentemente assumem um caráter *tácito*, *infraconsciente* e *não discursivo*. Ao não captarem essa diferença, cientistas sociais são levados à suposição de que o raciocínio teórico pelo qual dão sentido às condutas que analisam são o próprio princípio real e efetivo dessas condutas – um pouco como um gramático que, ao observar que tendemos a colocar o sujeito antes do predicado quando falamos, afirmasse que isso resulta de uma decisão consciente que realizamos antes de pronunciar cada uma das nossas orações. Bourdieu deu o nome de "falácia escolástica" (BOURDIEU & WACQUANT, 1992: 123) a esse erro que via como endêmico e dotado de múltiplas manifestações nas ciências sociais, como o foco sobre o cálculo explícito na Teoria da Escolha Racional ou sobre a obediência consciente a normas nas abordagens que ele chamou de "juridicistas" (BOURDIEU, 1990: 96).

Um modo de tratar do *habitus* como "senso prático" é defini-lo como um conjunto de *esquemas* genéricos de orientação que os agentes adaptam a situações específicas. Bourdieu compreende o *habitus* como dotado de "esquemas de percepção, avaliação e ação". Esquemas de *percepção* servem para atribuir inteligibilidade e significado aos fenômenos com que os agentes se deparam no mundo social – por exemplo, classificando os indivíduos particulares com quem interagem em categorias sociais (cobrador de ônibus, policial, pequeno-burguês etc.). Esquemas de *avaliação* atribuem valores diferenciais aos agentes e objetos percebidos – por exemplo, o modo de falar de um indivíduo é apreciado como "elegante", enquanto uma música ouvida de relance no rádio é descartada como "brega". Finalmente, esquemas de *ação* são, é claro, modos de fazer – por exemplo, a sequência de procedimentos envolvidos no uso do ônibus, da compra do bilhete à informação do ponto de descida ao motorista, ou as expressões corpóreas e verbais de deferência na interação com o policial.

Em alguns momentos, Bourdieu traçou uma distinção analítica entre essas três dimensões do *habitus*: esquemas cognitivos de percepção (*"eidos"*), esquemas éticos e estéticos de avaliação (*"ethos"*) e esquemas corpóreos de ação (*"hexis"*). Chamar essa distinção de *analítica* significa, no entanto, enfatizar que, no mundo real, tais dimensões *operam de modo simultâneo e combinado* na subjetividade do agente. A própria ideia de "senso prático" explora o sentido duplo da noção de "senso" para sugerir *uma visão não dualista da relação mente/corpo*: o senso prático é *sensório*, um modo socializado de experimentar sensorialmente nossa exposição corporal ao mundo, mas é também senso *significante*, um conjunto de esquemas pelos quais imbuímos esse mundo experimentado de significado. A operação psicológica dos estigmas sociais também fornece um exemplar trágico do entrelaçamento dos esquemas do *habitus*: para o indivíduo racista, por exemplo, a classificação cognitiva da cor da pele é imediatamente acompanhada de uma avaliação negativa (possivelmente acompanhada da reação corpóreo-afetiva de repulsa) e de uma postura prática que pode ir da distância à agressão.

Ao longo da sua carreira, Bourdieu enfatizou o caráter relativamente *durável* e *transponível* das disposições do *habitus*. O primeiro atributo relaciona-se com o fato de que as disposições adquiridas na primeira fase da socialização (p. ex., no espaço familiar) condicionam as respostas do indivíduo às suas experiências socializadoras posteriores (p. ex., sua trajetória escolar, seu treinamento profissional etc.), tendendo assim a um reforço cumulativo das primeiras inclinações adquiridas. Um tema central de sua sociologia da educação é, com efeito, que diferenças no desempenho escolar comumente atribuídas a dons inatos são explicáveis em função dos graus desiguais de *capital cultural* que os indivíduos adquirem na socialização familiar (portanto, na primeira instância onde se manifestam desigualdades de classe). Boa parte dessa aquisição não derivaria de um processo deliberado, mas seria o resultado acumulado da exposição cotidiana a certas condições de vida: a amplitude e a variedade do vocabulário utilizado pelos pais, a presença em casa de pôsteres que reproduzem pinturas de Monet, o acesso a uma biblioteca doméstica etc.

Ao referir-se à transponibilidade ou transferibilidade do *habitus*, por sua feita, Bourdieu sustenta que os agentes tendem a aplicar, graças ao raciocínio *analógico*, os mesmos esquemas de percepção, avaliação e ação a diferentes setores da sua experiência social. O principal exemplo do caráter transponível das disposições do *habitus* é o dos esquemas de apreciação que orientam "o juízo do gosto" diante de situações, objetos e indivíduos diversos. As mesmas oposições tácitas entre o "único" e o "ordinário" ou entre o "monótono" e o "vívido", por exemplo, podem ser mobilizadas na avaliação de uma vestimenta, um comentário político, um estilo musical, um modo de falar, um quadro e assim por diante.

Criticado devido ao acento dado a essas propriedades do *habitus*, Bourdieu respondeu que a noção constituía um "conceito aberto" (BOURDIEU & WACQUANT, 1992: 95-96) à variedade empírica do mundo social. Quanto à durabilidade, ele sublinhou que a relativa inércia das disposições incorporadas nas primeiras etapas da socialização não impossibilitava biografias caracterizadas por significativas "reestruturações disposicionais", provocadas pela exposição intensa a ambientes sociais novos (p. ex., em situações de migração ou de conversão religiosa). Quanto aos graus de transponibilidade ou "coerência interna" das disposições do *habitus*, Bourdieu também destacou tratar-se de uma questão empírica, acrescentando que ele próprio havia estudado, em detalhe, casos de "*habitus* clivado", como as subjetividades dos subproletários argelinos cujas "tensões e contradições" consistiam na "marca das condições de formação contraditórias de que... [eram] o produto" (BOURDIEU, 2001a: 79).

Do ponto de vista teórico, o modelo de Bourdieu tende a privilegiar as situações de "cumplicidade ontológica" entre disposições subjetivas e circunstâncias objetivas. Nesses cenários, os indivíduos agem em condições estruturais idênticas ou homólogas àquelas em que foram socializados e seu *habitus* tende, assim, a reproduzi-las. Mas ele também reconhece, como vimos, a existência de casos de "histerese" em que há um descompasso entre o passado e o presente do agente, isto é, entre as condições de geração e as condições de operação do seu *habitus*. Embora a noção de histerese constitua uma das principais ferramentas analíticas para tratar da mudança social na teoria de Bourdieu, seus efeitos sobre os indivíduos nela capturados não são uniformes, mas variáveis conforme os contextos: os "camponeses camponeizados" (*paysans empaysannés*) da Argélia dos anos de 1950, socializados em uma economia rural-tradicional e forçados a operar em uma economia urbano-capitalista, foram lançados a uma posição marginal, vários deles refugiando-se na postura resignada que Bourdieu chamou de "tradicionalismo do desespero"; no mesmo contexto, os "camponeses descamponeizados" (*paysans dépaysannés*), indivíduos confusamente expostos aos mundos tradicional e moderno, acabavam desenvolvendo um "*habitus* clivado" (BOURDIEU, 2001a: 79), uma subjetividade internamente dividida que dificultava sua integração feliz a qualquer desses meios.

Nem todas as discussões de Bourdieu sobre o efeito de histerese, no entanto, retratam casos de dolorosa inadaptação. Em *Homo academicus* (2011, cap. 5), ao explicar o movimento estudantil de Maio de 68 na França, ele mostra como um desajuste entre expectativas subjetivas e circunstâncias objetivas pode levar não apenas ao *questionamen-*

to crítico das últimas como à sua *transformação deliberada* por uma ação coletiva. Ainda que tenha sido um crítico persistente de visões intelectualistas da ação humana, as quais exageram o grau em que somos motivados por deliberações conscientes, Bourdieu usa o exemplo dos "sessenta-e-oitistas" (*soixante-huitards*) como prova de que a quebra da "cumplicidade" entre *habitus* e campo torna possível a passagem da práxis ao *logos*, do senso prático à reflexividade crítica como motor da ação (PETERS, 2013).

A teoria (3): campo, interesse, capital

No sentido mais amplo, Bourdieu buscou substituir o caráter vago da noção de "sociedade" pela ideia de que o mundo social pode ser pensado em termos *topológicos*, isto é, como um *espaço de posições*. O que diferencia as posições umas das outras, nesse espaço, é uma distribuição desigual de bens e recursos. Essa distribuição não é estática, mas colocada em movimento histórico pelo fato de que tais bens e recursos são *disputados* pelos agentes que ocupam as diferentes posições. O principal conceito pelo qual Bourdieu analisa tais espaços de disputa é justamente o de *campo*.

Bourdieu parece trabalhar, alternadamente, com um sentido mais geral e com um sentido mais circunscrito da ideia de campo. No sentido mais geral, um campo é qualquer ambiente social que pode ser construído como um espaço de posições objetivas associadas à posse desigual de recursos de poder, isto é, do que Bourdieu chama de formas de "capital" no sentido lato. Nessa acepção, poder-se-ia, por exemplo, tratar o próprio "espaço das classes sociais" na França contemporânea como um campo (BOURDIEU & WACQUANT, 1992: 94) ou falar do campo da "religião na Idade Média" (BOURDIEU, 2003a: 119). Outras vezes, no entanto, Bourdieu usa o conceito numa acepção mais restrita a sociedades modernas ou complexas, caracterizadas pela proliferação de esferas de atividade relativamente autônomas (BOURDIEU, 2001a: 29-30). A emergência dos campos religioso, artístico, científico e econômico (no sentido estrito da economia monetária), por exemplo, só pode ser devidamente compreendida como resultado de tendências históricas próprias à Modernidade: a crescente "diferenciação" (Durkheim) de seus âmbitos de atividade e a "autonomização das esferas de valor" (Weber), em função da qual atributos como o belo, o justo e o verdadeiro, outrora vistos como indissociáveis, passam a ser concebidos como independentes entre si.

No coração da sociologia de Bourdieu está a ideia de que agir no mundo social é *competir*, mesmo em situações nas quais o agente não tem consciência nítida de que está participando de uma competição (p. ex., quando um indivíduo fala de acordo com a norma culta ou quando pais matriculam sua filha em uma escola privada). O mundo social é, portanto, formado de arenas de luta por bens e recursos escassos, os quais não se reduzem a posses materiais, mas incluem todo um conjunto de posses *simbólicas* as mais diversas: "'palavras justas'", "sorrisos", "apertos de mão", "elogios", "atenção", "fofoca", "informação científica" etc. (BOURDIEU, 1977: 178). Nessas competições, os agentes fazem uso estratégico de meios de disputa tidos como socialmente legítimos, ou seja, modalidades de *capital*, que também são múltiplas. Os "capitais" efetivos no universo social são, a rigor, tanto *meios* quanto *fins* nas suas lutas. O exemplo mais óbvio é dado pelos empresários que investem seu capital econômico já possuído na busca de mais capital econômico, em um processo de acumulação indefinida. Bourdieu também atribui uma importância fundamental, no entanto, aos processos de "conversão" de uma forma de capital em outra, como no caso em que o investimento na aquisição de credenciais educacionais serve ao fim de obter um emprego bem remunerado, ou seja, de converter "capital cultural" em capital econômico.

Eis aí as duas formas de capital que Bourdieu considera mais influentes na sociedade de classes moderna (ilustrada pelo caso francês): a) O capital *econômico* de propriedades materiais e poder aquisitivo; b) O capital *cultural* de competências educacionais socialmente valorizadas, o qual pode assumir formas *incorporadas* (p. ex., habilidades verbais), *institucionalizadas* (p. ex., um diploma de uma universidade prestigiosa) e *objetivadas* (p. ex., a posse de uma vasta biblioteca em casa). Segundo Bourdieu, os agentes são distribuídos em classes e frações de classe não apenas em função do seu *volume* global de capital econômico e cultural, mas também da *composição* relativa desse volume (BOURDIEU, 2007: 243) – assim, por exemplo, ele classifica os intelectuais como "fração dominada da classe dominante" devido ao peso maior do capital cultural, frente ao econômico, na composição do seu volume de capital.

Posteriormente, Bourdieu buscou evitar as conotações substancialistas da ideia de "classe dominante" substituindo-a pela noção mais relacional de "campo do poder" (BOURDIEU, 1996b: 244), do qual os intelectuais constituiriam o "polo dominado". Bourdieu também veio a tratar em maior detalhe do "capital social", compreendido como acesso a redes sociais de apoio e influência que podem ser estrategicamente mobilizadas (p. ex., a amizade com um político poderoso). Finalmente, ao tratar do *capital simbólico*, Bourdieu não se refere a um tipo particular de capital, mas à forma que todo capital assume quando se manifesta em *marcas distintivas* de autoridade e prestígio: "glória, honra, crédito, reputação, notoriedade" (BOURDIEU, 2001a: 202). O funcionamento de qualquer espécie de capital depende do reconhecimento coletivo da sua legitimidade como meio de poder, ou seja, de sua *transformação em capital simbólico*. É por isso que, como afirma o bourdieusiano Louis Pinto, o capital simbólico é "a forma suprema do capital e de validação de todas as espécies de capital" (PINTO, 2000: 159).

A principal metáfora utilizada por Bourdieu para dar conta da lógica do mundo social é aquela do *jogo*. Nos jogos sociais não vale tudo. As manobras dos jogadores têm de se desenrolar nos limites de certas *regras* – por exemplo, as regras da comunicação no campo científico. Ao mesmo tempo, como nos jogos esportivos, tais regras não especificam a totalidade dos movimentos dos jogadores, mas apenas o espaço no qual eles podem desenvolver condutas estratégicas mais ou menos inventivas para alcançar seus objetivos. Segundo Bourdieu, várias das condutas no mundo social podem ser objetivamente caracterizadas como *estratégias* de aquisição de lucros materiais ou simbólicos, mesmo que os agentes não as concebam conscientemente como tais. A inconsciência do agente a respeito do caráter estratégico das suas próprias condutas pode derivar tanto do *autoengano* – como nos casos do religioso ou do artista que dissimulam para si próprios o quão interessados estão em recompensas "mundanas" como poder e prestígio – quanto do *desconhecimento* acerca dos *efeitos objetivos* que suas ações possuem no mundo social: "as ações encerram [...] uma 'intenção objetiva' [...] que ultrapassa sempre as intenções conscientes" (BOURDIEU, 1983: 15). É essa tese que permite a Bourdieu, em um livro de 1989 chamado *A nobreza de estado*, conceber como estratégias de classe (ou de frações de classe) as condutas dos agentes em domínios tão diversos como amizade, matrimônio, educação e profilaxia corporal. O fato de que os indivíduos da classe dominante tendem a casar-se entre si, por exemplo, contribui objetivamente para a reprodução da sua classe como tal, ainda que este não tenha sido o propósito de cada um dos casais considerados individualmente. Quando vários destes casais investem na educação dos filhos para favorecer suas chances futuras no mercado de trabalho, o resultado combinado destes investimentos é também, para todos os efeitos práticos, o de uma estratégia coletiva de reprodução da classe (ainda que cada um desses casais estivesse pensando somente nos seus próprios filhos).

Na sua sociologia de esferas de experiência vividas como "encantadas", tais quais a arte, a ciência e a religião, Bourdieu fez questão de trabalhar com um vocabulário de origem econômica: interesses, estratégias, capitais etc. Sua "economia geral das práticas" (1977: 177) não deve ser confundida, no entanto, com a tese marxista de que a arte, a religião e a ciência seriam fenômenos "superestruturais", determinados por uma infraestrutura econômica de forças e relações de produção. O que sua perspectiva implica, sim, é que tais domínios culturais são, em si próprios, arenas de competição interessada, as quais se dirigem a formas de "lucro" irredutíveis à riqueza material. Com efeito, os campos artístico, científico e religioso são todos marcados por uma disputa em torno de um *capital simbólico* específico, representado por tudo aquilo que é capaz de conferir *prestígio*, *reconhecimento* e *autoridade* aos seus possuidores no seio do campo.

Em um primeiro momento, Bourdieu utilizou a linguagem da economia para desmistificar a ilusão de que as práticas de cientistas, artistas ou sacerdotes seriam "desinteressadas", mostrando que sua indiferença relativa à riqueza material ou ao poder político derivava de seus interesses sobre formas específicas de lucro simbólico oferecidas pelos campos em que estavam imersos (BOURDIEU, 1983: 122). Em um segundo momento, no entanto, ele sentiu a necessidade de dissociar seu vocabulário de qualquer conotação de frivolidade, ressaltando que os interesses que movem os agentes são envolvimentos existenciais intensos (BOURDIEU, 1990: 126). Isto explica por que ele veio a combinar o veio econômico da noção de "investimento" a um veio psicanalítico: o investimento em um jogo social não seria mero divertimento, mas uma mobilização intensiva de tempo, recursos e energia, um investimento "libidinal" no sentido amplo que Freud conferiu ao termo. A utilização da noção de "libido" para tratar dos interesses que movem os agentes no mundo social dá testemunho, assim, de sua tentativa de sublinhar não apenas a variedade histórica e cultural dos bens perseguidos pelos seres humanos, como também a intensidade existencial das suas motivações (BOURDIEU, 2001: 200-201).

Os interesses que movem as condutas dos agentes não são dados naturalmente, mas produtos de uma sensibilização social de sua libido, que passa a ver certos jogos como desejáveis e dignos de investimento. A continuidade histórica de cada campo depende, portanto, de uma forma específica de investimento que o próprio campo contribui para engendrar (p. ex., o longo processo de arregimentação, seleção e treinamento através do qual o campo científico confere direito pleno de participação a um agente). Bourdieu chama esse investimento específico a um campo de *illusio*. No mundo moderno, a pluralização de campos caminha a par e passo com uma pluralização dos tipos de *illusio*. Isto faz com que os investimentos característicos de um campo tendam a parecer sem-sentido para os agentes sensibilizados para jogar em um campo distinto (BOURDIEU, 2003: 120): os esforços tenazes de uma filósofa em provar a existência do mundo externo poderão parecer absurdos ao fisiculturista profissional, mas a filósofa provavelmente pensará a mesma coisa da conduta do fisiculturista.

A diferença radical de interesses entre a filósofa e o fisiculturista indica que os como campos podem tornar-se microcosmos autônomos que produzem formas específicas de subjetividade, isto é, de *habitus*. A autonomia relativa dos campos não está dada de uma vez por todas, no entanto, mas constitui ela própria um fator de disputa entre os agentes interessados na manutenção das fronteiras vigentes e os agentes que investem na sua reconfiguração (p. ex., entre aqueles que defendem, na sociologia, uma distinção nítida entre ciência social e jornalismo, de um lado, e aqueles interessados na diluição dessa fronteira, de outro). As posições ocupadas pelos agentes na distribuição desigual do capital específico ao campo condicionam as suas estratégias, encorajando uma polarização entre *dominantes* e *dominados*. Dotados de maior volume de capital específico acumulado, os dominantes tendem a desenvolver estratégias "ortodoxas" de manutenção do *status quo* que os favorece. Os dominados, por sua vez, incluem tanto os agentes cuja conduta "heterodoxa" os marginaliza segundo os princípios vigentes no campo, quanto os agentes mais ou menos recém-chegados a ele (BOURDIEU, 1983: 129). Aos últimos cabe a escolha entre estratégias ortodoxas de sucessão dos agentes dominantes ou o caminho mais arriscado de tentativas heterodoxas de subversão do estado de coisas. Como a raiz comum das palavras já indica, o antagonismo entre ortodoxos e heterodoxos, dominantes e dominados, se desenrola com base em uma *doxa* partilhada, um conjunto de crenças tácitas sem as quais o próprio jogo não existiria (BOURDIEU, 2003: 121): as crenças na existência do objeto disputado (p. ex., a verdade científica ou a beleza artística), no valor desse objeto (p. ex., o interesse pela beleza ou pela verdade, que leva a artista e a cientista a desinteressarem-se por poder político ou dinheiro) e nas regras fundamentais de sua busca (p. ex., a aceitação de que rivalidades científicas ou artísticas não podem ser resolvidas pelo recurso à violência física).

A teoria (4): o poder simbólico

A relação entre *habitus* e campo responde aos dois objetivos centrais da sociologia de Bourdieu: a) Construir uma teoria da prática que sintetize as contribuições do objetivismo e do subjetivismo, transcendendo, ao mesmo tempo, suas respectivas limitações; b) Descobrir os mecanismos do poder simbólico, isto é, dos processos pelos quais relações de dominação são percebidas como legítimas e, assim, historicamente reproduzidas na prática. A Teoria do Poder Simbólico em Bourdieu é parte de uma teoria das funções sociais desempenhadas pelos sistemas simbólicos, como a linguagem, o mito, a arte, a ciência, a religião etc. Como acontece com outras temáticas, o quadro teórico montado por Bourdieu para dar conta das estruturas simbólicas sintetiza abordagens diversas (1989b: 7-15). A primeira diferença importante entre essas abordagens é aquela entre visões *internalistas* e *externalistas* do simbólico. O internalismo toma as produções simbólicas como carregando, em si próprias, o seu sentido e a sua inteligibilidade. Uma leitura internalista de uma obra literária, por exemplo, apreende seu significado como imanente ao próprio texto, não como determinado por instâncias exteriores, como o seu contexto histórico de produção, a biografia do autor etc. Por contraste, o externalismo sublinha que os significados de uma produção simbólica trazem sempre a marca de influências exteriores a ela, ainda que tais influências não sejam facilmente discerníveis. As principais abordagens externalistas dos sistemas simbólicos, como a teoria marxista e as perspectivas "genealógicas" de Nietzsche e Foucault, são particularmente voltadas aos seus usos *ideológicos*, isto é, à sua mobilização na produção e na manutenção de relações de *poder*.

Embora mais próximo dessa última perspectiva, Bourdieu busca integrar as contribuições do internalismo nas suas múltiplas vertentes. O sociólogo francês refere-se à filosofia neokantiana de Cassirer como exemplo de abordagem da função de *conhecimento* das formas simbólicas. É através de estruturas simbólicas partilhadas no seio de uma sociedade ou cultura que os agentes se tornam capazes, como vimos, de atribuir sentido e inteligibilidade à realidade à sua volta. O estruturalismo de Saussure e Lévi-Strauss fornece a Bourdieu, por sua vez, uma demonstração das funções de *comunicação* dos símbolos. Para ficar nos termos de uma distinção clássica de Saussure, duas pessoas só podem se comunicar verbalmente em uma situação de *fala* caso ambas associem os mesmos sons aos mesmos sentidos, fazendo uso de vínculos entre "significante" e "significado" que não foram inventados por elas, mas sim estabelecidos no âmbito da *língua* como uma estrutura impessoal.

Além de reconhecer tanto sua função cognitiva quanto sua função comunicativa, Bourdieu destacou que as estruturas simbólicas, ao serem interiorizadas pelos agentes via socialização, adquirem aquela duplicidade característica do *habitus* como algo socialmente gerado ("estrutura estruturada") *e* socialmente gerador ("estrutura estruturante"). Nesse quesito, Bourdieu dinamizou o estruturalismo de Saussure e Lévi-Strauss pedindo ajuda à filosofia dos jogos de linguagem de Wittgenstein. Embora concorde com a ideia de que as estruturas simbólicas são condições necessárias da ação, Bourdieu afirma que o objetivismo estruturalista ignora o fato de que elas não são condições *suficientes*. Como vimos na discussão sobre o componente inventivo do *habitus*, ao explicar como os agentes mobilizam estruturas simbólicas em suas condutas, é preciso levar em consideração que eles adaptam tais estruturas, de modo *estratégico* e *criativo*, a situações específicas. Como Bourdieu mostra em *A economia das trocas linguísticas* (1996c [1982]), para dar apenas uma ilustração, falar um idioma jamais se reduz a seguir suas regras gramaticais, mas também envolve aplicar a língua, de modos variáveis, às características particulares dos *contextos sociais de fala* (p. ex., a natureza formal ou informal da situação, o *status* dos interlocutores etc.).

Finalmente, a síntese operada por Bourdieu junta as ênfases internalistas sobre conhecimento e comunicação às perspectivas externalistas que acentuam a função de *dominação* das formas simbólicas, isto é, os modos como elas são mobilizadas na legitimação ideológica de assimetrias de poder. O objetivo da noção de poder simbólico torna-se, assim, captar os processos em que as estruturas simbólicas desempenham essa última função em conluio com as primeiras, ou seja, os processos nos quais relações de *dominação* são vividas e reproduzidas como relações de *conhecimento* e/ou *comunicação*. A principal ilustração desse mecanismo é, provavelmente, a *naturalização* ideológica da dominação e da desigualdade. Em uma junção já mencionada entre Marx e Durkheim, Bourdieu sustenta que os esquemas de percepção pelos quais os agentes emprestam inteligibilidade ao mundo social derivam de sua socialização nesse mesmo mundo. Por conta dessa "cumplicidade ontológica" entre esquemas subjetivos e cenários de socialização, as relações de hierarquia e dominação que atravessam o ambiente social não são vistas como relações arbitrárias de força, mas como a ordem natural e autoevidente das coisas, tanto para dominantes quanto para dominados.

A preocupação com o desvelar desse mecanismo em contextos sociais diversos reflete os propósitos ético-políticos da sociologia de Bourdieu, bem como algumas de suas motivações pessoais mais profundas. Com efeito, em *A dominação masculina* Bourdieu veio a confessar que seus esforços intelectuais partiam de um espanto duradouro diante do que chamou de "paradoxo da *doxa*", isto é, do quão "tranquila" é a reprodução de arranjos sociais atravessados por assimetrias de poder e de recursos:

> [...] jamais deixei de me espantar diante do fato de que a ordem do mundo seja *grosso modo* respeitada...; que a ordem estabelecida, com suas relações de dominação, [...] seus privilégios e suas injustiças, [...] perpetue-se [...] tão facilmente, e que condições de existência das mais intoleráveis possam permanentemente ser vistas como aceitáveis ou até mesmo como naturais (BOURDIEU, 1999: 7).

Conclusão

A Teoria da Prática de Bourdieu é inseparável de uma certa prática da teoria. Sua sociologia não apenas defende como também ilustra os postulados de que "a teoria sem pesquisa empírica é vazia", enquanto "a pesquisa empírica sem teoria é cega" (BOURDIEU & WACQUANT, 1992: 162). Rejeitando qualquer divisão do trabalho intelectual entre "teóricos" e "pesquisadores" nas ciências sociais, Bourdieu desenvolveu suas ferramentas analíticas através da investigação de uma multiplicidade de fenômenos sociais concretos. O berço dessa articulação entre teoria e pesquisa foi, como vimos, seu aprendizado autodidata na Argélia, quando Bourdieu começou a colocar as teorias mais abstratas de seu treinamento filosófico (p. ex., as ideias de Husserl sobre a experiência temporal) a serviço de investigações empíricas sobre as dificuldades e sofrimentos de indivíduos de carne e osso (p. ex., os desempregados argelinos). O fato de conduzir suas pesquisas nas arriscadas condições de uma guerra também o forçou a adotar uma postura *reflexiva* sobre o processo mesmo de investigação científico-social, em particular sobre o modo como esta era afetada pela sua "relação com o objeto", isto é, pela relação social entre ele e os agentes que pesquisava.

Desde então, Bourdieu foi um advogado incansável da ideia de que o progresso da sociologia depende de uma reflexão sociológica sobre as próprias condições sócio-históricas em que se faz sociologia. Na sua visão, a "sociologia reflexiva" ou sociologia da sociologia não pode ser uma especialidade ou subdisciplina, mas tem de constituir um componente indispensável do método sociológico como tal. Segundo o que ele argumentou em *Homo academicus* (2011 [1984]), um estudo do próprio campo intelectual em que ele estava imerso, a reflexividade sociológica também não poderia reduzir-se à introspecção ou à simples evocação intimista de vivências, mas teria de utilizar os instrumentos mais radicais de "objetivação" (levantamento estatístico, investigação histórica, etnografia) para apreender o *campo inteiro* de forças e de lutas no qual cada cientista social particular está posicionado. Em um primeiro passo, isto significa descobrir que os "pontos de vista" sobre o mundo social são "vistas a partir de um ponto" desse mundo, visões condicionadas pela posição e pela trajetória do pesquisador. Longe de abraçar uma postura relativista, no entanto, Bourdieu argumenta que, ao tomar consciência desses condicionamentos, os cientistas sociais podem ganhar uma margem de *liberdade* em relação a eles e caminhar, com mais segurança, em direção a uma visão objetivamente válida do mundo social.

Mas há mais. Ainda que a principal preocupação de Bourdieu com o uso reflexivo da sociologia se dirigisse ao cientista social, ele veio a defender que a sociologia poderia instruir os próprios atores leigos (não sociólogos) a respeito das determinações de suas condutas, oferecendo também a eles uma possibilidade de liberdade quanto àquelas determinações. Como vimos, várias das influências sociais que sofremos não se exercem apenas *sobre* nós "a partir de fora", mas também *através* de nós "a partir de dentro", isto é, pela estruturação de nossas disposições mentais e corpóreas. A ampliação de nossa consciência acerca dessas influências não pode, obviamente, fazê-las desaparecer em um instante, mas nos provê, ainda assim, com a chance de um trabalho mais deliberado e livre de "construção de si". Já que as relações de dominação e desigualdade na realidade social penetram fundo na subjetividade dos indivíduos (veja-se, p. ex., a distribuição desigual da autoconfiança intelectual entre as classes), a transformação daquelas relações passa pela mudança consciente das pessoas por elas socializadas. Tornada uma ferramenta de ação, a sociologia de Bourdieu mostra, portanto, o vínculo entre uma *ética* da autotransformação e uma *política* da transformação do mundo social. Nesse sentido, como ele diz no fecho da sua "autoanálise", ler seus textos é expor-se à oportunidade de um encontro transformador consigo mesmo:

> [...] nada me deixaria mais feliz do que levar alguns dos meus leitores ou leitoras a reconhecer suas experiências, suas dificuldades, suas indagações, seus sofrimentos etc. nos meus e a poder extrair dessa identificação realista, justo o oposto de uma projeção exaltada, meios de fazer e viver um pouco melhor aquilo que vivem e fazem (BOURDIEU, 2005: 135).

Notas

1. Ainda que nenhum desses textos tenha sido integralmente traduzido para o português, uma versão abreviada do primeiro livro está disponível em tradução brasileira intitulada *O desencantamento do mundo* (1979).
2. Embora não haja tradução integral da obra para o português, o cerne dos argumentos do livro está traduzido em coletânea organizada por Renato Ortiz (1983: 46-81).
3. Ambos os artigos, além dos textos mencionados "Condição de classe e posição de classe" e "Posfácio a *Arquitetura gótica e pensamento escolástico*", estão disponíveis em coletânea organizada por Sérgio Miceli com o título *A economia das trocas simbólicas* (1974: 3-25, 27-78, 79-98, 337-361).

Principais obras de Pierre Bourdieu em português

BOURDIEU, P. *Sobre o Estado*. São Paulo: Companhia das Letras, 2014.

_____. *Homo academicus*. Florianópolis: UFSC, 2011.

_____. *O senso prático*. Petrópolis: Vozes, 2009.

_____. *A distinção*: crítica social do julgamento. São Paulo/Porto Alegre: Edusp/Zouk, 2007.

_____. O camponês e seu corpo. In: *Revista de Sociologia e Política*, 26, 2006, p. 83-92.

_____. *Esboço de autoanálise*. São Paulo: Companhia das Letras, 2005.

_____. *Questões de sociologia*. Lisboa: Fim de Século, 2003a [Ed. bras.: Rio de Janeiro: Marco Zero, 1983].

_____. *Os usos sociais da ciência*: por uma sociologia clínica do campo científico. São Paulo: Unesp, 2003b.

_____. *A produção da crença*: contribuição para uma economia dos bens simbólicos. São Paulo: Zouk, 2002.

_____. *Meditações pascalianas*. Rio de Janeiro: Bertrand Brasil, 2001a.

_____. *Contrafogos 2*: por um movimento social europeu. Rio de Janeiro: Zahar, 2001b.

_____. *O campo econômico*: a dimensão simbólica da dominação. Campinas: Papirus, 2000.

_____. *A dominação masculina*. Rio de Janeiro: Bertrand Brasil, 1999.

_____. *Contrafogos 1*: táticas para enfrentar a invasão neoliberal. Rio de Janeiro: Zahar, 1998.

_____. *Sobre a televisão*. Rio de Janeiro: Zahar, 1997.

_____. *Razões práticas*: sobre a Teoria da Ação. Campinas: Papirus, 1996a.

_____. *As regras da arte*: gênese e estrutura do campo literário. São Paulo: Companhia das Letras, 1996b.

_____. *A economia das trocas linguísticas*: o que falar quer dizer. São Paulo: Edusp, 1996c.

_____. *Coisas ditas*. São Paulo, Brasiliense, 1990.

_____. *A ontologia política de Martin Heidegger*. Campinas: Papirus, 1989a.

_____. *O poder simbólico*. Rio de Janeiro: Bertrand Brasil, 1989b.

_____. *Escritos de educação*. Petrópolis: Vozes, 1989c [Org.: Maria Alice Nogueira e Afrânio Catani].

_____. *Lições da aula*. São Paulo: Ática, 1988.

_____. *Sociologia*. São Paulo: Ática, 1983 [Org.: Renato Ortiz] [Coleção Grandes Cientistas Sociais].

_____. *O desencantamento do mundo*: estruturas econômicas e estruturas sociais. São Paulo: Perspectiva, 1979.

_____. *A economia das trocas simbólicas*. São Paulo: Perspectiva, 1974 [Org.: Sérgio Miceli].

_____. Campo intelectual e projeto criador. In: POUILLON, J. (org.). *Problemas do estruturalismo*. Rio de Janeiro: Zahar, 1968.

BOURDIEU, P. (org.). *A miséria do mundo*. Petrópolis: Vozes, 2003.

BOURDIEU, P.; CHAMBOREDON, J.-C. & PASSERON, J.-C. *O ofício de sociólogo*. Petrópolis: Vozes, 2004.

BOURDIEU, P. & DARBEL, A. *O amor pela arte* – Os museus de arte na Europa e seu público. São Paulo/Porto Alegre, Edusp/Zouk, 2003.

BOURDIEU, P. & HAACKE, H. *Livre troca*: diálogos entre ciência e arte. Rio de Janeiro: Bertrand Brasil, 1995.

BOURDIEU, P. & PASSERON, J.-C. *A reprodução*: elementos para uma teoria do sistema de ensino. Rio de Janeiro: Francisco Alves, 1975.

BOURDIEU, P. & WACQUANT, L. *Um convite à sociologia reflexiva*. Rio de Janeiro: Relume-Dumará, 2005.

Referências

ALEXANDER, J. O novo movimento teórico. In: *Revista Brasileira de Ciências Sociais*, 2, 1987.

BOURDIEU, P. *Science de la science et réflexivité*. Paris: Raisons d'Agir, 2001.

_____. *La noblesse d'Etat*: grands corps et grandes écoles. Paris: De Minuit, 1989.

_____. *Outline of a theory of practice*. Cambridge: Cambridge University Press, 1977.

_____. *The Algerians*. Boston: Beacon, 1960.

_____. *Sociologie d'Algérie*. Paris, Presses Universitaires de France, 1958.

BOURDIEU, P. et al. *Un art moyen*. Paris: De Minuit, 1965.

_____. *Travail et travailleurs en Algérie*. Paris/Haia: Mouton, 1963.

BOURDIEU, P. & PASSERON, J.-C. *Lés heritiers*: les étudiants et la culture. Paris: De Minuit, 1964.

BOURDIEU, P. & SAYAD, A. *Le déracinement*: la crise de l'agriculture traditionnelle en Algérie. Paris: De Minuit, 1964.

BOURDIEU, P. & WACQUANT, L. *An invitation to reflexive sociology*. Chicago: University of Chicago Press, 1992.

CALHOUN, C. Pierre Bourdieu. In: RITZER, G. *The Blackwell Companion to major contemporary social theorists*. Cambridge, MA: Blackwell, 2003.

CANGUILHEM, G. *O normal e o patológico*. Rio de Janeiro: Forense Universitária, 2009.

DURKHEIM, É. *O suicídio*. São Paulo: Martins Fontes, 2000.

MARTINS, C.B. Notas sobre a noção da prática em Pierre Bourdieu. In: *Novos Estudos Cebrap*, 62, 2002.

MARX, K. *O capital* – Livro 1, vol. 1. Rio de Janeiro: Civilização Brasileira, 1979.

MICELI, S. Introdução: a emoção raciocinada. In: BOURDIEU, P. *Esboço de autoanálise*. São Paulo: Companhia das Letras, 2005.

_____. Bourdieu e a renovação da sociologia contemporânea da cultura. In: *Tempo Social*, 15 (1), 2003.

_____. A força do sentido. In: *A economia das trocas simbólicas*. São Paulo: Perspectiva, 1974.

ORTIZ, R. A procura de uma sociologia da prática. In: *Sociologia*. São Paulo: Ática, 1983 [Coleção Grandes Cientistas Sociais].

PETERS, G. *Percursos na Teoria das Práticas Sociais*: Anthony Giddens e Pierre Bourdieu. São Paulo: Annablume, 2015.

_____. *Habitus*, reflexividade e neo-objetivismo na Teoria da Prática de Pierre Bourdieu. In: *Revista Brasileira de Ciências Sociais*, 28, 2013, p. 83.

_____. O social entre o céu e o inferno: a antropologia filosófica de Pierre Bourdieu. In: *Tempo Social*, 24 (1), 2012.

PINTO, L. *Pierre Bourdieu e a Teoria do Mundo Social*. São Paulo: FGV, 2000.

VANDENBERGHE, F. O real é relacional: uma análise epistemológica do estruturalismo gerativo de Pierre Bourdieu. In: *Teoria social realista*: um diálogo franco-britânico. Belo Horizonte, UFMG, 2010.

WACQUANT, L. Esclarecer o *habitus*. In: *Educação & Linguagem*, 16, 2007.

_____. Seguindo Pierre Bourdieu no campo. In: *Revista de Sociologia e Política*, 26, 2006.

_____. O legado sociológico de Pierre Bourdieu: duas dimensões e uma nota pessoal. In: *Revista de Sociologia e Política*, 19, 2002.

YACINE, T. Pierre Bourdieu in Algeria at war: the birth of an engaged ethno-sociology. In: *Ethnography*, 5 (4), 2004, p. 487-509.

11
Wright Mills (1916-1962)

*Diogo Valença de Azevedo Costa**

A obra sociológica de Wright Mills é, essencialmente, uma crítica da sociedade norte-americana, estadunidense. É uma crítica que se espraia também para o modo sociológico de se pensar essa sociedade, seus dilemas históricos e políticos. A sociologia de Mills é, fundamentalmente, uma sociologia política na qual ele se envolve como crítico da sua própria sociedade. A matriz política de seu pensamento nos remete ao liberalismo clássico e à defesa radical da ideia de liberdade. São os valores não realizados da sociedade estadunidense que ele incorporou em seu "artesanato intelectual" como sociólogo e gostaria de ver concretizados em seu solo nacional. Muito acertadamente um dos estudiosos de sua obra o caracterizou como um "utópico americano" (HOROWITZ, 1983), desejando sinalizar para o valor subjacente a toda sua produção como cientista social, a defesa intransigente da liberdade.

Charles Wright Mills (1916-1962) faleceu relativamente muito jovem, aos 45 anos de idade. Seu trabalho de investigação de maior envergadura, *A elite do poder* (*The Power Elite*), havia sido publicado somente seis anos antes, em 1956. Esse livro é precedido por outros dois também bastante conhecidos, o primeiro de 1948, *The New Men of Power: America's Labor Leaders*, do qual não consta tradução para o português, e o segundo de 1951, *A nova classe média* (*White Collar: the American Middle Classes*). Essas obras se tornaram famosas como a "trilogia de Mills acerca da sociedade norte-americana e a estrutura de poder nos Estados Unidos" (NILSEN, 2009: 197) e recolhem o essencial de sua produção teórica no campo da sociologia política. Antes de ter tido sua produção interrompida abruptamente, Mills não só se esforçava por expressar no debate público as conclusões políticas de tais estudos, como também estava empenhado, conforme nos informa Horowitz (1965: 13), na elaboração de uma "sociologia internacional comparada". Para um sujeito como Wright Mills, o provincianismo da sociologia norte-americana havia se tornado uma barreira à construção de um pensamento crítico, que necessariamente deveria ser mundial.

---

* Professor de Sociologia do Centro de Artes, Humanidades e Letras da Universidade Federal do Recôncavo da Bahia (UFRB). Doutor em Sociologia pela Universidade Federal de Pernambuco (UFPE).

A obra de Wright Mills ainda continua como uma das referências mais importantes para o estudo da estrutura de poder nos Estados Unidos. O seu enfoque predominante era sobre a realidade nacional desse país, daí talvez certos exageros de seus prognósticos das tendências históricas, a exemplo de uma provável Terceira Guerra Mundial. Tratava-se de uma possibilidade concreta no contexto da Guerra Fria e de um mundo dividido entre duas grandes superpotências. Faltava a Mills, porém, uma focalização mais ampla do sistema interestatal para entender a própria estrutura interna de poder estadunidense – uma lacuna que ele poderia ter superado em sua "sociologia comparada internacional". Por outro lado, essa perspectiva pôde ser desenvolvida posteriormente na década de 1970, graças em grande parte ao impulso inicial dado por Wright Mills. Apesar de datados historicamente, sem significar qualquer desmerecimento do valor perene de sua obra sociológica, seus estudos teriam muito a nos dizer ainda hoje sobre a sociedade norte-americana e, em especial, suas reflexões sobre a elite militar nos Estados Unidos nos ajudariam a compreender o cenário de guerra atual contra o Oriente.

O objetivo deste capítulo será elaborar um panorama geral do pensamento de Wright Mills e de seu lugar na história da sociologia norte-americana até meados do século XX. São múltiplos e variados os balanços da obra de Wright Mills, bem como as diferenças de opinião sobre o autor, suas posições políticas e sua produção teórica. Um enfoque exaustivo seria impossível. A intenção será apenas estimular o interesse pela leitura direta dos textos de Wright Mills, procurando-se chamar atenção para o seu envolvimento político em suas investigações como sociólogo. Mills não achava que fato e valor, sociologia e política, conhecimento e ação, pudessem ou devessem ser dissociados. Seus textos seduzem justamente pela linguagem direta, sem rodeios, em que coisas complexas são ditas de forma simples. Para os militantes de diferentes causas sociais e para o jovem radical recém-ingresso nos cursos de ciências sociais, Mills pode muito bem vir a se tornar uma referência fundamental. Uma edição completa de seus livros em português seria, nesse sentido, bastante oportuna, pois sua obra é um convite à reflexão crítica e à independência política nas ciências sociais.

A presente exposição estará dividida em quatro partes. Na primeira, o propósito será apresentar os horizontes intelectuais e políticos de Wright Mills, no contexto da tradição de pensamento radical nos Estados Unidos e sua inserção no universo acadêmico norte-americano. A segunda parte será dedicada a uma breve explanação de algumas categorias sociológicas fundamentais de Mills, contidas em duas de suas obras sobre a estrutura de poder nos Estados Unidos, *A elite do poder* (1956) e *A nova classe média* (1951). Essa escolha é restritiva sob diversos aspectos, pois são deixadas de lado algumas de suas contribuições mais importantes para a teoria sociológica, contidas em livros como *Sociology and pragmatism: the Higher Learning in America* (1964)[1], *Caráter e estrutura social* (1973), escrito em colaboração com Hans Gerth em 1953. No entanto, como os conceitos aí desenvolvidos são aproveitados de maneira criativa e original nos trabalhos empíricos de Mills, a questão decisiva neles colocada num plano teórico mais abstrato – isto é, a de como diferentes tipos de estrutura social requerem tipos específicos de personalidades atuantes na história e nas instituições de uma dada sociedade, que vinculam o indivíduo às forças culturais de sua época – se resolve politicamente nos quadros de sua investigação sociológica sobre a estrutura de poder dos Estados Unidos. Essas são as obras mais atuais de Wright Mills, que interessam ainda hoje à crítica da sociedade norte-americana, por isso valeria a pena colocá-las em primeiro plano numa exposição introdutória de sua produção sociológica.

Na terceira parte, a ênfase será posta no aspecto mais propriamente político do pensamento de Wright Mills, numa tentativa de realizar um balanço mais geral de sua produção sociológica. Serão discutidos nesta terceira parte dois de seus livros de caráter mais político, como *As causas da próxima guerra mundial* (1961a [1958]) e *A verdade sobre Cuba* (1961b [1960]), alguns de seus textos contidos em *Poder e política* (1965)[2] e as ideias centrais sobre o papel do cientista social expostas em *A imaginação sociológica* (1959). Por fim, na quarta e última parte, será apresentado um pequeno roteiro de leitura para quem desejar se aprofundar na obra de Wright Mills, com trabalhos de sua própria autoria ou sobre ele escritos por especialistas brasileiros e estrangeiros no campo das ciências sociais.

Wright Mills, um rebelde moral

A socióloga Heloísa Rodrigues Fernandes – na introdução que redigiu para a coletânea de escritos de Wright Mills por ela organizada para a Coleção Grandes Cientistas Sociais, destinada a divulgar o pensamento de clássicos e nomes fundamentais das ciências humanas e da política – finaliza a apresentação do autor lamentando que "ele já não estivesse vivo em maio de 1968: ele que, de certo modo, o buscou tão ansiosamente" (FERNANDES, 1985: 35). Ora, por que associar o nome de Mills, seis anos após seu falecimento, a essa rebelião estudantil que surgiu na França, repercutiu no meio operário e alastrou-se por outros países europeus, tendo ressonâncias inclusive aqui no Brasil e América Latina? Em que sentido a sociologia de Mills e seus escritos políticos o colocariam na condição de precursor intelectual de uma das mais famosas rebeliões estudantis do século XX?

Seria alimentar apenas mais um dos rótulos sobre a figura intelectual de Mills apodá-lo de *rebelde*? Penso que não. Para Mills, a rebeldia moral não era uma mera questão de modismo. Aliás, coisa contra a qual ele era extremamente avesso[3]. Ao contrário, seu pensamento crítico rejeitava qualquer vinculação com a moda e com as correntes políticas e sociais que pudessem anular o indivíduo, ameaçando sua autonomia e liberdade de decisão.

A rebeldia moral de Mills refletia algo muito mais profundo, o seu enraizamento filosófico nos horizontes democráticos do liberalismo clássico. Tal vínculo ideológico recebeu, contudo, um forte colorido norte-americano, o qual se sustentava utopicamente na importância histórica por ele atribuída aos movimentos políticos de classes médias autônomas e independentes nos Estados Unidos. Para Mills, elas representavam as antigas classes médias, as quais teriam perdido o poder de influir nas decisões mais importantes quanto aos rumos da sua própria nação.

Nosso autor parece assumir um tom melancólico em relação a esse desfecho histórico, quando contrasta a antiga classe média com os novos empregados de colarinho-branco, as novas classes médias burocratizadas. "Durante um tempo considerável, a velha classe média *era* uma base de poder independente. A nova classe média não o pode ser" (MILLS, 1965: 37). Em termos sociológicos, políticos e econômicos, Mills procura explicar a base social da liberdade de ação das antigas classes médias em contraste com a apatia dos empregados burocráticos:

> A liberdade política e a segurança econômica *estavam* ancoradas nas propriedades pequenas e independentes; não estão ancoradas nos mundos dos empregos burocráticos. Os proprietários dispersos estavam economicamente unidos pelos mercados mais ou menos livres; os empregados da nova classe média estão integrados pela autoridade das empresas em conjunto. Economicamente, as classes burocráticas estão nas mesmas condições dos assalariados; politicamente, estão em condições piores, pois não se organizaram. Não são a vanguarda da transformação histórica; na melhor das hipóteses, são a retaguarda do Estado do bem-estar social (MILLS, 1965: 37).

É esse liberalismo das antigas classes médias norte-americanas, dos pequenos proprietários e produtores dispersos, que irá formar a base ideológica mais sólida do inconformismo moral de Wright Mills. Para ele, talvez de forma bastante idealizada, os valores liberais poderiam operar como uma forma de orientação política, de modo a impulsionar as ações coletivas dos indivíduos a edificarem a realidade social em termos dos ideais de respeito à autonomia, liberdade e independência nas decisões públicas.

Mills sabia que tais valores não tinham lugar na moderna sociedade de massas devido aos mecanismos de manipulação de que se serviam as elites do poder, como os meios de comunicação e a organização burocrática. Justamente por isso as suas pesquisas sociológicas se voltavam para tentativas de superar essa situação de apatia política e indiferença presente nas sociedades modernas. Essa dimensão política parece estar presente em toda sua produção sociológica.

Isso explica também sua forte ligação com a tradição da filosofia pragmatista norte-americana nos campos da psicologia social, sociologia e educação, a partir de suas leituras críticas das obras de Charles Peirce, William James, George Herbert Mead e John Dewey. Os pressupostos políticos e epistemológicos principais da sociologia de Wright Mills, os quais irão se juntar com outras tendências e influências como Weber e também o marxismo, devem ser buscados na tradição de pensamento pragmatista.

Ora, o *pragmatismo* pode ser encarado como uma filosofia da ação e sua afinidade com o liberalismo clássico, nesse sentido, seria bastante evidente. A verdade não é um dado objetivo da observação, mas a própria sociedade se produz pelas definições da realidade que os indivíduos constroem. A separação entre fato e valor representa uma ingenuidade positivista. O nosso conhecimento sobre o mundo social deve incorporar uma filosofia da ação, capaz de refletir sobre a construção da história e da sociedade pelos indivíduos, ainda que as suas condições objetivas de atuação não lhes sejam de livre-escolha e muito menos tenham a faculdade de controlar todas as circunstâncias da situação de vida dos grupos e coletividades.

A rejeição da sociologia acadêmica e assepticamente profissional por Mills provinha do seu interesse como cidadão autônomo pelas implicações morais e políticas de suas próprias pesquisas. A sociologia acadêmica estava representada, na década de 1950, pela "grande teoria" *parsoniana* e pelo empirismo abstrato de um Paul Lazarsfeld, com quem o próprio Mills já havia trabalhado em pesquisas sociológicas de tipo quantitativo. Mills rejeita esse estreito profissionalismo e passa a fazer uma sociologia em primeira pessoa, com seus trabalhos deixando transparecer de modo acentuado seu inconformismo moral. Nessa mesma década, Wright Mills era uma das vozes solitárias no mundo acadêmico, pois este estava hegemonizado pela razão instrumental e padronização dos procedimentos burocráticos de investigação.

Os movimentos de protesto dos anos de 1960, em particular a rebelião estudantil nas universidades, estariam em profunda sintonia com sua produção intelectual e reflexões políticas. Ele ajudou a plantar as sementes do inconformismo que iriam explodir no maio de 1968, por isso nada mais justo do que aproximá-lo dos ventos de rebeldia das novas gerações.

Os fatos marcantes de sua trajetória na sociologia podem ser interpretados tendo como pano de fundo os dilemas intelectuais e políticos de sua autoafirmação como o crítico sempre rebelde e inconformista dos valores, dogmas e tabus consagrados da sociedade norte-americana e suas respectivas estruturas de poder – postura política que acabou gerando contra ele uma investigação do FBI, tamanho era o grau de radicalidade de suas ideias e independência ideológica num período duro de perseguições, conhecido como *macarthismo*. Para tanto, a melhor maneira de explicitar essa sociologia em primeira pessoa seria aproveitar os escritos autobiográficos de Wright Mills para traçar um itinerário de sua construção como sociólogo e pensador político.

As duas filhas de Wright Mills[4] reuniram num único volume seus escritos autobiográficos e sua troca de correspondências (MILLS, 2000). A autobiografia do autor foi escrita no formato epistolar, como cartas endereçadas a um imaginário amigo soviético, *Tovarich*, palavra russa que significa camarada. Um de seus livros, *A verdade sobre Cuba*, foi também escrito como cartas de um revolucionário cubano, procurando esclarecer o sentido de sua revolução a um correspondente *yankee*, norte-americano. A sua obra sobre a classe média assume tons autobiográficos. Nesse sentido, não há dúvidas que sua sociologia é uma sociologia em primeira pessoa, pois tem que ser justamente assim quando política e produção científica não estão dissociadas.

A família de Mills, metade irlandesa e inglesa, era uma típica família católica de classe média no Texas. Devido à mobilidade do emprego de seu pai – Charles Grover Mills, então funcionário de escalão intermediário numa companhia de seguros, o exemplar *white-collar* de suas futuras pesquisas – Wright Mills teria passado sua infância, adolescência e início da juventude entre as cidades texanas de Waco, Wichita Falls, Fort Worth, Sherman, Dallas, Austin e Santo Antônio – nesta ordem, como ele relata em carta a *Tovarich*, seu amigo russo imaginário (MILLS, 2000: 25). A mãe de Mills, Francis Wright Mills, pertencia a uma tradicional família proprietária de terras no Texas que havia dissipado parte de seu patrimônio. O avô materno de Mills, Braxton Bragg Wright, indivíduo de tipo aventureiro e com fama de ser mulherengo, perdeu seu próprio rancho e foi assassinado, "baleado pelas costas", supostamente por ter se envolvido com uma mexicana casada (MILLS, 2000: 25). A mãe de Mills costumava idealizar a história de sua própria família, reproduzindo a imagem do caráter forte e autônomo do *self-made man* como representativo do tipo desbravador e pioneiro da personalidade de seu pai, o qual teria servido de inspiração a seu filho sociólogo. Em carta enviada para seus netos um ano após a morte de Wright Mills, sua mãe parece reproduzir uma imagem mitificada da história norte-americana, bastante próxima da visão *hollywoodiana* do Velho Oeste:

> Escrevo para vocês, meus netos, pois quero falar um pouco sobre meu pai, Braxton Wright, pois o ilustre pai de vocês se inspirou nele e na sua grandeza como um caminho seguro para alcançar um grande sucesso. Este meu filho era muito parecido com o avô dele. [...] Ele [o avô de Mills] amava este país, feito de trabalho e suor. As mulheres pioneiras, dizia ele, eram maravilhosas. Ele amava a história da América e com ela me imbuiu de grande orgulho. Ele tinha uma grande compaixão pelos fracos e oprimidos (MILLS, 2000: 21-22).

Uma das preocupações centrais do Mills sociólogo era a de saber a que tipo de vida os indivíduos estão condenados ou se eles poderiam alterar sua própria história. Os projetos de vida iniciais de Wright Mills estariam destinados a reproduzir a típica trajetória de um cidadão de classe média texano, educado num ambiente católico conservador? Sua história de vida revela, em certo sentido, as tensões entre o provincianismo texano e o desejo de superar seus próprios horizontes culturais. "Inicialmente o jovem Mills tentou o curso de engenharia, do qual desistiu após o primeiro ano" (FERNANDES, 1985: 7). O interesse de Mills por trabalhos manuais provinha de uma educação técnica recebida antes mesmo de seu ingresso em cursos superiores, talvez impulsionado pelo exemplo paterno de encontrar um emprego estável e decente. Os títulos de seus ensaios referentes à arte, ao artesanato intelectual, ao *design* refletem uma admiração pela figura do homem comum e dos pequenos proprietários que realizavam seus próprios trabalhos. "Após ter desistido do curso de engenharia, Mills matriculou-se na Universidade do Texas onde se formou, em 1939, em Filosofia e Sociologia" (FERNANDES, 1985: 8). Aos 23 anos, e já diplomado, ele decide prosseguir os estudos pós-graduados na Universidade de Wisconsin e, pela primeira vez, Mills deixa para trás o Texas. Essa ruptura assume uma importância decisiva nos rumos de sua produção sociológica.

O Estado do Texas era extremamente conservador, erguido sobre o extermínio de seus povos originários e usurpação de territórios mexicanos. Embora nela despontassem alguns elementos de efervescência cultural e intelectual progressistas, a Universidade do Texas era um ambiente excessivamente conservador. Para ter uma ideia deste acentuado conservadorismo político, Irving Louis Horowitz, autor de uma das biografias mais completas de Wright Mills, esclarece que a própria legislação do Estado do Texas proibia a contratação para trabalharem, como funcionários da universidade, pessoas que não acreditassem em "Deus como Ser Supremo e Criador do Universo" (HOROWITZ, 1983: 16). De origem católico-romana, Mills irá se declarar posteriormente agnóstico, e isso o colocava em confronto direto com suas raízes sulistas e texanas. Apesar do conservadorismo dominante na Universidade do Texas, ele iria travar aí seu primeiro contato com a tradição sociológica da Escola de Chicago e sua visão política progressista no campo das ciências sociais.

Para Mills, o seu próprio ponto de partida intelectual era "bastante pobre" e reproduzia a visão de mundo das camadas médias texanas. O primeiro contato por ele travado com os escritos sociológicos de Charles Horton Cooley (1864-1929) e George Herbert Mead (1863-1931) – pioneiros da psicologia social norte-americana impregnados com os sentimentos políticos progressistas de reforma social da escola pragmatista na filosofia[5] – representaria um primeiro esforço de autoanálise e superação dos horizontes provincianos do Sul dos Estados Unidos. "No primeiro ano travei contato com as ideias de C.H. Cooley e G.H. Mead, em termos das quais eu passei a fazer uma profunda autoanálise" (MILLS, 2000: 29). Mais adiante, nessa mesma carta dirigida a *Tovarich*, confessaria Mills o que tais leituras representaram para ele em termos de ruptura com seu ambiente familiar:

> O fato é que incorporei esses padrões acadêmicos e internalizei-os profundamente de tal modo que isso significou, por sua vez, o distanciamento individual com meu ambiente familiar de origem e uma ampliação de novos horizontes sociais. No tempo em que eu frequentava a universidade, penso que ninguém que eu havia conhecido antes, incluindo meus familiares, realmente surgiu para mim como um ponto de referência. Eu estava desgarrado e sozinho, e sentia isso nesta época (MILLS, 2000: 29).

A mudança para Wisconsin, um ambiente mais plural e democrático[6], significou um aprofundamento daquela primeira ruptura. Mills começa a lecionar na Universidade de Wisconsin no ano de 1940 e defende sua tese de doutorado *Sociology and Pragmastism: the higher learning in America* em 1942, sob a supervisão de Howard Paul Becker. Este último não deve ser confundido com Howard Saul Becker, famoso pela perspectiva do *interacionismo simbólico* na sociologia, e um dos mais brilhantes herdeiros da perspectiva de trabalho empírico da Escola de Chicago. No fim da Segunda Grande Guerra, em 1945, Mills "foi indicado como professor-assistente de Sociologia na Universidade de Colúmbia" (Fernandes, 1985: 10). Nesta universidade, Mills trabalhou até 1948 como diretor da Divisão de Pesquisa do Trabalho do *Bureau de Pesquisa Social Aplicada*, estando diretamente subordinado a um dos maiores nomes da pesquisa empírica quantitativa nos Estados Unidos, Paul Lazarsfeld. Posteriormente iria criticar sua própria experiência junto ao *Bureau*, caracterizando essa perspectiva quantitativista como um "empirismo abstrato"[7] (FERNANDES, 1985: 10). Em 1946 Mills publica em colaboração com Hans Gerth, sociólogo de origem alemã, uma coletânea de escritos de Max Weber acompanhada de uma longa introdução escrita por ambos, apresentando o autor de *A ética protestante e o espírito do capitalismo* como "um teórico do conflito" e destacando de modo predominante seus textos históricos sobre a burocracia e suas teorias da estratificação social (COLLINS, 2009: 89).

A visão de Mills e Gerth sobre Weber passa a competir então com a interpretação conservadora de Parsons, o qual valorizava "as definições abstratas de capitalismo dadas por Weber (que enfatizava a racionalidade desse sistema), e depois os seus escritos sobre o direito e a religião" (COLLINS, 2009: 89). Ainda juntamente com Hans Gerth irá publicar, em 1953, *Caráter e estrutura social: a psicologia das instituições sociais*. Aí Mills e Gerth procuram aproximar as contribuições de George H. Mead para a compreensão das relações entre indivíduo (*self*) e sociedade, das conquistas mais recentes da sociologia do conhecimento a partir de Mannheim e de novas perspectivas políticas de crítica à ordem social, caracterizada pela sociedade de massas nas nações industrializadas. Nos anos de 1950 Mills irá aprofundar sua crítica sociológica à estrutura de poder dos Estados Unidos. Suas principais obras a esse respeito são *White Collar: the American Middle Class*, de 1951, e *The power elite*, de 1956, mas tais estudos se iniciam num trabalho de 1948, fruto de suas pesquisas em equipe no *Bureau of Applied Social Research* e escrito com a contribuição de Helen Schneider, *The new men of power: America's labor leaders*. Mills também se interessou pela vida dos imigrantes latino-americanos nos Estados Unidos, estudando um jornal porto-riquenho em Nova York (1950). Uma nova fase da trajetória intelectual de Mills estava emergindo quando sobreveio sua morte.

Ele estava expandindo seus horizontes para além de sua sociedade nacional, os Estados Unidos. Essa é uma lacuna sentida pelo próprio Mills. "Ele próprio faria mais tarde a crítica desse isolamento, quando passa a afirmar a necessidade de o intelectual americano sair das fronteiras do seu país" (FERNANDES, 1985: 11). Ainda segundo Fernandes (1985: 11), essa foi a forma encontrada por Mills de ir além do "nacionalismo provinciano da cultura americana" e, mais, de "incorporar a outra face desta mesma sociedade – o imperialismo – cuja visibilidade só se manifesta do lado de fora das suas fronteiras. Esse esforço de ampliar seus horizontes políticos e intelectuais já vinha da época de Wisconsin e se dá muito pela ajuda de Hans Gerth, por intermédio do qual ele "manteve contato com o grupo de filósofos alemães que haviam migrado para os Estados Unidos com a ascensão do fascismo" (FERNANDES, 1985: 11). Nesse caso, destacam-se Theodor Adorno, Max Horkheimer e o também professor em Colúmbia, Franz Neumann, importante autor de um livro sobre as raízes do nazismo e o Estado totalitário. Mills deve a esses nomes seu contato mais aprofundado com diferentes vertentes do marxismo e um conhecimento vivo dos movimentos sociais de caráter radical na Europa. Em 1959, Mills esteve no Brasil, participando no Rio de Janeiro de um Seminário Internacional sobre "Resistências à mudança – fatores que impedem ou dificultam o desenvolvimento", organizado pelo então existente Centro Latino-Americano de Pesquisas em Ciências Sociais[8].

No texto de sua conferência proferida no Rio de Janeiro, Mills se preocupa com as questões específicas dos países pobres e subdesenvolvidos. Ele procura assumir uma postura de solidariedade e vai mais além, pois o enfoque sobre o Terceiro Mundo se torna o ponto de partida para a crítica da política externa norte-americana. Essa postura se torna bem mais nítida em *Listen, yankee: the Revolution in Cuba* (1960), publicado no Brasil com o título *A verdade sobre Cuba* (1961). Em *The causes of World War Three* (1959), o autor se dedica a desvelar como a estrutura de poder interna aos Estados Unidos e o choque de interesses entre as duas grandes superpotências da Guerra Fria poderiam conduzir à emergência de um conflito nuclear mundial. Mills estava caminhando para a sistematização de uma sociologia internacional comparada. Esse seu último anseio intelectual foi interrompido bruscamente. Na noite anterior a um debate que seria televisionado nos Estados Unidos em 12 de dezembro de 1960, Wright Mills teve o seu primeiro ataque cardíaco. O debate teria como interlocutor o professor de Direito Adolph A. Berle Jr., de tendências políticas liberais, e versaria sobre a Revolução Cubana. O nosso autor iria morrer dois anos depois, após um segundo ataque cardíaco, em meio a perseguições e retaliações políticas em torno do sucesso de público do seu livro sobre Cuba. O trabalho intelectual de Wright Mills surge como um dos mais importantes legados políticos da sociologia produzida nos Estados Unidos, em especial pela sua abertura ao diálogo e, principalmente, numa postura antropológica pouco comum entre sociólogos e cientistas políticos pela vontade de conhecer as razões, angústias e sentimentos do outro, tidos por supostos inimigos de sua nação, o camarada soviético, *Tovarich*, e o revolucionário cubano.

Sociologia da estratificação e estrutura de poder nos Estados Unidos

Nos trabalhos em que apresenta sua interpretação da estrutura de poder nos Estados Unidos, Wright Mills exercita o melhor de sua *imaginação sociológica* e faz isso por meio do refinamento teórico de uma sociologia da estratificação. O primeiro texto em que, de forma mais sistemática, Wright Mills esboça a sua perspectiva teórica sobre a estratificação data de 1951. Em *Sociologia da estratificação*, o autor estabelece quatro dimensões interconexas no estudo das desigualdades sociais: ocupação, classe, *status* e poder. Na década de 1950, a sociologia norte-americana estava dominada pelas correntes funcionalistas, por meio das quais os estudos de estratificação social ganhavam crescente popularidade. Muitas vezes tais estudos, ao invés de explicarem as raízes das desigualdades ocupacionais e funcionais, na verdade justificavam a ideologia de uma ordem social meritocrática nos Estados Unidos. Mills passa a se utilizar dos conceitos da sociologia funcionalista, mas sob o prisma da sociologia *weberiana* do conflito e do poder. Daí a originalidade e inovação de suas pesquisas sobre os líderes sindicais, a nova classe média e as grandes elites. Em cada uma dessas três grandes camadas, Mills irá focalizar suas respectivas ocupações por meio das três dimensões da classe, do *status* e do poder:

> Como fonte de renda, as ocupações são, portanto, ligadas à posição de *classe*. Como normalmente elas encerram uma determinada quota de prestígio, no emprego e fora dele, são relevantes para a posição de *status*. Também envolvem certo grau de *poder* sobre outras pessoas, diretamente em termos de emprego, ou indiretamente, em outras áreas sociais. As ocupações estão, assim, ligadas a classe, *status*, e poder, bem como à capacidade e à função. Para compreender as ocupações que constituem qualquer camada social, devemos considerá-las em termos de cada uma dessas dimensões correlatas (MILLS, 1965: 165).

As categorias de classe, *status* e poder são empregadas em sentidos muito próximos aos definidos por Max Weber. Já capacidade e função deteriam um sabor funcionalista dentro da tradição norte-americana. Essas são as ferramentas conceituais empregadas por Mills nos seus dois principais clássicos, *White Collar* (1951) e *The Power Elite* (1956). No entanto, esses instrumentos do sociólogo-artesão são empregados em sentido histórico, isto é, a partir da tentativa de apreender as tendências dinâmicas de mudança da estrutura social. Mills lança mão, dessa maneira, de uma nova interpretação sociológica dos rumos da sociedade estadunidense. Ele está questionando basicamente duas coisas em conjunto: a estrutura de poder e as potencialidades da democracia nos Estados Unidos. Esses são os dois horizontes políticos e teóricos do questionamento sociológico que Wright Mills imprime em seus trabalhos de estratificação social, procurando vislumbrar as alternativas utópicas de revitalização da democracia e da ideia de liberdade na sociedade norte-americana.

Quanto à estrutura de poder, as elites empresariais, políticas e militares se concentrariam no topo da pirâmide e conformariam uma unidade que participam das grandes decisões nacionais. São esses não apenas os homens que determinam os rumos da história, embora não sob condições de sua livre-escolha (Marx), mas seriam também igualmente capazes de fazer com que os cidadãos comuns sofressem a história. As antigas classes médias, desaparecidas, foram substituídas pelos empregados de colarinho branco, burocratizados e submissos às ordens de suas corporações. Esses seriam os setores intermediários. As classes trabalhadoras e seus sindicatos, a base da pirâmide, teriam se neutralizado em suas potencialidades de transformação progressista devido à cooptação política e às condições alienantes da sociedade de massas. Não haveria no curto prazo a possibilidade de uma ruptura dessa ordem e a realização efetiva da democracia, mas Mills começa a depositar suas esperanças de mudança social na emergência, formação e consolidação de uma intelectualidade crítica e contestatória nos quadros das novas gerações[9].

Essa é a visão dos Estados Unidos que se pode retirar do conjunto de sua produção sociológica sobre estratificação social e sintetizada no ensaio, escrito em 1958, *A estrutura do poder na sociedade americana* (MILLS, 1965). Ela vai estar presente de igual modo nas suas investigações empíricas. Um breve resumo de seu livro *A nova classe média*, traduzido no Brasil pela primeira vez em 1969, fortalece essa hipótese. A obra se encontra dividida em quatro grandes partes: I – As antigas classes médias; II – Os universos dos "colarinhos-brancos"; III – Estilos de vida; IV – Os caminhos do poder. Os tipos de personalidade do novo perfil de empregado burocratizado, de escalão médio, se ajustam a novas estruturas sociais, centradas nas grandes corporações. Estas últimas passam a predominar em toda parte, nas esferas públicas e privadas, nos órgãos governamentais e nos conglomerados internacionais. O novo tipo de empresário, figura emblemática desta nova classe média, não é dono dos meios de produção, mas um mero funcionário ou gerente assalariado. São robôs felizes dentro do "escritório centralizado" manipulados pela máquina burocrática. Eles não constituem, por isso, uma nova possibilidade de equilíbrio democrático de poder na sociedade norte-americana. O mito das novas classes médias como promotoras das mudanças se desfaz em *White Collar*, pois estas camadas estão cada vez mais distantes dos centros de tomadas de decisão e dariam margem a fenômenos de apatia, impotência e indiferença entre os colarinhos-brancos. "A distância entre o indivíduo e os centros do poder ampliou-se, e o indivíduo passou a sentir-se impotente" (MILLS, 1969: 365). A imagem que nos passa Mills dessa nova classe média é a da sua fragmentação e incapacidade políticas:

> Não há nada em suas experiências profissionais diretas que incite os *colarinhos-brancos* a formar organizações políticas autônomas. [...] Sua ideologia profissional é politicamente passiva; eles não estão engajados em qualquer luta econômica, exceto no sentido mais disperso e fragmentado do termo; falta-lhes até a consciência mais rudimentar de seus interesses econômicos e políticos: eles não se dão conta de qualquer crise profunda e específica de sua camada social. Problemas como o das relações entre partido, sindicato e classe social não se colocam para eles, pois não constituem uma classe homogênea; a maioria deles não está sindicalizada; nenhum grande partido os corteja especificamente, e não se cogita de que um dia eles possam formar um partido independente (MILLS, 1969b: 369-370).

Os indivíduos das novas classes médias são chamados a intervir na política sempre nos momentos eleitorais, atuando como massa de manobra do sistema bipartidário nos Estados Unidos. "Cada um dos dois partidos [Republicano e Democrata] deve apelar para interesses diversos e várias camadas sociais" de modo a neutralizar a função ideológica partidária. "[...] a concorrência entre eles obriga-os a apelar para todos, logo a não cumprir muitas promessas, a defender uma retórica universal e sem sentido e não a ideologia de uma determinada camada social" (MILLS, 1969b: 363). A narrativa histórica da sociedade norte-americana culmina no vazio político da sociedade de massas e consequente neutralização do debate público. O controle dessa sociedade está situado mais acima, entre as elites do poder que comandam efetivamente o país e tomam as decisões mais importantes que interferem na vida cotidiana do homem comum. As classes médias são meras espectadoras indiferentes do drama político. Essa visão pessimista só será superada por Mills em seus escritos políticos, nos quais passa a questionar criticamente o papel da cultura e da *intelligentsia* como agentes de contestação e de quebra da apatia numa sociedade dominada pelo controle burocrático e pela propaganda de massas.

A imagem contida em seu clássico *A elite do poder* (MILLS, 1968) não é diferente. As elites econômicas, políticas e militares não deixam alternativas para uma participação democrática ampliada e manipulam as escolhas individuais. Tais elites formam um todo compacto, mas não monolítico. Não seria necessário apresentar um resumo desta segunda obra, mas ater-se às discussões conceituais e metodológicas que ela permite em algumas de suas passagens cruciais, a fim de avaliar o conjunto da sociologia da estratificação de Wright Mills. Este é ao mesmo tempo o seu livro mais maduro e acabado em termos teóricos. Numa importante nota teórica e metodológica contida em *A elite do poder*, Mills lança mão de um conceito "institucional ou estrutural" da elite, segundo a qual esta última seria definida "em termos da sociologia da posição institucional e da estrutura social que essas instituições formam". A essa primeira dimensão do conceito, ele incorpora os *valores* assumidos pela elite, o tipo de *caráter psicológico* que os membros seletos da elite passam a assumir e a aprimorar como representativo de seu próprio grupo e, enfim, a *identidade política* de interesses que potencialmente podem adquirir como partícipes de uma mesma classe social. Em suas próprias palavras, Wright Mills apresenta as vantagens teóricas de conceituar a elite segundo suas respectivas posições institucionais e como, a partir delas, as outras dimensões poderiam ser investigadas empiricamente:

> A segunda vantagem teórica de definir a elite em termos das principais instituições, que espero deixar clara neste livro, é o fato de permitir-nos localizar as outras três concepções da elite de forma sistemática: 1) as posições institucionais que os homens ocupam em toda a sua vida determinam suas oportunidades de obter e conservar valores escolhidos; 2) o tipo de seres psicológicos em que se transformam é em grande parte determinado pelos valores que assim experimentam e pelos papéis institucionais que desempenham; 3) finalmente, se eles chegam ou não a

> se sentir como pertencentes a uma classe social seleta, se agem ou não de acordo com o que consideram seus interesses – são questões também em grande parte determinadas pela sua posição institucional e, por sua vez, pelos valores selecionados que possuem e pelo caráter que adquirem (MILLS, 1968a: 25).

As elites são caracterizadas, para Mills, em termos das possibilidades entrecruzadas de concentração de riqueza, prestígio e poder. Ele não aceita a noção de classe dominante por rejeitar a hipótese de que posições econômicas conduzam necessariamente a uma dominação política. Ou seja, é o diálogo com a imagem vulgarizada do marxismo como um determinismo econômico que se faz fortemente presente na conceituação que Mills elabora sobre as elites. Do ponto de vista prático da investigação empírica, essa conceituação de elite permite a observação de aspectos importantes e cruciais como a crescente influência dos altos escalões militares, dos grandes barões da indústria e dos chefes políticos. Uma visão indiferenciada da classe dominante, nesse sentido, não alcançaria tal refinamento nas análises.

De um ponto de vista teórico, porém, Mills não consegue explicar a origem da solidariedade de classe e da coesão das elites a partir unicamente dos quadros conceituais por ele assim definidos. A resistência a uma adoção da perspectiva marxista de classe impede que o autor responda a um problema teórico e empírico a que o próprio andamento de seus trabalhos de investigação o conduziu: De onde surge a solidariedade de interesses entre os membros das elites econômicas, políticas e militares? Pode-se aventar a hipótese de que a resposta a essa questão poderia ser encontrada numa articulação teórica entre a visão marxista da estrutura de classes e a sociologia da estratificação social, tal como proposta pelo próprio Mills. O sociólogo inglês Tom Bottomore enxerga nessa lacuna teórica do autor de *A elite do poder* as razões de seu pessimismo sobre o futuro da sociedade norte-americana:

> Como vimos, ele insiste em que as três principais elites – econômica, política e militar – são, efetivamente, um grupo coeso, e sustenta seu ponto de vista estabelecendo a semelhança de suas origens sociais, os estreitos laços pessoais e familiares entre membros de diferentes elites, e a frequência de intercâmbio entre as três esferas. Porém, como resiste à conclusão de que esse grupo constitui uma classe dominante, torna-se incapaz de fornecer uma explicação convincente, e não apenas uma descrição, da solidariedade da elite do poder. Além do mais, eliminando a ideia de uma classe dominante, exclui também a de classes em oposição, chegando assim a uma visão extremamente pessimista da sociedade americana. A verdadeira temática de seu livro é, primeiro, a transformação de uma sociedade na qual numerosos e pequenos grupos tinham voz ativa na tomada das decisões políticas em uma sociedade de massas na qual a elite do poder decide todas as questões importantes e mantém as massas sossegadas através da bajulação, da mistificação e do entretenimento; e,

segundo, a corrupção da própria elite do poder, atribuída principalmente a um estado de coisas em que ela não é responsável por suas decisões políticas perante um público organizado e, também, ao valor dominante de aquisição de riquezas (BOTTOMORE, 1974: 33).

As posições teóricas de Wright Mills na sociologia estão intimamente relacionadas com sua visão de mundo política. A perspectiva liberal de separação entre as esferas políticas e econômicas seria um componente decisivo de sua indignação moral contra as condições alienantes da sociedade de massas. Apesar de ter alimentado uma imagem pessimista da sociedade norte-americana, a obra sociológica de Mills serviu de inspiração ideológica a toda uma geração de jovens idealistas nos Estados Unidos, por isso caberia agora uma breve exposição de suas concepções políticas.

Wright Mills e o artesanato sociológico como crítica política

A perspectiva política na obra de Wright Mills poderia ser melhor avaliada a partir de um tema fundamental para a crítica radical da sociedade estadunidense, mas ausente em toda sua produção sociológica. Nesse sentido, o autor de *As elites do poder* foi questionado nos seguintes termos: "Por que um pensamento tão sensível e crítico da sociedade americana nunca incorporou a escravidão como uma das determinações desta sociedade?" (FERNANDES, 1985: 8). É por essa razão que o tema do racismo nos Estados Unidos também não se faz presente na sua perspectiva ideológica e em toda sua trajetória intelectual. Como diz um de seus críticos mais acerbos: "Estas deficiências [...] que não são senão um exemplo da sólida ignorância de Mills da questão negra, em todas as suas obras, diluem seriamente a agudeza de suas análises" (APTHEKER, apud FERNANDES, 1985: 9). Essa grave lacuna se explica, mas não se justifica, paradoxalmente pelo humanismo universalista de Mills e pelas suas raízes texanas. Em carta a *Tovarich*, talvez na única referência à questão racial em seus escritos, sem que figure, portanto, nos seus trabalhos mais importantes, ele confessaria:

> Minha mãe aprendeu espanhol antes do inglês; ela foi criada num rancho por mexicanos e ela verdadeiramente os amava – não como uma mulher americana, mas como um ser humano ama a outro. Para ela, penso eu, os mexicanos sempre formaram as suas imagens ideais do ser humano. E eu herdei isso dela.
> Eu realmente não era consciente de qualquer diferença entre judeus, indígenas, mexicanos, irlandeses e negros até chegar à minha juventude. Quando isso aconteceu foi um choque para mim e, instantaneamente, eu rejeitei a ideia da superioridade e inferioridade racial. [...]
> O ponto é que eu nunca estive interessado no que se costuma chamar de "a questão negra". Talvez eu devesse ter-me interessado ou deveria agora. A verdade é que eu nunca encarei essa questão como um pesquisador. Se eu o fizesse, ela retornaria para mim como "uma questão branca" e,

> justamente agora, lidei o suficiente com tal problema (MILLS, 2000: 313-314).

Na mesma carta, Mills afirma que reconhece os avanços conquistados pelos negros nos Estados Unidos, porém pontua negativamente que "os Estados Unidos da América são ainda uma tirania branca" e a solução, para ele, só seria alcançada quando não houvesse qualquer distinção no casamento entre raças (MILLS, 2000: 314). Uma pergunta caberia aqui: O que esconde de tão forte a "questão racial" nos Estados Unidos que impediu Mills de encarar de frente a questão central de toda sua obra sociológica, "a questão branca", desta vez sob o prisma da concentração de privilégios produzida por relações de dominação racistas? O que Mills não consegue enxergar, de fato, e o que isso lhe poderia trazer de doloroso? Não se trata de um mero esquecimento, mas de uma questão sociológica relevante entender essa ausência, ainda mais quando sabemos que mesmo intelectuais estrangeiros, a exemplo do economista sueco Gunnar Myrdal e alguns de seus colaboradores (1944), procuraram enfrentar a questão racial mais ou menos na mesma época em que Wright Mills realizava suas pesquisas. Levando-se em conta, ainda, que essa missiva imaginária a *Tovarich* foi escrita após os principais trabalhos de Mills sobre a sociedade norte-americana, uma reflexão mais ampliada sobre a estrutura de poder nos Estados Unidos, sob o prisma da questão racial, iria enriquecer política e teoricamente a sua sociologia da estratificação social e a própria compreensão do poder branco. Assim, sua justificativa soa estranha.

Ora, essa ausência explica alguns limites de sua perspectiva crítica e um deles seria que Mills talvez vislumbrasse na possibilidade da quebra da estrutura de poder dos Estados Unidos o começo para a solução de todos os dilemas dessa sociedade, o racial inclusive. É uma visão idealista que subestima a teorização dos vínculos entre a exploração do trabalho, e aqui do trabalho negro em particular, e as estruturas de poder das elites brancas. Isso não estava no seu horizonte teórico, por certa relutância em aceitar a tese marxista do caráter privilegiado da exploração do trabalho no entendimento de outras esferas da vida social e, mais precisamente, das estruturas políticas de dominação. Por conta disso, certo idealismo estará presente em seu pensamento, o qual se expressaria numa revolta moral sem possibilidade real de ser canalizada por movimentos sociais de protesto. No dizer de Fernandes (1980), esse tipo de *radicalismo abstrato* realiza uma crítica extrema da sociedade e, ao mesmo tempo, não consegue apontar os caminhos concretos para sua transformação.

Para Mills, com sua forte inspiração *weberiana*, as esferas da vida social são autônomas e independentes; os indivíduos também, mas à medida que conseguem desvendar as razões históricas dos limites políticos que lhes são impostos e a protestar moralmente contra a realidade social que sufoca a autonomia das pessoas. Esse voluntarismo ideológico, típico das classes médias, faz parte dos horizontes intelectuais do próprio Mills, e aí reside o ponto de partida de seu diálogo muito particular com a tradição marxista.

Não sendo um conservador como Weber, mas assumindo um liberalismo de tipo radical e com apego intransigente à participação democrática, a sua interpretação do marxismo será muitas vezes generosa e não menos permeada de equívocos, pois tentará enquadrar Marx e o marxismo dentro de uma filosofia da ação que se pauta pelo livre-julgamento moral, independente muitas vezes da análise das possibilidades reais e concretas de transformação da sociedade[10]. Todo seu pensamento político pode ser sintetizado na defesa intransigente da liberdade.

Não é à toa que a marca principal da prática sociológica de Wright Mills seria o artesanato intelectual, pois aí ele exercitaria sua total liberdade no julgamento de sua época histórica e lugar, os Estados Unidos da Guerra Fria. Seria por meio dessa prática artesanal que Mills fugiria do isolamento das atividades burocráticas acadêmicas e à padronização do trabalho típica das sociedades de massa[11]. O papel do intelectual na esfera pública se tornara reduzido e fora substituído pelos *policy makers* profissionais a soldo dos interesses geopolíticos e militares dos Estados Unidos. O artesanato intelectual representava o vínculo de Mills com as tradições clássicas das ciências sociais, pois dominando, qual um artesão, todo o processo do conhecimento ele não iria pulverizar a realidade em fragmentos isolados. O estudo do tempo presente estava conectado ao passado e traçava perspectivas para o futuro. É nesse sentido que a famosa crítica de Mills à *Grande teoria* de Talcott Parsons e ao *empirismo abstrato* de Paul Lazarsfeld, com quem havia inclusive colaborado, representava ao mesmo tempo uma íntima aproximação entre sociologia e política e uma nova proposta teórica de levar adiante as investigações nas ciências sociais. Reunidas pela primeira vez de forma sistemática no livro *A imaginação sociológica* (1959), suas ideias propugnavam por uma concepção de ciência social não compartimentalizada, contra a sua divisão em disciplinas estanques, essencialmente histórica e, por fim, capaz de traduzir politicamente os anseios e dilemas dos indivíduos em questões cruciais para a participação crítica e racional nos debates públicos[12].

Esse projeto de ciência social não foi realizado por Wright Mills. Em especial, as suas valiosas indicações para desenvolver a questão clássica das relações entre biografias, história e sociedade exigiriam refinamentos teóricos que só viriam posteriormente, nos debates mais contemporâneos das ciências sociais sobre as relações entre *agência* e *estrutura*. Os esforços de Mills nos sugerem que, para integrar esses dois níveis de análise, os enfoques microinteracionistas e macroestruturais, seria indispensável a participação política do cientista social. Após escrever suas principais obras sobre a estrutura de poder nos Estados Unidos, o nosso autor procurava retirar as consequências políticas de suas conclusões. A perspectiva crítica assumida em pesquisas como *White Collars* (1951) e *The Power Elites* (1956) estava inicialmente restrita ao isolamento burocrático de seu trabalho acadêmico. É certo que tais estudos tiveram enorme influência política, mas que não surgiu da participação direta de Wright Mills em movimentos sociais de crítica da ordem social. As consequências políticas de suas investigações sociológicas, na forma de prognóstico das transformações históricas potenciais, só serão detalhadas por Mills em escritos como *As causas da próxima guerra mundial*, publicado pela primeira vez em 1958. A partir daí ele passa a ter uma atuação política mais explícita, utilizando-se de sua prática artesanal na sociologia como um meio de alertar a opinião pública dos riscos da perpetuação das práticas sociais das elites empresariais e militares nos Estados Unidos para a segurança mundial.

A verdade é que Mills faz parte de uma tradição de pensamento radical muito forte na América do Norte[13] e a preocupação de seu papel como intelectual sempre esteve presente em seus horizontes teóricos. No entanto, o próprio acirramento da Guerra Fria tornaria inevitável uma tomada de posição. No ensaio *A nova esquerda*, de 1960, Mills define o seu papel político intelectual. Falando a partir de uma sociedade capitalista avançada, os Estados Unidos, a sua tarefa seria a de produzir teorias sociológicas, orientadas politicamente, que ajudassem a identificar os "meios sociais e institucionais de modificação estrutural" (MILLS, 1965: 131). Nos centros e nas periferias, nos dois blocos antagônicos, Estados Unidos e União Soviética, ele passa a identificar essas forças sociais nas jovens gerações de intelectuais. Mills estava apostando na rebeldia da juventude de esquerda e seu trabalho, como um companheiro mais velho, era o de indicar alguns caminhos e horizontes a partir de sua prática artesanal como cientista social. O esforço humanista de compreender o outro, o distante, os inimigos russo e cubano, aproximando-se deles e com eles dialogando, fazia parte dos contornos utópicos de sua sociologia comparada internacional. Ele estava, em outras palavras, tentando romper com o isolamento da organização burocrática da vida acadêmica e construir vínculos com os movimentos sociais.

Não tivesse ocorrido a morte prematura e repentina de Wright Mills, o fato é que ele poderia ter ido muito mais longe no seu intento teórico de integrar sociologia e atuação política. Em *As causas da próxima guerra mundial* (1961), escrito originalmente em 1958 com o título *The causes of World War Three*, podemos observar uma tentativa mais explícita de traçar prognósticos políticos mundiais. Tais prognósticos deveriam orientar a ação política e, se Mills parece ter se equivocado sobre as possibilidades mais imediatas de uma Terceira Guerra Mundial, isso se deve ao provincianismo de seu olhar, muitas vezes limitado aos Estados Unidos, e às próprias insuficiências teóricas de um recorte metodológico concentrado sobre as sociedades nacionais e não na teia complexa do sistema de poder internacional. De fato, para antecipar as possibilidades de eclosão de uma guerra nuclear, Mills concentra sua análise nas "definições da realidade social" das elites beligerantes das duas superpotências antagônicas, os Estados Unidos e a União Soviética. No caso específico da sociedade norte-americana, as ordens política, empresarial e militar confluem para criar uma situação de "guerra permanente" (MILLS, 1961a: 40). A intransigência das elites atuantes nessas três ordens conduziria – com um elevado grau de probabilidade e sempre em correlação com a intransigência das elites burocráticas e militares do Estado soviético – à irrupção de um conflito devastador de proporções mundiais.

Um último elemento crucial para compreender a perspectiva política de Wright Mills diz respeito a seu interesse por Cuba, em particular, e pela América Latina, num plano mais geral. O autor esteve na ilha caribenha logo após o triunfo da revolução e entrevistou alguns de seus líderes máximos, dentre os quais o próprio Fidel Castro. Ao final do livro *A verdade sobre Cuba* (1961b), publicado com o título original de *Listen yankee, the Revolution in Cuba*, Mills sintetiza sua visão mais global sobre a América Latina e sobre os possíveis caminhos do socialismo em Cuba. Em relação aos países do subcontinente latino-americano, ele iria enxergar a existência do fenômeno da dominação imperialista, da exploração e das "colônias internas"[14]. Se tivesse tido tempo em vida, talvez Mills pudesse integrar teoricamente sua sociologia da estratificação de matriz *weberiana* com tais categorias de extração marxista. Já no caso de Cuba, Mills faz uma defesa da Revolução Cubana, apontando sua originalidade sem considerá-la mera repetição da experiência soviética (MILLS, 1961b: 199), de um lado, e a combater a visão preconceituosa dos cidadãos norte-americanos em relação ao processo revolucionário cubano, de outro. Embora defensor do direito do povo cubano à sua autodeterminação, Mills não se colocava como um acrítico defensor da revolução, pois ele não podia "prestar lealdade incondicional a qualquer instituição, homem, Estado, movimento ou nação. Minha lealdade é condicionada às minhas convicções e meus valores pessoais" (MILLS, 1961b: 196). Nesse sentido, ele aponta algumas possibilidades de desvios burocráticos e autoritários nos rumos da construção do socialismo em Cuba, porém problematizando o papel de ameaça dos Estados Unidos que contribuiria em alguma medida para dificultar a luta cubana contra o círculo vicioso do subdesenvolvimento e para aumentar as tensões mundiais da Guerra Fria.

Roteiro para Mills

Os leitores que estiverem interessados em se aprofundar em aspectos diversos dos escritos políticos e sociológicos de Wright Mills irão se deparar com uma primeira grande dificuldade, a escassez de novas reedições em português de seus trabalhos. Com raríssimas exceções, a maior parte das traduções de Mills disponível no Brasil foi realizada na década de 1960. Aliado a isso, há graves problemas nesse conjunto de traduções dos seus livros que prejudicam a compreensão das ideias do autor, tanto em termos do significado preciso de suas teorias e conceitos quanto no da leitura fluente de seu estilo direto, claro, conciso, às vezes sarcástico e incisivo. Mills escrevia muito bem e isso não transparece nas traduções brasileiras. Um velho ditado italiano, *traduttore traditore*, se encaixaria como uma luva no caso do nosso autor. Novas edições dos principais livros de Wright Mills, com traduções mais cuidadosas, seriam imprescindíveis para sua maior divulgação ao público brasileiro.

O presente *Roteiro para Mills* leva em conta todas essas dificuldades de encontrar material para a leitura, só possível no caso de suas edições mais antigas por meio do comércio de livros usados. A melhor introdução dos escritos de Wright Mills disponível aqui no Brasil continua sendo a de Heloísa Rodrigues Fernandes, "Wright Mills: sociologia" (1985), pois combina uma visão crítica do autor com uma ampla visão de conjunto. Além do texto introdutório, o volume contém uma seleção de textos representativos de diferentes fases do pensamento de Wright Mills. É, nesse sentido, uma leitura indispensável para se ter uma perspectiva abrangente do conjunto de textos e da trajetória política e intelectual do autor.

A segunda sugestão seria o livro organizado e introduzido por Celso Castro, com excelente tradução de Maria Luiza Borges, *Sobre o artesanato intelectual e outros ensaios* (2009), publicado por Jorge Zahar. Trata-se de um agradável primeiro contato com as ideias e a vida de Wright Mills. A seleção de textos, entretanto, tem um escopo mais delimitado e se volta para uma temática central no pensamento de Mills, o artesanato intelectual como uma forma de refletir criticamente os dilemas da sociedade contemporânea em íntimo contato com os clássicos das ciências sociais. A questão política das tarefas do intelectual, um dos temas recorrentes em Mills, também se faz fortemente presente nesse conjunto de ensaios.

Além desses dois títulos, um debate interessante sobre a relevância política da sociologia de Wright Mills pode ser encontrado no artigo de Gabriel Cohn, "Males privados, sociologia pública: o legado de Wright Mills" (2013), no qual são problematizados os aspectos teóricos e metodológicos centrais do pensamento do autor, como as relações entre biografia, história, instituições sociais, agência e estrutura sociais. Tematizando principalmente o livro *A imaginação sociológica* (1969 [1959]) e as perspectivas políticas nele contidas para o conjunto das ciências sociais, uma aproximação entre Wright Mills e o sociólogo brasileiro Florestan Fernandes pode ser encontrada no artigo de Diogo Valença de Azevedo Costa, "A sociologia como artesanato intelectual: política e contestação nas perspectivas teóricas de Wright Mills e Florestan Fernandes" (2015). Por fim, Gastão Octávio Franco da Luz (1996) debate a importância das propostas teóricas, metodológicas e políticas de Mills para a formação crítica no campo educacional.

Os poucos trabalhos sobre o autor existentes aqui no Brasil – o que, por sua vez, reproduz em alguma medida o desconhecimento de Wright Mills pelas novas gerações de estudantes de ciências sociais também nos Estados Unidos – sinalizam para a importância de realizar estudos mais acurados e atualizados de toda sua produção política e acadêmica, não apenas estabelecendo comparações com as teorias sociológicas contemporâneas, mas, sobretudo, questionando a validade de suas ideias para nos debruçarmos sobre as questões brasileiras e mundiais. Por essa razão, do próprio Mills recomendamos a seguinte divisão temática e ordem de leituras: 1) Nos seus escritos sobre a *estrutura de poder nos Estados Unidos* seria interessante iniciar pela leitura do texto "A estrutura de poder na sociedade americana" (MILLS, 1965: 25-42), de 1958, que é uma espécie de resumo de suas ideias sobre o tema principal de suas investigações sociológicas anteriores, "Os novos homens do poder" (1948), *A nova classe média* (1951) e *As elites do poder* (1956). Apenas os dois últimos títulos estão disponíveis em português e, na sequência, eles poderiam ser estudados juntos ou separadamente. 2) *A perspectiva política de Mills* seria melhor vislumbrada em três de seus livros: a) o primeiro seria *Poder e política* (1965), do qual poderíamos destacar três ensaios de leitura imprescindível "Cultura e política" (1959), "A nova esquerda" (1960) e "O papel social do intelectual" (1944); b) o segundo, *As causas da próxima guerra mundial* (1961a), em especial a primeira parte; c) por fim, o terceiro seria *A verdade sobre Cuba* (1961b), especificamente a "Nota ao leitor II", escrita ao final do livro, em que Wright Mills expressa suas próprias posições sobre a Revolução Cubana; c) os textos sobre a *perspectiva teórica na sociologia,* disponíveis em português, podem ser encontrados nos títulos *Caráter e estrutura social* (1973), junto com Hans Gerth, *Os marxistas* (1968) e *A imaginação sociológica* (1969a). Este último livro se encontra na fronteira entre a sociologia e a política, evidenciando as críticas de Wright Mills ao conjunto da sociologia norte-americana.

Notas

[1] Trata-se da tese de doutorado defendida por Mills na Universidade de Wisconsin em 1942, sob o título de *A sociological account of pragmatism: an essay on the sociology of knowledge*.

[2] Esse livro reúne ensaios extraídos de uma coletânea mais ampla de escritos de Wright Mills, organizada postumamente por Horowitz e intitulada *Power, politics and people* (1963).

[3] Cf. a esse respeito seu ensaio "O homem no centro: o designer". Esse texto figura numa coletânea de escritos de Wright Mills que, organizada e introduzida por Celso Castro com o título de *Sobre o artesanato intelectual e outros ensaios* (MILLS, 2009), pode ser considerada o início de uma tentativa recente de reconsideração, aqui no Brasil, da importância do autor para as ciências sociais. Não custa lembrar que, em 2013, o XVI Congresso da Sociedade Brasileira de Sociologia teve como título, numa referência direta a Mills, "a sociologia como artesanato intelectual".

[4] Nosso autor teve duas filhas, Pamela Mills e Kathryn Mills, ambas do segundo casamento, e um filho com sua terceira esposa, Nikolas Charles Mills.

[5] Para uma visão geral da sociologia norte-americana do período da Escola de Chicago, cf. COSER, L.A. Tendências americanas. In: BOTTOMORE, T. & NISBET, R. (orgs.). *História da análise sociológica*. Rio de Janeiro: Zahar, 1980.

[6] "Para Mills, o contraste seria fortemente sentido: a Universidade do Texas está localizada em Austin, a capital de um Estado cuja legislatura nunca teve qualquer problema em condenar e censurar os membros da faculdade; a Universidade de Wisconsin, localizada em Madison, também capital do Estado, já tinha uma longa tradição que tornava impossível esse tipo de interferência" (HOROWITZ, 1983: 42).

[7] Para uma avaliação crítica dessa experiência de Mills no *Bureau*, cf. STERNE, J. "C. Wright Mills, the Bureau for Applied Social Research, and the meaning of critical scholarship". In: *Cultural Studies ↔ Critical Methodologies*, vol. 5, n. 1, fev./2005, p. 65-94.

[8] A conferência de Wright Mills pode ser encontrada na sua já referida coletânea de ensaios *Poder e política* (1965), sob o título de "O problema do desenvolvimento industrial".

[9] Para a importância de Wright Mills como porta-voz intelectual das novas gerações de esquerda nos Estados Unidos que despontam na década de 1960, cf. SOUSA, R.F. *A nova esquerda americana*: de Port Huron aos Weathermen (1960-1969). Rio de Janeiro: FGV, 2009, p. 61-68.

[10] É legítimo dialogar com a obra de Marx e demais tradições marxistas a partir de outros pontos de vista teóricos, metodológicos, filosóficos e políticos como faz Mills. Isso revela sua abertura para o debate e ausência de preconceitos teóricos. Nesse sentido, a leitura que o autor faz do marxismo pode se tornar um ponto de partida interessante para estabelecer aproximações entre o liberalismo radical e as perspectivas políticas socialistas, os quais em muitos pontos podem caminhar juntos. A esse respeito, cf. WRIGHT MILLS, C. *Os marxistas*. Rio de Janeiro: Zahar, 1968.

[11] Em *Os últimos intelectuais*, Russel Jacoby (1990) descreve historicamente essa burocratização da vida acadêmica e a passagem para o isolamento intelectual nos *campi* universitários nos Estados Unidos.

[12] Para um debate mais aprofundado sobre a visão política de Wright Mills contida na sua crítica à sociologia norte-americana, cf.: COSTA, D.V.A. A sociologia como artesanato intelectual: política e contestação nas perspectivas teóricas de Wright Mills e Florestan Fernandes. In: CEPÊDA, V.A. & MAZUCATO, T.M. (orgs.). *Florestan Fernandes, 20 anos depois* – Um exercício de memória. São Carlos: UFSCar, 2015.

[13] A esse respeito, cf. BOTTOMORE, T. *Críticos da sociedade*: o pensamento radical na América do Norte. Rio de Janeiro: Zahar, 1970.

[14] A categoria de "colonialismo interno" esteve muito em voga na América Latina a partir de meados da década de 1960. Essa categoria está associada aos nomes de dois grandes cientistas sociais, os mexicanos Pablo González Casanova e Rodolfo Stavenhagen, ambos amigos de Wright Mills. Curiosamente, o sociólogo norte-americano já se referia em 1959 à noção de "colônias internas". O próprio González Casanova atribui a paternidade da categoria de "colonialismo interno" a Wright Mills. Este último, no seminário ocorrido no Rio de Janeiro em 1959, teria falado de situações em que dentro de uma mesma nação determinados grupos exploram e dominam outros, criando verdadeiras colônias internas. A esse respeito, cf. as palestras de Pablo González Casanova e Rodolfo Stavenhagen. In: *Diálogo magistral*: las perspectivas latinoamericanas a 50 años de las 7 tesis. Colégio de México, 2015 [Disponível em https://www.youtube.com/watch?v=5Brw74WU1YU – Acesso em 28/11/2016].

Referências

BOTTOMORE, T. *As elites e a sociedade*. 2. ed. Rio de Janeiro: Zahar, 1974.

_____. *Críticos da sociedade*: o pensamento radical na América do Norte. Rio de Janeiro: Zahar, 1970.

COHN, G. Males privados, sociologia pública: o legado de Wright Mills. In: *Revista Brasileira de Sociologia*, vol. 1, n. 1, jan.-jul./ 2013.

COLLINS, R. *Quatro tradições sociológicas*. Petrópolis: Vozes, 2009.

COSER, L.A. Tendências americanas. In: BOTTOMORE, T. & NISBET, R. (orgs.). *História da análise sociológica*. Rio de Janeiro: Zahar, 1980.

COSTA, D.V.A. A sociologia como artesanato intelectual: política e contestação nas perspectivas teóricas de Wright Mills e Florestan Fernandes. In: CEPÊDA, V.A. & MAZUCATO, T. (orgs.). *Florestan Fernandes, 20 anos depois* – Um exercício de memória. São Carlos: UFSCar, 2015.

FERNANDES, F. *A natureza sociológica da sociologia*. São Paulo: Ática, 1980.

FERNANDES, H.R. Mills, o sociólogo-artesão. In: FERNANDES, H.R. (org.). *Wright Mills*: sociologia. São Paulo: Ática, 1985.

HOROWITZ, I.L. *C. Wright Mills*: an american utopian. Nova York: Free Press, 1983.

_____. Introdução. In: MILLS, C.W. *Poder e política*. Rio de Janeiro: Zahar, 1965.

JACOBY, R. *Os últimos intelectuais*: a cultura americana na época da academia. São Paulo: Trajetória Cultural/Edusp, 1990.

LUZ, G.O.F. A imaginação sociológica e questões críticas em C. Wright Mills: pontos de referência ao papel do educador. In: *Educar em Revista*, n. 12, jan.-dez./1996. Curitiba.

NILSEN, A. C. Wright Mills. In: SCOTT, J. (org.). *50 grandes sociólogos contemporâneos*. São Paulo: Contexto, 2009.

MILLS, C.W. *Sobre o artesanato intelectual e outros ensaios*. Rio de Janeiro: Zahar, 2009.

_____. *Wright Mills*: letters and autobiographical writings. Califórnia: University of California Press, 2000.

_____. *A imaginação sociológica*. 2. ed. Rio de Janeiro: Zahar, 1969a.

_____. *A nova classe média (White Collar)*. Rio de Janeiro: Zahar, 1969b.

_____. *A elite do poder*. 2. ed. Rio de Janeiro: Zahar, 1968a.

_____. *Os marxistas*. Rio de Janeiro: Zahar, 1968b.

_____. *Poder e política*. Rio de Janeiro: Zahar, 1965.

_____. *Sociology and pragmatismo*: the Higher Learning in America. Nova York: Oxford University Press, 1964.

_____. *As causas da próxima guerra mundial*. Rio de Janeiro: Zahar, 1961a.

_____. *A verdade sobre Cuba*. Rio de Janeiro: Zahar, 1961b.

MILLS, W. & GERTH, H. *Caráter e estrutura social*. Rio de Janeiro: Civilização Brasileira, 1973.

MYRDAL, G. et al. *An American Dilemma*: the Negro and modern democracy. Nova York: Harper & Brothers, 1944.

STERNE, J. C. Wright Mills, the Bureau for Applied Social Research, and the meaning of critical scholarship. In: *Cultural Studies ↔ Critical Methodologies*, vol. 5, n. 1, fev./2005, p. 65-94.

SOUSA, R.F. *A nova esquerda americana*: de Port Huron aos Weathermen (1960-1969). Rio de Janeiro: FGV, 2009.

12
Jürgen Habermas (1929-)

*Barbara Freitag Rouanet**

Introdução

Ao aceitar a solicitação das colegas para fazer este ensaio, foi necessária uma boa dose de *ousadia*. Um mergulho inicial em três fontes diferentes confirmará essa observação. Consultando:

(1) A *Wikipedia* (atualizada) em português (5 páginas), o leitor interessado encontrará uma breve biografia, mas nenhum título da vasta obra de e sobre Habermas citado em alemão, língua materna na qual o autor costuma escrever e se exprimir; esta versão tampouco dá destaque especial aos livros traduzidos para o português (seja no Brasil, seja em Portugal) para facilitar a recepção da obra de um dos maiores pensadores do nosso tempo.

(2) Entrando, ainda na internet, na *Stanford Encyclopedia of Philosophy*, no verbete Habermas (atualizado em agosto de 2014), esse leitor encontra uma ampla apresentação de parte da obra, citando, como era de esperar, edições americanas, do primeiro maior estudo habermasiano sobre a Esfera Pública, sua Teoria da Ação Comunicativa, suas "Tanner Lectures" sobre o Direito, a moralidade, a política e a jurisprudência, conduzindo-nos para os debates travados por Habermas com pensadores e críticos americanos (McCarthy, Rorty, Rawls, W. Rehg, C. Taylor, White, entre outros). Assim pode se dar a impressão de que a Enciclopédia em questão está focalizando a recepção do pensamento habermasiano nos Estados Unidos, e não sua imensa e vasta obra como um todo, dentro e fora dos Estados Unidos.

(3) Consultando a versão alemã da *Wikipedia* (*Freire Enzyklopädie*) tem-se uma visão abrangente de sua história de vida desde o seu convívio com o nazismo, o estudo da filosofia e sociologia, seus dois doutorados nessa área e seu envolvimento como intelectual e cidadão no período pós-guerra, criação da Alemanha Ocidental, a queda do muro e a reunificação alemã no final do século XX, e finalmente suas ideias e seu engajamento em favor de uma Europa democrática, supranacional. A versão alemã da *Wikipedia* acrescenta as inúmeras medalhas, prêmios e condecorações que Jürgen Habermas recebeu: Prêmio Adorno, Prêmio Irmãos Scholl, Medalha do Príncipe de Astúrias, Prêmio Kyoto, o que relembra Erasmo de Rotterdam, entre muitos outros. A versão aqui

---

* Professora emérita da Universidade de Brasília (UnB). Doutora em Ciências Humanas pela Technische Universität Berlin.

citada menciona até mesmo um asteroide, fora do nosso sistema solar que recebeu seu nome em 2006, quando descoberto!

Trata-se, pois, nesses casos de *três perfis diferentes* que têm alguns pontos em comum, mas também poderiam ser consideradas biografias de três personalidades distintas, apresentadas de ângulos diferentes e comentadas em várias línguas, para um público leitor com interesses diferenciados. As três fontes coincidem, entretanto, em alguns aspectos que serão mencionados no decorrer dessa breve apresentação. Jürgen Habermas nasceu em 29 de junho de 1929 em Düsseldorf, na Alemanha, e tinha 16 anos quando a Segunda Guerra Mundial terminou (1945), sendo o país ocupado pelos aliados (americanos, ingleses, franceses e russos). Habermas estudou nas universidades de Bonn (onde concluiu, em 1954, seu doutorado sobre Schelling) e em Marburgo (onde fez seu pós-doutorado sob orientação de W. Abendroth, elaborando a tese intitulada *Strukturwandel der Öffentlichkeit* em 1962, que mais tarde viria a ser traduzida para o português com o título *Mudanças estruturais da esfera pública*. No mesmo ano foi convidado a lecionar filosofia em Heidelberg e dois anos depois assumiu a cátedra de sociologia e filosofia na Universidade de Frankfurt am Main, sucedendo os grandes idealizadores da "teoria crítica", que deixaram sua marca no que mais tarde viria a ser chamado de "Escola de Frankfurt".

Conhecendo e tentando acompanhar a enorme produtividade teórica e jornalística de Habermas, percebe-se logo que ele é capaz de surpreender e seduzir seus leitores para novos temas e reflexões. De década em década esse autor salta de temáticas densas e profundas para novos patamares, focalizando diferentes aspectos da teoria crítica que aprendeu com Adorno (1903-1969) e Horkheimer (1895-1973) e do dia a dia que ele tira da "Lebenswelt" (o mundo da vida ou mundo vivido, como outros preferem traduzir).

Recém-formado, Habermas chamara atenção pela sua capacidade e coragem crítica, quando lançou, em 1953, na Frankfurter Allgemeine Zeitung, um artigo crítico sobre Martin Heidegger, há pouco reabilitado pelos aliados por seu envolvimento com o regime nazista alemão (durante a Segunda Guerra Mundial). Habermas cobrava do autor de *Sein und Zeit* uma desculpa ou justificativa aos seus leitores, o que o motivara a tomar partido por Hitler e entrar como membro na NSDAP, o partido nazista fundado por Hitler e seus comparsas.

Uma atitude igualmente corajosa Habermas adotou anos depois, envolvendo-se no que foi chamado de *Historikerstreit* (a disputa entre os historiadores)[1]. Nessa disputa Habermas atacou aqueles historiadores interessados em passar um mata-borrão em um período inaceitável (do ponto de vista moral/ético) da história alemã, durante a ditadura de Hitler, a matança dos judeus em Auschwitz e outros campos de extermínio. Desde que Habermas fora assistente de Theodor W. Adorno (1951-1961), ele defendeu ao lado desse grande mestre da filosofia crítica o *slogan* "Nie wieder Auschwitz" (Nunca mais Auschwitz!), informando que jamais o mundo pode e deve tolerar uma repetição ou reedição dos crimes cometidos em Auschwitz e outros campos de extermínios nazistas.

Depois dessa introdução em que foi focalizado o lado do "cidadão" e "intelectual" de Jürgen Habermas, merecem destaque os quatro campos temáticos que transformaram Habermas em um dos filósofos e sociólogos mais conhecidos do mundo contemporâneo. A saber:

- A *Teoria da Ação Comunicativa* e a análise da questão da razão comunicativa e da linguagem, baseada na revisão da obra dos grandes autores da sociologia (de Marx a Weber, de Durkheim a Parsons).
- O *discurso filosófico da Modernidade* e o debate crítico do autor com seus pares da Filosofia (de Heidegger a Derrida).
- A Teoria do Direito Deliberativo e a questão da democracia tematizados nas "Tanner Lectures", e depois retomadas e ampliadas em sua obra *Faktizität und Geltung* (*Democracia e normas*, na tradução de F. Siebeneichler).
- O diálogo entre Saber e Fé e a reflexão da questão religiosa.

A Teoria da Ação Comunicativa[2]

Em sua *Teoria da Ação Comunicativa* (1981) publicada em dois volumes, Habermas desenvolveu uma *teoria crítica da sociedade* calcada em um novo conceito de razão, a razão comunicativa. A sua teoria parte de um conceito de sociedade que abrange a ótica do "sistema" (visão objetiva, externa, da sociedade) e a ótica do "mundo vivido" (visão subjetiva, interna); ao mesmo tempo o autor procura explicar a gênese da moderna sociedade ocidental, diagnosticar suas patologias e buscar soluções para a sua supressão e superação. A Teoria da Ação Comunicativa vai além das teorias evolutivas simplificadoras de um Auguste Comte, Spencer e Darwin por compreender os processos de transformação das formações societárias como processos coletivos de aprendizagem. À semelhança dos processos da psicogênese infantil (Piaget), as sociedades modernas têm capacidade de aprender e alargar cada vez mais seus horizontes, reestruturando sua consciência social, moral, linguística e racional. Assim sendo, as sociedades superam processos de organização mais simples e menos eficazes em favor de processos mais universais, mediante sucessivas descentrações, acompanhadas da reorganização estrutural em novos patamares. Nessa forma de evolução "superam" os princípios de organização do parentesco, do mercado (organizado em torno do trabalho e capital), do Estado (nacional) em direção ao Estado supranacional, mediante a introdução de processos argumentativos, baseados em "discursos" que buscam novas soluções, chegando a novas descentrações. As novas formações societárias cada vez mais complexas aprendem a implementar sucessivamente princípios de universalização que permitem maior diferenciação e autonomização nas diferentes esferas societárias.

Via de regra, a passagem de um patamar de estruturação em torno de um princípio de organização para o seguinte vem acompanhado de crises. A descentração de um padrão de organização significa via de regra o desprendimento de um princípio particular em favor de um princípio de maior universalidade e racionalidade.

Segundo Habermas, a "Modernidade" refere-se às formações societárias do nosso tempo, dos "tempos modernos", marcados por três eventos históricos ocorridos na Europa: a Reforma Protestante; o Iluminismo e a Revolução Francesa. Assim Habermas localiza a "Modernidade" no tempo (séculos XVIII ao XXI) e no espaço (Ocidente, ou seja, a Europa). Fazem parte dessa "Modernidade" as sociedades de classe do capitalismo liberal e "tardio" (*Spätkapitalismus*) e as sociedades de classe do socialismo de Estado (*Staatskapitalismus*), duas variantes de formações societárias de classe, diferenciadas em Estado e Economia.

Habermas distingue os processos de *modernização sistêmica* (racionalização do Estado político e da Economia de Mercado) dos processos de *modernização cultural*, que estariam se dando no interior do "mundo da vida" (*Lebenswelt*) e abrangendo as esferas de valor (*Wertsphären*) da ciência e da arte das quais falava Weber. Assim, afirma que o mundo sistêmico é regido pela racionalidade instrumental, necessária para a reprodução da vida na sociedade. O mundo sistêmico dispensa a ação comunicativa, pois recorre ao dinheiro no interior do subsistema econômico; enquanto no subsistema do Estado, recorre ao poder. É no contexto do "mundo da vida" que sobreviveu a razão comunicativa, baseada na ação comunicativa (linguisticamente mediatizada), que recorre à argumentação e ao discurso. Aqui podem ser questionados os valores da arte, da moral e da ciência, nichos societários que (ainda) permitem buscar autonomia e defender a emancipação, por seu grau de liberdade historicamente conquistado. Enquanto o mundo sistêmico garante a "integração sistêmica"; o mundo da vida garante a "integração social". No primeiro, a racionalidade e ação *instrumental* são hegemônicas, no segundo, a ação e a razão *comunicativa* ditam as regras. Como Habermas vê no sistema uma forma necessária de sobrevivência, pode-se argumentar que esses dois subsistemas da formação societária moderna têm uma função de "redução de complexidade", pois não é possível renegociar todas as relações sociais permanentemente a partir da estaca zero. A introdução da perspectiva do "mundo da vida" (*Lebenswelt*) permite, através da razão comunicativa, recorrer à linguagem para argumentar contra ou a favor de certas patologias que a sociedade (pós ou trans) moderna possa apresentar. É através da fala quotidiana que podemos introduzir "questionamentos" e fazer valer "aspirações de validade" (*Geltungsansprüche*) sobre a verdade das afirmações, a correção (*Richtigkeit*) das regras aplicadas e a veracidade dos nossos interlocutores. Não é através da mentira sobre os fatos, do desrespeito às regras do jogo ou da falta de idoneidade moral que chegaremos a corrigir e superar as crises de nossas sociedades.

Segundo Habermas, a Modernidade refere-se a uma série de transformações ocorridas no passado mais recente das formações societárias, dando destaque a quatro tipos de processos: os processos de diferenciação (*Ausdifferenzierung*), de racionalização (*Ra-*

tionalisierung), de autonomização (*Autonomisierung*) e de dissociação (*Entkoppelung*). Enquanto a diferenciação e a autonomização têm uma conotação positiva, os processos de racionalização e de dissociação ganham uma conotação negativa. A diferenciação traduz um aprendizado coletivo. A autonomização significa o desprendimento relativo de um subsistema, uma estrutura ou esfera do conjunto societário, permitindo o seu funcionamento à base de princípios autônomos, mais ou menos adequados para aquele subsistema, estrutura ou esfera. É o caso da "autonomização" da esfera da ciência, que se liberta das amarras impostas por convicções religiosas, estruturando-se em torno do princípio da verdade, sem prestar contas às outras esferas o que ocorre em seu interior. Fiel à etimologia original da palavra, a autonomização significa um ganho relativo de liberdade das "esferas", subsistemas ou estruturas em questão.

A racionalização refere-se a processos de transformação institucional segundo a racionalidade instrumental. Com ela predomina o cálculo da eficácia: os meios são ajustados a fins. Para a obtenção de um fim determinado, impõe-se o uso dos meios mais eficazes, com um mínimo de gastos (de tempo, material, pessoa) e efeitos colaterais indesejados, e um máximo de benefícios desejados (lucro, poder etc.). A eficácia em termos de menores custos para maiores benefícios passa a ser um fim em si mesmo. A racionalização tem, para Habermas, conotação negativa, porque expulsa dos espaços em que age a razão argumentativa, a racionalidade comunicativa que permitiria a negociação coletiva dos fins, dos "últimos fins" e do próprio processo de transformação societária.

A *Entkoppelung* (literalmente desengate/desprendimento, dissociação), por sua vez, faz com que os homens modernos submetam as suas vidas às leis do mercado e à burocracia estatal como se fossem forças estranhas fora do controle da ação social. Muitas crises provocadas pelo Estado são percebidas – equivocadamente – como catástrofes da natureza contra as quais nada se pode fazer. A dissociação entre sistema e mundo vivido é ameaçada por um outro processo: o da colonização do "mundo vivido" pela racionalidade instrumental, silenciando a razão comunicativa, dialógica e submetendo a ação aos interesses da lógica de mercado e do poder de Estado autoritário (não dialógicos).

O discurso filosófico da Modernidade[3]

Examinando o fenômeno da Modernidade e as explicações fornecidas pelos filósofos contemporâneos, Habermas lhes atribui duas tarefas centrais: (a) fornecer os modelos interpretativos da modernidade cultural, para ele vinculadas à "Lebenswelt" e (b) cooperar com outros ramos das ciências humanas (sociologia, linguística, psicologia, história, entre outras) interessados em questões universalistas, fornecendo estratégias que permitam a compreensão, crítica e correção da Modernidade e de suas patologias que afetam o "Sistema" produzem o que Habermas chamou de "colonização" do mundo da vida.

Enquanto os sociólogos têm toda razão em concentrar sua atenção no sistema e a "modernização societária", os filósofos poderiam ocupar-se mais intensamente com o mundo da vida e a "modernidade cultural". As análises ficam problemáticas quando os filósofos tentam aplicar as suas reflexões críticas (oriundas do mundo da vida) ao sistema ou quando de forma inversa, os sociólogos pretendem estender suas críticas (oriundas da análise dos sistemas) ao mundo da vida. Para Habermas, Adorno seria um exemplo (negativo) para o primeiro caso; e Foucault, para o segundo.

A Modernidade somente será compreendida em sua complexidade, suas potencialidades e suas patologias, fornecendo-se um modelo interpretativo que abranja os dois aspectos: a modernidade cultural e a modernização societária.

Ao estudar os modelos interpretativos da Modernidade e desenvolvidos pela filosofia contemporânea, Habermas os divide em dois grupos: o primeiro constituído pelos filósofos conservadores e o segundo grupo integrado pelos filósofos do marxismo. No primeiro, ele constata a existência de três categorias: (a) os jovens conservadores, entre os quais cita Lyotard, Bataille, Foucault, Derrida[4], entre outros; (b) os velhos conservadores, entre os quais elenca Leo Strauss, Hans Jonas, Robert Spaemann e (c) os neoconservadores, subgrupo em que reúne Arnold Gehlen, Gottfried Benn, Carl Schmitt e o jovem Wittgenstein.

O primeiro subgrupo, dos jovens conservadores, também denominado de pós-estruturalistas, apoia-se em Nietzsche e sua apropriação por Heidegger, perdoado por seus "pecados" durante o regime nazista. São em sua essência antimodernistas que confundem saber com poder, denunciam a Modernidade como império da razão instrumental (vontade de dominar) e de acordo com Foucault veem o poder materializado em todos os espaços da sociedade, onipresente nas clínicas psiquiátricas, prisões, escolas, fábricas. O segundo subgrupo, o dos velhos conservadores, está representado pelos filósofos que querem preservar-se da Modernidade, regredindo a posições anteriores a ela, negando com isso o Iluminismo. Acompanham com desconfiança a desagregação da razão substancial e a autonomização das esferas da arte, moral e ciência. A rigor, para eles, a Modernidade só existiu "para o mal". E, finalmente o terceiro subgrupo, o dos neoconservadores, que reúne aqueles pensadores que valorizam as aquisições da modernização societária e o progresso tecnológico, mas rejeitam os potenciais explosivos da modernidade cultural.

Voltando o olhar para os filósofos do marxismo, Habermas constata que esses mereceram atenção mais recente depois dos eventos "revolucionários" ocorridos nas sociedades do Leste e cujo marco simbólico foi a queda do Muro de Berlim, em 9 de novembro de 1989. Esse grupo, ainda não claramente diferenciado nos livros acima citados, é identificado em novos ensaios (Pequenos escritos políticos de I a X), em especial textos como *Die neue Unübersichtlichkeit*, 1985; *Die nachholende Revolution*, 1990; *Die Normalität der Berliner Republik*[5], 1995, entre outros.

Habermas cria para eles uma nova tipologia: os stalinistas, os leninistas, os comunistas reformistas, os socialistas de esquerda, os reformadores social-democratas e uma esquerda não comunista. Vale a pena resumir alguns de seus traços fundamentais, sempre com o olhar voltado para a Modernidade.

Os *stalinistas* negam o caráter revolucionário dos eventos no Leste e defendem o socialismo de estado como a autêntica realização dos ideais socialistas. Os stalinistas veem, nos movimentos das sociedades do Leste, conflitos gerados no interior do que Habermas chama de "*Lebenswelt*" das sociedades socialistas. Esses movimentos são interpretados pelos stalinistas como manifestações contrarrevolucionárias. (Habermas enquadraria nessa categoria Putin?)

Os *leninistas*, mais realistas diante dos fatos históricos, estariam – do ponto de vista de Habermas – admitindo o caráter revolucionário dos eventos em questão, mas lhes atribuem o caráter de uma reforma autocorretiva (das distorções stalinistas). O processo mais amplo continua sendo interpretado em termos ortodoxos como sequência de lutas de classe, que desembocaria, necessariamente, na sociedade comunista do futuro. Sua teoria societária não tem condições de refletir movimentos sociais e inovações produzidas no interior e em consequência do próprio socialismo de Estado, até então em vigor nos países do Leste. (Habermas estaria pensando em Gorbachov?)

Ainda de acordo com Habermas, os *comunistas reformistas* estariam defendendo a Teoria da Terceira Via e criticando a revolução bolchevista desde os primórdios, como uma falsificação do verdadeiro socialismo. Os seus adeptos criticam a estatização e sugerem uma democratização dos processos políticos, que leve a uma socialização democrática dos meios de produção. Foi o caminho intentado por Dubcek na primavera de Praga. Essa posição, em muitos aspectos converge com os defensores do marxismo ocidental.

Os *socialistas de esquerda* (Kautsky, Gramsci, Althusser) pertencem aos marxistas ocidentais que, apesar de uma permanente autocrítica, continuam fixados numa interpretação estritamente marxista dos processos societários. Nessa linha de interpretação, o conceito de práxis assume prioridade absoluta diante do conceito de reflexão ou comunicação. Ao trabalho industrial e ao desdobramento técnico das forças produtivas é atribuído, de forma *a priori*, um papel emancipador. O trabalho fabril é gerador de solidariedade. A divisão da sociedade em classes, típica da Modernidade, destrói, porém, a unidade ética da sociedade. O Estado democrático é desprezado como invenção burguesa para assegurar a intervenção do Estado nas crises periódicas do sistema capitalista internacional. Há uma tendência de atribuir ao socialismo um valor histórico privilegiado, por sua suposta ética, concretizada na sociedade comunista.

Os *reformadores social-democratas* abandonaram – segundo essa tipologia habermasiana – a visão holística da sociedade (Karl Renner, Otto Bauer) com o que abdicam a uma visão ética do trabalho em si. Reconhecem a validade do Estado democrático como forma política para conquistar a melhoria das condições de vida de todos os membros da sociedade, dentro das condições atuais da produção. Abandonam o paradigma da luta de classes e da concepção dogmática da estrutura de classes das sociedades contemporâneas, apesar de permanecerem presos ao paradigma da produtividade a todo preço do subsistema econômico e aceitarem os mecanismos de mercado e o caráter sistêmico do Estado de bem-estar. Essa perspectiva teórica acomoda-se com os riscos específicos do mercado de trabalho e abdica da ideia de uma democracia radical, no sentido de incluir a todos nos processos de trabalho, decisão e reorientação da sociedade.

A *esquerda não comunista* (C. Offe, P. Bourdieu, C. Castoriadis, A. Touraine), e à qual provavelmente, o próprio Habermas estaria se incorporando, representa uma corrente do pensamento que se transformou com a absorção de Marx nas universidades e academias. A argumentação acadêmica permitiu a filtragem das contribuições e um uso produtivo para a elaboração de novos esquemas interpretativos que não se atêm simplesmente à superfície dos processos de modernização, nem permanecem atrelados a uma interpretação restrita da razão instrumental. Na medida em que a queda do Muro de Berlim não solucionou os problemas estruturais criados pela Modernidade (seja ela de interpretação de cunho capitalista, seja ela de cunho socialista), impõe-se um trabalho de interpretação e solução adequada dos problemas persistentes e de movimentos novos que estão surgindo como as crises nos países islâmicos e a emergência do assim chamado Estado islâmico.

Não constam desse "inventário" os debates críticos que Habermas manteve com dois filósofos alemães de grande envergadura, mas de orientações filosóficas e convicções políticas e estéticas bem diferentes da sua. Trata-se primeiramente de Martin Heidegger que Habermas criticou e condenou em vários escritos, desde 1953 com seu artigo contra Heidegger na FAZ, que comentei exaustivamente em meu discurso de posse na ABF (final de maio de 2015). Em segundo lugar, de Peter Sloterdijk, reitor da Academia de Artes de Karlsruhe, e autor da obra inovadora *Kritik der zynischen Vernunft* (1975)[6]. Posteriormente, Habermas teve atritos e desentendimentos com este filósofo de grande sucesso com sua trilogia das *Sphären, Blasen, Schäume* (esferas, bolhas, espumas), que reúnem mais de 2.000 páginas de texto que revelam um "discurso filosófico" que abandona a base da razão e troca a tese da razão comunicativa por uma compilação de discursos estéticos[7].

O *Discurso filosófico da Modernidade*, com todas as variantes aqui apresentadas, não forneceu, no parecer de Habermas, uma interpretação correta e completa do fenômeno histórico da Modernidade. Na medida em que pretendeu fornecer modelos ideológicos que substituíssem as concepções religiosas do mundo, o marxismo ortodoxo forneceu interpretações distorcidas, seja da modernização societária, seja da modernidade cultural. Entre conservadores e marxistas, o "pecado" para Habermas consiste em ambas as correntes ou grupos – o dos filósofos neoestruturalistas, bem como o dos filósofos marxistas – terem abandonado gratuitamente a razão.

A Teoria do Direito Deliberativo e a questão da democracia[8]

Em seu livro *Faktizität und Geltung* (1992) traduzido para o português como *Direito e democracia* (2002), Habermas esclarece como a tensão entre fatos sociais e sua validade normativa se desenvolvem no campo do direito e do poder, incluindo-se suas formas de institucionalização na sociedade e no Estado de Direito. Cabe lembrar que o conceito de *"Faktizität"* (por mim traduzido por facticidade) tem sua origem na filosofia de Heidegger, tendo em Habermas uma apropriação sociológica, inspirada em Max Weber.

Na era do pensamento pós-metafísico, fatos histórica ou sociologicamente constituídos são constantemente repensados e reconstituídos normativamente com auxílio de constituições, legislações e julgamentos dos tribunais, que deste modo, interferem na prática cotidiana. Ao lado da "normatividade" do legislativo e do judiciário, o poder executivo aplica (bem ou mal) as leis em vigor, estruturando a realidade social. A normatividade da lei, internalizada pelos atores, gera expectativas sociais, que se traduzem em ações sociais. Essas, longe de serem espontâneas ou resultantes de processos comunicativos autênticos, resultam da legalidade do poder racional instituído.

A complicada dialética entre facticidade e validade subverteu a relação discutida por Max Weber entre legitimidade e legalidade. Para esse sociólogo, a legitimidade de uma ordem social poderia alimentar-se de várias fontes como a afetividade, a tradição, o uso (*Brauch*), o direito, que para Weber forneciam a base para a legalidade da *gesatzte Ordnung* (a ordem constitucional). Esta dependia da lei escrita, bem como de instituições competentes para implementá-las via escolas, quadros administrativos, controles policiais e militares. Para Weber, valia a sequência natural e lógica de legitimidade (antecedente) e legalidade (consequente) que por sua vez, geravam ações sociais, orientadas em normas e leis. Para Habermas, hoje, estaria valendo exatamente o contrário, como argumenta em *Facticidade e validade*: a ordem institucional legal (legalidade jurídica) cria, nas sociedades modernas, a legitimidade da ordem societária, desde que atendidos alguns critérios democráticos e princípios discursivos, que havia elaborado no contexto da Teoria da Ação Comunicativa. Trata-se, entre outras, do livre-acesso de todos a uma argumentação discursiva, a ausência de violência na elaboração da lei, e o respeito a todo e qualquer interlocutor que levante suspeita contra uma ou outra predisposição de validade (verdade dos fatos, correção no uso da lei, e veracidade dos interlocutores), em suma: os *Geltungsansprüche* (pretensões de validade) dos integrantes de um discurso, teórico ou prático que vivem nessa sociedade.

Em outras palavras, para Habermas, nas sociedades contemporâneas, a legitimidade depende da ordem legal, do direito discursivo e do poder democrático institucionalizado. Para que essa ordem tenha "validade" social e seja efetivamente legítima, ela precisa ter elaborado as suas leis (constituições, legislação comum, as normas de sua aplicação, administração pública e as formas de controle judiciário), pelas vias argumentativas, que caracterizam os discursos teóricos, éticos e práticos como propostos na Teoria da Ação Comunicativa.

Jürgen Habermas admite, contudo, uma ordem social concretizada, factual, que tivesse validade no sentido rigoroso da *Geltung* que lhe atribui o autor, mas que por ora existe somente como tipo-ideal. Contudo, Habermas acredita, que as sociedades ocidentais desenvolvidas (como na América do Norte e na Escandinávia) já se aproximaram desse ideal pretendido com a "Teoria do Discurso" do Estado de Direito democrático. As sociedades efetivamente democráticas vigentes que têm facticidade, ainda não atendem a todos os critérios democráticos, princípios discursivos e mecanismos racionais exigidos pela teoria habermasiana. Mas o autor mostra-se otimista com a possibilidade de o atingirem, graças a seus processos históricos e sociais de formação, envolvendo uma base comunitarista e práticas normativas, deduzidas de legislações elaboradas discursivamente. O autor dá como exemplos os avanços obtidos na legislação vigente nos Estados Unidos, em que a questão feminina e a integração racial têm ganho espaço para se imporem nas práticas sociais, não permanecendo apenas como lei no papel.

O direito legal pode assumir sua função integradora, transformando-se em "cimento" (em legitimidade) com recurso à Teoria Discursiva do Direito. Trata-se de uma força integradora que unifica e harmoniza o "mundo da vida" com o sistema político e o econômico, hoje em muitas partes do mundo ainda ameaçados pela dissociação e colonização. O direito redefine e remodela histórica e normativamente a relação entre fatos e normas, facticidade e validade.

Em um dos capítulos dessa obra de 1992 Habermas discute os diferentes conceitos de justiça em uso na filosofia e na sociologia contemporâneas. As afinidades com o sociólogo alemão Max Weber, mas também com o americano Talcott Parsons, que estudou em Heidelberg na Alemanha, são sensíveis. Sem dúvida há forte influência do pensamento dos clássicos da sociologia, Marx, Durkheim e Weber nessa obra de Habermas. Como em suas obras anteriores, o autor reconstrói os sistemas dos direitos universais e os princípios do Estado de Direito a partir dos conceitos e das obras da jurisprudência clássica alemã de C. Schmitt, Savigny, Kelsen e Weber, inspirando-se também fortemente na Teoria do Direito Democrático Americano, em seus debates com J. Rawls, Cohen, Dworkin, Elster e Dahl. Nos capítulos finais de sua obra, em alemão encontramos como anexo as *Tanner Lectures*, aulas dadas na Universidade de Harvard, na década de 80 do século passado. Habermas aí analisa o funcionamento dos tribunais, nas diferentes partes do mundo ocidental em especial a prática americana, já conhecida entre nós dos "tribunais das pequenas causas", claramente calcadas na argumentação racional, em busca de entendimento. (Cf. Luiz Roberto Cardoso, que chegou a assistir algumas dessas *lectures* de Habermas durante sua estadia na Universidade de Harvard nos anos de 1980.)

Em diferentes passagens de *Faktizität und Geltung*, Habermas se deu ao trabalho de reconstruir – em seu teor normativo – o conceito de "pertencimento" do indivíduo como cidadão a um Estado de direito democrático. Analisa nesse contexto o *conceito de justiça* sob o aspecto dos princípios da Teoria do Discurso, procurando evitar a duplicidade de sentidos implícita em boa parte das abordagens teóricas (cf. Rawls). Esforça-se em distinguir claramente entre a justiça política e a moral. Habermas compreende o "direito" como um direito que tem a pretensão de uma justificativa claramente formulada e comprometida (*verbindlich*). O direito não é apenas uma forma de saber cultural do sistema institucional social; para Habermas o direito faz simultaneamente parte do sistema de saber e do sistema de ação, abrangendo um conjunto de regulamentos para a ação, que envolvem valores e normas. (cf. capítulo III, "Sobre a reconstrução do Direito: o sistema dos direitos", p. 109ss.). Em um passo seguinte, esforça-se em reconstruir o autoentendimento dessa nova ordem do direito racional, chegando ao conceito de direito discursivo.

O diálogo entre "saber e fé" e a reflexão da questão religiosa

O interesse explícito de Habermas em refletir a relação entre fé e saber, e de forma mais elaborada a Questão religiosa[9] é relativamente recente, podendo ser datado da primeira década do nosso século XXI. Contribuíram para reforçar esse interesse específico dois eventos emblemáticos, claramente datáveis: (a) o chamado *nine eleven* americano de 11 de setembro de 2001, como ficou conhecida no mundo inteiro a derrubada, pelo movimento terrorista islâmico em Nova York, das Torres Gêmeas por ataques aéreos de Mohamed Atta, entre outros pilotos que quiseram atingir os símbolos do poderio econômico e político americano; e (b) um encontro organizado pela *Sacra Congregatio pro Doctrina Fidei*, de Jürgen Habermas com Joseph Ratzinger, o futuro Papa Bento XVI, na Academia Católica da Baviera em janeiro de 2004.

Como esclarece Luiz Bernardo Leite Araújo em sua Apresentação da edição brasileira do texto de Habermas *Fé e saber*, trata-se de um texto elaborado pelo autor da Teoria da Ação Comunicativa, por ocasião da recepção do Prêmio da Paz concedido pela Associação dos Livreiros alemães um mês depois do acontecimento histórico do 11 de setembro de 2001. Nesse texto, Habermas introduz uma nova expressão – "pós-secular" – conceito que desenvolveu em suas reflexões sobre a religião e que a partir de então o acompanharão até os nossos dias[10].

Em seu discurso em que agradece a concessão do Prêmio da Paz, Habermas admite que a derrubada das Torres Gêmeas introduziu "paisagens bíblicas", adquirindo "um tom de Velho Testamento" e afirma: "Decididos ao suicídio, os assassinos que transformaram máquinas de aviação civil em mísseis vivos, dirigindo-os contra as cidades capitalistas da civilização ocidental, *foram motivados por convicções religiosas* [...]" (grifo nosso). E Habermas continua afirmando que esse atentado "fez vibrar uma corda religiosa no mais íntimo da sociedade secular", levando as pessoas desnorteadas com este evento inesperado a lotar sinagogas, igrejas e mesquitas (*Fé e saber*, p. 2).

Habermas começa a se perguntar, se a dessacralização do mundo, que seguiu ao período da *Aufklärung* e que segundo Max Weber levou ao "desencantamento" do mundo, não rendeu somente um ganho em liberdade, mas também trouxe à sociedade secular um déficit de segurança e de "sentido" (*Sinngebung*) para a nossa vida moderna. O conceito de "sociedade pós-secular" de Habermas reflete, segundo Rouanet, a "convicção de que a religião ainda existe, de que ela continua sendo relevante, de que ela pode dar sentido e direção a vidas que estão sendo erodidas por valores de mercado, e de que nesse sentido é indispensável a um processo político vibrante e, portanto, à própria democracia"[11].

Essa guinada para a religião do filósofo até então claramente agnóstico, surpreendeu a muitos de seus leitores, admiradores e seguidores. Seria a velhice chegando? Seriam a doença e a morte rondando os pensamentos, do grande filósofo da razão comunicativa, o seguidor de um Iluminismo moderno inquestionável até essa data? Como justificar esse *religious turn*, depois de um *linguistic turn* para um pensador que outrora se declarara ser *religiös unmusikalisch*, ou seja, não ter ouvido musical para a religião?

Rouanet lembra em seu ensaio acima citado que Habermas continua sem dúvida sendo o filósofo da linguagem que com e através dela encontrou o caminho para salvar a razão. (Donde "razão comunicativa"!) É com recurso a essa convicção que Rouanet compreende a aparente guinada religiosa de Habermas, pois "a razão comunicativa se apresenta sob o seu lado por assim dizer sonoro, o que é coerente com a etimologia da palavra alemã *vernunft*, razão, forma substantivada do verbo *vernehmen*, que quer dizer *escutar*. Nisto a fala comunicativa se torna semelhante à fala psicanalítica: pura escuta, pura receptividade" (p. 150).

É através dessa compreensão etimológica e psicanalítica que Rouanet "explica" a busca de uma conversa, uma interação comunicativa entre Jürgen Habermas e Joseph Ratzinger. O primeiro, sendo o maior conhecedor da filosofia contemporânea, o outro, o papa da comunidade mundial católica, o Papa Bento XVI. Ambos estão preocupados em superar diferenças de fé e saber para buscar o *entendimento* num mundo ameaçado pelos fundamentalismos mais obscenos, mais violentos e mais vingativos, e voltar a religião e a ciência para a busca de um projeto de *paz* que supere as fronteiras da fé e do saber para civilizar a religião e arrancá-la das mãos de fanáticos, por um lado. Pelo outro, modificar a orientação (para o lucro e o poder) da ciência e da tecnologia para fazê-las (em discursos teóricos e práticos) reencontrar os seus verdadeiros alvos: a *emancipação* e a *paz* dos indivíduos em sociedades pós-seculares, que acalentem e protejam a vida dos indivíduos e de todos os seres no céu e na terra, melhor em todo o universo (*cosmos*)!

Notas

1. Cf. FREITAG, B. Habermas: do intelectual ao cidadão. In: *Jürgen Habermas*: 70 anos, TB 138, 1999, p.191-214.
2. HABERMAS, J. *Theorie des kommunikativen Handelns* (Bd.1: Handlungsrationalität und gesellschaftliche Rationalisierung; Bd.2. Zur Kritik der funktionalistischen Vernunft). Frankfurt am Main, 1981 [Traduzido para várias línguas, inclusive o português; cf. Editora da UnB, 1995].
3. Cf. *Der philosophische Diskurs der Moderne*. Frankfurt am Main, 1985 [Com traduções para várias línguas inclusive para o português, como *O discurso filosófico da Modernidade*. Lisboa, 1989].
4. Cf. FREITAG, B. *Dialogando com Habermas*, Rio de Janeiro: Tempo Brasileiro, 2005. Cf. esp. o ensaio intitulado "A filosofia em tempos de terror: Habermas e Derrida sobre o 11 de setembro de 2001", p. 231-241.
5. *A nova intransparência* (1985); *A revolução recuperada*, 1990; *A normalidade de uma república berlinense* (1995).
6. *Crítica da Razão Cínica*, para a qual Habermas chegou a escrever um texto de introdução.
7. Cf. FREITAG, B. A trilogia de Sloterdijk: esferas. [Orgs.: Gustavo Lins Ribeiro et. al.]. • *As ciências sociais no mundo contemporâneo* – Revisões e prospecções. Brasília: UnB/Letras Livres, 2011, p. 79-88.
8. JÜRGEN, H. *Fakizität und Geltung* – Beiträge zur Diskurstheorie des Rechts und des demokratischen Rechtsstaates. Fankfurt a. Main, 1992 [Trad. literal: *Facticidade e validade* – Contribuições para a Teoria Discursiva do Direito e do Estado de Direito Democrático]. Flávio Benno Siebeneichler traduziu o livro como *Democracia e direito*, e a Tempo Brasileiro (Rio de Janeiro) o publicou em dois volumes, em 2002, com esse título, seguindo-se assim, a tradução americana. Em FREITAG, B. D*ialogando com Jürgen Habermas*, apresentei a primeira resenha do livro, que me foi enviado por Habermas em 1995, reproduzindo-se a primeira versão impressa na *Folha de S. Paulo,* de 30/04/1995.
9. Este último tópico tem como base as seguintes leituras: HABERMAS, J. *Fé e saber* [Orig. alemão: *Glauben und Wissen*. Suhrkampverlag, 2001]. São Paulo: Unesp, 2012 [Trad.: Fernando Costa Mattos; Apres. da versão brasileira: Luiz Bernardo Leite Araújo]. • Leituras complementares em *Jürgen Habermas: 80 anos* n. 181/182, abr.-set./2010. Rio de Janeiro: Tempo Brasileiro, com textos sobre o tema da Religião em Habermas de S.P. Rouanet, L.B. Leite Araújo e A. Bertén. Cf. p.143-185.
10. Cf. HABERMAS, J. *Entre naturalismo e religião* – Estudos filosóficos. Rio de Janeiro: Tempo Brasileiro, 2007 [Trad. de F.B.Siebeneichler].
11. Conforme elucidou S.P. Rouanet, em seu ensaio "Habermas e a religião" no congresso em que foi celebrado o octogésimo aniversário de Jürgen Habermas na Universidade Federal da Paraíba (cf. *Jürgen Habermas 80 anos* JH-80 anos, p. 146ss.).

Referências

HABERMAS, J. *Faktizität und Geltung* – Zur Diskurstheorie des Rechts. Frankfurt a. Main: Suhrkampverlag, 1992 [Trad. do alemão por Flávio Benno Siebeneichler como: *Direito e democracia* – Facticidade e validade. Rio de Janeiro: Tempo Brasileiro, 1999].

_____. *Der philosophische Diskurs der Moderne*. Frankfurt a. Main: Suhrkamp, 1985 [Ed. port.: *O discurso filosofico da modernidade*. Lisboa. 1990].

_____. *Strukturwandel der Öffentlichkeit* – Untersuchungen zu einer Kategorie der bürgerlichen Gesellschaft. Frankfurt a. Main: Suhrkamp, 1962 [Versão bras. de Flávio Kothe. *Mudança estrutural da esfera pública* – Sobre uma categoria da sociedade burguesa. Rio de Janeiro: Tempo Brasileiro, 1984].

_____. *Theorie des kommunikativen Handelns*. 2 vols. Frankfurt a. Main: Suhrkamp [Trad. para o português orientada por Gabriel Cohn (2 vols.) como: *Teoria da Ação Comunicativa*. Brasília: UnB (vol. 1)/São Paulo: Martins Fontes, 1981 (vol. 2)].

HORKHEIMER, M. *Kritische Theorie* – Eine Dokumentation. Vol. II. Frankfurt a. Main: Suhrkamp, 1967 [Ed. espanhola: *Teoria crítica*. Barcelona: Ariel, 1973].

_____. *The Eclipse of Reason*. Londres: Continuums, 1947.

_____. *Zur Kritik der instrumentellen Vernunft* [Editado por Alfred Schmidt, contém a versão alemã de *Eclipse of Reason* mais outros textos selecionados de Horkheimer]. Frankfurt am Main: Fischer, 1967.

HORKHEIMER, M.; FROMM, E. & MARCUSE, H. [1936]. *Studien über Autorität und Familie* –Forschungberichte aus dem Institut für Sozialforschung. 2. ed. Lüneburg: Dietrich zu Klampenverlag, 1987.

JAY, M. *The Dialectical Imagination*: a History of Frankfurt School, 1973.

LOPARIC, Z. & ARANTES, O. *Textos escolhidos* [Walter Bejamin, Max Horkheimer, Theodor W. Adorno, Jürgen Habermas]. Vol. XLVIII. São Paulo: Abril, 1975.

ROUANET, S.P. *Teoria crítica e psicanálise*. Rio de Janeiro: Tempo Brasileiro, 1989.

SLATER, P. *Origem e significado da Escola de Frankfurt*. Rio de Janeiro: Zahar, 1978 [Publ. original: *Origin and Significance of the Frankfurt School*. Londres: Routledge & Kegan Paul, 1976].

13
Erving Goffman (1922-1982)

*Juarez Lopes de Carvalho Filho**

Erving Goffman (1922-1982) é autor de uma obra original, influenciando consideravelmente a sociologia americana e europeia. Para ele a vida social é um teatro, onde os indivíduos desempenham papéis, seja em ambientes de trabalho, em espaços públicos ou semipúblicos, em ocasião de lazer ou em espaço doméstico. O objetivo do jogo ou da encenação para todo homem é preservar a fachada (*face*), dirigindo e controlando as impressões que se possam fazer dele. A comunicação é, então, feita de um conjunto de "rituais de interação", gestos, mímica, expressões verbais ou não verbais descritas numa "*mise en scène*" da vida cotidiana. A variedade de interações e ocasiões levou Pierre Bourdieu (1996: 12) a afirmar que Goffman é o descobridor do "infinitamente pequeno" na sociedade, elevando à dignidade de objetos científicos os "pedaços e bocados" da vida social que estavam diante dos olhos de todos, mas nunca tinham sido vistos e entendidos sob esta luz. Ao fazer isto ele abriu uma esfera de pesquisa para sociólogos, antropólogos, linguistas e outros.

O cientista social e seu tempo

Os estudos sobre a biografia intelectual e a obra de Goffman são unânimes em afirmar que este autor levava uma vida muito discreta, mantendo-se longe dos microfones e câmeras, estimando provavelmente que sua contribuição estaria nos seus livros e artigos (WINKIN, 1988). O objetivo desta seção, mais do que reconstruir os dados biográficos de Goffman, é indicar a filiação teórica determinante na formação do seu *habitus* intelectual e a constituição do *métier* de sociólogo, crucial para a compreensão e uma visão global da sua obra.

Erving Goffman nasceu em 11 de junho de 1922, em Mannville, em Alberta (Canadá). Seus pais (Max e Ann), comerciantes de origem judaica, fizeram parte da geração

---

* Professor do Departamento de Sociologia e Antropologia da Universidade Federal do Maranhão (UFMA). Doutor em Sciences Sociales et Économiques pelo Institut Catholique de Paris.

de imigrantes provenientes da Ucrânia que se instalaram no Canadá, no final do século XIX e início do século XX.

Após seus estudos secundários Goffman faz uma experiência de vários meses no centro de produção de filmes documentários, o National Film Board. Neste centro ele exerce uma profissão, talvez subalterna, mas que o inicia na técnica de produção cinematográfica. Esta experiência, sem dúvida, contribuirá para um dos seus mais importantes livros: *Frame Analysis* (*Quadros da experiência*), no qual ele emprega uma metáfora cinematográfica.

Em 1944, Goffman começa seus estudos de sociologia na Universidade de Toronto onde obtém seu bacharelado em 1945. Os estudos de sociologia em nível de mestrado e doutorado são realizados no prestigioso Departamento de Sociologia e Antropologia da Universidade de Chicago. Defende sua tese de doutorado em 1953 (*Communication Conduct in na Island Comunity*) após um *séjour* de observação numa pequena comunidade agrícola, nas Ilhas Shetland (Escócia), e uma pesquisa em dois estabelecimentos psiquiátricos americanos que fornecerá o material empírico para sua obra *Asylums* (*Manicômios, prisões e conventos*). Recebeu, em 1961, o MacIver Award, um dos mais prestigiosos prêmios em ciências sociais na América do Norte. Seu último texto *The Interaction Order* (*A ordem da interação*), discurso de posse que deveria ter sido pronunciado na American Sociological Association (ASA), para a qual acabara de ser eleito, em 1982, é, segundo Winkin (1988: 186), um texto onde Goffman injetou toda sua sociologia e que revela uma grande coerência do seu projeto intelectual. Goffman lecionará sociologia nas universidades de Chicago, Berkeley e Filadélfia, onde morre em 1982. Casou-se duas vezes: a primeira, em 1952, com Angelica Choate, com quem teve o filho Thomas. A segunda, em 1981, com a sociolinguista Gillian Sankoff, de quem nasceu Alice Goffman, também socióloga.

Segundo Winkin, a disposição para a leitura intensiva, essencial para um futuro pesquisador, será adquirida por Goffman desde muito cedo. Grandes autores da sociologia clássica e da antropologia social delinearão sua envergadura científica e intelectual, como Émile Durkheim, Radcliffe-Brown, Gregory Bateson, mas também da sociologia alemã, como Max Weber, Georg Simmel, Werner Sombart, Karl Mannheim e, mesmo mais discretamente, Freud. Goffman frequenta os cursos de Herbert G. Blumer, herdeiro de George Herbert Mead. Trabalha com Lloyd W. Warner, um sociólogo que combina as contribuições da antropologia com a Teoria da Estratificação Social e que orienta seus estudantes a classificar os indivíduos a partir de técnicas corporais: maneiras de comer, de fumar, de se vestir. Goffman realiza seu mestrado na perspectiva de Warner, interessando-se sobre os comportamentos cotidianos a partir de uma amostra estatística de esposas de altos funcionários. Mas é reconhecidamente Everett Hughes que marca mais profundamente a vida intelectual de Goffman na tradição da Escola de Chicago. Introdutor da sociologia do trabalho na tradição sociológica de Chicago, Hughes se interessa pelas "ocupações" e orienta seus estudantes em doutorado para fazer observação participante junto aos trapeiros, agentes de polícia ou empresários das funerárias (NI-

ZET & RIGAUX, 2005: 11-12). Esse *habitus* científico formava seu interesse para uma apreensão cinematográfica (a experiência no National Film Board) ou dramatúrgica da realidade social.

A obra de Goffman é substancial, com uma característica bastante peculiar. Sua obra é fruto de artigos científicos publicados em grandes periódicos americanos, resultados de pesquisa empírica, marcada pela etnografia e a observação participante. Outra grande marca é que, por inteiro, ela é consagrada à análise das interações, ou seja, àquilo que se passa quando dois indivíduos, no mínimo, se encontram face a face em presença do outro. Ele se interroga sobre as formas que tomam essas interações, sobre as regras que elas adotam, o papel que os atores sociais colocam em cena, sobre a "ordem" específica que elas constituem (NIZET & RIGAUX, 2005: 3).

Se a obra de Goffman é fruto de vários artigos, se às vezes ele não faz referência aos seus textos anteriores, podemos, no entanto, postular que existe uma arquitetura no conjunto da obra que consagra três eixos fundamentais, uma vez que seus conceitos principais permeiam seus textos: um eixo é consagrado à representação teatral em livros como *The Presentation of Self in Everyday Life* (*A representação do eu na vida contidiana*), *Interaction ritual: Essays on face-to-face behavior* (*Ritual de interação: ensaios sobre o comportamento face a face*), *Behavior in Public Places: notes on the Social Organization of Gatherings* (*Comportamentos em lugares públicos*); um segundo eixo sobre a construção e a gestão da identidade do indivíduo cuja exposição encontramos em *Asylums: Essays um the social situation of mental Patients and other Inmates* (*Manicômios, prisões e conventos*), *Stigmate: Notes on the Management ot Spoiled Identity* (*Estigma: notas sobre a manipulação da identidade deteriorada*); e um terceiro consagrado a uma "política da conversação" (Gumperz) que alimentou as pesquisas em sociolinguística, etnografia da comunicação e a pragmática. Para este último temos, *Frame Analysis: An Essay on the Organization of Experience* (*Os Quadros da experiência social: uma perspectiva de análise*); *Gender Advertisements*, em que ele coloca em relação anúncios publicitários, interação social e as relações de gênero; e mais especificamente, *Forms of Talk*. Essa arquitetura engloba as principais obras e conceitos como veremos mais adiante.

Percursos e influências

A riqueza da obra de Goffman se situa, segundo Isaac Joseph (1998: 14-15), numa série de linguagens de exploração, sempre tomando emprestado das disciplinas vizinhas: a linguagem da antropologia e da observação participante para a tese (*Communication Conduct in na Island Community*) e para *Asylums*; linguagem da ecologia para *Comportamento em lugares públicos*; da fenomenologia social e das ciências cognitivas para *Os quadros da experiência;* a linguagem da comunicação, sociolinguística e pragmática para a tese e *Forms of Talk.*

Posto isso, é a partir do estudo da interação social na vida cotidiana que a sociologia de Goffman encontra seu debate no interior das teorias sociológicas. Como afirmava Joseph:

> Uma série de conceitos maiores da herança goffmaniana não se compreende se não forem relacionados a essa cena elementar da dramaturgia interacionista, quer se trate da copresença ou das formas diagonais de atividades linguageiras, quer se trate da natureza dos contrários exercendo sobre uma troca verbal – sistêmicos ou rituais – ou do sentido que se deve acordar à noção de ritual, como propriedade da situação ou como patrimônio de sacralidade, como *"ready made expressif"* ou como veneração (JOSEPH, 1984: 9).

Sobre as influências intelectuais de Goffman que contribuem para a identificação de sua obra, ressaltam-se aqui dois aspectos: primeiro, a tentativa de identificá-la ao interacionismo simbólico, nome dado a uma perspectiva sociológica desenvolvida nos Estados Unidos; segundo, sua vinculação à tradição da Escola de Chicago. Embora a vinculação a esta última seja controversa, é justo afirmar a influência dessa tradição sociológica na obra do nosso autor por diversas razões. Como indicativo, sabe-se que Goffman assistiu aos cursos de Blumer que desenvolve o pensamento de Mead, e forja, em 1937, a noção de interacionismo simbólico, ao qual Goffman se recusa pertencer. Outro elemento importante a observar é que, na Escola de Chicago, a pesquisa empírica privilegia o método qualitativo, através de instrumento de coleta de dados com entrevistas ou a observação participante. No entanto, uma das grandes figuras dessa tradição como já vimos, que marcará a vida de Goffman, é o sociólogo Everett Hughes, que orienta sua tese e utiliza essa técnica de pesquisa empírica. Nessa perspectiva, Goffman pratica amplamente a descrição etnográfica por uma observação participante seja em trabalho de campo nas Ilhas Shetland ou no hospital americano de Washington Saint-Elizabeth, seja quando frequentou os cassinos americanos em Las Vegas. Essa herança não é somente metodológica, mas também, diz respeito aos objetos de pesquisa, como *Asylums* e a *A apresentação do eu* indicam.

Entretanto, se é mais confortável e seguro identificar Goffman à tradição da Escola de Chicago (pelos objetos e métodos aplicados oriundos dessa tradição) é mais difícil vinculá-lo ao interacionismo simbólico. Goffman se distancia deste na medida em que ele dá mais importância às "estruturas", aos "modelos" e às "formas" que governam as interações sociais. Em contrapartida, ele parece ser pouco sensível à construção da interação e à definição da situação tal como ela resulta dos atores (NIZET & RIGAUX, 2005: 81).

Não arriscaremos aqui inscrever Goffman nessa tradição, filiação que ele mesmo contestou. Prefere-se realçar como fez Randall Collins que "seu ponto forte é a microssociologia, mas seu aparato teórico é a Teoria Durkheimiana dos Rituais, mais do que a tradição americana do interacionismo simbólico. Goffman sempre destacou que a estrutura social vem em primeiro lugar, enquanto a consciência subjetiva é secundária e derivada da primeira; até mesmo sua teoria sobre os modos de apresentação do *self* é essencialmente uma discussão do *self* enquanto um mito moderno segundo o qual as pessoas são obrigadas a representar, e não enquanto uma entidade subjetiva que as pessoas possuem de forma privada (COLLINS, 2009: 233-234).

A sociologia da vida cotidiana de Erving Goffman

Buscaremos identificar uma unidade na obra de Goffman através de seus principais trabalhos e sua arquitetura conceitual própria à análise da ordem da interação.

A metáfora teatral e a ritualização da vida cotidiana

Em vários momentos, Goffman evoca a ideia de que indivíduos reunidos numa mesma situação se assemelham a atores que exercem um papel numa peça teatral: termos como dispositivo cênico, decoração, cenário confirmam essa sugestão. Embora a ideia de que o mundo em que vivemos é um teatro seja anterior a Goffman, ele é responsável por introduzir no campo das ciências sociais, a concepção do mundo social como um teatro, propondo um quadro de análise dramatúrgica das relações sociais. Na vida cotidiana as interações mais banais, encontros passageiros, troca de palavras, olhares, mímica, gestos, são fragmentos da ação dramatúrgica que remetem a partes que os indivíduos em interação são incumbidos de assumir. Desse modo, para Goffman, o mundo das relações sociais é similar a uma peça teatral na qual o ator social exerce uma parte que lhe é atribuída pela situação na qual ele e os outros se encontram e cuja definição da situação é compartilhada por todos.

A noção de *situação* é um conceito-chave na sociologia contemporânea, depois de consagrada por William Isaac Thomas (1863-1947), uma das figuras mais importantes do início da sociologia empírica universitária da Escola de Chicago. Seu teorema se descreve da seguinte maneira: "quando homens definem situações como sendo reais, elas são reais nas suas consequências"[1]. Essa noção foi utilizada em *O camponês polonês*, a fim de compreender o processo pelo qual os imigrantes eram levados a transformar progressivamente suas representações sociais. Thomas prolonga esta análise para compreender os efeitos produzidos pelos fenômenos de crenças coletivas. Isso significa dizer que as situações não têm outra realidade além daquilo que é conferido, em razão de uma definição comum, daqueles que estão engajados numa determinada situação. A definição da situação constitui uma tarefa constante dos participantes numa ação social.

Para Goffman, uma situação social consiste em um espaço-tempo definido convencionalmente onde duas ou mais pessoas em copresença comunicam e controlam mutuamente suas aparências, sua linguagem, gestos corporais e suas ações. Em efeito, cada um de nós possui na memória um repertório de situações possíveis, uma espécie de léxico social comandando partes do jogo teatral. Em certa medida, trata-se de uma gramática social das interações. Esse léxico se constituiu, graças ao processo de socialização, produtor de um *habitus*, para falar como Pierre Bourdieu, ou de um "*stock* de conhecimento", como dizia Alfred Schutz. O modelo canônico das interações sociais em situação é a relação face a face.

Em *A representação do eu na vida cotidiana* (2013), livro clássico em que Goffman emprega de maneira mais acabada a perspectiva da representação teatral, ele propõe que nesse tipo de situação face a face um ator assuma uma representação frente a um público adotando expressões, em vista de controlar as impressões desse público. Tais expressões são descritas de diferentes tipos: expressões explícitas (a linguagem verbal); expressões diretas (gestos e posturas corporais); objetos materiais (vestes, acessórios) e a decoração (elementos materiais mais estáveis). Para Goffman, o objetivo do ator é propor uma definição da situação que apresente certa estabilidade que não introduza ruptura na interação (GOFFMAN, 2013: 34).

Para conduzir sua apresentação a fim de que seja bem-sucedida, o ator dispõe de uma aparelhagem simbólica que Goffman chamou de fachada, que contribui para fixar a definição da situação que ele busca dar. A fachada engloba diferentes tipos de elementos através dos quais o ator pode desempenhar o seu papel. Além da pessoa, existe a decoração. Quando ele é estável no espaço, supõe-se que o ator e o seu público se movimentam. É o exemplo do médico que faz consultas num grande hospital. Excepcionalmente a decoração pode se deslocar, no caso, por exemplo, de desfiles, cortejos fúnebres, procissões (GOFFMAN, 2013: 35). Vinculada ao ator, existe a fachada pessoal, noção na qual Goffman reúne os signos distintivos de função e patente: vestuário, o sexo, a idade, as características étnico-raciais, a maneira de falar, as mímicas, posturas corporais. Entre estes, alguns não podem ser modificados, como características étnicas; outros podem ser adaptados a cada representação, como os gestos, as mímicas (GOFFMAN, 2013: 36). Como se vê, os atores e seu público não partem do nada no jogo de representação e de interpretação dos papéis. Eles colocam em cena os valores comumente associados a certas posições sociais. Na maioria dos casos, trata-se de idealizar o papel que você assume ou ao qual você aspira, e ao qual está associada certa consideração. Em efeito, a maior parte do tempo, a apresentação é um processo de idealização.

Esta análise será completada com *Ritual de interação* (2011), em que Goffman faz uma releitura de Durkheim[2], uma de suas influências intelectuais mais vigorosas. O objeto principal da obra é exposto desde a sua Introdução: a classe dos eventos que ocorre durante a copresença e por causa da copresença. Os materiais comportamentais definitivos são olhadelas, gestos, posicionamentos e enunciados verbais que as pessoas continuamente inserem na situação, intencionalmente ou não. Eles são os sinais externos de orientação e envolvimento – estados mentais e corporais que não costumam ser examinados em relação à sua organização social (GOFFMAN, 2011: 9). O método empregado por Goffman é o de uma "etnografia séria". Ele busca "identificar os incontáveis padrões e sequências naturais de comportamento que ocorrem sempre que pessoas entram na presença imediata de outras" (GOFFMAN, 2011: 10). Esses elementos são considerados como objeto de estudo, que o autor chama de "sociologia das circunstâncias".

Importante para compreender a *démarche* goffmaniana não só nesse livro, mas no conjunto de sua obra, é a proposição, segundo a qual, "o estudo apropriado da interação não é o indivíduo e sua psicologia, e sim as relações sintáticas entre os atos de pessoas diferentes mutuamente presentes umas às outras" (GOFFMAN, 2011: 10). Essa assertiva indica que, contrariamente àqueles que pensam que os indivíduos agem segundo sua "natureza" ou vontade, sua personalidade ou humor, os indivíduos agem numa ordem de interação, numa situação social determinada; daí a importância de se interrogar sobre as qualidades gerais que permitem a esses indivíduos agirem de tal maneira. Isso resume o que Goffman chamou de *ordem da interação*. Quando ele se interroga sobre os comportamentos ínfimos, os mais banais dos indivíduos, o que lhe interessa é colocar em evidência as regras subjacentes que estruturam as interações sociais.

A necessidade das regras se impõe pelo fato de estarmos vulneráveis na presença do outro, pelo fato dessa presença e dos objetos que eles carregam consigo que podem agredir nosso eu ou nossos bens. Nós somos igualmente vulneráveis às palavras dos outros que podem atingir nossa estima. Essa vulnerabilidade é um recurso na medida em que nós temos sobre os outros o mesmo poder que eles têm sobre nós. A vulnerabilidade de cada um na ordem da interação explica a ordem normativa regulando esta última. Assim, as regras são necessárias pelo fato de tornarem possíveis os laços sociais (NIZET & RIGAUX, 2005: 34).

Como descrever as regras, os ritos, na ordem da interação? As regras de conduta servem de guia para a ação que impregna todos os domínios de atividades sociais e se mantêm em nome e em honra de quase tudo aquilo que existe. Elas ocupam o indivíduo de duas maneiras gerais: diretamente enquanto obrigação, coação moral a se comportar de tal maneira; e, indiretamente, enquanto expectativa daquilo que os outros moralmente são forçados a reagir em relação a eles (GOFFMAN, 2011: 53).

Goffman apresenta duas classes de regras de conduta: *simétrica*: as regras onde cada indivíduo tem em relação aos outros as mesmas obrigações e expectativas que os outros em relação a ele. Nesse primeiro caso são a polidez ordinária e as regras de ordem pública. A outra classe é *assimétrica*: aquelas que, ao contrário, levam os outros a tratar e serem tratados por um indivíduo de forma diferente daquela com que ele trata e é tratado por eles. Por exemplo: o médico dá orientações às enfermeiras, mas a recíproca não é verdadeira (GOFFMAN, 2011: 56).

Ainda fundamentado em Durkheim, Goffman distingue entre as classificações das regras de conduta duas formas, mas sem se interessar no conteúdo dessas regras (NIZET & RIGAUX, 2005: 34): as regras "substanciais" cujo conteúdo tem importância

(p. ex., não furtar) e as regras cerimoniais, cujo objeto pode parecer secundário, às vezes insignificante (p. ex., aquilo que chamamos de etiqueta), mas que permitem ao indivíduo expressar o valor que ele reconhecer nos outros e nele mesmo (GOFFMAN, 2011: 56-57). Goffman estuda essencialmente as regras cerimoniais, considerando que, por trás da aparente insignificância, se esconde a preocupação de um valor moral e social essencial, que é o respeito da fachada dos indivíduos (NIZET & RIGAUX, 2005: 34). O respeito às regras se assemelha para Goffman a um ritual para Durkheim, quer dizer "a um ato formal e convencionalizado, pelo qual um indivíduo manifesta seu respeito e sua consideração em relação a um objeto de valor absoluto, a esse objeto ou ao seu representante" (GOFFMAN, 2011: 73). Para Goffman, as sociedades, segundo as regras de cerimonial, impregnam cada tipo de interação de uma determinada duração, ou então, segundo a expansividade e os detalhes das formas observadas.

Para Goffman o que constitui a regra fundamental que todo indivíduo deve respeitar desde o momento em que este entra em interação com outros é "preservar sua fachada e a dos outros". Esta regra fundamental exige, na presença dos outros, uma atenção ao que se passa; ou seja, que mostremos um engajamento na interação que pode variar em virtude do tipo de interação no qual se está implicado. A noção de regra é fundamental para a compreensão dos elementos rituais na ordem da interação.

As instituições totais e destruição da estrutura do eu

Em 1961 Goffman publica *Asylums*, resultado de um trabalho de campo por observação participante de 1955-1956 no Hospital Saint-Elizabeth, em Washington, instituição federal com mais de 7.000 internados, dos quais três quartos oriundos do Distrito de Colúmbia. O interesse desse estudo como ele próprio diz é mostrar a maneira pela qual a instituição, *total institution*, produz as identidades dos seus participantes. "O estudo", diz ele, "trata das instituições totais em geral e dos hospitais psiquiátricos em particular". Para Goffman, "uma instituição total pode ser definida como um local de residência e trabalho, onde grande número de indivíduos em situação semelhante separados da sociedade mais ampla por considerável período de tempo, levam uma vida fechada e formalmente administrada. As prisões servem como exemplo claro disso, desde que consideremos que o aspecto característico de prisões pode ser encontrado em instituições cujos participantes não se comportaram de forma ilegal" (GOFFMAN, 2010: 11). Goffman classifica as instituições totais próprias à nossa sociedade em cinco grupos: 1) As instituições que foram cridas para cuidar das pessoas consideradas incapazes de assumirem e as pessoas inofensivas; estabelecimentos para cegos, velhos, órfãos e indigentes. 2) Os estabelecimentos cuja função é cuidar das pessoas consideradas ao mesmo tempo incapazes de cuidar de si mesmas e julgadas perigosas para a sociedade, embora de maneira involuntária: sanatórios, hospitais psiquiátricos. 3) O terceiro tipo são instituições estabelecidas para proteger a sociedade contra as ameaças qualificadas intencionais; o bem-estar das pessoas reclusas, não constitui um problema imediato: prisões, estabelecimento penitenciário, campo de concentração. 4) As instituições criadas para realizar de maneira mais adequada uma tarefa de trabalho justificando sua existência unicamente pelas considerações utilitárias: quartéis, navios, escolas, internato, campo de trabalho, grandes mansões (do ponto de vista daqueles que vivem nas moradias de empregados). 5) Os estabelecimentos religiosos propondo um refúgio do mundo, mesmo que, frequentemente sejam utilizados para formar religiosos: abadias, mosteiros, conventos e outras comunidades religiosas.

É importante lembrar que Goffman utilizou o modelo weberiano tipo-ideal para construir esse inventário, de maneira epistemológica bastante cuidadosa. Mas ele ressalta que esta classificação de instituições totais não se apresenta como um princípio de análise imediato; visa dar uma definição puramente denominativa da categoria como ponto de partida concreto, dando uma definição prévia de instituições totais.

O livro se estrutura em quatro estudos, que, segundo ele, cada um pode ser considerado de forma isolada, mas todos procuram examinar a mesma coisa: a situação do internado (GOFFMAN, 2010: 12). No primeiro ensaio, Goffman (2010: 18-19) descreve as características das instituições totais esboçando de maneira geral as relações sociais nesses estabelecimentos a partir de dois exemplos típicos dos internados involuntários: os hospitais psiquiátricos e as prisões: uma primeira característica comum às diferentes instituições totais é a barreira, ruptura do mundo, materializados em obstáculos: portas fechadas, muros altos, cercas, falésia, floresta. Outro traço característico é que todas as atividades essenciais da existência são realizadas no mesmo local e sob a mesma autoridade, onde cada fase da atividade diária do participante é realizada na companhia imediata de um grupo relativamente grande de outras pessoas, todas elas tratadas da mesma forma e obrigadas a fazer as mesmas coisas em conjunto. Essas diferentes atividades impostas do alto por um sistema de regras formais explícitas a um grupo de funcionários, são reunidas num plano racional e único planejado para atender aos objetivos oficiais da instituição. Quando as pessoas se movimentam em grupo, podem ser supervisionadas por um pessoal, cuja atividade principal não é a orientação ou a inspeção periódica, mas a vigilância. Ou seja, fazer com que todos façam o que foi claramente indicado, sob condições em que a infração de uma pessoa tende a salientar-se diante da obediência visível e constantemente examinada dos outros. Uma quarta característica definida por Goffman é a divisão básica entre um grande grupo controlado, denominado grupo dos internados, e uma pequena equipe de supervisão. Dito de outro modo, as relações que os internados estabelecem com o mundo externo é limitado. Em contrapartida o pessoal do enquadramento continua socialmente "integrado" ao mundo social exterior. Cada agrupamento tende a construir do outro uma imagem estereotipada e hostil (GOFFMAN, 2010: 19).

Esses traços característicos das instituições totais são em seguida estudados de maneira detalhada do ponto de vista do internado e do ponto de vista do pessoal do enquadramento, o que permite a Goffman explicar, por uma "microanálise de situação", os diferentes procedimentos colocados em prática pelas instituições totais que são técnicas de "mortificação e de profanação da personalidade do internado". Existem em diferentes etapas: a) *Isolamento do mundo exterior*: os internados são despojados das suas origens e funções sociais; b) *Cerimônia de admissão*: registro do *curriculum vitae*, fotografia, peso, efetivação da matrícula, inventário de bens pessoais para que sejam guardados, desnudez, higiene, corte de cabelo, distribuição das vestes do estabelecimento, comunicação das regras etc. (GOFFMAN, 2010: 25). Tudo isso Goffman propõe chamar de "arrumação" e "programação"; c) *Despojamento*: os internados são despojados dos seus objetos. Desse fato, o estabelecimento se encontra na obrigação de substituir alguns, mas esse material se apresenta em forma de objetos de série, de caráter uniforme e uniformemente distribuído. Eles portam a marca visível indicando o pertencimento ao estabelecimento e acontece que periodicamente esses objetos são trocados com o intuito de serem desinfetados de identificação. Goffman observa que essa prática de despojamento e de confisco dos bens dos internados, não se opera apenas de maneira material ou a perda de atributos de sua identidade, como as vestes, mas por práticas que consistem na "degradação da imagem do eu" que se inscreve no corpo do internado por mutilações diretas ou permanentes, marcas ou imputações; d) *Perda da autonomia*: a perda da autonomia é outra expressão desse processo de destruição da identidade do internado. Isso se opera por uma privação dos internados de todos os meios pelos quais, em tempo normal, fora do estabelecimento, se constitui o valor do eu. "As instituições totais perturbam ou profanam exatamente as ações que na sociedade civil têm o papel de atestar, ao ator e aos que estão na sua presença, que tem certa autonomia no seu mundo – que é pessoa com decisões "adultas", autonomia e liberdade de ação" (GOFFMAN, 2010: 46).

Essas diferentes modalidades que destroem a identidade do internado pontuam o que Goffman também chama de "carreira moral" do internado que é uma das categorias fundamentais que constituem seu modelo ideal-tipo da instituição total. Como ele diz "o termo carreira tem sido reservado para os que esperam atingir os postos ascendentes de uma profissão respeitável. No entanto, o termo está sendo cada vez mais usado em sentido amplo, a fim de indicar qualquer trajetória percorrida por uma pessoa durante sua vida" (GOFFMAN, 2010: 111). Esta categoria, "carreira moral", constitui objeto central do segundo estudo no qual Goffman analisa o eu sob o ponto de vista da instituição e se dedica aos "aspectos morais da carreira". Ou seja, todos os aspectos que recobrem as diferentes etapas da vida do internado: admissão, adaptação, socialização. A isso ele chama de "sequência regular de mudanças que a carreira provoca no eu da pessoa e em seu esquema de imagens para julgar a si mesma e aos outros". Todos esses elementos nos parecem suficientes para confirmar o objetivo de Goffman em *Asylums*: elaborar uma teoria sociológica da estrutura do eu (*self*) a partir do universo do internado (*inmate*) operado pelas instituições totais.

Quadros da experiência e estigma

Como é possível observar acima, o sucesso da interação, sempre assimilado à negociação, se fundamenta ao mesmo tempo numa definição comum da situação e no domínio recíproco das impressões transmitidas pelos diversos participantes na situação. Após a metáfora teatral, a linguagem das regras sociais e a ritualização da vida cotidiana, Goffman introduz dois conceitos em estreita relação: *quadros* e *estigma*, que são, em efeito, títulos de dois livros.

A obra *Os quadros da experiência social* (2012) possui características que diferem das precedentes: não se limita apenas às interações, mas trata de um objeto mais amplo: a experiência social. A natureza dos dados que justificam o quadro analítico de Goffman é construída não mais através da observação participante, mas de fragmentos, relatos de textos impressos, de fatos diversos e de obras de ficção. Um livro escrito de forma contínua, e não mais uma coletânea de artigos. Goffman informa que a noção de "quadros" foi tomada emprestada de Gregory Bateson, antropólogo da comunicação. Nesse sentido, nosso autor propõe que "as definições de uma situação são elaboradas de acordo com os princípios de organização que governam os acontecimentos – pelo menos sociais – e nosso envolvimento subjetivo neles. Quadro é a palavra que uso para me referir a esses elementos básicos que sou capaz de identificar" (GOFFMAN, 2012: 34). No Prefácio a esta obra, Bennett M. Berger (1985: 17-18) lembra que "quadros" se referem a esta dimensão inevitavelmente relacional do significado. Um quadro é um esquema, uma metáfora particularmente tangível para aquilo que outros sociólogos tentam evocar por meio de palavras como "pano de fundo", "cenário", "contexto".

No que diz respeito ao objetivo central do livro, o próprio Goffman precisa que ele trata da organização da experiência e não da organização da sociedade. Não aborda a estrutura da vida social, mas sim a estrutura da experiência que os indivíduos têm em qualquer momento de sua vida social. "Eu particularmente", diz ele, "penso que a sociedade como um todo vem em primeiro lugar em todos os sentidos e que quaisquer envolvimentos atuais do indivíduo vêm em segundo" (GOFFMAN, 2012: 37). Toda experiência remete a um determinado quadro, geralmente partilhado por todas as pessoas em presença; esse quadro orienta suas percepções da situação, bem como os comportamentos que elas adotam em relação a essa situação social. Nesse sentido, quadros designam as estruturas ou modalidades a partir das quais os indivíduos percebem a realidade social.

Na mesma perspectiva ideal-tipo, Goffman classifica os diferentes tipos de quadros: *quadros primários* se diferenciam dos *quadros transformados* (GOFFMAN, 2012: 45-117). O indivíduo dispõe de quadros primários que lhe permitem geralmente interpretar uma situação. Esses quadros primários são de duas ordens: quadros naturais: que se referem a entidades físicas, como as leis da natureza (a temperatura, p. ex.) e quadros sociais: que são guiados pelas intenções da ação humana segundo o padrão de comportamento. Quanto aos quadros transformados, esses são transformações que não se ocultam. Temos a modelização, que consiste numa transformação de atividades que já receberam uma atribuição (quadros primários) numa outra configuração. Por exemplo, uma confusão numa partida de futebol após um erro de arbitragem. Por outro lado, se esses quadros transformados resultam de esforços deliberados destinados a desorientar a atividade de um indivíduo sem que ele se dê conta, levando-o a questionar suas convicções sobre o desenrolar de uma situação, falaremos de "fabricação". Uma farsa procede desse tipo.

Um segundo conceito em relação à necessidade de definir corretamente a situação e dominar as impressões em relação a essa definição é o de *estigma*, ao qual Goffman consagrou um livro que remete à distinção entre "identidade social" e "identidade pessoal". "A sociedade estabelece os meios de categorizar as pessoas e o total de atributos considerados como comuns e naturais para os membros de cada uma dessas categorias" (GOFFMAN, 2013: 11). As rotinas das relações sociais nos quadros estabelecidos e convenientemente definidos nos permitem uma relação com "outras pessoas" previstas sem atenção ou reflexão particular (GOFFMAN, 2013: 12). Então, quando um estranho nos é apresentado, os primeiros aspectos nos permitem prever a sua categoria e os seus atributos, a sua "identidade social". Assim, Goffman define um indivíduo estigmatizado como alguém que carrega um atributo que o desqualifica nas suas interações com o outro. No entanto, o estigma não é determinado por um atributo objetivo que engendraria necessariamente, e, em toda sociedade, a estigmatização. Ele é determinado pela relação entre o atributo e o estereótipo que possuímos, em particular, dentro da relação com a identidade. Enquanto construção social, a história da capacidade de um atributo a constituir uma estigmatização pode ser reconstituída numa sociedade particular. O interesse geral de Goffman para o estudo do estigma é de colocar em perspectiva a maneira pela qual os efeitos que certos atributos, dentro de uma determinada sociedade, vão ter na constituição da identidade individual na ordem da interação. O estigma atinge, geralmente, a fachada pessoal do indivíduo. Mais precisamente, ele pode marcar o corpo (deficientes de diferentes tipos); pode consistir em culpas de caráter individual (ligado a relatos do passado: prisão, alcoolismo, viciado, homossexualismo, desemprego); finalmente, os estigmas vinculados ao pertencimento a um grupo social, "racial", religioso. Assim, os atributos podem ser diretamente visíveis, característica distintiva, já conhecida (uma enfermidade aparente). Nesse caso, Goffman fala de indivíduo *desacreditado*. Mas o estigma pode ser menos visível ou não conhecido (uma doença grave não conhecida ou, p. ex., um ex-presidiário). Neste segundo caso, Goffman fala de *desacreditável* (GOFFMAN, 2013: 14). A importância desta distinção de estigma segundo sua aparência está diretamente ligada à metáfora teatral que insiste sobre o domínio das impressões do público. Em efeito, as estratégias dos estigmatizados deverão lavar em conta o caráter mais ou menos visível de seu estigma. Desse modo, os indivíduos desacreditados deverão administrar o embaraço que é introduzido de imediato na interação. Por outro lado, para o indivíduo desacreditável o ponto crucial será o controle do acesso à informação concernente à sua deficiência (p. 51).

Conceitos-chave

A seguir alguns dos conceitos considerados mais importantes do "vocabulário da ordem de interação" (JOSEPH, 1998; AKOUN & ANSART, 1999) e mais frequentemente apresentados neste capítulo:

Interação social: uma ação recíproca, voluntária ou involuntária, de diversos atores (indivíduo ou equipe) numa situação em presença uns dos outros. As interações podem ser focalizadas, por exemplo, em situações de face a face ou nas conversações; ou não focalizadas, aquelas em situações de cooperação na rua ou em espaços públicos.

Situação social: espaço-tempo definidos convencionalmente onde dois indivíduos ou mais estão em copresença ou comunicam e controlam mutuamente suas aparências, sua linguagem, postura corporal e suas ações. No quadro de uma situação se desenvolve uma ou várias interações, as quais apresentam ao mesmo tempo instrumentos (satisfazer interesses pontuais) e um jogo moral (preservar a fachada), válido para todos os implicados na situação. A tarefa imperativa de todo ator social é definir a situação a partir do lugar, tempo e cenário em cuja modalidade figura, ou não, repertórios constituídos por seus processos de socialização. Uma situação será vivida por todos de maneira a atender suas expectativas na medida em que os atores compartilham uma definição social comum.

Definição da situação: expressão criada por William I. Thomas, um dos grandes representantes da tradição da Escola de Chicago, depois popularizada pelos interacionistas, para designar que os indivíduos envolvidos devem se colocar de acordo num dado momento sobre o significado das suas atividades. Para Goffman definição da situação constitui uma obrigação constante dos participantes numa ação social.

Fachada (Face): "valor social positivo que uma pessoa reivindica efetivamente através da linha de ação que os outros supõem que ela adotou no curso do contato particular". A fachada não está alojada no interior ou na superfície de um indivíduo, mas difusa nos fluxos dos eventos do encontro situacional. Preservar a fachada se assemelha a uma necessidade a fim de que a interação não deixe o quadro situacional pré-estabelecido.

Instituição total: instituições onde os indivíduos residem ou trabalham, isolados do restante da sociedade, durante um lapso de tempo, partilhando a rotina cotidiana, e onde, a quase totalidade das atividades coletivas é controlada. São os hospitais psiquiátricos, presídios, quartéis militares, internatos e conventos. As instituições não são iguais, mas como um tipo ideal, uma instituição total é caracterizada pelas barreiras aos contatos entre seus moradores e o mundo externo. Ao contrário da sociedade urbana, em que o indivíduo dorme, se diverte e trabalha em ambientes diferentes, na instituição total os membros fazem essas atividades mais ou menos juntos, de maneira regimental e, de modo geral, são tratados da mesma maneira. Isso obriga o indivíduo a se ressocializar no seu próprio interior, o que configura um duplo isolamento.

Estigma: termo grego, historicamente uma marca feita de cortes ou fogo no corpo que avisavam que o portador era um escravo, um criminoso ou traidor – uma pessoa marcada, ritualmente poluída, que deveria ser evitada, em especial em lugares públicos. O estigma se constrói através daquilo que Goffman chama de identidade social virtual. São características que empregamos a determinadas categorias de pessoas (Ex.: um desempregado, um drogado). A identidade social real corresponde a um verdadeiro perfil da pessoa. O estigma se define em termos de relações e não de atributos. Não são as características das pessoas, mas nossas atitudes que criam o estigma. O estigma é, nesse sentido, uma construção social.

Quadro (Frame): um conjunto de significações implícitas engajadas numa situação de interação. Consiste em definir o sentido de uma situação e compreender aquilo que se passa num determinado momento. Um quadro estrutura tanto a maneira pela qual definimos e interpretamos uma situação quanto a maneira pela qual nos engajamos no decurso de uma ação.

A relevância da sociologia de Goffman para as Ciências Sociais

A preocupação de Goffman ao longo dos anos foi, segundo Winkin (1988), promover a aceitação do domínio do face a face como um domínio analiticamente viável que poderia ser nomeado, por falta de expressão melhor, de "ordem da interação"; e cuja análise preferida é a microanálise. Observado a arquitetura da obra de Goffman e seus conceitos, levando em conta o trânsito que ele faz entre as diversas disciplinas das ciências humanas e sociais, é justo afirmar que Goffman figura entre um dos maiores sociólogos do século XX. Importante é também a penetração e a atualidade da sua obra em diversos países.

Acentuaria aqui dois fortes campos de influência da obra de Goffman: a sociologia do espaço público urbano e as pesquisas etnográficas influenciando os linguistas e antropólogos, decisivo para a constituição de uma etnografia da comunicação (WINKIN, 1988: 143-149). Esses dois casos podem ser localizados na França. O primeiro, a sociologia do espaço público urbano[3], temos como representante Isaac Joseph, sociólogo, um dos difusores nesse país da tradição da Escola de Chicago. A publicação, em colaboração de Yves Grafmeyer da coletânea *L'École de Chicago: naissance de l'écologie urbaine* (1979), uma série de textos de clássicos da Escola de Chicago (Park, Burgess, McKenzie, Wirth), precedido de um longo Prefácio ("La ville-laboratoire et le milieu urbain"), sua releitura de Simmel, em torno da figura do estrangeiro na cidade, lhe permitem desenvolver as ferramentas de uma ecologia urbana a fim de apreender a cidade como um lugar de encontro e de mobilidade, onde se instauram, sem fim, as trocas instáveis constitutivas dos lugares públicos e de opiniões públicas. Inspirando-se da obra de Goffman, Joseph publica um pequeno livro intitulado *Erving Goffman et la microsociologie* (1998), onde propõe uma postura sociológica inovadora e frutuosa para o crescimento do interacionismo e da ecologia urbana, se posicionando ao mesmo tempo contra o individualismo, mas também, distante do comunitarismo, ele postula que o indivíduo é uma categoria pública.

É necessário aqui mencionar o enorme trabalho de editoração que fez P. Bourdieu, que, estando à frente da coleção Le Sens Commun, das Éditions de Minuit (onde também publica a maiorias dos seus livros), faz traduzir e publicar as obras de Goffman na França.

Sobre o segundo aspecto, a etnografia da comunicação, os trabalhos de Goffman encontram eco nas análises de Yves Winkin, que teve contato direto com Goffman e cujo trabalho sobre sua trajetória social é uma referência: *Portrait du sociologue en jeune homme*. Em trabalho como, por exemplo, *Anthropologie de la communication: de la théorie au terrain* (1988), Winkin afirma que ao mesmo tempo a obra de Goffman e sua *démarche* são essenciais para a antropologia da comunicação, pois sua obra é diversificada tanto quanto as problemáticas abordadas quanto aos quadros teóricos propostos, para oferecer numerosas pistas e fontes de inspiração[4]. É também Winkin (1988: 143) que relembra que desde o início de sua obra Goffman se interessou à conversação como uma modalidade de interação particular, centrando sua atenção sobre "a situação onde se produz o ato de linguagem como uma realidade *sui generis*". Goffman se distingue tanto daqueles que analisam a linguagem do "exterior", estabelecendo uma correlação entre a linguagem e as características do locutor como dos que analisam a linguagem do "interior" para apreender as estruturas morfológicas e sintáticas. Desse modo, seu interesse pela linguagem toma um caráter mais sistemático no final de sua vida, como indica seu último livro *Forms of Talk*. Como observa Collins (2009), nesse livro Goffman toma seu modelo de múltiplas molduras e o aplica à fala. É crítico à abordagem etnometodológica de Sacks e à dos linguistas, como Chomsky ou dos filósofos da linguagem como Austin e Searle. Para ele, os elementos que determinam como as pessoas falam ou respondem não estão contemplados pelas formalidades da linguagem, mas pelo próprio domínio das relações sociais, isto é, esses elementos consistem nos modos como as pessoas devem se comportar diante das outras. O discurso está imbuído de rituais.

No Brasil, a obra de Goffman já é bastante difusa, não somente através de suas recentes traduções, bem como pelas leituras e aplicação nas pesquisas que sua obra tem suscitado desde os anos de 1970 no âmbito da antropologia social, sociologia e antropologia urbana[5]. Neste período é, sobretudo no Museu Nacional do Rio de Janeiro, que os trabalhos de Goffman e H. Becker, irão marcar a antropologia social, notadamente nos estudos urbanos. Efetivamente, desde os anos de 1960 os trabalhos de Goffman começam a serem difundidos no Brasil, período em que as ciências sociais são muito marcadas pelas leituras marxistas (althusserianas) e o estruturalismo (lévi-struassiano). No final de 1960, começa no Brasil o interesse pelas análises e as políticas do cotidiano, permitindo uma mudança de escala e um interesse maior nos estudos microssociológicos. Nesse cenário aparecem as primeiras publicações de Goffman. Como observou Velho, nos anos de 1970, cresce progressivamente no Brasil o interesse por Goffman e, consequentemente, existe uma aproximação entre os antropólogos e o campo *psy*. A análise do cotidiano e as relações interpessoais contribuem para a produção de trabalho e investigações numa perspectiva interdisciplinar.

A difusão dos trabalhos de Goffman e de Becker é tributária, entre outros, a Gilberto Velho. Este, que realizou um mestrado no Museu Nacional sobre o "Bairro de Copacabana", onde a obra de Goffman tem papel importante no seu quadro analítico, fará estágio no Departamento de Antropologia da Universidade do Texas, em Austin, nos Estados Unidos, em 1971, ocasião em que pôde aprofundar seus conhecimentos sobre a obra de Goffman e os interacionistas em geral, ligados à tradição da Escola de Chicago. Neste ambiente ele descobre Howard S. Becker, que se torna uma referência fundamental nos seus trabalhos sobre o desvio. De retorno ao Brasil em 1974, G. Velho torna-se professor no Museu Nacional, onde ele divulga os trabalhos dos interacionistas, mas consagrando atenção especial aos trabalhos de Goffman e Becker. O coletivo coordenado por ele, *Desvios e Divergência: uma crítica da patologia social* (1974), é apenas um exemplo da rápida influência desses autores na antropologia social que Velho produzirá no Brasil. Essa afinidade se confirmará, quando do seu retorno aos Estados Unidos para o doutorado (1976), em cujo *séjour* ele aproveita para conhecer em profundidade os trabalhos de Everett Hughes e Herbert Blumer, ex-professores de Goffman e Becker e retomar as leituras de Simmel, Thomas, Park, Mead, Wirth. Consolidando os laços pessoais e institucionais, Becker e Goffman, a convite de Velho, visitam o Brasil. Becker vem em 1976 e retorna em 1978 em companhia de Goffman. A visita desses dois autores ao Rio de Janeiro é um grande acontecimento histórico da sociologia e a antropologia social no Brasil. O que informa muito sobre as influências desses autores na produção do conhecimento sociológico e antropológico no Brasil.

Podemos concluir nas palavras de Bourdieu (1982), que "Erving Goffman deu à ciência social uma contribuição muito importante e muito original que o faz um dos maiores sociólogos de todos os tempos". Oriundo da Escola de Chicago, ele levou a termo tudo aquilo que define propriamente essa tradição: ele trouxe à realidade a mais ordinária, um "olho sociológico", como dizia seu mestre E. Hughes, quer dizer, um olhar sociológico ao mesmo tempo próximo e atento aos elementos pertinentes, contribuindo para liberar a sociologia americana do empirismo sem conceito e da teoria sem objeto".

Notas

1. Desde a Introdução de *Quadros da experiência*, Goffman (2012: 23) coloca nuanças neste teorema: "esta afirmação é verdadeira na sua formulação literal, mas falsa na maneira como é interpretada. Definir as situações como reais tem certamente consequências, mas estas só podem ter incidência muito marginal sobre os acontecimentos em curso; em alguns casos, apenas um ligeiro questionamento sobrevoa o cenário como expressão de uma moderada inquietação para os que tentaram definir a situação como erroneamente [...]. Presumivelmente deve-se quase sempre buscar uma "definição da situação", mas normalmente os que estão envolvidos na situação não criam esta definição, embora frequentemente se possa dizer que a sociedade a que pertencem o faz; ordinariamente tudo o que eles fazem é avaliar corretamente o que a situação deverá ser para eles e então agir de acordo".
2. Sobre isso alguns elementos foram apresentados no 17º Congresso Brasileiro de Sociologia (2015), em trabalho intitulado, *Ritual de Interação: Goffman, leitor de Durkheim*.
3. Ulf Hannerz, antropólogo urbano da Universidade de Estocolmo, consagra a Goffman o trabalho intitulado "A cidade como teatro: os contos de Goffman", que figura no livro *Explorando a cidade: em busca de uma antropologia urbana* (Petrópolis: Vozes, 2015). Hannerz analisa a obra de Goffman, indicando sua contribuição, enquanto sociólogo no limite da sociologia e antropologia e enquanto etnógrafo-antropólogo chicagoense, para a sociologia/antropologia urbana.
4. No Brasil esta perspectiva é trabalhada por Edison Gastaldo. Cf., p. ex., GOFFMAN, E. Antropologia da comunicação. In: *Erving Goffman: desbravador do cotidiano*, 2004 [Org. pelo próprio autor].
5. Baseio-me amplamente no artigo de Gilberto Velho: Becker, Goffman e a antropologia social no Brasil. In: *Sociologia, Problemas e Práticas*, n. 38, 2002, p. 9-17.

Referências do autor

GOFFMAN, E. *Estigma*: notas sobre a manipulação da identidade deteriorada. Rio de Janeiro: LTC, 2013.

_____. *A representação do eu na vida cotidiana*. Petrópolis: Vozes, 2013.

_____. *Os quadros da experiência social*: uma perspectiva de análise. Petrópolis: Vozes, 2012.

_____. *Ritual de interação*: ensaios sobre o comportamento face a face. Petrópolis: Vozes, 2011.

_____. *Manicômios, prisões e conventos*. São Paulo: Perspectiva, 2010.

_____. *Comportamento em lugares públicos*. Petrópolis: Vozes, 2010.

_____. *Les moments et leurs hommes* – Textes recueillis et présentés par Yves Winkin. Paris: Seuil/De Minuit, 1988.

_____. *Façon de parler*. Paris: De Minuit, 1987.

Referências sobre o autor (utilizadas neste capítulo)

AKOUN, A. & ANSART, P. (orgs.). *Dictionnaire de Sociologie*. Paris: Le Robert/Seuil, 1999.

BOURDIEU, P. Conferência do Prêmio Goffman: a dominação masculina revisitada. In: LINS, D. (org.). *A dominação revisitada*. São Paulo: Papirus, 1988.

_____. *Le Liberation*, 02/12/1982.

COLLINS, R. *Quatro tradições sociológicas*. Petrópolis: Vozes, 2009, p. 233-243.

GASTALDO, E. (org.). *Erving Goffman*: desbravador do cotidiano. Porto Alegre: Tomo, 2004.

HANNERZ, U. A cidade como teatro: os contos de Goffman. In: *Explorando a cidade*: em busca de uma antropologia urbana. Petrópolis: Vozes, 2015.

HAROCHE, C. Le comportement de déférence: du courtisan à la personnalité démocratique In La déférence. In: *Communications*, n. 69, 2000, p. 5-26. Paris: Seuil.

JOSEPH, I. *Erving Goffman et la microsociologie*. Paris: PUF, 1998.

_____. *Le passant considérable*: essai sur la disposition de l'espace public. Paris: Méridiens, 1984.

NIZET, J. & RIGAUX, N. *La sociologie de Erving Goffman*. Paris: La Découverte, 2005.

VELHO, G. Becker, Goffman e a antropologia social no Brasil. In: *Sociologia, Problemas e Práticas*, n. 38, 2002, p. 9-17. Lisboa.

WINKIN, Y. Erving Goffman: o que é uma vida? – O incômodo fazer de uma biografia intelectual. In: GASTALDO, E. (org.). *Erving Goffman*: desbravador do cotidiano. Porto Alegre: Tomo, 2004.

_____. *Antropologie de la communication*: de la théorie au terrain. Paris: Seuil, 2001.

_____. Erving Goffman: Portrait du sociologue en jeune homme. In: GOFFMAN, E. *Les moments et leurs hommes* – Textes recueillis et présentés par Yves Winkin. Paris: Seuil/Minuit, 1988.

14
Anthony Giddens (1938-)[1]

*Fábio Rodrigues Ribeiro da Silva**

I

Anthony Giddens é o mais importante sociólogo inglês, ainda que seja possível argumentar que suas obras de maior repercussão e divulgação não sejam seus trabalhos mais relevantes, resultado parcial de sua ascensão e queda enquanto intelectual público, um dos mais destacados nas décadas de 1990 e de 2000. Este capítulo apresentará sua trajetória desde o final dos anos de 1960, com ênfase em suas obras sociológicas mais importantes.

Nascido em Londres, em 1938, Giddens começou sua carreira acadêmica em 1961, lecionando na Universidade de Leicester. Ele passou alguns anos dessa década no Canadá e na Califórnia, e tornou-se professor da Universidade de Cambridge em 1969, onde foi fundamental na criação do Departamento de Ciências Sociais, que não existia nessa instituição até 1988. Em 1984, ele fundou a Polity Press, com David Held e John B. Thompson, que se tornou uma das maiores editoras na área de ciências sociais da Inglaterra. Em 1997, Giddens assumiu o cargo de diretor da London School of Economics, que ocupou até 2003. Também é nesse período que ele se tornou assessor do primeiro-ministro Tony Blair, e um dos intelectuais públicos mais importantes da Grã-Bretanha, como um dos principais articuladores do que viria a ser chamado de *New Labour*. Hoje, com a queda desse movimento depois da desastrosa invasão anglo-americana do Iraque, Giddens tem menor presença, mas continua em atividade como comentarista político.

Analiticamente, podemos dividir a obra de Giddens em quatro momentos. O primeiro, aproximadamente de 1971 a 1975, enfoca a análise de três clássicos da sociologia: Karl Marx, Émile Durkheim e Max Weber. A principal obra desse período é *Capitalismo e moderna teoria social*, de 1971 (GIDDENS, 2000). No segundo período, de 1976 a 1984, Giddens desenvolve sua própria síntese teórica, intitulada "Teoria da Estruturação". As obras mais importantes são *Novas regras do método sociológico*, de 1976 (GIDDENS, 1978) e *A constituição da sociedade*, de 1984 (GIDDENS, 2003). O terceiro período, de 1981 a 1994, corresponde à elaboração de uma teoria da Modernidade e da globalização. As obras de destaque são: *As consequências da Modernidade*, de 1990 (GIDDENS, 1991), e *Modernidade*

---

* Doutor em Sociologia pela Universidade de São Paulo (USP).

e identidade, de 1991 (GIDDENS, 2002). Finalmente, no quarto momento, a partir de 1994, Giddens se volta à teoria política e à análise de variados temas contemporâneos, da União Europeia à problemática do meio ambiente. Recomendo *Para além da esquerda e da direita*, de 1994 (GIDDENS, 1996) e *A terceira via*, de 1998 (GIDDENS, 1998).

II

Giddens desponta no mundo acadêmico com uma obra que se tornaria um *best--seller*: *Capitalismo e a moderna teoria social*. Esse livro apresenta ao público duas características bastante raras, mas que Giddens exibe constantemente: uma escrita límpida e atraente, e um poder de síntese e análise impressionante. A discussão sobre Marx, Durkheim e Weber e sua relação com o capitalismo que toma o mundo de arrasto nos séculos XIX e XX transformaram-se num texto de referência fundamental, utilizado até hoje em cursos no mundo inteiro.

Quarenta e cinco anos depois, o que mais interessa nessa obra não é exatamente a análise em si de Marx, Durkheim e Weber, que, embora ainda excelente para uma introdução a esses autores, avançou muito desde então. Sua importância está na influência que o livro teve na configuração da própria história da sociologia. Se hoje em dia alunos recém-chegados a um curso de Ciências Sociais aprendem quase imediatamente que os "clássicos" da sociologia são esses três autores, o livro de Giddens foi um dos principais criadores desse estado de coisas.

É bom lembrarmos que a história da sociologia, como qualquer outra história, é uma construção e sempre passível de revisão. No início da década de 1970, *Capitalismo e moderna teoria social* causou um rebuliço na sociologia anglo-saxônica ao confrontar-se diretamente com a história da sociologia que predominava naquela época, a saber, a composta por Talcott Parsons em seu livro *A estrutura da ação social*, de 1937 (PARSONS, 2010). Nessa obra, Parsons elaborou uma síntese teórica que combinava, no modelo que chamou de "voluntarista", o positivismo representado por Alfred Marshall, Vilfredo Pareto e Durkheim e o idealismo, representado por Weber, todos reinterpretados por Parsons para tornarem-se precursores de seu próprio esquema de análise social.

O funcionalismo de moldes parsonianos dominou a sociologia anglo-saxônica das décadas de 1940 até o final da década de 1960, numa espécie de "divisão do trabalho" com o interacionismo simbólico – o primeiro tratando da análise macrossociológica, o segundo lidando com estudos microssociológicos. É nesse período, em parte como reflexo das mudanças culturais que ocorrem nessa década, que surge um movimento de renovação na sociologia e na teoria social, numa fertilização cruzada entre correntes teóricas de vários tipos e origens: a nova filosofia da ciência pós-positivista, a linguística estruturalista e a filosofia da linguagem analítica, a hermenêutica e a fenomenologia alemãs, a segunda geração da Escola de Frankfurt, e novos desenvolvimentos no marxismo, entre outras.

Giddens é o principal nome dessa renovação no universo de língua inglesa (outros autores que se destacam em contextos distintos são Jürgen Habermas, Norbert Elias, Pierre Bourdieu, Harold Garfinkel e Michel Foucault). Seu livro, embora não seja um ataque direto à obra parsoniana – isso viria depois –, apresenta uma visão muito diferente da história da sociologia. Primeiro, Marx é reabilitado não só como um pensador fundamental, mas também como um dos principais impulsos para o desenvolvimento das ideias dos outros dois pais fundadores da sociologia, Durkheim e Weber. Isso pode parecer evidente nos dias de hoje, mas é bom lembrarmos que, nas 800 páginas de *A estrutura da ação social*, Marx mereceu menos de dez, encaixado de forma desajeitada como um dos precursores "idealistas" de Max Weber[2], e, no contexto da Guerra Fria que predominou durante o domínio funcionalista, o estudo aprofundado de Marx não era bem-visto e podia ser politicamente perigoso.

Segundo, Durkheim é revisto de modo a transformar sua interpretação tradicional como um pensador coletivista e conservador, interpretação essa também derivada do ponto de vista parsoniano. Giddens destaca o Durkheim preocupado com a Modernidade e sua visão positiva do "culto do indivíduo", além de se debruçar sobre a análise durkheimiana do socialismo – temas que eram relativamente obscuros nos estudos durkheimianos mais tradicionais.

Em relação a Weber, Giddens destaca, contrapondo-se a Parsons, o papel que o debate com o marxismo teve na formação do pensador alemão. É bom lembrar que as polêmicas de Weber enfocavam mais os teóricos marxistas de seu tempo, e não o próprio Marx – até porque, enquanto Weber vivia, várias obras marxianas que hoje consideramos fundamentais, como os *Manuscritos econômico-filosóficos* (MARX, 2004) e os *Grundrisse* (MARX, 2011a), não estavam disponíveis. De qualquer forma, diferente de Parsons, Giddens destaca o Weber preocupado com os dilemas do seu tempo, que impulsionariam seus estudos históricos do capitalismo e das religiões mundiais.

Finalmente, como o título do livro deixa claro, Giddens se preocupa em relacionar os três autores com o capitalismo triunfante do final do século XIX e início do XX. Esse já é um prenúncio de como Giddens enfoca o objeto da sociologia, que ele considera uma ciência "que tem como principal foco o estudo das instituições sociais criadas pelas transformações industriais dos últimos dois ou três séculos" (GIDDENS, 1986: 9). Isso, mais uma vez, é radicalmente diferente de como Parsons concebia a sociologia, de forma muito mais abstrata, como uma ciência preocupada em desenvolver uma teoria analítica da ação social em termos da integração de valores comuns. Essa preocupação de Giddens em ligar a sociologia ao mundo da vida e à história será, como veremos, algo constante em sua obra.

É bom enfatizar que, se Giddens teve grande importância para o atual panorama da sociologia "clássica" focada em Marx, Durkheim, e Weber, tal configuração é, como qualquer outra, histórica e passível de crítica e revisão. A ênfase nesses três autores ocorre, como era de se esperar, às custas de outros do mesmo período que são menos estudados hoje em dia, como Georg Simmel, Auguste Comte, Gabriel Tarde, Herbert Spencer, Werner Sombart, Ferdinand Tönnies, entre outros, para não falar dos pioneiros da sociologia norte-americana, que se desenvolveu de modo inteiramente distinto, como, por exemplo, William Sumner, Charles Cooley, Robert Park e William Thomas. Uma compreensão adequada da história de nossa disciplina requer uma apreciação também desses autores e do contexto de suas obras.

III

Durante as décadas de 1970 e 1980, Giddens desenvolveu sua principal contribuição para a sociologia e a teoria social: a síntese teórica que ficou conhecida como *Teoria da Estruturação*. Aqui não há mais indiretas: o alvo explícito é o funcionalismo parsoniano[3], e a estratégia, uma teoria que renova os conceitos básicos de "ação" e "estrutura", além da interligação entre eles. Nesse curto espaço, não é possível uma análise abrangente da floresta de conceitos que Giddens cria ou altera em sua empreitada, então oferecerei apenas um resumo muito básico da Teoria da Estruturação.

No campo da Teoria da Ação, a concepção de Giddens retém do funcionalismo a importância das *consequências não intencionais* – mas não tratadas como "funções latentes", e sim como resultado do fato de que nenhum agente consegue ter consciência e clareza completa sobre todas as condições de sua ação para poder prever todas as consequências possíveis. Isto posto, Giddens se concentra em dois aspectos da ação que não encontram reflexo no funcionalismo. Primeiro, a ação enquanto *capacidade transformadora* – basicamente, a capacidade de intervir causalmente no mundo. Além disso, Giddens enfatiza que a ação, na sociologia, requer que o agente tenha a possibilidade de agir de outro modo – ou seja, a ação não é simples comportamento.

Por ser capacidade transformadora, Giddens enfatiza que, nesse sentido, a ação é anterior à subjetividade – ela é simplesmente a capacidade de intervenção, antes de qualquer intenção, desejo ou motivação do sujeito. Essa ênfase é importante, para, por um lado, separar a concepção de poder da vontade, como na teoria de Weber, e, por outro, não a considerar como uma propriedade da sociedade, como em Parsons e Foucault.

O segundo aspecto que Giddens destaca é a *habilidade cognitiva (knowledgeability)*[4]. Ela se refere a tudo que o agente sabe, ou acredita que sabe, sobre as circunstâncias de suas ações – ao contrário do funcionalismo, onde os agentes, para usar a famosa expressão de Garfinkel, são "patetas culturais", sujeitos à integração em sistemas de valores comuns para que a sociedade se ajuste homeostaticamente. Esse conhecimento que os atores utilizam, para Giddens, não é apenas discursivo, mas também tácito – no nível da *consciência prática*, onde os agentes sabem o que fazem, mas não necessariamente conseguem articular esse conhecimento. É importante ressaltar que a consciência prática não é o inconsciente: neste, encontramos aquilo que foi reprimido pelo indivíduo, mas que ainda o orienta e/ou influencia em suas ações. A diferença é que o indivíduo não tem acesso ao conhecimento que está no inconsciente.

A consciência prática também tem como consequência o fato de que a *monitoração que os agentes realizam continuamente de suas próprias ações e das ações de outros* é em grande parte tácita, uma noção derivada dos estudos de Erving Goffman, sociólogo muito utilizado por Giddens, e da etnometodologia de Garfinkel.

Quanto à estrutura, Giddens quer se afastar da metáfora normalmente utilizada no funcionalismo, uma analogia biológica que relaciona a estrutura ao esqueleto de um organismo, que, ao se adicionar a fisiologia (a função), torna-se um sistema. Na Teoria da Estruturação, a estrutura é concebida como um conjunto virtual de *regras* e *recursos* instanciados em traços de memória.

É preciso analisar melhor esse conceito. O que Giddens pretende aqui é rejeitar a concepção tradicional de estrutura, que nos chega desde Durkheim, que enfatiza seu caráter coercivo sobre os indivíduos. Para Giddens, a estrutura não é só coerciva, mas também permissiva – é através dela que ocorrem a produção e reprodução social. As regras (técnicas ou procedimentos generalizáveis utilizados nas práticas sociais) e os recursos (materiais ou de autoridade) são utilizados pelos agentes em suas ações, e, ao mesmo tempo que eles claramente impõem restrições aos cursos de ação possíveis, são eles também que permitem a existência desses cursos.

Giddens distingue, posteriormente, três dimensões da estrutura: estruturas de *significação*, a ordem cognitiva compartilhada pela sociedade; de *dominação*, os recursos utilizados por certos agentes para controlarem as ações de outros; e de *legitimação*, as estruturas que estabelecem a ordem moral da sociedade.

O conceito-chave da Teoria da Estruturação é a *dualidade da estrutura*, que serve, metateoricamente, para ligar as dimensões da ação e da estrutura. Em sua melhor formulação, o conceito quer dizer que a estrutura social é constituída *pela* ação humana e ao mesmo tempo é o próprio *meio* dessa constituição. Com isso, Giddens quer enfatizar vários pontos. Primeiro, que nem a ação nem a estrutura têm prioridade analítica na sociologia. Segundo, que nem a ação é completamente livre nem a estrutura completamente coerciva. Terceiro, que a reprodução de práticas sociais sempre envolve um momento de produção, já que as consequências não intencionais garantem que qualquer reprodução pode sofrer mudanças imprevistas.

Com tudo isso, podemos perceber que a Teoria da Estruturação de Giddens renega tanto o individualismo metodológico quanto a determinação estrutural. Nem na ação, nem na estrutura – o "foco" da vida social, a constituição da sociedade, está na *interação*, nas práticas, onde a ação e a estrutura se relacionam através da dualidade da estrutura.

Depois de formular as bases da Teoria da Estruturação, expostas muito esquematicamente acima, Giddens passou boa parte das décadas de 1970 e 1980 expandindo seu arsenal conceitual, o que permitiu que sua teoria dialogasse não apenas com as ciências sociais, mas também com a história, a geografia e a psicologia. Além disso, ele criticou outras correntes que não o funcionalismo, como o estruturalismo, o pós-estruturalismo e também o marxismo ortodoxo. Não há espaço aqui para um olhar aprofundado sobre esses desenvolvimentos, mas gostaria de fazer alguns apontamentos que, creio eu, servirão para distinguir a Teoria da Estruturação de outros "concorrentes" que despontaram nesse mesmo período, como, por exemplo, Bourdieu, Habermas, Elias, Foucault e Henri Lefebvre.

Apesar de todas as diferenças entre Giddens e Parsons, há um paralelo notável entre suas obras. Ambos acreditavam tentar resolver um problema secular. Para Parsons, esse era o "problema hobbesiano da ordem": "Como é possível que os indivíduos, cuja tendência na condição de natureza é agir egoisticamente, desenvolvam uma ordem social pacífica?"[5] Sua solução é a Teoria da Ação Explicitada em *A estrutura da ação social*.

Giddens também se depara com um problema espinhoso, mas, aqui, ele é proposto por Marx, na famosa citação de *O 18 de Brumário de Luís Bonaparte*: "Os homens fazem a sua própria história; contudo, não a fazem de livre e espontânea vontade, pois não são eles quem escolhem as circunstâncias sob as quais ela é feita, mas estas lhes foram transmitidas assim como se encontram" (MARX, 2011b: 25).

Não é difícil perceber como a Teoria da Estruturação busca, de certo modo, oferecer uma elaboração teórica desse problema marxiano clássico. O que Giddens retira de valioso dessa citação são dois princípios que norteiam seu projeto teórico inteiro: o que hoje poderíamos chamar de *empoderamento do agente*, e uma *rejeição completa de qualquer determinismo*.

É raro que teorias sociológicas concedam muito espaço para o conhecimento leigo e/ou a racionalidade do agente – as teorias da escolha racional consideram um indivíduo totalmente racional, mas desconsideram o conhecimento leigo; teorias durkheimianas/parsonianas enfatizam a coerção estrutural e/ou o equilíbrio funcional e reduzem as possibilidades da ação; teorias weberianas tratam a ação racional como apenas um caso especial de ação social; teorias marxistas enfatizam a ideologia, a alienação e a reificação em detrimento do conhecimento leigo e a racionalidade.

Giddens tem consciência de todas essas restrições à ação, e discute longamente questões como ideologia, coerção e reificação – mas ainda assim mantém que os agentes, na maior parte do tempo, sabem o que estão fazendo, e que esse conhecimento leigo precisa ser levado em conta e traduzido para uma linguagem técnica pelos sociólogos. E, ao mesmo tempo, os agentes leigos são capazes de se apropriar do conhecimento das ciências sociais e utilizá-lo para alterar seus objetivos e suas ações – essa é uma das facetas do que Giddens chama de *hermenêutica dupla* das ciências humanas: um momento duplo de interpretação que está sempre presente no mundo social, ao contrário do mundo natural. Neste, os cientistas necessariamente interpretam hermeneuticamente os fenômenos que analisam, mas o mundo natural, é claro, não reage a essas interpretações: encontramos apenas uma hermenêutica simples.

A existência da hermenêutica dupla tem uma consequência muito interessante para a Teoria da Estruturação: essa apropriação do conhecimento das ciências sociais serve para *criticar* o senso comum, o estoque de conhecimento utilizado pelos agentes hábeis para tomar decisões sobre os objetivos, motivos e meios de sua ação, e justificar suas crenças sobre o mundo. Essa modificação do senso comum, por sua vez, fará com que a análise do cientista social também se modifique num processo dialético contínuo e interminável. Isso também significa que, para Giddens, nesse sentido a teoria social é inevitavelmente teoria crítica.

Quanto à rejeição do determinismo e evolucionismo, Giddens é radical. Ele não aceita nenhum tipo de teleologia social, seja funcionalista ou marxista, e também recusa teorias deterministas mais amenas, como a Teoria da Sociedade Industrial e a "situação ideal do discurso" de Habermas. Para Giddens, a história é sempre contingente. Boa parte de suas obras posteriores sobre a Teoria da Estruturação se concentrou em inserir os conceitos de tempo e de espaço em seu arcabouço teórico, lidar com os problemas da mudança social, e desenvolver uma ontologia social capaz de dar conta de um mundo da vida sem direções predeterminadas.

É claro que nem tudo são rosas na Teoria da Estruturação, longe disso. Críticos e comentadores levantaram vários problemas conceituais e de fundamentação – a ontologia social que mencionei no parágrafo anterior, especialmente, criou várias questões metodológicas e epistemológicas de solução difícil. Giddens também expandiu tanto sua teoria que acabou com um labirinto de conceitos de articulação nem sempre clara, e aprender sua teoria requer um grande esforço por parte dos pesquisadores. Além disso, podemos dizer que a Teoria da Estruturação teve pouca fertilidade empírica e teórica –, mas explicarei melhor essa afirmação no final deste texto.

Por enquanto, basta dizer que essa ênfase de Giddens no empoderamento dos agentes e na contingência da história são pressuposições que têm consequências éticas e políticas evidentes, e servem de orientação para suas obras posteriores sobre a Modernidade e a teoria política.

IV

Nos anos de 1980, Giddens estava bem-posicionado para se tornar um dos protagonistas de um novo movimento sociológico de análise da Modernidade. É claro que o estudo da Modernidade não era algo inédito, longe disso. Ele sempre foi um *leitmotiv* da sociologia desde os seus primórdios, e o próprio Giddens, como vimos, já definira a sociologia como o estudo das instituições sociais criadas nos últimos três séculos, ou seja, em condições de modernidade.

O fato "novo" que reimpulsiona essa análise da Modernidade é o que hoje chamamos de globalização. "Novo" aqui merece as aspas, pois o tema já era preconizado por autores como Marx, e estudos históricos recentes mostram que as economias e as sociedades mundiais, de modo geral, sempre foram relativamente globalizadas – ainda que, obviamente, sem a velocidade atual. Mas a análise recente da globalização recebe dois impulsos fundamentais nas décadas de 1970 e 1980: por um lado, com a obra de Immanuel Wallerstein (o livro fundamental aqui é *Sistema mundial moderno*, de 1974 [WALLERSTEIN, 1990]), e, por outro lado, o livro de Ulrich Beck, *Sociedade de risco*, de 1986 (BECK, 2010). Será essa segunda obra que causará um impacto maior sobre Giddens.

Giddens já havia estudado questões substantivas da Modernidade em suas obras *A Contemporary Critique of Historical Materialism*, de 1981 (GIDDENS, 1995) e *O Estado-nação e a violência*, de 1985 (GIDDENS, 2001), ambas importantes para podermos vislumbrar uma extensão da Teoria da Estruturação e suas possíveis aplicações práticas. Mas o livro de Beck, e sua ênfase radical nos novos riscos criados pela Modernidade, apresenta o que ele chama de *modernização reflexiva*: a Modernidade se torna seu próprio tema, e a questão é menos o desenvolvimento e a aplicação de novas tecnologias, e mais o gerenciamento dos riscos causados por essas tecnologias, ou que elas possibilitam.

O tema da reflexividade já fora discutido por Giddens no âmbito da Teoria da Ação. Lá, ele servia para mais um ataque ao funcionalismo, que só concebe a interdependência entre as partes de um sistema como homeostase, um processo mecânico de reajuste de uma parte de um sistema como resultado de mudança em outra parte, em busca de um reequilíbrio. Giddens enfatiza o que chamou de "autorregulação reflexiva": a regulação do sistema feita deliberadamente pelos agentes visando objetivos determinados. Como fica claro, isso faz parte da concepção do agente hábil que Giddens sempre defendeu.

Por outro lado, o impulso antideterminista de Giddens o levou, desde cedo, a dissociar sua análise da Modernidade de uma discussão apenas econômica, que iguala a Modernidade à ascensão do capitalismo global. Para ele, a Modernidade se distingue em quatro dimensões: não apenas o *capitalismo*, definido como a acumulação de capital no contexto de mercados competitivos de produtos e de trabalho; mas também o *industrialismo* (a transformação da natureza num "ambiente criado"); o *poder militar* (o controle dos meios de violência da guerra industrializada); e a *vigilância* (o controle de informações e a supervisão social). A ênfase apenas no capitalismo é a principal crítica que Giddens tece à Teoria da Globalização de Wallerstein.

Todas essas dimensões são alteradas e exacerbadas não só pela *reflexividade*, e, além disso, o que Giddens chama de *distanciamento espaçotemporal*, a transformação do tempo e do espaço em conceitos abstratos, e o subsequente predomínio de relações entre pessoas "ausentes", ou seja, não face a face; e o *desencaixe*, a retirada das relações sociais de contextos locais de interação e sua reinserção em extensões indefinidas do espaço-tempo.

Com base nos conceitos listados acima, Giddens pôde desenvolver sua análise da globalização utilizando fartamente as ideias de *risco* e de *confiança*, que assumem um papel preponderante na Modernidade – pois é apenas nesse período que surgem riscos que não só podem constantemente transcender e muito seu contexto de criação, seja geográ-fico ou sociocultural, mas também podem ameaçar a humanidade como um todo, como por exemplo hecatombes nucleares, desastres ecológicos e epidemias incontroláveis. A globalização se caracteriza pelo que Giddens chama de dialética entre o local e o global:

> A globalização pode assim ser definida como a intensificação das relações sociais em escala mundial, que ligam localidades distantes de tal maneira que acontecimentos locais são modelados por eventos ocorrendo a muitas milhas de distância e vice-versa. Este é um processo dialético porque tais acontecimentos locais podem se deslocar numa direção anversa às relações muitos distanciadas que os modelam (GIDDENS, 1991: 60).

A partir daí, Giddens defende o que chama de *realismo utópico*, a forma que uma teoria crítica "sem garantias" (ou seja, sem acreditar que uma teleologia inevitável guia a história) deve assumir. Esse realismo opera em dois eixos: no eixo público, há a *política emancipatória*, focada na redução da desigualdade, e no privado, encontramos a *política da vida*, que busca a possibilidade de autorrealização pessoal para todos.

As obras seguintes de Giddens, *Modernidade e identidade* (GIDDENS, 2002) e *A transformação da intimidade* (GIDDENS, 1993), desenvolvem essa concepção da política da vida, e permitem que ele traga a psicologia para seu arcabouço teórico. O foco aqui é a ansiedade existencial que uma sociedade pós-tradicional[6] causa ao erodir a *segurança ontológica* dos indivíduos (as respostas que as pessoas oferecem para dilemas existenciais, tradicionalmente fornecidas pela religião). Num mundo cheio de riscos de alta consequência – os riscos globais discutidos acima – e onde a legitimação pela tradição perde força, uma nova discussão dessas questões torna-se fundamental para uma política da vida bem-sucedida. E isso inclui também uma reestruturação dos relacionamentos interpessoais, onde testemunhamos a ascensão do *relacionamento puro*, que

> [...] refere-se a uma situação em que se entra em uma relação social apenas pela própria relação, pelo que pode ser derivado por cada pessoa da manutenção de uma associação com outra; e que só continua enquanto ambas as partes considerarem que extraem dela satisfações suficientes, para cada uma individualmente, para nela permanecerem (GIDDENS, 1993: 68-69).

A partir daí, Giddens estabelece a ligação entre esse novo tipo de intimidade e as novas possibilidades da política da vida e da democracia. Mas essa é a deixa para eu me debruçar um pouco sobre a teoria política que Giddens elabora na década de 1990.

V

A década de 1990, como sabemos, foi marcada por um acontecimento singular a queda do bloco socialista a partir de 1989. Foi um período onde o capitalismo de vertente neoliberal, disseminado pelos Estados Unidos e o "Consenso de Washington", parecia triunfante e inevitável. Consequentemente, foi um período onde, politicamente, a esquerda estava na defensiva e muitos autores passaram a refletir sobre como uma nova esquerda seria possível depois do fracasso do marxismo de estado de modelo soviético. Giddens estava entre eles.

Giddens nunca escondeu sua orientação política de esquerda e, a rigor, ele já pensava numa reestruturação da teoria política quando começou sua série sobre a "crítica contemporânea do materialismo histórico" (GIDDENS, 1995, 2001). Mas o terceiro volume, que ele planejara para o final da década de 1980, não se materializou devido à queda do Muro de Berlim. Em vez disso, Giddens publicou, apenas em 1994, *Para além da esquerda e da direita* (GIDDENS, 1996), cujo subtítulo "O futuro da política radical" já nos dá uma pista de onde ele queria chegar.

Depois de uma análise do conservadorismo e do socialismo, Giddens mostra as dificuldades do modelo de estado de bem-estar social prevalente na Europa desse período, e retoma os temas do realismo utópico e da política emancipatória esboçados em *As consequências da Modernidade*. Essa política emancipatória deve perseguir objetivos relacionados às quatro dimensões da Modernidade: quanto ao capitalismo, ela deve combater a pobreza e a desigualdade; quanto ao industrialismo, ela deve combater a degradação ambiental; quanto à vigilância, ela deve contestar o poder arbitrário de governos e elites; quanto ao poder militar, ela deve reduzir o papel da força e da violência na vida social. Tudo isso está atrelado a uma ética cosmopolita e universalista, um "mundo sem outros".

Em 1997, Tony Blair torna-se primeiro-ministro da Grã-Bretanha pelo Partido Trabalhista, depois de quase vinte anos de domínio do Partido Conservador. Em 1998, Giddens lança *A terceira via: a renovação da socialdemocracia* (GIDDENS, 1998), livro que se torna a pedra de toque do que Blair chamaria de *New Labour* na Grã-Bretanha (o novo trabalhismo). Nessa obra, Giddens pende mais para o centro e busca unir o que considera vantajoso no capitalismo com o que merece ser preservado da social-democracia, tudo isso em reação, como era de se esperar, aos desafios de um mundo globalizado e reflexivo. Esta é a lista dos valores da Terceira Via, enquanto movimento político: igualdade; proteção dos vulneráveis; liberdade como autonomia; "não há direito sem responsabilidade" (ou seja, os direitos não são incondicionais, como a esquerda normalmente os considera – eles implicam alguma responsabilidade do recipiente do direito); "não há autoridade sem democracia"; o pluralismo cosmopolita; e o "conservadorismo filosófico" (uma posição cautelosa em relação aos avanços científicos e tecnológicos que não os considera sempre positivos, e emprega o princípio da precaução quando possível).

De certa forma, não é um exagero fazer um paralelo entre o que Giddens tenta alcançar com a Terceira Via e o que tentou alcançar na teoria social: se nesta o objetivo era tratar a ação e a estrutura como interdependentes, sem que uma tivesse prioridade sobre a outra, naquela o objetivo também era equalizar tendências positivas da direita e da esquerda. Giddens sempre se preocupou, desde seus primeiros escritos políticos e teóricos, em não "abandonar para a direita" temas de política social – questões como a tradição, a segurança pública e a imigração, por exemplo, devem receber análise exaustiva da esquerda. Portanto, a Terceira Via não surpreende por esse aspecto. Muitos de seus detratores não a compreenderam assim e acusaram Giddens de tentar apenas "humanizar o capitalismo".

Mas, num primeiro momento, a Terceira Via teve muitos defensores. Ela foi adotada, integralmente ou em partes, pelo discurso de líderes tão díspares como o já citado Blair, Bill Clinton nos Estados Unidos, Gerhard Schröder na Alemanha, Fernando Henrique Cardoso no Brasil, Wim Kok na Holanda, Kevin Rudd na Austrália e Romano Prodi na Itália. Se Giddens já era famoso no mundo acadêmico por todos os seus trabalhos teóricos, a ascensão da Terceira Via o catapultou para o primeiro plano também no mundo político, e não é exagero dizer que Giddens foi o intelectual público de maior destaque global na virada do século passado. Lembremos que, como eu mencionei no início deste texto, nessa época Giddens se tornou diretor da London School of Economics e criou uma editora muito influente na área de ciências humanas. Suas obras, nesse período, se concentraram na divulgação e expansão dos temas da Terceira Via, escritas entre inúmeras palestras e conferências ao redor do mundo.

Essa fama, e a Terceira Via, não duraram muito. O alvorecer do século XXI trouxe várias surpresas muito desagradáveis para o mundo e para uma teoria política cosmopolita e inclusiva. Os ataques de 11 de setembro de 2001, a ascensão fulminante da China como uma potência econômica claramente antidemocrática, e a trágica invasão anglo-americana do Iraque de 2003 mostraram que o mundo não caminhava tão facilmente assim na direção de um capitalismo social-democrata de molde ocidental. Um a um, os políticos ligados à Terceira Via foram substituídos por outros que não se interessavam pelo tema. Quando os erros pavorosos da invasão iraquiana tornaram-se evidentes para todos, Blair abandonou o cargo em desgraça. A estrela de Giddens como intelectual público caiu com ele, e dificilmente se recuperará.

Ainda não temos uma obra definitiva sobre a real influência da Terceira Via e de Giddens sobre o governo Blair. De qualquer forma, a conexão permanece bem viva na memória britânica. Em julho de 2016 foi publicado o Relatório Chilcot, resultado do inquérito do governo britânico sobre as ações de Blair e de seu governo que levaram à invasão do Iraque. O relatório condena amplamente o ex-primeiro-ministro como alguém que voluntariamente manipulou as evidências disponíveis para levar o país à guerra. O papel de Giddens como assessor de Blair não foi esquecido, como aponta um jornalista:

> Qual foi o resultado de vender a política como algo para pessoas que supostamente estariam "além da esquerda e da direita", seriam flexíveis e pós-ideológicas, marchando ao passo de uma Terceira Via implícita? O resultado [...] parece ser um desastre – tanto para a teoria quanto para a realidade (KANE, 2016).

Hoje, Giddens se concentra em comentários políticos ocasionais, e lançou uma obra sobre política ecológica que, apesar de interessante, não teve grande repercussão (GIDDENS, 2010).

VI

Que conclusões podemos tirar da trajetória acadêmica e política de Giddens? Seria ele apenas mais um intelectual que se aproximou demais do sol da política até suas asas derreterem e ele despencar no mar? Eu creio que isso seria uma inferência um tanto injusta. Primeiro, porque o fato de Giddens ter se aliado a políticos que caíram em desgraça não é exatamente um critério científico de refutação de hipóteses – embora a Terceira Via tenha quase desaparecido do cenário político atual, isso não significa que as ideias básicas que impulsionaram e moldaram a teoria política de Giddens tenham saído de cena, muito pelo contrário. Poderíamos argumentar que elas até se tornam mais prementes no mundo atual, ainda que a Terceira Via, em si, talvez não seja o caminho mais adequado para instaurá-las.

Segundo, porque independentemente do destino da teoria política de Giddens, e de sua posição política, sua obra acadêmica permanece. Aqui, as dificuldades são outras – apesar de certamente sua queda política ter repercussões em sua reputação acadêmica. É evidente a diminuição de trabalhos acadêmicos que discutem ou utilizam as teorias de Giddens nos últimos anos, e seria ingênuo achar que motivos não científicos não poderiam ser uma das causas desse fenômeno.

De qualquer forma, é hora de lidar com a afirmação de que a Teoria da Estruturação teve pouca fertilidade empírica e teórica, porque os motivos para isso não são apenas externos à ciência. A Teoria da Estruturação tem problemas de fundamentação. Quase todos os comentadores e críticos da obra de Giddens[7] notam isso de uma forma ou de outra. É muito difícil saber como Giddens se posiciona frente a questões epistemológicas e metodológicas, e isso enfraquece o poder explicativo de sua teoria.

Além disso, o próprio Giddens tomou decisões que, ironicamente, tiveram consequências não intencionais que prejudicaram ainda mais sua teoria. Eu me refiro à decisão de tornar a Teoria da Estruturação uma ontologia, que mencionei brevemente acima. Giddens faz isso porque teme que sua teoria seja tratada como a obra de Parsons (e a de Habermas): uma "grande teoria" que pretende explicar tudo na vida social, e que ignora os fatos que não se encaixam à teoria – ou seja, uma teoria determinista, tudo que Giddens deseja evitar. A solução que Giddens encontra é se referir à Teoria da Estruturação como uma ontologia social, para preservar a contingência dos fatos e deslocar o poder explicativo para eles, e não para injunções teóricas. Assim, ele comenta em *A constituição da sociedade*:

> [...] os conceitos da Teoria da Estruturação, como os de qualquer perspectiva teórica rival, devem, para muitos propósitos de pesquisa, ser con-

siderados como dispositivos sensibilizadores [*sensitizing devices*], e nada mais. Quer dizer, eles podem ser úteis para pensar sobre problemas de pesquisa e a interpretação de resultados de pesquisas (GIDDENS, 2003: 385; tradução modificada).

As intenções são nobres, mas o resultado não é o que Giddens esperava. Primeiro, por causa das deficiências de fundamentação mencionadas acima: é muito difícil estabelecer exatamente o que Giddens quer dizer com "ontologia" e "explicação", então fica muito difícil para o pesquisador entender como ele deve usar os conceitos da Teoria da Estruturação, se não para explicar suas descobertas e resultados de pesquisa empírica. Isso, atrelado ao fato de a Teoria da Estruturação apresentar uma enorme quantidade de conceitos novos ou reformulados, o que requer um esforço considerável de quem deseja aprendê-la a fundo enquanto fundamentação teórica para projetos de pesquisa, deixa a obra de Giddens numa situação complicada.

Eu creio que é essa conjunção de motivos não científicos e científicos/filosóficos que faz com que a Teoria da Estruturação seja subutilizada nos dias de hoje. Esse é um destino um tanto melancólico para uma obra tão interessante quanto a de Giddens. Apesar de todos os problemas que mencionei acima, ela oferece uma síntese muito instigante de várias abordagens teóricas, contém inúmeros *insights* que são úteis para pesquisadores das mais diversas áreas das ciências humanas, e é motivada por um desejo louvável de realçar a posição do agente leigo e o papel da contingência no processo histórico, um desejo infelizmente muito raro nos dias de hoje. A concepção de sociologia e das ciências sociais de Giddens tem uma dignidade que poucos outros autores conseguem igualar. A Teoria da Estruturação certamente é um dos projetos teóricos mais impressionantes do século XX, e ainda é relativamente pouco conhecida – há muito espaço para críticas e desenvolvimentos.

Além disso, sua análise da Modernidade é ainda fundamental para a compreensão das sociedades ocidentais atuais. *As consequências da Modernidade* já se tornou uma obra clássica, e certamente é a melhor introdução à obra de Giddens em geral – uma obra muito bem-escrita e que, como os melhores livros de ciências humanas, desafia muitas de nossas crenças preestabelecidas.

Renovador dos clássicos, teórico de primeira linha, pioneiro no estudo da globalização, e intelectual público – a trajetória de Anthony Giddens é uma das mais singulares da sociologia, e seria um erro permitir que seus fracassos na arena política desviem nossa atenção desse fato. Há muito a se aproveitar da longa obra de Anthony Giddens, e, se revitalizada e melhor fundamentada, ela ainda tem muito a oferecer para as ciências humanas.

Notas

[1] Gostaria de agradecer a Daniela Lopes e Robson Romano pelos comentários muito úteis durante a preparação deste texto.

[2] Parsons, obviamente, reconhece o materialismo marxiano, mas considera que ele, por pertencer à tradição dialética hegeliana, ainda faz parte da corrente idealista em geral.

[3] Giddens chega a descrever um de seus principais livros do período, *Central Problems in Social Theory*, infelizmente inédito em português, como um "manifesto não funcionalista" (GIDDENS, 1979: 7).

[4] Termo traduzido por "cognoscitividade" na edição brasileira de *A constituição da sociedade* (GIDDENS, 2003). Opto, em vez disso, por "habilidade cognitiva", que, apesar de morfologicamente mais distante do original, é menos obscuro e destaca melhor o componente de "habilidade" de *knowledgeability*, que não se pode perder de vista.

[5] Essa é a definição que Hans Joas dá ao problema, em Joas (1996: 9).

[6] Giddens discute a sociedade pós-tradicional em seu artigo no livro que divide com Ulrich Beck e Scott Lash: *Modernização reflexiva* (BECK; GIDDENS & LASH, 1995).

[7] Ofereço na bibliografia uma lista de algumas das obras mais importantes escritas sobre Giddens.

Referências

Nota: para este capítulo utilizei as obras originais de Giddens em inglês. Ofereço as referências em língua portuguesa para auxiliar estudantes que tenham interesse em conhecer os textos desse autor. Entretanto, devo advertir que a qualidade das traduções brasileiras e portuguesas de Giddens é muito desigual, e recomendo enfaticamente que as leitoras e leitores que desejem se aprofundar no estudo de Giddens utilizem, se possível, as obras originais.

Obras citadas no texto

BECK, U. *Sociedade de risco*. São Paulo: Ed. 34, 2010.

BECK, U.; GIDDENS, A. & LASH, S. *Modernização reflexiva*. São Paulo: Unesp, 1995.

GIDDENS, A. *A política da mudança climática*. Rio de Janeiro: Zahar, 2010.

_____. *A constituição da sociedade*. São Paulo: Martins Fontes, 2003.

_____. *Modernidade e identidade*. Rio de Janeiro: Zahar, 2002.

_____. *O Estado-nação e a violência*. São Paulo: Edusp, 2001.

_____. *Capitalismo e moderna teoria social*. Lisboa: Presença, 2000.

_____. *A terceira via*. Rio de Janeiro: Record, 1998.

_____. *Para além da esquerda e da direita*. São Paulo: Unesp, 1996.

_____. *A Contemporary Critique of Historical Materialism*. 2. ed. Stanford: Stanford University Press, 1995.

_____. *A transformação da intimidade*. São Paulo: Unesp, 1993.

_____. *As consequências da Modernidade*. São Paulo: Unesp, 1991.

_____. *Sociology*: A Brief but Critical Introduction. 2. ed. Londres: Macmillan, 1984 [Ed. bras.: *Sociologia*: uma breve, porém crítica introdução. Rio de Janeiro: Zahar, 1986].

_____. *Central Problems in Social Theory*. Berkeley: University of California Press, 1979.

_____. *Novas regras do método sociológico*. Rio de Janeiro: Zahar, 1978.

JOAS, H. *The Creativity of Action*. Chicago: University of Chicago Press, 1996.

KANE, P. Is Giddens and the Third Way to Blame for Blair? In: *The National*. Glasgow, 09/07/2016 [Disponível em http://www.thenational.scot/comment/pat-kane-is-giddens-and-the-third-way-to-blame-for-blair-at-least-were-well-rid-of-him-now.19787 – Acesso em 28/09/2016].

MARX, K. *Grundrisse*. São Paulo: Boitempo, 2011a.

_____. *O 18 de brumário de Luís Bonaparte*. São Paulo: Boitempo, 2011b.

_____. *Manuscritos econômico-filosóficos*. São Paulo: Boitempo, 2004.

PARSONS, T. *A estrutura da ação social*. 2 vols. Petrópolis: Vozes, 2010.

WALLERSTEIN, I. *Sistema mundial moderno*. Porto: Afrontamento, 1990.

Principais obras de Giddens não citadas no texto

GIDDENS, A. *Mundo em descontrole*. Rio de Janeiro: Record, 2003.

_____. *Em defesa da sociologia*. São Paulo: Unesp, 2001.

_____. *A Terceira Via e seus críticos*. Rio de Janeiro: Record, 2001.

_____. *Política, sociologia e teoria social*. São Paulo: Unesp, 1997.

_____. *Social Theory and Modern Sociology*. Stanford: Stanford University Press, 1987.

_____. *Profiles and Critiques in Social Theory*. Berkeley: University of California Press, 1982.

_____. *Studies in Social and Political Theory*. Londres: Hutchinson, 1977.

_____. *A estrutura de classes das sociedades avançadas*. Rio de Janeiro: Zahar, 1975.

GIDDENS, A. (org.). *O debate global sobre a Terceira Via*. São Paulo: Unesp, 2007.

_____. *The Progressive Manifesto*. Londres: Policy Network, 2003.

GIDDENS, A. & DIAMOND, P. (orgs.). *The New Egalitarianism*. Londres: Policy Network, 2005.

GIDDENS, A. & HUTTON, W. (orgs.). *No limite da racionalidade*: convivendo com o capitalismo global. Rio de Janeiro: Record, 2004.

GIDDENS, A. & PIERSON, C. *Conversas com Anthony Giddens*. Rio de Janeiro: FGV, 2000.

GIDDENS, A. & TURNER, J. (orgs.). *Teoria social hoje*. São Paulo: Unesp, 1999.

Principais obras sobre Anthony Giddens

BRYANT, C. & JARY, D. (eds.). *The Contemporary Giddens*. Basingstoke: Palgrave, 2001.

_____. *Anthony Giddens*: Critical Assessments. 4 vols. Londres: Routledge, 1997.

CLARK, J.; MODGIL, C. & MODGIL, S. (eds.). *Anthony Giddens*: Consensus and Controversy. Londres: Falmer, 1990.

COHEN, I.J. *Structuration Theory*: Anthony Giddens and the Constitution of Social Life. Nova York: St. Martin's, 1989.

DOMINGUES, J.M. *Sociologia e Modernidade*. Rio de Janeiro: Civilização Brasileira, 1999.

HELD, D. & THOMPSON, J.B. (eds.). *Social Theory of Modern Societies*: Anthony Giddens and His Critics. Cambridge: Cambridge University Press, 1989.

O'BRIEN, M.; PENNA, S. & HAY, C. (eds.). *Theorising Modernity*: Reflexivity, Environment and Identity in Giddens' Social Theory. Londres: Longman, 1999.

RIBEIRO DA SILVA, F.R. Entre a epistemologia e a ontologia: a Teoria da Estruturação de Anthony Giddens. In: *Tempo Social*, vol. 26, n. 2, 2015, p. 123-136.

SELGAS, F.J.G. *Teoría social y metateoría hoy*: el caso de Anthony Giddens. Madri: CIS/Siglo Ventiuno, 1994.

STONES, R. *Structuration Theory*. Basingstoke: Palgrave, 2005.

15
Manuel Castells (1942-)

*Alcides Fernando Gussi**
*Simone Wolff***

Manuel Castells nasceu na Catalunha em 1942. Iniciou seus estudos na Universidade de Barcelona e prosseguiu na pós-graduação (1964-1967), sob a orientação do sociólogo Alain Touraine, na Universidade de Paris, onde lecionou, entre 1967 a 1979, ingressando como professor de planejamento regional e urbano, e sociologia na Universidade da Califórnia, em Berkeley, onde fez a maior parte de sua carreira, entre os anos de 1979 a 2003. Atualmente, está vinculado profissionalmente à Universidade do Sul da Califórnia, em Los Angeles, e à Universidade Aberta da Catalunha, em Barcelona. Começou sua carreira com o desenvolvimento de estudos e pesquisas sobre sociologia urbana e planejamento regional, mas é com sua obra *A sociedade em rede*, uma trilogia publicada em primeira edição norte-americana, entre os anos de 1996 a 1998 (no Brasil, em 1999), que se notabiliza mundialmente na virada do milênio.

Nessa obra, Castells formula uma teoria social ampla no contexto da Era da Informação, sob a qual vem refletindo, desde então, acerca de processos de mudanças ocorridos em várias partes do mundo, agenciados, em parte, pela efervescência de movimentos sociais em rede nestas duas primeiras décadas do século XXI. Dada a extensão, densidade e notoriedade da obra *A sociedade em rede*, um paradigma fundado pelo sociólogo, para conhecer o pensamento de Castells faz-se mister deter-se sobre ela.

A teoria social de Manuel Castells: "a sociedade em rede"

A obra *A sociedade em rede* de Manuel Castells (1999) avança sobre as teorias da "sociedade pós-industrial" à luz do atual desenvolvimento tecnológico e das transformações sociais na virada do milênio.

Passados mais de quarenta anos das primeiras formulações sobre a "sociedade pós-industrial", sobretudo aquelas fundamentadas nas obras de Touraine (1971) e Bell

---

* Professor da Universidade Federal do Ceará (UFC). Doutor em Educação pela Universidade Estadual de Campinas (Unicamp).

** Professora da Universidade Estadual de Londrina (UEL). Doutora em Ciências Sociais pela Universidade Estadual de Campinas (Unicamp).

(1973)[1], muitos aspectos das mudanças sociais destacadas, e que se encontravam então apenas nos seus primórdios, não só se efetivaram, como se desenvolveram muito além do previsto.

De fato, no final dos anos de 1960 e inícios dos anos de 1970, a tão propalada inovação tecnológica, bem como suas potencialidades, utilização e difusão, salientada pelos mentores da "sociedade pós-industrial", estavam apenas se iniciando. Naquele momento, o que se fazia mais visível era o delineamento de um novo cenário político-econômico, social e cultural, cujo desenvolvimento iria demandar e se apoderar, amplamente, de tais inovações tecnológicas, da mesma forma que seu aprimoramento.

Apesar de afirmar que não pretende discutir tais teorias, Castells (1999: 41-42) reconhece sua dívida para com esses teóricos. Esta dívida é observada, especialmente quando declara o "surgimento de uma *nova estrutura social*, associada ao surgimento de um novo modo de desenvolvimento, o *informacionalismo*" (CASTELLS, 1999: 33-34; grifos nossos), sob o qual fundamenta a sua teoria. Segundo o autor, o informacionalismo "baseia-se na tecnologia de conhecimentos e informação", a qual se define pela "ação de conhecimentos sobre os próprios conhecimentos como principal fonte de produtividade" (CASTELLS, 1999: 35). No informacionalismo, ou na "sociedade informacional" instaura-se um "novo paradigma tecnológico" que "fornece a base material para sua expansão penetrante em toda a estrutura social" e, por isso mesmo, onde as "funções e os processos dominantes estão cada vez mais organizados em torno de redes" (CASTELLS, 1999: 497).

Como os teóricos da "sociedade pós-industrial", Castells parte da *inovação tecnológica*, do pressuposto da emergência de uma *nova estrutura social* alicerçada no *conhecimento*, e do modelo de *rede* como forma de difusão deste conhecimento para designar a sociedade contemporânea. Contudo, isto não o impede de observar seus limites, inclusive como uma tentativa de melhor compreender essa sociedade.

Mas o que diferencia a teoria de Castells dos teóricos da "sociedade pós-industrial"? Castells (1999: 32) chama a atenção para o fato de que as teorias sobre a "sociedade pós-industrial" consideraram como "princípio estrutural" de diferenciação da "nova sociedade" relativamente à anterior tão somente o surgimento de novas tecnologias, e seus efeitos sobre as "relações técnicas de produção", em detrimento das "relações sociais (fundamentadas na pobreza) de produção". Para este autor (p. 32), "ambos os eixos devem ser levados em conta na compreensão de qualquer sociedade".

Outro aspecto a ser considerado é que tais teorias se restringem às circunstâncias relativas às sociedades norte-americanas e da Europa Ocidental, excluindo o resto do mundo por pressupor que este é o caminho que, mais cedo ou mais tarde, todas as sociedades iriam trilhar. Castells (1999: 228) critica o etnocentrismo presente nessas teorias, principalmente as de Touraine e Bell, por entendê-las como demasiado reducionistas, uma vez que procuram encaixar as sociedades em um modelo único de desenvolvimento e a partir de uma única variável, a tecnologia. Para Castells, em uma sociedade onde, cada vez mais, "a produtividade é gerada, e a concorrência é feita em uma rede global de interação", configurando um "novo sistema econômico", "global" e "informacional", reduzir a análise apenas aos países tecnológica e economicamente avançados é altamente limitante.

Para Castells, então, a grande lacuna deixada pelas teorias mais clássicas da "sociedade pós-industrial" explica-se ao caráter ainda muito incipiente das inovações tecnológicas naquele período. Há trinta anos estava-se apenas começando aquilo que representa, no limiar do milênio (quando concluía sua obra), uma verdadeira "revolução tecnológica" (CASTELLS, 1999: 78), possibilitada pelo aparecimento das novas tecnologias informáticas. É esta revolução que caracteriza a sociedade contemporânea, ao mesmo tempo em que a diferencia do cenário onde foram formuladas as teorias da "sociedade pós-industrial", pois denota a consolidação e a propagação de um "novo paradigma tecnológico" que viabiliza a transformação do conhecimento, ou da informação, em matéria-prima.

Desse modo, as novas tecnologias informáticas possuem uma característica inédita com relação às outras revoluções tecnológicas: enquanto nessas últimas a informação era utilizada "para agir sobre a tecnologia", as novas tecnologias "*são tecnologias para agir sobre a informação*". E é justamente esta característica que torna possível a concretização e otimização da "lógica das *redes*" em um nível sem precedentes e não previsto pelos teóricos da "sociedade pós-industrial" (CASTELLS, 1999: 78).

Tal concretização e otimização da lógica das redes assinala aquilo que Castells (CASTELLS, 1999: 111; grifo do autor) entende como a grande novidade da sociedade hodierna: "Uma economia com capacidade de funcionar como uma unidade em *tempo real*, em escala planetária". Ou seja, uma "economia global" que vai muito além da realização de uma simples economia mundial – traço inerente às sociedades ocidentais –, por ser fundamentada em uma base informática "construída em redes [e que] define os processos sociais predominantes, consequentemente dando forma à própria estrutura social" (CASTELLS, 1999: 499).

Esta, inclusive, é a diferença primeva entre Castells e os clássicos do pós-industrialismo, aqui representado por Bell: "A distinção apropriada não é entre uma economia industrial e uma pós-industrial, mas entre duas formas de produção industrial, rural e de serviços baseadas em conhecimentos" (CASTELLS, 1999: 226). Sendo assim, a "sociedade pós-industrial" é um "mito". Não estamos vivendo em uma época onde não há mais a predominância da lógica da indústria sobre a produção, como creem seus mentores. Esses acreditavam que a mudança da sociedade industrial para a sociedade de informação e de serviços corresponde, analogamente, à mudança social sofrida quando da passagem da sociedade rural para a industrial. Tal ideia demonstra, mais uma vez, uma perspectiva evolucionista com limitada perspectiva histórica.

Para Castells (p. 111), nossa economia continua mais industrial e capitalista do que nunca. Desse modo:

[...] embora a economia informacional/global seja distinta da economia industrial, ela não se opõe à lógica desta última. A primeira abrange a segunda mediante o aprofundamento tecnológico, incorporando conhecimentos e informação em todos os processos de produção material e distribuição, com base em um avanço gigantesco em alcance e escopo da esfera da circulação. Em outras palavras: *à economia industrial, restava tornar-se informacional e global ou, então, sucumbir* (CASTELLS, 1999: 110; grifo nosso).

Logo, pode-se dizer que o grande avanço da teoria de Castells (1999: 228) relativamente às teorias pós-industriais é o fato de contemplar o desenvolvimento atual das novas tecnologias da informação para além de suas repercussões na esfera estritamente social – tal como delimita seus principais representantes – vinculando-o à "lógica estrutural do *sistema produtivo* da sociedade informacional". É assim que o informacionalismo refere-se a um fenômeno estreitamente inter-relacionado à produtividade capitalista e cuja explicação passa, necessariamente, pela análise dos acontecimentos históricos concretos que ocorreram, justamente, nos últimos trinta anos, extensamente referenciados na obra de Castells. Igualmente, é a partir dessa análise que, apesar de todas essas transformações sociais e consequentes distinções que as mesmas suscitaram nas teorias do pós-industrialismo, as *empresas privadas*, mais uma vez em aliança com o Estado, continuam a ser as propulsoras e difusoras deste movimento.

De fato, a partir da década de 1970, época em que assistimos as origens da "Revolução da Tecnologia da Informação" (CASTELLS, 1999: 101), o capitalismo começa a enfrentar uma profunda crise de lucratividade. Tal crise foi o resultado da "inabilidade do setor público para continuar a expansão de seus mercados e, dessa forma, a geração de emprego, sem aumentar os impostos sobre o capital nem alimentar a inflação, mediante a oferta adicional de dinheiro e o endividamento público" (p. 101). Assim, para manter a lucratividade empresarial, colocava-se a exigência de abrir novos mercados de consumo que pudessem dar conta do excedente de uma produção que se encontrava em franco crescimento.

Conforme Castells (1999), foi essa expansão dos mercados e, posteriormente, o grande aumento dos investimentos estrangeiros diretos, a razão do intenso aprimoramento e disseminação das novas tecnologias da informação. Da mesma forma, foram a causa de uma marcante "reestruturação das relações capital-trabalho" na qual a informática foi, também, sua ferramenta (CASTELLS, 1999: 297).

Outro aspecto fundamental da chamada "reestruturação produtiva", apontado por Castells, é a presença de um grau de internacionalização econômica sob a égide do capital financeiro em que as formas de acumulação e valorização de riqueza não só foram ampliadas, como também diversificadas, quantitativa e qualitativamente. De acordo com Castells (1999: 500), isto significa que "o capital financeiro, a alta tecnologia e o capital industrial, estão cada vez mais interdependentes". A predominância do capital financeiro, por ser um tipo de investimento de alto risco, envolve um amplo planejamento das transações financeiras, bem como a "interação entre o investimento em empresas lucrativas e o uso dos lucros acumulados para fazê-los frutificar nas redes financeiras globais que o processo de acumulação se baseia" (CASTELLS, 1999: 500). Portanto, demanda, como nunca, informações precisas e eficientes para programar esses investimentos. Ou seja, necessita, em alto grau, "do conhecimento e da informação gerados e aperfeiçoados pela tecnologia da informação".

Da mesma maneira, as novas tecnologias da informação são fundamentais, tanto para efetuar a conexão dos novos e diversos mercados que estão se abrindo – uma vez que conferem e otimizam a mobilidade do capital por intermédio das suas redes – quanto para potencializar a capacidade de previsão das empresas – pois permitem que as valiosas informações referentes às variações do consumo de cada país cheguem rapidamente, igualmente através das redes, às suas matrizes. É a plena realização dessas estratégias que garante às empresas a manutenção de sua competitividade dentro de um mercado cada vez mais disputado. E é desse modo que as empresas passaram a demandar um arsenal de informações mais abundante, assim como meios mais eficientes de se apropriar e gerir as informações de modo produtivo.

Trata-se de um contexto que leva a uma crescente inter-relação das atividades industriais e atividades informacionais, tornando tênues as barreiras entre o informático e a produção material. Com efeito, pela sua versatilidade, as novas tecnologias da informação extrapolam o chão das indústrias de transformação, penetrando nas mais diversas áreas do setor terciário, também nelas operando profundas transformações nas maneiras de conceber, produzir e vender seus serviços. É assim que as empresas do setor de serviços passam, cada vez mais, a se utilizar dos métodos tecno-organizacionais empregados nas indústrias de transformação. Como vemos, a "sociedade informacional e em rede" é também, mas não somente, uma sociedade de serviços.

Mas, contrariamente à generalização feita por Bell desta categoria, Castells (1999: 226-227) chama a atenção para a necessidade de se repensar as antigas distinções baseadas nos setores primário, secundário e terciário. Para ele, o conceito de "serviços" é por demais indeterminado para dar conta da complexidade da estrutura produtiva hodierna. Daí que "tornou-se um obstáculo epistemológico ao entendimento de nossas sociedades".

Assim, longe dessa sociedade representar a emergência de uma "democratização do conhecimento" pela "nova tecnologia intelectual", como concluíram os clássicos do pós-industrialismo, o que se vê é a "concentração e globalização do capital exatamente pelo emprego do poder descentralizador das redes" (CASTELLS, 1999: 502). Ou seja, uma apropriação cada vez maior do conhecimento pelas grandes empresas diligentes desse processo como uma maneira a assegurar sua produtividade e lucratividade. E isto se faz através de um aparente paradoxo: o da "administração descentralizada", visto que as "novas tecnologias da informação possibilitam, ao mesmo tempo, a descentralização das tarefas e sua coordenação em uma rede interativa de comunicação em tempo real, seja entre continentes, seja entre os andares de um mesmo edifício" (CASTELLS, 1999: 286).

Para Castells, outro equívoco de Bell, foi a tese de que, com a ascensão e concretização das empresas como as grandes agenciadoras da economia, estas passariam a agregar e gerenciar, cada vez mais, papéis anteriormente limitados apenas ao Estado, tais como previdência, políticas e serviços públicos etc. Pelo que vimos, apesar de as empresas realmente terem se confirmado como agentes centrais das atuais transformações sociais, o reverso deste processo foi a elevação até o limite, valendo-se das políticas liberalizantes e desregulamentadoras em vigor, de seus propósitos de lucratividade. Livres das amarras fiscais pelo advento de um mercado altamente flexibilizado, onde o capital se torna global, mas o trabalho permanece local, o resultado foi um aumento da produtividade e da lucratividade, ao mesmo tempo em que "os trabalhadores perderam sua proteção institucional e ficaram cada vez mais dependentes das condições individuais de negociação e de um mercado de trabalho em mudança constante" (CASTELLS, 1999: 298).

Como veremos mais adiante:

> [...] O trabalho nunca foi tão central para o processo de realização de valor. Mas os trabalhadores (independente de suas qualificações) nunca foram tão vulneráveis à empresa, uma vez que [se tornaram] indivíduos pouco dispendiosos, contratados em uma rede flexível cujos paradeiros [são] desconhecidos da própria rede (p. 298-299).

Para Castells, portanto, a informatização das empresas teve um efeito muito mais revolucionário na sociedade do que aquele relacionado apenas às "dimensões do conhecimento", como supunha Bell.

O poder das identidades

O conceito de "sociedade em rede", elaborado por Castells, se complementa com sua análise sobre o poder das identidades sociais. Para esse autor, a emergência das identidades (de gênero, religiosa, nacional, étnica e sociobiológica) possibilita a mudança na "sociedade em rede" porque elas desafiam o processo de globalização tecnoeconômica através de movimentos sociais constituídos a partir dos interesses identitários. O conceito de "sociedade em rede", portanto, incorpora, ao mesmo tempo, as dimensões estruturais e as transformações *dessa* estrutura. Castells acredita que, no bojo desses movimentos sociais, de cunho identitário, surjam sujeitos históricos que, potencialmente, podem mudar a estrutura social, levando a outra reconfiguração de poder.

A identidade, para Castells (1999: 28), é "um processo de construção de sentido que remete a um atributo cultural, ou a um conjunto de atributos culturais, ao qual se dá prioridade sobre as demais fontes de sentido". Uma identidade diferencia-se de um *papel social* justamente porque esse último é definido previamente pelas instituições e organizações, e as primeiras organizam-se a partir de um *sentido* a que atribuem os próprios sujeitos através de uma identificação simbólica. Castells entende que "todas as identidades são construídas". Nas palavras do próprio autor: "A dinâmica das identidades mostra que nenhuma identidade pode ser uma essência e nenhuma tem, por si, um valor progressivo ou regressivo fora de seu contexto histórico" (CASTELLS, 1999: 30). Partindo desse conceito, Castells analisa a construção das identidades na "sociedade em rede".

Para Castells, a dinâmica da "sociedade em rede" pode ser pensada a partir da noção de fluxos. Na sua definição, os fluxos correspondem à "sequência de intercâmbio e interação determinados, repetitivos e programáveis entre posições fisicamente desconexas que mantêm os atores sociais nas estruturas econômicas, políticas e simbólicas da sociedade" (CASTELLS, 1999: 445). E os fluxos estão associados às trocas dentro das redes de informação, facilitadas pela tecnologia da informática. Dado que considera que a "sociedade em rede" é construída em torno dos fluxos, isso vem ocasionando a reelaboração das noções de espaço e tempo nesse contexto.

Os espaços são reelaborados dentro da rede, diferenciando-se da ideia de lugares, historicamente constituídos, levando a uma recombinação das práticas sociais nesses novos espaços. Trata-se do que Castells denomina "espaço de fluxos". Esse se baseia em três suportes materiais: (i) *A tecnologia dos impulsos eletrônicos*, tais como a microeletrônica e as telecomunicações, que funciona com uma dinâmica espacial própria, como a dos mercados globais, dentro dos vários lugares já constituídos; (ii) *A constituição de nós e eixos*, lugares que se conectam em graus de importância variados, com suas particularidades específicas, à rede eletrônica; (iii) Por fim, refere-se à *organização espacial das elites tecnocratas-financeiras-gestoras* que assume cada vez mais um estilo de vida global. Entendendo que essa lógica passa a ser estruturalmente dominante, embora não a única, ela se refere à lógica espacial dos interesses daqueles que controlam a "sociedade em rede". Mas relativiza Castells (1999: 449):

> [...] as elites são cosmopolitas; as pessoas locais. O espaço de poder e a riqueza se projetam no mundo, enquanto a vida e a experiência das pessoas se enraízam nos lugares, em sua cultura, em sua história. Portanto, quanto mais se baseia em uma organização social em fluxos a-históricos, mais escapa à lógica do poder global do controle sociopolítico das sociedades locais/nacionais com especificidade histórica.

Simultaneamente, essa nova configuração espacial da "sociedade em rede" transforma a sequência do tempo. Este, para Castells, se torna um *"tempo atemporal"*. E se dá quando "a ordem dos fenômenos ligados ao paradigma informacional e a "sociedade em rede" provocam uma perturbação sistêmica na sequência dos fenômenos realizados nesse contexto" (CASTELLS, 1999: 499), o que torna o tempo descontínuo, mais ou menos intenso, subordinado à lógica dos fluxos. Trata-se, portanto, de "um tempo indiferenciado", distinto do tempo do relógio, que, em decorrência disso, equivale à eternidade. Podemos citar como exemplos, a lógica do tempo do capital financeiro ou o tempo flexível das empresas em rede. Novamente, Castells relativiza, considerando que a maior parte das pessoas vive à "margem da eternidade", ou seja: "O tempo atemporal pertence ao espaço dos fluxos, ainda que a disciplina temporal, o tempo biológico e a sequência determinada pela sociedade caracterizam os lugares do mundo, estruturando materialmente nossas sociedades segmentadas" (CASTELLS, 1999: 499).

Assim, o "espaço dos fluxos" e o "tempo atemporal" são construções sociais que remetem à nova lógica estrutural da "sociedade em rede" – da bolsa de valores, das empresas flexíveis, do trabalho individualizado, dos meios de comunicação. Todavia, longe de pensar que essa lógica, embora estruturalmente dominante, seja a única, outras tantas convivem nessa sociedade: são as diversas lógicas das pessoas ancoradas em seus espaços e tempos tradicionais. Elas se referem à lógica do "espaço dos lugares" e da "temporalidade" em oposição ao "espaço dos fluxos" e à "atemporalidade". Para Castells, essas outras lógicas são incorporadas pelos atores sociais nas suas experiências de construção das identidades coletivas.

A construção das identidades na "sociedade em rede" revela a posição e/ou a reação dos atores sociais frente à inclusão ou exclusão nessa estrutura social, em rede. As identidades são manifestadas através de uma lógica simbólica que se apresenta nos interstícios do espaço e do tempo dos fluxos: tratam-se das comunidades étnicas, locais, de gênero, religiosas, nacionais e sociobiológicas. Portanto, a uma racionalidade abstrata e a-histórica se justapõem as identidades sociais construídas em referência a um espaço e tempo historicamente contextualizados. Mas quais configurações identitárias se constroem na "sociedade em rede", e por quê?

Castells distingue três formas de constituição de identidades que levam a resultados distintos: (i) *As identidades legitimadoras*, introduzidas pelas instituições e organizações dominantes, as quais reproduzem – mesmo que às vezes se opondo – a lógica estrutural vigente, e levam à formação da sociedade civil; (ii) *As identidades de resistência*, geradas pelos atores sociais em posição marginal na lógica da dominação, que levam à formação das *comunas ou comunidades*, baseadas na história, na geografia e na biologia – "*é a exclusão dos exclusores pelos excluídos*"; e, por fim, (iii) *As identidades- -projeto*, que produzem sujeitos para a ação – em um sentido que remete a Touraine – e que levariam à transformação da estrutura social.

Inicialmente afirmando que as sociedades civis encontram-se enfraquecidas devido ao novo papel atribuído às tradicionais organizações e instituições – o Estado, a Igreja e as empresas – face à reconfiguração do poder global na "sociedade em rede", Castells indica a dissolução das *identidades legitimadoras*, baseadas nas articulações da sociedade civil em torno do capital e do trabalho.

Todavia, Castells observa, empiricamente, que, no contexto da "sociedade em rede", há a formação de *comunas*, construídas em torno das *identidades de resistência*, baseadas nos fundamentalismos religiosos, nos nacionalismos e nas identidades étnicas e territoriais – e essa observação é central como fenômeno explicativo para o autor. As comunas caracterizam-se como "reações às tendências sociais imperantes", portanto, são de resistência; ao mesmo tempo são defensivas, pois representam "refúgio e solidariedade"; e são construídas a partir de variados códigos culturais. Portanto, são *comunas culturais* ancoradas na "história, na geografia, na língua, no entorno", e, ao mesmo tempo, *comunas de resistência*, reações defensivas à globalização, à interconexão e à flexibilidade (da produção e do trabalho) e à crise da família patriarcal. As comunas são, enfim, "alternativas para a construção de sentido em nossa sociedade".

Castells observa, ainda, outro papel fundamental para essas comunas na "sociedade em rede": elas podem conduzir, ultrapassando os seus próprios limites, à construção das *identidades projetos*. Delas surgiriam projetos identitários que, potencialmente, podem fazer emergir novos sujeitos históricos cuja ação leva à mudança na "sociedade em rede".

Para Castells, a construção das identidades faz-se estratégica para a "Teoria da Sociedade em Rede", pois as identidades permitem analiticamente, nos dizeres do próprio Castells, construir uma teoria da mudança social na era da informação.

A "empresa em rede e flexível" e a gestão do trabalho

Conforme Castells (1999: 293), as transformações sociais contemporaneamente em voga "não se originaram do paradigma informacional, mas [elas] são o resultado da reestruturação atual das relações capital-trabalho, com a ajuda das poderosas ferramentas oferecidas pelas novas tecnologias da informação e facilitadas por uma nova forma organizacional, a *empresa em rede*" (grifo nosso) e a disseminação de novas técnicas de gestão do trabalho em empresas dos mais diversos setores da economia.

Castells (1999: 87) define esta nova etapa da economia capitalista como *informacional*, uma vez que "a produtividade e a competitividade de unidades ou agentes nessa economia (sejam empresas, regiões ou nações) dependem basicamente de sua capacidade de gerar, processar e aplicar de forma eficiente a informação baseada em conhecimentos". Logo, para esse autor, em uma "economia informacional":

> organizações bem-sucedidas são aquelas capazes de gerar conhecimentos e processar informações com eficiência; adaptar-se à geometria variável da economia global; ser flexível o suficiente para transformar seus meios tão rapidamente quanto mudam os objetivos sob o impacto da rápida transformação cultural, tecnológica e institucional; e inovar, já que a inovação torna-se a principal arma competitiva (CASTELLS, 1999: 191-192).

Sendo assim, a tendência, agora, é a "empresa criadora de conhecimentos", isto é, aquela que "baseia-se na interação organizacional entre os 'conhecimentos explícitos' e os 'conhecimentos tácitos' na fonte de inovação" (CASTELLS, 1999: 180). Ou seja, entre aqueles conhecimentos já padronizados e transformados em técnicas de gerenciamento e controle do trabalho e aqueles "acumulados na empresa, [que] provêm da experiência e não podem ser comunicados pelos trabalhadores em ambiente de procedimentos administrativos excessivamente formalizados". Portanto, um processo que não poderia alcançar seu pleno êxito, isto é, o aumento de produtividade e lucratividade, sem a devida articulação entre a *gestão informatizada* e *novas formas de gestão da força de trabalho*. E, também, no âmbito da atual fase do sistema capitalista como um todo, sem o que Castells (1999: 174) apontou como a devida "convergência e interação entre um novo paradigma tecnológico e uma nova lógica organizacional que constituem o fundamento histórico da economia informacional".

Outra faceta desse processo é a otimização das relações, não só intraempresa, mas também interempresas. Com a atual tendência à terceirização e/ou à desintegração vertical da produção – em substituição à integração vertical de departamentos dentro da empresa –, o controle sobre o processo total de produção demanda, cada vez mais, o uso das novas tecnologias informáticas como forma de melhor gerenciar o processo produtivo. Uma vez que as redes informacionais permitem às grandes empresas se fragmentarem e/ou se utilizarem de serviços de várias unidades externas, o controle e padronização, tanto do trabalho como da produção, dependem cada vez mais das conexões proporcionadas pela informática. Da mesma forma, é através destas redes informatizadas que a grande companhia pode controlar parte das operações de suas terceirizadas ou subcontratadas, sem precisar absorvê-las.

Desse modo, a informática coloca-se como uma ferramenta imprescindível para a lucratividade dos grandes grupos transnacionais. Sua utilização é crucial na agregação de informações cada vez mais dispersas, viabilizando a concentração das decisões dessas empresas ao mesmo tempo em que permite a extensão de seus tentáculos nos mais variados campos produtivos e financeiros. É assim que a lucratividade empresarial passa a depender fundamentalmente ao acesso privilegiado de informações relativas aos mercados de consumo e financeiro.

O compartilhamento dessa rede por parte dos grandes oligopólios é essencial para acentuar sua situação de centralidade na medida em que é desta forma que eles se interam sobre as últimas tendências, tanto as tecnológicas como as de mercado, garantindo a manutenção de seu nível de competitividade num mundo cada vez mais diversificado, ágil e com alto índice de obsolescência tecnoprodutiva. Além disso, esse tipo de rede de alianças também permite às grandes empresas a "repartição dos custos astronômicos em P&D [pesquisa e desenvolvimento], que poucos grupos podem suportar sozinhos, bem como a troca de conhecimentos tecnológicos" (CASTELLS, 1999: 166).

Nesse processo, as tecnologias da informação são fundamentais exatamente por seu caráter abrangente e agregador:

> [...] pode-se falar numa "rede muito intensa e densa nas tecnologias de informação". Essa elevada densidade explica-se, em parte, pelo vasto

campo de aplicação e pela estreita vinculação entre todos os campos das tecnologias de informação: em suma, ela *caracteriza um oligopólio tecnológico construído em torno de uma tecnologia genérica* (CASTELLS, 1999: 166; grifo nosso).

Atualmente, então, as normas técnicas procedem das coalizões intergrupos dentro do quadro das alianças tecnológicas. É daí que surgem as discussões sobre qual a melhor tecnologia a ser adotada e sua melhor aplicação, eliminando assim a competição entre tecnologias alternativas. Esse procedimento possibilita que os grandes grupos monopolistas possam decidir previamente sobre as normas que serão colocadas em prática. São as chamadas "normas por antecipação", as quais, via de regra, são elaboradas informalmente – isto é, sem que os demais agentes deste processo participem e/ou sequer saibam destas contendas – e de maneira restrita às grandes companhias já que, como vimos, o acesso à "rede de alianças" se limita a elas. Consequentemente, *exclui-se das decisões tecnológicas os trabalhadores e o restante da sociedade, que farão parte desse processo apenas como consumidores e/ou usuários destas tecnologias*.

Claro que essas operações, apesar de se fundarem num acordo de cooperação entre esses grupos, não se dão de forma harmônica. Antes, fazem parte de um jogo extremamente instável onde, na maioria das vezes, o objetivo é mais a cooptação do que propriamente a colaboração. Ou seja, o perigo da perda do poder competitivo obriga as empresas – sobretudo as pequenas e médias que se inserem nesse contexto, somente como suporte das grandes corporações – a se adequarem ao novo quadro tecnocientífico e produtivo comprometendo, assim, sua autonomia. Desse modo:

> [...] as implicações estratégicas da normatização, em matéria das tecnologias da informação, são consideráveis: elas determinarão o futuro dos grupos como tais, terão incidência sobre as vantagens concorrenciais dos países e influenciarão até o desenvolvimento de tecnologias inteiras e sua difusão. A inter-relação entre as tecnologias de informação e outras tecnologias passou a interessar, então, um círculo cada vez maior de organismos de normatização, inclusive em nível internacional e, na Europa, em nível comunitário. Nem por isso foram reforçados o caráter democrático do processo e sua transparência (CASTELLS, 1999: 177-178).

É assim que se torna premente a necessidade de se forjar uma nova "cultura informacional" com vistas a criar as condições adequadas para a difusão das tecnologias informáticas e, assim, garantir a "generalização da produção e da administração baseadas em conhecimentos para toda a esfera de processos econômicos em escala global" (CASTELLS, 1999: 110). Segundo Castells (1999: 174), o *toyotismo* – também conhecido como "modelo japonês" de administração da produção –, apesar de ter nascido paralelamente ao advento e disseminação da tecnologia informática, sobressaiu-se como a "nova lógica organizacional" que atende amplamente os propósitos dessa "cultura informacional" no interior das empresas[2].

O toyotismo fornece uma nova "filosofia" empresarial mais adequada ao panorama político-econômico hodierno, do que aquelas inspiradas no modelo taylorista-fordista. No nível da estrutura empresarial, o modelo toyota de organização da produção, contempla a desintegração vertical do processo produtivo dentro de um modelo de rede o qual, ainda que anterior à informática, revelou-se extremamente apropriado às tendências colocadas pelo capitalismo globalizado e à sua ferramenta primaz: a informática. Nesse modelo, "a maior parte dos principais fornecedores é controlada ou influenciada pelos empreendimentos financeiros, comerciais ou tecnológicos da matriz", representando "um sistema de produção planejado sob a premissa do controle relativo do mercado pela grande empresa" (p. 179). Em outras palavras, um modelo onde se consegue um controle eficiente do processo produtivo sem, contudo, obstar, mas sim agregar as inovações vindas de suas unidades da cadeia produtiva; e, igualmente, por intermédio de uma ingerência sistêmica no mercado.

É assim que as *redes* se confirmam como a maneira mais apropriada para absorver e incorporar as crescentes e cada vez mais necessárias inovações demandadas pelas empresas, ao mesmo tempo em que, por isso mesmo, as mantém, como nunca, no centro do cenário político-econômico atual. Ou seja, a empresa-rede como uma nova forma de administrar as diferenças de especializações existentes entre as grandes empresas e seus terceirizados, e/ou subunidades produtivas, permitindo-lhes a apropriação das vantagens comercias dos locais de origem dessas últimas sem que, com isso, tenham que arcar com os ônus fiscais e sociais locais. Sendo assim, elas permitem, mais do que nunca, a manutenção do domínio das grandes empresas sobre o processo de trabalho em geral via, entre outras coisas, a cooptação das pequenas e médias empresas.

Desse modo, e de acordo com Castells (1999: 114-115), no modelo de rede atual os "segmentos dominantes da maioria dos setores econômicos (tanto de bens como de serviços) estão organizados mundialmente em seus procedimentos operacionais". O outro lado da moeda é a "deterioração generalizada das condições de trabalho e de vida para os trabalhadores" (p. 293). E isto, tanto no nível macro, isto é, externamente às empresas, quanto micro, no interior das unidades empresariais:

> as fontes de inovação multiplicam-se quando as organizações conseguem estabelecer pontes para transformar conhecimentos tácitos em explícitos, explícitos em tácitos, tácitos em tácitos e explícitos em explícitos. Esse processo organizacional, contudo, requer a *participação* intensa de todos os trabalhadores no processo de inovação, de forma que *não guardem seus conhecimentos tácitos para benefício próprio* (CASTELLS, 1999: 180-181; grifo nosso).

De fato, com a globalização da economia, cada vez mais a acumulação de capital passa a depender do estímulo unilateral – isto é, para fins empresariais – da *flexibilidade*, da polivalência dos trabalhadores, de sua capacidade de produzir ideias, de teorizar as experiências vividas no dia a dia da produção, de saber como evitar panes e, no caso dessas acontecerem, saber prontamente como resolvê-las sem que isso implique em grandes entraves para o restante do processo produtivo. Um novo tipo de trabalhador, orientado para potencializar o máximo possível as novas máquinas informacionais, tanto em sua dimensão concreta e objetiva como, de forma ainda mais incisiva, em sua dimensão subjetiva, posto que as tecnologias da informação possibilitam às empresas sua extração para fins de lucratividade.

Nesse sentido, não por acaso, as novas técnicas gerenciais, influenciadas pelas políticas toyotistas de gestão do trabalho, estão estimulando a "criatividade", "cooperação", "consenso" de ideias e "parceria" entre gerentes e trabalhadores. Em uma conjuntura de crise, de economia internacionalizada e, logo, altamente competitiva, otimizada por uma tecnologia flexível, que permite rápidas inovações, tanto no processo produtivo quanto do produto final, sem grandes custos, qualquer informação e conhecimento técnico se revelam altamente preciosos, sejam quais forem suas origens. Nesse contexto, apenas o trabalho de concepção mostra-se insuficiente para dar conta das constantes inovações que as empresas precisam efetuar para manter sua vantagem competitiva. E o conhecimento operário, advindo do seu saber-fazer, ou seja, das experiências acumuladas na cotidianidade da produção, é descoberto como um conhecimento que, devidamente apropriado e repassado para as novas máquinas informacionais, pode ser um importante fator de aumento da produtividade empresarial.

Afinal, a informática permite uma codificação desse saber e sua transformação em linguagem de máquina, possibilitando a programação e desenho de novos equipamentos, bem como de serviços, os quais, assim, viabilizam às empresas atenderem as rápidas variações da demanda próprias do capitalismo globalizado. De acordo com Castells (p. 181): "A comunicação on-line e a capacidade de armazenamento computadorizado tornaram-se ferramentas poderosas no desenvolvimento da complexidade dos elos organizacionais entre conhecimentos tácitos e explícitos".

Assim, no nível das empresas tecnologicamente avançadas, o saber tácito dos trabalhadores que ocupam os níveis mais baixos da hierarquia empresarial, ou seja, aquele advindo do saber-fazer, das experiências acumuladas no cotidiano da produção, é descoberto como um conhecimento que, devidamente apropriado e selecionado pela e para a empresa, pode ser um importante fator de aumento de produtividade. Neste contexto, a rígida separação estabelecida pelos métodos taylorista e fordista de gestão do trabalho deixa de ser eficaz. O método taylorista de gestão do trabalho pressupõe uma organização do trabalho extremamente rígida e hierárquica. Além disso, ao determinar tarefas produtivas altamente repetitivas e individualizadas, demarca limites quase intransponíveis entre o trabalho de execução e o de concepção. Ora, isto acaba por atrofiar justamente aquilo que as empresas mais necessitam extrair dos trabalhadores, nesse momento, para realizar o efetivo aumento da produtividade permitido pela nova maquinaria: a prática das habilidades intelectuais da força de trabalho.

Se desde o taylorismo a apropriação do saber-fazer do trabalho foi um recurso recorrente das empresas para otimizar sua produtividade, tal estratégia agora se encontra tanto mais necessária quanto maximizada. Necessária, visto que no atual contexto o conhecimento, ou a informação, se tornaram um fator de fundamental importância para a manutenção da competitividade empresarial. E maximizada pelo fato de que a tecnologia informática permite cristalizar nas máquinas, para além do conhecimento produzido "cientificamente", isto é, sistematizado pela gerência, também os conhecimentos técnicos tácitos adquiridos na prática do trabalho. Disto provém a nova base produtiva capitalista: a *exploração de ideias*. Como postula Castells (p. 110-111; grifo nosso), com as tecnologias da informação o "que *mudou* não foi o tipo de atividades em que a humanidade está envolvida, mas sua *capacidade tecnológica de utilizar, como força produtiva direta*, aquilo que caracteriza nossa espécie como uma singularidade biológica: *nossa capacidade superior de processar símbolos*".

Com efeito, a materialização desta tecnologia, no interior do espaço da produção, resultou em máquinas muito complexas, caras e dotadas de uma racionalidade diferente daquela vigente sob o contexto do fordismo. Dada esta complexidade, o manejo das novas ferramentas de trabalho requer uma interiorização desta nova base técnica por parte de todos os agentes produtivos, principalmente daqueles diretamente ligados à produção. Assim, exige-se daqueles que irão operar as novas máquinas maior responsabilidade, controle, atenção, capacidade de abstração, criatividade para ação preventiva e para formulação e resolução dos problemas enfrentados no cotidiano da produção. Para tanto, são necessários um maior envolvimento e uma maior participação dos trabalhadores relativamente ao conjunto da empresa, sem o que não seria possível assegurar a plena realização de todo o potencial oferecido pela nova tecnologia.

Por isso, no que se refere à adequação e otimização do processo de trabalho às novas tecnologias da informação, pode-se dizer que a maior contribuição do toyotismo, reside menos nos seus novos conceitos técnico-operacionais do que no fato de contemplar questões de ordem comportamental. Sua eficácia maior manifesta-se não somente por melhor adequar-se à estrutura empresarial para a mudança tecnológica como, sobretudo, por adaptar o comportamento das pessoas para tal mudança de modo que estas possam estar previamente aptas para potencializá-la.

As políticas de gestão do toyotismo preveem uma *administração participativa* que visa a promoção de um novo perfil de trabalhador, as quais atendem o necessário desenvolvimento das novas demandas requeridas pela produção capitalista relativamente à força de trabalho: flexibilidade, polivalência, envolvimento e participação. Do mesmo modo, no que diz respeito às relações de trabalho, a administração participativa determina a cooperação entre gerentes e trabalhadores como forma de melhor alcançar o devido empenho e dedicação dos trabalhadores no interior do processo produtivo. Ao obter a adesão e colaboração das pessoas que estão ou serão envolvidas no processo de informatização da produção, o "modelo japonês" (toyotismo) possibilita que a adaptação dos trabalhadores se dê mais facilmente.

Por outro lado, a complexidade da nova tecnologia, aliada à intensa integração que ela proporciona na cadeia de produção via redes, podem levar a enormes prejuízos em caso de panes no sistema. Tal fato requer, igualmente, operários polivalentes, flexíveis, com maior capacidade criativa para saber lidar com eventuais imprevistos. Habilidades, inclusive, que podem contribuir para a elaboração de programas, ou softwares, capazes de, em um segundo momento, possibilitar a execução de operações antes exercidas pelo trabalho vivo.

Um processo cujo êxito depende sobremaneira do engajamento da força de trabalho na produção como um todo, uma vez que "a capacidade de inovação está armazenada basicamente em cérebros humanos" (CASTELLS, 1999: 113).

✻✻✻

A "sociedade em rede" na teoria de Castells supõe pensar a estrutura e a mudança na sociedade contemporânea, em transformação. Castells entende que a mudança na "sociedade em rede" viria associada à constituição das identidades sociais, com a formação de *comunas* que se situam de forma diferenciada no tempo/espaço dos fluxos da "sociedade em rede".

Pelo que observamos até agora, vinte anos após a obra clássica de Castells, os novos paradigmas tecnológicos e organizacionais vêm sendo aplicados em uma estrutura política e econômica que, neste momento histórico atual, mais confirma e reforça padrões existentes, sobretudo no que concerne à estruturação do mundo do trabalho e da empresa capitalista.

Todavia, em definitivo, este não é o fim da história da "sociedade em rede", global e informacional. Relacioná-la com as demandas do capitalismo contemporâneo e a dinâmica da sua reprodução, apontando o seu caráter de continuidade, e ao mesmo tempo sua dinâmica, associando-os às relações de poder que perpassam a lógica capitalista no embate com outras lógicas dos diversos grupos e movimentos sociais, implica começar e não concluir a análise sobre o paradigma informacional de Manuel Castells.

Nesse sentido, análises empíricas, incluindo aí as realizadas pelo próprio sociólogo nos últimos vintes anos após a sua notória trilogia, encontram e fornecem elementos que permitem contribuir para a continuidade das reflexões sobre as mudanças e o futuro da sociedade contemporânea, em rede, sob as bases da própria teoria social, paradigmaticamente, por ele fundada.

Atualmente, essa é a agenda de estudos de Castells (2003, 2013) que vem reificando e ao mesmo tempo atualizando sua teoria à luz de movimentos sociais que eclodem em várias partes do mundo na década de 2010, agenciados, segundo Castells, em consonância com a afirmação das "culturas da internet" na sociedade em rede; movimentos sociais vislumbrados por ele, antes de tudo, como focos de resistências, sob os quais, Castells, continuadamente, a par de inúmeros acontecimentos recentes – como o junho de 2013, no Brasil – nos convida a pensar.

Até que ponto a internet e as redes sociais, tendo mais intensificados seus usos no início deste século, vinte anos após a publicação de "A sociedade em rede", serão vetores de mudanças sociais significativas já que, elas próprias estruturam a "sociedade em rede" e os padrões de reprodução – e exploração – da estrutura do capital financeiro globalizado? Eis um impasse analítico que a teoria de Castells pode ajudar a desvelar.

Notas

1. BELL, D. *O advento da sociedade pós-industrial*: um ensaio de previsão social. São Paulo: Cultrix, 1973.
• TOURAINE, A. *La sociedad pós-industrial*. Barcelona: Ariel, 1971.
2. O toyotismo é um conjunto de novas técnicas de gerenciamento da produção e do trabalho, originárias do Japão do pós-Segunda Guerra Mundial, e tendo como objetivo reaquecer a produção de suas empresas no intuito de alavancar a então debilitada economia japonesa. Seu sucesso foi tão grande que, no início dos anos de 1980, com o apogeu da crise de lucratividade, um considerável número de outras empresas do mundo inteiro começou a adotá-lo progressivamente. Nos anos de 1990, o toyotismo destaca-se como fator integrante fundamental da chamada reestruturação produtiva, caracterizando-se como uma verdadeira "revolução administrativa" no interior da empresa.

Referências

Obras publicadas no Brasil

CASTELLS, M. *Redes de indignação e esperança*: movimentos sociais na era da internet. Rio de Janeiro: Zahar, 2013.

_____. *A galáxia da internet*: reflexões sobre a internet, os negócios e a sociedade. Rio de Janeiro: Zahar, 2003.

_____. *A sociedade em rede*. Rio de Janeiro: Paz e Terra, 1999.

Obras selecionadas

CASTELLS, M. *Another economy is possible* – Economy and Culture in a Time of Crisis. Cambridge: Polity Press, 2016.

_____. *De la crisis económica a la crisis política* – Una mirada crítica. Barcelona: Libros de Vanguardia, 2016.

_____. *Networks of Outrage and Hope*: Social Movements in the Internet Age. Cambridge: Polity Press, 2012.

_____. *Communication Power*. Oxford: Oxford University Press, 2009.

_____. *Mobile Communication and Society*: A Global Perspective. Cambridge, Mass.: MIT, 2006.

_____. *Globalización, Desarrollo y Democracia*: Chile en el Contexto Mundial. Santiago do Chile: Fondo de Cultura Económica, 2005.

_____. *The Internet Galaxy* – Reflections on the Internet, Business, and Society. Oxford: Oxford University Press, 2001.

_____. *Global Economy, Information Society, Cities, and Regions*. Tóquio: Aoki Shoten, 1999.

_____. Vol. I: *The Rise of the Network Society* [1996].

_____. Vol. II: *The Power of Identity* [1997].

_____. Vol. III: *End of Millennium* [1998].

_____. *The Information Age*: Economy, Society, and Culture. Oxford/Cambridge: Blackwell, 1996.

_____. *The Shek Kip Mei Syndrome*: Economic Development and Public Housing in Hong Kong and Singapore. Londres: Pion, 1990.

_____. *The Informational City* – Information Technology, Economic Restructuring and the Urban-Regional Process. Oxford/Cambridge: Blackwell, 1989.

_____. *Nuevas tecnologias, economia y sociedad en Espana*. 2 vols. Madri: Alianza, 1986.

_____. *The City and the Grassroots* – A Cross-Cultural Theory of Urban Social Movements. Berkeley/Londres: University of California Press/Edward Arnold, 1983.

_____. *Capital multinacional, estados nacionales y comunidades locales*. Cidade do México: Siglo XXI, 1982.

_____. *The Economic Crisis and American Society*. Princeton, NJ: Princeton University Press/Oxford: Basil Blackwell, 1981.

_____. *Crisis urbana y cambio social*. Madri/Cidade do México: Siglo XXI. 1980.

_____. *City, Class, and Power*. Londres/Nova York: MacMillan/St Martin's, 1978.

_____. *Crise du logement et mouvements sociaux urbains* – Enquete sur la region parisienne. Paris: Mouton, 1978.

_____. *Sociologie de l'espace industriel*. Paris: Anthropos, 1975.

_____. *Monopolville* – L'entreprise, l'etat, l'urbain. Paris: Mouton, 1974.

_____. *La question urbaine*. Ed. rev. Paris: François Maspero, 1980 [Paris: La Decouverte, 1972].

_____. *Problemas de investigación en sociologia urbana*. Madri/Cidade do México: Siglo XXI, 1971.

16
Robert Park (1864-1944)

*Felipe Simão Pontes**

Na carreira de um cientista social, as experiências cotidianas costumam se mesclar com os interesses de pesquisa. Ao se analisar *a posteriori* uma biografia, observa-se que as marcas instituídas pela personalidade do sujeito se coadunam com suas pesquisas praticamente no mesmo peso que as marcas da pesquisa imprimem identidade na vida do sujeito. Sem dúvidas, os relatos de Robert Ezra Park e sobre Robert Ezra Park reforçam essa relação mútua na (re)constituição de sua trajetória.

Robert Park não possui muitos textos traduzidos para o português, o que contribui para o seu desconhecimento e para a utilização restrita de suas contribuições nas Ciências Sociais, em especial na Sociologia. Estadunidense, Robert Park liderou a maior escola de Sociologia daquele país no início do século XX – a Escola Sociológica de Chicago – em seu apogeu (décadas de 1920 e 1930), com extensa e influente produção de conceitos e métodos. Ainda que o conceito original não seja dele, foi o proponente de uma extensa agenda de pesquisas da disciplina Ecologia Humana, propondo-se a estudar raças, imigrantes, migrantes, criminologia, ocupação urbana, ocupações profissionais, bairros, *slums* etc. Também foi um sistematizador da Sociologia estadunidense, desenvolvendo conceitos de controle social, comunicação, opinião pública e moral. Seus escritos e de seus colegas e discípulos influenciaram diferentes disciplinas, tais como a Geografia, a Antropologia Urbana, a Criminologia, a Sociologia, a Ciência Política, a Comunicação e o Jornalismo.

Foi jornalista, relações públicas e militante da causa negra. Foi aluno de John Dewey na graduação, de William James no mestrado e de Georg Simmel no doutorado. Iniciou sua carreira como pesquisador e professor depois de grande vivência, com 49 anos. Palmilhou as ruas das principais cidades dos Estados Unidos como jornalista e depois como pesquisador. Definiu Chicago como seu laboratório e viajou o mundo para difundir os resultados e realizar estudos comparados.

Este texto oferece o que considero as características mais pertinentes das proposições de Robert Park, evidenciando a construção desses conceitos na relação com sua

---

* Professor do Departamento de Jornalismo da Universidade Estadual de Ponta Grossa (UEPG). Doutor em Sociologia Política pela Universidade Federal de Santa Catarina (UFSC).

trajetória profissional. Nesse intento, dialoga com os relatos de Pierson (1945[1975]), Hughes (1971), Rogers (1996), Lindner (1996) e Berganza Conde (2000). Em um primeiro momento, reconstitui momentos marcantes da carreira de Park, com destaque para os diálogos e influências que recebe de outros cientistas sociais, filósofos e antropólogos, e também da rede de pesquisadores que se formam com ele e difundem suas ideias. Posteriormente, são trabalhados os conceitos centrais que corroboram sua concepção de sociedade, comunidade, homem marginal, controle social e comunicação, além dos aspectos inaugurais de suas abordagens metodológicas.

Park, Chicago e a Sociologia

Por que ir ao Polo Norte ou escalar o Everest por aventura quando nós temos Chicago?[1]
Robert Ezra Park

Robert Ezra Park nasceu em 1864, nos Estados Unidos, em uma área rural perto de Harveyville, pequena cidade da Pensilvânia. Seu pai lutava na Guerra Civil daquele país quando do seu nascimento, e logo depois do retorno da guerra, a família Park mudou-se para Red Wing, Minnesota, cidade em que viviam muitos imigrantes escandinavos, onde Robert cresceu. Iniciou sua graduação em Filosofia na Universidade de Minnesota e concluiu na Universidade de Michigan em 1887.

Nessa faculdade, foi uma espécie de pupilo do filósofo John Dewey, um dos intelectuais mais influentes da primeira metade do século XX nos Estados Unidos e um dos fundadores do Pragmatismo[2]. Após concluir a faculdade, trabalhou como jornalista por dez anos em Mineápolis, Detroit, Denver, Nova York e Chicago. No período de 1892-1893 trabalhou juntamente com Dewey em um projeto jornalístico com características para aprofundamento de temáticas sociais. Ainda que o projeto tenha se mantido apenas por um ano, as concepções de reportagem e de notícia como práticas de investigação social e a caracterização do trabalho do cientista social como a de um super-repórter perpassam toda sua carreira jornalística e científica (LINDNER, 1996).

De 1897 a 1898 fez mestrado em Filosofia na Universidade de Harvard, local em que tomou lições de outro grande filósofo do Pragmatismo, William James. Em prosseguimento à carreira acadêmica, em 1899, Park decidiu realizar seus estudos de doutoramento na Alemanha. Na época, os alemães se destacavam nos estudos filosóficos, psicológicos e principalmente sociais. Em Estrasburgo, assistiu aulas de Georg Simmel, autor que influenciou profundamente a obra de Park e de grande parte dos autores dos nascentes estudos sobre a sociedade dos Estados Unidos. Realizou estudos juntamente com Wildeband (importante estudioso neokantiano das Ciências Sociais) em Berlim e em Heidelberg, local em que defendeu a monografia *The Crowd and the Public* (A massa e o público) como tese de doutorado, em 1903. De volta aos Estados Unidos, de 1903 a 1905, foi assistente no Departamento de Filosofia da Universidade de Harvard e secretário da Associação para a Reforma do Congo, uma entidade do movimento negro estadunidense.

Depois de 1905, Park decidiu abandonar a carreira acadêmica para se juntar ao Instituto Tuskegee, uma escola de treinamento vocacional para negros e negras do Alabama. Trata-se de outra organização do movimento negro, na qual Park trabalhou como relações públicas de Booker T. Washington, um líder americano internacionalmente reconhecido. Além de assessorá-lo e ser uma espécie de redator extraoficial de seus discursos, Park colaborou com Washington no livro *The Man Farthest Down*. Foi em um dos muitos eventos promovidos pelo Instituto Tuskegee que Park conheceu William Thomas, professor da Escola de Sociologia de Chicago. Thomas encontrou nas ideias e práticas de Park possibilidades para o desenvolvimento das Ciências Sociais. Convidou Park para atuar como professor colaborador do departamento, o que se concretizou a partir de 1913.

Com 49 anos, Park de fato entrou para a vida acadêmica. Todos os autores que retratam a vida de Park explicam que os temas com os quais passou a trabalhar na academia e que dirigiram suas pesquisas até sua morte resultaram das experiências que vivera como jornalista e relações públicas, nas incursões nas cidades, nas investigações sobre a periferia, em seu interesse pelos bairros de imigrantes, na sua militância no movimento negro.

> Como repórter, aprendi muito sobre a cidade e usei minha posição de editor de cidade e de domingo para fazer estudos sistemáticos sobre a comunidade urbana. Durante a minha conexão com Booker T. Washington e Tuskegee, aprendi muito sobre o negro. Foi a partir dessas duas fontes principalmente que estudantes de pós-graduação encontraram material para as pesquisas que eu dirigi depois que eu fui para Chicago (PARK, apud LINDNER, 1996: 48)[3].

O encontro do pesquisador Robert Park com a cidade de Chicago foi desses arrebatadores, em que um campo rico e complexo se abre para uma mente perspicaz e muito curiosa. Chicago era uma cidade em franco desenvolvimento urbano, com crescimento demográfico acentuado, população composta por diferentes etnias, industrialização, pobreza, criminalidade. Chicago era um laboratório, com uma ecologia que possibilitava estudar a dinâmica social. Estudar Chicago era, potencialmente, estudar o mundo, pois as transformações que ocorriam no mundo eram as mesmas que aconteciam em Chicago.

Em 1910, Chicago tinha uma população de 1,7 milhão de habitantes, sendo metade deles imigrantes ou seus descendentes. A cidade duplicara de população de 1880 a 1890 e duplicou novamente entre 1890 e 1910, tornando-se a segunda mais populosa dos Estados Unidos (ROGERS, 1996). A Universidade de Chicago foi fundada em 1892, resultado de uma doação de John Rockfeller, magnata estadunidense proprietário da Standard Oil, à Igreja Batista, da qual era devoto. Importantes pesquisadores estadunidenses, como John Dewey na Filosofia e Herbert Mead na Psicologia, passaram a integrar a universidade que se expandiu nas duas décadas seguintes.

No mesmo ano de fundação da universidade, Albion Small foi convidado para fundar e dirigir o Departamento de Sociologia de Chicago (BECKER, 1996), o primeiro curso dessa natureza dos Estados Unidos. Small escreveu aquele que é considerado o primeiro manual de Sociologia dos Estados Unidos: "Também foi Small quem criou, em 1905, o *American Journal of Sociology*, e foi um dos fundadores, no mesmo ano, da American Sociology Society (atualmente American Sociology Association). Juntamente com Small, integraram o departamento professores como Charles Cooley e William Thomas[4]. De acordo com Becker (1996), a Escola de Chicago foi a primeira e a maior dos Estados Unidos por quase cinco décadas, sendo muito de seus formandos responsáveis por fundar departamentos de Sociologia nos Estados Unidos. Foi nessa escola, portanto, que Park iniciou seus trabalhos como professor visitante, permanecendo lá até 1939.

Em 1915, Park publicou o que seria o programa de pesquisa da Escola de Chicago para as duas décadas seguintes: *The city: suggestions for the investigation of Human Behavior in the City Environment* (PARK, 1967), apresentado originalmente na revista acadêmica *American Journal of Sociology*. Posteriormente, o texto será republicado, em 1925, como primeiro capítulo de um livro que recebe o mesmo nome do artigo. O livro conta com mais quatro textos de Park, além de contribuições de Ernest Burguess, Roderick McKenzie e **Louis Wirth** (PARK; BURGUESS & McKENZIE, 1925). Park sintetiza logo no primeiro parágrafo do texto a concepção de cidade que permeia seu programa de pesquisa.

> Segundo o ponto de vista deste artigo, a cidade é algo mais do que um amontoado de homens individuais e de conveniências sociais, ruas, edifícios, luz elétrica, linhas de bonde, telefones etc.; algo mais também do que uma mera constelação de instituições e dispositivos administrativos – tribunais, hospitais, escolas, polícia e funcionários civis de vários tipos. Antes, a cidade é um estado de espírito, um corpo de costumes e tradições e dos sentimentos e atitudes organizados, inerentes a esses costumes e transmitidos por essa tradição. Em outras palavras, a cidade não é meramente um mecanismo físico e uma construção artificial. Está envolvida nos processos vitais das pessoas que a compõem; é um produto da natureza, e particularmente da natureza humana (PARK, 1967: 25).

Park explica que a cidade é a unidade mais avançada da civilização do mundo, pois grande parte da humanidade viveu ou vive em processos de expansão urbana. Também é na cidade em que os elementos mais complexos e sofisticados de cultura se desenvolvem na história da humanidade. Chicago oferecia, sob esse diapasão, as condições ideais para estudar a natureza humana e oferecer previsibilidade sobre fenômenos similares que aconteciam em outras partes do mundo. Chicago era um laboratório social e caberia aos pesquisadores sociais – similarmente aos etnógrafos – reconhecer a natureza humana empiricamente.

Tanto quanto objeto de suas investigações e de seus colegas de departamento, Park passou a exigir de seus estudantes pesquisas que comprovassem e enriquecessem muitas de suas concepções. Acreditava, assim como Simmel, que um conceito somente tem razão de existir na sociologia se tiver uma aplicação prática, como forma de explicação de elementos presentes na vida prática, mas ainda indissociáveis para seus praticantes. Sob esse fundamento, os pesquisadores de Chicago inauguram um modo de pesquisa inovador nos Estados Unidos e no mundo, com longas incursões etnográficas na cidade de Chicago. E Park se converte em uma espécie de mentor e, principalmente, líder das várias investigações que colocam a Escola Sociológica de Chicago como a principal dos Estados Unidos e uma das mais influentes do mundo nas décadas de 1920 e 1930.

Park não costumava sistematizar suas concepções em livros. Sua influência era notada a partir dos trabalhos de seus estudantes, em livros que costumava prefaciar, e em artigos. Destacamos três livros escritos por Park (sem tradução para o Brasil) com grande importância para a sociologia estadunidense. Principalmente o grande manual que escreveu com Ernest Burguess publicado em 1921. *Introduction to the Science of Sociology* traz reproduções de trechos de vários clássicos da sociologia – muito inéditos em língua inglesa para época –, com análises de Park e Burguess. A obra converteu-se rapidamente em bibliografia para os nascentes departamentos de Sociologia dos Estados Unidos, sendo denominado como "a bíblia verde da Sociologia". O livro oferece todo o arcabouço conceitual de Park, com referências a autores internacionais que ofereciam subsídios para suas proposições. Simmel e Comte eram os autores com excertos mais recuperados no livro (CONDE, 2000).

Também em 1921, Park publica com Herbert Muller o livro *Old world traits transplanted*, em que estuda detalhadamente as características dos imigrantes nos Estados Unidos, suas vinculações aos países de origem e a assimilação pela qual passavam na sociedade estadunidense (PARK & MULLER, 1921). Relacionado a esse estudo, *The Immigrant Press and its Control* apresenta uma ampla pesquisa empírica sobre os jornais de imigrantes nos Estados Unidos (PARK, 1922). A investigação preocupa-se em entender como os jornais podem auxiliar na compreensão do modo como os imigrantes mantêm laços com sua cultura de origem, como eles se adaptam à vida nos Estados Unidos, quando e como passaram a se interessar por assuntos pertinentes ao país e, paulatinamente, abandonaram a produção na língua originária e passaram a ser assimilados como estadunidenses. Essa era uma grande preocupação política dos Estados Unidos. Com uma população formada por um mosaico de etnias – muitas delas inimigas em seus países de origem –, os Estados Unidos enfrentavam o desafio de formar um sentimento de identificação nacional, de tal forma que, por exemplo, um alemão ou descendente pudesse enfrentar seu país de origem como estadunidense. Sob esse aspecto, o jornal, como um veículo de comunicação, representava a luta pela sobrevivência de grupos étnicos, sinalizavam a integração dessas populações aos Estados

Unidos e ofereciam pistas concretas para o modo como esses grupos deveriam ser compreendidos e dirigidos pelo governo nacional.

Em 1925, mesmo ano em que publica o livro *The City*, Park torna-se o décimo quinto presidente da American Sociology Society. Foi responsável por orientar trabalhos importantes, como de Nels Anderson, Louis Wirth e Everett Hughes. Publicou vários artigos, estando entre os pesquisadores mais citados nas ciências sociais na década de 1920. A partir de 1933, Park viaja em pesquisas pelo Japão, Indonésia, Filipinas, Índia e África do Sul. Ele ensina na Universidade do Havaí, onde publica o livro *The University and the Community of Races Hawaii*.

A partir de 1936, Park começou a lecionar na Universidade de Fisk, em Nashville, exclusivamente voltada para estudantes negros e com interesse em pesquisar as questões raciais. Park editou, em 1939, o livro *An Outline of the Principles of Sociology*, reunindo artigos seus, de colegas e de estudantes sobre a Sociologia. Na ocasião, Park estava com 75 anos. Mesmo definitivamente afastado, Park continuava em contato com seus discípulos, então professores em Chicago, e lecionava em Nashville. Foi nessa condição que faleceu, em 7 de fevereiro de 1944, com 79 anos.

Percursos e influências

A partir da trajetória biográfica de Park, é possível estabelecer as influências recebidas e dadas por este pesquisador. Primeira influência, Park desenvolve seus estudos de graduação e pós-graduação no contexto do florescimento do pragmatismo. Segundo Collins (2009), a filosofia no final do século XIX nos Estados Unidos torna-se uma espécie de "campo de batalha" com a religião. A função das universidades estadunidenses até esse período era formar sacerdotes e pastores e trabalhar pela reforma social de cariz religiosa. Porém "[...] as novas universidades inspiradas no modelo alemão não enfatizavam mais a piedade, mas a ciência e o conhecimento escolar" (COLLINS, 2009: 207). A filosofia tinha se mantido, até então, subjugada à teologia, fator que se altera com a nova estrutura universitária. Como consequência e motor dessas transformações na filosofia surge o pragmatismo, idealizado por autores como Charles Sanders Peirce, Willian James e John Dewey. Os dois últimos foram professores de Park e o último, especialmente, colega e amigo.

James defendia que as ideias não são cópias de objetos externos (Teoria da Correspondência), mas uma simples forma de ação, de tal modo que as ideias funcionam se trazem as consequências que se deseja. Ele ainda era um religioso e defendia o vínculo da filosofia com a religião. De acordo com Collins, foi Peirce que estabeleceu um rompimento ao questionar a lógica aristotélica e escolástica e o método dedutivo. Para este filósofo, o fundamento do conhecimento era a indução. Mas não era somente indutivo ao modo como parte das pesquisas que se desenvolviam na época. O raciocínio não se desenvolve somente da observação, mas das hipóteses que desenvolvemos antes e durante o processo de observação, que complexificam a realidade e permitem inferências. A ciência seria "[...] fundada sobre o processo da mente humana, que é o mesmo que está presente no senso comum". Cada ideia tem relação uma com a outra, e as conexões dessas ideias são identificadas empiricamente. A essa forma de conhecimento Peirce nominou Semiótica. Por sua vez, Dewey estava preocupado com os rumos da democracia, estudando a educação e a política como formas de adequação à vida, mais do que a imposição de conteúdos exteriores. A democracia deveria ser parte da vida prática dos sujeitos, mais do que de suas ideações.

Ainda que no geral as ideias pragmáticas não tenham ganhado tanta força na filosofia, a nascente sociologia estadunidense inspira-se muito nas ideias pragmáticas (JOAS, 1999). A defesa pragmática da religião foi abandonada, assim como a "ideologia do progresso" de Dewey. "No entanto, a contribuição mais importante do pragmatismo foi a de estimular os sociólogos a elaborar uma teoria totalmente social sobre a natureza da mente e do *self*, com ênfase na ação" (COLLINS, 2009: 214). Essa ênfase foi desenvolvida com vigor por outro pesquisador e psicólogo importante de Chicago: Herbert Mead. Seus estudos sobre o *self* e o funcionamento da mente foram fundamentais para o desenvolvimento de estudos de uma corrente de pensamento da sociologia estadunidense chamada de Interacionismo Simbólico, desenvolvida pelo pesquisador do Departamento de Sociologia Herbert Blummer no final dos anos de 1920. Mead foi contemporâneo de Park. Blummer foi aluno de Park e, logo em seguida, colega.

O projeto de Park desenvolvido no artigo "The City" foi assumido por todos os departamentos de Ciências Sociais (Ciência Política, Sociologia, Filosofia e Psicologia), com ênfase na cidade de Chicago, em sua composição social, forma de organização e características de socialização. Se o processo de socialização estava na congruência de mente e ação, a observação sistemática e interdisciplinar desta realidade (com base no método indutivo) tornava-se o principal instrumento para a realização deste projeto. Park, ao pensar a cidade, revela três outras influências que atravessam toda sua obra: Comte e Spencer para conceber o consenso e o conflito como fundamentais para o entendimento da Ecologia Humana; e Simmel para a ênfase na base interacional e reflexiva da cidade e do comportamento humano. É possível atestar a influência de Simmel sobre o pensamento de Park e da Escola de Chicago de um modo geral ao se estudar textos como *O estrangeiro* e *A metrópole e a vida mental*.

Parte significativa das ideias de Park tomou corpo nas pesquisas de seus estudantes. Caso, por exemplo, do estudo de Edward Reuter, "The Mulatto in the United States" (1919); de C.S Johnson chamado "The Negro in Chicago", de 1922; de Nels Anderson, de 1923, chamado "The Hobo" (um tipo de trabalhador itinerante); a pesquisa sobre jovens gangues de Frederic Thraster, em 1927; Louis Wirth seguiu os métodos de Park para estudar a imigração judaica em "The Ghetto" (1928); Ernest Hiller escreveu "The

Strike" em 1928; Harvey Zorbaugh estuda as diferenças e aproximações de duas comunidades de Chicago, uma rica e outra pobre, em "The Gold Coast and the Slum" (1929). Clifford Snow realizou um estudo biográfico de um assassino juvenil em "The Jack-Roller" (1930). Franklin Frazier realizou estudos sobre os negros em "The Negro Family in Chicago" (1932); Paul Cressey, em seu estudo de mestrado, estuda as dançarinas de aluguel em "The Taxi-Dance Hall". Helen M. Hughes escreveu "News and the human interest story" em 1940.

São estudos sobre imigrantes, a composição étnico-racial, ocupação urbana, criminologia, ocupações e o jornalismo. Todos utilizam métodos empíricos de investigação, etnografia urbana, observação participante, estudo de diários, cartas, fotografias, arquitetura, formas de ocupação do espaço urbano, além de estudos estatísticos e quantitativos. Grande parte desses estudos é resultado de monografias e teses doutorais orientadas por Park e por ele prefaciadas (JOAS, 1999; BERGANZA CONDE, 2000; HANNERZ, 2015).

> Se considerarmos cada estudo separadamente, na verdade, acabamos percebendo que a Escola de Chicago teve mais ou menos os pioneiros em virtualmente todos os tipos de antropologia tópicas na cidade com as quais hoje estamos acostumados: estudos de enclaves étnicos, estudos de gangues, estudos de ocupações dissidentes, estudos de comportamento em locais públicos ou de entretenimento público; estudo de bairros mistos (HANNERZ, 2015: 64).

Dentre os vários pesquisadores orientados e influenciados por Park, destaco três que exerceram forte influência nos estudos sociológicos estadunidenses e que se destacaram como pesquisadores da "segunda geração" da Escola de Chicago: Louis Wirth, Herbert Blummer e Everett Hughes. Louis Wirth iniciou sua carreira seguindo à risca o método de Park, em especial no seu *The Ghetto* (1928). Porém é com *Urbanismo como um meio de vida* (WIRTH, 1967), publicado originalmente em 1938, que o autor ofereceu um método de análise das grandes cidades que, em vários aspectos, avança e supera a proposta de Park. Professor da Universidade de Chicago, Wirth influencia toda uma corrente de estudos em antropologia urbana, convertendo-se em referência incontornável em disciplinas como Sociologia, Urbanismo, Geografia, Antropologia e Criminologia.

Herbert Blummer recebeu forte influência de Herbert Mead (a quem substituiu no Departamento de Psicologia Social) e de Robert Park para desenvolver a Teoria do Interacionismo Simbólico. Essa teoria define que as pessoas agem em relação aos objetos conforme os significados atribuídos a eles. Esses significados são partilhados socialmente e são resultado da interação social. As modificações desses significados, por seu turno, acontecem em processos interpretativos, quando as interações se submetem a novos elementos e contextos. Blummer também desenvolveu, com base em Park, o comportamento coletivo como um subcampo da sociologia. Permaneceu em Chicago até 1952, quando tomou parte do Departamento de Sociologia da Universidade da Califórnia, Berkeley. Blummer influenciou grandemente os estudos de microssociologia e os estudos de interação social.

O terceiro destaque é dirigido a Everett Hughes. Foi aluno de Park e antes de tornar-se professor da Universidade de Chicago, foi professor da McGill University, no Quebec, Canadá, onde desenvolveu um programa de estudos aos moldes do realizado por seu professor. Hughes retornou para Chicago em 1938 e se tornou uma das figuras centrais do departamento. Desenvolveu estudos principalmente sobre raça e sobre as ocupações profissionais, tornando-se referência incontornável nas duas áreas. Os estudos sobre ocupações de Hughes são inaugurais em uma corrente de estudos denominada interacionista no interior da Sociologia das Profissões. Os livros *Men and Their Work* e *The Sociological Eye* reúnem os principais textos de Hughes sobre a forma de organização das ocupações no sistema de divisão social do trabalho, bem como de organização das profissões mais estabelecidas (como os médicos). Hughes influenciou fortemente a sociologia das ocupações e profissões, em específico pesquisadores como Anselm Strauss, Howard Becker, Eliot Friedson e Andrew Abbott.

A influência de ideias de Park, de seus colegas e discípulos se configura a partir da década de 1950 com a total difusão de pesquisadores oriundos de Chicago, da ênfase nos estudos do comportamento do senso comum e do método da etnografia urbana. Autores como Anselm Strauss e sua teoria fundamentada e Howard Becker e sua análise dos *outsiders* mantêm e complexificam as estratégias oriundas da Escola de Chicago. Da mesma forma, Eliot Friedson desenvolve os estudos sobre as ocupações e o profissionalismo, e, mais recentemente, Andrew Abbott. As contribuições e discordâncias com a tradição de pesquisa de Park e de seus discípulos, bem como a influência da fenomenologia social de Alfred Schutz mobilizaram pesquisas como as de Harold Garfinkel, Peter Berger e Thomas Lukmann.

As influências no Brasil

Robert Park e a Escola de Chicago já eram conhecidos de sociólogos e antropólogos brasileiros desde o final dos anos de 1930. Gilberto Freyre, que estudou na Universidade de Colúmbia, tinha contato com as ideias da principal escola de sociologia. Park foi citado em *Sobrados e mucambos*, e no livro *Nordeste: aspectos da influência da cana sobre a vida e a paisagem do nordeste do Brasil* (1937), Freyre propõe "um estudo ecológico sobre o Nordeste" (VALLADARES, 2010). Oliveira Vianna enviou *Raça e assimilação* e *Populações meridionais do Brasil* a Park, conforme cartas trocadas presentes no arquivo do brasileiro (VALLADARES, 2010). Sergio Buarque de Hollanda cita *Introduction to the Science of Sociology* em seu *Raízes do Brasil*. Arthur Ramos, outro estudioso sobre a formação do Brasil e sua composição racial, prefaciara, juntamente com Park, o livro de Donald Pierson, de 1942.

A principal influência de Park se manifesta no trabalho de seu orientando de doutorado, Donald Pierson, que completou sua tese em 1939 (OLIVEIRA, 1987; VALLADARES, 2010; MAIO & LOPES, 2017). Pierson permaneceu no Brasil por 17 anos e desenvolveu estudos na Bahia e em São Paulo, onde foi professor e coordenador da Escola Livre de Sociologia e Política. Valladares (2010) destaca que, dentre as muitas viagens de Park a seus orientandos e para seus estudos, ele esteve na Bahia, em 1937, acompanhando as atividades de Pierson para a tese.

Em São Paulo, Pierson publicou *Teoria e pesquisa em sociologia* (1945), *Cruz das almas: a brazilian village* e desenvolveu um estudo sobre população na região do Rio São Francisco, que resultou no estudo *O homem no Vale do São Francisco*. Pierson foi professor de Florestan Fernandes, Darcy Ribeiro e Oracy Nogueira (GUIMARÃES, 2011) e apresentou a sociologia estadunidense a Alberto Guerreiro Ramos (OLIVEIRA, 1987). Oracy Nogueira foi responsável por difundir o método de Chicago nos estudos sobre as relações raciais no Brasil. Além de aluno de Pierson, Oracy Nogueira fez seu doutorado em Chicago sob a orientação de Everett Hughes (MENDOZA, 2005).

Além de Pierson, outros dois pesquisadores de Chicago e ex-orientandos de Park vieram para o Brasil estudar a questão racial. Ruth Landes estudou na Bahia e publicou em 1947 o livro *The City of Women* (ECKARDT, 2014). Outro orientando de Park que esteve no Brasil foi Franklin Frazier (ECKARDT, 2014). Ele pesquisou em Salvador de 1940 a 1941 juntamente com Lorenzo Turner, outro pesquisador negro da Fisk University (local em que Park lecionou no fim de sua vida) (SANSONE, 2002). "Para Frazier, que era o porta-voz de um pensamento social tanto negro quanto de classe, o importante era enfatizar a condição de classe dos negros no Novo Mundo, reforçando o quanto as relações raciais, muito mais do que na África, 'faziam' a cultura negra" (SANSONE, 2002: 9). Os resultados da pesquisa de Frazier foram publicados em 1942 na *American Sociology Review*, com o título "The Negro Family in Bahia, Brazil".

Em 1944, Pierson publicou o texto "Robert E. Park: sociólogo pesquisador" na revista *Sociologia* por ocasião da morte do estadunidense (OLIVEIRA, 1987). Pierson publicou no Brasil textos da Escola de Chicago e de Robert Park em 1948, com a coletânea *Estudos de Ecologia Humana: leituras de sociologia e antropologia social*. Na coletânea estão presentes as traduções dos textos de Park: "Ecologia Humana", "A comunidade urbana como configuração espacial e ordem moral" e "Sucessão". Pierson organizou outro tomo em 1949 com o título *Estudos de organização social*, com os seguintes textos de Park: "Comunicação", "Simbiose e socialização: quadro de referência para o estudo da sociedade", "Ação conjugada", "Distância social", "A sociedade moderna" e "A cidade e a civilização".

Em 1967, Otávio Guilherme Velho organizou o livro *O fenômeno urbano*, com a publicação do texto "A cidade: sugestões para a investigação do comportamento humano no meio urbano", texto de 1915. Outro texto traduzido para o português foi "A notícia como forma de conhecimento: um capítulo na sociologia do conhecimento", de 1940, publicado na coletânea organizada por Charles Steinberg e traduzida no Brasil em 1972 e denominada *Meios de comunicação de massa*. Em 2008, uma coletânea denominada *A era glacial do jornalismo: teorias sociais da imprensa* publicou "A notícia como forma de conhecimento"; "A história natural do jornal" [1923] e "A notícia e o poder da imprensa" [1941].

A *Revista Brasileira de Sociologia da Emoção*, da UFPB, traduziu em 2014 um capítulo do livro *Introduction to Science of Sociology* sob o título "Competição, conflito e acomodação". Por fim, as três edições de 2017 da Revista *Sociabilidades Urbanas* publicaram as traduções de "A história natural do jornal"; "A mente do Hobo: reflexões sobre as relações entre mentalidade e locomoção" [1925] e "A migração humana e o homem marginal" [1928].

A tradução relativamente recente de textos de Robert Park, bem como a restrição aos temas raça, espaço urbano e jornalismo, circunscrevem os temas de aplicação e leitura dos conceitos de Park. Houve relativo diálogo de autores brasileiros com as obras de Park quanto à explicação da formação populacional no Brasil, mais especificamente as características raciais e de miscigenação. A antropologia urbana recupera o método de análise e considera seus trabalhos e de seus discípulos, como o de Louis Wirth, importantes para os estudos sobre as cidades.

Conceitos-chave

As concepções de Robert Park estão dispersas em vários artigos. Porém, ainda que de maneira fragmentária, é possível encontrar o eixo central de sua análise em textos seminais como "The City" e "Introduction to Social Science". Proponho-me nesta parte do texto reunir as concepções básicas do autor para compreensão de suas principais contribuições. Para isso parto da concepção de comunidade e de sociedade em Park, passando para as considerações sobre a Ecologia Humana, os estudos sobre a cidade, o homem marginal, a comunicação, o controle social, o jornalismo e finalizando com algumas considerações sobre o método que caracterizou seu trabalho e da Escola de Chicago. Para o intento, além dos textos de Park, apoio-me principalmente nas sistematizações de Berganza Conde (2000) e Pierson ([1945] 1975).

Park parte de concepções organicistas para estabelecer suas definições de comunidade e de sociedade. A primeira, um nível biótico (ou também denominado simbiótico) e objeto de estudo da Ecologia Humana. A segunda, suprabiótico e objeto da sociologia. Como visto anteriormente, tanto a abordagem de Spencer (competição) como de Comte (consenso) compõem os conceitos-chave com os quais opera. O nível suprabiótico, a sociedade, é resultado de consenso e se caracteriza pela solidariedade de seus integrantes (todos agem como se integrassem um mesmo sentido, uma unidade). Pressupõe ação consciente, resultado de costumes, leis e moral que controlam as situações de competição [própria do nível biótico] e são transmitidas via comunicação como herança cultural. Os dois principais conceitos que explicam a sociedade é o de comunicação e controle social.

A comunidade, por sua vez, é o resultado da luta pela existência (PARK, 1938: 118). As atividades dos grupos sociais e a dinâmica de suas trocas simbólicas são explicadas pelo conceito de Ecologia Humana. Adaptado da Biologia, esse conceito busca explicar a organização humana em comunidades analogamente a qualquer organismo que luta pela sobrevivência. Para Park ([1938]1949: 98), a relação entre as pessoas em uma dada sociedade acontece sob uma rede de vida, fundada na competitividade, na divisão social do trabalho e na cooperação. A Ecologia Humana aplica às inter-relações dos seres humanos um tipo de análise previamente aplicada às inter-relações de plantas e animais. O termo simbiose descreve esse tipo de realismo social que é biótico mais que cultural e que pressupõe a competição dos sujeitos por espaço, em contato físico, inconscientemente e em interdependência. Portanto, como sintetiza Pierson ([1945] 1975: 111), a Ecologia Humana não faz parte da Sociologia, mas lhe serve de base, uma vez que "Diz respeito ao 'cenário', por assim dizer, da Sociologia; ao palco biótico no qual se processa a interação humana, modificando-a e, até certo ponto, determinando-lhe a forma".

A Ecologia Humana estuda os processos de competição e as relações entre humanos, grupos e instituições provenientes dessa competição. "Os seres humanos e as instituições são forçados a especializar suas funções a fim de competir mais eficazmente pela própria vida." Dessas modificações e especializações "[...] desenvolve-se uma configuração ordenada dos seres humanos e suas instituições [...] e assim, *comunidades* surgem" (PIERSON, [1945] 1975: 115-116; destaque do autor). Park afirma em vários de seus textos (PARK, [1936] 1949; PARK, [1938] 1949, e em sentido programático em seu "The City" (PARK, [1915] 1969), que a Ecologia Humana estuda o nível biótico (ou simbiótico) de competição entre os seres humanos e as consequências dela decorrentes que, seguindo a sistematização de Pierson ([1945] 1975: 117-118), pode ser: o equilíbrio atingido pela subsistência de um conjunto de indivíduos que dividem o mesmo espaço; a agregação ou acúmulo de população e sua posterior transformação em comunidades; o desenvolvimento de uma divisão do trabalho; a especialização de funções de certa região ou indivíduo; a dominância de certas funções, indivíduos ou grupos sobre outros que se manifesta, por exemplo, na valorização de regiões de uma cidade em detrimento de outras; a sucessão, isto é, a história de uma comunidade em seu processo de ocupação do espaço e desenvolvimento de funções (algumas áreas se desvalorizam, outras passam a ser mais ocupadas etc.); a segregação; a mobilidade de pessoas e mercadorias; a rotinização dos deslocamentos e comportamentos.

É sob esse escopo conceitual que Park compreende os estudos sobre a cidade. A cidade, como um espaço geográfico, um aglomerado de pessoas e instituições, mas também como resultado de crenças, tradições e representações das pessoas. O modo como o espaço é ocupado é resultado de representações diretas ou indiretas. Assim que Park oferece a importância de se estudar o "sentimento de vizinhança", a concepção de "segregação espacial", a construção da identidade do imigrante em sua relação com a cidade, as características da população negra, o consenso adquirido em bairros profissionais (a natureza das ocupações e profissões), os estudos sobre a criminalidade, os guetos e *slums*.

O nível biótico é apresentado sob a égide da competição, sendo esta uma das quatro formas de interação social. Além da competição, Park expõe o conflito, acomodação e assimilação. A competição e a acomodação são características da comunidade. Conflito e assimilação são formas de socialização e, portanto, características da sociedade. Porém, assim como Park entende que comunidade e sociedade se interpenetram e são interdependentes, o mesmo acontece com as formas de interação. Além disso, é possível compreender em estágios (ainda que com retornos), uma vez que os estudos buscavam explicar o processo de integração de migrantes, imigrantes e negros na sociedade estadunidense.

A competição, na ordem biótica, caracteriza a luta pela integração dos sujeitos, pela sua inserção e pela disputa constante por recursos. Por isso, Park considerava a economia como intrinsecamente biótica, pois se estrutura baseada na competição, a promove e consolida os sentidos da vida humana sob sua égide. A sociedade se organiza institucionalmente para estabelecer as relações de controle para as formas de competição, para conter e evitar as situações de conflito. A guerra é o exemplo típico do conflito, ainda que este abranja a criminalidade, os descontroles sociais e situações de crise.

> A competição é universal no mundo das coisas vivas. Em circunstâncias normais ela passa despercebida até pelos indivíduos mais atentos. É apenas em períodos de crise, quando os homens estão gerando novos esforços e se encontram conscientes para buscar o controle das condições de sua vida em comum, que as forças que lhes são concorrentes se identificam com as pessoas, e a competição é convertida em conflito. Isto é o que tem sido descrito como o processo político, onde a sociedade conscientemente lida com suas crises. A guerra é um processo político por excelência. É na guerra que as grandes decisões são tomadas. As organizações políticas existem com a finalidade de lidar com as situações de conflito. Partidos, parlamentos e tribunais, a discussão pública e a votação devem ser considerados simplesmente como substitutos da guerra (PARK & BURGUESS, 2014: 131).

Importante evidenciar que as categorias de Park eram aplicáveis na interpenetração do microssocial com o macrossocial. Assim, os processos de competição e conflito que regulam ações de grupos, classes ou países, resultam em e são resultados de ações individuais. Ao longo de uma trajetória seria possível visualizar essas características em operação. "A acomodação, por outro lado, é o processo através do qual os indivíduos e grupos fazem os ajustes internos necessários para as situações sociais que foram criadas pela competição e conflito" (PARK & BURGUESS, 2014: 131). As acomodações regulam as atividades e o convívio de grupos distintos, oferecem hábitos e moral para circunscrição das ações coletivas e individuais. A acomodação resulta em ajustes, mas mantém uma tensão política que lhe é subjacente e que pode reabrir as circunstâncias de conflito. As pessoas e grupos se acomodam às agências hegemônicas, mas ainda mantêm características e sentidos próprios da subalternidade. A acomodação está mais fortemente vinculada às reações espontâneas, necessárias e obrigatórias devido às mudanças de circunstâncias.

Situação que difere da assimilação, uma vez que ocorre "[...] um processo de interpenetração e fusão, no qual pessoas e grupos adquirem as memórias, os sentimentos e as atitudes de outras pessoas ou grupos, e, compartilhando sua experiência e história, são incorporados em uma vida cultural comum" (PARK & BURGUESS, 2014: 136). Como explicam os autores, uma acomodação de uma situação, ou de um conflito, pode ocorrer com relativa rapidez. A acomodação acontece diante da modificação das experiências, de circunstâncias, de acordos. Diferente da assimilação, gradual, moderada e que caracteriza o desaparecimento das características antes antagônicas. A assimilação anula o sentimento de estrangeiro, de estranhamento e de distanciamento, impregnando individual e socialmente nas relações sociais.

Park, colegas e discípulos utilizam os estágios competição, conflito, acomodação e assimilação para estudar a organização da cidade de Chicago, principalmente no caso de Park, o modo como grupos de imigrantes se integram à cidade e ao país. Outra categoria pertinente para entender o modo como sujeitos oriundos de uma cultura vivem em outra cultura é a de "homem marginal" (PARK, [1928] 2017b). Trata-se de uma categoria para compreender os sujeitos que vivem à margem de duas culturas, sem pertencer a nenhuma delas. A categoria "homem marginal" de Park tem relação com a concepção de "estrangeiro" de Simmel, ainda que para este a definição tenha proximidade a de um sujeito intelectual e independente dos grupos dos quais se relaciona, mas não pertence. Park guarda parte dessa positividade do conceito de Simmel, ainda que possibilite um entendimento mais adequado às categorias da Ecologia Humana, em específico o de competição e adequação. Um judeu em Chicago deixa de pertencer e se sentir pertencente à comunidade judaica. Por sua vez, não está incluído na cultura estadunidense, pois antes de ser estadunidense é considerado judeu. Trata-se de um sujeito que vive na relação com dois mundos, mas está à margem de ambos. É excluído e se exclui, faz parte de um desencaixe, e por isso, de um não lugar muito próprio para entender a vida dos migrantes em convivência nas grandes metrópoles.

> Uma das consequências da migração é criar uma situação em que o mesmo indivíduo – que pode ou não ter um sangue misto – se encontra lutando para viver em dois grupos culturais diversos. O efeito é produzir um caráter instável – um tipo de personalidade com formas características de comportamento. Este é o "homem marginal". É na mente do homem marginal que as culturas conflitantes se encontram e se fundem.

> É, portanto, na mente do homem marginal que o processo de civilização está visivelmente em curso, e é na mente do homem marginal que o processo de civilização pode ser melhor estudado (PARK, [1928] 2017: 1).

A concepção de homem marginal foi largamente discutida, uma vez que impacta no nível biótico, mas é resultado do nível cultural e comunicacional. Nos Estados Unidos, essa categoria ajuda a explicar os desajustes e a "integração segregada" de negros e imigrantes de várias nacionalidades. São comunidades que ocupam uma região específica da cidade, com casamentos separados, costumes próprios, mas que, ao mesmo tempo, se integram à dinâmica da cidade, da divisão do trabalho, das formas de competição. Por isso, inclusive, o Brasil tornou-se objeto de interesse de Park e de alguns de seus discípulos. Diferente dos Estados Unidos, o Brasil apresenta mais miscigenação e maior convívio de negros e brancos. Para Pierson, por exemplo, a diferença está demonstrada mais como característica de classe do que de raça, o que difere dos Estados Unidos, em que a segregação é mais evidente. As questões históricas e práticas particulares da sociedade brasileira são trabalhadas por Valladares (2010) para se referir a ajustes da categoria de homem marginal para explicar os processos de composição e exclusão de raça e classe na sociedade brasileira.

Ao nível *biótico* sobrepõe-se um nível cultural e social que orienta e controla a atividade e a dinâmica dos grupos sociais. Esse nível suprabiótico é formado pela comunicação e pelo controle social. Park define a sociedade como comunicação, em uma evidente influência de Dewey. "A sociedade existe, em suma, não apenas onde há pessoas, mas onde há comunicação" (PARK & BURGESS, [1921] 1969: 164). Sociedade humana para Park se distingue da natureza pelo consenso, operacionalizado pela concepção de comunicação.

Nesse aspecto, sociedade é um conjunto de pessoas que lutam pela sobrevivência, que se unem com a finalidade de desenvolvimento e sob um controle social e que atingem consenso para além da proximidade física. A definição ecológica é ineliminável da definição de cultura e a definição de cultura é irredutível à de ecologia. Ambas, portanto, se suportam, retroalimentam e modificam-se, constituindo o que o autor define como sociedade.

> A sociedade humana, então, ao contrário da sociedade animal, é principalmente uma herança social, criada e transmitida pela comunicação. A continuidade e a vida de uma sociedade dependem do seu sucesso na transmissão de uma geração para a próxima das suas tradições, costumes, técnicas e ideais. Do ponto de vista do comportamento coletivo, esses traços culturais podem ser reduzidos ao termo "consenso". A sociedade vista de forma abstrata é uma organização de indivíduos; considerada concretamente, é um complexo de hábitos, sentimentos e atitudes sociais organizados – logo, o consenso (PARK & BURGESS, [1921] 1969: 163).

Seguindo Dewey, Park aponta que a Comunicação é a responsável pela transmissão e pela ritualidade das ações numa sociedade. É ela que transmite as crenças, os valores morais, a história e os acontecimentos através das gerações e ao longo de um território comum. Por outro lado, ela cria laços sociais, transformando todas as pessoas em partícipes na construção da identidade de um grupo (CONDE, 2000: 89-91). A comunicação possui o papel de difusão e consenso, estabelecendo a *mobilidade,* como um conceito-chave para a compreensão da circulação de ideias, bens culturais e do contato entre as pessoas.

Além da comunicação e em interface com ela, há outro elemento importante para Park construir sua definição de sociedade: o controle social. Assim como a mente estabelece relações de controle sobre o corpo, a sociedade se afirma e exerce seu controle sobre seus integrantes. A competição, ainda que vital para a sobrevivência, é controlada pelo conjunto da sociedade. Esse controle se manifesta, para Park, de três formas: a cerimonial (ou elementares), pelas leis (ou institucionalizadas) e pela opinião pública (ou organizadas). A cerimonial está ligada aos costumes, às tradições, rituais, tabus, mitos e o prestígio. Por sua vez, as leis reúnem o trâmite legislativo, judiciário e policial, além da aplicabilidade e justificativa de determinada normativa no cotidiano das pessoas. Por fim, a que Park dedica mais atenção é a opinião pública. Diferente do comportamento de massa e de sugestão, a opinião pública é uma modalidade de consenso que se forma a partir de temas importantes para a sociedade. Serve como contrapeso das situações de conflito, regula a competição e oferece posicionamento com sentido para as discussões que acontecem no cotidiano e, principalmente, nas esferas de decisão política de uma dada sociedade.

Os meios de comunicação, em específico o jornalismo, como indica Park ([1940] 2008b; [1941] 2008c), colocam-se como fiadores de interesses múltiplos, convocando integrantes da política, da regulação das leis, da moral e o conhecimento especializado para a construção desses pontos de vista. O jornalista costuma oferecer a notícia dos fatos sobre os quais discutir, e tanto o oferecimento do fato como o direcionamento oferecido na notícia e demais modalidades do trabalho jornalístico (textos opinativos e analíticos) são atos interessados e que despertam interesse. Isso explica o grande número de relações públicas, publicitários, políticos, empresários e demais interessados no direcionamento da opinião pública ([1941] 2008).

Cabe ressaltar ainda a valoração do jornalismo nos trabalhos de Park, pois o autor chega a considerar seu principal produto, a notícia, como uma forma de conhecimento que estaria em algum ponto entre o "conhecimento sobre" (conhecimento sistemático da realidade, ciência e história, p. ex.) e a "familiaridade com" (orientação mais voltada para o cotidiano e o processo de socialização dos indivíduos) (PARK, [1940] 2008b). A notícia, como produto do trabalho jornalístico, ocuparia uma funcionalidade tanto de transmitir os conhecimentos sobre o que acontece no presente da sociedade como, em simultâneo, incide sobre as relações do cotidiano, suscitando a discussão pública, a familiaridade com assuntos pertinentes à integração dos sujeitos, ao consenso e ao controle social.

Outra apropriação do trabalho jornalístico ocorre em âmbito metodológico. Park e seus discípulos utilizam como modelo para suas pesquisas de campo a prática do repórter. Ainda que para os críticos não seja possível demonstrar rigor e sistematicidade nos métodos da Escola de Chicago justamente por essa proximidade ao método de trabalho do jornalista, Park e seus estudantes são considerados pioneiros na utilização de técnicas etnográficas em ambiente urbano. Winkin (1998) afirma que os trabalhos de Chicago representam uma segunda fase do método etnográfico, uma vez que deixam de apenas estudar e descrever comunidades primitivas e passam a estudar as comunidades inseridas no meio urbano. O estudo sistemático da periferia, das comunidades pobres, violentas permite o contato dos pesquisadores com o estranho no interior de suas próprias cidades, em projetos de compreensão do meio urbano, mesmo sem abandonar algumas características reformistas e voltadas para aplicabilidade das políticas públicas. O próprio Winkin (1998) destaca que a esse momento sucede um terceiro, em que a etnografia deixa de ser utilizada apenas para estudar o diferente e passa a ser instrumento para estudar o familiar, o mundano, o cotidiano dos pesquisadores – o que acontece a partir dos anos de 1950, inclusive com novas gerações de pesquisadores de Chicago.

A Ecologia Humana e a Sociologia da Escola de Chicago, de acordo com Hermann (2017), reúne um conjunto de técnicas de pesquisa. Essas técnicas foram inovadoras para a Sociologia estadunidense e mundial, uma vez que retirou a carga teórica especulativa das proposições e, por outro lado, valorizou o trabalho de campo como comprovação e afirmação do lugar do pesquisador. Essas pesquisas lançam mão do método estatístico, histórico e de ocupação urbana (HERMANN, 2017). Utilizam como documentos diários, cartas, fotografias, história oral. Vivenciam a observação participante passando a conviver com os indivíduos objetos de pesquisas, tornando-se um deles, em um processo de completa imersão no campo. Ecológica e sociologicamente, o pesquisador abandona o gabinete. A rua passa a ser seu objeto, seu laboratório e seu relatório. Como dizia um adágio do final do século XIX, "o jornal é, como a arte para o artista, menos uma carreira que uma forma de excitamento e um modo de vida"[5] (LINDNER, 1996: 175; tradução nossa). Assim Park defendia que deveria ser a pesquisa social.

Considerações

Ao se estudar considerações mais recentes presentes na Sociologia do Conhecimento, Sociologia da Ciência, Filosofia e Ecologia, as ideias de Park, ainda que não citadas, permanecem pertinentes. A irredutibilidade da natureza, das características ecológicas dos humanos e da impossibilidade de dissociação da razão e da universalidade humana frente a sua condição de pertencente ao biológico estão presentes em obras como as de Bruno Latour, Ulrich Beck e, sistematicamente, na de Edgar Morin. O inconsciente como parte de um progresso sub-réptico da espécie humana pode ser igualmente lido nas considerações de Norbert Elias. A interface das relações humanas com as da natureza e a natureza das relações humanas são prementes nos estudos sistêmicos e de ecologia.

A Ecologia Humana para o estudo das cidades e para o trabalho do antropólogo urbano permanece fonte de inspiração, ainda que apresente limitações tanto de método quanto de criticidade. A etnografia de Park e dos pesquisadores de Chicago de seu período ainda se limitam a estudar a cidade em suas dimensões de exclusão e diferença. São pobres, negros, imigrantes, mais do que universitários, classe média, brancos. Há exceções nas pesquisas do período, e os fundamentos da Ecologia Humana e da Sociologia proposta por Park não limitam as abordagens, ainda que as induzam. Outra característica dos estudos do momento histórico de Park é o seu ajustamento a projetos políticos, governamentais e de classe que buscavam o melhor processo de acomodação e, principalmente, de assimilação da cultura estadunidense branca, de classe média alta e capitalista. As características organicistas tendem a oferecer o equilíbrio, a permanência e a manutenção como eixos analíticos determinantes, o que, sem dúvida, reduz o potencial crítico e desalienante do trabalho de pesquisa e, por conseguinte, pode omitir meandros relevantes dos objetos estudados.

Além disso, conhecer e reconhecer a trajetória de Robert Park nos coloca em conexão com as proposições da microssociologia, da fenomenologia social, do construcionismo, do interacionismo simbólico e da etnometodologia que possuem importante espaço nas proposições teóricas das ciências sociais contemporâneas e apresentam relativa hegemonia nas abordagens metodológicas. Reabre também flancos para compreensão de parte da formação das ciências sociais no Brasil, das formas como ocorre o trânsito de ideias do Brasil e dos Estados Unidos e de como parte das discussões sobre a formação do Brasil dialogam com os estudos realizados na metrópole-laboratório Chicago.

Notas

1. "Why go to the North Pole or climb Everest for adventure when we have Chicago?" (LINDNER, 1996: 31; tradução nossa).
2. O pragmatismo é uma corrente filosófica que surgiu nos Estados Unidos no final do século XIX e que consiste na valorização da ação e de seu sentido como explicação do significado, da verdade e da realidade. Foi fundado por Charles Sanders Peirce, ainda que sua enunciação e difusão tenham ocorrido por William James.
3. As a reporter I had learned a good deal about the city and I had used my position as a city and Sunday editor to make systematic studies on the urban community. During my connection with Booker T. Washington and Tuskegee, I learned a great deal about the Negro. It was from these two sources mainly that graduate students found material for the researches which I directed after I went to Chicago (PARK, apud LINDNER, 1996: 48).
4. Ao lado do polonês Florian Znaniecki, Thomas realizou um dos primeiros grandes trabalhos de campo publicados: "*The Polish Peasant in Europe and America* reuniu um grande número de entrevistas e histórias de vida de pessoas que viviam na Polônia e das que haviam emigrado para os Estados Unidos" (BECKER, 1996).
5. "The newspaper is, like art to the artist, less a career than a form of excitement and a way of life."

Referências

Textos de Robert E. Park

PARK, R.E. A mente do Hobo – Reflexões sobre as relações entre mentalidade e locomoção [1925]. *Sociabilidades Urbanas* – Revista de Antropologia e Sociologia, vol. 1, n.1, mar./2017a, p. 139-144 [Trad. de Mauro Guilherme Pinheiro Koury] [Disponível em http://www.cchla.ufpb.br/grem/sociabilidadesurbanas/SOCIABILIDADES%20URBANAS%20V1N1%20mar%C3%A7o%202017.pdf – Acesso em 05/02/2018].

_____. A migração humana e o homem marginal [1928]. *Sociabilidades Urbanas – Revista de Antropologia e Sociologia*, vol. 1, n. 3, nov./2017b, p. 114-123 [Trad. de Mauro Guilherme Pinheiro Koury] [Disponível em http://www.cchla.ufpb.br/grem/sociabilidadesurbanas/PARK%20Tradu%C3%A7%C3%A3o%20SocUrbs%20V1%20N3.pdf –Acesso em 05/02/2018].

_____. A história natural do jornal [1923]. In: BERGER, C. & MAROCCO, B. (orgs.). *A era glacial do jornalismo*: teorias sociais na imprensa. Porto Alegre: Sulina, 2008a.

_____. A notícia como forma de conhecimento: um capítulo dentro da sociologia do conhecimento [1940]. In: BERGER, C. & MAROCCO, B. (orgs.). *A era glacial do jornalismo*: teorias sociais na imprensa. Porto Alegre: Sulina, 2008b.

_____. A notícia e o poder da imprensa [1941]. In: BERGER, C. & MAROCCO, B. (orgs.). *A era glacial do jornalismo*: teorias sociais na imprensa. Porto Alegre: Sulina, 2008c.

_____. The Crowd and the Public [1904]. In: PARK, R.E. *The Crowd and the Public and Other Essays*. Chicago: University of Chicago Press, 1972a.

_____. Reflexions on Communication and Culture [1938]. In: PARK, R.E. *The Crowd and the Public and Other Essays*. Chicago: University of Chicago Press, 1972b.

_____. Simbiosis and Socialization: a Frame of Reference for the Study of Society [1939]. In: PARK, R.E. *The Crowd and the Public and Other Essays*. Chicago: University of Chicago Press, 1972c.

_____. A cidade: sugestões para a investigação do comportamento humano no meio urbano [1915]. In: VELHO, O.G. (org.). *O fenômeno urbano*. Rio de Janeiro: Zahar, 1967.

_____. Comunicação [Reflexions on Communication and Culture, 1938]. In: PIERSON, D. (org.). *Estudos de Organização Social* – Tomo II: Leituras de Sociologia e Antropologia Social. São Paulo: Martins, 1949a.

_____. Simbiose e socialização: "quadro de referência" para o estudo da sociedade [1939]. In: PIERSON, D. (org.). *Estudos de Organização Social* – Tomo II: Leituras de Sociologia e Antropologia Social. São Paulo: Martins, 1949b.

_____. A comunidade urbana como configuração especial e ordem moral [1925]. In: PIERSON, D. (org.). *Estudos de Ecologia Humana* – Tomo I: Leituras de Sociologia e Antropologia Social. São Paulo: Martins, 1948a.

_____. Ecologia Humana [1936]. In: PIERSON, D. (org.). *Estudos de Ecologia Humana – Tomo I: Leituras de Sociologia e Antropologia Social*. São Paulo: Martins, 1948b.

_____. *The Immigrant Press and its Control*. Chicago: Harpers and Brothers, 1921.

PARK, R.E. & BURGESS, E.W. Competição, conflito, acomodação e assimilação [1921]. *Revista Brasileira de Sociologia da Emoção*, vol. 13, n. 38, ago./2014, p. 129-138 [Disponível em http://www.cchla.ufpb.br/rbse/ParkArt.pdf – Acesso em 30/01/2018].

_____. *Introduction to science of sociology* [1921]. Chicago: University of Chicago Press, 1969.

PARK, R.E.; BURGESS, E.W. & McKENZIE, R. *The City*. Chicago: University of Chicago Press, 1925.

PARK, R.E. & MULLER, H. *Old world traits transplanted*. Chicago: Harpers and Brothers, 1921.

Textos sobre Robert E. Park

BECKER, H. A Escola de Chicago. *Mana*, vol. 2, n. 2, out./1996. Rio de Janeiro [Disponível em http://www.scielo.br/scielo.php?script=sci_arttext&pid=S0104-93131996000 200008 – Acesso em 06/01/2018].

BERGANZA CONDE, M.R. A Contribuição de Robert E. Park, o jornalista que se converteu em sociólogo, à Teoria da Informação. In: BERGER, C. & MAROCCO, B. (org.). *A era glacial do jornalismo*: teorias sociais na imprensa. Porto Alegre: Sulina, 2008, p. 15-32.

_____. *Comunicación, opinión pública y prensa en la sociologia de Robert E. Park*. Madri: Siglo XXI, 2000.

BERGER, C. & MAROCCO, B. (orgs.). *A era glacial do jornalismo*: teorias sociais na imprensa. Porto Alegre: Sulina, 2008.

COLLINS, R. *Quatro tradições sociológicas*. Petrópolis: Vozes, 2009.

ECKARDT, F. "Chicago" no Brazil: a importância da redescoberta da cidade e da "raça". In: *Revista do Instituto de Estudos Brasileiros*, n. 58, jun./2014, p. 79-103 [Disponível em http://www.scielo.br/pdf/rieb/n58/a05n58.pdf – Acesso em 08/01/2018].

GUIMARÃES, R.E.M. *A Escola de Chicago e a Sociologia no Brasil*: a passagem de Donald Pierson pela Escola Livre de Sociologia e Política de São Paulo. Araraquara: Universidade Estadual Paulista "Julio de Mesquita Filho", 2011 [Dissertação de mestrado].

HANNERZ, U. *Explorando a cidade*: em busca de uma antropologia urbana. Petrópolis: Vozes, 2015.

HERMANN, L. O método ecológico em sociologia. In: *Revista Brasileira de Sociologia da Emoção*, vol. 16, n. 48, dez./2017, p. 149-165 [Disponível em http://www.cchla.ufpb.br/rbse/HerrmannDoc.pdf – Acesso em 12/02/2018].

HUGHES, E. Robert E. Park (1864-1944). In: RAISON, T. *Os precursores das ciências sociais*. Rio de Janeiro: Zahar, 1971.

JOAS, H. Interacionismo simbólico. In: GIDDENS, A. & TURNER, J. *Teoria social hoje*. São Paulo: Unesp, 1999.

LINDNER, R. *The reportage of urban culture. Robert Park and the Chicago School*. Nova York: Cambridge University Press, 1996.

MAIO, M.C. & LOPES, T.C. Entre Chicago e Salvador: Donald Pierson e os estudos de relações sociais. In: *Estudos Históricos*, vol. 30, n. 60, jan.-abr./2017, p. 115-140. Rio de Janeiro [Disponível em http://bibliotecadigital.fgv.br/ojs/index.php/reh/article/view/65455/65426 – Acesso em 10/01/2018].

MENDOZA, E.S.G. Donald Pierson e a escola sociológica de Chicago no Brasil: os estudos urbanos na cidade de São Paulo (1935-1950). In: *Sociologias*, n. 14, jul.-dez./2005. Porto Alegre [Disponível em http://www.scielo.br/scielo.php?script=sci_arttext&pid=S1517-45222005000200015 – Acesso em 08/01/2018].

OLIVEIRA, L.L. Donald Pierson e a sociologia no Brasil. In: *BIB*, n. 23, jan.-jun./1987, p. 35-48. Rio de Janeiro.

PIERSON, D. *Teoria e pesquisa em Sociologia* [1945]. São Paulo: Melhoramentos, 1975.

_____. *Estudos de Organização Social* – Tomo II: Leituras de Sociologia e Antropologia Social. São Paulo: Martins, 1949.

_____. *Estudos de Ecologia Humana* – Tomo I: Leituras de Sociologia e Antropologia Social. São Paulo: Martins, 1948.

ROGERS, E. *A History of Communication Study* – A Biographical Approach. Nova York: Free Press, 1997.

SANSONE, L. Um campo saturado de tensões: o estudo das relações raciais e das culturas negras no Brasil. In: *Estudos Afro-asiáticos*, vol. 24, n. 1, 2002. Rio de Janeiro [Disponível em http://www.scielo.br/scielo.php?pid=S0101-546X2002000100001&script=sci_arttext – Acesso em 06/01/2018].

VALLADARES, L.P. A visita do Robert Park ao Brasil, o "Homem Marginal" e a Bahia como laboratório. In: *Caderno CRH*, vol. 23, n. 58, jan.-abr./2010, p. 35-49. Salvador [Disponível em http://www.scielo.br/pdf/ccrh/v23n58/v23n58a03.pdf – Acesso em 07/01/2018].

VILA NOVA, S. Gilberto Freyre: do pragmatismo à Escola de Chicago. In: *Estudos de Sociologia*, vol. 1, n. 1, 1995, p. 23-45. Recife [Disponível em http://www.revista.ufpe.br/revsocio/index.php/revista/article/view/321/278 – Acesso em 07/01/2018].

WINKIN, I. *A nova comunicação*: da teoria ao trabalho de campo. Campinas: Papirus, 1998.

WIRTH, L. O urbanismo como modo de vida. In: VELHO, O.G. (org.). *O fenômeno urbano*. Rio de Janeiro: Zahar, 1967.

17
Charles Tilly (1929-2008)

*Maria da Glória Gohn**

O cientista social e o seu tempo

Charles Tilly nasceu em Lombard, próximo a Chicago, em 1927, e faleceu em Nova York, em 2008. Fez seus estudos e tese de doutorado em Harvard, quando Talcott Parsons era a figura dominante e as teorias funcionalistas imperavam. Mas ele foi, de fato, influenciado por outros autores clássicos das Ciências Sociais como Barrington Moore (referencial básico no campo da sociologia jurídica com seus trabalhos sobre justiça/injustiça), Max Weber (e as teorias da ação social) e Pitirin Sorokin (sociólogo russo radicado nos Estados Unidos, desenvolveu teorias sobre mobilidade social e cultural), além de Samuel Beer e George Homans, que encorajavam a análise histórica sistemática. Tilly recebeu muitos prêmios e distinções acadêmicas[1], e lecionou em várias universidades norte-americanas, canadenses e francesas, destacando-se em Delaware (1956-1962), Harvard (1963-1966), Universidade de Toronto (1965-1969) e na Universidade de Michigan (1969-1984), na qual desenvolveu um grande centro de pesquisa social e estruturou seu seminário "Contentious Politics" (confrontos políticos). Desde logo registre-se que "contentious politics" será o conceito mais elaborado de Tilly na sua extensa trajetória de vida acadêmica e publicações. Ele será tratado na segunda parte deste capítulo.

Na década de 1980 Tilly se muda para Nova York lecionando inicialmente na New School for Social Research (1984-1990), onde continuou seu grupo de seminário, transferindo-se para a Columbia University, onde trabalhou até sua morte em 2008, consolidando seu seminário como um centro de referência para a abordagem da Teoria do Confronto Político. A coleção *Studies in Contentious Politics*, da Cambridge University Press, que Tilly dirigiu junto com Doug McAdam e Sidney Tarrow, foi um dos produtos básicos da série de seminários na Columbia University.

Tive a oportunidade de conhecer Tilly ao participar de dois de seus seminários acadêmicos na Columbia University em 1996[2]. Tilly publicou 51 livros, individualmente ou em grupo, e cerca de 600 artigos numa abordagem que privilegiava a comparação histórica, repelindo sempre as teorias universalistas, descoladas da pesquisa empírica.

---

* Professora titular da Faculdade de Educação da Unicamp. Doutora em Ciência Política pela Universidade de São Paulo (USP).

Seus livros foram traduzidos para diversas línguas e abordam as relações entre política, economia e sociedade e os temas tratados abrangem também um vasto leque onde se destacam a análise histórica nas ciências sociais, uma contribuição teórica e metodológica ao debate sobre Estado, nacionalismo, conflito, violência coletiva, ações coletivas e movimentos sociais.

Esses temas foram desenvolvidos em importantes obras, como: *From Mobilization to Revolution* (1978); *The Politics of Collective Violence* (2003); *Contention and Democracy in Europe, 1650-2000* (2004); *Social Movements, 1768-2004* (2004); *The Contentious French* (1986); *European Revolutions* (1992); *Coercion, Capital, and European States, A.D. 990-1990* (1990); *As Sociology Meets History* (1981); e *Big Structures, Large Processes, Huge Comparisons* (1985). Em 2004, em entrevista a duas pesquisadoras brasileiras, Tilly sintetizou as temáticas e áreas de sua produção: "A política contenciosa tem sido apenas um dos meus focos. Venho estudando as transformações do Estado desde os anos de 1970, e também despendi um bocado de energia refletindo sobre cidades, urbanização, demografia histórica e sobre a lógica da explicação" (ALONSO & ARAÚJO, 2004: 289).

Abordagens históricas e contribuições para a análise das ações coletivas

Em seu primeiro livro, em 1964, *The Vendée: A Sociological Analysis of the Counter-revolution of 1793*, Tilly iniciou uma série que viria a ser uma de suas grandes contribuições: a ancoragem de sua análise na história e sua capacidade de combinar a história com a sociologia com grande rigor metodológico no estudo das ações coletivas nos séculos XVIII e XIX, como se observa em *As Sociology Meets History* (1981) e em *Big Structures, Large Processes, Huge Comparisons* (1985). Esta capacidade direcionou-o a resgatar grandes processos de transformação histórica como a formação dos estados nacionais europeus. Ele produz uma nova interpretação das turbulências políticas europeias em *The Contentious French* (1986), *European Revolutions* (1992) e em *Popular Contention in Great Britain*, (1995); deu grande contribuição ao debate sobre formação dos estados nacionais europeus; por exemplo, em *Coercion, Capital, and European States, A.D. 990-1990* (1990). A partir do impacto das mudanças locais nas estruturas de poder nacionais, Tilly chamou atenção para os recursos comunais, nos primeiros estágios do capitalismo, particularmente os protestos comunais. Na Escola dos *Annales* ele foi buscar a categoria da longa duração utilizada para demonstrar como a solidariedade comunal interfere nas associações voluntárias. Ele enfatizará a importância dos recursos comunais também para o século XX em movimentos como pelos direitos civis e dos estudantes nos Estados Unidos. O estudo das trajetórias de Tilly (1978) é um exemplo de trabalhos que atribuem relevância ao olhar mais amplo do que a mera focalização de um dado acontecimento aqui e agora, a importância da contextualização. Em entrevista, ele afirma que a "ação equivale a aproximar-se da vida social tal como os indivíduos a vivenciam, um a um;

o contexto, a aproximar-se de nosso reconhecimento ocasional de que as conexões importam" (ALONSO & ARAÚJO, 2004: 300).

Seus trabalhos nos anos de 1970 foram um marco porque combateu teorias economicistas e psicologizantes, explicando, internamente nas ações coletivas, o campo político e o processo de mobilização coletiva. Tilly apresenta a lógica dos confrontos políticos e o modo como se relacionam com o contexto político, social e econômico. Aponta o relacionamento complexo dos elementos culturais com os processos políticos. Tilly demonstra que cada época tem um repertório diferente e uma forma de organização que torna o movimento ou uma ação coletiva mais ou menos eficiente. Ele desenvolve uma sociologia do conflito.

Preocupado com questões colocadas pelas teorias norte-americanas da ação social, Tilly publicou, em 1981, uma coletânea de textos em conjunto com Louise Tilly e Robert Tilly *Class Conflict and Collective Action*. Nessa coletânea, assim como em outros artigos a partir desta data, Tilly procurava responder a uma questão colocada por Moore (1978) sobre quão frequente, e em que condições, o conflito provê as bases para a ação popular coletiva; ou seja, indagava sobre as bases sociais da revolta e da desobediência. A opção pelo termo ação coletiva e não protesto, rebelião, desordem ou qualquer outro, foi dada porque ele entendia que nos últimos termos já há um prejulgamento, do ponto de vista das autoridades, que prejudica o entendimento dos fenômenos. Além disso, Tilly argumentou que ação coletiva é um termo mais amplo, não se restringe aos protestos e rebeliões, mas abrange também as petições, marchas, manifestações coletivas etc. num conjunto de ações que contam até com o estímulo e/ou apoio das autoridades. Portanto, ele conclui que as ações coletivas não se resumem às manifestações contra a ordem vigente. Ele definiu uma ação coletiva como: "Toda ocasião na qual um conjunto de pessoas confia e aplica recursos, incluindo seus próprios esforços, para fins comuns" (TILLY, 1981: 17).

Na série de artigos publicada a partir de 1981 por Tilly, observa-se que o trabalho histórico sobre as ações coletivas consiste em descobrir: quais conjuntos de pessoas, quais recursos, quais fins comuns, e quais as formas de compromisso envolvidas em diferentes lugares e tempos. Tilly procura estabelecer comparações entre diferentes períodos históricos, destacando o repertório das ações coletivas. Assim, no século XVIII, as pessoas aprenderam a fazer greve, a invadir os campos e locais de trabalho, a realizar protestos através de teatros nas ruas, a queimar imagens fictícias de seus oponentes nas ruas etc. Estas ações se expressaram nas rebeliões por alimentos, invasões no campo contra os coletores de impostos etc. Menos visíveis foram as demandas populares nos festivais e assembleias de grupos corporativos (comunidades, guildas, congregações religiosas etc.) as quais produziram petições, processos jurídicos, condenações e até mesmo deliberaram sobre atos de rebelião. Já o século XIX apresentou um repertório de ações coletivas totalmente diferentes na Europa. As formas mais visíveis foram as demonstrações em grandes eventos de protesto, a greve, a competição eleitoral, em ações mais urbanas que rurais. Os participantes se articularam em associações de interesses, dirigiam suas mensagens para públicos específicos e utilizavam muito a mensagem escrita, via panfletos, abaixo-assinados, porta-estandartes, emblemas e insígnias. Ou seja, as formas do século XIX eram mais organizadas do que as do século XVIII. Tilly enfatiza nas mudanças nos comportamentos coletivos na sociedade o papel do processo político, do Estado, da estrutura de poder e da organização política. A concentração do capital e o surgimento do Estado nacional completam a análise sobre o porquê do declínio do repertório do século XVIII e do surgimento de um novo repertório no século XIX.

Na realidade, o grande marco inicial de sustentação da abordagem de Tilly sobre o papel das ações coletivas na história foi publicado em 1978: *From Mobilization to Revolution*. Esse estudo tornou-se um clássico contemporâneo pelas inovações introduzidas na abordagem do comportamento coletivo, pelas críticas à Teoria da Modernização, na vertente funcionalista e às teorias da "mobilização de recursos" (TMR), no campo das ações coletivas. Destaca-se a crítica a um dos principais teóricos da Teoria da Escolha Racional (TER), M. Olson, e sua ênfase a aspectos de instrumentalização da ação social em função de determinados interesses, assim como críticas às velhas abordagens sobre o *collective behavior*, herança das abordagens psicossociais que predominaram na primeira metade do século XX. Por essas posições, Tilly é caracterizado como um feroz antifuncionalista.

Tilly propõe no início do livro *From Mobilization to Revolution* uma:

> retrospectiva das teorias sobre a ação coletiva segundo a divisão das Ciências Sociais em três grandes correntes, que imperou nas academias de várias partes do mundo nos anos de 1970: Durkheim, Weber e Marx. Mas ele não ficou apenas nos três clássicos. Ele resgatou os autores contemporâneos que estudaram movimentos, revoluções e ações coletivas em geral, segundo aquelas abordagens. Partindo de um problema colocado por Marx, que ele considerou não resolvido, sobre como as grandes mudanças estruturais afetam os modelos prevalecentes de ação coletiva, ele recorreu também a Weber e aos historiadores ingleses marxistas, particularmente Hobsbawm, ao caracterizar o papel relevante da ideologia e das crenças na formação das ações coletivas (cf. mais a respeito em meu livro *Teorias dos movimentos sociais*, 2014: 65-67).

A dimensão da política, tanto no que se refere à conjuntura quanto à estrutura, foi o grande elemento resgatado da abordagem marxista para a compreensão dos contextos onde os atores atuam, como eles se mobilizam; e as estruturas de oportunidades políticas que são produzidas ou apropriadas pelos atores daquelas ações. Mobilização, repertórios, estrutura das oportunidades políticas são categorias-chave dessa fase de Tilly que focalizava os processos de mobilização como central. Com essas premissas, ele estrutura uma abordagem que passou a ser denominada na época de Teoria da Mobilização Política (TMP).

Alonso assinala que, para Tilly, a TMP explica "o surgimento e o desenrolar de mobilizações coletivas mediante a reconstrução do contexto político, ou da estrutura de oportunidades e ameaças políticas, principalmente as relações de força entre as autoridades – grupos ocupando cargos no Estado –, e os desafiantes – que se encontram do lado de fora" (ALONSO, 2012: 21).

Após o livro *From Mobilization to Revolution*, trabalho de caráter pioneiro, ele situa e inicia uma saga que o distinguirá como autor de uma abordagem própria. Assim como muitos clássicos, e alguns de seus contemporâneos como R. Dahrendorf, Tilly destaca a categoria do conflito como grande elemento estruturador da vida social e reformula a Teoria da Mobilização Política (TMP), como *Contentious Politics Theory*, Teoria dos Confrontos Políticos (TCP). Portanto, a TCP foi construída a partir de debates que tiveram com outras teorias, a exemplo das já citadas Teoria da Escolha Racional (TER), de M. Olson, dos anos de 1960, a Teoria da Mobilização de Recursos (TMR) de John McCarthy e Mayer Zald, dos anos de 1970, e as próprias reformulações sobre a TMP a partir das críticas e os debates desta com a Teoria dos Novos Movimentos Sociais.

Tilly afirmou que as ações estatais, ao impactarem o nível local, geraram resistências, legitimando ou deslegitimando o repertório das disputas. Não se observa, nessa abordagem, ênfase no processo de massas mobilizadas, seu aprendizado nas lutas e confrontos, as identidades desenvolvidas ou em um acúmulo de suas forças políticas. O fator gerador básico das mudanças está no sistema político institucionalizado, e, por isso, essa abordagem irá polemizar com a de outros autores, adeptos de correntes que destacavam mais aspectos culturais e identitários de grupos mobilizados da sociedade civil, críticos das abordagens estruturais, em teorias que foram nomeadas como Novos Movimentos Sociais, tais como: Touraine (1965), Melucci (1980), Cohen (1985), Cohen e Arato (1992), Claus Offe (1988) e Klaus Eder, entre outros.

Resulta das polêmicas entre a TMP e os defensores das teorias culturais focadas em processos de construção da identidade na sociedade civil, para análise das ações coletivas, ao longo da década de 1980 e início da de 1990, um longo e frutífero debate com várias correntes de abordagem, especialmente com as que trabalhavam aspectos da cultura nas referidas ações (COHEN, 1985). Um dos eixos do debate girava em torno da identidade (dos que se mobilizavam) *versus* interesses (de um conjunto maior); ou o poder das estruturas constituídas *versus* ação social coletiva. Desse debate pode-se observar, ao longo da década de 1990, que Tilly foi deixando de lado seu *approach* focado quase que exclusivamente em aspectos estruturais e da racionalidade das ações, o que levou alguns analistas a classificarem-no como "estruturalista", para um *approach* onde se destacam os aspectos relacionais e interacionistas, da cultura dos indivíduos. Esse ponto pode ser observado, por exemplo, no próprio conceito de repertório, a ser tratado adiante; e na entrevista supracitada, onde afirma: "Uma versão da história da minha carreira pode ser contada como uma longa e difícil escapada do reducionismo estrutural rumo ao realismo relacional" (ALONSO & ARAÚJO, 2004: 292).

Segundo Cohen e Arato (1992) o trabalho de Tilly mostra que a moderna ação coletiva pressupõe o desenvolvimento da autonomia do social e de espaços políticos dentro da sociedade civil e política, espaços estes garantidos por direitos e embasados por uma cultura política democrática, e sobre instituições políticas formais representativas. Mas, ainda segundo Cohen e Arato, Tilly não vê nas ações coletivas a criação de novos significados, novas organizações, novas identidades e novos espaços sociais devido ao *approach* adotado, que exclui a identidade política dos atores coletivos. Estes aspectos foram enfocados por Cohen já em 1985 quando afirmou: "Ele não focaliza a relação entre a emergência de princípios universalistas nos novos espaços públicos e a nova identidade coletiva, baseada sobre novas formas de vida associativa, de atores coletivos. Ele olha somente a dimensão daqueles processos que são relevantes para a mobilização de grupos organizados competindo pelo poder" (COHEN, 1985: 683). Em 1996, Tilly rebate esses argumentos como demonstraremos adiante.

As oportunidades políticas, os símbolos e códigos construídos no processo de mobilização são vistos como recursos, instrumentos, meios para certos fins, num ambiente onde se têm oportunidades e constrangimentos. Esse ambiente tem força de configuração nos processos de litígios e contenções. Ou seja, a questão da lógica na racionalidade dos atores na ação social, destacada pela Teoria de Mobilização de Recursos (TMR), e criticada por Tilly, de fato não foi totalmente abandonada. Ela foi inserida num campo de disputas com variáveis mais amplas do que as da pura racionalidade econômica enfatizada anteriormente pela Teoria da Escolha Racional (TER). A objetividade daquelas ações contém a subjetividade dos indivíduos.

A ênfase na análise institucional e no papel das organizações e instituições junto aos movimentos sociais continuou ao longo das décadas na produção de Tilly, menos como organizações de movimentos e mais como redes de articulações que suportam e criam as estruturas de oportunidades. Em síntese, o conjunto dos argumentos acima apresentados resultou em novos marcos referenciais teóricos na abordagem de Tilly sobre as ações coletivas desenvolvidas até então, dando origem à Teoria do Confronto Político (TCP).

A seguir, para melhor explanação da obra de Tilly, abordaremos os principais conceitos que criou ou ajudou a desenvolver.

Conceitos-chave

Repertórios

O conceito de repertório foi sendo construído e lapidado por Tilly ao longo de sua vida e obra. Ele aparece em 1976, publicado em artigo em *Theory and Society* e se desenvolve no livro já citado de 1978 *From Mobilization to Revolution*, dedicado a construir a Teoria da Mobilização Política (TMP), onde o termo reapareceu como conjunto de formas de ação coletiva compartilhadas. Depois ele aprofunda e destaca três tipos de repertórios: competitivos – para expressar rivalidades dentro de um sistema constituído; reativos – para defender direitos ameaçados; e proativos – para reivindicar novos direitos. Esses três tipos foram revistos posteriormente. Tilly chegou ao conceito de "repertório" a partir da teoria interacionista de E. Goffman e do conceito de "mentalidade" da Escola dos *Annales*, extraindo elementos das duas correntes, constituindo assim a sua metodologia de pesquisa e estudo da "política contenciosa". Deve-se destacar também a influência das artes como fontes de inspiração na construção deste conceito, assim como em outro conceito para dar suporte ao de repertório, que é o de *performance*, especialmente as advindas do teatro e da música (com destaque para o *jazz*). Tilly afirmou em 1995: "Como suas contrapartes teatrais, repertórios de ação coletiva designam não *performances* individuais, mas meios de interação entre pares de grandes conjuntos de atores. Uma companhia, não um indivíduo, mantém um repertório" (TILLY, 1995: 27).

Duas outras citações, de uma de suas últimas obras, ilustram também o papel das artes:

> Apresentar uma petição, fazer um refém, ou organizar uma manifestação constituem uma *performance* vinculando pelo menos dois atores, um reivindicador e um objeto das reivindicações. [...] *Performances* se aglutinam em repertórios de rotinas reivindicatórias que empregam os mesmos pares de objeto de reivindicação: patrões e empregados, camponeses e proprietários de terra, facções nacionalistas rivais, e tantos outros (TILLY, 2006: 35).

> Se olharmos de perto uma reivindicação coletiva, veremos que casos particulares improvisam a partir de roteiros [*scripts*] compartilhados. [...] A metáfora teatral chama a atenção para o caráter agrupado, aprendido, e ainda assim improvisado das interações [...]. Reivindicar usualmente se parece com *jazz* e *commedia dell'arte* mais do que com a leitura ritual de uma escritura sagrada. Como um trio de *jazz* ou grupo de teatro de improviso, as pessoas que participam em política confrontacional normalmente podem atuar em diversas peças, mas não numa infinidade delas (TILLY, 2006: 35).

O "repertório" não é propriedade exclusiva de um dado grupo, mas uma estrutura compartilhada de conflito. Ele pode ser mais ou menos limitado, segundo cada estrutura histórica de conflito. O confronto é entendido como estruturante. O conceito de "repertório" trata de interações, relações, entre grandes grupos de atores, e não ações isoladas. O conceito é relacional, uma interação entre várias partes. O "repertório" é estrutural e estruturante, engloba formas de pensar, desejos, valores e crenças e sua transformação. É, portanto, um conhecimento social sedimentado, composto por memórias e acordos compartilhados. Implicando padrões e suas variações, o repertório delimita as possibilidades da rotina, como uma língua que varia nas falas e dialetos, ou no desempenho individual.

Outra característica dos repertórios diz respeito a seu uso quanto a inovação e persistência. "O uso repetido do mesmo repertório diminui a sua eficácia instrumental e, desta forma, encoraja a inovação tática" (TILLY; McADAM & TARROW, 2009: 25).

Segundo Tilly, os repertórios são em si mesmos uma grande fonte de dados e análises, pois eles registram as demandas e as interpretações de um certo tempo histórico. Eles nunca mudam completamente. Há sempre uma simbiose entre os velhos e os novos significados.

Tarrow, Tilly e McAdam afirmaram em 1996 que os repertórios são históricos e não pertencem aos atores do movimento isolados. Eles são criados por meio da interação entre os protagonistas dos movimentos e seus oponentes. As autoridades podem responder a difusão dos novos repertórios usando a repressão, incorporação ou desenvolvimento de estratégias de novos controles sociais. Os novos repertórios são fundamentais para estimularem as mudanças, especialmente nas primeiras fases de um ciclo de protesto, quando o grupo está criando sua identidade social (McADAM; TARROW & TILLY, 1996: 23).

Segundo Angela Alonso, que fez um artigo específico sobre o conceito de repertório em Tilly,

> Os conceitos de estrutura de oportunidades políticas e de estruturas de mobilização davam conta das dimensões diretamente políticas da mobilização [...], o conceito de "repertório de ação coletiva" visava, então, incluir cultura na teoria tillyana do processo político. Nasceu miúdo e cresceu, em reformulações sucessivas, no passo em que cresceu o próprio interesse tillyano na maneira pela qual a cultura molda possibilidades de ação no curso dos conflitos políticos (ALONSO, 2012: 22).

Na realidade, Tilly inclui a cultura ao seu conceito inicial de repertório, após os debates assinalados anteriormente com os defensores da abordagem focada na sociedade civil, mas esta inclusão o faz mudar o foco central para os confrontos políticos. Ainda segundo Alonso,

> Tilly responderia em sequência de três artigos, nos quais o que era "repertório de ação coletiva" ressurge como "repertório de confronto". Esta adjetivação responde à crítica de que o conceito trataria de dinâmicas culturais, sem se fazer acompanhar de uma teoria da cultura. A especificação "de confronto" estreita o terreno, Tilly, assim, finca pé na sociologia política e dribla controvérsias da sociologia da cultura (ALONSO, 2012: 23).

Resulta que a guinada de Tilly leva-o a redefinir repertórios no plano da luta política. Assim ele afirma:

> A palavra repertório identifica um conjunto limitado de rotinas que são aprendidas, compartilhadas e postas em ação por meio de um processo relativamente deliberado de escolha. Repertórios são criações culturais aprendidas, mas eles não descendem de filosofia abstrata ou tomam

forma como resultado da propaganda política; eles emergem da luta (TILLY, 1995: 26).

Para concluir, duas novas citações de Alonso que exemplificam, na trajetória de Tilly, a importância do conceito de repertório e o seu legado:

> Tilly partiu, em 1976, de uma noção de repertório como formas de ação reiteradas em diferentes tipos de conflito; abordagem estruturalista e racionalista, concentrada na ligação entre interesse e ação e privilegiando atores singulares. Trinta anos depois o conceito se apresenta relacional e interacionista, privilegia a experiência das pessoas em interações conflituosas, e o uso e a interpretação dos *scripts* em *performances*, a nova unidade mínima do repertório. A adição de *performance* e o olho nas interações foi seu modo de adensar a *agency* e mitigar o estruturalismo de origem" (ALONSO, 2012: 34).

A teoria tillyana dos repertórios legou agenda em duas direções. Uma é a casa das questões sobre transferência política e o peso que nela jogam a tradição e as oportunidades políticas locais ou como a experiência pregressa peculiar de um grupo ou país define e redefine repertórios alheios. Outra é a pesquisa sobre as *performances*, como a experiência presente, os sentidos e usos dos agentes em suas interações confrontacionais, transforma os repertórios. Agenda que Tilly não quis fechar (ALONSO, 2012: 34).

Oportunidades políticas e ciclos de protesto

Os conceitos *oportunidades políticas* e *oportunidades de interesses* se tornarão chaves no final dos anos de 1980 e de 1990, na abordagem de Tilly e de seu grupo de pesquisa com S. Tarrow (1994). Ele foi aplicado por Tilly para entender tanto as lutas históricas violentas como os processos de barganha institucionalizados, numa abordagem que foi caracterizada por alguns autores como uma nova versão da Teoria da Modernização, onde se critica e faz uma completa revisão daquela teoria, e se afirma que as mudanças coletivas em larga escala afetam as ações coletivas. Ele mostra como o repertório das ações coletivas desenvolvido por atores relaciona-se com suas formas de associação e com as novas formas que emergem. Tilly classifica os tipos de mobilizações em defensivas e ofensivas, assim como desenvolveu bastante a reflexão sobre a relação dos grupos organizados em ações coletivas com as elites e os resultados deste processo em termos políticos.

Tarrow e Tilly estão entre os poucos autores que destacam a possibilidade de as oportunidades políticas expandirem o grupo ou o movimento social, em função de suas próprias ações. Grupos de protestos podem aumentar suas oportunidades pela expansão do repertório de ação coletivas dentro de novas formas, criando oportunidades a si próprios como para seus oponentes e para as elites, afirma Tarrow (1996: 58-59). Tilly (1993) diz que, embora as pessoas normalmente usem formas de ação coletiva que são culturalmente conhecidas, algumas vezes elas inovam.

Ciclo de protesto não é o principal conceito de Tilly, mas é importante para demonstrar o papel que ele atribui à história na investigação dos conflitos sociais e para observar o lugar que este conceito adquiri na Teoria do Confronto Político. A importância do estudo dos ciclos de protesto, na realidade, foi desenvolvida mais por Tarrow pela contribuição que seu estudo traz na análise do processo político de inovação do próprio sistema político. Um ciclo é definido como a fase de conflitos e disputas intensificadas nos sistemas sociais incluindo: uma rápida difusão da ação coletiva dos setores mais mobilizados para os menos mobilizados, um passo estimulante de inovações nas formas de disputa, novos "frames" de ações coletivas (ou retransformados), a combinação de formas de participação organizadas e não organizadas, e sequências de interações intensificadas entre os desafiadores (militantes dos movimentos) e as autoridades que resultam em reformas, repressão e algumas vezes em revoluções (TARROW, 1994: 153)[3].

Contentious politics – Confronto político

Contentious politics, confronto político, categoria inicialmente desenvolvida por Tilly, foi reconfigurada em trabalho com Tarrow e recebeu contribuições posteriores de Doug McAdam. As alterações no conceito de repertório ao longo da década de 1990, as mudanças introduzidas na primeira década deste século, advindas da conjuntura político-social do mundo globalizado, e o aprofundamento de parcerias de Tilly com Sidney. Tarrow e Doug McAdam transformaram o conceito "confronto político" em peça central da Teoria do Confronto Político. No novo século, ela foi adotada por outros autores da mesma corrente como Mário Diani, David Meyer, H. Johnston, Jeff Goodwin. Ela envolve diferentes formas e combinações da ação coletiva.

O termo *contentious politics* tem sido traduzido ao português sob várias denominações. Assim encontramos contestações políticas, política de contenções ou política contenciosa, política litigiosa, política contestatória, confronto político, litígio coletivo, disputas políticas e outras. Utilizamos aqui "confronto político" por acreditarmos que ele engloba os litígios, as contestações e as disputas políticas que as ações coletivas sempre envolvem. Ele passou a ser o grande guarda-chuva que abriga o estudo dos movimentos sociais, os ciclos de protesto, as revoluções e as ações coletivas de uma forma geral. Ele depende da mobilização, da criação de meios e da capacidade de interação para a ação coletiva. "Um confronto político tem início quando, de forma coletiva, as pessoas fazem reivindicações a outras pessoas cujos interesses seriam afetados se elas fossem atendidas" (TILLY; McADAM & TARROW, 2009: 11; tradução do artigo publicado em 1996 em *Mobilization*).

Um mapeamento dos confrontos deverá selecionar para investigação os litígios e as disputas políticas contestatórias das histórias políticas: locais, regionais e nacionais; as mudanças ocorridas em categorias sociais; as políticas estatais orientadas aos movimentos sociais, redes sociais, grupos de interesses, partidos políticos e outras áreas da vida pública coletiva como cidadania, nacionalismo, e os conflitos e violências em si, como banditismo, crimes etc.

Os primeiros estudos de Tilly sobre os processos de confrontos examinam o papel do Estado como produtor ou redutor das oportunidades políticas às ações coletivas. Ele afirma que o sistema político todo sofre mudanças que modificam o meio ambiente dos atores sociais suficientemente para influenciar o início, o desenvolvimento e os resultados da ação coletiva. Em 1996, em conjunto com Tarrow e McAdam, Tilly organizou o amplo programa de pesquisa envolvendo um mapeamento dos confrontos políticos. Para realizar este mapeamento desenvolveu procedimentos metodológicos tendo como ponto de partida um levantamento agrupando quatro conjuntos de dados: histórias políticas aglutinadas por tempo e lugar; estudos teóricos sobre mudança social local, regional ou mais ampla; políticas orientadas para o Estado advindas de movimentos sociais, redes sociais, grupos de interesse; e registros de conflitos e violência nos confrontos em geral.

Tilly elaborou metodologia própria para os estudos do que chamou de "política de confronto" ou "política contenciosa", compatibilizando profunda pesquisa histórica com quantificação. Por sua interpretação renovadora nesse campo, logrou uma análise integrada de processos eventuais de violência e revoluções, passando pelos movimentos sociais, sempre analisados em sua relação com mudanças macroestruturais. Incluiu a interação coletiva no estudo dos confrontos. Nos últimos anos de sua vida, seguiu trabalhando nessa área, conforme o demonstram seus livros: *The Politics of Collective Violence* (2003), *Contention and Democracy in Europe, 1650-2000* (2004) e *Social Movements, 1768-2004* (2004).

É importante assinalar que o programa de pesquisa norte-americano articulado em torno da noção de *contentious politics* inclui revoluções, rebeliões, nacionalismos e terrorismo, entre outros temas, e o estudo dos movimentos sociais em si é um dos elementos do rol dos confrontos possíveis. Em artigo de 1996, McAdam, Tarrow e Tilly afirmaram: "Adotamos o termo 'confronto político', em vez da conhecida tríade 'movimentos sociais, revoluções e ação coletiva' não apenas por economia de linguagem, mas porque cada um destes termos está intimamente identificado com uma subárea específica que é apenas uma parte do domínio acadêmico que este artigo percorre" (McADAM; TARROW & TILLY, 2009b: 12).

Finalmente, assinale-se que a TCP estabeleceu laços entre as políticas institucionalizadas e os movimentos sociais propriamente ditos. Os movimentos sociais são formatados por conjuntos de oportunidades e constrangimentos políticos externos existentes no contexto políticos onde estão inseridos. Algumas premissas da "mobilização de recursos" foram mantidas, como a que tratava os movimentos sociais como processos de mobilização sendo os mesmos a organização formal deste processo.

Movimentos sociais

Movimentos sociais nunca tiveram centralidade ou foco principal nas pesquisas de Tilly porque, segundo sua abordagem, eles são uma das formas de expressão dos confrontos políticos, e não "a" forma por excelência. Na sua extensa obra, apenas dois de seus livros têm os movimentos sociais como títulos de capa (1999) e (2004). Este último, *Social Movements 1768-2004*, teve um capítulo publicado em português, na *Revista Brasileira de Ciência Política*, número 3 (2010), p. 133-160. Tilly considera os movimentos como uma versão específica das políticas de confronto, ou políticas contenciosas. Os movimentos combinam três tipos de reivindicações: programa (apoio ou oposição ao objeto da reivindicação), identidade (declarações de "nós") e posição (laços ou solidariedade com outros atores políticos).

Para se entender os movimentos sociais, são necessários análise e compreensão histórica. A história ajuda a explicar algumas de suas características cruciais, a identificar mudanças significativas no funcionamento dos mesmos. Segundo Tilly, a história chama atenção para condições políticas que tornam possíveis os movimentos. Em 1996 afirmou: "Nossa concepção de movimento dirige o foco metodológico para o estudo sistemático e historicamente estruturado da ação coletiva de confronto" (TILLY; McADAM & TARROW, 2009: 35).

Os movimentos sociais foram analisados por Tilly com destaque aos processos de interação e compartilhamento. Para ele, o que constitui um movimento não são apenas ações dos demandantes, os objetos em demanda ou o público ao redor da reivindicação, mas o conjunto desses três elementos. Tilly procura distinguir movimento social de ação coletiva, rede, organização, redes de apoio. Para ele, é preciso olhar para o interior dos movimentos, observar seus alinhamentos, a interação entre os ativistas, para poder explicar seu funcionamento, e não tratá-los como blocos homogêneos. Os elementos principais dos movimentos são: campanhas, repertórios e demonstrações de Vunc (valor, unidade, números e comprometimento). Quando em ação, o valor pode ser observado nas vestimentas e presenças de personalidades, crianças, mães. Unidade: captado nos emblemas, faixas, cantos e canções. Números: número de participantes nas demonstrações, números de signatários de um manifesto etc. Comprometimento: dado, por exemplo, na observação ou registro de como os participantes enfrentam adversidades climáticas, políticas etc. Dadas as características do Vunc, Tilly desenvolveu a categoria *performance* como uma das mais importantes na análise de um movimento social. Algumas *performances* específicas, como marchas e demonstrações, são pistas relevantes na busca de reconstrução da história de um movimento, ou para clarificar se se trata de um movimento social ou não.

Portanto, para Tilly, os movimentos sociais têm uma história que os distinguem de outras formas políticas, como campanhas eleitorais, celebrações patrióticas etc. e eles não se referem a qualquer tipo de ação popular. Refere-se a "um conjunto particular, interconectado, em evolução e histórico, de interações e práticas" (TILLY, 2010: 142). A forma, o pessoal e as demandas dos movimentos variam e evoluem historicamente. Um movimento social é uma interação poderosa entre pessoas poderosas e outras que não tem poder: um desafio contínuo aos detentores de poder em nome da população cujos interlocutores afirmam estar ela sendo injustamente prejudicada ou ameaçada por isso" (McADAM; TARROW & TILLY, 2009: 21).

A ideia e a prática dos movimentos podem se espalhar pelo mundo por meio do esforço de um exército de militantes, criando ciclos de movimentos específicos. As revoluções são produzidas quando esses ciclos combinam-se com crises econômicas e com a divisão entre as elites. Nesses momentos, a imprensa e a mídia em geral desempenham grande papel na difusão dos movimentos.

Em 1996, McAdam, Tarrow e Tilly retomam a polêmica levantada por Cohen (1985) respondendo a questões postas uma década atrás, em questões como a da identidade *versus* interesses. Eles afirmam que alguns movimentos – como o das mulheres e dos direitos dos *gays* – fazem uma síntese entre as duas posições e não um antagonismo, assim como a identidade coletiva não é uma invenção dos "novos" movimentos sociais atuais porque a identidade do trabalho, presente entre os grupos de interesses – orientados, já existia desde o século XIX. Para Tilly e colegas, os pesquisadores dos novos movimentos sociais estariam focalizando os movimentos sociais isoladamente, e não como um todo na luta política. Reafirmam que, para a análise em termos políticos, é necessário tratar de suas táticas, objetivos, dentro de um panorama de oportunidades e constrangimentos. Afirmam ainda que eles, os movimentos, têm na atualidade uma face dual: muitas vezes um mesmo grupo age ora como movimento ora como partido, sendo essas mudanças parte da estratégia dos mesmos. As atividades dos movimentos envolvem, portanto, identidades e interesses. As identidades precisam ser reconhecidas e quem usualmente faz este reconhecimento é o Estado e suas instituições anexas, poderosas agências de reconhecimento (McADAM; TARROW & TILLY, 1996: 27).

Na análise dos processos de mobilização política se confrontam atores de movimentos e organizações, atores políticos dos governos constituídos etc. Eles criam repertórios de ação coletiva que, dependendo do contexto e do regime político vigente, podem ser prescritas, toleradas ou proibidas (TILLY, 2006). Tilly afirma também que os movimentos sociais dependem fortemente de empreendedores políticos para sua escala, durabilidade e efetividade, "talentosos empreendedores figuram em campanhas, *performances* dos movimentos sociais e demonstrações de Vunc desde o próprio nascimento dos movimentos sociais" (TILLY, 2010: 151). Nesse sentido, são uma "instituição inventada", e uma vez estabelecidos "em determinados cenários políticos a modelagem, comunicação e colaboração facilitam sua adoção em outros cenários conexos" [...]. Enquanto instituição inventada, "os movimentos podem desaparecer ou sofrer uma mutação para uma forma política totalmente diferente" (TILLY, 2010: 151-152).

Portanto, instituições, pessoas e o ambiente político, ou regimes políticos, predominantes em dados contextos e momentos, têm papel fundamental para explicar o surgimento (ou o desaparecimento) dos movimentos sociais. Tilly afirma:

> A democratização promove a formação de movimentos sociais. Entendamos por democratização o desenvolvimento de regimes caracterizados por uma cidadania relativamente ampla e igualitária, vinculando consulta aos cidadãos com respeito à política. [...] Mas a democratização efetivamente limita a extensão das ações coletivas populares factíveis e efetivas. Por exemplo, as instituições democráticas geralmente inibem as rebeliões populares violentas (TILLY, 2010: 150).

As pesquisas de Tilly levou-o a concluir: "Se os movimentos sociais começarem a desaparecer, seu desaparecimento será um indicativo de estar chegando ao fim um importante veículo de participação das pessoas na política. A ascensão e a queda dos movimentos sociais marcam a expansão e a contração das oportunidades democráticas" (TILLY, 2010: 138). A análise de Tilly sobre os movimentos sociais deixa claro os contornos teórico-paradigmáticos adotados, segundo uma abordagem que privilegia a política institucional, especialmente as instituições políticas, e se desenvolve a partir de suas raízes nas teorias do interacionismo simbólico, e em críticas na Teoria das Escolhas Racionais e da Mobilização Política, reformulando vários pressupostos dessa última. Diz o autor, em texto com McAdam e Tarrow:

> Os movimentos sociais se desenvolvem dentro de limites colocados por estruturas prevalecentes de oportunidade política: as organizações formais de governo e de políticas públicas; a facilitação e a repressão das reivindicações dos grupos desafiantes por parte das autoridades e a presença de aliados potenciais, rivais ou inimigos afetam, de forma significativa, qualquer padrão de confronto do sistema político [...].

Os mesmos autores concluem adiante:

> não há descontinuidade fundamental entre os movimentos sociais e a política institucional. Não apenas rejeitamos o argumento de que a atividade do movimento social é irracional; afirmamos que tal atividade é uma escolha estratégica entre outras feitas pelos atores quando é a resposta mais adequada a seus recursos, oportunidades e restrições (TILLY; McADAM & TARROW, 2009: 26, 33).

McAdam, Tarrow e Tilly formulam uma agenda composta de cinco pontos para se realizar uma análise da relação entre os movimentos e as instituições políticas. Eles afirmam que se analisarmos os movimentos como simples agregados de identidades e interesses, iremos estudar apenas seus documentos, pronunciamentos públicos e negociações internas. Mas os movimentos são também demandas coletivas às autoridades e, portanto, temos que dirigir nossa atenção para as ações públicas na arena do poder político. Daí o papel das *perfomances coletivas*". A agenda de estudo deve conter os seguintes passos: 1) Usar as fontes públicas disponíveis para verificar o tipo de ator social que está interagindo com o Estado, as elites e outros atores; 2) Onde e como estes atores combinam formas litigiosas de ações coletivas com comportamentos políticos convencionais, dentro e ao redor das instituições políticas; 3) Indicar as mudanças nos recursos, nas oportunidades e nos constrangimentos associados com mudanças entre as formas litigiosas de ação coletiva; 4) Comparar as ações estudadas com outras ocorridas no mesmo período para análise dos ciclos de protesto e verificar a hipótese de existência de "frames" de ações coletivas similares; 5) Revelar as mudanças nos modelos de ação coletiva que produzem situações revolucionárias, e a interação entre pessoas poderosas e os militantes que transformaram aquelas situações em resultados revolucionários (McADAM; TARROW & TILLY, 1996: 28).

Charles Tilly no Brasil e seu legado

A obra e a abordagem de Tilly difundiram-se nos Estados Unidos, na Inglaterra e Holanda desde os anos de 1980, chegando mais tardiamente à América Latina, especialmente no Brasil. Embora até 2016 apenas um livro de Tilly tenha sido traduzido para o português (1996), pesquisadores brasileiros passaram a buscar especialização sobre os movimentos nos Estados Unidos a partir dos anos de 2000 (há raras exceções na década de 1990). A grande maioria dos pesquisadores brasileiros que realizaram pesquisas, fizeram teses, dissertações e publicaram nas décadas de 1980 e 1990 na chamada "era movimentalista" dos movimentos sociais no Brasil, formou-se ou foi mais influenciada pela produção advinda da França, Itália e Espanha, produzida por A. Touraine, A. Melucci, M. Castells, C. Offe, J. Borja. O livro de S. Tarrow, de 1994, é um dos raros casos de publicação de teóricos da Teoria do Confronto Político no Brasil, e só foi traduzido para o português em 2008. Entretanto, muitos artigos e entrevistas de Tilly foram publicados em revistas e coletâneas brasileiras nos últimos dez anos. Eles tiveram grande repercussão especialmente porque, dada a etapa histórica das lutas e movimentos sociais no Brasil a partir da primeira década deste século, com inúmeras políticas institucionais que passaram a incorporar representantes de movimentos sociais, a abordagem de Tilly passou a ser vista como "adequada" por muitos pesquisadores, tanto na pesquisa sobre a participação institucional de representantes da sociedade civil em estruturas criadas no interior de órgãos estatais como na análise de movimentos sociais propriamente ditos.

Registre-se também que a pauta de debates acadêmicos dos primeiros anos deste século até 2013, no Brasil, esteve mais focada em torno das políticas públicas, trazendo preocupações muito mais relacionadas com a "institucionalização" das práticas coletivas civis do que os "novos" atores de movimentos sociais apresentam, agora incorporados à lógica política institucionalizada, bem como temáticas sobre as novas formas de gestão social e de participação política no âmbito das instâncias estatais. Os fatos advindos da conjuntura brasileira até 2013, explicam, em parte, a difusão das teorias de Tilly no país, neste século. Entretanto, usualmente nestes debates, os novos atores apareceram desligados de uma dimensão associativa que os enquadrem em cenários de conflitualidade política e social; criadores de instâncias coletivas de ação em constante ressignificação e em eventual situação de antagonismo perante o cenário político institucional. Por isso, muitos pesquisadores tiveram dificuldade na análise sobre junho de 2013 no Brasil, pois os laços dos ativistas nas ruas, com as políticas institucionais, não eram visíveis e, ao contrário, eram negados pelos mesmos. Registre-se ainda que, após junho de 2013, as manifestações nas ruas mudaram a pauta do debate sobre os movimentos sociais, redes e formas de associativismo. Com isso, teorias críticas são retomadas, tanto na matriz do neomarxismo (NEGRI, 2004) como na matriz libertária dos defensores da autonomia e expressões da cultura, a exemplo da retomada de Sader (1988). Entretanto, consideramos que a abordagem de Tilly continua adequada e necessária para análise da relação entre os movimentos e as instituições políticas, especialmente aquelas em crise de representatividade neste momento histórico.

Conclusão

Os trabalhos de Tilly a partir dos anos de 1970, foram um marco porque ele combateu teorias economicistas e psicologizantes, explicando, internamente, ao campo político de disputas, tensões e conflitos dos processos de mobilização coletiva. Ele criticou a Teoria da Escolha Racional de Olson, assim como a Teoria da Mobilização de Recursos de McCarthy, Zald e Meyer. Desenvolveu sua própria teoria, da Mobilização Política, depois alterada para Teoria dos Confrontos Políticos, após décadas de trabalho, diálogo e debate crítico com a Teoria dos Novos Movimentos Sociais, e inúmeras publicações com uma equipe de pesquisadores de primeira linha, atuando nos Estados Unidos, a exemplo de Doug McAdam e Sidney Tarrow. Nestas teorias, conceitos centrais são construídos, lapidados ao longo do tempo, à luz de dados empíricos advindos da pesquisa histórica de longa duração, e do debate teórico. Assim, repertórios, ciclos de protesto, oportunidades políticas *performances* e confronto político se destacam. Ao longo das décadas Tilly apresenta a lógica dos confrontos políticos e modo como se relacionam com o contexto político, social e econômico, assim como o relacionamento complexo dos elementos culturais com os processos políticos. Tilly demonstra que cada época tem um repertório diferente e uma forma de organização que torna o movimento mais ou menos eficiente. Ele desenvolve uma sociologia do conflito e os movimentos sociais são uma das formas de expressão dos confrontos sociais. Tilly, com sua análise histórica e destaque aos repertórios, tem muito a contribuir na nova etapa de debates e discussões do Brasil pós-junho de 2013.

Notas

1. Dentre os prêmios destacam-se: Common Wealth Award in Sociology (1982), The Amalfi Prize for Sociology and Social Sciences (1994),The Eastern Sociological Society's Merit Award for Distinguished Scholarship (1996), The American Sociological Association's Career of Distinguished Scholarship Award (2005), The International Political Science Association's Karl Deutsch Award in Comparative Politics (2006), The Phi Beta Kappa Sidney Hook Memorial Award (2006) e The Social Science Research Council's Albert O. Hirschman Award (2008).
2. Além do conteúdo dos textos e discussões das sessões dos seminários a experiência foi marcante na minha vida acadêmica por várias razões entre elas: a forma de acolhida ao grupo, sem burocracias ou exigência de inscrição formal (na época eu desenvolvia um programa de Pós Doc na New School University com o apoio do CNPq), a coordenação/condução do seminário pelo Prof. Tilly, dando oportunidade a fala de todos; a dinâmica de discussão de seus textos em preparação, inclusive estimulando sugestões para os títulos de suas obras; a simplicidade aliada ao rigor acadêmico; e a convivência que estabelecia com os dez participantes do grupo. Havia quase um "ritual" de jantar com o grupo após o seminário, em restaurantes ao redor da Universidade de Colúmbia, na maioria das vezes indianos, criando um ambiente descontraído no qual ele se interessava por "nossas" histórias.
3. Tarrow observou que os ciclos de protestos coincidem com ciclos de inovações políticas. A partir desta constatação ele passou a estudar estes momentos e fundamentou o conceito de oportunidades políticas que já havia sido utilizado por Tilly (1978), T. Skocpol (1979), McAdams (1982), H. Kitscheld (1986), H. Kriesi (1990), J. Goldstone (1991) transformando-o em eixo central da Teoria do Confronto Político. Todos aqueles autores haviam assinalado que os movimentos emergem em resposta a expansão de oportunidades políticas disponíveis para os grupos em busca de mudanças. McAdam retomou o conceito em 1994 destacando que há também oportunidades culturais e não só políticas e em novo trabalho publicado em 1996 ele afirma que Lipsky já havia chamado a atenção para as oportunidades políticas, e que em 1973 Eisinger também já havia utilizado o termo para auxiliar na compreensão das variações dos "riots" em 43 cidades norte-americanas. Jenkins e Perrow (1977) destacaram também os processos políticos em termos de oportunidades políticas como formadores de condições propícias à emergência de movimentos sociais. Tarrow irá concluir que a generalização do conflito dentro de um ciclo de protesto ocorre quando oportunidades políticas são abertas. Goodwin (1996) afirma que o conceito de oportunidade política geralmente é atribuído a Eisinger (1973), mas na realidade, de uma forma mais geral, ele originou-se dos trabalhos de Merton (1968) quando esse autor trata das "estruturas de oportunidades" e fala em "oportunidade estrutural". Na realidade, a TCP retrabalhou o conceito como oportunidade estrutural política, mas devido a associação imediata que é feita entre Merton e o estrutural-funcionalismo, os teóricos da TCP nunca citam Merton em seus trabalhos.

Referências

ALONSO, A. Repertório, segundo Charles Tilly: história de um conceito. In: *Sociologia & Antropologia*, vol. 2, n. 3, 2012, p. 21-41.

_____. Homenagem a Charles Tilly (1929-2008). In: *Tempo Social*, vol. 20, n. 1, 2008, p. 291-293.

ALONSO, A. & ARAÚJO, N.G. Entrevista com Charles Tilly. In: *Tempo Social*, vol. 16, n. 2, 2004.

BRINGEL, B. Com, contra e para além de Charles Tilly: mudanças teóricas no estudo das ações coletivas e dos movimentos sociais. *Sociologia & Antropologia*, vol. 2, n. 3, 2012, p. 43-67.

COHEN, J. Strategy or Identity: New Theoretical Paradigms and Contemporary Social Movements. In: *Social Research*, n. 52, 1985, p. 663-716.

DIANI, M. & McADAM, D. (eds.). *Social Movements and Networks*: Relational approaches to collective actions. Oxford: Oxford University Press, 2003.

GOHN, M.G. *Teorias dos movimentos sociais* – Paradigmas clássicos e contemporâneos. 11. ed. São Paulo: Loyola, 2014.

_____. *Novas teorias dos movimentos sociais*. 3. ed. São Paulo: Loyola, 2010.

GOODWIN, J. & JASPER, J.M. *The Social Movements Reader-Cases and Concepts*. Oxford: Blackwell, 2003.

JOHNSTON, H. A Methodology for Frame Analysis: From Discourse to Cognitive Schemata. In: JOHNSTON, H. & KLANDERMANS, B. *Social Movements and Culture*. Mineápolis: University of Minnesota Press, 1995, p. 217-246.

_____. New Social Movements and Old Regional Nationalisms. In: JOHNSTON, H.; LARAÑA, E. & GUSFIELD, J.R. *New Social Movements*: From Ideology to Identity. Filadélfia: Temple University Press, 1994.

_____. JOHNSTON, H. & ALMEIDA, P. *Latin American Social Movements*: Globalization, Democratization, and Transnational Networks. NovaYork: Rowman & Littlefield, 2007.

McADAM, D.; McCARTHY, J.D. & ZALD, M.N. *Comparative Perspectives on Social Movements*. Cambridge: Cambridge University Press, 1996.

McCARTHY, J.D. & ZALD, M. *The Trends of Social Movement in America*: Professionalization and Resource Mobilization. Morristown, NJ: General Learning, 1973.

MELUCCI, A. *Challeging Codes*. Cambridge: Cambridge Press, 1996.

_____. *Nomads of the Present*: Social Movements and Individual Needs in Contemporary Society. Filadélfia: Temple University Press, 1989.

_____. The New Social Movements: A Theoretical Approach. In: *Social Science Information*, n. 19, 1980, p. 199-226.

MEYER, D. & MINKOFF, D.C. Conceptualizing political opportunity. In: *Social Forces*, 82 (4), jun./2004, p. 1.457-1.492.

SMELSER, N.J. *Teoria del comportamiento colectivo*. México: FCE, 1962.

SNOW, D.; SOULE, S.A. & KRIESI, H. *The Blackwell Companion to Social Movements*. Londres: Blackwell, 2004.

TARROW, S. *New Transnational Activism*. Cambridge: Cambridge Press, 2005.

_____. *Power in Movement*. Cambridge: Cambridge Press, 1994.

TOURAINE, A. *Sociologie de L'action*. Paris: Seuil, 1965.

TURNER, R.H. & KILLIAN, L.M. *Collective Behavior*. Nova York: Prentice-Hall, 1957.

Obras do autor

TILLY, C. *Contentious Performances*. Cambridge: Cambridge University Press, 2008.

_____. *Explaining Social Processes*. Boulder: Paradigm, 2008.

_____. *Democracy*. Cambridge: Cambridge University Press, 2007.

_____. *Contentious Politics*. Paradigm, 2006 [com Sidney Tarrow].

_____. *Handbook of Contextual Political Analysis*. Oxford, 2006.

_____. *Regimes and Repertoires*. Chicago: University Chicago Press, 2006.

_____. *Why? What happens when people give reasons... and Why*. Princeton: Princeton University Press, 2006.

_____. *Identities, Boundaries, and Social Ties*. Boulder, CO/Londres: Paradigm, 2005.

_____. *Trust and Rule*. Cambridge: Cambridge University Press, 2005.

_____. *Contention and Democracy in Europe, 1650-2000*. Cambridge: Cambridge University Press, 2004.

_____. *Social Movements, 1768-2004*. Boulder: Paradigm, 2004.

_____. *The Politics of Collective Violence*. Cambridge: Cambridge University Press, 2003.

_____. *Stories, Identities, and Political Change*. Lanham: Rowman & Littlefield, 2002.

_____. *Dynamics of Contention*. Cambridge: Cambridge University Press, 2001 [com Doug McAdam e Sidney Tarrow].

_____. *How Social Movements Matter*. Mineápolis: University of Minnesota Press, 1999 [com Marco Giugni e Doug McAdam].

_____. *Durable Inequality*. Berkeley: University of California Press, 1998.

_____. *From Contention to Democracy*. Lanham: Rowman & Littlefield, 1998 [com Marco G. Giugni e Doug McAdam].

_____. *Transforming Post-communist Political Economies*. Washington: National Academy Press, 1998 [com Joan M. Nelson e Lee Walker].

_____. *Work under Capitalism*. Boulder: Westview, 1998 [com Chris Tilly].

_____. *Roads From Past to Future*. Lanham: Rawman & Littlefield, 1997.

_____. *Cities and the Rise of States in Europe, A.D. 1000-1800*. Boulder: Westview, 1995 [com Wim Blockmans].

_____. *Citizenship, Identity and Social History*. Cambridge: Cambridge University Press, 1995.

_____. Democracy is a lake. In: ANDREWS, G.R. & CHAPMAN, H. (orgs.). *The Social Construction of Democracy*. Nova York: New York University Press, 1995.

_____. *Popular Contention in Great Britain, 1758-1834*. Cambridge: Harvard University Press, 1995.

_____. *European Revolutions, 1492-1992*. Oxford: Basil Blackwell, 1993.

_____. *Coercion, Capital, and European States, A.D. 990-1990*. Oxford: Blackwell, 1990 [único livro traduzido para o português: *Coerção, capital e estados europeus*. São Paulo: Edusp, 1996 [Coleção Clássicos].

_____. *Behavior, Society, and Nuclear War*. Vol. I. Nova York: Oxford University Press, 1989 [com Philip E. Tetlock et al.].

_____. *Strikes, Wars, and Revolutions in an International Perspective* – Strikes waves in the late nineteenth and early twentieth centuries. Cambridge: Cambridge University Press, 1989 [com Leopold Maimson].

_____. *Behavior, Society, and International Conflict*. Nova York: Oxford University Press [vol. I, 1989; vol. II, 1991; vol. III, 1993 [com Philip E. Tetlock et al.].

_____. *The Contentious French*. Cambridge: Harvard University Press, 1986.

_____. *Big Structures, Large Processes, Huge Comparisons*. Nova York: Russell Sage Foundation, 1985.

_____. *Class Conflict and Collective Action*. Beverly Hills: Sage, 1981 [com Louise Tilly].

_____. *From Mobilization to Revolution*. Reading: Addison-Wesley, 1978.

_____. *An Urban World*. Boston: Little/Brown, 1971.

_____. *History as Social Science*. Englewood Cliffs: Prentice-Hall, 1971 [com David Landes].

_____. *Strikes in France, 1830-1968*. Cambridge/Nova York: Cambridge University Press, 1971 [com Edward Shorter, indicado para o National Book Award].

_____. *Subsidizing the Poor*: a Boston housing experiment. Lexington, Mas.: Heath, 1971 [com Joe Feagin e Constance Williams].

_____. *The Rebellious Century, 1830-1930*. Cambridge: Harvard University Press, 1971 [com Louise A. Tilly e Richard Tilly].

_____. Clio and Minerva. In: McKINNEY, J. & TIRYAKIAN, E. (eds.). *Theoretical Sociology*, 1970, p. 433-466.

_____. Collective Violence in European Perspective. In: GRAHAM, H. & GURR, T. (eds.). *Violence in America*, 1969, p. 4-45.

_____. *Measuring Political Upheaval*. Princeton: Princeton University Press, 1965 [com James Rule].

_____. *Migration to an American City*. Newark: University of Delaware, 1965.

_____. *Race and Residence in Wilmington*. Nova York: Teachers College Press, 1965 [com Wagner Jackson e Barry Kay].

_____. *The Vendée*. Cambridge: Harvard University Press, 1964.

Artigos do autor

TILLY, C. A história social anglo-americana desde 1945. In: *Tempo Social*, vol. 24, n. 2, 2012, p. 13-32.

_____. O acesso desigual ao conhecimento científico. In: *Tempo Social*, vol. 18, n. 2, out.-nov./2006, p. 47-63.

_____. Movimentos sociais como política. In: *Revista Brasileira de Ciência Política*, n. 3, jan.-jul./2010, p. 133-160. Brasília [Primeiro capítulo da obra *Social Movements, 1768-2004*. Boulder/Londres: Paradigm, 2004].

_____. Contention over space and place. In: *Mobilization*: An International Quarterly, 8/2, 2003, p. 221-226.

_____. Itinerários em análise social. In: *Tempo Social* – Revista de Sociologia da USP, vol. 16, n. 2, 2002, p. 299-302.

_____. Spaces of contention. In: *Mobilization*: An International Quarterly, 5/2, 2000, p. 135-160.

_____. Getting it together in Burgundy. In: *Theory and Society*, 4, 1977, p. 479-504.

_____. Getting it together in Burgundy, 1675-1975. *Working Paper*, U128, mai./1976. University of Michigan.

_____. Do Communities Act? In: *Sociological Inquiry*, 43, 1973, p. 209-240.

TILLY, C.; TARROW, S. & McADAM, D. Para mapear o confronto político. In: *Lua Nova*, n. 76, 2009, p. 11-48.

18
Jeffrey Alexander (1947-)

*Fernando Lima Neto**

Introdução: um programa forte sobre cultura

Nas últimas décadas, o interesse pelo tema da cultura tem ocupado boa parte da produção teórica das ciências humanas. Uma contribuição bastante influente neste debate é a sociologia cultural de Jeffrey Alexander, cuja ideia central reside na proposta de fazer da sociologia um campo de investigação destinado à compreensão e explicação do lugar privilegiado da cultura na construção social da realidade. Na sociologia americana, a noção de cultura foi, muitas vezes, relegada como um conceito menos importante, algo a ser explicado por outros conceitos que supostamente teriam maior capacidade explicativa. Alexander rompe com essa tradição ao propor um modelo de sociologia que visa dar conta do modo como a cultura está enraizada na configuração dos mais diversos processos sociais, sejam eles relativos à política, à economia, ou a quaisquer outros âmbitos de construção cotidiana da vida social.

Ao propor o que entende como *programa forte*[1] de cultura, Alexander classifica outras abordagens como "programas fracos" de análise sobre cultura. Em particular, o autor cerra fileiras contra a abordagem mais convencional da sociologia da cultura. Argumenta que, enquanto a sociologia cultural se ocupa de interpretar significados coletivos traçando a textura moral e os padrões emocionais pelos quais os indivíduos e grupos são por elas influenciados, a sociologia da cultura intenta explicar o que é que cria os significados da vida social, isto é, preocupam-se em expor como as estruturas da cultura são formadas por outras estruturas de ordem mais material. Neste sentido, entende que falar em sociologia da cultura é sugerir que a cultura seja algo a ser explicado por alguma outra coisa totalmente separada do domínio do significado (ALEXANDER, 2003: 12-13).

Assim, enquanto a sociologia cultural compreende a cultura em seus próprios termos, fazendo dela uma variável independente na análise sociológica, a sociologia da cultura procura explicar a cultura como consequência de relações "reais" da vida social, fazendo dela uma variável dependente na análise sociológica. Alexander sustenta que a

---

* Professor do Departamento de Ciências Sociais da Pontifícia Universidade Católica do Rio de Janeiro (PUC-Rio). Doutor em Sociologia pela Universidade Federal do Rio de Janeiro (UFRJ) e pela École des Hautes Études en Sciences Sociales.

sociologia cultural não tem por objetivo ser uma disciplina especializada na cultura, mas, antes, uma disciplina totalmente permeada pela centralidade da cultura. Seu programa forte para a sociologia pretende demonstrar que a cultura não é uma "coisa", mas uma dimensão; não é um objeto a ser estudado como uma variável dependente, mas algo constitutivo de toda e qualquer relação social.

Neste capítulo, apresento a sociologia cultural de Jeffrey Alexander. Identifico conceitos principais, influências teóricas e apresento brevemente um exemplo de análise empírica desta teoria.

As influências de Parsons e Durkheim

Uma primeira influência importante na formação de Alexander é a contribuição de Talcott Parsons, de quem foi aluno. Tal como seu mestre, Alexander propõe abordar o âmbito prescritivo e simbólico das instituições e da vida social (ALEXANDER, 1994, 2000). No entanto, afora essa aproximação mais geral, é diferente o modo que cada um enfatiza o plano cultural da vida social. Para Parsons, enquanto o sistema social e o sistema da personalidade são concebidos como modelos de organização de ações motivadas, isto é, estão referidos ao plano interativo e "real" da vida social; o sistema cultural, por sua vez, consiste em padrões simbólicos de valores e crenças, que atuam com função normativa na regulação dos outros dois sistemas. Para Parsons, a cultura não deve ser entendida apenas como um conjunto de símbolos de comunicação, mas como um conjunto de normas para a ação (PARSONS, 1994: 40-41). O sistema cultural consiste em um padrão de significados que são institucionalizados nos sistemas sociais e internalizados nos sistemas de personalidade (PARSONS, 1977: 171).

Outra referência fundamental para proposição da sociologia cultural é a contribuição de Durkheim, em particular sua sociologia da religião e sua pretensão de analisar a produção de conhecimento simbólico sobre o mundo. Durkheim interpretou a experiência religiosa como manifestação da forma geral da experiência social, isto é, como uma força moral que atua coercivamente sobre os indivíduos (DURKHEIM, 2008). Para ele, os símbolos têm sua própria organização autônoma, organizam-se a partir da divisão entre sagrado e profano, este último composto por meros signos e o primeiro composto por símbolos saturados de poder simbólico. Estes símbolos sagrados exercem controle sobre a estrutura da organização social. Alexander retoma essa centralidade que Durkheim confere à questão do significado; porém, o faz a partir de premissas metodológicas diferentes. Se Durkheim insistiu na coerção e na exterioridade das forças religiosas, Alexander destacou o fato de que essa coerção estrutural só existe porque há nos indivíduos uma disposição interna para aceitá-la. Neste sentido, ao mesmo tempo em que são fortemente constrangedoras, essas forças sociais são também habilitadoras.

Alexander afirma que os fenômenos de ordem simbólica devem constituir um foco importante da análise sociológica. A preocupação da sociologia cultural consiste no estabelecimento de uma perspectiva multidimensional, que tenha por objetivo "problematizar o modo como os elementos de um sistema social são mediados por códigos culturais" (ALEXANDER, 1992: 294). O autor define a noção de cultura como um conjunto de padrões simbólicos de entendimento coletivo que permite aos indivíduos experimentar o mundo, mais do que apenas pertencer a ele. Para ele, essa opção traduz um modelo de transformação analítica que visa desconstruir o lugar-comum da distinção entre antropologia e sociologia, distinção esta que conferia à primeira a tarefa de explicar padrões simbólicos da vida em sociedade, enquanto que a segunda estaria destinada a explicar o que fosse entendido como interações reais da vida social. Entende que este tipo pouco proveitoso de distinção analítica é o que legitimou a emergência de um domínio simultaneamente especializado e isolado de estudo sociológico da cultura, que tende a torná-la uma variável concreta de investigação ao identificá-la a uma atitude ideológica em contraposição a interesses econômicos, ou a valores em oposição a normas, ou à religião em oposição à política, e assim por diante. Ao contrário disso, Alexander entende que tanto o simbólico quanto o material constituem dimensões analíticas de uma mesma unidade empírica, evitando, assim, tomar os fenômenos simbólicos apenas em suas causas ou efeitos, mas, antes, pensando como os processos simbólicos se sustentam em seus próprios termos (ALEXANDER, 1992: 295-296).

Para Alexander, personalidade e cultura são os meios internos de constituição da ação, enquanto as estruturas sociais da economia, política e solidariedade constituem o meio externo. Alexander argumenta que esses meios externos só podem ser experimentados significativamente se penetrarem os meios internos da ação. Assim, entende que a estruturação de significados (como a separação entre sagrado e profano, p. ex.) é algo que coage os indivíduos, mas é também socialmente produzida. Ao afirmar isso, contudo, o autor não quer reduzir a produção de significados às interações "reais" dos indivíduos. Antes, está preocupado em fundamentar a autonomia dos significados em uma perspectiva de síntese sociológica. Para Alexander, valores como bem e mal, puro e impuro, sagrado e profano, não são propriamente criados pelos indivíduos, mas criam-se e se renovam através daqueles acontecimentos nos quais os indivíduos experimentam os significados que lhes são transcendentes.

Nós não podemos entender a cultura sem referência ao significado subjetivo, e não podemos entendê-la sem referência aos constrangimentos socioestruturais. Não podemos interpretar o comportamento social sem reconhecer que ele segue códigos que ele não inventa: ao mesmo tempo, a invenção humana cria um meio de mudança para todo código cultural (ALEXANDER, apud EYERMAN, 2004: 26).

Nesse sentido, a sociologia cultural dedica-se a explicar o comportamento social através da análise dos códigos culturais que lhes são imanentes, revelando como esses códigos são eles próprios não apenas reproduzidos, mas também alterados no processo social. A classificação do que seja sagrado e do que seja profano na vida social tem que ser constantemente atualizada no cotidiano das pessoas. Alexander acredita que fenômenos como escândalos, pânicos morais, punições públicas e guerras são espécies de processos rituais que cumprem essa função nas sociedades modernas. Esses são fenômenos que alteram a configuração do que o autor entende por "estrutura cultural", ou "estrutura hermenêutica"[2]. Alexander procura trazer a noção de estrutura para dentro da noção de cultura, isto é, postula a autonomia analítica da cultura: cultura é uma dimensão de toda ação (ALEXANDER, 2005: 21). A estrutura hermenêutica consiste no horizonte significativo e emotivo em que são materializadas toda e qualquer ação social, independentemente de seu caráter instrumental, reflexivo ou coercitivo (ALEXANDER, 2000: 38). Toda ação e toda instituição social só existe dentro de um horizonte simbólico de significação. Por essa razão, argumenta, todo subsistema especializado da sociologia deve ter uma dimensão cultural (ALEXANDER, 2005: 31).

Apesar de resgatar a proposta durkheimiana de analisar a produção de conhecimento simbólico sobre o mundo, Alexander argumenta que Durkheim enfatiza demasiadamente o sagrado sem conferir devida importância ao profano. Para Alexander, o mundo profano também é regido por códigos culturais que regulam o poder pela secularização de valores religiosos, como bem e mal. Argumenta que o papel da rotinização do sagrado (i. é, o próprio profano) é algo de importância crucial. Os valores se criam e se renovam através de experimentação e de re-experimentação direta do significado transcendente (ALEXANDER, 2000: 207-210). Assim, por causa dessa disposição em enfatizar também o profano, não há como afirmar com certeza que as oposições binárias que Alexander trabalha sejam exatamente as mesmas de Durkheim. Durkheim insiste na divisão entre sagrado e profano como dicotomia elementar do pensamento humano, uma dicotomia mais acentuada do que a separação entre bem e mal, por exemplo. Já Alexander costuma falar em bem e mal (*good and evil*) com mais frequência do que sagrado e profano. Mais do que isso, Alexander parece equacionar esses dois tipos de polaridade. O autor afirma que seu interesse pelo mal sagrado se deve à atenção que defere ao profano, algo subestimado por Durkheim, que não se preocupa, por exemplo, com o que Alexander define como mal sagrado (*sacred evil*). Alexander entende que a institucionalização e valorização do bem sagrado é consequência também do que a sociedade rotiniza como mal absoluto. Em termos rituais, argumenta, é a cristalização do mal o que faz com que os ritos de purificação sejam culturalmente necessários e sociologicamente possíveis.

Para Alexander, Durkheim filia-se à mesma tradição que Parsons ao tratar os valores da sociedade tendo como referência apenas o sagrado ou bem absoluto, tornando a negatividade mera categoria residual. Nem Durkheim nem Parsons consideram com seriedade a possibilidade empírica ou teórica de valorizar o mal de um modo tão acentuado como o bem (ALEXANDER, 2003: 114). De fato, a sociologia da religião de Durkheim o sagrado à sociedade e o profano ao individual (LUKES, 1973: 27). Importante, portanto, observar que embora se inspire em Parsons e Durkheim, esses autores rementem a variações da abordagem estruturalista que Alexander se esforça por rechaçar.

A noção de trauma cultural

Associada à noção de "estrutura hermenêutica", a noção de "trauma cultural" tem lugar de destaque no programa defendido por Alexander e seus pares, constituindo parte do núcleo teórico da sociologia cultural. Um trauma cultural ocorre quando membros de uma coletividade sentem que estão sujeitos a um evento negativo que traz marcas indeléveis em sua consciência de grupo. O momento em que a sociedade experimenta este sentimento é indicativo de que alterações ocorrem na estrutura hermenêutica da sociedade, promovendo novas relações entre eventos acontecidos, estruturas, percepções e ações. Experimentar um trauma pode ser entendido, em um sentido sociológico, como uma injúria dirigida a um grupo. São definidas as vítimas, as responsabilidades e as sanções. Nessas ocasiões, as identidades e memórias coletivas são visceralmente revisadas.

Alexander entende que a produção desses eventos traumáticos afeta não apenas indivíduos particulares, mas grupos inteiros de pessoas, provocando danos irreversíveis à estrutura cultural. Para além de uma referência às coletividades, o conceito enfatiza a cultura e os processos de subjetivação (JOAS, 2005: 367). Nesta perspectiva, o abalo provocado pela experiência traumática não é algo que se encontra naturalmente nos próprios fenômenos que o provocaram, isto é, não são os eventos que criam por si sós o trauma, eventos não são inerentemente traumáticos. Antes, trauma é uma atribuição socialmente mediada. O *status* de trauma é atribuído a um fenômeno apenas quando as pessoas acreditam que este fenômeno afeta, afetou ou afetará a coletividade. Neste sentido, tal atribuição pode ser feita não apenas em tempo real (ao mesmo tempo em que ocorre o evento), mas também pode ser feita antes de um evento ocorrer (como uma previsão), ou depois de o evento ter acontecido (como uma reconstrução). A seguir, exponho em linhas gerais seu estudo sobre o Holocausto, que pertence a esta segunda ordem de atribuição, traumas que ocorrem depois de terem acontecidos os eventos. Casos como esse constituem processos sociais que alteram profundamente os esquemas relativamente autônomos de classificação simbólica das sociedades quando fatos previamente conhecidos são reinterpretados à luz de novas classificações simbólicas. Alexander procura analisar as mutações da memória coletiva dentro desses processos de reconstrução identitária.

Argumenta que para entender a mudança na narração de um fenômeno social é necessário relacionar a dicotomia entre sagrado e profano com o problema parsoniano de generalização. Considera que existem três níveis em que os fenômenos sociais podem ser narrados. O primeiro e mais específico é o nível dos objetivos. No âmbito da política, por exemplo, este nível consiste no mundo dos interesses imediatos, das relações de poder, o mundo corriqueiro da política. Sobre este nível, em um grau superior em generalidade, está o mundo das normas, convenções, costumes e leis que regulam essas interações. Em um nível ainda mais superior em generalidade, há o mundo dos valores, que consiste nos aspectos mais gerais e elementares da cultura que informam os códigos que regulam a autoridade política e as normas dentro das quais são resolvidos os interesses específicos (ALEXANDER, 2000: 212-213). Esses níveis, portanto, estão vinculados a diferentes tipos de recurso social, e a concentração em um ou outro nível diz muito sobre a estabilidade de um sistema (i. é, quando ele opera na rotinização, no profano) ou sobre sua instabilidade (quando está sujeito a processos rituais de ressacralização, redefinição do que seja sagrado).

Para Alexander, quando se interpreta um acontecimento como algo relativo à política rotineira ou profana significa que esses interesses não são vistos como violação de normas e valores mais gerais. Por sua vez, a política não rotineira começa quando se sente tensão entre esses níveis. Neste caso, a atenção pública se translada desde fins políticos até questões mais gerais, envolvendo as normas e valores que se encontram ameaçados. Quando isso acontece, argumenta o autor, pode-se dizer que está em jogo o processo de generalização da consciência pública, que é um ponto central no processo de ritualização em sociedades complexas.

A construção do Holocausto

O interesse de Alexander em estudar o Holocausto tem por objetivo entender o modo como um evento histórico específico, marcado pela intolerância e violência étnica, pôde se transformar em um símbolo do sofrimento humano e do mal moral, um símbolo universalizado cuja existência abriu uma série de possibilidades de regulação cívica de conflitos globais de um modo sem precedentes na história. Esta transformação cultural, acredita, foi realizada porque o evento histórico originário, traumático ao extremo para um grupo particular de pessoas, foi redefinido com o passar de muitos anos como um evento traumático para toda humanidade. Ao estudar o Holocausto, Alexander se dispõe a examinar a criação social de um trauma e seus efeitos sobre a vida social e moral (ALEXANDER, 2003: 28).

Em abril de 1945, após a descoberta dos campos de concentração nazistas, o Holocausto ainda não era o "Holocausto". Nesta época, o que foi encontrado dentro dos campos de concentração foi classificado pelos informantes norte-americanos como "atrocidades" da guerra. Obviamente, despertavam horror e estranhamento aos observadores contemporâneos. Entretanto, enquanto "atrocidades", as descobertas foram postas lado a lado (metonímia e semanticamente) com uma série de outras brutalidades típicas de um período de guerra.

Duas coisas são requeridas para que as pessoas sejam traumatizadas por uma experiência que elas próprias não compartilharam diretamente: extensão simbólica e identificação psicológica. Alexander observa que, nos primeiros momentos após a descoberta dos campos de concentração, isso não aconteceu. Para a opinião pública norte-americana, os judeus sobreviventes aos campos de concentração pareciam uma raça estrangeira. As identidades e características desses sobreviventes eram raramente personalizadas através de entrevistas ou esboços biográficos. Antes, foram apresentados como uma massa, muitas vezes uma massa desorganizada, não apenas pela mídia, mas também por poderosos oficiais do comando militar aliado. Essa despersonalização tornou mais difícil para os sobreviventes do Holocausto gerar identificação das pessoas para com o seu drama. Assim, a despersonalização das vítimas e também a especificidade da situação histórica e sociológica (que vincularam o assassinato em massa de judeus a outros horrores da sangrenta Segunda Guerra Mundial) foram decisivas para conter a universalização do trauma do Holocausto em um primeiro momento (ALEXANDER, 2003: 30).

Alexander observa que, a partir do fim da década de 1930, emergiu uma forte narrativa antifascista nas sociedades ocidentais. O nazismo era codificado, pesado e narrado em termos apocalípticos, como um mal sagrado. A representação do nazismo com um mal absoluto não enfatizava apenas sua relação com coerções e violências, mas, sobretudo, enfatizava o modo como o nazismo relacionava violência a ódio étnico, racial e religioso. Neste sentido, nessa época, o drama vivido pelos judeus perseguidos pelos nazistas fora inicialmente interpretado "apenas" como mais um lamentável exemplo de ação desumana do nazismo. Assim, o drama dos judeus comparecia como uma questão residual, dentro do que Alexander define como "antiantissemitismo". A crescente repulsão ao antissemitismo na sociedade norte-americana representava um triunfo sobre o nazismo. Mas não ainda o reconhecimento do trauma do Holocausto, o que veio a acontecer mais tarde. A mudança que veio a ocorrer não significou que, de repente, os cristãos sentiram afeição genuína ou identificação com os judeus. O que mudou foi a lógica de associação simbólica dos eventos.

Com a vitória de 1945, os Estados Unidos se atribuíram a tarefa de estabelecer a nova ordem mundial. Com o propósito de criar um futuro livre do nazismo, os judeus vieram pela primeira vez a ser analogamente conectados aos núcleos simbólicos norte-americanos sobre democracia e nação (ALEXANDER, 2003: 48). Se, em um primeiro momento, isso ainda não era suficiente para fazer do Holocausto o Holocausto; de fato, as coisas começaram a mudar quando se intensificou o peso do mal no assassinato em massa de judeus. Isso só aconteceu porque tinha lugar uma mudança correlata na estrutura hermenêutica da sociedade. Foram sendo criados novos significados que compeliam o trauma do assassinato em massa de judeus a ser visto de um modo significativamente diferente, com consequências para a ação política e social que se fazem presentes até hoje. Na formação desta nova estrutura hermenêutica, permanecia a codificação do assassinato em massa de judeus como um mal, mas o peso que a isso era conferido tinha mudado. A simbolização do genocídio judeu tornou-se generalizada e ratificada, e, no processo, o mal presente no assassinato de judeus tornou-se algo separado do lado profano nazista. Mais do que apenas tipificar o nazismo, o evento acontecido veio a ser entendido como não sendo típico de qualquer coisa, veio a ser entendido como único, um evento sem precedentes históricos, um mal em uma escala nunca existente antes: "O assassinato em massa de judeus tornou-se aquilo que podemos identificar, em termos durkheimianos, como mal sagrado, um mal que relembra que um mal de tamanha enormidade e horror deveria ser radicalmente mantido em separado do mundo e de outros eventos traumatizantes" (ALEXANDER, 2003: 50).

Essa separação do mal sagrado demandava também que o trauma fosse renomeado, pois o conceito de "assassinato em massa", e mesmo o de "genocídio", parecia resistir à desnormalização do trauma, por localizá-lo de maneira próxima ao banal e mundano. Em contraste, a palavra Holocausto não tinha, naquele momento, uma significação formal na língua inglesa e passou a assumir essa função no dia a dia, sendo que na década de 1960 o termo entra na linguagem cotidiana como um nome próprio. Esta nova identidade linguística proveu o assassinato em massa de judeus da extensão simbólica necessária para que o trauma dos judeus fosse também um trauma para toda a humanidade. Já havendo a extensão simbólica, o outro ingrediente necessário para a sacralização do Holocausto com um mal, a identificação psicológica, não estava longe. Dependia da configuração do novo peso simbólico do mal em uma diferente estrutura narrativa.

Alexander traz o exemplo do Holocausto para demonstrar como um mesmo acontecimento social é passível de receber diferentes interpretações e atribuições de sentido. Inspirado na sociologia religiosa durkheimiana, propõe uma teoria que abarque estas variações de significados e permita a compreensão de como e por que eventos que antes eram legitimados e considerados "normais" ou "aceitáveis" pela sociedade tornam-se eventos hediondos para todos ao serem reinterpretados como algo que representa uma ameaça central à vida moral da sociedade. Inicialmente, o drama dos judeus era algo relacionado com o futuro da humanidade, isto é, a redenção deste mal estava na confirmação de um futuro democrático para o mundo. Contudo, logo que fora definido como mal sagrado, isto é, como Holocausto, o assassinato em massa dos judeus passou a ser significado com algo transcendente à própria história, com um "mal de nosso tempo" que marcaria para sempre a humanidade. Nesta nova narrativa, mais do que um evento na história, o assassinato em massa de judeus tornou-se um arquétipo, um evento fora do tempo. Este *status* transcendental do fenômeno foi o que proveu a base para a identificação psicológica em uma escala sem precedentes (ALEXANDER, 2003: 51-52).

Considerações finais

Próximo à perspectiva weberiana, Alexander entende que, se, por um lado, a estrutura hermenêutica (o que Weber poderia analogamente entender como "quadro de valores") antecede as ações dos indivíduos (que devem ser tomadas dentro destes quadros), por outro, ela pode também ser transformada pela ação dos indivíduos. Neste sentido, ao mesmo tempo em que estrutura formações identitárias coletivas, a estrutura hermenêutica é reformada pela ação dos indivíduos. Se a análise narrativa enfoca as práticas sociais sob a ótica do significado, a teoria sobre *performance* retém atenção na ação. O objetivo aí é fundir ação e cultura de uma forma mais radical do que a proposta da internalização de regras (Parsons), como narrações codificadas. A ação humana seria práxis cultural, prescrita mas potencialmente transformativa, governada por e criadora de regras (EYERMAN, 2004: 29-30). Ao propor a noção de estrutura hermenêutica (ou estrutura cultural), Alexander apresenta sua proposta de síntese sociológica que visa implodir a dicotomia entre cultura e matéria (ou idealismo e objetivismo) que tanto marca a sociologia.

Como foi visto, a estrutura hermenêutica consiste em estruturas narrativas e códigos simbólicos binários que organizam e são organizados pelas ações humanas, isto é, as estruturas culturais estruturam os significados da vida social. No entanto, a qualidade hierárquica da organização do campo das ações e significados sociais é pouco explorada pelo autor. Diferentemente da proposta weberiana, Alexander não aprofunda a discussão sobre poder. Neste sentido, parece reproduzir com a noção de poder o tipo de equívoco que acusa seus adversários de fazer com a noção de cultura. Ainda que se proponha a tratar do "controle da produção de significados", ou mesmo das diferentes atribuições de peso que são conferidas a uma valoração, Alexander condiciona esses aspectos à anterioridade de uma estrutura cultural. O autor advoga que a cultura deve ser analiticamente apartada da estrutura social, remetendo ao que chama de autonomia relativa da cultura. Neste sentido, embora lance mão de análises empíricas sobre poder dentro de processos sociais específicos, o foco da análise está primordialmente centrado na anterioridade e autonomia dos processos culturais que podem ou não serem afetados pelas ações dos indivíduos.

A filiação teórica idealista persiste para além de seus estudos empíricos. Assim como acontece com outros pares da teoria contemporânea, a síntese se frustra porque pende para um lado. A pretensão de autores como Alexander, Bourdieu, Giddens e Elias em superar as dicotomias estruturantes do pensamento sociológico diz muito sobre o impacto do contexto histórico atual na teoria sociológica. Transformações que remetem ao que tem sido chamado de Pós-modernidade, globalização ou sociedades pós-industriais, para ficar com os termos mais recorrentes, exigem da sociologia uma reinterpretação da Modernidade, sendo ela mesma um produto dessa modernidade e, agora, dessa reinterpretação. Seja como for, as teorias de síntese apresentam contribuições importantes para a reformulação (e não a superação) dos conceitos e perspectivas centrais da sociologia. Ao relacionar uma teoria sobre narrativa com uma teoria sobre *performance* (no caso, uma teoria sobre sacralidade e outra correlata sobre ritual), Alexander incorpora ao idealismo uma dimensão de práxis que lhe permite tratar processos gerais e autônomos de formação simbólica através do foco em processos empíricos específicos.

Notas

1. Alexander evoca a discussão de Charles Morris sobre um "programa forte" para a ciência. A noção de programa forte consiste em considerar que as ideias científicas são convenções culturais e linguísticas, e não apenas o resultado de ações e procedimentos objetivos. Mais do que apenas "achados" que traduzem o espelho da natureza (RORTY, 1994), a ciência é entendida como representações coletivas, o que implica separar o conteúdo cognitivo das determinações naturais. Alexander sustenta que esse programa forte também deve emergir no estudo sociológico sobre cultura.
2. A tradução literal do termo que ele emprega é "hermenêutica estrutural" (*structural hermeneutics*). Entretanto, como veremos adiante, há razões para acreditar que a tradução "estrutura hermenêutica" é mais fiel aos propósitos do autor. Isso porque o que está em jogo aí é um tipo especial de estrutura, também chamada por ele de estrutura cultural (*cultural structure*) (ALEXANDER, 2003: 3-4).

Referências

ALEXANDER, J. Why Cultural Sociology is not "Idealist": a Reply to McLennan. In: *Theory, Culture & Society*, 22, 2005.

_____. *The Meanings of Social Life*: a Cultural Sociology. Nova York: Oxford University Press, 2003.

_____. *Sociología Cultural*: formas de clasificación en las sociedades complejas. Barcelona: Anthropos, 2000.

_____. Analytic Debates: Understanding the Relative Autonomy of Culture. In: ALEXANDER, J.C. & SEIDMAN, S. *Culture and Society*. Cambridge: Cambridge University Press, 1994.

_____. The Promise of a Cultural Sociology: Technological Discourse and the Sacred and Profane Machine. In: *Theory of Culture*. Los Angeles: University of California Press, 1992.

DURKHEIM, É. *Les formes élémentaires de la vie religieuse*: le système totémique en Australie. Paris: PUF, 2008.

EYERMAN, R. Jeffrey Alexander and the cultural turn in social theory. In: *Thesis Eleven*, 79, 2004.

JOAS, H. Cultural Trauma? – On the Most Recent Turn in Jeffrey's Alexander Cultural Sociology. In: *European Journal of Social Theory*, 8 (3), 2005.

LUKES, S. *Émile Durkheim*: His Life and Work. Nova York: Penguin Books: Midddlesex, 1973.

PARSONS, T. Um esboço do sistema social. In: BIRNBAUM, P. & CHAZEL, F. *Teoria sociológica*. São Paulo: Edusp, 1977.

PARSONS, T. & SHILS, E. Values and Social Systems. In: ALEXANDER, J.C. & SEIDMAN, S. *Culture and Society*. Cambridge: Cambridge University Press, 1994.

RORTY, R. *Philosophy and the Mirror of Nature*. Princeton: Princeton University Press, 1980.

19
Alain Touraine (1925-)

*Neiva Furlin**

Questões introdutórias

O sociólogo francês Alain Touraine é um dos importantes pensadores das ciências sociais contemporâneas e um especialista nos estudos sobre a América Latina. Sua teoria apresenta um conjunto de ideias originais para explicar a Modernidade e o papel do ator na conjuntura social. Tornou-se conhecido por utilizar o conceito de "sociedade pós-industrial"[1], que caracteriza a substituição de uma economia baseada na indústria para outra, em que os serviços começam a ter maior peso. A perspectiva teórica assumida pelo autor se desenvolveu a partir do que se denominou "paradigma acionista" (GOHN, 2000), ou sociologia da ação. Teve como principal interesse o estudo dos movimentos sociais, por meio dos quais ele buscou evidenciar as transformações sociais e culturais da sociedade moderna e industrial.

Touraine foi um dos primeiros intelectuais a construir um olhar crítico sobre a internacionalização do capital, o liberalismo econômico, os processos de privatização e as mudanças sociais, ou seja, sobre o que mais tarde se chamou de globalização. Publicou cerca de 40 livros. Sua obra, de modo especial, após 1968 é perpassada pela articulação entre as noções de sujeito, movimentos sociais e democracia, cujo pensamento teve maior impacto na América Latina e na Europa.

A carreira intelectual de Touraine atravessa dois momentos distintos da sociedade capitalista moderna, ou seja, na passagem da sociedade industrial, centrada no movimento operário, para a sociedade da globalização e da informação. Na fase de transição, dedicou-se à sociologia da ação e ao pensamento antifuncionalista. Deu prioridade, inicialmente, à atuação dos atores sociais que estavam vinculados ao mundo do trabalho e nas relações de classe e, na sua fase mais recente, centrou seus estudos sobre a ação do sujeito coletivo e pessoal.

Para Touraine, a análise social não pode mais ter como principal objetivo a sociedade (instituições), mas os atores, os quais são mais do que sociais, por não serem definidos somente por suas pertenças e relações sociais, mas também pelos direitos culturais, de modo que nas últimas décadas o autor faz uma transição conceitual da noção de ator

---

* Doutora em Sociologia pela Universidade Federal do Paraná (UFPR).

social para a de sujeito, em suas dimensões pessoal e coletiva, tendo como referência os direitos humanos (TOURAINE, 2006).

Desse modo, é possível demarcar três períodos na obra de Alain Touraine: o primeiro, baseado em estudos de campo sobre o trabalho industrial e a consciência da classe operária, principal ator social da sociedade industrial; o segundo voltado para o estudo dos novos movimentos sociais (enquanto ator coletivo), em particular as revoltas estudantis iniciadas em maio de 1968, na França, e os golpes de Estado Latino-americanos das décadas de 1960 e 1970; o terceiro, que compreende a sua obra mais tardia, o autor analisa a ação do sujeito individual e coletivo, que se transforma em ator na sociedade pós-industrial e teoriza a noção de sujeito, dialogando também com a filosofia. A noção de sujeito-ator é central na teoria social de Touraine, contudo em cada período histórico, de sua trajetória intelectual, ela recebe uma configuração distinta.

Vale lembrar que, a partir de sua obra *Um novo paradigma para compreender o mundo hoje* (2005), Touraine passou a trabalhar com a ideia do "fim do social", como paradigma de compreensão da realidade atual e a emergência de um paradigma culturalista na análise do sujeito. Ele faz essa afirmação mostrando que, por um longo período, descrevemos e analisamos a realidade social em termos políticos, centrados em conceitos como: a desordem e a ordem, a paz e a guerra, o poder e o Estado, o rei e a nação, a república, o povo e a revolução. Com a Revolução Industrial, quando o capitalismo se liberou do poder político e se tornou a "base" da organização social, substituímos o paradigma político pelo paradigma econômico e social, de modo que se buscou compreender a sociedade por categorias como: classes sociais e riqueza, burguesia e proletariado, sindicatos e greves, estratificação e mobilização social, desigualdades e redistribuição. Segundo Touraine, hoje, quase dois séculos após o triunfo da economia sobre a política, essas categorias "sociais" se tornaram confusas e deixam na sombra uma grande parte de nossa experiência vivida. Desse modo, para o autor, precisamos de um novo paradigma, já que não se pode voltar ao paradigma político, sobretudo porque os problemas culturais se tornaram importantes e o pensamento social precisa compreender essa nova realidade. É nesse sentido que Touraine proclama o "fim do social" como paradigma de compreensão da realidade atual (TOURAINE, 2006).

Dada a relevância do pensamento de Touraine para o conjunto da teoria social contemporânea, apresentamos, aqui, uma introdução geral sobre esse autor, no intuito de despertar no leitor/a o interesse pelo aprofundamento de sua teoria sociológica, de modo que estruturamos este texto em quatro pontos, sobre os quais passamos a nos deter.

O cientista social e o seu tempo: trajetória e produção acadêmica[2]

Alain Touraine nasceu no dia 3 de agosto de 1925, em Hermanville-sur-Mer, França. Sua infância esteve marcada por um contexto pós-guerra e pela educação pautada nos valores do catolicismo. Iniciou seus estudos no curso de história, na École Normale Supérieur, em 1945. Depois de dois anos foi para a Hungria, onde realizou o seu primeiro estudo sociológico sobre a reforma agrária. Sem interesse em voltar à École Normale, por considerar que havia uma distância entre a universidade e a vida política, em um período de greves revolucionárias nas minas de carvão, Touraine fez uma experiência de trabalho junto aos operários das minas do norte da França, vivendo em condições precárias de vida e com baixo salário, como ele mesmo expõe na entrevista concedida a Farhad Khosrokhavar (2004).

Nesse período, ao ler uma obra de Georges Friedmann, que tratava dos problemas humanos trazidos pelas máquinas industriais, Touraine busca um encontro com o autor da obra. Friedmann o convence a regressar para a École Normale Supérieur, convidando-o a participar de uma pesquisa sobre a industrialização. Assim, Touraine se dedicou ao estudo sobre a organização, a consciência da classe operária e a atuação dos sindicatos na mudança das condições de trabalho na fábrica da Renault. Tais experiências marcam a trajetória acadêmica de Touraine, e mostra que desde cedo o seu interesse esteve voltado pelas reivindicações afirmativas do ponto de vista da consciência dos atores sociais. Ao dar centralidade aos estudos sobre os movimentos sociais europeus, com ênfase no desejo dos sujeitos por liberdade e mudanças nas condições operárias, ele se contrapõe ao discurso interpretativo dominante, ocupando uma posição marginal ou na contracorrente dos estudos sociológicos da época.

Incentivado por Friedmann, em 1950, prestou concurso para professor de História e ingressou no Centro Nacional de Investigação Científica, onde trabalhou com intelectuais como Edgar Morin e Claude Lefort. Em 1952 recebeu uma bolsa do Instituto Rockefeller para aprofundar seus estudos nos Estados Unidos. Passou pelas universidades de Harvard, Colúmbia e Chicago. Depois esteve na Universidade do Chile, onde contribuiu com a criação do *Centro de Estudos para a Sociologia do Trabalho,* realizando uma pesquisa empírica sobre a consciência operária, em minas de carvão e de siderurgia. Nesse período, conheceu a jovem chilena, Adriana Arenas, formada em Bioquímica, com quem se casou e teve dois filhos.

Regressou a Paris em 1954 e fundou o *Laboratório de Sociologia Industrial*, vinculado a École Pratique des Hautes Études, hoje École des Hautes Études en Sciences Sociales (Ehess)[3]. Estava convicto de que era no interior dos conflitos da sociedade industrial que emergia os atores sociais, os quais pautavam suas lutas em favor da liberdade e dos direitos humanos. Tratava-se de manifestações coletivas da classe operária, ligadas ao universo do trabalho.

Alain Touraine não aderiu a nenhuma corrente de pensamento da Ehess, assumindo uma trajetória mais solitária e tendo poucas parcerias de trabalho (TOURAINE, 2004). Em 1965 defendeu sua tese em Letras, apresentando dois livros: *Sociologia da ação* e *A consciência operária*, cujas obras foram posteriormente publicadas[4]. Depois disso, entre os anos de 1966 e 1969, Touraine se tornou professor da Faculdade de Letras da Universidade de Paris.

Em 1968, o pensamento de Touraine vai ser marcado pelo novo contexto social e cultural emergente e pelo seu envolvimento com os movimentos que surgem na França nesse período. Ele constata a existência de uma nova configuração dos movimentos sociais, centrados em reivindicações culturais, em que os conteúdos da vida privada invadem o cenário político.

> Naquele momento, de fato, nosso pensamento mudou radicalmente: o que começou a nos impressionar mais não eram os problemas históricos, mas a defesa dos direitos do homem, a afirmação da personalidade, os problemas ligados à sexualidade, a partir de uma visão de coisas que se colocava cada vez mais afastada de uma ideologia do progresso (TOURAINE, 2004: 26).

Touraine identifica esse novo momento dos movimentos como *novos movimentos sociais* ou os *novos sujeitos sociais*, os quais se tornam o objeto principal de seus estudos. Assim, em 1970, ele transforma o Laboratório de Sociologia Industrial em um Centro de Estudos dos Movimentos Sociais, onde reuniu pesquisadores de diferentes correntes teóricas. Para Touraine, a sociedade industrial teria se esgotado e as relações humanas deveriam ser compreendidas a partir da perspectiva cultural. Pautado nessa compreensão, ele vai estudar a relação entre os movimentos sociais e a cultura, priorizando os sujeitos marginais, ou seja, as minorias políticas. Daí a sua proximidade com o movimento mexicano dos zapatistas.

Os anos de 1974 e 1975 marcam o tempo de sua maturidade intelectual, como ele mesmo afirma. Nesse período, organizou o Programa de Pesquisas sobre Movimentos Sociais, compondo uma equipe de pesquisadores com a participação de François Dubet, Michel Wieviorka e Zsuzsa Hegedys e, logo depois, com a ajuda do mesmo grupo, criou o Centro de Análise e de Intervenção Sociológica, que dirigiu até o ano de 1993. Outro tema relevante em seus trabalhos, sobre a América Latina, foi o da democracia, em que dá ênfase à diversidade histórica e à heterogeneidade social, cultural e econômica dos povos latinos. Nessa segunda etapa de sua produção acadêmica, a relação entre os conceitos de sujeitos e de historicidade é uma marca de seu trabalho. Touraine evidencia que, apesar de a indústria não ter desaparecido, os conflitos de classe não são mais o centro das dinâmicas da sociedade pós-industrial e a relação trabalhador-proprietário dos bens da produção não ocupa o centro das dinâmicas sociais, já que a cultura e a identidade registram grande parte das tensões sociais no mundo contemporâneo. Entre as obras publicadas nesse período, destacamos: *A sociedade pós-industrial* (1973), *A produção da sociedade* (1973)[5], *As sociedades dependentes* (1976), *O retorno do ator* (1984); *Palavra e sangue: política e sociedade na América Latina* (1988)[6].

A partir de meados da década de 1980, mais precisamente nos anos de 1990, identifica-se uma terceira fase na trajetória intelectual de Touraine, quando ele aprofunda o debate sobre democracia, dando maior acento às reflexões teóricas que sugerem a necessidade de combinar a liberdade do sujeito pessoal com o reconhecimento das diferenças culturais e as garantias institucionais, que protejam tais liberdades e diferenças. Para isso, o autor considera fundamental ligar instrumentalidade e identidade, ou seja, racionalidade e subjetivação (TORAINE, 2006). Trata-se de uma fase em que ele ampliou a sua produção e ganhou maior reconhecimento[7]. Nesse período, entre os anos de 1984 e 1990, Touraine enfrentou dificuldades pessoais com a doença e o falecimento de sua esposa.

O livro *A crítica da Modernidade*, publicado em 1992[8], de certa forma, marca o pensamento dessa nova fase da produção intelectual de Touraine, quando ele intensifica a reflexão sobre a relação entre os valores privados e a vida pessoal, a importância da autonomia, a conduta humana como ação pessoal de si para si e com os outros. Constrói essas ideias, tendo como base a experiência na América Latina, as observações que havia feito e suas reflexões sobre a condição humana na contemporaneidade, no que se refere à sua capacidade de criação e de ação. Trata-se do sujeito reflexivo que surge como uma reação positiva diante da crise das representações sociais; um sujeito que ocupa o lugar do ator social, quando o assunto era a sociedade industrial. Destacamos outras obras importantes desta terceira fase: *O que é a democracia?* (1994); *Poderemos viver juntos – Iguais e diferentes* (1997); *Igualdade e diversidade* (1997); *Como sair do liberalismo* (1999); *Um novo paradigma para compreender o mundo hoje* (2005); *O mundo das mulheres* (2006); *Pensar outramente: o discurso interpretativo dominante* (2007); *Após a crise* (2010)[9]; *O fim da sociedade* (2013)[10], sua obra mais recente, onde ele retoma a ideia sobre o fim do paradigma social.

Além das diversas pesquisas e estudos teóricos, Touraine escreveu para jornais de diferentes países. Integrou conselhos internacionais, tornou-se membro da Academia Brasileira de Letras, da Academia Americana de Artes e Ciências, da Academia Polonesa de Ciências, e das academias Europeia e Mexicana de Ciências. Também foi presidente da Sociedade de Sociologia Francesa (1968-1970) e vice-presidente da Associação Internacional de Sociologia (1974-1978).

A sua importância para a academia o fez ser agraciado com o título de Doutor *honoris causa* por universidades de vários países, tais como Universidade de Genebra, Montreal, La Paz, Bologna, do México, Santiago do Chile, Quebec, Córdoba, Puebla, no Brasil, Roma, Finlândia, San Martín, Valparaíso e Bogotá.

Aos 92 anos, sem uma atividade sistemática na academia, continua refletindo e escrevendo sobre temas da contemporaneidade.

Percursos e influências

Nesse ponto, pretendemos ressaltar algumas conexões e influências que foram importantes para a construção do pensamento social de Alain Touraine, bem como a influência de sua teoria para o conjunto do conhecimento sociológico.

Primeiro é preciso considerar que as pesquisas sobre a sociedade industrial, com base marxista, do sociólogo francês Georges Friedmann, influenciaram Touraine, sobretudo na primeira fase de sua produção intelectual e orientaram suas primeiras pesquisas voltadas para a consciência operária e os conflitos de origem econômica. Georges Friedmann, como já nos referimos, não foi somente o seu inspirador, mas também seu orientador de tese e grande incentivador da carreira acadêmica.

Em sua teoria, Touraine estabeleceu um diálogo crítico com os clássicos, sobretudo Durkheim e Marx e foi se afastando da pespectiva puramente econômica ao conceber que na sociedade contemporânea os conflitos sociais se generalizaram e obedecem a uma outra ordem, ou seja, não se concentram somente nas dinâmicas econômicas, mas também nas culturais.

No decorrer de sua estadia nos Estados Unidos, Touraine teve contato com o pensamento de Talcot Parsons e frequentou seus cursos. Segundo o próprio autor, esse encontro lhe fez perceber o quanto se afastava da teoria parsoniana, contribuindo para dar fundamentação à sua postura antifuncionalista[11]. Contra o funcionalismo, Touraine apostou no confronto entre um sistema social dominado pelo poder e, por outro, nos movimentos sociais, como ferramenta necessária para mudar radicalmente esse sistema (TOURAINE, 2004). Nessa oposição à sociologia do sistema, ele propôs a sociologia do ator social.

A sua experiência na Universidade do Chile, os contatos que estabeleceu com alguns intelectuais, as pesquisas realizadas na América Latina marcaram a sua trajetória acadêmica, já que parte dos seus estudos, com temas como movimentos sociais e democracia, tiveram por base as pesquisas realizadas no contexto latino-americano. Desse modo, pode-se afirmar que o pensamento sociológico de Touraine é construído por meio de uma dupla relação, isto é, de um lado estão as fontes teóricas com as quais dialoga e, de outro, a pesquisa de campo e a experiência pessoal e coletiva dos grupos com quem interagiu, em diferentes contextos sociais e momentos históricos.

A sociologia da ação de Touraine se inspira em referenciais que vêm, também, da filosofia, de modo que em Descartes ele encontra a sustentação para a ideia de *consciência de si* e para o reconhecimento do outro como ator, igual e diferente. A filosofia cartesiana lhe dá base para afirmar a "essência" do ser humano como um ser pensante, capaz de atos criativos, no contexto da sociedade pós-industrial. Outro filósofo que lhe influenciou foi Santo Agostinho, sobretudo quando Touraine discute a liberdade humana que permite ao sujeito resistir ao poder da dominação e da exploração. Essa influência é indireta porque ele credita à Descartes a "modernização" da reflexão sobre a liberdade humana, conferindo mais atualidade à filosofia cartesiana. Essas ideias filosóficas lhe permitem pensar a ação do sujeito pessoal e coletivo e a sua luta por liberdade, pautada na defesa dos direitos universais, em contextos em que as forças do poder buscam reduzir o sujeito a um "não sujeito"[12] (TOURAINE, 1998).

Indubitavelmente, essas ideias conjugadas ao seu envolvimento e pesquisa junto aos novos movimentos sociais fecundaram a sua reflexão e produção acadêmica. Ou seja, ele se mostrou um intelectual conectado com as mudanças socioculturais que foram percebidas pelo seu olhar sociológico, atento e sensível aos acontecimentos históricos, sobretudo aos relacionados às minorias sociais[13].

O percurso que Touraine fez, de uma análise mais centrada no ator social para o sujeito pessoal, sobretudo a partir dos anos de 1990, se vincula à sua concepção de que a sociedade precisava ser compreendida não mais somente pelo social e pela esfera pública, uma vez que os conflitos passaram a se manifestar também na luta pela afirmação das identidades culturais, deslocando a esfera privada para o mundo político. A articulação entre o público e privado se tornou essencial e passou a dar sentido às novas formas de mobilização social. Na visão do autor, o movimento feminista foi pioneiro nessa luta, uma vez que seu *slogan* "o pessoal é político", permitiu quebrar a dicotomia público/privado.

Essa concepção levou Touraine a dialogar com o pensamento feminista e a se interessar pelos estudos de gênero, sobretudo quando escreveu a obra *Igualdade e diversidade*. De acordo com o próprio autor, a sua segunda esposa, a italiana Simonetta, teve influência na sua descoberta e aproximação com os grandes debates das feministas americanas, sobre filosofia política (TOURAINE, 2004). Leu, ainda, obras de feministas pós-estruturalistas americanas como Judith Butler, entre outras. Reconhece que "amplas áreas da teoria sociológica foram transformadas pelos estudos da mulher e pelas feministas e, mais ainda, quando se trabalha o tema igualdade e diferença"[14] (ADELMAN, 2004), de modo que, nas últimas obras de Touraine, é recorrente a sua referência ao movimento das mulheres, considerando-as como as principais atrizes das mudanças culturais, pela sua capacidade de recriar a unidade entre os polos que a Modernidade separou.

Touraine admite ter sido influenciado a construir um pensamento oposto ao dominante quando teve contato com a última parte da obra de Michel Foucault[15], justamente porque ele dá centralidade à noção de sujeito, a qual gerou uma reviravolta no discurso dominante. Desse modo, Touraine declara que a sua concepção de sujeito pessoal, como "construção de si", embora distinta, se cruza com o pensamento foucaultiano, construído nos últimos anos de sua trajetória intelectual (TOURAINE, 2009).

Por fim, vale lembrar que, ao fazer o debate sobre a Modernidade, Touraine dialogou com outros sociólogos contemporâneos, tais como Ulrich Beck, ao abordar os riscos da Modernidade, com Georg Simmel, para falar da dissociação entre o objetivo e o subjetivo, provocados pela radicalização da Modernidade, e com Jurgen Habermas e Tocqueville quando trata do tema da democracia, entre outros, o que evidencia que ele esteve conectado com as produções que envolviam seus temas de reflexão.

Suas escolhas teóricas e sua produção intelectual o colocaram na contracorrente dos grandes debates sociológicos, contudo é preciso dizer que, mais do que conquistar discípulos, ele se tornou uma das grandes referências para os estudos sobre os movimentos sociais e culturais, daí a relevância de sua contribuição para o conjunto das teorias sociais.

Conceitos-chave: ideias que marcam a abordagem sociológica de Touraine

Touraine discute sobre categorias sociais, das quais, algumas, foram abordadas por outros pensadores sociais contemporâneos[16]. Contudo, existe uma especificidade em sua contribuição teórica e analítica acerca da Modernidade, da sociedade pós-industrial, da democracia, dos movimentos sociais, da política e da subjetividade. Ele articula esses debates em torno da noção de ator social que, depois, é deslocada para a noção de sujeito, de modo que o conceito ator/sujeito ocupa um lugar central em toda a sua obra. É importante ressaltar que Touraine recorre à reflexão histórica sobre a Modernidade, na sua tensa relação entre racionalidade e subjetividade, para introduzir suas ideias sobre o "retorno do sujeito", e o seu papel na religação dos elementos que foram fragmentados pela radicalização da Modernidade. Desse modo, ele analisa a potencialidade política e social do sujeito e ator, na sua relação intrínseca com os movimentos sociais e culturais e os processos democráticos, como garantia da ação do sujeito.

Dada a impossibilidade de abarcar a amplitude de sua abordagem teórica, priorizamos apresentar alguns dos seus principais conceitos, ou categorias, entre os quais, estão: Modernidade, democracia, movimentos sociais e subjetividade[17]. Esses conceitos, na teoria touraineana, aparecem articulados entre si, mas, para facilitar a compreensão, didaticamente, optamos por abordá-los em separado.

A Modernidade

Para Touraine, a Modernidade é marcada pela emergência da ciência racional e do sujeito, em suas dimensões da liberdade e criação. Contudo, a interação entre razão, consciência e ciência ocorreu em meio a tensões contínuas, a ponto de a visão racionalista da Modernidade suprimir a criatividade humana, reprimindo a emergência do sujeito, como liberdade e criação (TOURAINE, 1995). O triunfo da racionalidade instrumental sobre a subjetivação fragmentou a experiência humana contemporânea, gerando a crise da Modernidade ou o que ele chamou de *Modernidade dividida,* cujo processo ocorreu a partir do final do século XVIII, e se intensificou na década de 1970, período em que se faz a passagem da sociedade industrial, que era centrada nas reivindicações de ordem social, para a sociedade pós-industrial, ou sociedade da informação, em que as reivindicações passam a ser de ordem cultural[18] (TOURAINE, 2006).

Para falar da crise da Modernidade, o autor utiliza os conceitos de *dissociação* e de *desmodernização.* A *dissociação* é compreendida como o processo de separação entre instituições políticas e atores sociais, que se radicaliza na sociedade pós-industrial. Na visão do autor, o desenvolvimento histórico da Modernidade gera três fenômenos: a crise do social, a violência generalizada e as novas reinvindicações culturais, tanto como apelo ao sujeito pessoal quanto como reivindicação por direitos coletivos, que se referem aos direitos culturais. O conceito de dissociação está diretamente relacionado à ideia de crise do social, que tem referência direta à crise das instituições sociais e políticas, à fragilidade dos sistemas democráticos, sobretudo, em um contexto em que os interesses econômicos passam a dinamizar as políticas nacionais e internacionais. Já a *desmodernização* está associada à ideia de desconstrução de modelos construídos pela própria Modernidade, ou seja, a ruptura dos laços que unem a liberdade pessoal e a eficácia coletiva. A desmodernização representa o enfraquecimento de instituições modernas que trabalham em favor da representação social, dos atores sociais, tais como Estado, sindicatos, escolas e organizações coletivas em geral (TOURAINE, 1998a).

Para Touraine, a crise da Modernidade é resultado da forte ideia de progresso técnico e científico, do aumento da fragmentação, da massificação da comunicação, da disseminação da produção e do consumo exacerbado de bens culturais e materiais, que enfraqueceram as instituições sociais formadoras dos indivíduos-sujeitos. Isso gerou um desequilíbrio entre as duas faces opostas da Modernidade, a objetiva e a subjetiva, de modo que, na contemporaneidade, o mundo das técnicas se sobrepôs aos direitos subjetivos, entre os quais os direitos culturais (TOURAINE, 1998a).

Portanto, é no centro dessa realidade que, segundo o autor, emerge o sujeito – a construção do indivíduo como ator, com o papel de recompor a Modernidade, unindo razão e sujeito, isto é, integrar cada um dos elementos culturais da Modernidade esfacelada. Em seus escritos mais tardios, Touraine (2004) prefere abordar o sujeito como o que emerge para resistir ao poder da razão instrumental e de qualquer forma de comunitarismo, que gera processos de dessubjetivação.

> O sujeito nasce e se desenvolve sobre as ruínas de um ego objetivado pelos detentores do poder e transformado dessa forma em si-mesmo: sujeito que é vontade do indivíduo de ser produtor e não somente consumidor de sua experiência individual e de seu meio ambiente social. O que melhor define a Modernidade não é o progresso das técnicas, nem o individualismo crescente dos consumidores, mas a exigência de sua liberdade e sua defesa contra tudo o que transforma o ser humano em instrumento, em objeto ou em um absoluto estranho" (TOURAINE, 1996b: 245).

Na concepção de Touraine "não existe modernidade sem racionalização; mas também não sem a formação de um sujeito-no-mundo que se sente responsável perante si mesmo e perante a sociedade" (TOURAINE, 1996a: 215). Na tarefa de unir os elementos que foram desintegrados, o autor vincula a ideia de sujeito ao "movimento social, como esforço de um ator coletivo que contesta a ordem social imposta e se apossa dos valores, das orientações culturais da sociedade" (TOURAINE, 1996a: 253), e sugere que a democracia é o regime que mais permite a ação do sujeito na sua tarefa de recompor a Modernidade. Para o autor, a Modernidade de uma sociedade é medida pela sua capacidade de reaproximação das experiências humanas.

Democracia

Touraine desenvolve melhor sua teoria sobre a democracia nas obras *O que é democracia?* e *Poderemos viver juntos?* Segundo o autor, para compreender o sistema democrático é necessário fazer a distinção entre sociedade civil, sociedade política e Estado. A sociedade civil "é o domínio dos atores sociais que são orientados por valores culturais compartilhados e, ao mesmo tempo, por relações sociais, muitas vezes conflitantes" (TOURAINE, 1996a: 63). A representatividade dessa esfera e a cidadania são fundamentais para a composição da cultura democrática, porque esta deve partir da sociedade civil e da política. O Estado tem a responsabilidade de defender a memória coletiva, a proteção das minorias, o estímulo à criação cultural, o planejamento em longo prazo e a defesa da nação diante de forças estrangeiras. Já o papel da sociedade política é fazer a mediação entre a sociedade civil e o Estado, cuja mediação ocorre pela elaboração de leis, que correspondam aos interesses da diversidade existente na sociedade civil. Desse modo, para o autor, a sociedade política é o espaço da democracia na medida em que ela representa os interesses dos atores sociais.

Assim, a representatividade política tem um papel importante na garantia do processo democrático, pois dela depende a qualidade das relações, por se tratar de um mecanismo de mediação entre Estado e sociedade civil. Porém, nesse processo se faz importante o elo entre todas as instâncias, cuja influência deve ocorrer a partir de "baixo".

> A democracia define-se não pela separação dos poderes, mas pela natureza dos elos entre sociedade civil, sociedade política e Estado. Se a influência se exercer de cima (sociedade política e Estado) para baixo (sociedade civil) não existirá democracia; pelo contrário, chamamos democrática a sociedade em que os atores sociais orientam seus representantes políticos que, por sua vez, controlam o Estado (TOURAINE, 1996a: 51).

Touraine (1996a) fala da existência de três tipos de democracias: a) A liberal, que dá grande importância a limitação do poder do Estado pela lei e pelo reconhecimento dos direitos fundamentais; b) A social, que "dá maior importância à cidadania, à Constituição ou às ideias morais e religiosas, que garantem a integração da sociedade e fornecem um sólido fundamento para as leis"; c) A representativa social dos governantes, em que ocorre certa oposição entre a democracia, que defende os interesses das categorias populares e das oligarquias.

Para o autor, portanto, "a democracia deve ser sempre social", pois ela possibilita que os direitos universais do homem sejam defendidos, sobretudo em situações em que as forças da dominação ameaçam o indivíduo. Em outras palavras, a democracia "é a forma de vida política que dá maior liberdade ao maior número de pessoas, que protege e reconhece a maior diversidade possível" (TOURAINE, 1996a: 25). Na sua concepção, o que define a democracia não é a participação e a produção do consenso, mas o "respeito às liberdades e diversidades. Com isso, Touraine não está negando a participação como um componente da democracia, considerando a sua definição de sujeito, mas o que está em questão é o conteúdo da participação, que sem o qual ela se torna um mero procedimento ou uma regra formal.

É nessa perspectiva que o sociólogo constrói a definição do que chama de *cultura democrática*. Segundo o autor,

> a cultura democrática só pode surgir se a sociedade política é concebida como uma construção institucional cujo objetivo principal é combinar a liberdade dos indivíduos e coletividades com a unidade da atividade econômica e das regras jurídicas. [...] A cultura democrática define-se como um esforço de combinação entre unidade e diversidade, liberdade e integração. [...] É preciso cessar de opor, retoricamente, o poder da maioria aos direitos das minorias (TOURAINE, 1996a: 29).

Observa-se que, na teoria touraineana, a ideia de democracia não deve estar separada da ideia de direitos e, consequentemente, não pode ser reduzida ao tema do governo da maioria. Também não é reduzida à ideia de instituições públicas, nem à definição de poderes ou a um princípio de eleição por voto direto, a cada período de tempo.

Segundo Touraine, a democracia apresenta três dimensões, as quais são: o reconhecimento dos direitos humanos fundamentais; a consciência de cidadania; e a representatividade dos dirigentes políticos. A essas dimensões ele aponta como componentes indissociáveis os movimentos sociais e culturais, sobre os quais abordaremos no próximo ponto.

Considerando a dimensão da representatividade dos dirigentes políticos, a crítica do sociólogo francês é de que a sociedade contemporânea passa por uma crise da representação política. Realidade que pode ser verificada na diferença entre os representantes que monopolizam as informações e decisões, e os representados que, excluídos da participação política, não têm direito de autodeterminação e seus interesses são colocados em risco. Para Touraine, "não há democracia se os governantes não prestam contas ao povo e se não se submetem simultaneamente à decisão dos eleitores e ao julgamento da lei" (TOURAINE, 1998a: 293).

Nesse sentido, o autor tem dado grande importância ao que chama de cultura democrática, que se caracteriza pelo esforço contínuo para manter a unidade que combine as diferentes faces da Modernidade e, como toda cultura, a democracia só se mantém pela ação do sujeito que transmite o conjunto de valores da cultura democrática, ultrapassando sua dimensão institucional.

Para isso, Touraine argumenta que a democracia tanto precisa criar espaços para a participação como garantir o respeito às diferenças individuais e ao pluralismo, isso porque "o viver juntos" com "nossas diferenças" renova a figura moderna da democracia na medida que se reconhece o pluralismo e se mantém as regras universais do direito. Isto é, uma sociedade democrática é uma sociedade que reconhece o outro, não pela sua diferença, mas como sujeito, que une o universal e o particular. Na visão do autor, o sujeito é ao mesmo tempo universalista, pela referência aos direitos, e particular pela sua diferença e contexto cotidiano de vida. Assim, ser sujeito é unir esses dois universos e ousar viver o corpo, a emoção, a razão... (SCHERER-WARREN, 2005).

Touraine enfatiza que, na contemporaneidade, a democracia necessita ser pensada para além de sua institucionalidade, ou seja, precisa ser pensada como uma das dimensões da constituição do sujeito em ator social, levando em conta o cenário histórico, examinando se estamos vivendo a emergência de um novo tipo de sociedade, com a definição de novos problemas, novos conflitos, e, portanto, novos atores. Nesse cenário, o movimento social e cultural aparece como o ator privilegiado, de modo que democracia e movimento social cultural são categorias que "se acham intimamente ligadas: não podem existir uma sem a outra" (TOURAINE, 1998b: 295).

Movimentos sociais e culturais

Segundo a teoria touraineana, um movimento social se caracteriza pela combinação de três elementos: o ator (consciência de si), um adversário e um componente de contestação (motivo do conflito), que é o que desencadeia os objetivos da luta ou ação. Ou seja, a interpretação do movimento social sugere a observação de três elementos básicos: identidade, oposição e totalidade. A identidade tem a ver com a definição que o autor constrói sobre si mesmo. A oposição se refere ao outro, o adversário com quem o movimento se opõe, já que um movimento só se organiza a partir da consciência da existência desse conflito. Em outras palavras, o que atua na construção do ator e de sua identidade é a situação conflitiva e o estabelecimento de um adversário, isto é, "a identidade do ator não pode ser definida independentemente do conflito real com o adversário e o reconhecimento do objetivo da luta" (TOURAINE, 1977: 292). Assim, os dois primeiros elementos se conectam com o terceiro, que é a totalidade, que assenta no que está em jogo, ou no conteúdo sobre o qual a luta se direciona, que envolve a soma de projetos individuais e coletivos.

Para o autor, definir o movimento social apenas como a denúncia de um ultraje ou de uma injustiça não tem sentido algum, porque essas expressões não dizem nada sobre o sentido da ação. Uma ação só pode ser chamada movimento social quando coloca em cena "a gestão social das grandes orientações e dos grandes investimentos de uma sociedade", e "um movimento social é sempre o esforço de um ator coletivo para se apossar dos valores, das orientações culturais de uma sociedade" (TOURAINE, 1995: 253). Em outras palavras, "é sempre uma luta em torno do modo de utilização social dos recursos econômicos, técnicos, culturais e outros, que são aceitos e valorizados pelos atores que se confrontam" (TOURAINE, 2007: 108). O movimento é, ainda,

> um ator coletivo que carrega consigo o sentido... não o das crises, mas o de uma vontade de mudança e de reapropriação da sociedade. [...] Um movimento social é uma convocação a si e à liberdade criadora de um ator que luta contra sua desumanização, sua exploração e sua dependência (TOURAINE, 2004: 159).

A ação do ator/sujeito social acompanha o dinamismo das transformações sociais e culturais. Assim, em um primeiro momento, Touraine analisa a ação do ator social como movimento operário na sua luta por melhores condições salariais, por emprego... Num segundo momento, a ação do ator/sujeito é analisada em uma perspectiva mais cultural, de modo que para Touraine, maio de 1968 representa "a primeira grande ação coletiva que transforma a subjetivação de uma orientação cultural em movimento social" (TOURAINE, 1999: 252). Esses novos movimentos sociais se organizam em torno de novos conflitos, que tem a ver com a educação, sexualidades, ecologia, afirmação da identidade, entre outros, cujas lutas articulam o coletivo e o pessoal. A definição *Novos Movimentos Sociais* (NMS) assumiu uma conotação mais ampla, que agrega todos movimentos, cuja ação se volta para a emancipação e a transformação das estruturas vigentes. Esses movimentos caracterizam-se pela substituição de uma visão de sujeito histórico redutor da realidade pela emergência de um sujeito coletivo difuso, não hierarquizado, crítico e combatente (GOHN, 2004).

Embora, na visão do autor, ainda existam mobilizações que se articulem em torno de conflitos sociais e políticos, no cenário das transformações surgiram os NMS, os quais apresentam um conteúdo de caráter não social. Ou seja, eles resistem ao poder social em nome da igualdade, da liberdade, da identidade de gênero e raça, dos direitos humanos e do meio ambiente, conectando público/privado, coletivo/individual. São movimentos que, além de se constituírem como uma ação coletiva negociável, apresentam um programa político, justamente apelando, ao mesmo tempo, para princípios gerais e interesses particulares (TOURAINE, 1996a). Nessa direção, entre os movimentos que defendem a subjetividade, o autor tem ressaltado o movimento de mulheres como o que teve maior impacto, por combinar, ao mesmo tempo, a luta pela igualdade social e a luta pelo direito identitário. Isto é, as mulheres "aprenderam, através de lutas vitoriosas, a unir, em seus projetos de vida profissional e vida pessoal, o universo instrumental e o universo simbólico; portanto, a agir como sujeitos" (1998a: 352). E, como sujeitos, elas articulam ambos os espaços e neles transitam, sem abrir mão da vida privada e de todas as relações que nela estão presentes, nem tampouco recusar as oportunidades colocadas pela esfera pública e todas as possibilidades a ela inerentes. Para o autor, "o movimento de mulheres fez emergir um novo modelo geral de ação coletiva e de experiência individual, que poderá intervir no campo da vida política e social" (TOURAINE, 2007).

De acordo com Touraine (1995), o sujeito só existe como movimento social, como contestação da lógica de opressão, de modo que os movimentos sociais são a condição de uma vida de dignidade. Nessa compreensão, os sujeitos sociais são a fonte dos movimentos sociais e a luta por direitos é a base fundamental da democracia. No contexto de luta por direitos está presente tanto o direito à igualdade, entendida como equidade, quanto o direito à diferença, compreendida como diversidade e pluralidade.

Falar em sujeito e em processo de subjetivação, em Touraine, é nos remeter a uma ação, coletiva e pessoal, que envolve recriação de si e resistência contra toda a ordem que reduz o sujeito, bem como a luta de um sujeito que reconhece a si e os outros como seres de direitos. Nesse sentido, embora as categorias teóricas de sujeito e de movimento social estejam intrinsicamente vinculadas, no ponto que segue, aprofundaremos um pouco mais a noção de sujeito.

A noção de sujeito e subjetivação[19]

No pensamento de Touraine, a noção de sujeito e de subjetivação se sobrepõem. O sujeito é definido como a "vontade de o indivíduo agir e ser reconhecido como ator" (TOURAINE, 1995: 220), ou seja, trata-se da transformação de si mesmo, de cada ser, por meio de um movimento de consciência de si e de liberdade, capaz de resistir aos mecanismos que leva à subjugação e à integração acrítica ao sistema. Assim, ser ator é modificar seu meio social e não ser determinado por ele, pois "só é ator quem se constitui sujeito da própria vida e de seus atos" (TOURAINE, 2004).

"A *subjetivação* é a penetração do sujeito no indivíduo" (TOURAINE, 1995: 222), que o torna fundamento dos seus valores, criador de si e de sua história. É a própria expressão da emergência da ação. É a possibilidade de liberdade do indivíduo, com base no processo de subjetivação (TOURAINE, 2004), isto é, o sujeito consciente de si se transforma em ator, reivindicador e produtor da sociedade. Um ser que recusa à opressão das instituições e a todo o poder que o reduz a um "não sujeito". É nesse deslocamento, que o indivíduo se subjetiva.

> Só nos tornamos plenamente sujeitos quando aceitamos como nosso ideal reconhecer-nos – e fazer-nos reconhecer enquanto indivíduos – como seres individuados, que defendem e constroem sua singularidade, e dando, através de nossos atos de resistência, um sentido à nossa existência (TOURAINE, 2006: 123).

O autor enfatiza que a noção do sujeito, que age em favor dos direitos humanos e contra os poderes que o dominam e destrói o indivíduo, resulta da continuidade de sua reflexão sobre o ator, isto é, um ator não mais social, mas definido a partir da cultura e dos valores morais.

Nessa direção, em suas obras mais recentes, Touraine argumenta que o sujeito não se torna ator somente no nível coletivo, mas também no nível pessoal na medida em que, como um ser reflexivo, analisa as condições sociais que lhes são impostas, construindo-se por atos de resistência. Trata-se de um sujeito que se volta para si mesmo e se fortalece diante das dinâmicas sociais ou das forças do poder que o oprimem, o excluem ou o aniquilam. A noção de sujeito pessoal evoca a luta social, como é o caso da consciência de classe, mas com um conteúdo diferente, privado de exterioridade e voltado para si mesmo, em cujo nível, também existe conflitos. Desse modo, sua concepção de sujeito carrega duas ideias-chave que é a de resistência e de luta pela liberdade. O sujeito voltado para a construção de si mesmo se situa na ordem dos direitos humanos e dos deveres (TOURAINE, 2006: 119-121).

O sujeito pessoal, na teoria touraineana, não é um ser narcisista, nem um indivíduo prepotente, que está acima da sociedade e, muito menos, um ser resultado de condicionamentos socioculturais, mas um indivíduo consciente de si, ou seja, "ele é o reconhecimento da singularidade de cada indivíduo que quer ser tratado como ser de direitos". Trata-se de um sujeito que, sendo ou não carregado pelo movimento social, tem a sua consciência de ator, já que nenhum indivíduo adere a um movimento por um ato inconsciente. O indivíduo pessoal carrega em si o sujeito que age conscientemente, avaliando suas ações e se constitui na relação com o outro, na busca do reconhecimento de si e do outro, na sua universalidade e particularidade.

Essa experiência de ser um sujeito se manifesta pela consciência de uma obrigação relativa, que não se refere a uma instituição ou a um valor, mas ao direito que cada um tem de viver e ser reconhecido como tal, em sua dignidade, naquilo que não pode ser abandonado sem privar a vida de todo o sentido.

É recorrente, em Touraine (2009), a ideia de que as lutas do sujeito têm uma referência universal que são os direitos humanos e, é nisso que reside o que ele chama de *consciência de si*. Assim, a relação consigo mesmo nada mais é do que a consciência de si e de seus direitos. Desse modo, ao olhar para si, o sujeito percebe a sua dupla realidade, ou seja, ele só descobre o sujeito em si, porque pode descobri-lo no outro e, quando reconhece o outro, reconhece também a existência do sujeito em si mesmo. Na visão do autor, isso é fundamental para vivermos juntos, pois sem o reconhecimento do outro, qualquer diferença, por mais simples que seja, pode tornar a comunicação impossível.

Essa noção de sujeito permite pensar as microrrelações sociais, já que na visão do sociólogo, ela pode ser encontrada nas relações cotidianas, perpassadas de sofrimento, de alegrias... É no cotidiano que encontramos todos os esforços para sobreviver, para se redimir, para resolver problemas de trabalho ou de ordem familiar. São lugares onde o sujeito se constrói como afirmação de si, no direito de viver uma vida individual, no respeito ao outro, ao diferente, nas estratégias de proteção contra o poder das organizações e dos governos (TOURAINE, 2009).

Finalmente, é importante ressaltar que, na concepção de Touraine, os movimentos sociais e culturais são portadores desta nova figura de sujeito, que vai muito além da concepção de *atores sociais*, ligados por meio da pertença a um grupo. Para o autor, a ideia de *sujeito pessoal*, que pode ser coletiva ou individual, só tem conteúdo e importância quando permite descobrir o universalismo do sujeito.

Algumas considerações – Relevância da teoria de Touraine para as Ciências Sociais

Indubitavelmente a teoria de Touraine tem relevância para as ciências sociais, por abarcar temas tão caros para essa área de estudo, como modernidade, democracia, movimentos sociais e subjetivação. Nesse rol de temas, a noção de sujeito ganha centralidade. Trata-se de um autor que não se preocupa em construir uma sociologia dos sistemas sociais, mas uma sociologia dos sujeitos, de modo que a sua teoria permite encontrar o sujeito não nos grandes processos históricos de dominação e colonização, mas engajado nas lutas sociais e culturais, nas relações cotidianas, defendendo suas liberdades e seus direitos. Daí a relevância desse autor para o estudo dos movimentos sociais e culturais.

O pensamento sociológico de Touraine acompanha o dinamismo das mudanças históricas e culturais. Trata-se de um esforço intelectual para ler a realidade social em transformação, desde a perspectiva do ator/sujeito social. É uma teoria, não só vinculada ao seu tempo histórico, mas também marcada pelas experiências profissionais do autor junto aos movimentos sociais e pela sua passagem no continente latino-americano, de modo que se pode afirmar, que ele não constrói um conhecimento puramente teórico, abstrato e objetivo. Trata-se de um conhecimento situado, cuja realidade problematizada teoricamente esteve próxima de suas inquietações e de seu engajamento, em relação às lutas e reivindicações dos sujeitos sociais, sobretudo, das minorias sociais. Com sua especificidade, ele integra o conjunto dos sociólogos contemporâneos que asseguram que o conhecimento é sempre situado e parcial em que o objeto de pesquisa está sempre vinculado à trajetória profissional ou às experiências subjetivas, como muito bem enfatiza o sociólogo americano Wright Mills, em sua obra sobre a imaginação sociológica.

Seu principal objeto de estudo foi os movimentos que buscavam libertação. Assim, mais do que a igualdade, discurso predominante na sociologia, Touraine fala em liberdade, consciência de si e resistência frente aos discursos totalizadores, cujos aspectos são centrais para a sua definição de sujeito. O debate sobre a igualdade e a reivindicação do reconhecimento identitário, embora específico, o aproxima de Axel Honneth e de teóricas feministas, como Nancy Fraser, quando estes, ao refletir a questão da emancipação e igualdade social, defendem a importância do reconhecimento da identidade.

Sua teoria ganha relevância, não só no espaço acadêmico, mas também nas práticas sociais vinculada às reivindicações em favor de políticas públicas, que defendem os direitos sociais e culturais. Touraine foi um intelectual engajado e defendeu que as ideias sociológicas só têm importância se ajudam a compreender o presente e agir sobre ele. Foi defensor de uma sociologia da intervenção social, capaz de intervir sobre a sociedade para melhorar as condições humanas, se opondo a uma sociologia puramente teórica, sem referência a situação social.

A sua teorização sobre a democracia, como defesa das liberdades e diversidades e o regime que protege os direitos humanos, em que o papel da representatividade política é fundamental para garantir os interesses populares e o diálogo entre Estado e sociedade civil, parece, mais do que nunca, importante para problematizar a democracia, no atual contexto brasileiro. Vivemos em uma democracia fragilizada, em que os direitos humanos, a liberdade e as diversidades estão ameaçados. A representação política tem se afastado da sociedade civil e se voltado mais para os interesses do mercado e do Estado. Os movimentos sociais passam por um processo de criminalização, impedidos de lutar pela garantia de direitos conquistados e o poder do mercado de consumo e dos meios de comunicação de massa parecem reduzir o sujeito a uma condição de não sujeito, a um mero produtor e consumidor. Desse modo, pode-se afirmar que a teoria de Touraine sobre modernidade, democracia e movimentos sociais continua atual e relevante para o conjunto das ciências sociais que têm a preocupação de compreender as relações sociais na contemporaneidade. E, de uma maneira distinta, contribui para a compreensão da emergência de novas formas de ação e de movimentos coletivos, pautados por questões como identidade e diversidade.

Na teoria de Touraine, ser sujeito é ter a consciência de si, capacidade de recriar-se, de resistência a todo o tipo de poder que priva os direitos; de resistência à mercantilização da vida humana em todas as suas dimensões. Esse sujeito se remete às pessoas concretas marcadas pelo gênero, etnia/raça, orientação sexual, que mergulhadas na consciência de si, buscam escapar das ideologias autoritárias e totalizantes que, a todo o momento, querem reduzir o sujeito. Esse sujeito precisa ser produzido por cada indivíduo, que reconhece o outro também como um sujeito de direitos. E isso abre *ene* possibilidades de mudanças sociais, que pode reavivar em nós a esperança de um mundo melhor e humanizado, onde é possível conviver com todas as diferenças, sobretudo em um contexto em que vemos crescer xenofobismos, racismos e sexíssimos de toda a ordem.

A perspectiva teórica de Touraine e a sua noção de ator/sujeito social evidencia que, na sociedade pós-industrial ou informacional, o indivíduo não é somente resultado das instituições sociais e das relações de poder, mas um sujeito que produz a sua própria história, transformando-se a si e ao mesmo tempo as relações sociais. Desse modo, mesmo que Touraine se situe entre os pensadores que dão maior relevância ao paradigma da ação, ele integra o rol dos sociólogos contemporâneos que rompem com a dicotomia sujeito e sociedade, estrutura e ação.

Enfim, considerando a teoria de Touraine sobre o sujeito, é possível afirmar que ele apresenta argumentos teóricos que possibilitam pensar a construção de uma sociologia do sujeito. Uma sociologia que não recorre aos grandes fenômenos históricos, mas que coloca em cena o esforço do sujeito que, em meio às contradições sociais, culturais, econômicas, políticas e pessoais, reflete, constrói processo de resistência, toma consciência de si e confere sentido às suas experiências e práticas sociais, transformando a si mesmo e as relações sociais por onde circula[20].

Referências do autor e sobre o autor

Como já mencionamos, Touraine produziu cerca de 40 obras, muitos artigos e entrevistas. Diante de uma bibliografia tão vasta, nosso objetivo, aqui, é citar algumas de suas obras, artigos e entrevistas, que estão disponíveis em língua portuguesa, para que os leitores/as interessados/as na teoria desse pensador social, tenham acesso.

Obras publicadas em diferentes editoras

Editora Vozes: *Poderemos viver Juntos? – Iguais e diferentes* (1996); *O que é a democracia?* (1996); *A crítica da Modernidade* (1999); *Um novo paradigma para compreender o mundo hoje* (2006); *O mundo das mulheres* (2007); *Pensar outramente: o discurso interpretativo dominante* (2009); *Após a crise* (2009).

Instituto Piaget de Lisboa: *O retorno do ator: ensaio de sociologia* (1996).

Editora Difel Bertrand Brasil: *A busca de si: diálogo sobre o sujeito* (2004).

Editora Edusc: *Igualdade e diversidade – O sujeito democrático* (1998): *Como sair do liberalismo* (1999).

Editora Unicamp: *Palavra e sangue: política e sociedade* (1989).

Editora Brasiliense: *O pós-socialismo* (1988).

Editora Zahar: *Em defesa da sociologia* (1976).

Editora Paz e Terra: *Cartas para uma jovem socióloga* (1976).

Artigos do autor disponíveis em meio eletrônico

A sociologia pública e o fim da sociedade. In: *Caderno CRH*, vol. 22, n. 56, mai.-ago./2009, p. 245-254. Salvador.

Na fronteira dos movimentos sociais. In: *Revista Sociologia e Estado*, vol. 21, n. 1, jan.-abr./2006, p. 17-28. Brasília.

O campo político de FHC. In: *Tempo Social*, 11 (2), out./1999, p. 3-22. São Paulo: USP.

Os novos conflitos sociais: para evitar mal-entendidos. In: *Lua Nova*, n. 17, jun./1999.

Artigos do autor em coletâneas

Os movimentos sociais. In: FORACCHI, M.M. & MARTINS, J.S. *Sociologia e sociedade*: leituras de introdução à sociologia. Rio de Janeiro: LTC, 1977.

Classes Sociais. In: ZETENE, R.B. (org.). *As classes sociais na América Latina*. Rio de Janeiro: Paz e Terra, 1997.

Entrevistas com o autor, disponíveis em meio eletrônico

Sexo, gênero, sujeito [Entrevista a Miriam Adelam]. In: *Revista Sociologia Política*, vol. 23, 2004.

A globalização destruiu totalmente o social [Entrevista a Leila Sterenberg] [Disponível em https://www.youtube.com/watch?v=dLiZn84HZog].

As mulheres estão gerando uma nova cultura, 08/03/2008. In: *Revista IHU On-line* [Disponível em http://www.ihu.unisinos.br/entrevistas/12537-as-mulheres-estao-gerando-uma-nova-cultura-entrevista-especial-com-alain-touraine].

Ambiguidades do mundo contemporâneo, 22/04/2002. In: *Roda viva Fapesp* [Disponível em http://www.rodaviva.fapesp.br/materia/264/entrevistados/alain_touraine_2002.htm].

Dissertação de mestrado sobre o autor

Sujeito e modernidade na perspectiva de Alain Touraine. Unifesp, 2013.

Alguns artigos sobre o autor, disponíveis online

É possível uma sociologia do sujeito? – Uma abordagem sobre as teorias de Foucault e Touraine. In: *Sociologias*, ano 14, n. 29, jan.-abr./2012, p. 274-311. Porto Alegre.

O sujeito e o indivíduo na perspectiva de Alain Touraine. In: *Sociedade e Cultura*, vol. 14, n. 2, jul.-dez./2011, p. 419-426. Goiânia.

Democracia e sujeito: uma relação indissociável na obra de Alain Touraine. In: *Emancipação*, 8 (2), 2008, p. 21-34. Ponta Grossa.

A contribuição de Alain Touraine para o debate sobre sujeito e democracia latino-americanos. In: *Revista de Sociologia e Política*, 25, nov./2005, p. 39-45.

Notas

1. Conceito criado na década de 1960 por Daniel Bell, sociólogo da Universidade de Harvard.
2. Para esse ponto tomo como principal referência a obra *A busca de si: diálogo sobre o sujeito*, que nasce de uma entrevista que Alain Touraine concede ao sociólogo iraniano Farhad Khosrokhavar, em 2004.
3. Em português: Escola de Estudos Avançados em Ciências Sociais. Vale lembrar que é nesta instituição que Alain Touraine construiu praticamente toda a sua trajetória acadêmica, onde coordenou e realizou pesquisas empíricas, conciliando com estudos teóricos e analíticos sobre a sociedade moderna.
4. Além de Georges Friedmann, seu orientador, participaram da banca de defesa Ernest Labrousse, Georges Gurvitch, Jean Stoetzel e Raymond Aron.
5. Considerada a principal obra sobre os movimentos sociais, em que dialoga com a teoria social de maneira bem ampla, especialmente sobre as teorias da ação e das instituições políticas, tendo como pano de fundo o debate sobre a democracia (SCHERER-WARREM, 2005).

6. Nessa obra, Touraine apresenta seus estudos realizados no Chile entre 1981 e 1985, em que analisa o desenvolvimento da Modernidade na América Latina, combinando razão econômica e as especificidades políticas, sociais e culturais.
7. O próprio Touraine avalia que o seu melhor período de produção intelectual foi no início de sua carreira, quando escreveu *Sociologia da ação*, e depois dos anos de 1990.
8. Vale lembrar que ao escrever essa obra, Touraine participava da experiência de sofrimento e doença de sua esposa, e a reflexão que fez diante desse acontecimento se somou à sua obra (TOURAINE, 2004).
9. Nessa obra o autor reflete os últimos acontecimentos gerados pela globalização financeira; fala da necessidade de superar a dominação do econômico sobre a sociedade e se pergunta sobre o papel dos novos atores, que golpeados pelo choque econômico e social, tanto podem sofrer com a exclusão como resistir e lutar pela garantia dos direitos.
10. Em francês: *La fin des societés*. Paris: Du Seuil, 2013 [Livro ainda não traduzido para o português].
11. Touraine declara ter certa admiração pela obra desse sociólogo americano, mas afirma não se identificar com o funcionalismo (TOURAINE, 2004).
12. Touraine (2004) declara que existe um componente sartreano em seus escritos, uma vez que algumas de suas obras o influenciaram fortemente. Vê em Sartre um filósofo da liberdade, num mundo de absurda dominação.
13. É possível reconhecer que a escolha de seu objeto de pesquisa se vincula à sua trajetória de vida que, além de sua inserção junto aos operários das minas, vivendo em condições sub-humanas, presenciou de perto os efeitos da política nazista, quando visitou campos nazistas e viu experiências não humanas. Isso certamente o influenciou a buscar o humano – o sujeito – que faz com que um indivíduo se faça humano, tanto em experiências duras ou não. Um ser que recusa a violência tanto do poder absoluto do mercado como dos comunitarismos.
14. Entrevista "Sexo, gênero e sujeito", concedida a Miriam Adelman.
15. Aqui inclui-se livros como: *Microfísica do poder*, *Hermenêutica do sujeito* e os três volumes da *História da sexualidade*.
16. Vale lembrar que não é nosso objetivo evidenciar os pontos de contatos ou distanciamento entre eles, mas apenas apresentar as principais ideias do sociólogo em questão.
17. Todas essas categorias teóricas são perpassadas por conceitos como sujeito, construção de si, ator/atriz social, paradigma cultural, sociedade pós-industrial, de modo que são tratados no seio desses grandes temas.
18. Em uma perspectiva histórica o autor divide a Modernidade em três períodos: *Alta Modernidade*, *Média Modernidade* e *Baixa Modernidade*, descrevendo as especificidades de cada período. Essa questão pode ser aprofundada em Touraine (1998b).
19. Nesse ponto, utilizo fragmentos das reflexões que podem ser encontradas em Furlin (2012).
20. Cf. Furlin (2012).

Referências

ADELMAN, M. Sexo, gênero, sujeito – Uma entrevista com Alain Touraine. In: *Revista de Sociologia e Política*, 23, nov./2004, p. 169-174. Curitiba.

FURLIN, N. É possível uma sociologia do sujeito? – Uma abordagem sobre as teorias de Foucault e Touraine. *Sociologias*, ano 14, 29, jan.-abr./2012, p. 274-311. Porto Alegre.

GOHN, M.G. *Teoria dos Movimentos Sociais*. São Paulo: Loyola, 2004.

_____. *Teoria dos Movimentos Sociais*: paradigmas clássicos e contemporâneos. São Paulo: Loyola, 2000.

SCHERER-WARREN, I. A contribuição de Alain Touraine para o debate sobre sujeito e democracia latino-americanos. In: *Revista de Sociologia e Política*, 25, nov./2005, p. 39-45.

TOURAINE, A. *Pensar outramente*: o discurso interpretativo dominante. Petrópolis: Vozes, 2009.

_____. *O mundo das mulheres.* Petrópolis: Vozes, 2007.

_____. *Um novo paradigma para compreender o mundo hoje.* 3. ed. Petrópolis: Vozes, 2006.

_____. *Poderemos viver juntos?* – Iguais e diferentes. Petrópolis: Vozes, 1998a.

_____. *Igualdade e diversidade* – O sujeito democrático. Bauru: Edusc, 1998b.

_____. *O que é a democracia?* 2. ed. Petrópolis: Vozes, 1996a.

_____. *O retorno do actor*: ensaio de sociologia. Lisboa: Instituto Piaget, 1996b.

_____. *A crítica da Modernidade.* 3. ed. Petrópolis: Vozes, 1995.

_____. Os movimentos sociais. In: FORACCHI, M.M. & MARTINS, J.S. *Sociologia e sociedade*: leituras de introdução à sociologia. Rio de Janeiro: LTC, 1977.

TOURAINE, A. & KHOSROKHAVAR, F. *A busca de si*: diálogo sobre o sujeito. Rio de Janeiro: Difel/Bertrand Brasil, 2004.

20
Peter Berger (1929-2017)

*Cynthia de Carvalho Lins Hamlin**

O cientista social e seu tempo

Peter Ludwig Berger é conhecido pelo desenvolvimento de uma abordagem fenomenológica à sociologia do conhecimento e sua aplicação a temas tão diversos como religião, família, modernidade, desenvolvimento e até humor e riso. Seus livros de introdução à sociologia, como o já clássico *Perspectivas sociológicas: uma visão humanística*, têm ajudado a formar diversas gerações de sociólogos no mundo inteiro. No final da década de 1990, numa enquete promovida pela Associação Internacional de Sociologia para eleger as mais influentes obras sociológicas escritas no século XX, seu *A construção social da realidade*, em coautoria com Thomas Luckmann, ficou em quinto lugar, atrás de Max Weber (que aparece com duas obras), Charles Wright Mills e Robert Merton, e à frente de Pierre Bourdieu, Norbert Elias e Jürgen Habermas (International Sociological Association, 2015). Seus trabalhos em sociologia da religião também têm atraído atenção considerável, tanto em sua defesa inicial da tese da secularização quanto na refutação (parcial) desta ideia em favor da de dessecularização (cf. BERGER, 2000; MARIZ, 2000; HERVIEU-LÉGER, 2001).

Berger nasceu em Viena, Áustria, em 17 de março de 1929, onde permaneceu até 1946. Seus anos vienenses foram marcados por uma visão de mundo conservadora, fruto de uma rígida educação luterana e de uma imaginação política inspirada por histórias da glória da Casa Real de Habsburgo, uma dinastia que durou mais de 600 anos (DORRIEN, 2001). Berger descreve a Viena do início do século XX, nos anos finais do Império Austro-húngaro, como "palco de uma estimulante tensão entre uma sociedade urbana que se moderniza e um *Ancien Régime* esclerosado" e de uma incrível explosão de criatividade cultural e intelectual (BERGER, 2011b). Um dos símbolos dessa tensão é a Praça Michaelerplatz, "onde as entradas monumentais do Palácio Imperial confrontam a Casa Loo, uma incorporação local da escola Bauhaus de arquitetura moderna" (BERGER, 2011b). Artistas e intelectuais do período incluem nomes como Gustav Klimt, Arnold Schoenberg, Richard Strauss, Robert Musil, Sigmund Freud, Ludwig Wittgenstein e Ernst Mach.

---

* Professora-associada da Universidade Federal de Pernambuco (UFPE). Doutora em Pensamento Político e Social pela Universidade de Sussex.

No plano político, a tensão se manifestava em inúmeros conflitos entre as diversas nacionalidades que compunham o Império, finalmente desembocando no assassinato do arquiduque Francisco Ferdinando, em 1914, e na Primeira Guerra Mundial. Como resultado desses conflitos, Viena tornou-se o centro de uma enorme burocracia imperial, cujos esforços para restringir as pressões nacionalistas dos grupos étnicos minoritários, particularmente da região dos Bálcãs, criou um clima de autoritarismo político e a existência de um parlamento em que os diversos partidos tinham pouca ou nenhuma voz ou experiência democrática. Inseridos em uma atmosfera política decrépita, muitos vienenses simplesmente se omitiram da vida política. Sigmund Freud, por exemplo, não se registrou como eleitor até a idade de 52 anos, representando não só desespero e apatia típicos, mas também uma reação à racionalização e burocratização política e econômica em curso desde meados do século XIX. Não foi por acaso o mergulho no mundo psíquico, interior, subjetivo, que caracterizou a obra de Freud, a música de Mahler e Schoenberg, a pintura de Klimt, ecoando até na fenomenologia de Alfred Schütz (BARBER, 2004).

Outros vienenses, como o pai de Berger, que havia sido oficial de reserva no Exército Austro-húngaro, passaram o resto de suas vidas nutrindo uma grande nostalgia pela monarquia, considerada por ele "uma âncora de estabilidade na Europa" e cujo fim foi uma catástrofe que levou a diversas tiranias, inclusive a uma guerra "ainda pior do que a que tinha levado à sua dissolução" (BERGER, 2011b). Embora não tenha vivido este período, a visão de Berger parece ter sido tão influenciada pelas histórias de seu pai que, recentemente, numa espécie de obituário para Otto von Habsburg – filho mais velho do último imperador da monarquia austro-húngara – afirmou que "se os habsburgos ainda reinassem nos anos de 1940, 'Auschwitz' não teria ocorrido".

A sensação de fragmentação e caos transmitida por sua família foi reforçada durante o período de anexação da Áustria à Alemanha pelo regime nazista (1938-1945) e da Segunda Guerra. Grandes ondas migratórias tiveram início nos anos de 1930 e foram retomadas após o fim da guerra, quando muitos austríacos de origem judaica e opositores ao regime emigraram para os Estados Unidos. Os Berger permaneceram em Viena durante todo o período da anexação, mas se mudaram para Nova York em 1946. Então com 17 anos, membro de uma religião minoritária em seu país de origem (o luteranismo), muito pobre e com sua sensibilidade afetada pelos horrores da Guerra, Berger (1990: 264) sentiu que os Estados Unidos lhe proporcionaram uma "profunda experiência de normalidade". Parte dessa experiência derivou de seu encontro com a Igreja Luterana Unificada, ligada ao protestantismo histórico, mas "inteiramente identificada com a cultura americana, sensível, tolerante e muito distante do extremismo kierkegaardiano que, até então, definia o cristianismo" para ele (BERGER, 1990: 264).

Ainda em 1946, Berger matriculou-se no Wagner College, obtendo o título de Bacharel em Artes três anos mais tarde. Seu intuito era tornar-se ministro da Igreja Luterana. Ciente de que sua atuação como pastor exigia um conhecimento sobre os Estados

Unidos que ele, como estrangeiro, não possuía, decidiu adiar sua formação teológica e cursar um mestrado em sociologia. Optou pela *New School for Social Research*, conhecida à época como a "Universidade em Exílio" devido ao número de estrangeiros de origem europeia, sobretudo de língua alemã, que compunha os seus quadros. Assim como ocorreu em outras universidades estadunidenses, o influxo de intelectuais da Europa fascista entre os anos de 1930 e 1945 ajudou na construção de uma sociologia filosoficamente sofisticada e menos provinciana em seus interesses (STEINMETZ, 2007). Apesar disso, a *New School* nunca alcançou o prestígio que Universidades como Chicago tiveram até os anos de 1930, ou Harvard e Colúmbia, no pós-Guerra (WALLERSTEIN, 2007; GROSS, 2007). Seu *status* relativamente marginal na sociologia permaneceu até a década de 1960, com o fim da hegemonia mundial do estrutural-funcionalismo de Parsons e do positivismo instrumental de Paul Lazarsfeld e a ascensão de abordagens de cunho mais interpretativo – como foi o caso das diversas vertentes do interacionismo simbólico e da sociologia fenomenológica desenvolvida por Alfred Schütz e pelo próprio Berger (HAMLIN, 2011).

Foi por razões econômicas que Berger optou pela *New School*: tratava-se de uma das poucas universidades de sua região que oferecia aulas no período noturno, possibilitando que financiasse seus estudos com trabalhos que variaram de *office boy* nos escritórios da Igreja Metodista, a recepcionista em uma clínica de doenças venéreas e secretário em uma revista da Sociedade Bíblica Americana (BERGER, 1990, 2009, 2011a).

Sua dissertação de mestrado, concluída em 1950, consistiu em um estudo empírico, baseado em observação participante, sobre uma comunidade pentecostal de porto-riquenhos radicados em Nova York. Em seguida, matriculou-se no Seminário Teológico Luterano da Filadélfia para dar prosseguimento aos seus planos de se tornar ministro. Permaneceu lá por um ano e, embora a abordagem histórico-crítica ao estudo das escrituras e da teologia tenha lhe parecido interessante, chocava-se com a formação religiosa que recebeu em seu país de origem (DORRIEN, 2001). Anos mais tarde, escrevendo sobre este período, Berger (1990) afirma que, ao refletir e legitimar os valores da classe média americana, a concepção de cristianismo defendida pelas igrejas do protestantismo histórico nos Estados Unidos estava profundamente em desacordo com sua crença de que a fé cristã não deveria refletir este mundo, mas um mundo transcendente, o mundo de Deus. Mais do que isso, já intuía que o "ajuste cognitivo" do cristianismo à visão de mundo da Modernidade efetuado pelos teólogos liberais teria como consequência o desmantelamento progressivo da tradição cristã (BERGER, 1997b). Assim, por mais que admirasse e concordasse com os principais valores da cultura americana, acreditava que a fé cristã não poderia ser reduzida aos valores de uma cultura particular, pois isso contradiz o próprio espírito das Escrituras. Convencido de que não poderia pregar essa ideia, abandonou seus planos de seguir uma carreira religiosa, mas não se afastou da religião, nem no plano pessoal nem no profissional. Suas preocupações com temas como a incerteza, a fragmentação e a desordem constituem o elo entre suas reflexões sociológicas, por um lado, e teológicas, por outro (WOODHEAD, 2001).

Este elo, no entanto, só foi plenamente construído após seu retorno à *New School*, desta vez para um curso de doutorado. Sua tese, defendida em 1954, recebeu o título de *O movimento Baha'i: uma contribuição à sociologia da religião*. Diferentemente de sua dissertação, a tese baseava-se em uma perspectiva histórica e consistiu na aplicação da noção weberiana de "rotinização do carisma" para compreender como a fé baha'i passou de um movimento messiânico no Irã do século XIX a uma comunidade religiosa nos Estados Unidos do século XX (BERGER, 2011a).

Berger naturalizou-se estadunidense em 1952 e, logo após concluir seu doutorado, serviu ao exército americano por dois anos. Lecionou em diversas universidades dos Estados Unidos, incluindo a *New School for Social Research*, a *Rutgers University* e a Universidade de Boston, de onde se aposentou em 1999. Escreveu diversos artigos e livros, dois dos quais romances. Atualmente Berger é pesquisador-sênior, aposentado, mas ainda atuante, do Instituto de Cultura, Religião e Questões Mundiais (Cura), do qual foi diretor até 2009. Além de suas contribuições acadêmicas, propriamente ditas, semanalmente escreve artigos de opinião em seu blog, o *Religião & Outras Curiosidades* (http://blogs.the-american-interest.com/byline/berger/).

Percursos e influências

Os anos de estudo na *New School* foram profundamente marcados pela influência intelectual de três de seus professores: Albert Salomon, Alfred Schütz e Carl Mayer. Com o primeiro, frequentou cursos sobre as origens iluministas da sociologia e sobre a escola francesa de sociologia, representada, sobretudo, pela figura de Durkheim. Alguns temas durkheimianos aparecem claramente na obra de Berger: a ideia de objetividade dos fenômenos sociais, a necessidade do consenso moral para a manutenção da ordem social, as relações contratuais como marcas da solidariedade orgânica que caracterizam a Modernidade, a religião como representação ou simbolização da sociedade, a concepção de anomia como privação de laços sociais, dentre outros. Contudo, uma disciplina ministrada por Salomon em seu primeiro semestre na *New School*, "Balzac como sociólogo", foi o que marcou definitivamente sua concepção de sociologia.

O objetivo da disciplina era introduzir categorias sociológicas como classe, poder, religião, controle social, mobilidade, crime, marginalidade, por meio da literatura (BERGER, 2011a: 12). Não surpreendentemente, sua aventura balzaquiana rendeu mais conhecimento sobre a sociedade francesa do século XIX do que sobre os Estados Unidos do século XX, mas o mergulho no universo dos personagens de Balzac – nunca inteiramente bons ou maus, mas moralmente ambíguos e precários em sua humanidade –, foi decisivo para Berger. Tanto Marx quanto Engels já haviam atentado para a capacidade de Balzac em captar as contradições e conflitos da sociedade francesa e *O capital* está repleto de referências ao romancista (SAYRE & LÖWY, 2013; WHEEN, 2007). Berger, no entanto, incorpora à própria sociologia aqueles aspectos do comportamento humano tão bem retratados por Balzac em relação ao cotidiano e ao trivial, assim como o interesse por nossas motivações, das mais torpes às mais elevadas (BERGER, 2001a). Isso se deveu, em parte, à influência de Alfred Schütz que, de um ponto de vista teórico, teve um impacto muito mais duradouro no trabalho maduro de Berger.

Schütz ensinava duas disciplinas distintas na *New School*: sociologia do conhecimento e metodologia das ciências. As aulas de sociologia do conhecimento destinavam-se, sobretudo, à apresentação e crítica do trabalho de outros autores. Já os cursos de metodologia consistiam numa espécie de laboratório no qual Schütz desenvolveu seu arcabouço teórico – uma síntese da fenomenologia de Edmund Husserl e da sociologia interpretativa de Max Weber, temperada por certos elementos da tradição pragmatista (sobretudo William James e George Herbert Mead). Em sua autobiografia intelectual, Berger (2011a: 22) relembra que foi em uma dessas aulas que ouviu a frase que, anos depois, viria a marcar sua (e de Luckmann) própria perspectiva: "a sociologia do conhecimento [...] deverá lidar com tudo o que passar por conhecimento na vida cotidiana", isto é, tudo aquilo que confere significado ao mundo e às nossas ações. Também enfatiza que o principal conceito que aprendeu de Schütz foi o de "realidades múltiplas", que diz respeito a tudo aquilo que conta como realidade para os seres humanos e que orientará suas análises sobre fenômenos como a religião e o humor.

De acordo com Schütz, a principal dimensão da realidade é a chamada "realidade suprema", que se refere ao que os fenomenólogos, a partir de Husserl, chamam de "mundo da vida". Trata-se de um "mundo intersubjetivo que existia muito antes do nosso nascimento, vivenciado e interpretado por outros, nossos predecessores, como um mundo organizado" (SCHÜTZ, 1979: 72). Essas experiências e interpretações anteriores nos são passadas por meio do processo de socialização e formam um "estoque de conhecimento a mão" que usamos como referência para interpretarmos nossas próprias experiências cotidianas. Neste sentido, o mundo da vida diz respeito a um setor daquilo que os seres humanos experienciam como realidade, aquele que abordamos a partir de uma atitude "natural" ou "ingênua" na medida em que não questionamos sua existência e propriedades, considerando-as como simplesmente dadas.

Para Schütz, no entanto, a realidade suprema não esgota o universo de nossas experiências do real. Existem enclaves ou ilhas dentro dela, as chamadas "províncias finitas de significado" que são experienciadas quando saímos temporariamente da realidade suprema da vida cotidiana. Essas províncias finitas de significado, ou "subuniversos", na terminologia de William James, têm um número de características que as distinguem da realidade suprema: um estilo cognitivo específico, uma consistência nos limites de suas próprias fronteiras, um sentido exclusivo de realidade que difere não apenas da realidade suprema, mas também de outras províncias de significado das quais só se pode sair ou entrar por meio de um "salto", isto é, da adoção de uma forma distinta de consciência ou intencionalidade, de um tipo específico de *epoché* ou suspensão da dúvida, de formas específicas de espontaneidade, de autoexperiência, de socialidade e de *durée* (ou experiência do tempo) (BERGER, 1997a). Exemplos de províncias finitas de significado seriam o mundo dos sonhos, das experiências estéticas, das experiências religiosas, do discurso teórico e, no caso de Berger, também do humor.

A importância das ideias de Schütz, contudo, só será sentida por Berger muitos anos mais tarde quando, juntamente com Thomas Luckmann, ele desenvolve sua própria versão da sociologia do conhecimento. Em seu período de formação na *New School*, Carl Meyer, que dava aulas sobre sociologia da religião e sobre a obra de Max Weber, gerou uma impressão muito mais forte no jovem Berger, tendo, inclusive orientado sua tese de doutorado. De acordo com Berger (2011a: 23-25), a abordagem de Meyer à religião era inteiramente weberiana e girava em torno de conceitos como os de "seita", "culto" e "carisma", além de temas como "rotinização do carisma" e a "afinidade eletiva" entre determinados fenômenos religiosos e certas forças sociais. Um de seus cursos era inteiramente dedicado a *A ética protestante e o espírito do capitalismo* de Weber. Dado seu interesse em religião, não é surpreendente que Berger tenha prontamente se identificado com os elementos centrais da abordagem weberiana trabalhados nos cursos de Meyer: uma concepção de sociedade como constituída por ações significativas; a sociologia como uma ciência que se preocupa com a interpretação ou compreensão desses significados; uma teoria da formação de conceitos concebidos como tipos-ideais; a relação entre significados, motivos e ações; a institucionalização do Estado, da economia e das classes; a ideia de neutralidade axiológica.

Obviamente que os anos de formação de Berger não esgotam suas influências intelectuais, nem mesmo se considerarmos apenas sua sociologia do conhecimento, desenvolvida relativamente cedo em sua carreira. No entanto, é curioso que, ao se referir a esses anos em sua autobiografia, Berger omita um autor central à sua abordagem: Karl Marx. Como ele e Luckmann deixam claro em *A construção social da realidade*, "a sociologia do conhecimento tem sua raiz na proposição de Marx que declara ser a consciência do homem determinada por seu ser social" (BERGER & LUCKMANN, 1987: 17). De fato, Berger não apenas considera uma dimensão central da epistemologia marxista (a de que o conhecimento não está dissociado de seu contexto social), mas faz uso de uma série de intuições e conceitos derivados de Marx. Embora não mencione explicitamente, a dialética entre "o homem na sociedade" e a "sociedade no homem" descrita em seu *Perspectivas sociológicas* (i.e., anteriormente ao desenvolvimento de sua sociologia do conhecimento) é claramente de inspiração marxista (e hegeliana). Também o são os conceitos de ideologia, exteriorização, objetivação, alienação e reificação.

Neste sentido, a omissão de Berger é significativa e possivelmente decorre da sua necessidade de se diferenciar da perspectiva crítica que informa o pensamento marxista.

Diferentemente do que ocorre com a noção weberiana de objetividade, a noção marxiana não depende da distinção fato/valor. Resultado da aplicação do método dialético, a objetividade refere-se a um alto grau de adequação entre o conceito e a realidade objetiva ou, nos termos de Marx, entre o "concreto pensado" e o "concreto real" (cf. HAMLIN, 2011: 11). A noção de crítica, por outro lado, pode ser entendida tanto no sentido kantiano, i.e., do estabelecimento das condições de possibilidade do conhecimento quanto no sentido de uma perspectiva crítica da sociedade e das ciências que implica uma prática transformadora. Este último sentido de crítica só faz sentido na medida em que não se adere à distinção entre fato e valor: pode-se concluir, por exemplo, que a sociedade capitalista é desigual (julgamento de fato); se é desigual, é injusta (julgamento de valor); se é injusta, deve ser mudada (práxis).

A rígida separação entre fato e valor que informa a noção weberiana de objetividade é um traço fundamental da obra de Berger que, como "weberiano ortodoxo", considera que "julgamentos morais não devem ser usados em discursos científicos sociais" (BERGER, 2006: xviii). A questão que se coloca é em que medida ele consegue sustentar essa posição, seja em seu "ateísmo metodológico", quando afirma, por exemplo, que "a teologia da libertação é empiricamente falsa" (BERGER, apud DORRIEN, 2001: 26); em suas análises do capitalismo, quando afirma que "a modernização capitalista é empiricamente superior às suas alternativas do mundo real" (p. 26); quando descreve seu *The War over the Family* (*A guerra sobre a família*, em coautoria com Brigitte Berger) como "uma defesa da família burguesa" (BERGER, 2011c); em sua "recusa polida" (BERGER, 2001b) de se utilizar de uma linguagem neutra em termos de gênero, ou de incorporar uma perspectiva de gênero para questionar uma distinção entre público e privado que torna as mulheres invisíveis na análise sociológica (HEELAS & WOODHEAD, 2001: 71).

Em relação às suas posições ideológicas, Berger se autodefine como "centro-direita", de um ponto de vista político e, de um ponto de vista religioso, à esquerda (em que pese seus ataques mordazes à teologia da libertação). Durante algum tempo, identificou-se com o movimento neoconservador dos Estados Unidos, rompendo com ele em 1997 em função do "crescente extremismo de seus membros, particularmente em sua preocupação monomaníaca com a questão do aborto e da homossexualidade" (BERGER, 2001b: 191). A posição de Berger sobre o aborto é particularmente instrutiva e deriva da tentativa de estabelecer uma espécie de "via média" entre os "muitos deuses da Modernidade" contemporânea, caracterizada por um pluralismo exacerbado e cujos extremos variam do relativismo ao fundamentalismo, tanto em assuntos religiosos quanto em questões morais e políticas. Ao considerar inadequadas as denominações "pró-vida" e "pró-escolha" usadas por militantes nos Estados Unidos, sugere que a questão que realmente interessa é "quando, na trajetória de nove meses de uma gestação, uma pessoa humana emerge?" (BERGER & ZIJDERVELD, 2009: 299). Dado que nenhuma das duas denominações tem uma resposta convincente a esta questão, somos forçados a decidir numa situação de incerteza. Neste sentido, defende que a única alternativa moralmente sensata é seguir uma abordagem "conservadora" da ordem vigente e segundo a qual, "provavelmente", o aborto deve ser "unicamente uma prerrogativa da mulher, pelo menos durante o primeiro trimestre, depois torná-lo progressivamente mais difícil e, por fim, ilegal, exceto sob circunstâncias extraordinárias" (BERGER & ZIJDERVELD, 2009: 301-302). Embora essa posição dificilmente possa ser caracterizada como "conservadora" em uma sociedade como a brasileira, o argumento de Berger deixa claro que sua sociologia não apenas não é "axiologicamente neutra", mas que, ao revelar uma ordem extremamente frágil e precária, tem uma importância fundamental tanto em sua manutenção quanto na redução da ansiedade que decorre de nossas incertezas.

Se o conservadorismo político de Berger tem colocado alguns limites para uma maior difusão de sua sociologia, especialmente entre aqueles que aderem a uma tradição crítica, ocasionalmente é possível usar Berger contra ele mesmo e, por meio de determinadas posturas teóricas, inferir certas posturas normativas como, por exemplo, a importância do uso de uma linguagem inclusiva em termos de gênero. Assim, em lugar de sucumbir aos seus argumentos relativos a supostos excessos do "politicamente correto" (BERGER, 2011a), pode-se apelar para a sua própria sociologia e reafirmar, junto às autoras feministas, como o uso da linguagem afeta nossa percepção da realidade:

> Toda sociedade tem sua forma específica de definir e perceber a realidade – seu mundo, seu universo, sua organização geral de símbolos. Isso já está dado na linguagem que forma a base simbólica da sociedade. Erigida sobre esta base, e por meio dela, encontra-se um sistema de tipificações preestabelecidas, por meio das quais as inumeráveis experiências da realidade são ordenadas (BERGER & KELLNER, 1964: 2-3).

Seja como for, vale a pena investigar em que medida as posições teóricas de Berger nos permitem avançar em nossa compreensão do mundo social. Dado que não podemos nos dedicar aqui a todos os temas que constituem o interesse de Berger, enfatizarei aqui sua sociologia do conhecimento e sua aplicação a dois temas, aparentemente díspares: a religião e o humor.

Conhecimento, religião e humor: pistas teóricas e conceituais para compreender Berger

Embora Berger não tenha desenvolvido uma teoria geral da sociedade, sua sociologia do conhecimento representa sua grande contribuição à teoria sociológica e toda sua obra pode ser considerada uma aplicação dos principais pressupostos e conceitos desenvolvidos ali. Inspirados por Alfred Schütz, Berger e Luckmann (1987) estenderam a concepção tradicional de sociologia do conhecimento para além das discussões epistemológicas e ideológicas, desenvolvidas por autores como Max Scheler e Karl Mannheim, em direção ao conhecimento de senso comum da vida cotidiana, o tecido de significados que estrutura a vida social. Já não se trata de simplesmente estabelecer as conexões entre conhecimento (concebido como teorias ou como ideias sistematizadas) e contexto social, mas de compreender como aquilo que conta como realidade para nós (o senso comum) é socialmente construído. Vale salientar que, de um ponto de vista fenomenológico, atribuir significado a alguma coisa consiste em transformar dados derivados dos sentidos em coisas inteligíveis: saber para que elas servem, como nos comportarmos diante delas etc. Isso envolve uma gama de atividades interpretativas por parte daqueles que conhecem, sendo este um dos sentidos fundamentais em que se fala de "construção" da realidade.

Ao redefinirem a sociologia do conhecimento em termos da "análise da construção social da realidade" (BERGER & LUCKMANN, 1987: 14); Berger e Luckmann mobilizam uma série de autores cujas abordagens versam, por um lado, sobre o aspecto objetivo que possibilita qualificar algo como realidade e, por outro, sobre o aspecto subjetivo envolvido na construção dos significados que esta realidade assume. Dentre o primeiro grupo de autores encontram-se, sobretudo, Marx e Durkheim; dentre os segundos, Weber, Schütz e Mead. Além desses, mobilizam também a antropologia filosófica de Arnold Gehlen, Helmuth Plessner e do próprio Marx. Trata-se, para usar uma linguagem típica das décadas de 1980 e 1990, de uma abordagem de síntese – que relaciona indivíduo e sociedade, subjetivismo e objetivismo, agência e estrutura, os níveis de análise micro e macrossociais – para responder àquela que consideram a questão central da teoria sociológica: "como é possível que significados subjetivos se tornem facticidades objetivas [...] ou como é possível que a atividade humana (*Handeln*) produza um mundo de coisas (*choses*)?" (BERGER & LUCKMANN, 1987: 34).

Obviamente que essas perguntas só se tornam possíveis à medida que os autores já aderem a uma ontologia social específica, a uma concepção particular do que é a sociedade. Nesse caso, mais propriamente, a uma *combinação* de duas ontologias distintas: a durkheimiana, que concebe a sociedade como uma realidade objetiva, i.e, como algo que existe independentemente do que pensamos sobre ela; e a weberiana, que considera a sociedade como dependente dos significados subjetivos que embasam a ação humana (embora Weber reconheça que os produtos da ação podem se tornar independentes de seus produtores e incidir sobre eles). Berger é enfático ao não considerar essas ontologias como contraditórias, mas apenas como antitéticas, "uma vez que enfocam aspectos diferentes da realidade social" (BERGER, 2001: 144). Entre o realismo social de Durkheim e o nominalismo social de Weber, não é certo que não haja contradição entre as duas perspectivas mencionadas e, embora não possa desenvolver este argumento em profundidade, de um ponto de vista estritamente ontológico, faria mais sentido a introdução de uma concepção de significado que não pode ser reduzida aos significados subjetivos, tal como desenvolvidas na hermenêutica de Hans George Gadamer (cf. HAMLIN, 2014) ou na antropologia cultural de Clifford Geertz. Apenas dessa forma poderíamos considerar a sociedade como algo *sui generis*, distinta do que os agentes presentes aqui e agora pensam acerca dela, ainda que influenciada por isso.

Contradições à parte, a mediação entre o que hoje se coloca em termos da relação entre agência e estrutura é efetuada a partir de uma concepção dialética da relação indivíduo e sociedade por meio da introdução de aspectos do pensamento de dois outros autores: Karl Marx e George Herbert Mead. O que esses autores têm em comum é o fato de pensarem tanto a sociedade quanto os indivíduos (suas identidades) como processos que são, simultaneamente, subjetivos e objetivos. Para compreender como esses processos são apropriados pela teoria de Berger, além de uma ontologia social, propriamente dita, precisamos fazer referência a uma ontologia do agente humano.

Diferentemente dos animais não humanos, não vivemos "fechados" em nossos corpos e em um ambiente natural com o qual nos relacionamos guiados por instintos biologicamente dados. Em lugar de um "ambiente específico da espécie", habitamos aquilo a que os fenomenólogos se referem como um "mundo", que se diferencia daquele por consistir em uma ordem significativa, i.e., interpretativamente construída, e não instintivamente organizada. Este mundo, apresentado a cada um de nós já no nascimento por "outros significativos" no processo de socialização, interfere de forma decisiva na "humanização" da espécie: só nos tornamos plenamente humanos à medida que adquirimos uma identidade ou um *self*. O mundo consiste, portanto, na totalidade das formações socioculturais e psicológicas que, diante de nossa incapacidade de conferirmos estabilidade à nossa conduta em termos puramente biológicos, estrutura nossa existência. É neste sentido que Plessner (1995) defende que não somos seres centrados, fechados em nossos corpos, mas seres "excêntricos", caracterizados por uma "abertura para o mundo" que nos permite passarmos do "interno" (o fato de que *somos* um corpo, que habitamos "dentro" dele) para o "externo" (o fato de que *temos* um corpo sobre o qual podemos refletir e controlar) e vice-versa. Nossa abertura para o mundo implica, ainda, o fato de que constantemente exteriorizamos aquilo que nos é interno (nossas ideias, conhecimento, habilidades práticas etc.). Na interpretação de Berger e Luckmann (1987: 76-77):

> O ser humano é impossível em uma esfera fechada de interioridade [...] [e] tem que estar continuamente se exteriorizando na atividade. Esta necessidade antropológica funda-se no equipamento biológico do homem. A inerente instabilidade do organismo humano obriga o homem a fornecer a si mesmo um ambiente estável para sua conduta. O próprio homem tem de especializar e dirigir seus impulsos. Estes fatos biológicos servem de premissas necessárias para a produção da ordem social.

Essa perspectiva permite concluir que aquilo que aparece em qualquer período histórico como "natureza humana" é, na verdade, produto da atividade humana. Além disso, diferentemente dos objetos naturais, que existem independentemente de nossa atividade (embora dependam de nossa atividade mental para adquirir significado para nós), a ordem social existe unicamente como produto desta. O que a sociologia do conhecimento precisa dar conta, portanto, é do fato de que: a) O ser humano é um ser social, embora não seja inteiramente determinado pela sociedade; b) A sociedade é um produto humano, embora tenha uma existência objetiva relativamente aos sujeitos que a produzem. É neste sentido que os autores introduzem uma concepção dialética segundo a qual tanto a sociedade quanto os indivíduos consistem em realidades que são, simultaneamente, objetivas e subjetivas. Esta concepção, inspirada sobretudo por Hegel, Marx e Mead, mas de forma articulada com autores como Durkheim e Weber, envolve considerar a sociedade e os indivíduos em termos de um processo composto de três momentos distintos: exteriorização, objetivação e interiorização.

A exteriorização (*Entaeusserung*), um conceito de raízes hegelianas, diz respeito à projeção de algo que existe na mente dos indivíduos em direção ao mundo. Nos termos de Berger (1985: 16), a uma "contínua efusão do ser humano sobre o mundo, quer na atividade física, quer na atividade mental dos homens". A objetivação (*Versachlichung*), por seu turno, refere-se à transformação do mundo pelo trabalho humano, ou à "conquista por parte dessa atividade (física e mental) de uma realidade que se defronta com os seus produtores originais como facticidade exterior e distinta deles" (p. 16). Para Berger e Luckmann (1987: 87), contudo, a objetividade do mundo social não significa que ele adquire "um *status* ontológico à parte da atividade humana que o introduziu" – o que possibilita sustentar um certo nominalismo social segundo o qual as entidades coletivas não existem na realidade. Pensar nesses termos seria, para os autores, incorrer em reificação, ou seja, pensar a objetivação sem o elemento da exteriorização, o que obscureceria o caráter da realidade social como contínua produção humana.

A objetivação do mundo, que envolve a emergência, manutenção e transmissão da ordem social, precisa ser pensada a partir de uma teoria da institucionalização, compreendida como uma teoria que dá conta dos comportamentos habituais e padronizados. De forma geral, a institucionalização ocorre sempre que os atores interpretam a realidade de forma típica e interagem de acordo com essas interpretações. Dito de outra forma, a institucionalização ocorre sempre que há uma tipificação recíproca de ações habituais por atores também típicos. Neste sentido, uma instituição "pressupõe que ações do tipo X serão executadas por atores do tipo X" (BERGER & LUCKMANN, 1987: 79).

Em um texto introdutório ao tema, Peter e Brigitte Berger (2008b) usam a linguagem para exemplificar o processo de objetivação envolvido em uma instituição social. Considerada a primeira instituição com a qual o indivíduo se defronta, a linguagem objetiva ou estrutura nosso mundo ao possibilitar a identificação dos, e as relações entre os, diversos objetos que se apresentam à experiência. Em termos fenomenológicos, possibilita torná-los inteligíveis, significativos. Isso inclui não apenas objetos materiais, como uma cadeira, mas aquilo a que Mead se refere como os "outros significativos" e seus papéis sociais: a linguagem nos permite tipificar cadeiras como objetos para sentar, nossos pais como pessoas que importam para nós e a quem devemos obediência, assim por diante. Neste sentido, ela também representa uma forma de legitimação ("os filhos devem obediência aos pais"), algo fundamental para manutenção da ordem na medida em que o saber assim objetivado serve para explicar e justificar esta ordem.

Como o exemplo da linguagem sugere, o processo de objetivação social depende da construção de um "estoque de conhecimento a mão" por parte do indivíduo e que, como dito anteriormente, ocorre no processo de socialização. Entendida como o processo por meio do qual aprendemos a "ser um membro da sociedade", a socialização também é o que nos possibilita a construção de uma identidade pessoal à medida que aprendemos, e nos identificamos com determinados papéis (BERGER & BERGER, 2008a). A socialização constitui, portanto, o terceiro momento daquilo que chamamos de "dialética indivíduo sociedade": a interiorização da realidade. A descrição do processo de interiorização baseia-se quase que inteiramente na Teoria da Socialização de Mead e representa uma espécie de complemento sociopsicológico das concepções hegeliana e marxiana de "natureza humana". Mas, assim como ocorre em relação à sociedade, os membros individuais da sociedade também devem ser pensados em termos de exteriorização, objetivação e interiorização. E dado que nenhum indivíduo interioriza a totalidade daquilo que foi objetivado como realidade, existem elementos da realidade subjetiva que derivam de experiências e situações biográficas únicas. Por esta razão o processo de exteriorização dos diversos indivíduos que compõem uma dada sociedade não garante a reprodução perfeita da ordem social: suas exteriorizações podem gerar novas objetivações, modificando as estruturas vigentes.

Estes processos podem ser melhor apreciados naquele que pode ser considerado um dos mais belos trabalhos de Berger sobre religião. Concebido como um exercício em teoria sociológica, *O dossel sagrado*, originalmente publicado em 1967, propõe-se a investigar as relações recíprocas entre o fenômeno religioso e a construção social da realidade. Lembremos que o que Berger chama de construção social da realidade refere-se, sobretudo, a um processo de atribuição de significado às nossas experiências, um processo que envolve atividades de ordenação ou normatização com base na existência de um estoque de conhecimentos prévio que já está objetivado na ordem social ou, em uma linguagem de inspiração durkheimiana, no *nomos*. A separação radical do mundo social, a anomia, pode, nos casos mais extremos, levar à perda do sentido de realidade e de identidade; o indivíduo anômico perde nada menos do que o seu mundo. A manutenção do *nomos* é um dos aspectos mais importantes da sociedade, e isso requer mecanismos como a socialização, a interação, a alienação, a legitimação e a justificação. Esses mecanismos por meio dos quais as pessoas aprendem e aceitam o *nomos* recebem a denominação geral de estruturas de plausibilidade.

As estruturas de plausibilidade podem ser enfraquecidas por situações limítrofes – o próprio Berger parece ter experimentado algumas, como a guerra, a mudança para um país estranho, uma concepção distinta de cristianismo – sendo a mais radical delas a experiência da morte de outros significativos, quando nossa própria existência pode perder o sentido. Porque somos constantemente ameaçados por forças estranhas e poderosas de caos e anomia que podem nos levar à desestruturação, à ausência de sentido e, no limite, à loucura, buscamos abrigo em uma existência nômica, ainda que isso envolva algum sacrifício e sofrimento.

A criação e manutenção de um *nomos* envolve, como vimos, exteriorização, objetivação e internalização. Quando esses três processos se estabelecem de forma satisfatória, o primeiro deles tende a ser esquecido, gerando alienação e, em casos extremos, reificação. Quando a alienação ocorre, o que é alienado é a atividade humana que estava na base da realidade social: em lugar de percebermos a realidade social como algo construído por nós, ela passa a ser atribuída à ação de forças externas, como a natureza ou divindades. O processo de alienação, ao reforçar nossa experiência do caráter exterior e objetivo da realidade social, acaba por criar uma estrutura de plausibilidade forte. Embora Berger não conceba religião e alienação como equivalentes, ele defende a ideia de que "o papel histórico da religião nas atividades humanas de construção e manutenção do mundo é em grande parte devido ao poder de alienação inerente à religião" (p. 102). Por exemplo, quando esquecemos que uma instituição social como a família nuclear é um produto histórico das ações humanas e atribuímos sua existência a um Deus onipotente que planejou isso para nós, isso nos ajuda a aceitar esta instituição, tornando-a durável. Mais especificamente, a religião legitima as instituições "situando-as num quadro de referência sagrado e cósmico" (BERGER, 1985: 46) ao fazer com que os *nomoi* construído pelos seres humanos ganhem um *status* cósmico.

Seguindo de perto a distinção durkheimiana entre sagrado e profano, Berger define a religião como uma ordem sagrada, dotada de poderes misteriosos e sobrenaturais que se opõe às atividades profanas da vida cotidiana. Num nível mais profundo, entretanto, o sagrado se opõe à categoria de caos: o cosmos sagrado é o escudo último contra o horror da anomia à medida que possibilita não apenas superar, mas, com frequência, explicar a anomia. A explicação de fenômenos anômicos em termos de legitimação religiosa é o que se conhece como teodiceia. Pensemos, mais uma vez, na morte: ao apelarmos a um *nomos* religioso para explicar, justificar ou dotar a morte de significado, o que estamos fazendo é minimizando a ameaça de completa perda de sentido. Mas isso só pode ser feito à medida em que essa teodiceia é parte de nossa estrutura de plausibilidade, algo que, como sabemos, não se aplica àqueles que não têm fé.

Na fase inicial de seus estudos sobre religião, Berger defendia a ideia de que a religião vinha perdendo sua plausibilidade no mundo moderno. Sua Teoria da Secularização, de fundo weberiano, baseia-se na ideia de que "determinados setores da sociedade e da cultura são subtraídos à dominação das instituições e símbolos religiosos" o que, de uma perspectiva subjetiva, significa também que o Ocidente moderno tem produzido um número crescente de indivíduos que encaram o mundo sem recurso às interpretações religiosas (p. 120). Além da substituição por *nomoi* seculares, o pluralismo que caracteriza a Modernidade infiltrou-se também na esfera religiosa, fazendo com que o "dossel sagrado" que recobria tudo tenha sido substituído por uma espécie de mercado da fé. Amplamente relegada à esfera privada, a religião teria se tornado uma mera preferência. Berger chegou mesmo a sugerir que a religião estaria seriamente ameaçada nos primeiros anos do século XXI.

Em trabalhos mais recentes, Berger afirma que a Teoria da Secularização, da qual foi um dos arquitetos nos anos de 1960, estava equivocada, tanto no nível individual quanto no nível societal. Desde a década de 1990 tem defendido que, embora algumas instituições religiosas tenham perdido poder e influência em muitas sociedades, crenças e práticas religiosas têm permanecido fortes na vida das pessoas. No nível societal, por seu turno, instituições religiosas continuam a desempenhar um papel social ou político, sobretudo por meio de movimentos conservadores, tradicionais e ortodoxos, como é o caso do islamismo que opera em países como a Arábia Saudita ou o Irã, e algumas vertentes da "explosão evangélica" que tem afetado a China, Coreia do Sul, Filipinas, em países da África Subsaariana e, em particular, da América Latina. Apesar disso, Berger defende que a velha Teoria da Secularização continua valendo em certas partes do mundo, sobretudo em países da Europa Ocidental, como é o caso da França, Reino Unido, nos países escandinavos, além de Itália, Espanha e Grécia (BERGER, 2000). Nesse sentido, a defesa de Berger de uma suposta refutação da Teoria da Secularização deve ser interpretada com cautela. A socióloga Cecília Mariz, que foi orientada por Berger em seu curso de doutorado na Universidade de Boston, chega a questionar a adequação do termo dessecularização, pois ele implica "que algum tipo de secularização ocorreu,

> e consequentemente quando fala de dessecularização, o autor contradiz sua afirmação de que nunca o mundo foi secular, e vai também contra a sua negativa tão categórica da Teoria da Secularização (MARIZ, 2000: 27).

Fora da esfera religiosa, ainda nos anos de 1960 Berger enxergava "rumores de anjos" e sinais de transcendência em um grande número de experiências humanas, como o amor, a brincadeira, a indignação diante do mal, a esperança nas adversidades e, em particular, no humor e no riso (BERGER, 1997b), a que dedicou um livro inteiro (BERGER, 1997a).

Sem tradução para o português, o título do livro, *Redeeming Laughter*, aponta para uma ambiguidade sugestiva, podendo ser traduzido como "redimindo o riso" (ao torná-lo um objeto "sério" de investigação sociológica), ou como "riso redentor" (sinalizando para sua quase obsessão com a questão da transcendência). Como já tive a oportunidade de argumentar em uma resenha na qual me baseio de agora em diante (HAMLIN, 2006), esta ambiguidade, característica do próprio humor, é levada às suas últimas consequências no que diz respeito à apresentação do material empírico trabalhado. Recheado de piadas, algumas bastante filosóficas, como é o caso dos Koan (pequenas parábolas em forma de adivinhação) proferidos pelos zen-budistas, o mundo social é por vezes apresentado como uma coleção de incongruências. O humor judaico, em particular, é apresentado de forma primorosa, chamando a atenção para a relação entre marginalidade, intelectualidade e um tipo de humor mordaz, cerebral, urbano, sofisticado que, com frequência, faz de seus próprios valores objeto de ridículo. Por outro lado, a ambiguidade própria ao material é reforçada à medida que Berger resiste a um "erro" comum em muitos estudos do humor, especialmente aqueles centrados em abordagens mais linguisticamente orientadas: a análise das piadas e seu consequente assassinato.

Definido como a capacidade de se perceber algo como engraçado, o humor é tido como uma constante antropológica (não existe sociedade sem ele) e historicamente relativo (o que parece engraçado às pessoas varia de época para época e de sociedade para sociedade). Assim como o fenômeno religioso, o fenômeno cômico representa uma província finita de significado:

> [O] cômico faz surgir um mundo separado, diferente do mundo da realidade comum, que opera segundo regras diferentes. É também um mundo no qual as limitações da condição humana são milagrosamente superadas. A experiência do cômico é, por fim, uma promessa de redenção. A fé religiosa é a intuição (algumas pessoas de sorte diriam a convicção) de que a promessa será mantida (BERGER, 1997a: X).

Esta passagem é instrutiva sob vários aspectos. Em primeiro lugar, por permitir vislumbrar que, de um ponto de vista teórico, Berger já define sua posição, embora sem se preocupar em oferecer uma exposição sistemática das alternativas. Dentre os principais grupos teóricos ou paradigmas relativos ao estudo do humor e do riso, Berger implicitamente parte de uma perspectiva kantiana que concede um *status* epistemológico à experiência cômica ao sugerir que ela envolve (ou gera) uma percepção distintiva da realidade. Nada surpreendente, considerando a compatibilidade entre esta perspectiva e sua sociologia do conhecimento. O que provoca o riso é a percepção de algo contraditório, isto é, uma incongruência. Mas é apenas quando se questiona sobre que tipo de incongruência está em jogo que podemos perceber o edifício teórico-metodológico que dá sustentação à sua empreitada.

Fiel à tradição fenomenológica, a incongruência se dá entre o humor como uma "província finita de significado" e a "realidade suprema" do que chamarei aqui, talvez não totalmente em acordo com Berger, de "discurso sério". Neste sentido, uma de suas principais contribuições à sociologia do humor é no sentido de considerá-lo uma província finita de significado que, embora menos fechada do que o mundo dos sonhos, por exemplo, surge no seio da vida cotidiana, transformando-a momentaneamente e depois desaparecendo. É por essa razão, acredita, que frequentemente anunciamos a passagem do discurso sério para o discurso humorístico (e vice-versa) por meio de introduções do tipo "você conhece aquela do português?", ou "agora, falando sério".

Por fim, a passagem citada nos permite vislumbrar a tese propriamente sociológica defendida por Berger. Após a exposição de diferentes formas de expressão cômica (o "humor benigno", a bufonaria, a tragicomédia, o chiste, a sátira, o humor negro, dentre outros), conclui, talvez de forma excessivamente otimista, que, de maneira geral, a experiência do cômico apresenta um mundo sem dor. O humor, como província finita de significado, representa uma abstração da dimensão trágica da experiência humana. Claro que tal abstração não representa uma inversão epistemológica completa, mas, mais propriamente, um ato de fé – "ao não sabermos, só nos resta acreditarmos" (BERGER, 1997a: 214). É neste sentido que a experiência do cômico é percebida como um sinal de transcendência, como uma manifestação de um universo que contém "sinais visíveis de graça invisível". Esta ligação (inevitável, em se tratando de Berger?) entre humor e religião parece minimizar o caráter potencialmente violento que o humor pode assumir. Embora reconheça que existam exceções para a abstração da dor por meio da experiência cômica, mesmo o humor negro tende a ser percebido como uma neutralização da dura realidade da vida cotidiana, o que representa uma limitação importante ao tratamento do humor como um mecanismo de exclusão social.

É, no entanto, sob a forma de hipóteses a serem exploradas que a contribuição de Berger se revela realmente redentora para a sociologia do humor. Ao definir a sensibilidade cômica moderna como sardônica, distanciada, baseada no chiste e nos jogos de linguagem, relaciona-a a outras características da Modernidade, como seu intelectualismo e seu controle emocional. O humor carnavalesco da Idade Média desaparece à medida que a Modernidade o domestica e aprisiona em instituições como o bobo da corte e a comédia formal. Para Berger, é possível que o mesmo processo que dá conta da secularização (de parte) do mundo moderno explique o desencantamento do humor e sua adaptação a um período histórico que se julga superior a todos os outros em função de sua suposta racionalidade. Entretanto, o mundo moderno desencantado teria gerado suas próprias incongruências, sendo o humor uma delas: se, por um lado, a sensibilidade cômica contemporânea é a própria expressão do desencantamento, por outro, o humor representa uma reação a esse mesmo desencantamento. E conclui com seu otimismo habitual: "Enquanto o homem moderno ainda puder rir de si mesmo, sua alienação dos jardins encantados de tempos distantes não será completa. A nova sensibilidade cômica pode ser tanto o calcanhar de Aquiles da Modernidade quanto sua salvação" (BERGER, 1997a: 214).

Contudo, fica uma pergunta no ar: E quando é o outro o objeto do riso? Como o estudo do humor pode ajudar a revelar as relações de poder entre diferentes grupos sociais? Questões desta ordem não são facilmente vislumbradas por meio da abordagem proposta por Berger. Possivelmente porque, assim como parece ser o caso em relação ao seu conservadorismo político e à sua ênfase teórica no problema da ordem, o otimismo é sua maneira de reduzir a ansiedade diante das preocupações com a incerteza, a fragmentação e o caos que marcaram sua trajetória.

Referências

Obras do autor (Com ênfase para a produção de livros e datas da primeira edição. Para artigos e textos da internet, consulte as "Referências utilizadas no texto".)

BERGER, P. *Questions of Faith*: A Skeptical Affirmation of Christianity. Maiden, MA: Wiley-Blackwell, 2004.

_____. *Redeeming Laughter*: The Comic Dimension in Human Experience. Berlim: Walter de Gruyter, 1997.

_____. *A Far Glory*: The Quest for Faith in an Age of Credulity. Nova York: Anchor Books, 1992.

_____. *The Capitalist Revolution*: Fifty Propositions about Prosperity, Equality, and Liberty. Nova York: Basic Books, 1986.

_____. *The Heretical Imperative*: Contemporary Possibilities of Religious Affirmation. Nova York: Doubleday, 1979.

_____. *Protocol of a Damnation*: A Novel. Nova York: The Seabury Press, 1975.

_____. *Pyramids of Sacrifice*: Political Ethics and Social Change. Nova York: Anchor Books, 1975.

_____. *A Rumor of Angels*: Modern Society and the Rediscovery of the Supernatural. Nova York: Anchor Books, 1969.

_____. *The Sacred Canopy*: Elements of a Sociological Theory of Religion. Nova York: Anchor Books, 1967.

_____. *Invitation to Sociology*: A Humanistic Perspective. Nova York: Anchor Books, 1963.

BERGER, P. & BERGER, B. *The War over the Family*: Capturing the Middle Ground. Nova York: Doubleday, 1983.

BERGER, P.; BERGER, B. & KELLNER, H. *The Homeless Mind*: Modernization and Consciousness. Nova York: Vintage, 1974.

BERGER, P.; DAVIE, G. & FOKAS, E. *Religious America, Secular Europe?* – A Theme and Variations. Farnham: Ashgate, 2008.

BERGER, P. & KELNNER, H. *Sociology Reinterpreted*: An Essay on Method and Vocation. Nova York: Anchor Books, 1981.

BERGER, P. & LUCKMANN, T. *The Social Construction of Reality*. Nova York: Anchor Books, 1966.

BERGER, P. & ZIJDERVELD, A. *In Praise of Doubt*: How to Have Convictions without Becoming a Fanatic. Nova York: HarperOne, 2009.

Traduções para o português

BERGER, P.L. *Perspectivas sociológicas*: uma visão humanística. Petrópolis: Vozes, 2001 [Trad. de Donaldson Garschagen].

_____. A dessecularização do mundo: uma visão global. In: *Religião e Sociedade*, vol. 21, n. 1, 2000, p. 9-23.

_____. *Rumor de anjos*: a sociedade moderna e a redescoberta do sobrenatural. 2. ed. Petrópolis: Vozes, 1997.

_____. *O dossel sagrado*: elementos para uma teoria sociológica da religião. São Paulo: Paulinas, 1985.

BERGER, P.L.& BERGER, B. Socialização: como ser um membro da sociedade. In: FORACCHI, M.M. & MARTINS, J.S. (orgs.). *Sociologia e sociedade*: leituras de introdução à sociologia. Rio de Janeiro: LTC, 2008a.

_____. O que é uma instituição social? In: FORACCHI, M.M. & MARTINS, J.S. (orgs.). *Sociologia e sociedade*: leituras de introdução à sociologia. Rio de Janeiro: LTC, 2008b.

BERGER, P.L. & LUCKMANN, T. (1987). *A construção social da realidade*: tratado de sociologia do conhecimento. Petrópolis: Vozes, 1987 [Trad. de Floriano de Souza Fernandes].

Obras sobre o autor (Em português. Para outras referências, em inglês, consulte as "Referências utilizadas no texto".)

MARIZ, C.L. Secularização e dessecularização: comentários de um texto de Peter Berger. In: *Religião e Sociedade*, vol. 21, n. 1, 2000, p. 25-39.

_____. Peter Berger: uma visão plausível da religião. In: ROLIM, F.C. (org.). *A religião numa sociedade em transformação*. Petrópolis: Vozes, 1997, p. 91-111.

MARTELLI, S. *A religião na sociedade pós-moderna*. São Paulo: Paulinas, 1995, p. 287-295.

TEIXEIRA, F. Peter Berger e a religião. In: TEIXEIRA, F. (org.). *Sociologia da religião*: enfoques teóricos. Petrópolis: Vozes, 2003, p. 218-246.

Referências utilizadas no texto

BARBER, M.D. *The Participating Citizen*: a Biography of Alfred Schütz. Albany: State University of New York Press, 2004.

BERGER, P.L. *Adventures of an Accidental Sociologist*: how to explain the world without becoming a bore. Nova York: Prometheus Books, 2011a.

_____. The Fading Shadow of the Habsburgs. In: *The American Interest*, 20/07/2011b [Disponível em http://www.the-american-interest.com/2011/07/20/the-fading-shadow-of-the-habsburgs/].

_____. Some Personal Reflections on Same-Sex Marriage. In: *The American Interest*, 09/02/2011c [Disponível em http://www.the-american-interest.com/2011/02/09/some-personal-reflections-on-same-sex-marriage/].

_____. Lecture at CEU, 10/06/2009 [Disponível em https://www.youtube.com/watch?v=RUJfwaFXoAw].

_____. O que é uma instituição social? In: FORACCHI, M.M. & MARTINS, J.S. (orgs.). *Sociologia e sociedade*: leituras de introdução à sociologia. Rio de Janeiro: LTC, 2008.

_____. *Perspectivas sociológicas*: uma visão humanística. Petrópolis: Vozes, 2001a [Trad. Donaldson Garschagen].

_____. Postscrip. In: WOODHEAD, L.; HEELAS, P. & MARTIN, D. (eds.). *Peter Berger and the Study of Religion*. Londres/Nova York: Routledge, 2001b.

_____. A dessecularização do mundo: uma visão global. In: *Religião e Sociedade*, vol. 21, n. 1, 2000.

_____. *Redeeming Laughter*: The Comic Dimension of Human Experience. Berlim/Nova York: Walter de Gruyter, 1997a.

_____. *Rumor de anjos*: a sociedade moderna e a redescoberta do sobrenatural. 2. ed. Petrópolis: Vozes, 1997b.

_____. Reflections of an Ecclesiastical Expatriate. In: *The Christian Century*, 24/10/1990.

_____. *O dossel sagrado*: elementos para uma teoria sociológica da religião. São Paulo: Paulinas, 1985.

BERGER, P.L. & BERGER, B. Socialização: como ser um membro da sociedade. In: FORACCHI, M.M. & MARTINS, J.S. (orgs.). *Sociologia e sociedade*: leituras de introdução à sociologia. Rio de Janeiro: LTC, 2008.

BERGER, P. & KELLNER, H. Marriage and the Construction of Reality: an Exercise in the Microsociology of Knowledge. In: *Diogenes*, 12 (46), 1964, p. 1-24.

BERGER, P.L. & LUCKMANN, T. *A construção social da realidade*: tratado de sociologia do conhecimento. Petrópolis: Vozes, 1987 [Trad. Floriano de Souza Fernandes].

BERGER, P.L. & ZIJDERVELD, A. *In Praise of Doubt*: how to have convictions without becoming a fanatic. Nova York: HarperCollins, 2009.

DORRIEN, G. Berger: Theology and Sociology. In: WOODHEAD, L.; HEELAS, P. & MARTIN, D. (eds.). *Peter Berger and the Study of Religion*. Londres/Nova York: Routledge, 2001.

GROSS, N. Pragmatism, Phenomenology, and Twentieth-Century American Sociology. In: CALHOUN, C. (ed.). *Sociology in America*: a History. Chicago/Londres: The University of Chicago Press, 2007.

HAMLIN, C. Uma hermenêutica das conversações interiores: a noção de sujeito em Margaret Archer e em Hans-George Gadamer. In: *Revista Brasileira de Sociologia*, 2 (4), 2014.

_____. Breve metametodologia das Ciências Sociais. In: *Revista Latinoamericana de Metodología de la Investigación Social*, 1 (1), 2011, p. 8-20.

_____. Redeeming Laughter: The Comic Dimension of Human Experience. In: *Revista Brasileira de Sociologia da Emoção*, 5 (15), 2006, p. 286-291.

HEELAS, P. & WOODHEAD, L. Homeless minds today? In: WOODHEAD, L.; HEELAS, P. & MARTIN, D. (eds.). *Peter Berger and the Study of Religion*. Londres/Nova York: Routledge, 2001.

HERVIEU-LEGER, D. The twofold limit of the notion of secularization. In: WOODHEAD, L.; HEELAS, P. & MARTIN, D. (eds.). *Peter Berger and the Study of Religion*. Londres/Nova York: Routledge, 2001.

INTERNATIONAL SOCIOLOGICAL ASSOCIATION. *Books of the Century*, 2015 [Disponível em http://www.isa-sociology.org/books/vt/bkv_000.htm].

MARIZ, C.L. Secularização e dessecularização: comentários de um texto de Peter Berger. In: *Religião e Sociedade*, vol. 21, n. 1, 2000, p. 25-39.

PLESSNER, H. *Le rire et le pleurer*: une ètude des limites du comportement humain. Paris: Maison des Sciencies de l'Homme, 1995.

SAYRE, R. & LÖWY, M. Marx, Engels e os escritores românticos. In: *Via Atlântica*, n. 23, 2013, p. 11-30. São Paulo.

SCHUTZ, A. *Fenomenologia e relações sociais*: textos escolhidos de Alfred Schütz. Rio de Janeiro: Zahar, 1979 [Org. de Helmut Wagner].

STEINMETZ, G. American Sociology before and after World War II: The (Temporary) Settling of a Disciplinary Field. In: CALHOUN, C. (ed.). *Sociology in America*: a History. Chicago/Londres: The University of Chicago Press, 2007.

WALLERSTEIN, I. The Culture of Sociology in Disarray: the Impact of 1968 on U.S. Sociologists. In: CALHOUN, C. (ed.). *Sociology in America*: a History. Chicago/Londres: The University of Chicago Press, 2007.

WHEEN, F. *"O Capital" de Marx*: uma biografia. Rio de Janeiro: Zahar, 2007 [Trad. Sérgio Lopes].

WOODHEAD, L. Introduction. In: WOODHEAD, L.; HEELAS, P. & MARTIN, D. (eds.). *Peter Berger and the Study of Religion*. Londres/Nova York: Routledge, 2001.

21
Zygmunt Bauman (1925-2017)

Alan Mocellim*

O cientista social e seu tempo

Nascido em 1925 na Polônia, Zygmunt Bauman imigrou junto com sua família em 1939 para a União Soviética, logo após a invasão alemã da Polônia, durante a Segunda Guerra Mundial. Ainda adolescente, Bauman se alistou na frente soviética do exército polonês para batalhar contra o regime nazista, tendo participado de várias batalhas para a retomada da Polônia ocupada pela Alemanha. Depois da guerra Bauman se tornou o mais jovem major da história do exército polonês e recebeu inúmeras condecorações por sua participação nos confrontos. Durante esse período e após Bauman assumiu uma posição politicamente engajada com a causa comunista, com notório interesse por política e com participação como funcionário de serviços secretos de informação do governo stalinista polonês.

Sua posição como membro do exército e funcionário da inteligência foi revogada em 1953 com a tentativa de imigração de seu pai para Israel, desaprovada por Zygmunt, o que fez com que, desempregado, mas ainda interessado por política, começasse seus estudos de filosofia e sociologia. Ao terminar seus estudos, Bauman se tornou professor da Universidade de Varsóvia, aonde ficou até 1968. Durante seu período em Varsóvia, Bauman esteve em Londres para estudar o movimento socialista inglês, e ali teve contato mais profundo com várias outras vertentes do marxismo, incluindo os autores de Frankfurt e as obras de Antonio Gramsci, mas também se aprofundou no estudo de Georg Simmel e Norbert Elias, o que o fez ter divergências acadêmicas com o "marxismo oficial" soviético quando retornou à Polônia. Em 1968, em meio ao contexto de grande efervescência política no mundo, os debates internos no partido comunista polonês se acirraram, e as pressões por um posicionamento claramente ortodoxo, o qual Bauman não endossava, fez com que ele renunciasse o partido e assim fosse demitido de seu cargo como professor universitário.

Em embate com o governo polonês, Bauman imigrou para Israel, aonde lecionou brevemente na Universidade de Tel Aviv, sendo em seguida convidado para lecionar

---

* Professor adjunto do Departamento de Sociologia da Universidade Federal da Bahia (UFBA). Doutor em Sociologia pela Universidade de São Paulo (USP).

sociologia na Universidade de Leeds, na Inglaterra, na qual permaneceu como professor durante todo o resto de sua vida. Foi no seu período na Inglaterra que Bauman publicou seus livros mais famosos, alcançando bastante reconhecimento acadêmico com *Modernidade e holocausto* e em seguida *Modernidade e ambivalência*. Seus interesses, nas décadas de 1980 e 1990, período em que sua obra começou a ser difundida globalmente, se orientavam em torno do debate e crítica das ideias de civilização e racionalização. Dos anos de 2000 em diante, com a repercussão de seu *Modernidade líquida*, seus interesses foram reorientados para o debate sobre globalização, individualização e consumo nas sociedades contemporâneas.

Durante os últimos anos de sua vida, com sua obra sendo amplamente traduzida e difundida, Bauman mostrou preocupação profunda com a acentuação das desigualdades globais, demonstrando em livros e em entrevistas que esse desafio da Modernidade Sólida continuava sendo o desafio da Modernidade Líquida, agora ainda mais agravado pela amplitude do consumo e a velocidade de mudanças da sociedade contemporânea. Sendo imigrante polonês, filho de judeus, com passaporte israelense, mas naturalizado inglês após sua longa estadia na Inglaterra – por isso se identificando como uma pessoa sem pátria, mas com várias pátrias ao mesmo tempo –, Bauman se comprometeu particularmente com os problemas envolvendo a crise da União Europeia e a situação de imigrantes oriundos de regiões de guerra, tendo por diversas vezes tomado partido em nome de uma posição mais receptiva e humanitária por parte dos governos europeus.

Bauman faleceu em janeiro de 2017, com 91 anos.

Percursos e influências

Por conta das fases mais recentes de sua obra, há uma tendência de identificar o autor, de maneira simplista, como "pós-moderno" ou como um autor diretamente relacionado a uma sociologia de divulgação, simplificada para atingir um público mais amplo. Essa é uma verdade apenas parcial. Grande parte da obra de Bauman foi dedicada ao debate com e contra sociólogos e filósofos de grande importância para a teoria social. O autor esteve sempre em consonância com o espírito de seu tempo, pautando seus estudos na continuação e crítica de grande relevância para a sociologia.

Antes de tudo, Bauman se identificou com a teoria crítica, com autores da Escola de Frankfurt como Theodor Adorno e Max Horkheimer. Sua obra de juventude, ainda na Polônia, era quase que inteiramente composta por desdobramentos das teses frankfurtianas com "pitadas" de Gramsci. Tal identificação com os autores da teoria crítica é tão profunda que grande parte das temáticas que Bauman debateu a partir da década de 1980 foram respostas a tais autores, continuidades de suas teses sobre a racionalidade instrumental e/ou prolongamentos de suas considerações sobre a indústria cultural. Além das constantes referências aos autores, e do endosso de uma teoria crítica com valores explícitos em oposição a uma teoria tradicional comprometida com uma suposta neutralidade e objetividade, os temas tratados em seu *Modernidade e holocausto* e *Modernidade e ambivalência*, bem como as críticas da sociedade de consumo apresentadas em *Modernidade líquida* caminham na direção do que Adorno e Horkheimer apresentaram em *Dialética do esclarecimento*. A crítica que os filósofos de Frankfurt fizeram ao potencial autoritário da filosofia iluminista, do positivismo e da noção moderna de racionalidade foram estendidas por Bauman à ciência em geral e às ambições do Estado Moderno em seus "desvios patológicos" no nazismo e no fascismo.

Aliás, é sobre o "desvio patológico" do Estado nazista que Bauman escreve em *Modernidade e holocausto*, e escreve tendo como partida tanto Adorno e Horkheimer como Norbert Elias e Hannah Arendt. A proposta do livro é debater em que medida o holocausto não foi uma ruptura com o processo civilizador ocidental, de que nos fala Elias, e qual o motivo que o levou a ser uma extensão da "banalidade do mal" que Arendt denunciou em seu *Eichmann em Jerusalém*. A tese de Bauman é que o holocausto nazista é fruto de uma racionalidade instrumental intrínseca à civilização ocidental. Não foi fruto de um desvio barbárico incivilizado, no caminho oposto da pacificação e oposição à violência física que compõem o processo civilizador, como nos apresentou Elias, nem decorrência de um *habitus* da disputa violenta, como Elias nos fala em seu *Os alemães*, mas foi uma violência "limpa", quase não violenta, civilizada porque distanciada do cotidiano, subjugada aos procedimentos técnicos e burocráticos do Estado, por isso uma patologia de nossa civilização. A banalidade desse mal está presente na visão de uma decisão meramente burocrática, como nos apresentou Arendt, do funcionário especialista que apenas segue ordens pautadas na ciência, na economia, mas alheias à ética. Dessa forma, e na mesma direção, Bauman também herda de Arendt sua visão sobre a política. Em "Em busca da política" ele critica a política moderna como pura técnica de administração da vida, tal como Arendt, ou como administração dos corpos, como para Foucault. A perda de qualquer horizonte político ligado à ética é, para ele, característica de uma época na qual dissociamos intenções morais da ciência e do Estado, novamente, a banalidade do mal presente por meio de uma racionalidade instrumental.

Em *Modernidade e holocausto* e *Modernidade e ambivalência* há uma interlocução marcante entre Bauman e Elias. No primeiro, conforme já dito, no demonstrar que o holocausto não era incivilizado, mas um desdobramento da forma de pensar e agir civilizada. No segundo, por sua vez, na própria categoria de ambivalente. A ambição do livro é dizer que no próprio espírito da Modernidade há uma busca da ordem por meio da eliminação da ambivalência, e que esse projeto moderno, apoiado na ciência e no Estado, levou os regimes políticos da Europa a consequências autoritárias durante o século XX. O ambivalente é aquele que não é bem-vindo porque não é de dentro e nem de fora, é, segundo as categorias nativas, um *outsider*, um estigmatizado, uma pessoa que por não se encaixar no sistema ordenado de pensamento e ação é destinada a viver à margem.

Bauman amplia a categoria de *outsider* de Elias para pensar uma estigmatização política mais ampla, dentro de grandes grupos políticos, como princípio da própria formação do Estado-Nação, e orientada por práticas científicas.

Enquanto num primeiro momento de sua trajetória, em seus debates críticos sobre a Modernidade, suas principais referências e interlocutores foram Adorno, Horkheimer, Arendt e Elias, com a guinada de seu trabalho, com o abandono das categorias de Modernidade e Pós-modernidade e a adoção de Modernidade Sólida e Líquida, temos uma mudança também de referências e interlocutores, ocasionando numa ampliação de seu diagnóstico geral sobre a Modernidade. Ao falar de uma Modernidade Líquida Bauman retoma Simmel e Marx para repensar o consumo, a individualização e a velocidade da vida moderna aonde "tudo que é sólido se desmancha no ar" para debater com e contra as posições de Anthony Giddens e Ulrich Beck a respeito da caracterização de uma Segunda Modernidade, dos dilemas da globalização, do consumo, da individualização e da identidade no século XXI.

A retomada de Marx se dá a partir da crítica do consumo nas sociedades individualizadas. A tese marxista do fetichismo da mercadoria, na qual os objetos se sobrepõem aos valores humanos, e passam a ser guias da atividade humana, essa inversão entre sujeito e objeto na história, entre humanos e coisas, é para Bauman algo que se amplia nas sociedades contemporâneas. Se, por um lado, em Marx o fetichismo significa a impossibilidade de cálculo do valor devido ao feitiço que as mercadorias, com seus "atributos especiais" exercem sobre nós, por outro lado, ainda existia a ideia de que o consumo era pautado sobretudo em necessidades. Bauman leva a tese marxista além ao afirmar que o consumo hoje é desejo, é realização do desejo, é o desejo se sobrepondo às necessidades, é a realização completa e irrestrita do fetichismo das mercadorias. O resultado disso? Não apenas consumimos movidos pelo desejo, mas tratamos a tudo como objeto de consumo. As próprias relações humanas passam a ser relevantes, desejáveis, enquanto consumíveis, e como objetos de desejo, descartáveis quando o desejo se esgota.

A retomada de Simmel, por sua vez, se dá na própria metáfora da fluidez das relações que Bauman começa a utilizar a partir de Modernidade Líquida. A questão do individualismo, apresentada por Simmel a partir do desprendimento do habitante da grande cidade, e possibilitada pelo dinheiro, aparece em Bauman na vivência do habitante do mundo moderno ocidental, possibilitado pelo consumo. Há para esse individualismo uma ressalva: se para Simmel podemos ser indivíduos nos inserindo na divisão do trabalho moderna por meio da troca facilitada pelo dinheiro, e na ausência dele somos obrigados a ser indivíduos sem a liberdade de fato apresentada como característica da individualidade; para Bauman somos indivíduos livres na medida em que consumimos, o que, por sua vez, nos diz que os que não podem consumir são menos indivíduos e menos livres. É justamente esse o argumento de Bauman, em sua releitura de Simmel.

Por fim, é importante destacar que a mudança de terminologia adotada por Bauman, de Pós-modernidade para Modernidade Líquida, em seus livros mais recentes, indica uma intenção: se afastar do debate artístico e filosófico, campo em que o conceito de Pós-modernidade ganhou mais adeptos, e se aproximar de seus interlocutores na Inglaterra, que buscavam definir as características da sociedade contemporânea em oposição a uma fase anterior da Modernidade: Giddens e Beck. Giddens adotava o termo Alta Modernidade para se referir aos processos de agravamento e aprofundamento da dinâmica moderna, com maior dissociação entre tempo e espaço e mais reflexividade do conhecimento na vida cotidiana. Beck, por sua vez, adotou o termo Segunda Modernidade, para apresentar uma sociedade que vive em torno dos problemas criados pela própria dinâmica moderna, uma sociedade de risco, cujo desafio é enfrentar os efeitos colaterais de sua modernização. Tanto Giddens como Beck, ao falarem desse segundo estágio da Modernidade nos apresentaram uma sociedade na qual a dinâmica do trabalho na geração de progresso e riqueza foi substituída pela dinâmica do conhecimento, trazendo progresso, riqueza, mas também crises e efeitos indesejados. É em oposição a esses autores, e buscando debater os mesmos temas que eles, que Bauman adota Modernidade Líquida como um termo-síntese desse novo período, englobando mudanças nas nossas formas políticas, econômicas, na nossa relação com o trabalho e o conhecimento, em resumo, uma época que confere centralidade à individualidade ao invés da coletividade.

Conceitos-chave

Cultura

Em seus trabalhos sociológicos mais antigos um dos debates que Bauman buscou empreender era sobre as diversas formas que a cultura poderia ser definida. Para Bauman, havia três maneiras típicas de definir cultura: 1) De modo hierárquico, com cultura significando aprendizagem, ganho adicional de saberes, portanto sendo possível de ter mais ou menos cultura; 2) De modo diferencial, com cultura sendo marcador de diferenças entre povos e fronteiras; 3) De modo genérico, como cultura como sendo algo que nos diferencia dos animais, como sendo análoga à posse de uma linguagem e simbologia humana. Bauman defende uma outra ideia de cultura, análoga à sustentada por Lévi-Strauss, a de cultura como não possuindo uma estrutura totalizante, mas sendo dinâmica, não equivalendo a uma necessidade, porque não tem finalidade. Nesse sentido, Bauman vê cultura como um *bricolage* de práticas constantemente refeitas, policêntricas, nunca unívocas. A cultura, para Bauman, é sempre um recorte de signos em movimento.

Ambivalência

O conceito de ambivalência é antes de tudo um conceito da linguística e se refere ao problema específico da palavra, que possui vários sentidos. Bauman pensa, a partir da categoria de ambivalência, aquelas condições sociais de estranheza, de estar completamente fora de uma estrutura social. O ambivalente é o inclassificável, o não compreendido. Numa sociedade tradicional é aquele que, vindo de fora, não se coloca nem de um lado nem de outro numa estrutura funcional de oposição entre amigos e inimigos. Na sociedade contemporânea o ambivalente é tanto aquele que não se integra cultural, étinica ou linguisticamente como aquele que é o estranho por estar fora de processos sociais fundamentais como o consumo ou a individualização.

Modernidade Sólida e Líquida

Bauman conceitua Modernidade como um modo de vida que alia, em conjunto, uma economia capitalista, com a delimitação étnica e política em estados-nação, com o uso expandido e burocratizado da ciência como orientação prática. É o ordenamento de uma economia capitalista, de um Estado-nação e de uma ciência pragmática que formam o mundo moderno. A distinção entre Modernidade Sólida e Líquida, por sua vez, é feita por Bauman mediante o que ele considera valores hegemônicos no discurso e nas práticas culturais de cada uma dessas épocas. Na Modernidade Sólida os valores hegemônicos eram ordem e progresso; ambos serviam de parâmetro moral e ético para a economia, a política e a ciência da época. Na Modernidade Líquida os valores hegemônicos são o consumo e a liberdade, um referido ao outro, com o consumo condicionando a liberdade, sendo o consumo o objetivo prático da economia, da política e da ciência em nossa época.

Comunidade e identidade

Para Bauman, a comunidade é definida conforme era para os sociólogos clássicos: como um grupo territorialmente delimitado, com cultura própria, costumes próprios, tradições que se mantêm ao longo das gerações, com pouca diversidade interna entre os indivíduos que compõem tal grupo. Identidade, por sua vez, é definida como a identificação de grupo específica de uma sociedade que não é composta mais por grupos fechados. A identidade é uma construção fragmentada, composta por elementos culturais diversos, formando a relação provisória de pertença de um indivíduo. Numa sociedade de indivíduos não podemos mais falar de comunidades no sentido tradicional do termo, mas de identidades, cada vez mais provisórias. Comunidade só existe nesse contexto como referida a identidade estética, à afiliação em estilos de autoimagem. A identidade é, assim, para o autor, o substituto contemporâneo da comunidade.

Individualização

O que o autor chama de individualização é um processo de busca de si próprio, é o buscar ser indivíduo. Na Modernidade Líquida cada vez mais se valoriza uma certa independência de laços permanentes, uma autonomia do *self* frente aos processos sociais. Ser indivíduo é ser autônomo. No entanto, essa autonomia só é possível mediante processos de consumo, sendo, portanto, uma autonomia relativa, sempre condicionada por processos econômicos. Nesse sentido, a individualização é um processo social contraditório e sempre constante no qual se busca ser um indivíduo único por meio de processos socialmente partilhados e condicionantes, sustentando a impressão de autonomia frente aos processos sociais. É a forma moderna da falsa liberdade no capitalismo.

Considerações sobre o autor

A obra de Bauman pode ser dividida em dois grandes momentos. Em sua primeira fase, ainda bastante vinculado à teoria crítica alemã, Bauman tinha como comprometimento "dar carne sociológica e histórica ao esqueleto de dialética do Iluminismo" (BAUMAN, 1999: 25). É isso que o autor fez em seus *Modernidade e ambivalência* e *Modernidade e holocausto*: complementar as teses de Adorno e Horkheimer, debatê-las contra o problema da civilização a partir de Elias, apresentando novos elementos até então impensados. Nesse primeiro momento seu objetivo era, tal como para os clássicos da sociologia, a caracterização da Modernidade de um modo mais geral. Após esses livros, em meio a uma transição para uma segunda fase de sua obra, Bauman rearranjou seus interesses e começou a escrever vários ensaios sobre a sociedade contemporânea, ainda chamada por ele de pós-moderna, dando especial destaque à relação entre globalização, individualização e consumo. Esses ensaios, alguns publicados no *Mal-estar da Pós-modernidade*, serviram de "teste" para seu redirecionamento, que aparece acabado em *Modernidade líquida*. Dessa forma, vemos sua obra dividida entre o debate sobre a Modernidade Sólida, num primeiro momento, e sobre a Modernidade Líquida num segundo momento.

Para Bauman (1999: 14), a "existência é moderna na medida em que contém a alternativa da ordem e do caos". A Modernidade Sólida, para Bauman, é caracterizada, principalmente, através da ideia de projeto moderno. O projeto moderno seria o projeto de controle do mundo pela razão. Esse projeto consistia em tornar o mundo o "melhor possível dos mundos" através do ordenamento racional e técnico. São dois os elementos de destaque em sua análise do projeto moderno: os estados-nação e a ciência. Através desses dois elementos o projeto moderno seguia o caminho de sua realização.

Para Bauman, o projeto moderno, realizava através dos estados-nação, uma eliminação da ambivalência. Tudo deveria ser conhecido e categorizado – para então ser controlado. Toda ambivalência – tudo que permanecesse duplo, confuso, "em cima do muro" – deveria ser eliminado. A ciência operou essa eliminação da ambivalência através da classificação do mundo, visando seu posterior uso técnico. Os estados-nação eliminavam a ambivalência através da separação entre os "de dentro" e os "de fora", entre os estabelecidos e os *outsiders* – como diria Elias (2000). No entanto, o escândalo do projeto moderno se deu com a descoberta de que seus nobres meios racionais levaram a fins catastróficos. Assim como Adorno e Horkheimer (1985), Bauman vê a Modernidade como um período em que a razão se volta contra si mesma, ou seja, contra os que se utilizam da razão. Os campos de concentração e a tragédia nuclear abalaram profundamente a ideia de que o controle racional do mundo, pela eliminação da ambivalência, traria "o melhor dos mundos possíveis".

O holocausto nazista, tema debatido extensamente por Bauman (1998), é exemplo desse aspecto contraditório do projeto moderno, da libertação por meio de um potencial autoritário. Ele destaca que o holocausto não foi apenas um evento incivilizado da sociedade ocidental, uma perca de direção no caminho da pacificação encaminhada pelo processo civilizador (ELIAS, 1993), pelo apaziguamento do instinto e da violência nas sociedades ocidentais. Pelo contrário, o holocausto foi uma forma de violência civilizada, porque burocratizada, racionalizada, organizada por processos burocráticos, técnicos e científicos, e por isso socialmente aceita e invisível. A "solução final" longe de ser uma barbárie, foi um processo técnico gerido por especialistas, de modo a parecer "limpo" e quase não violento. O holocausto é uma amostra da cultura moderna civilizada, de sua dualidade, de como libertação e autoritarismo caminharam lado a lado em sua formação, de como ser civilizado não exclui a possibilidade de ser também violento – desde que pelos meios agora autorizados, por via do Estado e validado pela ciência.

Bauman também constata que a Modernidade representa – assim como Adorno e Horkheimer (1985) constataram – um crescente predomínio da racionalidade instrumental. A racionalização percebida por Bauman (1999), opera na Modernidade – tal como Weber (2004) acentua – através principalmente da ciência e do Estado. A eliminação da ambivalência é definida por Bauman como o exercício da Modernidade rumo à racionalização. O objetivo da ciência era eliminar toda a incerteza, imprevisibilidade e indeterminação. Da mesma forma, o objetivo do Estado era a eliminação de suas contradições internas, e isso significava a exclusão dos que não se adaptassem. O ser humano, nesse movimento de eliminação da ambivalência, foi tomado como objeto a ser moldado pela racionalidade científica e técnica, e também pela racionalidade legislativa. Assim como o mundo dos objetos manipulados pela ciência e pela técnica, a sociedade passou a ser tomada como objeto de manipulação técnica. A engenharia social foi a transformação do ser humano num meio racionalmente controlável. A humanidade foi tomada, durante a Modernidade Sólida, como objeto de controle, como instrumento ajustável aos fins do projeto moderno.

O autor define o projeto moderno como um projeto de eliminação da ambivalência. Para Bauman a ambivalência é sobretudo um problema normal da linguagem, quando algo pode significar duas coisas, ser classificado de dois modos, é o reconhecimento de que vivemos em desordem (BAUMAN, 1999: 9). Classificar, por sua vez, é ordenar, é conceder a cada coisa o seu espaço. O projeto moderno de Estado e de ciência, promovido e levado adiante pela filosofia iluminista, é um projeto de separação em nações, de classificação do mundo, de ordenamento da realidade, de dar estrutura ao mundo caótico que nos circunda. Nesse mundo moderno da ordem o não classificável não tem espaço. Mas a contradição reside em: quanto mais classificamos, mais surgem problemas não classificáveis; quanto mais ordenamos, mais sabemos que falta ordenar. A Modernidade criou um projeto impossível. No âmbito da vida em sociedade, quem seriam os ambivalentes? Os que não são de dentro nem de fora, nem amigos e nem inimigos, aqueles que não podem se encaixar numa etnia ou em um país, são os estranhos, os *outsiders*, aqueles que sofrerão com o estigma. Visando a libertação criamos a prisão daqueles que não se encaixam em nossas categorias políticas e científicas. E é essa a própria ambivalência da sociedade moderna.

O projeto moderno foi, para Bauman, um projeto político de ordenamento social por meios legislativos e fundado numa ciência ordenadora. Visto dessa forma, os desvios totalitários da sociedade moderna, com sua junção entre Estado e ciência, principalmente nos casos da Alemanha nazista e da URSS comunista, não eram apenas exceção, mas a regra do mundo moderno. Os regimes totalitários que vivenciamos no início do século XX não foram, para Bauman, um desvio da Modernidade, mas sua radicalização por meio do total controle e ordenamento. É na própria ideia fundante da Modernidade, na eliminação da ambivalência social, no ordenamento científico do mundo, que reside o seu potencial destrutivo. Novamente, temos a contradição no qual os mesmos meios que nos permitem liberdade mediante a natureza nos tornam sujeitos a outras formas de força.

A Modernidade Sólida foi, para Bauman, um período de controle, dominação, mas nem por isso, mesmo que de maneira ambígua, não deixou de unir o mundo. Tornou, através dos diversos desenvolvimentos da indústria e do transporte, o mundo mais globalizado. Porém, com as crises do projeto moderno, concomitantes a um desenvolvimento ainda maior dos meios de transporte e comunicação, emerge uma nova Modernidade, a Modernidade Líquida. Se com a Modernidade Sólida tivemos como ideia central a tentativa de controle racional do mundo, a Modernidade Líquida temos que lidar com um mundo em descontrole. Somente com o atual desenvolvimento técnico e solapamento do tempo e do espaço – consequência direta desse desenvolvimento técnico – que a Modernidade pôde se tornar líquida. No mundo sólido dos estados-nação toda diferença era vista com desconfiança, ao passo que no mundo líquido a diferença se torna exigência: todos devem ser indivíduos particulares e diferenciados. No mundo sólido as formas de vida comunitárias ainda podiam existir – mesmo que reduzidas e isoladas – graças a certa exigência de unidade de conduta e modos de vida, que eram o núcleo da ideia de povo e de nação; já no mundo líquido a comunidade é transformada em mito, é uma busca infinita. Com a individualização radicalizada, todas as formas de sociabilidade que sugerem dependência mútua passam a ser vistas com desconfiança.

Na Modernidade Líquida, porém, podemos identificar através da centralidade do consumo um meio por onde opera uma objetivação e instrumentalização das relações sociais. O consumo se torna, na Modernidade Líquida, *locus* das relações sociais e fonte principal de satisfação. Mas, além disso, o consumo se torna o meio por onde os indivíduos se constroem como sujeitos. Através da condição que é a posse de determinados objetos de consumo que uma identidade pode ser assumida ou não. A individualidade é, assim, condicional à posse de objetos específicos, ou seja, sujeita ao mundo dos objetos que podem (ou não) ser adquiridos e consumidos. Os objetos, como objetos de consumo, além disso, perdem rapidamente seu poder de sedução. Com o consumo a sedução se perde. E a mesma coisa se dá com a individualização obtida através do consumo. Para ser indivíduo é necessário estar consumindo constantemente, pois, ao consumir, através da posse dos objetos de consumo, o homem se torna indivíduo. Esta é uma estranha contradição – já percebida anteriormente tanto por Marx (1989, 1994) quanto por Simmel: para ser sujeito o indivíduo necessita constantemente dos objetos, assim o sujeito perde a centralidade, deixa de ser sujeito, e só volta a ser sujeito através da posse dos novos sujeitos, que são os objetos.

A instrumentalização das relações sociais provocada pelo consumo chega a tal ponto, para Bauman, que todas as relações passam a ser reduzidas a relações de consumo. Inclusive as mais profundas relações afetivas – amizades, namoros, casamentos – são afetadas pelo consumo como ideal do agir social moderno-líquido. O outro passa, agora, a ser tomado também como objeto de consumo, útil enquanto oferece satisfação, e dispensável ao fim da utilidade. As relações humanas dos indivíduos que se constroem pelo consumo acabam sendo, como eles próprios, imagem do consumo, e acabam por gerar uma fluidez, uma fragilidade cada vez mais acentuada nos relacionamentos humanos (BAUMAN, 2004, 2006).

Essa fragilidade dos laços não se reduz apenas a relações amorosas, mas também à própria vivência comunitária. Partindo de Tönnies e da ideia de que a vivência comunitária necessita de um entendimento partilhado entre seus membros, Bauman afirma que, na Modernidade Líquida, o entendimento não pode mais ser partilhado como numa comunidade pequena e fechada, e vem sendo substituído pelo consenso. No entanto, consenso não significa partilha, mas apenas negociação entre pessoas e interesses divergentes. O entendimento entre iguais, diferentemente do consenso, não precisa ser procurado, está sempre disponível aos membros de uma comunidade. A transição da Modernidade Sólida para a Modernidade Líquida é também a transição do entendimento ao consenso.

A comunidade depende da "mesmidade" e, dessa forma, é alheia à reflexão, à crítica e à experimentação; ela tem sempre que manter certa imutabilidade, caso almeje manter-se comunitária ao longo do tempo. Para a manutenção da "mesmidade" é necessário que se defina como distinta de outros grupos sociais, mas também que seja pequena e autossuficiente (BAUMAN, 2003: 17-18). Enquanto não houver canais de comunicação ampliados entre a comunidade e outros agrupamentos é possível que sua homogeneidade se mantenha. Com a relativização das distâncias a partir de meios de transporte e de comunicação, a vida comunitária se torna cada vez mais insustentável. A partir desse momento toda a unidade precisa ser artificialmente construída; o entendimento é substituído pelo consenso; e a unidade é apenas alcançada por meio da negociação e da adesão racional. A diferença do consenso para o entendimento dado e imediato é que nada garante que um acordo dado por consenso não possa ser desfeito. Com a Modernidade Líquida não existe mais a possibilidade de um entendimento compartilhado e duradouro, como o que era oferecido pela comunidade. Também a segurança garantida pela vida comunitária tem de ser reconstruída artificialmente. As "comunidades cercadas" com sistemas de segurança e vigia eletrônicos visam à segurança e à manutenção da intimidade de seus moradores, mas, de forma nenhuma, reconstroem uma experiência de entendimento. São refúgios de um mundo de "intrusos", de pessoas em relação às quais não se pode nutrir confiança, de um mundo inseguro (BAUMAN, 2003: 52). De um lado, há a tentativa de reinstauração da segurança nas "comunidades cercadas", mas, de outro, o cosmopolitismo anticomunitário dos que vivem sempre em transição. Estes são cidadãos globais, sempre em transição por não lugares (AUGÉ, 1994), onde vivem a uniformidade alheia ao contato com qualquer forma significativa de diferença cultural. O indivíduo pleno é o habitante do não lugar, livre de um entendimento comunitário, capaz de viver alheio às especificidades culturais, sendo "moldável" e adaptável de acordo com o contexto.

Segundo Bauman (2003), diante da impossibilidade de encontrar uma comunidade, uma nova forma de haver entendimento e segurança, o conceito de identidade ganha importância. A identidade é a substituta contemporânea da comunidade. Ela incorpora a individualidade ao pertencimento a grupos ou filiações a estilos de vida, mas esse pertencimento em quase nada é similar ao pertencimento comunitário – é sempre um pertencimento temporário, revogável e precário e também incapaz de trazer a segurança trazida pela comunidade. Esse trabalho de construção permanente da identidade é visto pelos sujeitos envolvidos em sua construção como uma libertação, em comparação com as identidades fixas das comunidades pré-modernas. Mas é também um peso e tarefa: cada um, como indivíduo, tem o dever de ser único e construir por si mesmo sua identidade.

No entanto, o deslocamento da comunidade para a identidade como processo central de definição dos indivíduos não significa o fim da comunidade. A busca pela identidade favorece a emergência de um novo tipo de comunidade: as comunidades estéticas. Bauman (2003) sugere que as comunidades estéticas são fundamentalmente diferentes das comunidades éticas – que seriam aquelas descritas por Tönnies. As comunidades éticas são orientadas por normas, tradições e destinos partilhados; já as estéticas são flexíveis e mutáveis, não conferindo uma orientação moral duradoura, nem um destino partilhado, e permanecem sob o risco permanente de sua dissolução. As comunidades estéticas, criadas em consonância com as novas identidades, são reunidas em torno do entretenimento, de celebridades, de ídolos. Há um deslocamento da ética para a estética, no qual as autoridades não são mais os líderes morais, mas o exemplo das celebridades e a liberdade que representam e incorporam.

Bauman (2001) também chama essas comunidades estéticas de comunidades-cabide. Essa metáfora pode ser entendida de duas formas. Primeiramente, são comunidades-cabide porque são vestidas por indivíduos, como trajes, e utilizadas em diversas situações; e, como trajes, elas são deixadas de lado quando saem da moda ou quando a situação não mais as exige. Mas também elas são o "cabide" onde os medos e as preocupações enfrentados individualmente são temporariamente pendurados, ou seja, deixados de lado, em nome de uma identidade vivida em conjunto, mas apenas por tempo determinado – enquanto duram as festas e os espetáculos que evocam uma identidade partilhada, mas que nunca são substitutos permanentes para uma comunidade reunida em torno de uma "causa comum". Dessa forma, "é discutível se essas 'comunidades--cabide' oferecem o que se espera que ofereçam – um seguro coletivo contra incertezas individualmente enfrentadas" (BAUMAN, 2003: 21).

Quando falamos de comunidades estéticas não estamos falando mais de comunidades, mas de identidades individualizadas, de vínculos que são incapazes de gerar responsabilidades éticas e compromissos de longo prazo. Comunidades estéticas são fundadas em vínculos passageiros, cujo objetivo é muito mais a composição de uma identidade individual do que a construção de uma coletividade. Dessa forma, o deslocamento das comunidades éticas para as comunidades estéticas evidencia uma fase de maior individualização nas sociedades modernas; sugere que, nas sociedades integradas e globais, nas quais vivemos – onde há uma maior relativização das limitações locais e tradicionais que antes determinavam de modo totalizante as ações e os pensamentos – nos deparamos com a impossibilidade de uma recriação do modo de vida comunitário, em seu sentido tradicional. O que temos pra Bauman é definitivamente a substituição da ideia de comunidade, agora em crise, pela ideia de identidade.

Tal crise da ideia de comunidade, sua reconstrução tendo o princípio da identidade como orientador, se assemelha ao neotribalismo conforme apresentado por Michel Maffesoli. Para ele (MAFFESOLI, 2006) as neotribos são múltiplas e instáveis; cada tribo atribui sentido às suas ações e refunda uma tradição fundamentada no mito e em seus ritos. Ao se associar, o membro de uma tribo o faz com uma identidade partilhada e, dessa forma, não se trata apenas de uma identidade individual, mas de uma identidade comum à tribo a que pertence. Contudo, mesmo que partilhe uma identidade, o membro de uma tribo não partilha apenas aquela identidade ou é membro apenas daquela tribo.

O novo tribalismo, ao contrário do antigo, permite a integração em diversas tribos e o hibridismo de diversas identidades de grupo, que, juntas, compõem uma identidade individual. O neotribalismo é o assumir de uma comunidade transitória e de uma identidade híbrida, é a forma comunitária possível de uma sociedade de indivíduos.

A identidade na Modernidade Líquida não é mais identidade cultural ou coletiva, mas identidade individual; identidade é a identificação do eu autônomo. É a partir disso que Bauman ressalta que "A apresentação dos membros como indivíduos é a marca registrada da sociedade moderna" (2001: 39). Ser indivíduo significa dispor de uma certa margem de liberdade de ação, margem que só se abre com a Modernidade. A Pré-modernidade não podia trazer o problema da liberdade nos termos em que veio a ser formulado na Modernidade. A coerência entre as atitudes individuais com aquelas que compunham a comunidade tornava o problema da individualidade irrelevante. Somente com a Modernidade que a liberdade individual se torna importante; e somente com a Modernidade Líquida ela se torna um dilema fundamental de nossas vidas. Bauman conceitua individualização como o "transformar a identidade humana de um 'dado' em uma 'tarefa' e encarregar os atores da responsabilidade de realizar essa tarefa e das consequências (assim como dos efeitos colaterais) de sua realização" (BAUMAN, 2001: 40).

Na Modernidade Sólida a igualdade era, ainda, um valor tão importante, ou mais, que a liberdade. Nesse contexto a individualização, apesar de importante, era secundária. A Modernidade Sólida foi o período de eliminação da ambivalência, o que tornava qualquer distinção um tanto perigosa. Os estados nacionais, com uma exigência de homogeneidade interna das identidades, impediam uma radicalização da individualização, como ideal de distinção. O indivíduo podia ser distinto e diferente; no entanto, caso desejasse uma aceitação plena deveria se conformar à identidade do Estado a que pertencia. No entanto, os indivíduos já eram entendidos como livres e iguais, podendo exercer direitos e deveres, sendo responsabilizados por suas ações, e sendo livres para empreender a tarefa de construção de uma identidade. O indivíduo já não era determinado pelo lugar no qual nascia, e por relações preestabelecidas. Com a Modernidade (sólida) os indivíduos deveriam ambicionar se tornar alguém, e lidar com as consequências dessa ambição, tendo em vista que poderiam inclusive fracassar em pleno caminho de sua realização como indivíduos.

A Modernidade Líquida, sem a necessidade de homogeneidade nacional, torna o indivíduo a lei universal, isto é, agora todos devem ser indivíduos. Todos devem ser distintos através de seus próprios recursos. O consumo aqui tem um importante papel, ele se torna, na Modernidade Líquida, a principal forma de construção da individualidade. Como o consumo, que é passageiro – e se esvai com o fim do desejo –, o indivíduo se torna algo móvel, passageiro (BAUMAN, 2005). A identidade individual se torna passageira, o consumo se torna a forma de construção do *self*, e como produtos que se alternam nas propagandas, o indivíduo deixa de ser limitado e fixo, e passa a ser passível de alternância. O indivíduo agora, sem obrigatoriedade de conduta em conformidade com a comunidade, se torna livre, mas essa liberdade é relativa na medida em que suas opções de construção da individualidade são limitadas (ou ilimitadas) pelo consumo.

Assim como o projeto moderno foi uma questão de eliminação da ambivalência, de classificação e ordenamento incessante, as identidades na Modernidade também seguiram esse mesmo caminho. Apesar de se tornarem identidades construídas, essas tinham um fim, e deviam ser bem-definidas, e após definidas imutáveis. Qualquer identidade que não fosse clara, ou que não pudesse se situar claramente nem de uma forma ou outra – "ficando em cima do muro" – passava a ser considerada um problema. Bauman (1998, 1999, 2001, 2003) afirma que hoje esse contexto não é mais válido. Estamos vivendo em um período onde esse medo da ambivalência quanto às identidades não existe mais. Hoje a própria ambivalência se torna um valor. Num mundo onde tudo é transitório, uma identidade fixa e bem-definida não parece ser muito atrativa. Manter as opções abertas significa aqui não se apegar a nada, nem a ninguém. Não se deixar levar por nenhum tipo de forma de vida durável suficientemente para se tornar um tédio. A regra da Modernidade Líquida não é mais "seja um de nós", como outrora, mas "seja você"; e isso significa, se antes a responsabilidade e os riscos de uma vida eram compartilhados, hoje tudo isso é individualizado – junto da individualização do *self* e dos discursos de sucesso temos também a individualização do fracasso.

Num mundo individualizado a durabilidade não é mais um valor tão importante como no passado. A ação e mesmo o trabalho cada vez mais se tornam secundários ao labor (ARENDT, 1991), e o consumo assim se torna o grande valor. Tudo deve ser consumido, e tudo deve ser descartável para ser consumido. Num mundo que, diferente da Modernidade Sólida, não se organiza mais em torno do trabalho, e sim em torno do consumo, as identidades se tornam também algo a ser consumido. E o consumo passa a ser o meio pelo qual são construídas as identidades. Bauman (2001) opõe a vida organizada em torno do trabalho e da produção e em torno do consumo. A organizada em torno da produção tende a ser normativamente regulada, é necessária uma conformidade com determinadas regras para exercer seu papel na cadeia produtiva de forma correta. A vida organizada em torno do consumo, por outro lado, dispensa as normas: a sedução e o desejo se tornam os únicos fatores importantes. Essa vida orientada pelo consumo faz com que as identidades sejam apenas construídas por meio do consumo. O consumo, movido pelo desejo a ser saciado, volátil, de curto prazo, serve como padrão agora às identidades. É o produto e o produtor, fruto e semente dos mesmos processos que fazem a identidade se tornar líquida.

É assim que, no diagnóstico que Bauman nos oferece a respeito de um mundo moderno líquido, de nossa sociedade contemporânea, consumo e individualização caminham juntos, como elementos em dependência. Somos indivíduos na medida em que consumimos, e se não consumimos somos novamente resignados à identidade de grupos, a guetos, à exclusão. A nova exclusão continua operando pelos mesmos processos da antiga, por processos econômicos, mas marcados pela possibilidade de ser indivíduo, e por isso independente de um grupo ou outro, ou ser meramente um estranho, preso ao seu grupo local. E não se trata só de relações e inclusão e exclusão, mas todos os afetos, e mesmo os amores, são permeados pelo código do consumo. As relações são elas mesmas objetos de consumo, que se esgotarem são descartados. O consumo é passageiro, transitório, precisa ser constante; é assim que Bauman relaciona o consumo e a individualização ao amor líquido. Como pode haver amor se a relação é objetificada? Como pode haver uma relação contínua se há indivíduos transitórios. É assim que as relações se tornam tão transitórias como nós somos, e nós tão transitórios quanto os objetos de consumo, restando apenas àqueles que não podem se construir indivíduos pelo consumo alguma estabilidade, embora certamente indesejada. Buscamos, como indivíduos, a liberdade; somos obrigados a manter essa busca, mas essa liberdade é sempre uma falsa liberdade na medida em que apenas podemos ser livres mediante a liberdade dada pelo consumo e pela constante busca de nós mesmos, num projeto nunca acabado, nunca realizado.

Referências

ARENDT, H. *A condição humana*. 5. ed. Rio de Janeiro: Forense Universitária, 1991.

AUGÉ, M. *Não lugares*: introdução a uma antropologia da Supermodernidade. Campinas: Papirus, 1994.

BAUMAN, Z. *Vida líquida*. Rio de Janeiro: Zahar, 2006.

_____. *Identidade*: entrevista a Benedetto Vecchi. Rio de Janeiro: Zahar, 2005.

_____. *Amor líquido*: sobre a fragilidade dos laços humanos. Rio de Janeiro: Zahar, 2004.

_____. *Comunidade*: a busca por segurança no mundo atual. Rio de Janeiro: Zahar, 2003.

_____. *Modernidade líquida*. Rio de Janeiro: Zahar, 2001.

_____. *Modernidade e ambivalência*. Rio de Janeiro: Zahar, 1999.

_____. *Modernidade e holocausto*. Rio de Janeiro: Zahar, 1998.

_____. *O mal-estar da Pós-modernidade*. Rio de Janeiro: Zahar, 1998.

BECK, U. *Liberdade ou capitalismo*. São Paulo: Unesp, 2003.

BECK, U.; GIDDENS, A. & LASH, S. *Modernização reflexiva*. São Paulo: Unesp, 1997.

ELIAS, N. *O processo civilizador*. Rio de Janeiro: Zahar, 1993.

ELIAS, N. & SCOTSON, J.L. *Os estabelecidos e os* outsiders: sociologia das relações de poder a partir de uma pequena comunidade. Rio de Janeiro: Zahar, 2000.

FOUCAULT, M. *Vigiar e punir*: nascimento da prisão. 30. ed. Petrópolis: Vozes, 2005.

_____. *Microfísica do poder*. 24. ed. Rio de Janeiro: Graal, 2004.

GIDDENS, A. *As consequências da Modernidade*. 2. ed. São Paulo: Unesp, 1991.

HORKHEIMER, M. & ADORNO, T. *A dialética do esclarecimento*. Rio de Janeiro: Zahar, 1985.

MAFFESOLI, M. *O tempo das tribos*: o declínio do individualismo nas sociedades de massa. 4. ed. Rio de Janeiro: Forense Universitária, 2006.

MARX, K. O fetichismo da mercadoria: seu segredo. In: *O capital*: crítica da economia política. 14. ed. Rio de Janeiro: Bertrand Brasil, 1994.

_____. Manuscritos econômico-filosóficos de 1844. In: FERNANDES, F. (org.). *Marx/Engels*. 3. ed. São Paulo: Ática, 1989 [Coleção Grandes Cientistas Sociais, n. 36].

SIMMEL, G. O dinheiro na cultura moderna. In: SOUZA, J. & ÖELZE, B. (orgs.) *Simmel e a Modernidade*. Brasília: Unb, 1998.

TÖNNIES, F. Comunidade e sociedade. In: MIRANDA, O. *Para ler Ferdinand Tönnies*. São Paulo: Edusp, 1995.

WEBER, M. *Economia e sociedade*. 2 vols. São Paulo/Brasília: Imprensa Oficial do Estado de São Paulo/UnB, 2004.

22
Gilles Lipovetsky (1944–)

*Leonardo de Araújo e Mota**

Apresentação

Professor de Filosofia da Universidade de Grenoble, Gilles Lipovetsky nasceu em 1944, em Millau, França. Estudou Filosofia na Sorbonne e foi ativista dos movimentos sociais que culminaram nas manifestações de Maio de 1968[1]. É doutor *Honoris Causa* pela Universidade de Sherbrooke (Canadá), pela Nouvelle Université Bulgare (Bulgária) e pela Universidade de Aveiro (Portugal). Recebeu a prestigiosa condecoração de Cavaleiro da Legião de Honra na França e é membro do Conselho Nacional dos Programas Educacionais e do Conselho de Análise Social, organismo de apoio ao primeiro-ministro na França. Entre os temas mais comuns estudados por ele estão: publicidade, lazer, consumo, gênero, mídia, moda, arte, política, hedonismo, capitalismo e luxo.

Quando Gilles Lipovetsky realizou seus estudos na Sorbonne, na década de 1960, profundas mudanças sociais, educacionais e políticas ocorriam na Europa. Vivia-se os tempos da liberação sexual, da crítica ao autoritarismo das universidades e da sociedade patriarcal, capitalista e burocrática. Proliferavam os movimentos pacifistas, ecológicos e de contracultura, como também outros movimentos sociais que modificariam os costumes da sociedade ocidental de forma significativa e permanente.

Nessa época, alguns estudantes com forte espírito de contestação transformaram em questão de honra não acompanhar o curso oficial e passavam a interessar-se por tudo, menos pelos currículos universitários, fato que, por sua vez, não os tornava alunos desprovidos de aspirações intelectuais e políticas. Na realidade, segundo Lipovetsky, o espírito filosófico não residia mais na universidade; antes, evidenciava-se uma forte crítica direcionada aos docentes tradicionalistas, aos cursos anacrônicos, ou seja, à miséria da filosofia.

Nessa conjuntura, Lipovetsky lia os textos fundadores da Filosofia sem muita paixão, o que fez com que optasse por liberar-se das "amarras curriculares" e dedicar mais atenção a autores como Lévi-Strauss, Saussure, Freud e Marx. Lipovetsky não sentia entusiasmo pelas questões clássicas da Filosofia, como a metafísica ou a moral. Suas pretensões estavam voltadas às interpretações do mundo moderno. Daí poder-se já cons-

---

* Professor adjunto do Departamento de Ciências Sociais da Universidade Estadual da Paraíba (UEPB). Doutor em Sociologia pela Universidade Federal do Ceará (UFC).

tatar que, embora filósofo, esse intelectual já apresentava desde o início de sua formação forte inclinação ao estudo de questões relativas às ciências sociais, fato que o conduz ao *status* de sociólogo.

Como a maioria dos estudantes dos anos de 1960, Lipovetsky era entusiasta do marxismo, tendo exercido militância em um pequeno grupo chamado *O poder operário*, fundado por Lyotard e Castoriadis. Todavia, embora os componentes desse grupo se declarassem marxistas revolucionários, condenavam tanto a sociedade capitalista e burocrática do Ocidente quanto viam a ex-URSS como uma nova sociedade de exploração de classes! Para esses militantes, a revolução não consistia apenas em uma questão de abolir a propriedade privada dos meios de produção. O que de fato lhes importava era acabar com as divisões entre dirigentes e dirigidos, promover a autogestão e incentivar a democracia dos conselhos operários, situações que não existiam em vários países do bloco socialista da época.

Mais adiante Lipovetsky iria encerrar suas atividades de militância após dois anos de participação nesse grupo, embora no transcurso desse período muitas vezes estivesse de férias. Ele reconheceu, posteriormente, que sua militância fora hedonista e descontraída demais em relação àquela exercida por outros intelectuais, fato que gerou seu afastamento. Em suas palavras, "sem crise pessoal, sem peso na consciência, sem nenhum sofrimento. Para mim, a 'vida verdadeira' já estava em outro lugar" (LIPOVETSKY, 2004a: 110). Sua preocupação não se restringia propriamente à problemática da revolução, uma vez que nem sequer nela acreditava de fato. Na realidade, o que mais o incomodava era encontrar ferramentas intelectuais para analisar e compreender o real.

Não obstante o desinteresse relativo à prática revolucionária, esse intelectual participou ativamente dos movimentos de 1968, sem envolver-se em atos violentos, característicos dos militantes absorvidos pela ideia da revolução. O "olhar" de Lipovetsky às jornadas daquela época estava mais centrado naquilo que havia de estético e lúdico nelas. O que despertava seu interesse era a mudança dos costumes, ou seja, as consequências do "Estilo 68" nas relações afetivas entre homens e mulheres, os ideais libertários, a contracultura e sua consequente influência estética na vida social e política da época.

Foi nesse contexto que Lipovetsky tornou-se um ávido leitor de Nietzsche, Deleuze e Henry Miller. Não tendo sido propriamente nem comunista, trotskista ou maoista, ele atravessou a década de 1970 trilhando um caminho aberto por Castoriadis e, posteriormente, sofrendo também fortes influências de Lyotard e Baudrillard. Embora a análise marxista da realidade não fosse desprezada por Lipovetsky, ela não lhe parecia suficiente para compreender a complexidade da realidade social, daí o seu interesse em Tocqueville, Marcel Gauchet, Louis Dumont e Daniel Bell, autores que foram fundamentais na escrita do seu primeiro livro, *A era do vazio*, que o projetou internacionalmente, sendo traduzido em vários idiomas. No texto que se segue, buscar-se-á efetuar uma análise do pensamento de Gilles Lipovetsky no intuito de construir pontes entre seus principais temas de estudo, apresentando-se suas ideias, conceitos, colaboradores e eventos históricos que o caracterizam e auxiliam não somente a compreender a sociedade contemporânea, mas sobretudo o destino das vidas dos indivíduos dentro dela.

A era do vazio

Publicado na França em 1983, *A era do vazio* apresenta a análise de uma sociedade (pós-moderna) que se caracteriza, entre outros fatores, pela substituição da coerção pela comunicação, do proibido pelo prazer, do anônimo pelo sob medida e da reificação pela responsabilização. Para Lipovetsky, predominava no meio social da época uma nítida tendência a reduzir as atitudes autoritárias e dirigistas. Tratava-se de uma conjuntura na qual, em oposição às bandeiras emancipatórias coletivas dos anos de 1960, a realização pessoal adquiria proeminência na mesma medida em que as utopias e projetos situados na coletividade perdiam a sua força. A despolitização, a queda dos índices de sindicalização, o desaparecimento da esperança revolucionária e da contestação estudantil, somados ao esgotamento da contracultura, são alguns dos aspectos relevantes de *A era do vazio*.

Mediante um culto narcisista do Eu, observa-se na sociedade de então o desaparecimento do *homo politicus*, que cedia lugar ao *homo psycologicus*. Dessa forma, instaurou-se nessa época o que Lipovetsky denominou como um *processo sistemático de personalização*, por intermédio do qual "cada um tem o prazer de compor à vontade os elementos da sua existência" (LIPOVETSKY, 2005a: 3). A lógica da sedução, do espetáculo e do consumo baseado em motivações pessoais gera uma gradativa decomposição do social. O importante agora, para a maioria dos indivíduos, não é mais perseguir as grandes finalidades históricas, mas buscar ao máximo o seu bem-estar individual por meio dos inúmeros recursos proporcionados pelo mundo do consumo, como a proliferação contínua de produtos, imagens e serviços destinados à satisfação permanente do ego.

A regra consistiria em expandir cada vez mais as oportunidades de preferências particulares, seja nos esportes, nas terapias psicanalíticas, no turismo, na moda e nas relações humanas e sexuais. Nesses termos fica cada vez mais forte a ideia de uma sociedade de *escolhas* individuais. A educação, antes autoritária, torna-se permissiva, e as pessoas são continuamente estimuladas a se libertarem de quaisquer "papéis rígidos" e também de seus "complexos", criando, dessa forma, "uma socialização suave e tolerante, dedicada a personalizar-psicologizar o indivíduo" (LIPOVETSKY, 2005a: 5). A integração social ocorreria pela persuasão e não mais pela coerção. Testemunhava-se também o desengajamento do Estado e o estímulo à autogestão individualista. Sedução, espetáculo, hedonismo, narcisismo e consumismo seriam as características centrais dessa nova ordem pós-moderna. Havia chegado o momento de despreocupar-se, de festejar a satisfação dos desejos e de afirmar-se como indivíduo isento de "culpas", "coerções" ou "complexos".

Porém, em um posfácio publicado em *A era do vazio*, em 1993, Lipovetsky começa a alertar que a onda permissiva e antimoralista pós-moderna já apresentava sinais de desgaste. Assim, no lugar do individualismo narcisista anterior, surge um outro tipo de individualismo mais "equilibrado", uma vez que a Pós-modernidade, ao precipitar a ruína de instâncias tradicionais de controle social como a família, a escola, a tradição e o sindicato, produziu também a dessocialização, o aumento da violência e da criminalidade, sobretudo entre os mais pobres. Desse modo, embora os valores individualistas ainda predominassem no conjunto da sociedade, multiplicaram-se também movimentos associativos preocupados com a crise ecológica, a espiritualidade, a benevolência e a filantropia. Todavia, mesmo considerando essas iniciativas altruístas, o autor assinala que, "seja qual for o estado de graça da ética, a cultura sacrificial está morta, nós deixamos de nos reconhecer na obrigação de viver para outra coisa senão por nós mesmos" (LIPOVETSKY, 2005a: 197).

A sociedade pós-moralista

Ampliando a análise dos processos sociais relativos à construção da sociedade contemporânea em *A era do vazio*, Lipovetsky avança em sua trajetória intelectual por intermédio do conceito de *sociedade pós-moralista*. Para ele, esse novo modelo de sociedade se baseia em uma moralidade que deprecia os ideais de abnegação, despojamento de si e sacrifício, típicos da religião, para substituí-los pela satisfação das aspirações imediatas, do culto ao ego e da busca da felicidade intimista e materialista. Em vez de curvarem-se aos imperativos do dever, os indivíduos agora buscam o bem-estar e seus direitos subjetivos.

Conforme anuncia no próprio subtítulo do livro, Lipovetsky ressalta que a sociedade pós-moralista apoia-se em uma *ética indolor*, que não exige renúncia de si mesmo por um ideal maior ou o cumprimento de qualquer dever heroico, mas estimula a reconciliação entre coração e festa, entre virtude e interesse, almejando a qualidade de vida no presente. Enquanto nas eras pré-modernas a moral era teológica, na Modernidade o indivíduo passa a representar o valor soberano de uma moral laica, amparada pelo Direito no contexto do ordenamento do Estado-nação. Assim como diagnosticado em *A era do vazio*, Lipovetsky também observa que essa moral passa a ser cada vez mais influenciada pelo consumo, ou seja, pelo primado do *ter* como sinônimo de conquista da felicidade.

No caso das *novas democracias*, para Lipovetsky o valor primordial seria a exaltação do amor-próprio, relegando os sentimentos de patriotismo a épocas passadas. O altruísmo de outrora agora se converte em "*shows* de comunicação" e beneficências midiáticas. O trabalho não representa mais um valor moral; ele agora é cada vez mais relacionado à satisfação pessoal e ao reconhecimento profissional e desenvolvimento de uma carreira. Trata-se de um individualismo que se propõe a ser, ao mesmo tempo, responsável e competitivo. Em suas palavras: "Pleiteamos, claro, o respeito à ética, contanto que isso não demande a imolação de nós mesmos ou um encargo de execução árdua. Espírito de responsabilidade, sim; dever incondicional, não!" (LIPOVETSKY, 2005b: 27).

A ética pós-moralista preocupa-se com a crise ecológica e com a bioética, enquanto o mundo dos negócios passa a valorizar a "responsabilidade social" das empresas. A imprensa, por sua vez, ao mesmo tempo em que valoriza e destaca iniciativas humanistas, não cessa de pautar suas matérias pelo sensacionalismo ou conteúdos de baixa qualidade, incluindo escândalos e imagens de todo tipo. Na mídia, os dois lados da moeda alternam-se continuamente. Lipovetsky acentua que a *sociedade pós-moralista* propaga uma ética endereçada à propaganda, às imagens, ao efêmero, que acaba abrangendo quase todas as dimensões culturais. Todavia, vale lembrar que "a época da felicidade narcisista não se equipara à da máxima 'é proibido proibir', mas sim a uma 'moral sem obrigações nem sanções'" (LIPOVETSKY, 2005b: 36).

O império do efêmero

Em *O império do efêmero*, um livro sobre moda publicado por Lipovetsky na França, o autor constata na moda moderna uma tendência estética à descontração das atitudes, preferência pela intimidade e expressão de si, incorporando-lhe novos valores democráticos como a autonomia, o hedonismo e o psicologismo, partícipes dessa nova cultura de massas. Ao contrário do esbanjamento ostentatório das antigas classes superiores, que utilizavam a moda para atrair a estima e a inveja dos outros exibindo riqueza e luxo para obter honorabilidade social, a moda agora estaria associada a uma lógica individualista-estética que valoriza a diferença e a autonomia.

A partir do incremento da produção industrial de produtos de moda ocorrido entre as décadas de 1950 e 1970, observa-se o predomínio de uma moda *prêt-à-porter* que despreza a imitação da alta costura e produz roupas cada vez mais identificadas com um estilo voltado à juventude, à audácia e à novidade, dando origem ao *sportswear*. A moda se integra à elevação dos padrões de vida, à cultura do bem-estar, do lazer e da felicidade imediata das sociedades capitalistas de massas.

Segundo Lipovetsky, a moda prolifera então para camadas cada vez mais vastas da sociedade, fenômeno que denominou de *moda consumada*. Nesse contexto, a moda se identifica com um ideal igualitário atrelado à arte moderna, aos valores esportivos e ao ideal individualista do *look* jovem. Ao mesmo tempo desponta uma demanda pelo desmazelado, pelo descosturado, pelo gasto e esgarçado, como no caso das peças "customizadas". Mediante uma ética hedonista e hiperindividualista, os valores da moda atrelam-se ao prazer e à liberdade individual, como também ao desvio e à personalidade criativa, menosprezando a antiga perfeição do modelo. O universo da moda agora se pauta por três elementos fundamentais: o *efêmero*, a *sedução* e a *diferenciação marginal*.

No âmbito do mundo da moda da atualidade, Lipovetsky ressalta que a publicidade passa a desempenhar um papel cada vez mais abrangente. Utilizando como recursos simbólicos a sedução, o espetáculo, a fantasia e a criatividade, os publicitários são mais valorizados na medida em que impulsionam os lucros das grandes empresas de moda. Assim, eles modelam gostos e aspirações para atender a um mercado cada vez mais amplo, substituindo a autonomia do comprador por uma demanda agora fomentada pela tecnoestrutura empresarial. Por fim, o autor assinala: "Nada igual à publicidade: ao invés da coerção minuciosa, a comunicação; no lugar da rigidez regulamentar, a sedução; no lugar do adestramento mecânico, o divertimento lúdico" (LIPOVETSKY, 2005b: 223).

Escrito no contexto histórico no qual as ideias neoliberais estavam em rápida expansão, *O império do efêmero*, ao destacar a combinação de individualismo, mercado, publicidade e culto à personalidade por meio da moda, retrata uma época em que, segundo a famosa sentença da ex-primeira ministra britânica Margareth Thatcher, "Não há sociedade, há apenas indivíduos". Nesse sentido, Lipovetsky começa sua jornada intelectual nos domínios da globalização neoliberal, considerando seus efeitos sobre o tecido social, fase que denominará de *Hipermodernidade*.

Os tempos hipermodernos

Em *Os tempos hipermodernos*, Lipovetsky buscará efetuar uma retomada das reflexões iniciadas em *A era do vazio* no sentido de fornecer subsídios teóricos para a compreensão do processo de transição da Pós-modernidade para a Hipermodernidade, conceito este consistente em uma referência privilegiada para a apreensão do pensamento do autor em seus trabalhos posteriores. Para Lipovetsky, "o ciclo pós-moderno se deu sob o signo da descompressão *cool* do social; agora, porém, temos a sensação de que os tempos voltam a endurecer-se, cobertos que estão de nuvens escuras" (2004a: 52). Ora, aqui cabe a primeira pergunta: Quais seriam essas nuvens escuras? Em poucas palavras, as "nuvens escuras" correspondem aos efeitos sociais da globalização neoliberal e da aplicação das leis da concorrência a setores cada vez mais amplos da sociedade, provocando o desmonte do Estado do Bem-estar Social, cujas consequências serão a insegurança no trabalho, a ampliação do desemprego e o aumento das desigualdades sociais.

Trata-se de uma radicalização do capitalismo, que se torna cada vez mais veloz, desregulamentado e competitivo, com as novas tecnologias propagando o monetarismo. Verifica-se um incremento das atividades nas finanças e nas bolsas de valores, com uma explosão de capital circulando em todo o planeta, a expansão da internet e seus milhões de sites, o inchaço das megalópoles superpovoadas, o aumento tanto do terrorismo e da criminalidade como do frenesi consumista, do *doping*, dos esportes radicais, dos assassinatos em série etc. Em nível de subjetividade, aumentam consideravelmente as patologias individuais, como as bulimias e anorexias, a obesidade, as depressões, compulsões e vícios. Dessa forma, "o hipercapitalismo se faz acompanhar de um hiperindividualismo distanciado, regulador de si mesmo, mas ora prudente e calculista, ora desregrado, desequilibrado e caótico" (LIPOVETSKY, 2004a: 56).

A atual precariedade da existência humana na Hipermodernidade decorre, em grande medida, da condição de permanente urgência e imediatismo que rege as atuais relações humanas. Termos do mundo da produção e do trabalho como flexibilidade, rentabilidade, *just in time* e atraso zero ilustram bem essa condição de constante aumento de velocidade em uma economia cada vez mais marcada pela incerteza. No entanto, embora essa febre competitiva clame por resultados e lucros cada vez maiores, ela gera um grande paradoxo: enquanto alguns poucos indivíduos são obrigados a trabalhar em ritmo cada vez mais extenuante para garantir os seus empregos, muitos outros amargam o desemprego com raras perspectivas de recolocação. Lipovetsky exemplifica esse dilema narrando a indecisão dos jovens franceses sobre suas escolhas de carreira em face do desemprego, uma vez que observam em seus pais uma ansiedade dilacerante ao verem seus postos de trabalho serem extintos.

No universo incerto da Hipermodernidade observa-se também um culto às tradições do passado e ao patrimônio histórico, que agora se reveste de uma lógica mercantil: reminiscências e lembranças do passado são comercializadas em alta escala. Como um mecanismo de defesa às investidas da globalização neoliberal, ressurge o interesse pela religião, atualmente marcada por práticas cada vez mais individualizadas para atender a grande demanda de novos adeptos afetados por intensas crises pessoais, ou seja, "um religioso desinstitucionalizado, subjetivado, afetivo" (LIPOVETSKY, 2004a: 94). Valoriza-se também o culto à saúde e à longevidade. Muitos indivíduos passam a corrigir antigos hábitos e a medicalizar sua existência para suportarem o mal-estar da velocidade incessante associada à incerteza, ambas características da Hipermodernidade.

Segundo Lipovetsky, se a Pós-modernidade caracterizou-se como um período marcado pelo hedonismo, a Hipermodernidade representa o culto à *performance*, ao cálculo e à eficácia, embora preserve o gozo via consumismo. Enquanto a Pós-modernidade promoveu um narcisismo *cool* e descomprometido, a Hipermodernidade gera um outro tipo de narcisismo, mais comprometido com a técnica e obcecado pela ideia de sucesso pessoal. O segundo Narciso, embora conserve a flexibilidade característica da fase pós-moderna, tornou-se mais sensato e competitivo, ainda que à custa de estafas e depressões cada vez mais frequentes. No âmbito da identidade, as reivindicações particularistas tornam-se ainda mais intensas, abrangendo o desejo dos indivíduos de serem reconhecidos no que tange à diferença comunitária e histórica, sua ânsia de *hiper-reconhecimento*, de investimento naquilo que lhes é mais próximo.

No entanto, apesar de todos os seus males, a Hipermodernidade não deve ser confundida com uma interpretação radical de um niilismo hipermoderno. Ainda existem válvulas de escape: o patrimônio ético-político ainda não foi erradicado, e por isso ainda se presenciam protestos e compromissos éticos, sobretudo na defesa dos direitos humanos. Nem todos os valores se evaporaram, apesar do forte peso da influência do dinheiro e da eficiência nas relações sociais. A Hipermodernidade combina fatores antagônicos como o humanismo e a busca desenfreada do lucro. No entanto, Lipovetsky ressalta que "a Hipermodernidade democrática e mercantil ainda não deu seu canto do cisne – ela está apenas no começo de sua aventura histórica" (LIPOVETSKY, 2004a: 100).

A sociedade da decepção

Após a publicação de *Os tempos hipermodernos*, Lipovetsky é entrevistado por Bertrand Richard, daí resultando o livro *A sociedade da decepção*, no qual o autor é provocado a esmiuçar o seu conceito de *Hipermodernidade* para, por seu intermédio, efetuar uma análise de vários fenômenos sociais e individuais da sociedade contemporânea. Embora Lipovetsky não adote em suas obras um tom apocalíptico, nesse livro irá discorrer basicamente sobre a sensação de *decepção* em uma cultura *hiperconsumista* e *hiperindividualista*, na qual as fórmulas para a obtenção de felicidade amiúde resultam em grandes decepções, tanto na área das políticas democráticas como também nos dramas individuais. Quanto maior a exigência de felicidade, mais fácil padecer de angústias e sentimentos de incerteza, sobretudo no contexto ultracompetitivo da globalização neoliberal. Nesse sentido, o ator observa que "os valores hedonistas, a sobrecarga, os ideais *psicoculturais*, os fluxos de informação, tudo isso deu origem a um gênero de indivíduo mais introvertido, mais exigente, mas também mais vulnerável aos tentáculos da decepção" (LIPOVETSKY, 2007a: 6).

Para amenizar as contrariedades da vida, as sociedades tradicionais utilizavam seus meios religiosos de consolo, mas na Hipermodernidade as antigas fórmulas religiosas de alívio da tensão foram substituídas por variadas "fórmulas paliativas", que convivem em um caótico universo diversificado e desregulado, porém altamente direcionado pelos valores individualistas da livre-opção. Lipovetsky, um ávido leitor de Tocqueville, ressalta como este clássico já observava que, quanto mais ampla a ideia de que os bens materiais estão ao acesso de todos, tanto maior a insatisfação dos homens. Assim, como os indivíduos atualmente são muito influenciados pela publicidade nas suas mais variadas formas, cria-se um universo imaginário irreal, no qual todos os bens materiais e emocionais parecem estar disponíveis para todos. Então, "é muito comum, em nossos dias, as pessoas 'sonharem ardentemente com o impossível'" (LIPOVETSKY, 2007a: 9).

Lipovetsky ressalta que os atributos exclusivos de classe estão se esvaindo, em grande parte devido à proliferação de produtos anteriormente considerados "de marca" a preços mais baixos, fazendo com que surja o que ele denomina de *consumidor turbinado*, um ser nômade e cada vez menos circunscrito aos ambientes de sua própria categoria social. Em poucas palavras, isso remete a pensar na quantidade imensa de produtos "pirateados" comercializados aos milhares nas grandes metrópoles, fabricados com uma perícia que os aproxima cada vez mais dos produtos provenientes das marcas originais.

No mundo do trabalho, a decepção atualmente atinge principalmente os jovens, que podem permanecer sujeitos à inatividade por anos a fio, ou aceitar empregos temporários, estágios e tantas outras formas de trabalho precário, que não lhes garantem o acesso à sociedade hiperconsumista, minando sua autoestima. Na outra ponta, muitos executivos são acometidos de estresse em altos níveis, além de manifestarem ceticismo e descontentamento com a empresa. E tudo isso ocorre em uma sociedade na qual o indivíduo deve ser o único responsável por construir seu próprio edifício da felicidade.

Segundo Lipovetsky, a escola também se tornou um significativo foco de decepção. Todos os anos, 160 mil jovens saem dos estabelecimentos de ensino sem diploma ou qualificação profissional, e cerca de 20 a 35% dos alunos da sexta série na França são incapazes de ler ou escrever corretamente.

No que tange à vida sentimental, por sua vez, as pessoas não estão mais se casando por conveniência ou vantagens pessoais. Agora o amor e projetos elaborados a dois adquirem proeminência nas escolhas amorosas. O economicismo predominante não conseguiu extinguir os valores afetivos e altruísticos. No entanto, como muitas dessas aspirações românticas estão impregnadas de valores narcisistas, a euforia inicial pode facilmente resultar em tédio e cansaço, tendo como consequência uma maré de separações, divórcios e conflitos envolvendo a guarda dos filhos, gerando muitos cenários de depressões e desilusões.

Sobre os dilemas da democracia liberal, Lipovetsky ressalta que em sua própria estrutura (distanciamento dos eleitores, foco na competição eleitoral etc.) ela gera decepção. Desde a década de 1980 as taxas de abstenção na França não param de subir, fato que resulta em "um novo perfil de cidadão: alguém que vota com regularidade cada vez menor, que participa e se mobiliza 'quando quer'" (LIPOVETSKY, 2007a: 37). O populismo retorna à cena, como também se observa um maior protagonismo da extrema-direita, de movimentos contestadores e de *minorias perigosas*, que surgem a partir do descrédito nos políticos, da submissão da política ao império das finanças, e também devido ao fim das grandes utopias. Atualmente, no país berço da Revolução Francesa, 60% dos eleitores não conseguem distinguir partidos ou coalizões em termos de direita e esquerda. Por outro lado, as Organizações Não Governamentais (Ongs) e tantas outras instituições de filantropia não cessam de crescer. A política aproxima-se cada vez mais da lógica do consumo, ou seja, da escolha individualista e pragmática pelo melhor "produto".

No tocante à crise existencial que assola a Hipermodernidade, o autor ressalta que atualmente seis milhões de pessoas vivem sozinhas em Paris e que na França ocorrem 160 mil tentativas de suicídio por ano, envolvendo especialmente os jovens. Nesse contexto, os animais domésticos proliferam nos lares franceses, representando hoje mais de

56 milhões. Em metade dos domicílios existe ao menos um animal de estimação, fato que atesta o desgaste dos vínculos pessoais na contemporaneidade.

Todavia, o autor salienta que "a sociedade contemporânea é uma sociedade de desorganização psicológica que se reflete no processo de revigoramento subjetivo permanente, mediante uma pluralidade de 'propostas' que permitem reviver a esperança da felicidade" (LIPOVETSKY, 2007a: 80). Em outras palavras, ao mesmo tempo em que a *sociedade da decepção* é a que mais "adoece", também é a mesma que oferece uma infinidade de recursos para uma "cura".

A felicidade paradoxal

Ampliando suas reflexões acerca da questão da felicidade na sociedade contemporânea, no livro *A felicidade paradoxal*, Lipovetsky diz que se chegou à era do hiperconsumo. Resgatando a herança do deus Dionísio, que distribuía alegrias em abundância, o autor vislumbra o homem contemporâneo como um ser que vive constantemente em busca do gozo pleno na sua vida cotidiana mediante o culto às sensações imediatas, aos prazeres do corpo e dos sentidos.

Nessa *Sociedade do hiperconsumo*, os serviços, as mídias, a produção de bens, a educação e a ordenação urbana são todos concebidos como um artifício do capitalismo para propiciar a felicidade de todos, por meio de uma mercantilização das receitas de felicidade nas áreas do amor, da alimentação, da comunicação, da educação e da produção de sentidos em torno da "conquista da felicidade" pelos hiperconsumidores.

Todavia, Lipovetsky salienta que essa sociedade de hiperconsumo tende também a provocar uma série de frustrações, pois propaga-se a ideia da criação de um "super-homem", ao qual se impõe a tarefa de conjugar um máximo de desempenho profissional a um aproveitamento cada vez maior dos prazeres dos sentidos. Assim, aos indivíduos cabe a obrigação de superar a si mesmos e sentir-se bem ao mesmo tempo, condição que costuma ser obtida mediante a medicalização do corpo e das sensações.

Como consequência dessas exigências, o homem na sociedade contemporânea vive constantemente em estado de desamparo, pois somente a ele compete a responsabilidade por seu próprio êxito, em praticamente todas as esferas de sua vida: profissional, familiar, amorosa, material etc. Nesse contexto, os indivíduos ficam expostos a uma enxurrada de medos, ansiedades e frustrações que, por sua vez, os conduzem a uma busca incessante de novas e efêmeras necessidades de consumo, impulsionando o capitalismo a domínios cada vez maiores. Dessa forma, "o consumo ordena-se cada dia um pouco mais em função de fins, de gostos e de critérios individuais" (LIPOVETSKY, 2007b: 41). Agora é chegada a era do hiperconsumo, que se manifesta por meio de uma lógica subjetiva e emocional.

Por fim, como praticamente ninguém (ou apenas uma minoria bastante reduzida) consegue suprir todas as necessidades de consumo e as exigências de desempenho dessa sociedade hiperconsumista e hiperindividualista, a felicidade na contemporaneidade deve ser classificada como, no mínimo, *paradoxal*. Além disso, visto que as satisfações da existência humana costumam modificar-se ao longo da vida, essa felicidade precisa ser reinventada a cada dia.

A cultura-mundo

No livro *A cultura-mundo*, que tem como subtítulo *resposta a uma sociedade desorientada*, Gilles Lipovetsky, em colaboração com Jean Serroy, irá analisar a "cultura-mundo" na era hipermoderna, que se expande rapidamente como a cultura da tecnociência, do mercado, do individualismo e do consumo, e constitui "simultaneamente um capitalismo cultural com crescimento exponencial, o das mídias, do audiovisual, do webmundo. A cultura-mundo designa a era da formidável ampliação do universo da comunicação, da informação, da midiatização" (LIPOVETSKY & SERROY, 2011: 9-10).

Tal modalidade de cultura, segundo os autores, engendra, faz evoluir e modela hoje o mundo de maneira planetária. Praticamente nenhuma área da vida ou tipo de sociedade escapa aos tentáculos dessa cultura fortemente impulsionada pela lógica do capitalismo, que impõe a regiões cada vez mais vastas os seus ditames de racionalização, globalização e mercantilização.

Um dos traços marcantes desse novo universo cultural é a superabundância de informações e imagens, como também a variedade imensa de produtos, festivais, músicas, restaurantes e marcas que se espalham por várias cidades no mundo através das mesmas vitrines comerciais. Trata-se de um tipo de consumo cada vez mais cosmopolítico, por intermédio do qual as cidades se aproximam e se desenvolve uma dinâmica de pluralização, heterogeneização e subjetivação. Conjugam-se, ao mesmo tempo, pluralidade, diversidade e individualismo, elementos típicos do consumismo hipermoderno; *à la carte*.

Nesse universo povoado por mídias, imagens, cybercultura que se propõem a agradar os sentidos a toda hora, a sociedade encontra-se cada vez mais desorientada, uma vez que todo esse sistema depende de um "capitalismo desorganizado", no qual as crises cíclicas são cada vez mais frequentes. Para Lipovetsky e Serroy, "depois da era moderna do engajamento, eis a época hipermoderna da *grande desorientação*" (2011: 21; grifos do original).

Um aspecto intrigante dessa desorientação reside no fato de que, embora os homens nunca tenham tido tantas razões para ficar tranquilos em termos da satisfação de suas necessidades e desejos, como o aumento da expectativa de vida, maior acesso à educação, liberalização dos costumes, emancipação e reconhecimento da mulher na sociedade, avanços na ciência e tecnologia, entre outras, nunca se presenciou um período tão depressivo e gerador de tantas ansiedades. Para Lipovetsky e Serroy, o grande dilema reside no fato de que as conquistas da sociedade acontecem simultaneamente a uma corrida desenfreada pelo lucro, à profusão do egoísmo cobiçoso, à banalização da violência, da criminalidade e do terrorismo, conjugados a uma democracia cada vez mais distante dos cidadãos e controlada, em última instância, pelo mercado.

Como comentado anteriormente, é importante frisar que o pensamento de Lipovetsky, apesar de não ser apocalíptico, modifica-se na medida em que um novo modelo de capitalismo baseado nas ideias neoliberais adquire proeminência planetária. Nesse sentido, ao mesmo tempo em que Lipovetsky e Serroy listam os aspectos negativos do atual contexto social, reconhecem que o altruísmo (como no caso do aumento significativo das Ongs) não desapareceu por completo no mundo atual. A Hipermodernidade apresenta uma face cultural, uma política e uma econômica, que se entrelaçam gerando um mundo que exerce, sobre as pessoas, ao mesmo tempo fascínio e desespero. Por oportuno, cabe aqui mencionar como Lipovetsky e Serroy interpretam o impacto do capitalismo na vida social e individual na atualidade:

> [...] o hipercapitalismo faz crescer a insegurança tanto social quanto individual: ele não acarreta apenas uma instabilidade macrofinanceira, mas também desestabiliza as personalidades e as identidades, desequilibra a vida mental e moral dos indivíduos tornados inseguros e que já não dispõem do apoio dos antigos quadros da vida coletiva. No sistema econômico de curto prazo, em que os trabalhadores são "descartáveis", um grande número de pessoas, inclusive da classe média, vive uma experiência cruel de fracasso pessoal no isolamento e na vergonha de si mesmo, que dão origem à amargura, ao desencorajamento, à depressão. É dessa forma que diminui o sentimento de fazer diferença enquanto pessoa e de ser necessário aos outros e à sociedade (LIPOVETSKY & SERROY, 2011: 37).

Assim como encontrado em obras como *Os tempos hipermodernos*, e *A sociedade da decepção*, Lipovetsky explora novamente as profundas mudanças sociais advindas do aumento da influência do neoliberalismo na economia e, por consequência, em todo o tecido social. A sociedade pós-moderna teria como características marcantes o culto ao ego e ao narcisismo em um clima descontraído, *cool*, enquanto as décadas posteriores irão caracterizar-se pela ansiedade, pelo desemprego e pela depressão, em consequência de um cenário macroeconômico no qual o trabalho se torna cada vez mais precário e instável. A queda do Muro de Berlim, acompanhada do descrédito nas grandes utopias e da incapacidade das modernas democracias de oferecerem apoio social aos indivíduos, tem um forte impacto nesse novo cenário. Segundo o autor, tanto a família como a religião e a participação em Ongs ainda serão algumas das válvulas de escape subjetivas diante desse clima de constante incerteza, mas somente como "paliativos", pois nenhuma dessas instâncias oferece uma saída concreta para os efeitos nefastos do capitalismo na era hipermoderna.

No que diz respeito ao papel dos *intelectuais* nessa sociedade, Lipotesky e Serroy demonstram ceticismo. Segundo os autores, as posições e controvérsias filosóficas perderam sua aura e fascínio e existem cada vez menos mentores. A esfera intelectual atingiu um grau de burocratização no qual professores e universitários abandonaram o debate em torno das ideias para concentrar seus esforços em torno de suas carreiras. Uma vez que não se vive mais em um mundo de "ismos", o gosto pelas ideias tornou-se supérfluo, na mesma medida em que as vendas de livros na área de ciências humanas apresentam acentuada queda. O número de publicações "eruditas" continua crescendo, mas tendo como leitores um público cada vez mais restrito.

A vida intelectual na era hipermoderna foi capturada pela lógica do *marketing*, da midiatização e do *star-system*, daí resultando um *desencanto intelectual*, pois se presencia uma perda de centralidade das obras de espírito, como também o esvaziamento do papel dos intelectuais na esfera pública. Nesse contexto, os jornalistas-estrelas da televisão ocupam o lugar que antes pertencia aos homens de espírito, resultando daí que aos intelectuais são destinados apenas os "debates fechados sobre si mesmos, uma vida espiritual acompanhada cada vez menos de prestígio, de autoridade e de fervor" (LIPOVETSKY & SERROY, 2011: 105).

Por outro lado, os livros de temas relativos à espiritualidade, de aconselhamento psicológico e desenvolvimento pessoal abarrotam as livrarias. Na ausência de referências de projetos coletivos, os títulos com foco nos indivíduos no presente adquirem proeminência e surge o que os autores irão denominar de uma "americanização" da cultura. Paradoxalmente, os livros de Filosofia nunca obtiveram tanto sucesso. Porém, a função da Filosofia agora é outra. Segundo Lipovetsky e Serroy:

> A relação com a Filosofia perdeu sua dimensão sagrada: as pessoas buscam cada vez mais chaves para si próprias, ferramentas para combater a desorientação e o mal-estar pessoal, para se sentirem melhor ao enxergar a si mesmas com um pouco mais de clareza. No mundo por vir, procura-se menos *a* verdade e mais a *minha* verdade. Mesmo nesse domínio, a individualização do mundo fez a sua obra (LIPOVETSKY & SERROY, 2011: 106; grifos do original).

Na realidade, Lipovetsky argumenta que depois de uma onda de desregulamentação que ocorreu na virada das décadas 1970 e 1980, que gerou o neoliberalismo e um mercado cada vez mais instável, existe agora um clamor por mais regulamentos. Após essa fase de desestruturações, os indivíduos anseiam por *religamentos*. Estão todos em busca de novas regulações que possam aplacar a contínua ansiedade de viver sem quaisquer bússolas para pensar o futuro. Para tanto, os autores argumentam que é necessário reabilitar a cultura do trabalho e do mérito, reforçar a coesão social, investir em medidas de proteção e de justiça social, capital humano, educação e pesquisa. No mundo desorientado do hipercapitalismo é necessário fornecer aos homens meios para que possam exercitar suas potencialidades e não ser apenas simples joguetes em um mercado instável e de alta descartabilidade, ou seja, "impor limites à desorientação e fazer com que os homens tenham autoestima quando envolvidos com atividades que mobilizem sua paixão por superar-se e assumir o papel de protagonistas de suas vidas" (LIPOVETSKY & SERROY, 2011: 198).

A estetização do mundo

Em continuidade às suas análises acerca da arte e cultura na sociedade contemporânea, Lipovetsky e Serroy, em *A estetização do mundo*, irão discorrer sobre produção artística no capitalismo na atualidade, que se apresenta a partir de uma lógica altamente mercantilizada e individualizada. Para conceituar essa realidade, os autores irão denominá-la de *era transestética*, que se torna cada vez mais proeminente a partir da intensa expansão do *capitalismo artista*. Como salientado anteriormente mediante a cultura-mundo, trata-se de "um universo de superabundância ou de inflação estética que se molda diante dos nossos olhos: um mundo *transestético*, uma espécie de hiperarte, em que a arte se infiltra nas indústrias, em todos os interstícios da vida comum" (LIPOVETSKY & SERROY, 2015: 27).

A arte, nessa nova realidade, perde qualquer conotação de sagrado ou valor espiritual, uma vez que é cada vez mais mercantilizada e refém dos domínios do *marketing* e do consumo. Assim, os homens estão cada vez mais rodeados de imagens, sons e belezas, que se lhes impõem em praticamente todos os domínios da vida por meio de um capitalismo sedento por lucros cada vez maiores no campo artístico, obtidos por intermédio da moda, dos espetáculos, da música, dos filmes de orçamentos colossais, dos museus, das vitrines, dos cosméticos, da decoração etc. A lógica do consumo hiperindividualista gera um indivíduo transestético cada vez menos conformista e "drogado" pelo consumo de inúmeros produtos de teor artístico, ao mesmo tempo "obcecado pelo descartável, pela celeridade, pelos divertimentos fáceis" (LIPOVETSKY & SERROY, 2015: 31).

Trata-se de um consumo voltado proeminentemente ao prazer. Assim, quem escuta música pelo iPood, por exemplo, faz um consumo hedonístico, para sentir prazer e novas sensações. A cada dia se difundem novas tecnologias e avanços na informática. Essa aceleração vai abrangendo setores cada vez mais amplos da existência humana. Todavia, os autores destacam que tal velocidade não pode servir de parâmetro para tudo.

A educação, por exemplo, demanda mais tempo e não pode ser adquirida no mesmo ritmo em que imagens e sons são disponibilizados nos diversos aparelhos disponíveis no mercado. A aquisição de conhecimento demanda paciência. Daí a grande dificuldade enfrentada pelos professores na atualidade para conseguirem o mínimo de concentração de seus alunos. E mesmo com todo o arsenal midiático agora à sua disposição, os indivíduos ainda não conseguem obter satisfação. Dessa forma,

> No mundo fabricado pelo capitalismo transestético convivem hedonismo dos costumes e miséria cotidiana, singularidade e banalidade, sedução e monotonia, qualidade de vida e vida insípida, estetização e degra-

dação do nosso meio ambiente: quanto mais a astúcia estética da razão mercantil se põe à prova, mais seus limites se impõem de maneira cruel a nossas sensibilidades (LIPOVETSKY & SERROY, 2015: 35).

A arte, na medida em que se torna apenas mais um produto a ser comercializado com o intuito de gerar lucros, muitas vezes perde sua qualidade, pois o que mais importa é a rentabilidade do produto, seja uma música, um filme ou um espetáculo qualquer. É dessa forma que o capitalismo artista se funde com a financeirização da economia através da relação da criação artística com o mercado, findando em uma espécie de *art business* característico da era hipermoderna das conjunções, desregulamentações e hibridizações.

Algumas palavras finais ...

Assim como Tocqueville, Lipovetsky não se contenta com juízos apressados, tampouco aceita submeter-se a interferências ideológicas em sua interpretação da realidade. Seguindo um método empirista ou indutivo, busca, a partir de uma análise criteriosa dos fatos, criar uma referência de análise que lhes permita obter voz própria, para depois atribuir sentido a cada um deles. A considerável influência de Tocqueville em sua obra se deve principalmente ao fato de o autor de *A democracia na América* ser considerado o pioneiro no estudo da felicidade pessoal e das ambições humanas no contexto de um regime democrático.

Lipovetsky não demonstra grande interesse pelo passado, dedicando-se, ao invés, à interpretação do presente, daí sua notável contribuição para as ciências sociais na atualidade. Segundo o autor, o capitalismo atualmente não possui uma estratégia de racionalidade global. A sua única racionalidade é a de aumentar o volume dos negócios, a rentabilidade. A racionalidade é uma dimensão da vida humana, enquanto a estética se situa no campo das sensações.

Lipovetsky pensa que talvez a economia não seja racional porque ela mesma demonstra interesse na parte da vida humana que não é racional, ou seja, na sua dimensão estética. Daí a grande força e apelo emocional da publicidade para vender produtos, marcas, sensações. Todavia, destaca que a publicidade não tem poder sobre as coisas essenciais da vida, como escolher uma namorada, casar, ter filhos, divorciar-se ou escolher uma profissão. A liberdade é o que cada um faz de sua vida.

Lipovetsky é pouco severo em relação à cultura de massas, a cultura frívola, ligeira. Para ele, a cultura consumista é preferível às experiências totalitárias do passado. Nas culturas de massa pode haver frivolidade e muitas coisas sem valor espiritual ou intelectual, mas não há holocausto, pois toda essa cultura se centra no prazer e na felicidade no presente. Assim, as pessoas não veem a necessidade de sacrificar-se no presente pelo futuro. Essa cultura é frívola, o que não a torna ideal, mas permite que se deixe de ficar obcecado pelo delírio paranoico das ideologias totalitárias.

A partir das medidas adotadas pelos governos de Reagan e Thatcher, Lipovetsky concorda que o mundo tornou-se mais complicado. As grandes decisões agora advêm da lógica financeira do capitalismo. O Estado perdeu sua massa de manobra. Assim, o liberalismo político é continuamente ameaçado pelo liberalismo econômico. As instâncias democráticas perderam seu poder em face do "turbo-capitalismo". Depois da crise dos *subprimes* nos Estados Unidos, esperava-se uma reviravolta, que não ocorreu. Na era da globalização, as políticas do *Welfare State* são coisas do passado, anacrônicas, levando o Estado a se tornar cada vez muito fraco para lidar com o problema do desemprego e suas consequências sociais.

Para Lipovetsky, no contexto atual, o problema da liberdade não se situa no campo do consumo, mas na área do trabalho. Quando não existe trabalho, difunde-se uma sensação de perda de liberdade, porque não há nada que se possa fazer, e assim instala-se nos indivíduos um sentimento de degradação de si mesmo. Portanto, no mundo atual, o direito ao trabalho e a liberdade são coisas inseparáveis, pois a perda da autoestima causada pelo desemprego é um problema bastante significativo.

Segundo Lipovetsky, se a sociedade conseguisse avançar no sentido de prover às pessoas um trabalho no qual elas fizessem algo que lhes interessasse, embora isso possa parecer utópico, proporcionar-lhes-ia uma grande forma de liberdade, ou seja, a possibilidade de realizarem algo de que gostariam segundo seus próprios critérios. A liberdade não é apenas ter a capacidade de escolher apenas em termos de consumo ou como cidadão. O importante é buscar meios para propiciar às pessoas recursos para que elas possam fazer o que gostam. Para o autor, assim se conseguiria ganhar realmente uma nova forma de liberdade!

Notas

1. Para mais detalhes sobre este período histórico, cf. GOHN, M.G. Quando os jovens entram em cena: maio de 1968 na França. In: *Sociologia dos movimentos sociais*: Occupy Wall Street, Primavera Árabe e mobilizações no Brasil. São Paulo: Cortez, 2013 [Questões de Nossa Época, vol. 47].

Referências

Obras do autor em português

LIPOVETSKY, G. *O império do efêmero*: a moda e seu destino nas sociedades modernas. São Paulo: Companhia das Letras, 2009.

_____. *A sociedade da decepção*. Barueri: Manole, 2007a.

_____. *A felicidade paradoxal*: ensaios sobre a sociedade de hiperconsumo. São Paulo: Companhia das Letras, 2007b.

_____. *A era do vazio*: ensaios sobre o individualismo contemporâneo. Barueri: Manole, 2005a.

_____. *A sociedade pós-moralista*: o crepúsculo do dever e a ética indolor dos novos tempos democráticos. Barueri: Manole, 2005b.

_____. *Os tempos hipermodernos*. São Paulo: Barcarolla, 2004a.

_____. *Metamorfoses da cultura liberal*. Porto Alegre: Sulina, 2004b.

_____. *A terceira mulher*: permanência e revolução do feminino. São Paulo: Companhia das Letras, 1997.

LIPOVETSKY, G. & HERVÉ, J. *A globalização ocidental*: controvérsia sobre a cultura planetária. Baueri: Manole, 2012.

LIPOVETSKY, G. & SERROY, J. *A estetização do mundo*: viver na era do capitalismo artista. São Paulo: Companhia das Letras, 2015.

_____. *A cultura-mundo*: resposta a uma sociedade desorientada. São Paulo: Companhia das Letras, 2011.

_____. *A tela global*: mídias culturais e cinema na era hipermoderna. Porto Alegre: Sulina, 2009.

Obras sobre o autor em português

CARMO, P.S. *Sociologia e sociedade pós-industrial*: uma introdução. São Paulo: Paulus, 2007 [Coleção Ciências Sociais].

FUNDAÇÃO FRANCISCO MANUEL DOS SANTOS. *O valor da liberdade, 1º episódio* [Entrevista com Gilles Lypovetsky]. Color HD, 25 min [Disponível em https://www.youtube. com/watch?v=jNN0zJgCUb8 – Acesso em 12/07/2015].

GANITO, C. & MAURÍCIO, A.F. [Entrevista a Gilles Lipovetsky]. *Comunicação & Cultura*, n. 9, 2010, p. 155-163.

REALE JR., M. et al. *A invenção do futuro*: um debate sobre a Pós-modernidade e a Hipermodernidade. Baueri: Manole, 2005.

CULTURAL

Administração
Antropologia
Biografias
Comunicação
Dinâmicas e Jogos
Ecologia e Meio Ambiente
Educação e Pedagogia
Filosofia
História
Letras e Literatura
Obras de referência
Política
Psicologia
Saúde e Nutrição
Serviço Social e Trabalho
Sociologia

CATEQUÉTICO PASTORAL

Catequese
Geral
Crisma
Primeira Eucaristia

Pastoral
Geral
Sacramental
Familiar
Social
Ensino Religioso Escolar

TEOLÓGICO ESPIRITUAL

Biografias
Devocionários
Espiritualidade e Mística
Espiritualidade Mariana
Franciscanismo
Autoconhecimento
Liturgia
Obras de referência
Sagrada Escritura e Livros Apócrifos

Teologia
Bíblica
Histórica
Prática
Sistemática

VOZES NOBILIS

Uma linha editorial especial, com importantes autores, alto valor agregado e qualidade superior.

REVISTAS

Concilium
Estudos Bíblicos
Grande Sinal
REB (Revista Eclesiástica Brasileira)

VOZES DE BOLSO

Obras clássicas de Ciências Humanas em formato de bolso.

PRODUTOS SAZONAIS

Folhinha do Sagrado Coração de Jesus
Calendário de mesa do Sagrado Coração de Jesus
Almanaque Santo Antônio
Agendinha
Diário Vozes
Meditações para o dia a dia
Encontro diário com Deus
Guia Litúrgico

CADASTRE-SE
www.vozes.com.br

EDITORA VOZES LTDA.
Rua Frei Luís, 100 – Centro – Cep 25689-900 – Petrópolis, RJ
Tel.: (24) 2233-9000 – Fax: (24) 2231-4676 – E-mail: vendas@vozes.com.br

UNIDADES NO BRASIL: Belo Horizonte, MG – Brasília, DF – Campinas, SP – Cuiabá, MT
Curitiba, PR – Fortaleza, CE – Juiz de Fora, MG – Petrópolis, RJ – Recife, PE – São Paulo, SP